HISTOIRE
DE
LA RÉFORMATION
DU SEIZIÈME SIÈCLE

PAR J.-H. MERLE D'AUBIGNÉ

NOUVELLE ÉDITION, REVUE PAR L'AUTEUR

TOME III

PARIS
LIBRAIRIE DE CH. MEYRUEIS ET Cie
RUE DE RIVOLI, 174

HISTOIRE

DE

LA RÉFORMATION

DU SEIZIÈME SIÈCLE

PARIS. — TYP. DE CH. MEYRUEIS ET COMPAGNIE
11, RUE DES GRÈS

HISTOIRE

DE

LA RÉFORMATION

DU SEIZIÈME SIÈCLE

PAR J.-H. MERLE D'AUBIGNÉ

> J'appelle accessoire, l'estat des affaires de ceste vie caduqué et transitoire.
> J'appelle principal, le gouvernement spirituel auquel reluit souverainement la providence de Dieu.
> THÉODORE DE BÈZE.

NOUVELLE ÉDITION, REVUE PAR L'AUTEUR

TOME III

PARIS
LIBRAIRIE DE CH. MEYRUEIS ET COMPAGNIE
RUE DE RIVOLI, 174

1860

Un esprit d'examen et de recherche pousse toujours plus les hommes studieux en France, en Suisse, en Allemagne et en Angleterre, à s'enquérir des documents originaux sur lesquels repose l'histoire moderne. Je désire apporter ma pite à l'accomplissement de la tâche importante que notre époque semble s'être proposée. Je ne me suis point contenté jusqu'à présent de la lecture des historiens contemporains. J'ai interrogé les témoins oculaires, les lettres, les relations primitives, et j'ai fait usage de quelques manuscrits, en particulier de celui de Bullinger, qui a été dès lors livré à l'impression (Frauenfeld, 1838-1840).

Mais l'obligation d'avoir recours à des documents inédits devenait bien plus pressante en abordant, comme je le fais dans le douzième livre, la réformation de la France. Nous n'avons sur cette histoire que peu de mémoires imprimés, vu la continuelle tourmente au milieu de laquelle a vécu l'Église réformée de ce pays. Au printemps de 1838, j'ai exploité, aussi bien qu'il m'a été possible, les manuscrits qui se trouvent dans les bibliothèques publiques de Paris; on verra qu'un manuscrit de la bibliothèque royale, jusqu'à ce jour, je crois, inconnu, jette beaucoup de lumière sur les commencements de la Réforme. En automne 1839, j'ai consulté les manuscrits qui se trouvent dans la bibliothèque du conclave des pasteurs de Neuchâtel, collection très riche pour ce qui regarde cette époque, parce qu'elle a hérité des manuscrits de la bibliothèque de Farel; et j'ai obtenu de l'obligeance de M. le châtelain de

Meuron la communication de la vie manuscrite de Farel par Choupard, où la plupart de ces documents se trouvent reproduits. Ces manuscrits m'ont mis en état de reconstruire toute une phase de la Réforme en France. Outre ces secours et ceux que m'offre la bibliothèque de Genève, j'ai fait, par l'organe des *Archives du christianisme*, un appel à tous les amis de l'histoire et de la Réformation qui peuvent avoir à leur disposition quelques manuscrits; et je témoigne ici ma reconnaissance de diverses communications qui m'ont été faites, en particulier, par M. le pasteur Ladevèze, de Meaux. Mais quoique les guerres religieuses et les persécutions aient détruit bien des documents précieux, il en existe sans doute encore plusieurs çà et là en France, qui seraient d'une haute importance pour l'histoire de la Réforme; et je demande instamment à tous ceux qui pourraient en posséder ou en connaître, de vouloir bien m'en donner avis. On sent de nos jours que ce sont là des biens communs; c'est pourquoi j'espère que cet appel ne sera pas inutile.

Peut-être trouvera-t-on que, écrivant une histoire générale de la Réformation, je suis entré dans trop de détails sur les premiers temps de cette œuvre en France. Mais ces commencements sont peu connus; les événements qui forment le sujet de mon livre douzième n'occupent que trois ou quatre pages dans l'*Histoire ecclésiastique des Églises réformées du royaume de France*, par Théodore de Bèze; et les autres historiens ne racontent guère que les développements politiques de la nation. Ce ne sont pas, sans doute, des scènes aussi imposantes que la diète de Worms que j'ai pu découvrir, et que j'ai maintenant à retracer. Néanmoins, outre l'intérêt chrétien qui s'y rattache, le mouvement humble, mais venu vraiment du ciel, que j'ai essayé de décrire, a eu peut-être plus d'influence sur les destinées de la France que les guerres illustres de Charles-Quint et de François Ier. Dans une grande machine, ce n'est pas ce qui a le plus d'apparence qui est l'essentiel, ce sont souvent les ressorts les plus inaperçus.

On m'a reproché les délais qu'a dû subir la publication de ce troisième volume; on eût même voulu que je n'eusse pas imprimé le premier avant que d'avoir fini tout l'ouvrage. Il est peut-être certains esprits supérieurs auxquels on peut faire des conditions; mais il en est d'autres de l'impuissance desquels il faut en recevoir, et je suis de ce nombre. Publier une fois un volume, puis une autre fois, quand je le puis, un second, ensuite un troisième, telle est la marche que mes premiers devoirs et la petitesse de mes forces me permettent d'accepter. Des circonstances extraordinaires sont encore survenues; de grandes douleurs ont, à deux reprises, interrompu la composition de ce troisième volume, et concentré toutes mes affections et toutes mes pensées sur la tombe d'enfants bien-aimés. La pensée que mon devoir était de glorifier le Maître adorable qui m'adressait de si puissants appels et m'accordait de si divines consolations, a seule pu me donner le courage nécessaire pour poursuivre mon travail.

J'ai cru devoir ces explications à la bienveillance avec laquelle on a accueilli cet ouvrage, soit en France, soit surtout en Angleterre. L'approbation des chrétiens protestants de la Grande-Bretagne, représentants des principes et des doctrines évangéliques jusque dans les contrées les plus lointaines de la terre, est pour moi d'une haute valeur; et j'ai besoin de leur dire que j'y trouve, pour mon travail, un encouragement précieux.

La cause de la vérité récompense ceux qui l'embrassent et la défendent; et c'est ce qui est arrivé aux peuples qui ont reçu la Réformation. Dès le dix-huitième siècle, au moment où Rome croyait triompher par les jésuites et les échafauds, la victoire échappait de ses mains. Rome tomba, comme Naples, comme le Portugal, comme l'Espagne, dans d'interminables difficultés; et en même temps deux nations protestantes s'élevèrent et commencèrent à exercer sur l'Europe une influence qui avait appartenu jusqu'alors à des peuples catholiques-romains. L'Angleterre sortit victorieuse des attaques espagnoles et françaises, que le pape avait si longtemps suscitées contre elle; et l'électeur de Brandebourg, malgré la colère de Clément XI, ceignit sa tête d'une couronne royale. L'Angleterre a, dès lors, étendu sa domination dans tout le monde, et la

Prusse a pris un rang nouveau parmi les puissances continentales, tandis qu'un autre pouvoir, aussi séparé de Rome, la Russie, croissait dans ses immenses déserts. C'est ainsi que les principes évangéliques ont exercé leur efficace sur les pays qui les ont reçus, et que *la justice a élevé des nations*. Que les peuples évangéliques le comprennent bien, c'est au protestantisme qu'ils doivent leur grandeur. Du moment où ils abandonneraient la position que Dieu leur a faite et où ils pencheraient de nouveau vers Rome, ils perdraient leur puissance et leur gloire. Rome s'efforce maintenant de les gagner; elle y emploie, tour à tour, les flatteries et les menaces; elle voudrait, comme Dalila, les endormir sur ses genoux... mais c'est pour couper les cheveux de leur tête, afin que les adversaires leur crèvent les yeux et les lient de chaînes d'airain [1].

Il y a là aussi une grande leçon pour cette France, à laquelle l'auteur se sent si intimement uni par le lien des pères. Si, comme l'ont fait ses divers gouvernements, la France penche de nouveau vers la papauté, ce sera pour elle, nous le croyons, le signal de grandes chutes. Quiconque s'attachera à la papauté sera compromis dans sa ruine. Il n'y a pour la France de perspective de force et de grandeur qu'en se tournant vers l'Évangile. Puisse cette grande vérité être comprise des chefs et du peuple!

Il est vrai que la papauté se donne, de nos jours, beaucoup de mouvement. Quoique attaquée d'une inévitable consomption, elle voudrait, par des couleurs éclatantes et une activité fébrile, persuader aux autres et se persuader à elle-même qu'elle est encore pleine de vigueur. C'est ce qu'un théologien de Turin s'est efforcé de faire, dans un écrit occasionné par cette histoire, et dans lequel nous nous plaisons à reconnaître un certain talent à présenter les témoignages, même les plus faibles, un ton honnête auquel nous sommes peu habitués, et des manières comme il faut, sauf cependant la triste et coupable facilité avec laquelle l'auteur, dans son chapitre douzième, renouvelle, contre les réformateurs, des accusations

---

[1] Juges, XVI, 21.

dont la fausseté a été si authentiquement démontrée et si hautement reconnue[1].

M. Audin, pour faire suite à son *Histoire de Luther*, a publié récemment une *Histoire de Calvin*, écrite sous l'influence de déplorables préjugés, et où l'on a peine à reconnaître les réformateurs et la Réformation. Néanmoins on ne trouve pas dans cet auteur les honteuses inculpations sur Calvin que nous venons de signaler : il en a fait justice par son silence. Nul homme qui se respecte ne peut plus réchauffer ces sottes et grossières calomnies.

Peut-être que, dans une autre occasion, nous ajouterons quelques mots à ce que nous avons déjà dit dans notre premier livre sur les origines de la papauté. Ce n'est pas ici le lieu de le faire.

Je rappellerai seulement d'une manière générale que ce sont précisément les causes *humaines* et toutes naturelles qui expliquent si bien son origine, que la papauté invoque pour démontrer sa *divine* institution. Ainsi l'antiquité chrétienne nous déclare que l'épiscopat universel était commis à tous les évêques, en sorte que les évêques de Jérusalem, d'Alexandrie, d'Antioche, d'Éphèse, de Rome, de Carthage, de Lyon, d'Arles, de Milan, d'Hippone, de Césarée, etc., s'intéressaient à ce qui se passait dans tout le monde chrétien, et y intervenaient. Aussitôt Rome s'empare de ce devoir qui incombait à tous, et, raisonnant comme s'il ne concernait qu'elle, elle en fait la démonstration de sa primauté.

Citons un autre exemple. Les Églises chrétiennes établies dans les grandes villes de l'empire envoyaient des missionnaires aux contrées avec lesquelles elles étaient en rapport. C'est ce que fit, avant tout, Jérusalem; puis Antioche, Alexandrie, Éphèse; puis enfin Rome; et Rome aussitôt conclut de ce qu'elle a fait, après les autres, moins que les autres, pour s'établir au-dessus de toutes les autres. Ces exemples suffiront.

---

[1] *La Papauté considérée dans son origine et dans son développement au moyen âge, ou Réponse aux allégations de M. Merle d'Aubigné dans son Histoire de la Réformation au seizième siècle*, par l'abbé C. Magnin, docteur en théologie. Genève chez Bertier-Guers, 1840.

Remarquons seulement encore que Rome possédait seule dans l'Occident, l'honneur qu'avaient en Orient Corinthe, Philippes, Thessalonique, Éphèse, Antioche, et, à un bien plus haut degré, Jérusalem[1], celui d'avoir eu un apôtre ou des apôtres parmi ses premiers docteurs. Aussi les Églises latines devaient-elles avoir naturellement pour Rome un certain respect. Mais jamais les chrétiens orientaux, qui honoraient en elle l'Église de la métropole politique de l'empire, ne voulurent lui reconnaître quelque supériorité ecclésiastique. Le célèbre concile universel de Chalcédoine attribua à Constantinople, auparavant l'obscure Byzance, les mêmes privilèges ($\tau\grave{\alpha}$ $\check{\iota}\sigma\alpha$ $\pi\rho\epsilon\sigma\beta\epsilon\tilde{\iota}\alpha$) qu'à Rome, et déclara qu'elle devait être élevée *comme elle*. Aussi, quand la papauté se forma décidément dans Rome, l'Orient ne se soucia-t-il pas de reconnaître un maître dont il n'avait jamais ouï parler; et demeurant sur l'antique terrain de sa catholicité, il abandonna l'Occident à la puissance de la secte nouvelle, qui venait de se former dans son sein. L'Orient s'appelle encore par excellence aujourd'hui *catholique et orthodoxe;* et quand on demande à l'un de ces chrétiens orientaux, que Rome s'est unis en leur faisant des concessions nombreuses : « Êtes-vous *catholique?* — Non, répond-il aussitôt, je suis *papistian* (papiste). » (Journal du Rév. Jos. Wolf. Londres, 1839, p. 225.)

Si cette histoire a subi ainsi quelques critiques parties du point de vue romain, elle semble en avoir rencontré d'autres qui partaient d'un point de vue purement littéraire. Des hommes pour lesquels j'ai beaucoup d'estime paraissent attacher plus d'importance à une description politique ou littéraire de la Réforme, qu'à une exposition qui prenne pour point de départ ses principes spirituels et ses ressorts intimes. — Je puis comprendre cette manière de voir, mais je ne puis la partager. L'essentiel, à mon avis, dans la Réformation, ce sont ses doctrines et sa vie intérieure. Tout travail dans lequel ces deux

---

Saint Épiphane dit que le Seigneur remit à Jacques le premier, à Jérusalem, son trône sur la terre ($\tau\grave{o}\nu$ $\theta\rho\acute{o}\nu o\nu$ $\alpha\grave{\upsilon}\tau o\tilde{\upsilon}$ $\grave{\epsilon}\pi\grave{\iota}$ $\tau\tilde{\eta}\varsigma$ $\gamma\tilde{\eta}\varsigma$); et, parlant d'évêques réunis à Jérusalem, il déclare que le monde ($\pi\acute{\alpha}\nu\tau\alpha$ $\kappa\acute{o}\sigma\mu o\nu$) doit suivre leur autorité. (Epiph., *Hæres.*, LXXVIII, 10-78, 7.)

choses ne sont pas les premières pourra être brillant, mais ne sera pas fidèlement et candidement historique. On ressemblera à un philosophe qui, voulant décrire l'homme, exposerait avec une grande exactitude et une pittoresque beauté tout ce qui concerne son corps, mais accorderait à l'âme, cet hôte divin, un rang tout au plus subordonné.

Il manque, sans doute, beaucoup au faible travail dont je viens présenter un nouveau fragment au public chrétien; mais ce que je trouve le plus à y reprendre, c'est qu'on n'y sente pas davantage encore l'âme de la Réformation. Plus j'aurais réussi à signaler ce qui manifeste la gloire de Christ, plus j'aurais été historique et fidèle. Je prends volontiers pour loi ces paroles, qu'un historien du seizième siècle, homme d'épée plus encore que de plume, après avoir écrit une partie de l'histoire du protestantisme en France, que je ne me propose pas de traiter, adresse à ceux qui se proposeraient de compléter son travail : « Je leur donne pour loi celle que je prends pour
« moi-même : c'est qu'en cherchant la gloire de ce précieux
« instrument, ils aient pour but principal celle du bras qui l'a
« déployé, employé, et ployé quand il lui a plu. Car toutes les
« louanges qu'on donne aux princes sont hors d'œuvre et mal
« assises si elles n'ont pour feuille et fondement celle du Dieu
« vivant, à qui seul appartient honneur et empire à l'éternité[1]. »

Aux Eaux-Vives, près Genève, février 1841.

Théodore-Agrippa d'Aubigné, préface de son *Histoire universelle*.

HISTOIRE

DE

LA RÉFORMATION

DU SEIZIÈME SIÈCLE

LIVRE IX

PREMIÈRES RÉFORMES

(1521 ET 1522)

I

Depuis quatre ans, une ancienne doctrine était de nouveau annoncée dans l'Église. La grande parole d'un salut par grâce, publiée autrefois en Asie, en Grèce, en Italie, par Paul et par ses frères, et retrouvée dans la Bible, après plusieurs siècles, par un moine de Wittemberg, avait retenti des plaines de la Saxe jusqu'à Rome, à Paris, à Londres; et les hautes montagnes de la Suisse en avaient répété les énergiques accents. Les sources de la vérité, de la liberté et de la vie avaient été rouvertes à l'humanité. On y était accouru en foule, on y avait bu avec joie; mais ceux qui y avaient trempé leurs lèvres avec empressement avaient gardé les mêmes apparences. Tout au dedans était nouveau, et cependant tout au dehors semblait être resté le même.

La constitution de l'Église, son service, sa discipline, n'avaient subi aucun changement. En Saxe, à Wittemberg même, partout où la nouvelle pensée avait pénétré, le culte papal continuait gravement ses pompes; le prêtre, au pied des autels, offrant à Dieu l'hostie, semblait opérer un changement ineffable; les religieux et les nonnes venaient prendre dans les couvents des engagements éternels; les pasteurs des troupeaux vivaient sans famille; les confréries s'assemblaient; les pèlerinages s'accomplissaient; les fidèles appendaient leurs ex-voto aux piliers des chapelles, et toutes les cérémonies se célébraient comme autrefois, jusqu'à l'acte le plus insignifiant du sanctuaire. Il y avait une nouvelle parole dans le monde, mais elle ne s'était pas créé un nouveau corps. Les discours du prêtre formaient avec les actions du prêtre le contraste le plus frappant. On l'entendait tonner du haut de la chaire contre la messe, comme contre un culte idolâtre; puis on le voyait descendre et célébrer scrupuleusement, devant l'autel, les pompes de ce mystère. Partout le nouvel Évangile retentissait au milieu des rites anciens. Le sacrificateur lui-même ne s'apercevait pas de cette contradiction étrange; et le peuple, qui écoutait avec acclamation les discours hardis des nouveaux prédicateurs, pratiquait dévotement ses anciennes coutumes, comme s'il n'eût jamais dû s'en séparer. Tout demeurait de même, au foyer domestique et dans la vie sociale, comme dans la maison de Dieu. Il y avait une nouvelle foi dans le monde; il n'y avait pas de nouvelles œuvres. Le soleil du printemps avait paru, et l'hiver semblait encore enchaîner la nature; point de fleurs, point de feuilles, rien au dehors qui annonçât la saison nouvelle. Mais ces apparences étaient trompeuses; une sève puissante, quoique cachée, circulait déjà dans les profondeurs, et allait changer le monde.

C'est à cette marche, pleine de sagesse, que la Réformation doit peut-être ses triomphes. Toute révolution doit se faire dans la pensée avant de s'accomplir dans la vie. La contradiction que nous avons signalée ne frappa même point Luther au premier abord. Il parut trouver tout naturel qu'en recevant avec enthousiasme ses écrits, on restât dévotement attaché aux abus qu'ils attaquaient. On pourrait croire même qu'il traça son plan à l'avance, et résolut de transformer les esprits avant de changer les formes. Mais ce serait lui attribuer une sagesse dont l'honneur revient à une intelligence plus élevée. Il exécutait un plan qu'il n'avait pas conçu. Plus tard il put reconnaître et comprendre ces choses : mais il ne les imagina et ne les régla pas ainsi. Dieu marchait à la tête ; son rôle à lui était de suivre.

Si Luther avait commencé par une réforme extérieure, si aussitôt après avoir parlé il avait voulu abolir les vœux monastiques, la messe, la confession, les formes du culte, certes il eût rencontré la plus vive résistance. Il faut du temps à l'homme pour se faire aux grandes révolutions. Mais Luther ne fut nullement ce novateur violent, imprudent, hasardeux, que quelques historiens nous ont dépeint [1]. Le peuple, ne voyant rien de changé dans ses dévotions routinières, s'abandonna sans crainte à son nouveau maître. Il s'étonna même des attaques dirigées contre un homme qui lui laissait sa messe, son chapelet, son confesseur, et il les attribua à la basse jalousie de rivaux obscurs, ou à la cruelle injustice d'adversaires puissants. Les idées de Luther cependant agitaient les esprits, renouvelaient les cœurs, et minaient tellement l'ancien édifice, qu'il tomba bientôt de lui-même et sans main d'homme. Les idées n'agissent pas d'une manière instantanée; elles font leur chemin dans le silence, comme les eaux, qui, filtrant derrière nos rochers, les détachent du mont sur lequel ils reposent; tout à coup le travail fait en

---

[1] Voyez Hume, etc.

secret se montre, et un seul jour suffit pour mettre en évidence l'œuvre de plusieurs années, peut-être même de plusieurs siècles.

Une période nouvelle commence pour la Réformation. Déjà la vérité est rétablie dans la doctrine; maintenant la doctrine va rétablir la vérité dans toutes les formes de l'Église et de la société. L'agitation est trop grande pour que les esprits demeurent fixes et immobiles au point où ils sont parvenus. Sur ces dogmes si fortement ébranlés s'appuient des usages qui déjà chancellent, et qui doivent avec eux disparaître. Il y a trop de courage et de vie dans la nouvelle génération pour qu'elle se contienne devant l'erreur. Sacrements, culte, hiérarchie, vœux, constitution, vie domestique, vie publique, tout va être modifié. Le navire, construit lentement et avec peine, va quitter enfin le chantier, et être lancé sur la vaste mer. Nous aurons à suivre sa marche à travers bien des écueils.

La captivité de la Wartbourg sépare ces deux périodes. La Providence, qui se disposait à donner à la Réforme une si grande impulsion, en avait préparé les progrès, en conduisant dans une profonde retraite l'instrument dont elle voulait se servir. L'œuvre semblait, pour un temps, ensevelie avec l'ouvrier; mais le grain doit être mis en terre afin de porter des fruits : et c'est de cette prison, qui paraissait devoir être le tombeau du réformateur, que la Réformation va sortir pour faire de nouvelles conquêtes et se répandre bientôt dans le monde entier.

Jusqu'alors la Réformation avait été concentrée dans la personne de Luther. Sa comparution devant la diète de Worms fut sans doute le moment le plus sublime de sa vie. Son caractère parut alors presque exempt de taches; et c'est ce qui a fait dire que si Dieu, qui cacha pendant dix mois le réformateur dans les murs de la Wartbourg, l'eût en cet instant pour toujours dérobé aux regards du monde, sa fin eût été comme une apothéose. Mais Dieu ne veut point d'apothéose pour ses serviteurs; et Luther fut conservé à l'Église, afin d'enseigner par ses fautes mêmes que ce n'est que sur la Parole de Dieu que la foi des chrétiens doit être fondée. Il fut transporté brusquement loin de la scène où s'accomplissait la grande révolution du seizième siècle; la vérité, que depuis quatre ans il avait si puissamment annoncée, continua en son absence à agir sur la chrétienté, et l'œuvre dont il n'était qu'un faible instrument, porta dès lors, non le cachet d'un homme, mais le sceau même de Dieu.

L'Allemagne était émue de la captivité de Luther. Les bruits les plus contradictoires se répandaient dans toutes les provinces. L'absence du réformateur agitait les esprits, plus que sa présence n'eût jamais pu le faire. Ici, l'on assurait que des amis venus de France l'avaient mis en sûreté sur l'autre rive du Rhin [1]. Là, on disait que des assassins lui avaient donné la mort. On s'informait de Luther jusque dans les moindres villages; on interrogeait les voyageurs; on se rassemblait sur les places publiques. Quelquefois un orateur inconnu faisait au peuple un récit animé de la manière dont le docteur avait été enlevé; il montrait de barbares cavaliers liant étroitement les mains à leur prisonnier, précipitant leur course, le traînant à pied après eux, épuisant ses forces, fermant l'oreille à ses cris, faisant jaillir le sang de ses membres [2]. « On a vu, ajoutait-il, le « cadavre de Luther percé de part en part [3]. » Alors des cris douloureux se faisaient entendre : « Ah! disait la mul- « titude, nous ne le verrons plus, nous ne l'entendrons « plus cet homme généreux, dont la voix remuait nos « cœurs! » Les amis de Luther, frémissant de colère, juraient de venger sa mort. Les femmes, les enfants, les hommes paisibles, les vieillards, prévoyaient avec effroi de nouvelles luttes. Rien n'égalait la terreur des partisans

---

[1] « Hic... invalescit opinio, me esse ab amicis captum e Francia missis. » (Luth. *Ep.*, II, p. 5.)

[2] « Et iter festinantes cursu equites ipsum pedestrem raptim tractum fuisse ut sanguis e digitis erumperet. » (Cochlœus, p. 39.)

[3] « Fuit qui testatus sit, visum à se Lutheri cadaver transfossum... » (Pallavicini, *Hist. Concil. Trid.*, 1, p. 122.)

de Rome. Les prêtres et les moines, qui d'abord n'avaient pu cacher leur joie, se croyant sûrs de la victoire, parce qu'un homme était mort, et qui avaient relevé la tête avec un air insultant de triomphe, eussent maintenant voulu fuir loin de la colère menaçante du peuple [1]. Ces hommes qui, pendant que Luther était libre, avaient fait éclater si fort leur furie, tremblaient maintenant qu'il était captif [2]. Aléandre surtout était consterné. « Le seul moyen qui « nous reste pour nous sauver, écrivait un catholique-ro- « main à l'archevêque de Mayence, c'est d'allumer des « torches et de chercher Luther dans le monde entier, « pour le rendre à la nation qui le réclame [3]. » On eût dit que l'ombre du réformateur, pâle et traînant des chaînes, venait répandre la terreur et demander vengeance. « La « mort de Luther, s'écriait-on, fera couler des torrents de « sang [4]. »

Nulle part les esprits n'étaient plus émus qu'à Worms même ; d'énergiques murmures se faisaient entendre parmi le peuple et parmi les princes. Ulric de Hutten et Hermann Busch remplissaient ces contrées de leurs chants plaintifs et de leurs cris de guerre. On accusait hautement Charles-Quint et les nonces. La nation s'emparait de la cause du pauvre moine, qui, par la puissance de sa foi, était devenu son chef.

A Wittemberg, ses collègues, ses amis, Mélanchthon surtout, furent d'abord plongés dans une morne douleur. Luther avait communiqué à ce jeune savant les trésors de cette sainte théologie qui dès lors avait entièrement rempli son âme. C'était Luther qui avait donné de la substance et de la vie à la culture purement intellectuelle que Mélanchthon avait apportée à Wittemberg. La profondeur de

---

[1] « Molem vulgi imminentis ferre non possunt. » (Luth. *Ep.*, II, p. 13.)
[2] « Qui me libero insanierunt, nunc me captivo ita formidant ut incipiant mitigare. » (*Ibid.*)
[3] « Nos vitam vix redempturos, nisi accensis candelis undique eum requiramus. » (*Ibid.*)
[4] Gerbelii *Ep.*, in msc. Heckelianis. — Lindner, *Leb. Luth.* p. 244.

la doctrine du réformateur avait frappé le jeune helléniste, et le courage du docteur à soutenir les droits de la Parole éternelle contre toutes les autorités humaines l'avait rempli d'enthousiasme. Il s'était associé à son œuvre; il avait saisi la plume, et, avec cette perfection de style qu'il avait puisée dans l'étude de l'antiquité, il avait successivement, et d'une main puissante, abaissé l'autorité des Pères et l'autorité des conciles devant la Parole souveraine de Dieu.

La décision que Luther avait dans la vie, Mélanchthon l'avait dans la science. Jamais on ne vit en deux hommes plus de diversité et plus d'unité. « L'Écriture, disait Mé-
« lanchthon, abreuve l'âme d'une sainte et merveilleuse vo-
« lupté; elle est une céleste ambroisie [1]. » « La Parole de
« Dieu, s'écriait Luther, est un glaive, une guerre, une
« destruction; elle fond sur les enfants d'Éphraïm comme
« la lionne dans la forêt. » Ainsi, l'un voyait surtout dans l'Écriture une puissance de consolation, et l'autre une énergique opposition à la corruption du monde. Mais, pour l'un comme pour l'autre, elle était ce qu'il y a de plus grand sur la terre; aussi s'entendaient-ils parfaitement. « Mélanchthon, disait Luther, est une merveille :
« tous le reconnaissent maintenant. Il est l'ennemi le plus
« redoutable de Satan et des scolastiques, car il connaît
« leur folie et le rocher qui est Christ. Ce petit Grec me
« surpasse, même dans la théologie; il vous sera aussi utile
« que beaucoup de Luthers. » Et il ajoutait qu'il était prêt à abandonner une opinion si Philippe ne l'approuvait pas. Mélanchthon, de son côté, plein d'admiration pour la connaissance que Luther avait de l'Écriture, le mettait bien au-dessus des Pères de l'Église. Il aimait à excuser les plaisanteries que quelques-uns lui reprochaient, et le comparait alors à un vase d'argile qui renferme un trésor précieux sous une grossière enveloppe. « Je me garderai

---

[1] « Mirabilis in iis voluptas, immo ambrosia quædam cœlestis. » (*Corp. Ref.*, I, p. 128.)

« bien de l'en reprendre inconsidérément, » disait-il [1].

Mais maintenant ces deux âmes, si intimement unies, les voilà séparées. Ces deux vaillants soldats ne peuvent plus marcher ensemble à la délivrance de l'Église. Luther a disparu; il est peut-être perdu pour jamais. La consternation de Wittemberg est extrême : on dirait une armée, le regard morne et abattu, devant le cadavre sanglant du général qui la menait à la victoire.

Tout à coup l'on reçut des nouvelles plus consolantes. « Notre père bien-aimé vit [2], s'écria Philippe dans la joie « de son âme; prenez courage, et soyez forts. » Mais bientôt l'accablement reprit le dessus. Luther vivait, mais en prison. L'édit de Worms, avec ses proscriptions terribles [3], était répandu par milliers d'exemplaires dans tout l'Empire, et jusque dans les montagnes du Tyrol [4]. La Réformation n'allait-elle pas être écrasée par la main de fer qui s'appesantissait sur elle? L'âme si douce de Mélanchthon se replia sur elle-même, avec un cri de douleur.

Mais au-dessus de la main des hommes une main plus puissante se faisait sentir; Dieu lui-même ôtait au redoutable édit toute sa force. Les princes allemands, qui avaient toujours cherché à abaisser dans l'Empire la puissance de Rome, tremblaient en voyant l'alliance de l'Empereur avec le pape, et craignaient qu'elle n'eût pour résultat la ruine de toutes leurs libertés. Aussi, tandis que Charles, en traversant les Pays-Bas, saluait d'un sourire ironique les flammes que quelques flatteurs et quelques fanatiques allumaient sur les places publiques avec les livres de Luther, ces écrits étaient lus en Allemagne avec une avidité toujours croissante; et de nombreux pamphlets, dans le sens de la Réforme, venaient chaque jour porter de nouveaux coups à

---

[1] « Spiritum Martini nolim temere in hac causa interpellare. » (*Corp. Ref.*, 1, p. 211.)
[2] « Pater noster charissimus vivit. » (*Ibid.*, p. 389.)
[3] « Dicitur parari proscriptio horrenda. » (*Ibid.*)
[4] « Dicuntur signatæ chartæ proscriptionis bis mille missæ quoque ad Insbruck. » (*Ibid.*)

la papauté. Les nonces étaient hors d'eux-mêmes en voyant que cet édit, qui leur avait coûté tant d'intrigues, produisait si peu d'effet. « L'encre dont Charles-Quint a signé son « arrêt, disaient-ils avec amertume, n'a pas eu le temps de « sécher, que déjà en tout lieu ce décret impérial est mis « en pièces... » Le peuple s'attachait de plus en plus à l'homme admirable qui, sans tenir compte des foudres de Charles et du pape, avait confessé sa foi avec le courage d'un martyr. « Il a offert de se rétracter si on le réfutait, « disait-on, et personne n'a osé l'entreprendre. N'est-ce « pas la preuve de la vérité de ses enseignements? » Aussi, au premier mouvement d'effroi, succéda à Wittemberg et dans tout l'Empire un mouvement d'enthousiasme. L'archevêque de Mayence lui-même, voyant éclater ainsi les sympathies du peuple, n'osa accorder aux cordeliers la permission de prêcher contre le réformateur. L'université, qui semblait devoir être renversée, releva la tête. Les nouvelles doctrines y étaient trop bien établies pour que l'absence de Luther les ébranlât; et les salles académiques eurent bientôt peine à contenir la foule des auditeurs[1].

II

Cependant le chevalier George, c'était le nom de Luther à la Wartbourg, vivait solitaire et inconnu. « Si vous me « voyiez, écrivait-il à Mélanchthon, vous croiriez voir un che- « valier ; et c'est à peine si vous-même me reconnaîtriez[2]. » Luther prit d'abord quelque repos, goûtant un loisir qui ne lui avait pas été accordé jusqu'à cette heure. Il circulait librement dans la forteresse, mais il ne pouvait en franchir les murs[3]. On satisfaisait à tous ses désirs, et jamais il

---

[1] « Scholastici quorum supra millia ibi tunc fuerunt. » (Spalatini *Annales*, 1521. October.)
[2] « Equitem videres ac ipse vix agnosceres. » (Luth. *Ep.*, II, p. 11.)
[3] « Nunc sum hic otiosus, sicut inter captivos liber. » (*Ibid.*, p. 3. 12 mai.)

n'avait été mieux traité[1]. Beaucoup de pensées venaient remplir son âme; mais nulle ne pouvait le troubler. Tour à tour il abaissait ses regards sur les forêts qui l'entouraient, et il les élevait vers le ciel. « Singulier captif! s'écriait-il, « moi qui le suis avec et contre ma volonté[2]! »

« Priez pour moi, écrivait-il à Spalatin; vos prières sont « la seule chose dont j'aie besoin. Je ne m'embarrasse « point de tout ce qu'on dit et fait de moi dans le monde. « Je suis enfin en repos[3]. » Cette lettre, ainsi que plusieurs autres de la même époque, est datée de l'île de Pathmos. Luther comparait la Wartbourg à cette île célèbre, où la colère de l'empereur Domitien relégua autrefois l'apôtre saint Jean.

Le réformateur se reposait, au milieu des sombres forêts de la Thuringe, des luttes violentes qui avaient agité son âme. Il y étudiait la vérité chrétienne, non pour combattre, mais comme moyen de régénération et de vie. Le commencement de la Réforme avait dû être polémique; de nouveaux temps demandaient de nouveaux travaux. Après avoir arraché avec le fer les épines et les broussailles, il fallait semer paisiblement la Parole de Dieu dans les cœurs. Si Luther avait dû livrer sans cesse de nouvelles batailles, il n'eût point accompli une œuvre durable dans l'Église. Il échappa par sa captivité à un danger qui eût peut-être perdu la Réforme, celui de toujours attaquer et détruire, sans jamais défendre et édifier.

Cette humble retraite eut un résultat plus précieux encore. Élevé comme sur un pavois par son peuple, il était à deux doigts de l'abîme; et un vertige eût suffi pour l'y précipiter. Quelques-uns des premiers acteurs de la Réformation en Allemagne et en Suisse vinrent se briser contre

---

[1] « Quamquam et hilariter et libenter omnia mihi ministret. » (Luth. *Ep.*, II, p. 13. 15 août.)

[2] « Ego mirabilis captivus qui et volens et nolens hic sedeo. » (*Ibid.*, p. 4. 12 mai.)

[3] « Tu fac ut pro me ores : hac una re opus mihi est. Quicquid de me fit in publico, nihil mœror; ego in quiete tandem sedeo. » (*Ibid.*, p. 4. 10 juin 1521.)

l'écueil de l'orgueil spirituel et du fanatisme. Luther était un homme très sujet aux infirmités de notre nature, et il ne sut pas échapper complétement à ces dangers. Cependant la main de Dieu l'en délivra pour un temps, en le dérobant subitement à d'enivrantes ovations, et le jetant au fond d'une retraite ignorée. Son âme s'y recueillit près de Dieu; elle y fut retrempée dans les eaux de l'adversité; ses souffrances, ses humiliations le contraignirent à marcher, quelque temps du moins, avec les humbles, et les principes de la vie chrétienne se développèrent dès lors dans son âme avec plus d'énergie et de liberté.

La paix de Luther ne dura pas longtemps. Assis solitairement sur les murs de la Wartbourg, il restait des jours entiers plongé dans de profondes méditations. Tantôt, l'Église se présentait à son esprit et étalait à ses yeux toutes ses misères[1]. Tantôt, portant avec espérance ses regards vers le ciel, il disait : « Pourquoi, ô Seigneur! aurais-tu en « vain créé les hommes?... (Ps. LXXXIX, 48). » Tantôt encore, laissant cet espoir, il s'écriait dans son abattement : « Hélas! il n'est personne, dans ce dernier jour de sa « colère, qui se tienne comme un mur devant le Seigneur « pour sauver Israël!... »

Puis, revenant à sa propre destinée, il craignait qu'on ne l'accusât d'avoir abandonné le champ de bataille[2]; et cette supposition accablait son âme. « J'aimerais mieux, « disait-il, être couché sur des charbons ardents que de « croupir ici à demi mort[3]. »

Se transportant ensuite en imagination à Worms, à Wittemberg, au milieu de ses adversaires, il regrettait d'avoir cédé aux conseils de ses amis, de n'être pas demeuré dans le monde, et de n'avoir pas offert sa poitrine à la fureur des hommes[4]. « Ah! disait-il, il n'y a rien que je désire

---

[1] « Ego hic sedens tota die faciem Ecclesiæ ante me constituo. » (Luth. *Ep.*, II, p. 1.)
[2] « Verebar ego ne aciem deserere viderer. » (*Ibid.*)
[3] « Mallem inter carbones vivos ardere, quam solus semivivus atque utinam non mortuus putere. » (*Ibid.*, p. 10.)
[4] « Cervicem esse objectandam publico furori. » (*Ibid.*, p. 89.)

« plus que de me présenter devant mes cruels ennemis[1]. »

Quelques douces pensées venaient cependant faire trêve à ces angoisses. Tout n'était pas tourment pour Luther ; son esprit agité trouvait de temps à autre un peu de calme et de soulagement. Après la certitude du secours de Dieu, une chose surtout le consolait dans sa douleur ; c'était le souvenir de Mélanchthon. « Si je péris, lui écrivait-il, l'É-« vangile ne perdra rien[2] : vous me succéderez comme « Élisée à Élie, ayant une double mesure de mon esprit. » Mais, se rappelant la timidité de Philippe, il lui criait avec force : « Ministre de la Parole ! garde les murs et les tours « de Jérusalem, jusqu'à ce que les adversaires t'aient at-« teint. Seuls, nous sommes encore debout sur le champ « de bataille ; après moi, c'est toi qu'ils frapperont[3]. »

Cette pensée de la dernière attaque que Rome allait livrer à l'Église naissante le jetait dans de nouveaux tourments. Le pauvre moine, prisonnier solitaire, livrait à lui seul de rudes combats. Mais tout à coup il croyait entrevoir sa délivrance. Il lui semblait que les attaques de la papauté soulèveraient les peuples de l'Allemagne, et que les soldats de l'Évangile, vainqueurs, et entourant la Wartbourg, rendraient la liberté au prisonnier. « Si le pape, « disait-il, met la main sur tous ceux qui sont pour moi, « il y aura du tumulte en Allemagne ; plus il se hâtera de « nous écraser, plus aussi sa fin et celle de tous les siens « sera prompte. Et moi... je vous serai rendu[4]... Dieu ré-« veille l'esprit de plusieurs, et il émeut les peuples. Que « nos ennemis serrent seulement notre cause dans leurs « bras, et cherchent à l'étouffer ; elle grandira sous leurs « étreintes, et en sortira dix fois plus redoutable. »

Mais la maladie le faisait retomber de ces hauteurs où

---

[1] « Nihil magis opto, quam furoribus adversariorum occurrere, objecto jugulo. » (Luth. *Ep.*, II, p. 1.)

[2] « Etiam si peream, nihil peribit Evangelio. » (*Ibid.*, p. 10.)

[3] « Nos soli adhuc stamus in acie : te quærent post me. » (*Ibid.*, p. 2.)

[4] « Quo citius id tentaverit, hoc citius et ipse et sui peribunt, et ego revertar. » *Ibid.*, p. 10.)

l'élevaient son courage et sa foi. Déjà il avait beaucoup souffert à Worms; son mal s'accrut dans la solitude[1]. Il ne pouvait supporter la nourriture de la Wartbourg, un peu moins grossière que celle de son couvent; on dut lui rendre les chétifs aliments auxquels il était accoutumé. Il passait des nuits entières sans sommeil. Les angoisses de son âme venaient se joindre aux souffrances de son corps. Nulle œuvre ne s'accomplit sans douleur et sans martyre. Luther, seul sur son rocher, endurait alors, dans sa puissante nature, une passion que l'affranchissement de l'humanité rendait nécessaire. « Assis la nuit dans ma chambre, je « poussais des cris, dit-il, comme une femme qui enfante; « déchiré, blessé, sanglant[2]... » Puis, interrompant ses plaintes, pénétré de la pensée que ses souffrances sont des bienfaits de Dieu, il s'écriait avec amour : « Grâces te soient « rendues, ô Christ! de ce que tu ne veux pas me laisser « sans les reliques précieuses de ta sainte croix[3]! » Mais bientôt il s'indignait contre lui-même. « Insensé, endurci « que je suis, s'écriait-il. O douleur! je prie peu, je lutte « peu avec le Seigneur, je ne gémis point pour l'Église de « Dieu : au lieu d'être fervent d'esprit, ce sont mes pas- « sions qui s'enflamment; je demeure dans la paresse, « dans le sommeil, dans l'oisiveté[4]... » Puis, ne sachant à quoi attribuer cet état, et accoutumé à tout attendre de l'affection de ses frères, il s'écriait, dans la désolation de son âme : « O mes amis! oubliez-vous donc de prier pour « moi, que Dieu s'éloigne ainsi de moi?... »

Ceux qui l'entouraient, ainsi que ses amis de Wittemberg et de la cour de l'Électeur, étaient inquiets et effrayés de cet état de souffrance. Ils tremblaient de voir cette vie arrachée au bûcher du pape et au glaive de Charles-Quint,

---

[1] « Auctum est malum, quo Wormatiæ laborabam. » (Luth. *Ep.*, II, p. 17.)
[2] « Sedeo dolens, sicut puerpera, lacer et saucius et cruentus. » (*Ibid.*, p. 50. 9 septembre.)
[3] « Gratias Christo, qui me sine reliquiis sanctæ crucis non derelinquit. » (*Ibid.*)
[4] « Nihil gemens pro ecclesia Dei. » (*Ibid.*, p. 22. 13 juillet.)

déchoir tristement et s'évanouir. La Wartbourg serait-elle destinée à être le tombeau de Luther! « Je crains, disait « Mélanchthon, que la douleur qu'il ressent pour l'Église « ne le fasse mourir. Un flambeau a été allumé par lui en « Israël; s'il s'éteint, quelle espérance nous restera-t-il? « Plût à Dieu que je pusse, au prix de ma misérable vie, « retenir dans ce monde cette âme qui en est le plus bel « ornement [1]!... » « Oh! quel homme! s'écriait-il, comme « s'il était déjà sur le bord de sa tombe; nous ne l'avons « pas apprécié assez! »

Ce que Luther appelait l'indigne oisiveté de sa prison était un travail qui surpassait presque toutes les forces d'un homme. « Je suis ici tout le jour, disait-il le 14 mai, « dans l'oisiveté et dans les délices (il faisait allusion sans « doute à la nourriture un peu moins grossière qu'on lui « donna d'abord). Je lis la Bible en hébreu et en grec; je « vais écrire un discours en langue allemande sur la con- « fession auriculaire; je continuerai la traduction des psau- « mes, et je composerai un sermonnaire, quand j'aurai « reçu de Wittemberg ce dont j'ai besoin. J'écris sans re- « lâche [2]. » Encore n'était-ce là qu'une partie des travaux de Luther.

Ses ennemis pensaient que, s'il n'était pas mort, du moins on n'en entendrait pas parler; mais leur joie ne fut pas de longue durée, et l'on ne put longtemps douter dans le monde de sa vie. Une multitude d'écrits composés à la Wartbourg se succédèrent rapidement, et partout la voix si chère du réformateur fut accueillie avec enthousiasme. Luther publia à la fois des ouvrages propres à édifier l'É- glise, et des livres de polémique qui troublèrent la joie trop prompte de ses ennemis. Pendant près d'une année, tour à tour il instruisait, il exhortait, il reprenait, il tonnait du haut de sa montagne; et ses adversaires, confondus, se demandaient s'il n'y avait pas quelque mystère surnaturel

---

[1] « Utinam hac vili anima mea ipsius vitam emere queam. » (*Corp. Ref.*, 1, p. 415. 6 juillet.)

[2] « Sine intermissione scribo. » (Luth. *Ep.*, II, p. 6 et 16.)

dans cette prodigieuse activité. « Il ne pouvait prendre au-
« cun repos, » dit Cochléus [1].

Mais il n'y avait d'autre mystère que l'imprudence des
partisans de Rome. Ils se hâtaient de profiter de l'édit de
Worms, pour donner à la Réformation le dernier coup ;
et Luther, condamné, mis au ban de l'Empire, enfermé
dans la Wartbourg, prétendait défendre la saine doctrine
comme s'il eût été encore libre et victorieux. C'était surtout dans le tribunal de la pénitence que les prêtres s'efforçaient de river les chaînes de leurs dociles paroissiens ;
aussi, est-ce à la confession que Luther s'attaqua d'abord.
« On allègue, dit-il, cette parole de saint Jacques : *Confes-*
« *sez vos péchés l'un à l'autre.* Singulier confesseur ! Il s'ap-
« pelle *l'un à l'autre !* D'où il résulterait que les confes-
« seurs devraient aussi se confesser à leurs pénitents ; que
« chaque chrétien serait à son tour pape, évêque, prêtre ;
« et que le pape lui-même devrait se confesser à tous [2] ! »

A peine Luther avait-il terminé cet opuscule, qu'il en
commença un autre. Un théologien de Louvain, nommé
Latomus, déjà célèbre par son opposition à Reuchlin et à
Érasme, avait attaqué les sentiments du réformateur. En
douze jours la réfutation de Luther fut prête, et c'est l'un
de ses chefs-d'œuvre. Il s'y lave du reproche qui lui était
fait de manquer de modération. « La modération du siècle,
« dit-il, c'est de fléchir le genou devant des pontifes sacri-
« léges, des sophistes impies, et de leur dire : Gracieux
« seigneur ! Excellent maître ! Puis, quand vous l'avez fait,
« mettez à mort qui vous voudrez ; renversez même le
« monde, vous n'en serez pas moins un homme modéré...
« Loin de moi cette modération-là ; j'aime mieux être
« franc et ne tromper personne. L'écorce est dure peut-
« être ; mais la noix est douce et tendre [3]. »

La santé de Luther continuant à être altérée, il songea à

---

[1] « Cum quiescere non posset. » (Cochlœus, *Acta Lutheri*, p. 39.)
[2] « Und der Papst müsse ihm beichten. » (Luth. *Op.*, XVII, p. 701.)
[3] « Cortex meus esse potest durior, sed nucleus meus mollis et dulcis est. »
(*Ibid.*, lat. II, p. 213.)

sortir de la Wartbourg, où il était renfermé. Mais comment faire? Paraître en public, c'était exposer sa vie. Le revers de la montagne sur laquelle s'élevait la forteresse, était traversé par de nombreux sentiers, dont des touffes de fraises tapissaient les bords. La pesante porte du château s'ouvrit, et le prisonnier se hasarda, non sans crainte, à cueillir furtivement quelques-uns de ces fruits [1]. Peu à peu il s'enhardit, et se mit à parcourir, sous ses habits de chevalier, les campagnes environnantes avec un garde du château, homme brusque mais fidèle. Un jour, étant entré dans une auberge, Luther jeta son épée et courut vers des livres qui se trouvaient là. La nature était plus forte que la prudence. Son gardien en frémit, craignant qu'à ce mouvement, si étrange chez un homme d'armes, on ne se doutât que le docteur n'était pas un vrai chevalier. Une autre fois, les deux soldats descendirent dans le couvent de Reinhardsbrunn, où peu de mois auparavant Luther avait couché en se rendant à Worms [2]. Tout à coup un frère convers laisse échapper un signe de surprise. Luther est reconnu... Son gardien s'en aperçoit; il l'entraîne en toute hâte, et déjà ils galopent tous deux loin du cloître, que le pauvre frère interdit revient à peine de son étonnement.

La vie chevaleresque du docteur avait parfois quelque chose de très théologique. Un jour, on prépare des filets, on ouvre les portes de la forteresse; les chiens, aux oreilles longues et pendantes, s'élancent. Luther avait voulu goûter le plaisir de la chasse. Bientôt les chasseurs s'animent; les chiens se précipitent; ils forcent les bêtes fauves dans les broussailles. Au milieu de ce tumulte, le chevalier George, immobile, avait l'esprit rempli de sérieuses pensées; à la vue de ce qui l'entourait, son cœur se brisait de douleur [3]. « N'est-ce pas là, disait-il, l'image du diable, qui

---

[1] « Zu Zeiten gebet er inn die Erdbeer am Schlossberg. » (Mathesius, p. 33.)
[2] Voyez tome II.
[3] « Theologisabar etiam ibi inter retia et canes... tantum misericordiæ et doloris miscuit mysterium. » (Luth. *Ep.*, II, p. 43.)

« excite ses chiens, c'est-à-dire, les évêques, ces manda-
« taires de l'Antechrist, et les lance à la poursuite des pau-
« vres âmes[1] ? » Un jeune lièvre venait d'être pris ; heureux
de le sauver, Luther l'enveloppe soigneusement dans son
manteau, et le dépose au milieu d'un buisson ; mais à
peine a-t-il fait quelques pas, que les chiens sentent l'ani-
mal et le tuent. Luther, attiré par le bruit, pousse un cri
de douleur : « O pape ! dit-il ; et toi, Satan ! c'est ainsi que
« vous vous efforcez de perdre les âmes même qui ont
« déjà été sauvées de la mort[2] ! »

III

Tandis que le docteur de Wittemberg, mort au monde,
se délassait par ces jeux, aux environs de la Wartbourg,
l'œuvre marchait comme d'elle-même ; la Réformation
commençait ; elle ne se bornait plus à la doctrine, elle pénétrait avec puissance dans la vie. Bernard Feldkirchen,
pasteur de Kemberg, qui le premier, sous la direction de
Luther, avait attaqué les erreurs de Rome[3], fut aussi le
premier qui rejeta le joug de ses institutions. Il se maria.

Le caractère allemand aime la vie de famille et les joies
domestiques ; aussi, entre toutes les ordonnances de la pa-
papauté, le célibat forcé était-il celle qui avait eu les
plus tristes conséquences. Imposée aux chefs du clergé,
cette loi avait empêché que les fiefs de l'Église ne devins-
sent des biens héréditaires. Mais étendue par Grégoire VII
au bas clergé, elle avait eu des effets déplorables. Beaucoup de prêtres s'étaient dérobés aux obligations qu'on
leur imposait par de honteux désordres, et avaient attiré
sur leur caste la haine et le mépris ; tandis que ceux qui

---

[1] « Quid enim ista imago, nisi Diabolum significat per insidias suas et impios magistros canes suos. » (Luth. *Ep.*, II, p. 43.)
[2] « Sic sævit Papa et Satan ut servatas etiam animas perdat. » (*Ibid.*, p. 44.)
[3] Tome 1er.

s'étaient soumis à la loi de Hildebrand s'indignaient intérieurement contre l'Église, de ce que, tout en donnant à ses hauts dignitaires tant de pouvoir, de richesses et de jouissances terrestres, elle contraignait les humbles ministres, qui étaient pourtant ses plus utiles soutiens, à des abnégations si contraires à l'Évangile.

« Ni les papes, ni les conciles, » dirent Feldkirchen et un autre pasteur, nommé Seidler, qui suivit son exemple, « ne peuvent imposer à l'Église un commandement qui « met en danger l'âme et le corps. L'obligation de main- « tenir la loi de Dieu nous contraint à violer les traditions « des hommes[1]. » Le rétablissement du mariage fut, au seizième siècle, un hommage rendu à la loi morale. L'autorité ecclésiastique, alarmée, lança aussitôt ses arrêts contre les deux prêtres. Seidler, qui se trouvait sur les terres du duc George, fut livré à ses supérieurs, et mourut en prison. Mais l'électeur Frédéric refusa Feldkirchen à l'archevêque de Magdebourg. « Son Altesse, dit Spalatin, ne « veut pas faire l'office de gendarme. » Feldkirchen demeura donc pasteur de son troupeau, quoique devenu époux et père.

Le premier mouvement du réformateur en apprenant ces choses fut de se livrer à la joie. « J'admire, dit-il, ce « nouvel époux de Kemberg, qui ne craint rien et se hâte « au milieu du tumulte. » Luther était convaincu que les prêtres devaient être mariés. Mais cette question conduisait à une autre, celle du mariage des moines; et ici Luther eut à soutenir un de ces combats intérieurs dont toute sa vie fut composée; car chaque réforme devait être emportée par une lutte spirituelle. Mélanchthon et Carlstadt, l'un laïque et l'autre prêtre, pensaient que la liberté d'entrer dans les liens du mariage devait être entière pour les moines comme pour les prêtres. Luther, moine, ne pensa pas d'abord de même. Un jour, le commandant de la Wart-

---

[1] « Coegit me ergo ut humanas traditiones violarem, necessitas servandi juris divini. » (*Corp. Ref.*, I, p. 441.)

bourg lui ayant apporté des thèses de Carlstadt sur le célibat : « Bon Dieu! s'écria-t-il, nos Wittembergeois donne-
« ront-ils donc des femmes même aux moines!... » Cette idée l'étonnait, le confondait; son âme en était troublée. Il rejetait pour lui-même la liberté qu'il réclamait pour les autres. « Ah! s'écria-t-il avec indignation, ils ne me for-
« ceront pas du moins, moi, à prendre une femme[1]. »
Cette parole n'est pas connue sans doute de ceux qui prétendent que Luther fit la Réformation pour se marier. Recherchant la vérité, non par passion, mais avec droiture, il défendait ce qui se présentait à lui comme vrai, bien que contraire à l'ensemble de son système. Il marchait dans un mélange de vérité et d'erreur, en attendant que toute l'erreur tombât et que la vérité demeurât seule.

Il y avait, en effet, entre les deux questions une grande différence. Le mariage des prêtres n'était pas la fin du sacerdoce; seul, au contraire, il pouvait rendre au clergé séculier le respect des peuples; mais le mariage des moines était la destruction du monachisme. Il s'agissait donc de savoir s'il fallait dissoudre et congédier cette puissante armée que les papes tenaient sous leur commandement. « Les prêtres, écrivait Luther à Mélanchthon, sont insti-
« tués de Dieu; et par conséquent ils sont libres quant aux
« commandements humains. Mais c'est de leur propre vo-
« lonté que les moines ont choisi le célibat; ils ne sont
« donc pas libres de se retirer de dessous le joug qu'ils
« ont eux-mêmes choisi[2]. »

Le réformateur devait avancer et emporter par une nouvelle lutte cette nouvelle position de l'adversaire. Déjà il avait mis sous ses pieds tant d'abus de Rome et Rome elle-même; mais le monachisme était encore debout. Le monachisme, qui avait jadis apporté la vie dans tant de déserts, et qui, après avoir traversé beaucoup de siècles, remplissait maintenant tant de cloîtres d'oisiveté et sou-

---

[1] « At mihi non obtrudent uxorem. » (Luth. *Ep.*, II, p. 40.)

[2] « Me enim vehementer movet, quod sacerdotum ordo, a Deo institutus, est liber, non autem monachorum, qui sua sponte statum eligerunt. » (*Ibid.*, p. 34.)

vent de luxure, semblait avoir pris un corps, et être venu défendre ses droits dans ce château de la Thuringe, où s'agitait, dans la conscience d'un homme, sa question de vie ou de mort. Luther luttait avec lui; tantôt il était près de le renverser, et tantôt près d'être vaincu. Enfin, ne pouvant plus soutenir le combat, il se jeta en prière aux pieds de Jésus-Christ, et il s'écria : « Instruis-nous ! délivre-nous ! « Établis-nous par ta miséricorde, dans la liberté qui nous « appartient; car certainement nous sommes ton peuple[1]. »

La délivrance ne se fit pas attendre; une importante révolution s'opéra dans l'esprit du réformateur; et ce fut encore la doctrine de la justification par la foi qui lui donna la victoire. Cette arme, qui avait fait tomber les indulgences, les pratiques de Rome et le pape lui-même, fit aussi tomber les moines, dans l'esprit de Luther et dans la chrétienté. Luther vit que le monachisme et la doctrine d'un salut par la grâce étaient en une flagrante opposition, et que la vie monastique était tout entière fondée sur de prétendus mérites de l'homme. Dès lors, convaincu que la gloire de Jésus-Christ y était intéressée, il entendit dans sa conscience une voix qui répétait sans cesse : « Il faut « que le monachisme tombe ! » « Tant que la doctrine de « la justification par la foi demeurera pure dans l'Église, « nul ne deviendra moine, » dit-il[2]. Cette conviction prit toujours plus de force dans son cœur, et dès le commencement de septembre il envoya « aux évêques et aux dia- « cres de l'Église de Wittemberg » les thèses suivantes, qui étaient sa déclaration de guerre à la vie monacale :

« Tout ce qui ne provient pas de la foi est péché. « (Rom. XIV, 23.)

« Quiconque fait vœu de virginité, de chasteté, de ser- « vice de Dieu sans foi, fait un vœu impie, idolâtre; et il « le fait au diable même.

« Faire de tels vœux, c'est être pire que les prêtres de

---

[1] « Dominus Jesus erudiat et liberet nos, per misericordiam suam, in libertatem nostram. » (*A Mélanchthon, Sur le célibat*, 6 août 1521. Luth. *Ep.*, II, p. 40.)
[2] Luth. *Op.* (W.), XXII, p. 1466.

« Cybèle, ou que les vestales des païens; car les moines
« prononcent leurs vœux dans la pensée d'être justifiés et
« sauvés par ces vœux; et ce qu'on devrait attribuer uni-
« quement à la miséricorde de Dieu, on l'attribue ainsi à
« des œuvres méritoires.

« Il faut renverser de fond en comble de tels couvents,
« comme étant des maisons du diable.

« Il n'y a qu'un seul ordre qui soit saint et qui rende
« saint, c'est le christianisme ou la foi[1].

« Pour que les couvents fussent utiles, il faudrait qu'ils
« fussent des écoles, où les enfants seraient amenés à l'é-
« tat d'hommes faits; tandis que ce sont des maisons où
« les hommes faits redeviennent enfants et le demeurent à
« jamais. »

Luther, on le voit, eût encore toléré les couvents, à cette
époque, comme maisons d'éducation; mais bientôt ses attaques contre ces établissements devinrent plus énergiques.
L'immoralité des cloîtres et les pratiques honteuses qui y
régnaient se représentèrent avec force à son âme. « Je veux,
« écrivit-il à Spalatin, le 11 novembre, délivrer les jeunes
« gens des flammes infernales du célibat[2]. » Puis il écrivit contre les vœux monastiques un livre qu'il dédia à son
père : « Voulez-vous, dit-il dans sa dédicace au vieillard de
« Mansfeld, voulez-vous encore m'arracher au mona-
« chisme ? Vous en avez le droit; car vous êtes encore mon
« père, et je suis encore votre fils : mais cela n'est plus né-
« cessaire; Dieu vous a devancé, et il m'en a lui-même arra-
« ché avec puissance. Qu'importe que je porte ou que je
« dépose la tonsure et le capuchon ? Est-ce le capuchon,
« est-ce la tonsure qui font un moine ? *Toutes choses sont à*
« *vous*, dit saint Paul, *et vous êtes à Christ*. Je ne suis pas au
« capuchon; mais le capuchon est à moi. Je suis un moine,
« et pourtant pas un moine; je suis une nouvelle créature,
« non du pape, mais de Jésus-Christ. Christ, seul et sans

---

[1] « Es ist nicht mehr denn eine einige Geistlichkeit, die da heilig ist, und heilig macht... » (Luth. *Op.*, XVII, p. 718.)

[2] « Adolescentes liberare ex isto inferno cœlibatus. » (*Ibid.*, II, p. 95.)

« intermédiaire, est mon évêque, mon abbé, mon prieur,
« mon seigneur, mon père, mon maître; et je n'en connais
« pas d'autre. Que m'importe si le pape me condamne et
« m'égorge? Il ne pourra me faire sortir de la tombe pour
« m'égorger une seconde fois... Le grand jour approche
« où le royaume des abominations sera renversé. Plût à
« Dieu qu'il valût la peine que nous fussions égorgés par
« le pape! Notre sang crierait contre lui jusqu'au ciel; et
« ainsi son jugement se hâterait et sa fin serait proche[1]! »

La transformation s'était opérée dans Luther lui-même; il n'était plus moine. Ce n'étaient pas des causes extérieures, des passions humaines, une précipitation charnelle, qui avaient amené ce changement. Il y avait eu lutte : Luther s'était d'abord rangé du côté du monachisme; mais la vérité était aussi descendue dans la lice, et le monachisme avait été vaincu. Les victoires que la passion remporte sont éphémères; mais celles de la vérité sont durables et décisives.

IV

Tandis que Luther préludait ainsi à l'une des plus grandes révolutions qui devaient s'opérer dans l'Église, et que la Réformation commençait à entrer avec tant de puissance dans la vie de la chrétienté, les partisans de Rome, aveuglés comme le sont d'ordinaire ceux qui ont été longtemps en possession du pouvoir, s'imaginaient que, parce que Luther était à la Wartbourg, la Réforme était morte et ensevelie pour jamais; aussi, pensaient-ils pouvoir recommencer en paix leurs anciennes pratiques, un instant troublées par le moine de Wittemberg. L'électeur-archevêque de Mayence, Albert, était de ces âmes faibles qui, toutes

---

[1] « Dass unser Blut möcht schreien, und dringen sein Gericht, dass sein bald ein Ende würde. » (Luth. *Ep.*, II, p. 103.)

choses égales, se décident pour le bien, mais qui, dès que leur intérêt se trouve dans la balance, sont toutes prêtes à se ranger du parti de l'erreur. L'important pour lui était que sa cour fût aussi brillante que celle d'aucun autre prince de l'Allemagne, ses équipages aussi riches, et sa table aussi bien servie; or, le commerce des indulgences servait admirablement à atteindre ce but. Aussi, à peine le décret de condamnation contre Luther et la Réforme fut-il sorti de la chancellerie impériale, qu'Albert, qui était alors avec sa cour à Halle, fit assembler les marchands d'indulgences, encore épouvantés de la parole du réformateur, et chercha à les rassurer par des paroles comme celles-ci : « Ne craignez plus, nous l'avons réduit au si- « lence; recommençons en paix à tondre le troupeau; le « moine est captif; on a fermé verrous et serrures; il sera « bien habile cette fois s'il vient encore troubler nos af- « faires. » Le marché fut rouvert, la marchandise fut étalée, et les églises de Halle retentirent de nouveau des discours des charlatans.

Mais Luther vivait encore, et sa voix était assez puissante pour franchir les murailles et les grilles derrière lesquelles on l'avait caché. Rien ne pouvait enflammer à un plus haut degré son indignation. Quoi! les combats les plus violents ont été livrés, il a affronté tous les périls, la vérité est restée victorieuse, et l'on ose la fouler aux pieds, comme si elle eût été vaincue!... Elle retentira encore cette parole, qui déjà une fois a renversé ce commerce criminel. « Je n'aurai « de repos, écrivit-il à Spalatin, que je n'aie attaqué l'idole de Mayence et ses prostitutions de Halle[1]. »

Luther se mit aussitôt à l'œuvre; il se souciait fort peu du mystère dont on cherchait à envelopper son séjour à la Wartbourg. Élie au désert forge des foudres nouvelles contre l'impie Achab. Le 1er novembre, il termina un écrit *contre la nouvelle idole de Halle.*

---

[1] « Non continebor quin idolum Moguntinum invadam, cum suo lupanari Hallensi. » (Luth. *Ep.*, II, p. 59. 7 octobre.)

L'archevêque eut connaissance du dessein de Luther. Ému, effrayé à cette pensée, il envoya, vers le milieu d'octobre, deux officiers de sa cour, Capiton et Aurbach, à Wittemberg, pour conjurer l'orage. « Il faut, dirent-ils à « Mélanchthon, qui les reçut avec empressement, que Lu- « ther modère son impétuosité. » Mais Mélanchthon, quoique doux lui-même, n'était pas de ceux qui s'imaginent que la sagesse consiste à toujours céder, à toujours tergiverser, à toujours se taire. « C'est Dieu même qui l'appelle, « répondit-il, et notre siècle a besoin d'un sel âpre et mor- « dant[1]. » Capiton alors se tourna vers Jonas, et chercha par son moyen à agir sur la cour. Déjà la nouvelle du dessein de Luther y était parvenue, et l'on en était tout consterné. « Quoi! avaient dit les courtisans, ranimer la flamme « que l'on a eu tant de peine à éteindre! Luther ne peut « être sauvé qu'en se faisant oublier; et il s'élève contre le « premier prince de l'Empire! » — « Je ne permettrai pas, « dit l'Électeur, que Luther écrive contre l'archevêque de « Mayence et trouble ainsi la paix publique[2]. »

Luther, quand on lui rapporta ces paroles, en fut indigné. Ce n'est pas assez de faire son corps prisonnier, on prétend enchaîner son esprit, et la vérité elle-même!... S'imagine-t-on qu'il se cache parce qu'il a peur, et que sa retraite soit l'aveu de sa défaite? Il prétend, lui, qu'elle est une victoire. Qui donc à Worms a osé s'élever contre lui et contredire à la vérité? Aussi, quand le prisonnier de la Wartbourg eut lu la lettre du chapelain, qui l'informait des sentiments du prince, la jeta-t-il loin de lui, résolu à n'y pas répondre. Mais il ne put longtemps se contenir; il releva l'épitre. « L'Électeur ne permettra pas!... écrivit-il à « Spalatin; — et moi je ne souffrirai pas que l'Électeur ne « me permette pas d'écrire... Plutôt vous perdre à jamais, « vous, l'Électeur..., le monde entier[3]! Si j'ai résisté au « pape, qui est le créateur de votre cardinal, pourquoi

---

[1] « Huic seculo opus esse acerrimo sale. » (*Corp. Ref.*, I, p. 463.)
[2] « Non passurum principem scribi in Moguntinum. » (Luth. *Ep.*, II, p. 94.)
[3] « Potius te et principem ipsum perdam et omnem creaturam! » (*Ibid.*)

« céderais-je à sa créature? Il est beau vraiment de vous
« entendre dire qu'il ne faut pas troubler la paix publique,
« tandis que vous permettez qu'on trouble la paix éter-
« nelle de Dieu!... Il n'en sera point ainsi, ô Spalatin! Il
« n'en sera point ainsi, ô prince[1]! Je vous envoie un livre
« que j'avais déjà préparé contre le cardinal, lorsque je
« reçus votre lettre. Remettez-le à Mélanchthon... »

La lecture de ce manuscrit fit trembler Spalatin; il représenta de nouveau au réformateur l'imprudence qu'il y aurait à publier un ouvrage qui forcerait le gouvernement impérial à sortir de son apparente ignorance du sort de Luther, et à punir un prisonnier qui osait attaquer le premier prince de l'Empire et de l'Église. Si Luther persistait dans son dessein, la paix était de nouveau troublée, et la Réformation était peut-être perdue. Luther consentit à différer la publication de son écrit; il permit même que Mélanchthon en effaçât les passages les plus rudes[2]. Mais indigné de la timidité de son ami, il écrivit au chapelain : « Il vit, il
« règne le Seigneur auquel vous ne croyez pas, vous au-
« tres gens de cour, à moins qu'il n'accommode tellement
« ses œuvres à votre raison, qu'il n'y ait plus besoin de
« rien croire. » Puis il prit la résolution d'écrire directement à l'électeur-cardinal.

C'est l'épiscopat tout entier que Luther traduit à sa barre dans la personne du primat germanique. Ses paroles sont celles d'un homme hardi, brûlant de zèle pour la vérité, et qui a la conscience de parler au nom de Dieu même.

« Votre Altesse Électorale, écrit-il du fond de la retraite
« où on l'a caché, a relevé dans Halle l'idole qui engloutit
« l'argent et l'âme des pauvres chrétiens. Vous pensez
« peut-être que je suis hors de combat, et que la majesté
« impériale étouffera aisément les cris du pauvre moine...
« Mais sachez que je m'acquitterai du devoir que la charité

---

[1] « Non sic, Spalatine, non sic, princeps. » (Luth. *Ep.*, II, p. 94.)
[2] « Ut acerbiora tradat. » (*Ibid.*, p. 110.) Il faut sans doute lire *radat*.

« chrétienne m'impose, sans craindre les portes de l'enfer,
« et à plus forte raison sans craindre les papes, les évêques
« et les cardinaux.

« C'est pourquoi ma très humble prière est que Votre
« Altesse Électorale se rappelle le commencement de cette
« affaire, et comment d'une petite étincelle est sorti un ter-
« rible incendie. Tout le monde alors était aussi dans la
« sécurité. Ce pauvre mendiant, pensait-on, qui veut à lui
« seul attaquer le pape, est trop petit pour une telle œuvre.
« Mais Dieu est intervenu; et il a donné au pape plus de
« travail et de souci qu'il n'en avait jamais eu depuis qu'il
« s'est assis dans le temple de Dieu pour dominer l'Église.
« Ce même Dieu vit encore; que nul n'en doute[1]. Il saura
« résister à un cardinal de Mayence, fût-il même soutenu
« par quatre empereurs; car il aime par-dessus toutes cho-
« ses à abattre les cèdres élevés et à humilier les superbes
« Pharaons.

« C'est pourquoi je fais savoir par écrit à Votre Altesse,
« que si l'idole n'est pas abattue, je dois, pour obéir à la
« doctrine de Dieu, attaquer publiquement Votre Altesse,
« comme j'ai attaqué le pape lui-même. Que Votre Altesse
« se conduise d'après cet avis; j'attends une prompte et
« bonne réponse dans l'intervalle de quinze jours. Donné
« dans mon désert, le dimanche après le jour de Sainte-
« Catherine, 1521.

« De Votre Altesse Électorale le dévoué et soumis,

« MARTIN LUTHER. »

Cette épître fut envoyée à Wittemberg, et de Wittemberg
à Halle, où résidait alors l'électeur-cardinal; car on n'osa
pas l'arrêter au passage, prévoyant quel orage une pareille
audace eût fait éclater. Mais Mélanchthon l'accompagna
d'une lettre adressée au prudent Capiton, par laquelle il

---

[1] « Derselbig Gott lebet noch, da zweifel nur niemand an... » (Luth. *Ep.*, II. p. 113.)

s'efforçait de préparer une bonne issue à cette difficile affaire.

On ne peut dire quels furent les sentiments du jeune et faible archevêque en recevant la lettre du réformateur. L'ouvrage annoncé *contre l'idole de Halle* était comme une épée suspendue sur sa tête. Et, en même temps, quelle colère ne devait pas allumer en son cœur l'insolence de ce fils de paysan, de ce moine excommunié, qui osait tenir un pareil langage à un prince de la maison de Brandebourg, au primat de l'Église germanique? Capiton suppliait l'archevêque de donner satisfaction au moine. L'effroi, l'orgueil, la conscience dont il ne pouvait étouffer la voix, se livraient un terrible combat dans l'âme d'Albert. Enfin, la terreur du livre et peut-être aussi les remords l'emportèrent: il s'humilia; il recueillit tout ce qu'il pensa propre à apaiser l'homme de la Wartbourg, et à peine les quinze jours étaient-ils écoulés que Luther reçut la lettre suivante, plus étonnante encore que sa terrible épître :

« Mon cher monsieur le docteur, j'ai reçu et lu votre
« lettre, et je l'ai prise en grâce et bonne intention. Mais
« je pense que le motif qui vous a porté à m'écrire une telle
« épître n'existe plus depuis longtemps. Je veux, avec l'aide
« de Dieu, me conduire en évêque pieux et en prince chré-
« tien, et je reconnais que la grâce de Dieu m'est néces-
« saire. Je ne nie point que je sois un homme pécheur, qui
« peut pécher et se tromper, et même qui pèche et qui se
« trompe chaque jour. Je sais bien que sans la grâce de
« Dieu je ne suis qu'une fange inutile et fétide, comme les
« autres hommes, si même ce n'est plus. En réponse à
« votre lettre je n'ai pas voulu vous cacher cette disposition
« gracieuse; car je suis plus que désireux de vous témoi-
« gner, pour l'amour de Christ, toute sorte de bien et de
« faveur. Je sais recevoir une réprimande chrétienne et
« fraternelle.

« De ma propre main,

« ALBERT. »

Tel fut le langage tenu par l'électeur, archevêque de Mayence et de Magdebourg, chargé de représenter et de maintenir en Allemagne la constitution de l'Église, à l'excommunié de la Wartbourg. Albert, en l'écrivant, avait-il obéi aux généreuses inspirations de sa conscience, ou à de serviles craintes? Dans le premier cas, cette lettre est noble; dans le second elle est digne de mépris. Nous préférons supposer qu'elle provint d'un bon mouvement de son cœur. Quoi qu'il en soit, elle montre l'immense supériorité des serviteurs de Dieu sur les grandeurs de la terre. Tandis que Luther, seul, captif, condamné, trouvait dans sa foi un indomptable courage, l'archevêque-électeur-cardinal, entouré de toute la puissance et de toute la faveur du monde, tremblait sur son siége. Ce contraste se représente sans cesse, et il renferme la clef de l'énigme étonnante que nous offre l'histoire de la Réformation. Le chrétien n'est pas appelé à supputer ses forces et à faire le dénombrement de ses moyens de victoire. La seule chose dont il doive s'inquiéter, c'est de savoir si la cause qu'il soutient est bien celle de Dieu même, et s'il ne s'y propose que la gloire de son maître. Il a un examen à faire, sans doute ; mais cet examen est tout spirituel; le chrétien regarde au cœur, et non au bras ; il pèse la justice, et non la force. Et quand cette question est une fois résolue, son chemin est tracé. Il doit s'avancer courageusement, fût-ce même contre le monde et toutes ses armées, dans l'inébranlable conviction que Dieu lui-même combattra pour lui.

Les ennemis de la Réformation passaient ainsi d'une extrême rigueur à une extrême faiblesse; ils l'avaient déjà fait à Worms; et ces brusques transitions se retrouvent toujours dans la guerre que l'erreur fait à la vérité. Toute cause destinée à succomber est atteinte d'un malaise intérieur qui la rend chancelante, incertaine, et la pousse tour à tour d'un extrême à l'autre. Mieux vaudrait de la conséquence et de l'énergie ; on précipiterait peut-être ainsi sa chute, mais du moins, si l'on tombait, on tomberait avec gloire.

Un frère d'Albert, l'électeur de Brandebourg, Joachim Ier, donna l'exemple de cette force de caractère si rare, surtout dans notre siècle. Inébranlable dans ses principes, ferme dans son action, sachant, quand il le fallait, résister aux empiétements du pape, il opposa une main de fer à la marche de la Réforme. Déjà à Worms il avait insisté pour qu'on n'entendît pas Luther et qu'on le punît même comme hérétique, malgré son sauf-conduit. A peine l'édit de Worms fut-il rendu, qu'il en ordonna la rigoureuse exécution dans tous ses États. Luther savait estimer un caractère si énergique, et, distinguant Joachim de ses autres adversaires : « On peut encore prier pour l'électeur de « Brandebourg [1], » disait-il. Cet esprit du prince semble s'être communiqué à son peuple. Berlin et le Brandebourg restèrent longtemps complétement fermés à la Réforme. Mais ce que l'on reçoit avec lenteur, on le garde avec fidélité. Tandis que des contrées qui accueillaient alors l'Évangile avec joie, la Belgique par exemple et la Westphalie, devaient bientôt l'abandonner, le Brandebourg, qui, le dernier des États de l'Allemagne, entra dans les sentiers de la foi, devait se placer plus tard aux premiers rangs de la Réformation [2].

Luther ne reçut pas la lettre du cardinal Albert sans soupçonner qu'elle avait été écrite par hypocrisie, et pour suivre les conseils de Capiton. Il se tut cependant, se contentant de déclarer à ce dernier qu'aussi longtemps que l'archevêque, à peine capable d'administrer une petite paroisse, ne déposerait pas le masque du cardinalat et la pompe épiscopale, et ne deviendrait pas un simple ministre de la Parole, il était impossible qu'il fût dans la voie du salut [3].

---

[1] Helwing, *Gesch. der Brandeb.*, II, p. 605.
[2] « Hoc enim proprium est illorum hominum (ex March. Brandeburg), ut quam semel in religione sententiam approbaverint, non facile deserant. » (Leutingeri *Op.*, I, p. 41.)
[3] « Larvam cardinalatus et pompam episcopalem ablegare. » (Luth. *Ep.*, II, p. 182.)

V

Tandis qu'il luttait ainsi avec l'erreur comme s'il eût été encore sur le champ de bataille, Luther était à l'œuvre dans sa retraite de la Wartbourg, comme s'il ne se fût mêlé en rien de ce qui se passait dans le monde. Le moment était venu où la Réforme devait passer de la science des théologiens dans la vie des peuples; et pourtant la grande machine par laquelle ce progrès devait être opéré n'existait pas encore. Cet instrument puissant et merveilleux, destiné à lancer de toutes parts, contre l'édifice de Rome, des carreaux qui en feraient tomber les murailles, à soulever le poids énorme sous lequel la papauté tenait l'Église étouffée, à donner à toute l'humanité une impulsion qu'elle garderait jusqu'à la fin des siècles, devait sortir du vieux château de Wartbourg, et entrer dans le monde avec le réformateur, le jour où finirait sa captivité.

Plus l'Église s'éloignait des temps où Jésus, la véritable lumière du monde, était sur la terre, plus elle avait besoin du flambeau de la Parole de Dieu, qui doit porter intacte aux hommes des derniers siècles la clarté de Jésus-Christ. Mais cette Parole divine était alors inconnue au peuple. Des essais de traduction faits d'après la Vulgate en 1477, en 1490 et en 1518, avaient mal réussi, étaient presque inintelligibles, et se trouvaient, vu leur prix élevé, hors de la portée du peuple. Une défense avait même été faite de donner la Bible en langue vulgaire à l'Église germanique[1]. D'ailleurs, le nombre de ceux qui étaient en état de lire ne devint considérable que lorsqu'il y eut en langue allemande un livre présentant un intérêt vif et universel.

Luther était appelé à donner à sa nation les Écritures de Dieu. Le même Dieu qui avait conduit saint Jean à

---

[1] *Codex diplom. Ecclesiæ Mogunt.*, IV, p. 460.

Pathmos pour y écrire ses révélations, avait renfermé Luther dans la Wartbourg pour y traduire sa Parole. Ce grand travail, qu'il eût difficilement entrepris au milieu des distractions et des occupations de Wittemberg, devait établir le nouvel édifice sur le roc primitif, et, après tant de siècles, ramener les chrétiens, des subtilités scolastiques, à la source pure et première de la rédemption et du salut.

Les besoins de l'Église parlaient avec force ; ils demandaient ce grand travail ; et Luther, par ses expériences intimes, devait être conduit à le faire. En effet, il avait trouvé dans la foi ce repos de l'âme que sa conscience agitée et ses idées monacales lui avaient longtemps fait chercher dans des mérites et une sainteté propres. La doctrine de l'Église, la théologie scolastique, ne savaient rien de ces consolations que la foi donne ; mais l'Écriture les annonçait avec une grande force, et c'était là qu'il les avait trouvées. La foi à la Parole de Dieu l'avait rendu libre. Par elle il se sentait affranchi de l'autorité dogmatique de l'Église, de sa hiérarchie, de sa tradition, des opinions scolastiques, de la puissance des préjugés et de toute domination d'homme. Ces nombreux et puissants liens qui, pendant des siècles, avaient enchaîné et bâillonné la chrétienté, étaient brisés, détruits, épars tout autour de lui ; et il élevait noblement la tête, libre de tout, sauf la Parole. Cette indépendance des hommes, cette soumission à Dieu qu'il avait trouvées dans les saintes Écritures, il les voulait pour l'Église. Mais pour les lui donner, il fallait lui rendre les révélations de Dieu. Il fallait qu'une main puissante fît rouler sur leurs gonds les pesantes portes de cet arsenal de la Parole de Dieu, où Luther lui-même avait trouvé ses armes, et que ses voûtes et ces salles antiques que depuis des siècles nul pied n'avait parcourues fussent enfin rouvertes au peuple chrétien pour le jour du combat.

Luther avait déjà traduit divers fragments de la sainte Écriture ; les sept psaumes pénitentiaux avaient été son premier travail ¹. Jean-Baptiste, Jésus-Christ et la Réformation commencèrent également par la parole de la repentance. Elle est le principe de tout renouvellement pour l'homme et pour l'humanité tout entière. Ces essais avaient été reçus avec avidité ; tous en voulaient avoir davantage, et cette voix du peuple était pour Luther la voix de Dieu lui-même. Il conçut le dessein d'y répondre. Il était captif derrière de hautes murailles ; eh bien ! il consacrera ses loisirs à transporter la Parole de Dieu dans la langue de son peuple. Bientôt cette Parole descendra avec lui de la Wartbourg ; elle parcourra les tribus de l'Allemagne, et les mettra en possession de ces trésors spirituels, renfermés jusqu'à cette heure dans les cœurs de quelques hommes pieux. « Que ce seul livre, s'écria-t-il, soit dans « toutes les langues, dans toutes les mains, sous tous les « yeux, dans toutes les oreilles et dans tous les cœurs ²! » Paroles admirables, qu'une société illustre, transportant la Bible dans les idiomes de tous les peuples, se charge après trois siècles d'accomplir ³. « L'Écriture sans aucun « commentaire, dit-il encore, est le soleil duquel tous les « docteurs reçoivent la lumière. »

Tels sont les principes du christianisme et de la Réformation. Selon ces voix vénérables, ce ne sont pas les Pères que l'on doit prendre pour éclairer l'Écriture, mais c'est l'Écriture qui doit éclairer les Pères. Les réformateurs et les apôtres élèvent la Parole de Dieu seul pour lumière, comme ils élèvent le sacrifice de Christ seul pour justice. Vouloir mêler quelque autorité humaine à cette autorité absolue de Dieu, ou quelque justice humaine à cette justice parfaite de Christ, c'est vicier le christianisme dans ses deux bases. Ce sont là les deux hérésies fondamentales de Rome, et ce sont aussi celles que quelques docteurs voudraient introduire, quoique à un

---

[1] Ps. VI, XXXII, XXXVIII, LI, CII, CXXX, CXLVII.

[2] « Et solus hic liber omnium lingua, manu, oculis, auribus, cordibus versaretur. » (Luth. *Ep.*, II, p. 116.)

[3] La Société biblique.

moindre degré sans doute, dans le sein de la Réformation.

Luther ouvrit les écrits helléniques des évangélistes et des apôtres; et il entreprit la tâche difficile de faire parler sa langue maternelle à ces divins docteurs. Époque importante dans l'histoire de la Réformation! La Réforme ne fut plus dès lors dans la main du réformateur. La Bible s'avança; Luther se retira. Dieu se montra, et l'homme disparut. Le réformateur a remis le Livre dans les mains de ses contemporains. Chacun peut maintenant entendre Dieu lui-même. Pour lui il se mêle dès lors à la foule, et se place dans les rangs de ceux qui viennent puiser ensemble à la source commune de la lumière et de la vie.

Luther trouva dans la traduction des saintes Écritures une abondance de consolations et de force qui lui était bien nécessaire. Malade, isolé, attristé par les efforts de ses ennemis et les écarts de quelques-uns de ses partisans, voyant sa vie se consumer dans l'ombre de ce vieux château, il avait quelquefois des combats terribles à soutenir. On était enclin, dans ces temps, à transporter dans le monde visible les luttes que l'âme soutient avec ses ennemis spirituels; l'imagination vive de Luther donnait facilement un corps aux émotions de son cœur, et les superstitions du moyen âge avaient encore quelque prise sur son esprit, en sorte que l'on pourrait dire de lui, à cet égard, ce que l'on a dit de Calvin quant aux châtiments dus aux hérétiques : il avait un reste de papisme [1]. Satan n'était pas simplement pour Luther un être invisible, quoique très réel : il pensait que cet ennemi de Dieu apparaissait aux hommes comme il était apparu à Jésus-Christ. Bien que l'authenticité de plusieurs des récits faits à ce sujet dans les « *Propos de table,* » et ailleurs, soit plus douteuse, l'histoire doit cependant signaler ce faible du réformateur. Jamais ces idées sombres ne l'assaillirent davantage que dans la solitude de la Wartbourg. Il avait bravé le diable

---

[1] M. Michelet, dans ses *Mémoires de Luther,* consacre plus de trente pages aux divers récits sur les apparitions du diable.

dans Worms, aux jours de sa force; mais maintenant toute la puissance du réformateur semblait brisée et sa gloire ternie. Il était jeté à l'écart; Satan était victorieux à son tour, et, dans l'angoisse de son esprit, Luther croyait le voir dresser devant lui sa forme gigantesque, élever son doigt menaçant, triompher avec un sourire amer et infernal, et grincer les dents avec une affreuse colère. Un jour, entre autres, dit-on, comme Luther travaillait à sa traduction du Nouveau Testament, il crut voir Satan, qui, plein d'horreur pour cette œuvre, le harcelait, et tournait tout à l'entour de lui comme un lion qui va fondre sur sa proie. Luther, effrayé, irrité, saisit son écritoire, et la jeta à la tête de son ennemi. La figure s'évanouit, et l'encrier vint se briser contre le mur [1].

Le séjour de la Wartbourg commençait à être insupportable à Luther. Il s'indignait de la pusillanimité de ses protecteurs. Quelquefois il restait plongé tout un jour dans une méditation silencieuse et profonde, et n'en sortait que pour s'écrier : « Ah ! si j'étais à Wittemberg ! » Enfin, il ne put y tenir plus longtemps; c'est assez de ménagements : il faut qu'il revoie ses amis, qu'il les entende, qu'il leur parle. Il s'expose, il est vrai, à tomber entre les mains de ses adversaires, mais rien ne l'arrête. Vers la fin de novembre, il sort secrètement de la Wartbourg, et part pour Wittemberg [2].

Un nouvel orage venait justement de fondre sur lui. La Sorbonne avait enfin rompu le silence. Cette illustre école de Paris, première autorité dans l'Église après le pape, source antique et vénérable d'où les doctrines théologiques étaient sorties, venait de lancer son verdict contre la Réformation.

Voici quelques-unes des propositions qu'elle condamnait. Luther avait dit : « Dieu pardonne et remet toujours

---

[1] Le gardien de la Wartbourg montre encore soigneusement au voyageur la tache faite par l'encrier de Luther...

[2] « Machete er sich heimlich aus seiner Patmo auf. » (Luth. *Op.*, XVIII, p. 238.)

« gratuitement les péchés, et il ne demande rien de nous
« en retour, si ce n'est qu'à l'avenir nous vivions selon la
« justice. » Il avait ajouté : « De tous les péchés mortels
« c'est ici le plus mortel, savoir, que quelqu'un croie qu'il
« n'est pas coupable devant Dieu d'un péché damnable et
« mortel. » Il avait dit encore : « Brûler les hérétiques est
« contraire à la volonté du Saint-Esprit. »

A toutes ces propositions et à bien d'autres encore qu'elle avait citées, la faculté de théologie de Paris répondait : « Hérésie, anathème [1] ! »

Mais un jeune homme de vingt-quatre ans, de petite taille, modeste et sans apparence, osa relever le gant que venait de jeter la première école du monde. On n'ignorait pas à Wittemberg ce qu'il fallait penser de ces pompeuses condamnations ; on y savait que Rome avait cédé aux inspirations des dominicains, et que la Sorbonne était entraînée par deux ou trois docteurs fanatiques qu'on désignait à Paris par des sobriquets ridicules [2]. Aussi, dans son apologie, Mélanchthon ne se borna-t-il pas à défendre Luther ; mais, avec la hardiesse qui caractérise ses écrits, il porta lui-même l'attaque dans le camp de ses adversaires. « Vous dites : Il est manichéen ! il est montaniste !
« que les flammes et le feu répriment sa folie ! Et qui est
« montaniste ? Luther, qui veut qu'on ne croie qu'à la sainte
« Écriture, ou vous-mêmes, qui voulez que l'on croie à
« des esprits d'hommes plutôt qu'à la Parole de Dieu [3] ? »

Attribuer plus à une parole d'homme qu'à la Parole de Dieu était en effet l'hérésie de Montanus, comme c'est encore celle du pape et de tous ceux qui mettent l'autorité hiérarchique de l'Église ou les inspirations intérieures du mysticisme au-dessus des déclarations positives des écrits sacrés. Aussi, le jeune maître ès arts qui avait dit : « Je per-

---

[1] « Determinatio theologorum Parisiensium super doctrina Lutherana. » (*Corp. Ref.*, I, p. 366 à 388.)

[2] « Damnarunt triumviri *Beda, Quercus* et *Christophorus*. Nomina sunt horum monstrorum etiam vulgo nunc nota : *Belua, Stercus, Christotomus.* » (Zwinglii *Ep.*, I, p. 176.)

[3] *Corp. Ref.*, I, p. 396.

« drai la vie plutôt que la foi [1], » ne s'arrêta-t-il point là. Il accusa la Sorbonne d'avoir obscurci l'Évangile, d'avoir éteint la foi, d'avoir substitué au christianisme une vaine philosophie [2]. Après ce livre de Mélanchthon, la position de la question était changée ; il démontrait sans réplique que l'hérésie était à Paris et à Rome, et la vérité catholique à Wittemberg.

Cependant Luther, se souciant peu des condamnations de la Sorbonne, se rendait, en habits équestres, à la ville universitaire. Divers rapports lui parvinrent en route sur un esprit d'impatience et d'indépendance qui se manifestait parmi quelques-uns de ses adhérents, et il en était navré de douleur [3]. Enfin il arriva à Wittemberg sans avoir été reconnu, et s'arrêta à la maison d'Amsdorf. Aussitôt on va chercher en secret tous ses amis [4], Mélanchthon surtout, qui avait dit si souvent : « Si je dois être privé de lui, « je préfère la mort [5]. » Ils arrivent : quelle entrevue ! quelle joie ! Le captif de la Wartbourg goûte au milieu d'eux toutes les douceurs de l'amitié chrétienne. Il apprend les progrès de la Réforme, les espérances de ses frères ; et, ravi de ce qu'il voit et de ce qu'il entend [6], il prie, il rend grâce ; puis, sans de longs retards, il retourne à la Wartbourg.

VI

La joie de Luther était fondée : l'œuvre de la Réforme faisait alors un pas immense. Feldkirchen, toujours à

---

[1] « Scias me positurum animam citius quam fidem. » (*Corp. Ref.*, I, p. 396.)

[2] « Evangelium obscuratum est, fides exstincta... Ex Christianismo, contra omnem sensum spiritus, facta est quædam philosophica vivendi ratio. » (*Ibid.*, p. 400.)

[3] « Per viam vexatus rumore vario de nostrorum quorumdam importunitate. » (Luth. *Ep.*, II, p. 109.)

[4] « Liess in der Stille seine Freunde fordern. » (Luth. *Op.*, XVIII, p. 238.)

[5] « Quo si mihi carendum est, mortem fortius tulero. » (*Corp. Ref.*, I, p. 453 et 455.)

[6] « Omnia vehementer placent quæ video et audio. » (Luth. *Ep.*, II, p. 109.)

l'avant-garde, était monté le premier à l'assaut; maintenant le corps d'armée s'ébranlait, et cette puissance qui faisait passer la Réforme, de la doctrine qu'elle avait épurée, dans le culte, dans la vie, dans la constitution de l'Église, se manifestait alors par une nouvelle explosion, plus redoutable encore pour la papauté que ne l'avait été la première.

Rome, débarrassée du réformateur, pensait en avoir fini avec l'hérésie. Mais en peu de temps tout changea. La mort précipita du trône pontifical l'homme qui avait mis Luther à l'interdit. Des troubles survinrent en Espagne, et obligèrent Charles-Quint à se rendre au delà des Pyrénées. La guerre éclata entre ce prince et François Ier, et comme si ce n'était pas assez pour occuper l'Empereur, Soliman s'avança en Hongrie. Charles, attaqué de toutes parts, se vit contraint d'oublier le moine de Worms et ses innovations religieuses.

Vers le même temps, le navire de la Réformation, qui, poussé en tout sens par les vents contraires, avait été près de sombrer, se releva, et se rassit fièrement sur les eaux.

Ce fut dans le couvent des augustins de Wittemberg que la Réformation éclata. On ne doit pas en être surpris : le réformateur ne s'y trouvait plus, il est vrai, mais toutes les puissances humaines ne pouvaient en bannir l'esprit qui l'avait animé.

Déjà, depuis quelque temps, l'église où Luther avait si souvent parlé retentissait d'étranges discours. Un moine plein de zèle, le prédicateur du couvent, Gabriel Zwilling, y prêchait avec feu la Réforme. Comme si Luther, dont le nom était alors partout proclamé, fût devenu trop fort et trop illustre, Dieu choisissait, pour commencer la Réformation que le célèbre docteur avait préparée, des hommes faibles et obscurs. « Jésus-Christ, disait le prédicateur, a
« institué le sacrement de l'autel pour rappeler sa mort, et
« non pour en faire un objet d'adoration. L'adorer est une
« vraie idolâtrie. Le prêtre qui communie seul commet un
« péché. Nul prieur n'a le droit de contraindre un moine

« à dire seul la messe. Qu'un, deux ou trois officient, et
« que tous les autres reçoivent sous les deux espèces le
« sacrement du Seigneur[1]. »

Voilà ce que demandait le frère Gabriel, et ces paroles audacieuses étaient écoutées avec approbation par les autres frères, et surtout par ceux qui venaient des Pays-Bas[2]. Disciples de l'Évangile, pourquoi ne se conformeraient-ils pas en tout à ses commandements? Luther n'avait-il pas lui-même écrit, au mois d'août, à Mélanchthon: «Dès main-
« tenant et à jamais, je ne dirai plus de messe privée[3]? »
Ainsi les moines, ces soldats de la hiérarchie, mis en liberté par la Parole de Dieu, prenaient hardiment parti contre Rome.

A Wittemberg, ils éprouvèrent, de la part du prieur, une résistance opiniâtre. Se rappelant que toutes choses doivent se faire avec ordre, ils cédèrent, mais en déclarant que soutenir la messe était s'opposer à l'Évangile de Dieu.

Le prieur l'avait emporté; un seul avait été plus fort que tous. On pouvait donc croire que le mouvement des augustins n'avait été que l'une de ces fantaisies d'insubordination dont les couvents étaient si souvent le théâtre. Mais c'était en réalité l'Esprit de Dieu même qui agitait alors la chrétienté. Un cri isolé, poussé au fond d'un monastère, trouvait mille voix pour y répondre; et ce qu'on eût voulu tenir enfermé dans les murs d'un couvent en sortait, et prenait un corps au sein même de la cité.

Le bruit des dissentiments des moines retentit bientôt dans la ville. Les bourgeois et les étudiants de l'université prirent parti, soit pour, soit contre la messe. La cour électorale s'en émut. Frédéric, étonné, envoya à Wittemberg

---

[1] « Einem Zwei oder drey befehlen Mess zu halten, und die andern zwölf von denen, dass Sacrament *sub utraque specie*, mit empfahen. » (*Corp. Ref.*, I, p. 460.)

[2] « Der meiste Theil jener Parthei Niederlænder seyn. » (*Ibid.*, p. 476.)

[3] « Sed et ego amplius non faciam missam privatam in æternum. » (Luth. *Ep.*, II, p. 36.)

son chancelier Pontanus, avec ordre de dompter les moines, en les mettant, si c'était nécessaire, au pain et à l'eau[1] ; et le 12 octobre, à sept heures du matin, une députation de professeurs, dont Mélanchthon faisait partie, se rendit au couvent pour exhorter les frères à ne rien innover[2], ou du moins à attendre encore. Alors tout leur zèle se ranima; unanimes dans leur foi, sauf le prieur, qui les combattait, ils en appelèrent à l'Écriture sainte, à l'intelligence des fidèles, à la conscience des théologiens ; et deux jours plus tard ils leur remirent une déclaration écrite.

Les docteurs examinèrent alors de plus près la question, et reconnurent que la vérité était du côté des moines. Venus pour convaincre, ils furent eux-mêmes convaincus. Que faire? leur conscience parlait avec force ; leur angoisse devenait toujours plus grande ; enfin, après avoir longtemps hésité, ils prirent une résolution courageuse.

Le 20 octobre, l'université fit son rapport à l'électeur. « Que votre Altesse Électorale, lui dit-elle, après avoir « exposé les erreurs de la messe, abolisse tous les abus, de « peur que Christ, au jour du jugement, ne nous adresse « le reproche qu'il fit autrefois à Capernaüm. »

Ainsi ce ne sont plus quelques moines obscurs qui parlent : c'est cette université que tous les hommes graves saluent, depuis quelques années, comme l'école de la nation; et les moyens mêmes qu'on a voulu employer pour étouffer la Réforme sont ceux qui vont servir à la répandre.

Mélanchthon, avec cette hardiesse qu'il portait dans la science, publia cinquante-cinq propositions destinées à éclairer les esprits :

« De même, dit-il, que regarder une croix n'est pas « faire une bonne œuvre, mais simplement contempler un « signe qui nous rappelle la mort de Christ;

« De même que regarder le soleil n'est pas faire une

---

[1] « Wollen die Mönche nicht Messhalten, sie werden's bald in der Küchen und Keller empfinden... » (*Corp. Ref.*, I, p. 461.)

[2] « Mit dem Messhalten keine Neuerung machen. » (*Ibid.*)

« bonne œuvre, mais simplement contempler un signe qui
« nous rappelle Christ et son Évangile;

« De même, participer à la table du Seigneur n'est pas
« faire une bonne œuvre, mais simplement faire usage
« d'un signe qui nous rappelle la grâce qui nous a été don-
« née par Christ.

« Mais c'est ici la différence, savoir, que les symboles
« trouvés par les hommes rappellent simplement ce qu'ils
« signifient, tandis que les signes donnés de Dieu, non-
« seulement rappellent les choses, mais encore rendent le
« cœur certain de la volonté de Dieu.

« Comme la vue d'une croix ne justifie pas, ainsi la
« messe ne justifie pas.

« Comme la vue d'une croix n'est pas un sacrifice pour
« nos péchés ni pour ceux des autres, ainsi la messe n'est
« point un sacrifice.

« Il n'y a qu'un sacrifice, il n'y a qu'une satisfaction :
« Jésus-Christ. Hors de lui, il n'y en a point.

« Que les évêques qui ne s'opposent pas à l'impiété de
« la messe soient anathèmes [1]... »

Ainsi parlait le pieux et doux Philippe.

L'Électeur fut consterné. Il avait voulu comprimer de jeunes moines, et voilà toute l'université et Mélanchthon lui-même qui se lèvent pour les appuyer. Attendre lui paraissait, en toutes choses, le plus sûr moyen de succès. Il n'aimait pas les réformes brusques, et il voulait que chaque opinion pût librement se faire jour. « Le temps, pensait-il, « éclaire et amène seul toutes choses à maturité. » Et pourtant la Réforme marchait malgré lui à pas précipités, et menaçait de tout entraîner avec elle. Frédéric fit tous ses efforts pour l'arrêter. Son autorité, l'influence de son caractère, les raisons qui lui paraissaient les plus décisives, tout fut par lui mis en œuvre. « Ne vous hâtez point, fit-il
« dire aux théologiens; vous êtes en trop petit nombre

---

[1] « Signa ab hominibus reperta admonent tantum; signa a Deo tradita, præterquam quod admonent, certificant etiam cor de voluntate Dei. » (*Corp. Ref.*, I, p. 478.)

« pour faire réussir une telle réforme. Si elle est fondée
« sur le saint Évangile, d'autres s'en apercevront, et ce
« sera avec toute l'Église que vous abolirez ces abus. Par-
« lez, disputez, prêchez sur ces choses tant que vous le
« voudrez ; mais conservez les anciens usages. »

Tel était le combat qui se livrait au sujet de la messe. Les moines étaient montés courageusement à l'assaut; les théologiens, un instant indécis, les avaient bientôt appuyés. Le prince et ses ministres défendaient seuls la place. On a dit que la Réformation avait été accomplie par la puissance et par l'autorité de l'Électeur ; mais loin de là, les assaillants durent reculer à la voix vénérée de Frédéric; et la messe fut sauvée pour quelques jours.

Du reste, l'ardeur de l'attaque s'était déjà portée sur un autre point. Le frère Gabriel continuait dans l'église des augustins ses ferventes harangues. C'était contre le monachisme même qu'il dirigeait maintenant des coups redoublés ; si la messe était la force de la doctrine de Rome, le monachisme était la force de sa hiérarchie. C'étaient donc là deux des premières positions qui devaient être enlevées.

« Personne, s'écriait Gabriel, à ce que rapporte le prieur,
« personne dans les couvents n'observe les commande-
« ments de Dieu; personne ne peut être sauvé sous le ca-
« puchon[1] ; quiconque est dans un cloître y est entré au
« nom du diable. Les vœux de chasteté, de pauvreté et
« d'obéissance sont contraires à l'Évangile. »

On rapportait ces discours étranges au prieur, qui se gardait bien de se rendre à l'église, de peur de les entendre.

« Gabriel, lui disait-on encore, veut que l'on mette tout
« en œuvre pour vider les cloîtres. Si l'on rencontre des
« moines dans la rue, il faut, selon lui, les tirer par l'habit
« et se moquer d'eux ; et si l'on ne parvient par la moquerie
« à les faire sortir du couvent, il faut les en chasser de force.
« Brisez, détruisez, renversez les monastères, dit-il, en
« sorte qu'il n'en reste plus de trace ; et que jamais sur la

---

[1] « Kein Mönch werde in der Kappe selig. » (*Corp. Ref.*, I, p. 433.)

« place qu'ils ont si longtemps occupée on ne puisse re-
« trouver une seule des pierres qui ont servi à abriter tant
« de paresse et de superstitions[1]. »

Les moines étaient étonnés; leur conscience leur criait que ce que disait Gabriel n'était que trop véritable, que la vie d'un moine n'était pas conforme à la volonté de Dieu, et que personne ne pouvait disposer d'eux, qu'eux-mêmes.

Treize augustins sortirent à la fois du couvent, et, quittant l'habit de leur ordre, ils prirent des vêtements ordinaires. Ceux d'entre eux qui avaient quelque instruction suivirent les leçons de l'université, afin de pouvoir un jour se rendre utiles à l'Église, et ceux dont l'esprit était peu cultivé cherchèrent à gagner leur vie, en travaillant de leurs propres mains, selon le précepte de l'Apôtre, et à l'exemple des bons bourgeois de Wittemberg[2]. L'un d'eux, qui connaissait l'état de menuisier, demanda la bourgeoisie, et résolut de se marier.

Si l'entrée de Luther dans le couvent des augustins d'Erfurt avait été le premier germe de la Réformation, la sortie de ces treize moines du couvent des augustins de Wittemberg était le signe qu'elle prenait possession de la chrétienté. Érasme, depuis trente ans, avait mis à découvert l'inutilité, la folie et les vices des moines; et toute l'Europe de rire et de s'indigner avec lui: mais il ne s'agissait plus de sarcasmes. Treize hommes fiers et courageux rentraient au milieu de leurs frères, pour se rendre utiles à la société et y accomplir les ordres de Dieu. Le mariage de Feldkirchen avait été la première défaite de la hiérarchie; l'émancipation de ces treize augustins fut la seconde. Le monachisme, qui s'était formé au moment où l'Église était entrée dans la période de son asservissement et de ses erreurs, devait tomber au moment où elle retrouvait la liberté et la vérité.

---

[1] « Dass man nicht oben Stück von einem Kloster da sey gestanden, merken möge. » (*Corp. Ref.*, I, p. 483.)

[2] « Etliche unter den Bürgern, etliche unter den Studenten, » dit le prieur dans sa plainte à l'Électeur. (*Corp. Ref.*, I, p. 483.)

Cette action hardie excita dans Wittemberg une fermentation générale. On admirait ces hommes qui venaient partager les travaux de tous, et on les recevait comme des frères. En même temps, quelques cris se faisaient entendre contre ceux qui s'obstinaient à demeurer oisivement cachés derrière les murs du monastère. Les moines restés fidèles au prieur tremblaient dans leurs cellules ; et celui-ci, entraîné par le mouvement universel, interrompit la célébration des messes basses.

La moindre concession, en un moment si critique, devait précipiter la marche des événements. Cet ordre du prieur fit dans la ville et dans l'université une sensation très vive, et produisit une explosion soudaine. Parmi les étudiants et les bourgeois de Wittemberg se trouvaient de ces hommes turbulents que la moindre excitation soulève et précipite dans de coupables désordres. Ils s'indignèrent à la pensée que les messes basses, suspendues même par le superstitieux prieur, se disaient encore dans l'église paroissiale ; et le mardi 3 décembre, comme on allait y chanter la messe, ils s'avancèrent tout à coup vers l'autel, en enlevèrent les livres et en chassèrent les prêtres. Le conseil et l'université, indignés, s'assemblèrent pour sévir contre les auteurs de ces méfaits. Mais les passions, une fois excitées, ne se calment que difficilement. Les cordeliers n'avaient point pris part au mouvement de réforme des augustins. Le lendemain, des étudiants affichèrent à la porte de leur monastère un placard menaçant ; puis quarante étudiants entrèrent dans leur église, et sans en venir à des voies de fait, ils se moquèrent des moines, en sorte que ceux-ci n'osèrent dire la messe que dans le chœur. Vers le soir, on vint prévenir les pères de se tenir sur leurs gardes : « Les étudiants, « leur dit-on, veulent envahir le monastère !... » Les religieux, épouvantés, ne sachant comment se mettre à l'abri de ces attaques réelles ou supposées, firent en toute hâte prier le conseil de les défendre ; on leur envoya des soldats ; mais l'ennemi ne se présenta pas. L'université fit arrêter les étudiants qui avaient pris part à ces troubles. Il se trouva que c'étaient des étudiants d'Erfurt, déjà connus pour leur insubordination[1]. On leur appliqua les peines universitaires.

Cependant on sentait la nécessité d'examiner avec soin la légitimité des vœux monastiques. Un chapitre, composé des augustins de la Thuringe et de la Misnie, se réunit au mois de décembre à Wittemberg. La pensée de Luther était la leur. Ils déclarèrent, d'un côté, que les vœux monastiques n'étaient pas coupables, mais, de l'autre, qu'ils n'étaient pas obligatoires. « En Christ, dirent-ils, il n'y a « ni laïque ni moine; chacun est libre de quitter le mo- « nastère ou d'y demeurer. Que celui qui sort n'abuse pas « de sa liberté; que celui qui reste obéisse à ses supé- « rieurs, mais par amour. » Puis ils abolirent la mendicité et les messes dites pour de l'argent; ils arrêtèrent aussi que les plus savants d'entre eux s'appliqueraient à l'enseignement de la Parole de Dieu, et que les autres nourriraient leurs frères du travail de leurs mains[2].

Ainsi la question des vœux semblait décidée; mais celle de la messe demeurait indécise. L'Électeur s'opposait toujours au torrent, et protégeait une institution qu'il voyait encore debout dans toute la chrétienté. Les ordres d'un prince si indulgent ne pouvaient cependant contenir longtemps les esprits. La tête de Carlstadt fermentait surtout au milieu de la fermentation générale. Plein de zèle, de droiture, de hardiesse; prêt, comme Luther, à tout sacrifier pour la vérité, il avait moins de sagesse et de modération que le réformateur; il n'était pas sans quelque amour de la vaine gloire, et, avec une disposition prononcée à aller jusqu'au fond des questions, il avait peu de jugement et peu de clarté dans les idées. Luther l'avait tiré du milieu des scolastiques et dirigé vers l'étude de l'Écriture; mais Carlstadt n'avait pas reconnu, comme son ami, la

---

[1] « In summa es sollen die Aufruhr etliche Studenten von Erffurth erwerckt haben. » (*Corp. Ref.*, I, p. 490.)

[2] *Corp. Ref.*, I, p. 456. Les éditeurs placent ce décret en octobre, avant que les frères eussent quitté le couvent de Wittemberg.

pleine suffisance de la Parole de Dieu. Aussi le vit-on s'attacher souvent aux interprétations les plus singulières. Tant que Luther fut à ses côtés, la supériorité du maître retint le disciple dans de justes bornes. Mais alors Carlstadt était libre. On entendait à l'université, à l'église, partout dans Wittemberg, ce petit homme au teint basané, qui n'avait jamais brillé par son éloquence, exprimer avec entraînement des idées quelquefois profondes, mais souvent enthousiastes et exagérées. « Quelle folie, s'écriait-il, que
« de penser qu'il faut laisser la Réforme à l'action de Dieu
« seul ! Un nouvel ordre de choses commence. La main
« de l'homme doit intervenir. Malheur à celui qui demeu-
« rera en arrière, et ne montera pas à la brèche pour la
« cause du Dieu fort... »

La parole de l'archidiacre communiquait à d'autres l'impatience qui l'animait lui-même. « Tout ce que les papes
« ont institué est impie, disaient, à son exemple, des
« hommes sincères et droits. Ne nous rendons-nous pas
« complices de ces abominations en les laissant subsister ?
« Ce qui est condamné par la Parole de Dieu doit être
« aboli dans la chrétienté, quelles que soient les ordon-
« nances des hommes. Si les chefs de l'État et de l'Église
« ne veulent pas faire leur devoir, faisons le nôtre. Renon-
« çons aux négociations, aux conférences, aux thèses, aux
« débats, et appliquons le vrai remède à tant de maux. Il
« faut un second Élie pour détruire les autels de Baal. »

Le rétablissement de la cène, dans ce moment de fermentation et d'enthousiasme, ne pouvait sans doute présenter la solennité et la sainteté de son institution par le Fils de Dieu, la veille de sa mort, et presque au pied de sa croix. Mais si Dieu se servait maintenant d'hommes faibles et peut-être passionnés, c'était pourtant sa main qui rétablissait au milieu de l'Église le repas de son amour.

Déjà, au mois d'octobre, Carlstadt avait célébré en secret le repas du Seigneur, selon l'institution de Christ, avec douze de ses amis. Le dimanche avant Noël, il annonça du haut de la chaire que, le jour de la circoncision du

Seigneur, premier de l'an, il distribuerait la cène sous les deux espèces du pain et du vin, à tous ceux qui se présenteraient à l'autel; qu'il omettrait toutes les cérémonies inutiles[1], et ne mettrait, pour célébrer cette messe, ni chape ni chasuble.

Le conseil, effrayé, demanda au conseiller Beyer d'empêcher un si grand désordre. Alors Carlstadt résolut de ne pas attendre le temps fixé. Le jour même de Noël 1521, il prêche dans l'église paroissiale sur la nécessité d'abandonner la messe et de recevoir le sacrement sous les deux espèces. Après le sermon, il descend à l'autel; il prononce en allemand les paroles de la consécration; puis, se tournant vers le peuple attentif, il dit d'une voix solennelle : « Que quiconque sent le poids de ses péchés, et a faim et « soif de la grâce de Dieu, vienne, et reçoive le corps et le « sang du Seigneur[2]. » Ensuite, sans élever l'hostie, il distribue à tous le pain et le vin, en disant : « Ceci est le « calice de mon sang, du sang du Testament nouveau et « éternel. »

Des sentiments divers régnaient dans l'assemblée. Les uns, sentant qu'une grâce nouvelle de Dieu était donnée à l'Église, venaient avec émotion et en silence à l'autel. D'autres, attirés surtout par la nouveauté, s'en approchaient avec agitation et une certaine impatience. Cinq communiants seulement s'étaient présentés au confessionnal. Les autres prirent simplement part à la confession publique des péchés. Carlstadt donna à tous l'absolution générale, en n'imposant d'autre pénitence que celle-ci : « Ne péchez plus désormais. » En finissant, on chanta le cantique : *Agneau de Dieu*[3].

Personne ne s'opposa à Carlstadt; ces réformes avaient déjà obtenu l'assentiment public. L'archidiacre donna de nouveau la cène le jour de l'an, puis le dimanche suivant;

---

[1] « Und die anderen *Schirymstege* alle aussen lassen. » (*Corp. Ref.*, I, p. 512.)

[2] « Wer mit Sünden beschwert und nach der Gnade Gottes hungrig und durstig. » (*Ibid.*, p. 540.)

[3] « Wenn mann communicirt hat, so singt man : *Agnus Dei* carmen. » (*Ibid.*)

et dès lors l'institution fut maintenue. Einsidlen, conseiller de l'Électeur, ayant reproché à Carlstadt de rechercher sa gloire plus que le salut de ses auditeurs : « Puissant Sei-« gneur, répondit-il, il n'y a pas de mort qui puisse me « faire désister de l'Écriture. La Parole est arrivée à moi « avec tant de promptitude..... Malheur à moi si je ne « prêche pas[1] ! » Peu après Carlstadt se maria.

Au mois de janvier, le conseil de la ville de Wittemberg et l'université réglèrent la célébration de la cène suivant le nouveau rite. On s'occupa en même temps des moyens de rendre à la religion son influence morale ; car la Réformation devait rétablir simultanément la foi, le culte et les mœurs. Il fut arrêté qu'on ne tolérerait plus de mendiants, qu'ils fussent moines ou non, et que dans chaque rue il y aurait un homme pieux chargé de prendre soin des pauvres, et de citer les pécheurs scandaleux devant l'université ou le conseil[2].

Ainsi tomba le principal boulevard de Rome, la messe ; ainsi la Réformation passa de la doctrine dans le culte. Il y avait trois siècles que la messe et la transsubstantiation avaient été définitivement établies[3]. Dès lors tout avait pris dans l'Église une marche nouvelle ; tout s'était rapporté à la gloire de l'homme et au culte du prêtre. Le saint-sacrement avait été adoré ; des fêtes avaient été instituées en l'honneur du plus grand des miracles ; l'adoration de Marie avait acquis une haute importance ; le prêtre qui, dans sa consécration, recevait la puissance admirable de « faire le « corps de Christ, » avait été séparé des laïques, et était devenu, selon Thomas d'Aquin, médiateur entre Dieu et l'homme[4] ; le célibat avait été proclamé une inviolable loi ; la confession auriculaire avait été imposée au peuple, et la

---

[1] « Mir ist das Wort fast in grosser Geschwindigkeit eingefallen. » (*Ibid.*, p. 545.)
[2] « Keinen offenbaren Sünder zu dulden... » (*Corp. Ref.*, I, p. 540.)
[3] Par le concile de Latran de l'an 1215.
[4] « Sacerdos constituitur medius inter Deum et populum. » (Th. Aquin, *Summa*, III, p. 22.)

coupe lui avait été enlevée ; car, comment placer d'humbles laïques sur le même rang que les prêtres, chargés du plus auguste ministère ? La messe était une injure au Fils de Dieu ; elle était opposée à la grâce parfaite de sa croix et à la gloire sans tache de son règne éternel ; mais si elle abaissait le Seigneur, elle élevait le prêtre, qu'elle revêtait de la puissance inouïe de reproduire à son gré, dans ses mains, le souverain Créateur. L'Église parut dès lors exister, non pas pour prêcher l'Évangile, mais simplement pour reproduire corporellement le Christ au milieu d'elle[1]. Le pontife de Rome, dont les plus humbles serviteurs créaient à leur gré le corps de Dieu même, s'assit comme Dieu dans le temple de Dieu, et s'attribua un trésor spirituel, dont il tirait à son gré des indulgences, pour le pardon des âmes.

Telles étaient les grossières erreurs qui, depuis trois siècles, s'étaient avec la messe imposées à l'Église. La Réformation, en abolissant cette institution des hommes, abolissait tous ses abus. C'était donc une action d'une haute portée que celle de l'archidiacre de Wittemberg. Les fêtes somptueuses qui amusaient le peuple, le culte de Marie, l'orgueil du sacerdoce, la puissance du pape, tout chancelait avec la messe. La gloire se retirait des prêtres pour retourner à Jésus-Christ, et la Réformation faisait en avant un pas immense.

VII

Cependant des hommes prévenus eussent pu ne voir dans l'œuvre qui s'accomplissait que l'effet d'un vain enthousiasme. Les faits mêmes devaient prouver le contraire et démontrer qu'il y a un abîme entre une réforma-

---

[1] « Perfectio hujus sacramenti non est in usu fidelium, sed in consecratione materiæ. » (Th. Aquin., *Summa Quæst*, p. 80.)

tion fondée sur la Parole de Dieu et une exaltation fanatique.

Lorsqu'une grande fermentation religieuse s'accomplit dans l'Église, quelques éléments impurs se mêlent toujours aux manifestations de la vérité. On voit surgir une ou plusieurs fausses réformes provenant de l'homme, et qui servent de témoignage ou de contre-seing à la réforme véritable. Ainsi plusieurs faux Messies attestèrent au temps de Christ que le vrai Messie avait paru. La Réformation du seizième siècle ne pouvait s'accomplir sans présenter un tel phénomène. Ce fut dans la petite ville de Zwickau qu'il se manifesta.

Il s'y trouva quelques hommes qui, agités par les grands événements qui remuaient alors la chrétienté, aspirèrent à des révélations directes de la Divinité, au lieu de rechercher avec simplicité la sanctification du cœur, et qui prétendirent être appelés à compléter la Réformation, faiblement ébauchée par Luther. « A quoi bon, disaient-ils, « s'attacher si étroitement à la Bible? La Bible, toujours « la Bible! La Bible peut-elle nous parler? N'est-elle pas « insuffisante pour nous instruire? Si Dieu eût voulu nous « enseigner par un livre, ne nous eût-il pas envoyé du ciel « une Bible? C'est par l'Esprit seul que nous pouvons être « illuminés. Dieu lui-même nous parle. Dieu lui-même « nous révèle ce que nous devons faire et ce que nous de-« vons dire. » Ainsi, comme les partisans de Rome, ces fanatiques attaquaient le principe fondamental sur lequel toute la Réformation repose, la pleine suffisance de la Parole de Dieu.

Un simple fabricant de drap, nommé Nicolas Storck, annonça que l'ange Gabriel lui était apparu pendant la nuit, et qu'après lui avoir communiqué des choses qu'il ne pouvait encore révéler, il lui avait dit : « Toi, tu seras assis « sur mon trône[1]. » Un ancien étudiant de Wittemberg, nommé Marc Stubner, s'unit à Storck, et abandonna aussi-

---

[1] « Advolasse Gabrielem Angelum. » (Camerar., *Vita Melanchth.*, p. 48.)

tôt ses études; car il reçut immédiatement de Dieu, dit-il, le don d'interpréter les saintes Écritures. Marc Thomas, fabricant de drap, vint grossir leur nombre; et un nouvel adepte, Thomas Munzer, homme d'un esprit fanatique, donna une organisation régulière à cette secte nouvelle. Storck, voulant suivre l'exemple de Christ, choisit parmi ses adhérents douze apôtres et soixante-douze disciples. Tous annoncèrent hautement, comme l'a fait une secte de nos jours, que des apôtres et des prophètes étaient enfin rendus à l'Église de Dieu[1].

Bientôt les nouveaux prophètes, prétendant marcher sur les traces des anciens, firent entendre leur message : « Malheur! malheur! disaient-ils. Une Église gouvernée « par des hommes aussi corrompus que le sont les évêques « ne peut être l'Église de Christ. Les magistrats impies de « la chrétienté vont être renversés. Dans cinq, six ou sept « ans, une désolation universelle éclatera dans le monde. « Le Turc s'emparera de l'Allemagne; tous les prêtres « seront mis à mort, même ceux qui sont mariés. Nul « impie, nul pécheur, ne demeurera vivant; et après que « la terre aura été purifiée par le sang, Dieu y établira un « royaume; Storck sera mis en possession de l'autorité « suprême, et remettra à des saints le gouvernement des « peuples[2]. Alors il n'y aura plus qu'une foi et qu'un « baptême. Le jour du Seigneur est proche, et nous tou- « chons à la fin du monde. Malheur! malheur! malheur! » Puis, déclarant que le baptême reçu dans l'enfance était de nulle valeur, les nouveaux prophètes invitèrent tous les hommes à venir recevoir de leurs mains le baptême véritable, en signe d'introduction dans la nouvelle Église de Dieu.

Ces prédications firent une vive impression sur le peuple. Quelques âmes pieuses furent émues à la pensée que des

---

[1] « Breviter, de sese prædicant viros esse propheticos et apostolicos. » (*Corp. Ref.*, I, p. 514.)

[2] « Ut rerum potiatur, et instauret sacra, et respublicas tradat sanctis viris tenendas. » (Camerar., *Vita Melanchth.*, p. 45.)

prophètes étaient rendus à l'Église, et tous ceux qui aimaient le merveilleux se précipitèrent dans les bras des hommes excentriques de Zwickau.

Mais à peine cette vieille hérésie, qui avait déjà paru aux temps du montanisme et dans le moyen âge, eut-elle retrouvé des sectateurs, qu'elle rencontra dans la Réformation un puissant adversaire. Nicolas Haussmann, à qui Luther rendait ce beau témoignage : « Ce que nous enseignons, il le fait [1], » était pasteur de Zwickau. Cet homme de bien ne se laissa pas égarer par les prétentions des faux prophètes. Il arrêta les innovations que Storck et ses adhérents voulaient introduire, et ses deux diacres agirent d'accord avec lui. Les fanatiques, repoussés par les ministres de l'Église, se jetèrent alors dans un autre excès. Ils formèrent des assemblées où des doctrines subversives étaient professées. Le peuple s'émut, des troubles éclatèrent; un prêtre qui portait le saint sacrement fut assailli de coups de pierres [2]; l'autorité civile intervint, et jeta les plus violents en prison [3]. Indignés de cet acte, et impatients de se justifier et de se plaindre, Storck, Marc Thomas et Stubner se rendirent à Wittemberg [4].

Ils y arrivèrent le 27 décembre 1521. Storck marchait en tête avec la démarche et le maintien d'un lansquenet [5]. Marc Thomas et Stubner le suivaient. Le trouble qui régnait dans Wittemberg favorisait leurs desseins. La jeunesse académique et la bourgeoisie, profondément émues et déjà en fermentation, étaient un sol bien préparé pour les nouveaux prophètes.

Se croyant sûrs de leur appui, ils se rendirent aussitôt vers les professeurs de l'université, afin d'obtenir leur té-

---

[1] « Quod nos docemus, ille facit. »
[2] « Einen Priester der das Venerabile getragen mit Steinen geworfen. » (Seck., p. 482.)
[3] « Sunt et illic in vincula conjecti. » (Melanchth., *Corp. Ref.*, I, p. 513.)
[4] « Huc advolarunt tres viri, duo lanifices, litterarum rudes, literatus tertius est. » (*Ibid.*)
[5] « Incedens more et habitu militum istorum quos *Lanzknecht* dicimus. » (Luth. *Ep.*, II, p. 245.)

moignage. « Nous sommes, dirent-ils, envoyés de Dieu
« pour instruire le peuple. Nous avons avec le Seigneur
« des conversations familières; nous connaissons les choses
« à venir [1]; en un mot, nous sommes apôtres et prophètes,
« et nous en appelons au docteur Luther. » Ce langage
étrange étonna les docteurs.

« Qui vous a ordonné de prêcher? demanda Mélanchthon
« à Stubner, son ancien étudiant, qu'il reçut dans sa mai-
« son. — Notre Seigneur Dieu. — Avez-vous écrit des li-
« vres? — Notre Seigneur Dieu me l'a défendu. » Mélanchthon est ému, il s'étonne et s'effraye.....

« Il y a, dit-il, des esprits extraordinaires dans ces hom-
« mes; mais quels esprits?... Luther seul peut en décider.
« D'un côté, prenons garde d'éteindre l'Esprit de Dieu; et
« de l'autre, d'être séduits par l'esprit du diable. »

Storck, d'un caractère remuant, quitta bientôt Wittemberg. Stubner y demeura. Animé d'un ardent prosélytisme, il parcourait toute la ville, parlant tantôt à l'un, tantôt à l'autre; et plusieurs le reconnaissaient comme prophète de Dieu. Il s'adressa surtout à un Souabe, nommé Cellarius, ami de Mélanchthon, qui tenait une école où il instruisait dans les lettres un grand nombre de jeunes gens, et qui bientôt admit pleinement la mission des nouveaux apôtres.

Mélanchthon était de plus en plus incertain et inquiet. Ce n'étaient pas tant les visions des prophètes de Zwickau qui l'agitaient, que leur nouvelle doctrine sur le baptême. Elle lui semblait conforme à la raison, et il trouvait qu'il valait la peine d'examiner la chose; « car, disait-il, il ne
« faut rien admettre ni rien rejeter à la légère [2]. »

Tel est l'esprit de la Réformation. Il y a, dans ces hésitations et ces angoisses de Mélanchthon, une preuve de la

---

[1] Esse sihi cum Deo familiaria colloquia, videre futura. » (Melanchth. Electori, 27 déc. 1521. Corp. Ref., I, p. 514.)

[2] « Censebat enim neque admittendum neque rejiciendum quiequam temere. » (Camerar., Vita Melanchth., p. 49.)

droiture de son cœur, qui l'honore plus, peut-être, qu'une opposition systématique n'eût pu le faire.

L'Électeur, que Mélanchthon nommait « la lampe d'Is-« raël[1], » hésitait lui-même. Des prophètes, des apôtres, dans l'électorat de Saxe, comme autrefois à Jérusalem! « C'est une grande affaire, dit-il, et comme laïque je ne « saurais la comprendre. Mais plutôt que d'agir contre « Dieu, je prendrais un bâton à la main, et j'abandonne-« rais mon trône. »

Enfin, il fit dire aux docteurs, par ses conseillers, qu'on avait à Wittemberg assez d'embarras sur les bras; qu'il était fort probable que les prétentions des hommes de Zwickau n'étaient qu'une séduction du diable, et que le parti le plus sage lui semblait être de laisser tomber toute cette affaire; néanmoins, qu'en toute circonstance où Son Altesse verrait clairement la volonté de Dieu, elle ne prendrait conseil ni de frère, ni de mère, et qu'elle était prête à tout souffrir pour la cause de la vérité[2].

Luther apprit à la Wartbourg l'agitation qui régnait à la cour et à Wittemberg. Des hommes étranges avaient paru, et l'on ne savait d'où venait leur message. Il comprit aussitôt que Dieu avait permis ces tristes événements pour humilier ses serviteurs, et pour les exciter par l'épreuve à rechercher davantage la sanctification.

« Votre Grâce Électorale, écrivit-il à Frédéric, a fait
« chercher pendant longues années des reliques en tous
« pays; Dieu a exaucé vos désirs, il vous a envoyé sans frais
« et sans peine une *croix* tout entière, avec des clous, des
« lances et des fouets... Grâce et prospérité pour la nou-
« velle relique!... Seulement, que Votre Altesse étende
« sans crainte les bras, et laisse les clous s'enfoncer dans
« sa chair!... Je me suis toujours attendu à ce que Satan
« nous enverrait cette plaie... »

Mais en même temps rien ne lui parut plus urgent que

[1] « Electori lucernæ Israel. » (Camerar., *Vita Melanchth.*, p. 513.)
[2] « Darüber auch leiden was S. C. G. leiden sollt. » (*Ibid.*, p. 537.)

d'assurer aux autres la liberté qu'il réclamait pour lui-même. Il n'avait pas deux poids et deux mesures. « Qu'on « se garde de les jeter en prison, écrit-il à Spalatin; que le « prince ne trempe pas sa main dans le sang de ces nou-« veaux prophètes[1]. » Luther devança de beaucoup son siècle, et même plusieurs autres réformateurs, au sujet de la liberté religieuse.

Les circonstances devenaient de plus en plus graves à Wittemberg[2].

Carlstadt rejetait plusieurs des doctrines des nouveaux prophètes, et en particulier leur anabaptisme; mais il y a dans l'enthousiasme religieux quelque chose de contagieux, dont une tête comme la sienne ne pouvait aisément se défendre. Dès que les hommes de Zwickau furent arrivés à Wittemberg, Carlstadt précipita sa marche dans le sens des réformes violentes. « Il faut, disait-il, fondre sur « toutes les coutumes impies, et les renverser en un « jour[3]. » Il rappelait tous les passages de l'Écriture contre les images, et s'élevait avec une énergie croissante contre l'idolâtrie de Rome. « On s'agenouille, on rampe devant « ces idoles, s'écriait-il; on leur allume des cierges; on leur « présente des offrandes... Levons-nous, et arrachons-les « de leurs autels. »

Ces paroles ne retentirent pas en vain aux oreilles du peuple. On entra dans les églises, on enleva les images, on les brisa, on les brûla[4]. Il eût mieux valu attendre que leur abolition eût été légitimement prononcée; mais on trouvait que la lenteur des chefs compromettait la Réformation elle-même.

Bientôt, à entendre ces enthousiastes, il n'y eut plus dans Wittemberg de vrais chrétiens que ceux qui ne se confessaient pas, qui poursuivaient les prêtres, et qui mangeaient de la viande les jours de maigre. Quelqu'un était-il

---

[1] « Ne princeps manus cruentet in prophetis. » (Luth. *Ep.*, II, p. 135.)
[2] « Ubi fiebant omnia in dies difficiliora. » (Camerar., *Vita Melanchth.*, p. 49.)
[3] « Irruendum et demoliendum statim. » (*Ibid.*)
[4] « Die Bilder zu stürmen und aus den Kirchen zu werfen. » (Matthes., p. 31.)

soupçonné de ne pas rejeter comme invention du diable toutes les pratiques de l'Église, c'était un adorateur de Baal. « Il faut, s'écriaient-ils, former une Église qui ne soit « composée que de saints! »

Les bourgeois de Wittemberg présentèrent au conseil quelques articles auxquels il dut adhérer. Plusieurs de ses articles étaient conformes à la morale évanglique. On demandait en particulier que l'on fermât toutes les maisons de divertissement public.

Mais bientôt Carlstadt alla plus loin encore : il se mit à mépriser les études; et l'on vit le vieux professeur conseiller, du haut de sa chaire, à ses étudiants, de retourner chez eux, de reprendre la bêche, de pousser la charrue et de cultiver tranquillement la terre, puisque c'était à la sueur de son front que l'homme devait manger son pain. Le maître d'école des garçons à Wittemberg, Georges Mohr, entraîné par le même vertige, criait de la fenêtre de son école, aux bourgeois assemblés, de venir reprendre leurs enfants. A quoi bon les faire étudier, puisque Storck et Stubner n'avaient jamais été à l'université, et que pourtant ils étaient prophètes?... Un artisan valait donc autant et mieux peut-être que tous les docteurs du monde pour prêcher l'Évangile.

Ainsi s'élevaient des doctrines directement opposées à la Réformation. La renaissance des lettres l'avait préparée; c'était avec les armes de la science théologique que Luther avait attaqué Rome; et les enthousiastes de Wittemberg, comme les moines fanatiques qu'Érasme et Reuchlin avaient combattus, prétendaient fouler aux pieds toutes les connaissances humaines. Si le vandalisme venait à s'établir, l'espérance du monde était perdue; et une nouvelle invasion des barbares allait étouffer la lumière que Dieu avait rallumée dans la chrétienté.

On vit bientôt les effets de ces étranges discours. Les esprits étaient préoccupés, agités, détournés de l'Évangile; l'académie était désorganisée; les étudiants, démoralisés, se débandaient et se dispersaient; et les gouvernements de l'Allemagne rappelaient leurs ressortissants[1]. Ainsi les hommes qui voulaient tout réformer, tout vivifier, allaient tout détruire. Encore un dernier effort, s'écriaient les amis de Rome, qui de tous côtés reprenaient courage; encore un dernier effort, et tout sera gagné[2]!...

Réprimer promptement les excès des fanatiques était le seul moyen de sauver la Réforme. Mais qui pouvait le faire? Mélanchthon? Il était trop jeune, trop faible, trop agité lui-même par ces étranges apparitions. L'Électeur? Il était l'homme le plus pacifique de son siècle. Bâtir ses châteaux d'Altenbourg, de Weimar, de Lochau et de Cobourg, orner ses églises des beaux tableaux de Lucas Cranach, perfectionner le chant de ses chapelles, faire fleurir son université, rendre heureux son peuple, s'arrêter même au milieu des enfants qu'il rencontrait jouant sur la route, et leur distribuer de petits présents, telles étaient les plus douces occupations de sa vie. Et maintenant, dans son âge avancé, il en viendrait aux mains avec des hommes fanatiques; il opposerait la violence à la violence! Comment le bon, le pieux Frédéric, eût-il pu s'y résoudre?

Le mal continuait donc, et personne ne se présentait pour l'arrêter. Luther était absent de Wittemberg. Le trouble et la ruine avaient envahi la cité. La Réformation avait vu naître dans son sein un ennemi plus redoutable que les papes et que les empereurs. Elle se trouvait sur le bord de l'abîme.

Luther! Luther! s'écriait-on unanimement à Wittemberg. Les bourgeois le demandaient avec instance; les docteurs réclamaient ses conseils; les prophètes eux-mêmes en appelaient à lui. Tous le suppliaient de revenir[3].

On peut comprendre ce qui se passait dans l'esprit du réformateur. Toutes les rigueurs de Rome n'étaient rien

---

[1] « Etliche Fürsten ihre Bewandten abgefordert. » (*Corp. Ref.*, I, p. 560.)
[2] « Perdita et funditus diruta. » (Camerar., *Vita Melanchth.*, p. 52.)
[3] « Lutherum revocavimus ex heremo suo magnis de causis. » (*Corp. Ref.*, I, p. 566.)

en comparaison de ce qui maintenant affligeait son âme. C'est du milieu de la Réformation même que sortent ses ennemis. Elle déchire ses propres entrailles; et cette doctrine, qui seule a rendu la paix à son cœur agité, devient pour l'Église l'occasion de troubles funestes.

« Si je savais, avait-il dit, que ma doctrine nuisît à un
« homme, à un seul homme simple et obscur (ce qui ne
« peut être, car elle est l'Évangile même), plutôt dix fois
« mourir que de ne pas la rétracter [1]. » Et maintenant toute une ville, et cette ville est Wittemberg, tombe dans l'égarement! Sa doctrine n'y est pour rien, il est vrai; mais de tous les points de l'Allemagne, des voix s'élèvent pour l'accuser. Des douleurs plus vives que toutes celles qu'il a jamais ressenties l'assaillent alors, et des tentations toutes nouvelles l'agitent. « Serait-ce donc là, se dit-il, la fin à
« laquelle devait aboutir l'œuvre de la Réformation?... »
Non, non; il rejette ces doutes : Dieu a commencé... Dieu accomplira. « Je me traîne en rampant vers la grâce de
« l'Éternel, s'écrie-t-il, et je lui demande que son nom
« demeure attaché à cette œuvre; et que, s'il y est mêlé
« quelque chose d'impur, il se souvienne que je suis un
« homme pécheur [2]. »

Ce qu'on écrivait à Luther de l'inspiration des nouveaux prophètes et de leurs entretiens sublimes avec Dieu, ne l'ébranla pas un moment. Il connaissait les profondeurs, les angoisses et les humiliations de la vie spirituelle; il avait fait à Erfurt et à Wittemberg des expériences de la puissance de Dieu, qui ne lui laissaient pas croire si facilement que Dieu apparût à la créature et s'entretînt avec elle.
« Demande-leur, écrivit-il à Mélanchthon, s'ils ont éprouvé
« ces tourments spirituels, ces créations de Dieu, ces
« morts et ces enfers qui accompagnent une régénération
« véritable [3]... Et s'ils ne te parlent que de choses agréa-

---

[1] « Möchte ich ehe zehn Tode leyden. » (*Wieder Emser.* Luth. *Op.*, XVIII, p. 613.)
[2] « Ich krieche zu seiner Gnaden. » (Luth. *Op.*, XVIII, p. 615.)
[3] « Quæras num experti sint spirituales illas angustias et nativitates divinas mortes infernosque. » (Luth. *Ep.*, II, p. 215.)

« bles, d'impressions tranquilles, de dévotion et de piété,
« comme ils disent, ne les crois pas, quand même ils pré-
« tendraient avoir été ravis au troisième ciel. Pour que
« Christ parvînt à sa gloire, il a dû passer par la mort;
« ainsi le fidèle doit passer par l'angoisse du péché avant
« de parvenir à la paix. Veux-tu connaître le temps, le
« lieu, la manière dont Dieu parle avec les hommes?
« Écoute : *Il a brisé tous mes os comme un lion : je suis re-*
« *jeté de devant sa face, et mon âme est abaissée jusqu'aux*
« *portes de l'enfer...* Non, la majesté divine (comme ils
« l'appellent) ne parle pas à l'homme immédiatement, en
« sorte que l'homme la voie; *car nul homme,* dit-elle, *ne*
« *peut me voir et vivre.* »

Mais la conviction de l'erreur où se trouvaient les prophètes ne faisait qu'augmenter la douleur de Luther. La grande vérité d'un salut par grâce a-t-elle donc si promptement perdu ses attraits, que l'on s'en détourne pour s'attacher à des fables? Il commence à éprouver que l'œuvre n'est pas si facile qu'il l'avait cru d'abord. Il se heurte contre cette première pierre que les égarements de l'esprit humain viennent placer sur sa route ; il s'afflige, il est dans l'angoisse. Il veut, au prix de sa vie, l'ôter du chemin de son peuple, et se décide à retourner à Wittemberg.

De grands dangers le menaçaient alors. Les ennemis de la Réformation se croyaient près de la détruire. George de Saxe, qui ne voulait ni de Rome ni de Wittemberg, avait écrit dès le 16 octobre 1521 au duc Jean, frère de l'Électeur, pour l'entraîner dans les rangs des ennemis de la Réforme. « Les uns, lui avait-il dit, nient que l'âme soit
« immortelle. D'autres (et ce sont des moines!) traînent
« les reliques de saint Antoine avec des grelots et des co-
« chons, et les jettent dans la boue [1]. Et tout cela provient
« de la doctrine de Luther! Suppliez votre frère l'Électeur
« ou de punir les auteurs impies de ces innovations, ou de

[1] « Mit Schweinen und Schellen..., in Koth geworfen. » (Weym., *Ann. Seck.,* p. 482.)

« faire connaître publiquement le fond de sa pensée. Nos
« barbes et nos cheveux, qui blanchissent, nous avertis-
« sent que nous avons atteint le dernier quartier de la vie,
« et nous pressent de mettre fin à tant de maux. »

Puis George partit pour siéger au sein du gouvernement impérial établi à Nuremberg. A peine arrivé, il mit tout en œuvre pour lui faire adopter des mesures sévères. En effet, ce corps rendit, le 21 janvier, un édit où il se plaignait amèrement de ce que des prêtres disaient la messe sans être revêtus de l'habit sacerdotal, consacraient le saint sacrement en langue allemande, le donnaient sans avoir reçu la confession nécessaire, le plaçaient dans des mains laïques, et ne s'inquiétaient pas même si ceux qui se présentaient pour le prendre étaient à jeun [1].

Le gouvernement impérial sollicitait en conséquence les évêques de rechercher et de punir avec rigueur tous les novateurs qui pourraient se trouver dans leurs diocèses respectifs. Ceux-ci s'empressèrent de se conformer à ces ordres.

Tel était le moment que Luther choisissait pour reparaître sur la scène. Il voyait le danger, il prévoyait d'immenses désastres. « Il y aura bientôt dans l'Empire,
« disait-il, un tumulte qui entraînera pêle-mêle princes,
« magistrats, évêques. Le peuple a des yeux; il ne veut,
« il ne peut être mené par la force. L'Allemagne nagera
« dans son sang [2]. Plaçons-nous comme un mur pour sau-
« ver notre nation, dans ce jour de la grande fureur de
« l'Éternel. »

VIII

Telle était la pensée de Luther ; mais il voyait un danger plus pressant encore. A Wittemberg, le feu, loin de s'é-

[1] « In ihre laïsche Hände reiche. » (Luth. *Op.*, XVIII, p. 285.)
[2] « Germaniam in sanguine natare. » (Luth. *Ep.*, II, p. 157.)

teindre, devenait plus violent de jour en jour. Des hauteurs de la Wartbourg, Luther pouvait découvrir à l'horizon d'effroyables clartés, signes de la dévastation, s'élançant coup sur coup dans les airs. N'est-ce pas lui qui seul peut porter secours en cette extrémité? Ne se jettera-t-il pas au milieu des flammes pour étouffer l'incendie? En vain ses ennemis s'apprêtent-ils à frapper le dernier coup; en vain l'Électeur le supplie-t-il de ne pas quitter la Wartbourg, et de préparer sa justification pour la prochaine diète : il a quelque chose de plus important à faire, c'est de justifier l'Évangile lui-même. « Des nouvelles plus graves me par-« viennent de jour en jour, écrit-il. Je vais partir : ainsi « l'exigent les affaires [1]. »

En effet, le 3 mars, il se lève avec la résolution de quitter pour jamais la Wartbourg. Il dit adieu à ses vieilles tours, à ses sombres forêts. Il franchit les murailles où les excommunications de Léon X et le glaive de Charles-Quint n'ont pu l'atteindre. Il descend la montagne. Ce monde, qui s'étend à ses pieds, et au milieu duquel il va reparaître, poussera peut-être bientôt contre lui des cris de mort. Mais n'importe; il avance avec joie, car c'est au nom du Seigneur qu'il retourne vers les hommes [2].

Les temps avaient marché. Luther sortait de la Wartbourg pour une autre cause que celle pour laquelle il y était entré. Il y était venu comme agresseur de l'ancienne tradition et des anciens docteurs; il en sortait comme défenseur de la parole des apôtres contre de nouveaux adversaires. Il y était entré comme novateur, et pour avoir attaqué l'antique hiérarchie; il en sortait comme conservateur, et pour défendre la foi des chrétiens. Jusqu'alors Luther n'avait vu qu'une chose dans son œuvre, le triomphe de la justification par la foi; et avec cette arme il avait abattu de puissantes superstitions. Mais s'il y avait eu un temps pour détruire, il devait y en avoir un pour édifier. Derrière ces

---

[1] « Ita enim res postulat ipsa. » (Luth. *Ep.*, II, p. 135.)

[2] « So machte er sich mit unglaublicher Freudigkeit des Geistes, im Namen Gottes auf den Weg. » (Seckend., p. 458.)

ruines, dont son bras avait couvert le sol, derrière ces lettres d'indulgences froissées, ces tiares brisées et ces capuchons déchirés, derrière tant d'abus et tant d'erreurs de Rome, qui gisaient pêle-mêle sur le champ de bataille, il discerna et découvrit l'Église catholique primitive, reparaissant toujours la même, et sortant comme d'une longue épreuve, avec ses doctrines immuables et ses célestes accents. Il sut la distinguer de Rome; il la salua et l'embrassa avec joie. Luther ne fit pas quelque chose de nouveau dans le monde, comme faussement on l'en accuse; il n'édifia pas pour l'avenir un édifice sans liaison avec le passé; il découvrit, il remit au jour les anciens fondements, sur lesquels avaient crû des ronces et des épines, et, continuant la structure du temple, il édifia simplement sur la base que les apôtres avaient posée. Luther comprit que l'Église antique et primitive des apôtres devait, d'un côté, être reconstituée, en opposition à la papauté, qui l'avait si longtemps opprimée; et de l'autre, être défendue contre les enthousiastes et les incrédules, qui prétendaient la méconnaître, et qui, ne tenant aucun compte de tout ce que Dieu avait fait dans les temps passés, voulaient recommencer une œuvre toute nouvelle. Luther ne fut plus exclusivement l'homme d'une seule doctrine, celle de la justification, quoiqu'il lui conservât toujours sa place première; il devint l'homme de toute la théologie chrétienne; et tout en croyant que l'Église est essentiellement la congrégation des saints, il se garda de mépriser l'Église visible, et reconnut l'assemblée de tous ceux qui sont appelés comme le royaume de Dieu. Ainsi, un grand mouvement s'accomplit alors dans l'âme de Luther, dans sa théologie et dans l'œuvre de renouvellement que Dieu opérait dans le monde. La hiérarchie de Rome eût peut-être jeté le réformateur dans un extrême; les sectes, qui levèrent alors si hardiment la tête, le ramenèrent dans le juste milieu de la vérité. Le séjour à la Wartbourg sépare en deux périodes l'histoire de la Réformation.

Luther chevauchait sur la route de Wittemberg; déjà il

en était au second jour de son voyage; c'était le mardi gras. Sur le soir, un terrible orage éclate et inonde les routes. Deux jeunes Suisses, qui se dirigeaient du même côté que lui, pressaient le pas pour trouver un abri dans la ville d'Iéna. Ils avaient étudié à Bâle, et la grande réputation de Wittemberg les attirait vers cette université. Voyageant à pied, fatigués, inondés, Jean Kessler de Saint-Gall et son compagnon précipitaient leurs pas. La ville était toute remplie des joies du carnaval; les danses, les déguisements, les repas bruyants occupaient tous les habitants d'Iéna; et quand les deux voyageurs arrivèrent, ils ne purent trouver place dans aucune hôtellerie. Enfin on leur indiqua l'*Ours noir*, devant la porte de la ville. Abattus, harassés, ils s'y rendirent tristement. L'hôte les reçut avec bonté[1]. Ils s'assirent près de la porte entr'ouverte de la salle commune, honteux de l'état où l'orage les avait mis, sans oser entrer. A l'une des tables était assis un homme seul, en habit de chevalier, la tête couverte d'un bonnet rouge, et portant un haut-de-chausses sur lequel retombaient les basques de son pourpoint; sa main droite reposait sur le pommeau de son épée, sa main gauche en tenait la poignée; un livre était ouvert devant lui, et il paraissait le lire avec une grande attention[2]. Au bruit que firent les deux jeunes gens, cet homme releva la tête, les salua d'un air affable, et les invita à s'approcher et à s'asseoir à table avec lui; puis, leur offrant un verre de bière, et faisant allusion à leur accent, il leur dit : « Vous êtes Suisses, je « le vois, mais de quel canton? — De Saint-Gall. — Si vous « allez à Wittemberg, vous y trouverez un compatriote, le « docteur Schurff. » Encouragés par ce bon accueil, ils ajoutèrent : « Messire, ne sauriez-vous pas nous dire où « est maintenant Martin Luther? — Je sais d'une manière « certaine, répondit le chevalier, que Luther n'est pas à

---

[1] Voyez ce récit de Kessler, avec tous ses détails et dans le langage naïf du temps, dans Bernet, Johann Kessler, p. 27. — Hahnhard, *Erzœhlungen*, III, p. 300, et Marheinecke, *Gesch. der Ref.*, II, p. 321, 2ᵉ édit.

[2] « In einem rothen Schlöpli, in blossen Hosen und Wamms... » (*Ibi*.

« Wittemberg; mais il doit bientôt s'y rendre. Philippe
« Mélanchthon est là. Étudiez le grec et l'hébreu pour bien
« comprendre la sainte Écriture. — Si Dieu nous conserve
« la vie, reprit un des jeunes Saint-Gallois, nous ne retour-
« nerons pas chez nous sans avoir vu et entendu le doc-
« teur Luther; car c'est à cause de lui que nous avons en-
« trepris ce grand voyage. Nous savons qu'il veut renverser
« le sacerdoce et la messe; et comme nos parents nous ont,
« dès notre enfance, destinés à la prêtrise, nous voudrions
« bien connaître sur quels fondements il fait reposer son
« entreprise. » Le chevalier se tut un moment; puis il dit :
« Où avez-vous étudié jusqu'à présent? — A Bâle. —
« Érasme de Rotterdam est-il encore là? Que fait-il? » Ils
répondirent à ces questions, puis il y eut un nouveau si-
silence. Les deux Suisses ne savaient à quoi s'en tenir.
« N'est-ce pas une chose étrange, se disaient-ils, que ce
« chevalier nous parle de Schurff, de Mélanchthon, d'É-
« rasme, et de la nécessité d'apprendre le grec et l'hé-
« breu? » — « Chers amis, leur dit tout à coup l'inconnu,
« que pense-t-on de Luther en Suisse? — Messire, ré-
« pondit Kessler, on a de lui des opinions très diverses,
« comme partout. Quelques-uns ne peuvent assez l'é-
« lever; et d'autres le condamnent comme un abomi-
« nable hérétique. — Ah! les prêtres, sans doute, » dit
l'inconnu.

La cordialité du chevalier avait mis à l'aise les deux étudiants. Ils brûlaient du désir de savoir quel livre il lisait au
moment de leur arrivée. Le chevalier l'avait fermé et posé
près de lui. Le compagnon de Kessler s'enhardit enfin jusqu'à le prendre. Quel ne fut pas l'étonnement des deux
jeunes gens! Les Psaumes en hébreu! L'étudiant repose
aussitôt le livre, et, voulant faire oublier son indiscrétion,
il dit : « Je donnerais volontiers un doigt de ma main pour
« savoir cette langue. — Vous y parviendrez certainement,
« lui dit l'inconnu, si vous voulez vous donner la peine de
« l'apprendre. »

Quelques instants après, Kessler entendit l'hôte qui l'appelait; le pauvre jeune Suisse craignait quelque mésaventure; mais l'hôte lui dit à voix basse : « Je m'aperçois que « vous avez un grand désir de voir et d'entendre Luther; « eh bien, c'est lui qui est assis à côté de vous. » Kessler, prenant cela pour une raillerie, lui dit : « Ah! monsieur « l'hôte, vous voudriez bien vous moquer de moi. — C'est « lui certainement, répondit l'hôte; seulement ne laissez « pas voir que vous savez qui il est. » Kessler ne répondit rien, retourna dans la chambre, et se remit à table, brûlant de répéter à son camarade ce qu'on lui avait dit. Mais comment faire? Enfin il eut l'idée de se pencher, comme s'il regardait vers la porte, et, se trouvant près de l'oreille de son ami, il lui dit tout bas : « L'hôte assure que cet « homme est Luther. — Il a dit peut-être que c'est Hutten, « reprit son camarade; tu ne l'auras pas bien compris. — « Peut-être bien, reprit Kessler; l'hôte aura dit : C'est « Hutten; ces deux noms se ressemblant assez, j'aurai pris « l'un pour l'autre. »

Dans ce moment on entendit un bruit de chevaux devant l'hôtellerie; deux marchands qui voulaient y coucher entrèrent dans la chambre; ils ôtèrent leurs éperons, posèrent leurs manteaux, et l'un d'eux mit à côté de lui sur la table un livre non relié, qui attira aussitôt les regards du chevalier. « Quel est ce livre? dit-il. — C'est l'explication « de quelques évangiles et épîtres par le docteur Luther, « répondit le marchand; cela vient de paraître. — Je l'aurai « bientôt, » dit le chevalier.

L'hôte vint dire en ce moment : « Le souper est prêt, « mettons-nous à table. » Les deux étudiants, craignant la dépense d'un repas fait en compagnie du chevalier Ulric de Hutten et de deux riches marchands, tirèrent l'hôte à part, et le prièrent de leur faire servir quelque chose pour eux seuls. « Allons, mes amis, répondit l'aubergiste de l'*Ours* « *noir*, mettez-vous seulement à table à côté de ce mon- « sieur; je vous traiterai à prix discret. — Venez, dit le « chevalier; je réglerai le compte. »

Pendant le repas, le chevalier inconnu dit beaucoup de

paroles simples et édifiantes. Les marchands et les étudiants étaient tout oreilles, et faisaient plus d'attention à ses discours qu'aux mets qu'on leur servait. « Il faut « que Luther soit ou un ange du ciel ou un diable de « l'enfer, » dit l'un des marchands dans le courant de l'entretien. Puis il ajouta : « Je donnerais volontiers dix florins « si je rencontrais Luther et si je pouvais me confesser « à lui. »

Le souper fini, les marchands se levèrent ; les deux Suisses restèrent seuls avec le chevalier, qui, prenant un grand verre de bière, le leva, et dit gravement, selon l'usage du pays : « Suisses ! encore un verre en actions de « grâces. » Comme Kessler voulait prendre le verre, l'inconnu le posa, et lui en offrit un rempli de vin. « Vous « n'êtes pas accoutumés à la bière, » lui dit-il.

Puis il se leva, jeta une cotte d'armes sur ses épaules, tendit la main aux étudiants, et leur dit : « Quand vous « arriverez à Wittemberg, saluez de ma part le docteur « Jérôme Schurff. — Volontiers, répondirent-ils ; mais « de la part de qui ? — Dites-lui simplement, répliqua« t-il : Celui qui doit venir vous salue. » A ces mots, il sortit, les laissant dans l'admiration de sa grâce et de sa douceur.

Luther, car c'était bien lui, continua son voyage. On se rappelle qu'il avait été mis au ban de l'Empire : quiconque le rencontrait et le reconnaissait pouvait donc mettre la main sur lui. Mais au moment où il accomplissait une entreprise qui l'exposait à tout, il était calme et serein, et il s'entretenait gaiement avec ceux qu'il rencontrait sur sa route.

Ce n'était pas qu'il se fît illusion. Il voyait l'avenir gros d'orages. « Satan, disait-il, est transporté de rage, et tous « autour de moi ne méditent que mort et qu'enfer[1]. Je « m'avance néanmoins, et je me jette au-devant de l'Em-

---

[1] « Furit Satanas ; et fremunt vicini undique, nescio quot mortibus et infernis. » (Luth. *Ep.*, II, p. 153.)

« pereur et du pape, n'ayant personne qui me garde, si ce
« n'est Dieu dans le ciel. Il a été donné pouvoir à tous, de
« par les hommes, de me tuer partout où l'on me trouvera.
« Mais Christ est le Seigneur de tous; s'il veut qu'on me
« tue, qu'ainsi soit! »

Ce jour même, le mercredi des Cendres, Luther arriva à Borne, petite ville près de Leipzig. Il comprenait qu'il devait donner connaissance à son prince de la démarche hardie qu'il allait faire; il lui écrivit donc la lettre suivante, de l'auberge du *Conducteur*, où il était descendu :

« Grâce et paix de la part de Dieu notre Père, et de notre Seigneur Jésus-Christ.

« Sérénissime Électeur! gracieux Seigneur! ce qui est
« arrivé à Wittemberg, à la grande honte de l'Évangile, m'a
« rempli d'une telle douleur que, si je n'étais pas certain
« de la vérité de notre cause, j'en eusse désespéré.

« Votre Altesse le sait, ou, si elle ne le sait pas, qu'elle
« l'apprenne. J'ai reçu l'Évangile, non des hommes, mais
« du ciel, par notre Seigneur Jésus-Christ. Si j'ai demandé
« des conférences, ce n'était pas que je doutasse de la vé-
« rité; mais c'était par humilité et pour en attirer d'autres.
« Mais, puisque mon humilité tourne contre l'Évangile, ma
« conscience m'ordonne maintenant d'agir d'une autre ma-
« nière. J'ai assez cédé à Votre Altesse en m'éloignant pen-
« dant cette année. Le diable sait que ce n'est pas par peur
« que je l'ai fait. Je serais entré à Worms quand même il
« y aurait eu dans la ville autant de diables que de tuiles sur
« les toits; or, le duc George, dont Votre Altesse me fait
« si peur, est pourtant bien moins à craindre qu'un seul
« diable. Si c'était à Leipzig (résidence du duc) qu'eût eu
« lieu ce qui se passe à Wittemberg, je monterais aussitôt à
« cheval pour m'y rendre, quand même (que Votre Altesse
« me pardonne ces discours), quand même pendant neuf
« jours on n'y aurait vu pleuvoir que ducs Georges, et que
« chacun d'eux serait neuf fois plus furieux que ne l'est
« celui-ci. A quoi songe-t-il de m'attaquer? Prend-il donc

« Christ, mon Seigneur, pour un homme de paille[1]? Sei-
« gneur, daigne détourner de lui le terrible jugement qui
« le menace !

« Il faut que Votre Altesse sache que je me rends à Wit-
« temberg, sous une protection plus puissante que celle
« d'un électeur. Je ne pense nullement à solliciter le se-
« cours de Votre Altesse ; et, bien loin de désirer qu'elle
« me protége, je voudrais plutôt la protéger moi-même. Si
« je savais que Votre Altesse pût ou voulût me protéger, je
« n'irais pas à Wittemberg. Il n'y a point d'épée qui puisse
« venir en aide à cette cause. Dieu seul doit tout faire, sans
« secours ni concours humain. Celui qui a le plus de foi
« est celui qui protége le plus. Or, je remarque que Votre
« Altesse est encore bien faible dans la foi.

« Mais, puisque Votre Altesse désire savoir ce qu'elle a
« à faire, je lui répondrai très humblement : Votre Altesse
« Électorale a déjà trop fait, et ne doit rien faire du tout.
« Dieu ne veut et ne peut souffrir ni vos soucis et vos tra-
« vaux, ni les miens. Que Votre Altesse se dirige donc d'a-
« près cela.

« Quant à ce qui me concerne, Votre Altesse doit agir en
« électeur. Elle doit permettre que les ordres de Sa Majesté
« Impériale s'accomplissent dans ses villes et ses campa-
« gnes. Elle ne doit faire aucune difficulté, si l'on veut me
« prendre ou me tuer[2]; car personne ne doit s'opposer
« aux puissances, si ce n'est Celui qui les a établies.

« Que Votre Altesse laisse donc les portes ouvertes ;
« qu'elle respecte les sauf-conduits, si mes ennemis eux-
« mêmes ou leurs envoyés viennent me chercher dans les
« États de Votre Altesse. Tout se fera sans embarras et sans
« péril pour elle.

« J'ai écrit à la hâte cette lettre, pour que vous ne vous
« attristiez pas en apprenant mon arrivée. J'ai affaire avec

---

[1] « Er hält meinen Herrn Christum für ein Mann aus Stroh geflochten. » (Luth. *Ep.*, II, p. 139.)

[2] « Und ja nicht wehren... so sie mich fahen oder tödten will. » (*Ibid.*, p. 140.)

« un autre homme que le duc George. Il me connaît bien,
« et je ne le connais pas mal.

« Donné à Borne, à l'hôtellerie du *Conducteur*, le mer-
« credi des Cendres 1522.

« Le très humble serviteur de
« Votre Altesse Électorale,
« Martin Luther. »

C'est ainsi que Luther s'approchait de Wittemberg. Il écrit à son prince, mais non pour s'excuser. Une confiance inébranlable remplit son cœur. Il voit la main de Dieu dans cette cause, et cela lui suffit. L'héroïsme de la foi ne fut peut-être jamais poussé plus loin. L'une des éditions des ouvrages de Luther porte en marge de cette lettre la note suivante : « Ceci est un écrit merveilleux du troisième et
« dernier Élie[1]. »

Ce fut le vendredi 7 mars que Luther rentra dans sa ville, après avoir mis cinq jours à venir d'Isenac. Docteurs, étudiants, bourgeois, tous faisaient éclater leur joie ; car ils retrouvaient le pilote qui seul pouvait tirer le navire des récifs où on l'avait engagé.

L'Électeur, qui était avec sa cour à Lockau, fut fort ému en lisant la lettre du réformateur. Il voulait le justifier auprès de la diète : « Qu'il m'adresse une lettre, écrivit-il à
« Schurff, dans laquelle il expose les motifs de son retour
« à Wittemberg, et qu'il y dise aussi qu'il est revenu sans
« ma permission. » Luther y consentit.

« Je suis prêt, écrivit-il au prince, à supporter la défa-
« veur de Votre Altesse et la colère du monde entier. Les
« habitants de Wittemberg ne sont-ils pas mes ouailles ?
« N'est-ce pas Dieu qui me les a confiés ? Et ne dois-je pas,
« s'il le faut, m'exposer pour eux à la mort ? Je crains d'ail-
« leurs de voir éclater en Allemagne une grande révolte,
« par laquelle Dieu punira notre nation. Que Votre Altesse
« le sache bien et n'en doute pas ; il en a été arrêté dans le

---

[1] « Der wahre, dritte und lezte Elias... » (Luth. *Op.* (L.), XVIII, p. 271.)

« ciel tout autrement qu'à Nuremberg[1]. » Cette lettre fut écrite le jour même de l'arrivée de Luther à Wittemberg.

Le lendemain, veille du premier dimanche du carême, Luther se rendit chez Jérôme Schurff; Mélanchthon, Jonas, Amsdorff, Augustin Schurff, frère de Jérôme, y étaient réunis. Luther les interrogeait avec avidité, et ils l'informaient de tout ce qui s'était passé, lorsqu'on vint annoncer deux étudiants étrangers, qui demandaient à parler au docteur Jérôme. En paraissant au milieu de cette assemblée de docteurs, les deux Saint-Gallois furent d'abord intimidés; mais bientôt ils se rassurèrent, en découvrant au milieu d'eux le chevalier de l'*Ours noir*. Celui-ci s'approcha d'eux aussitôt, les salua comme d'anciennes connaissances, leur sourit, et montrant du doigt l'un des docteurs, il leur dit : « Voilà Philippe Mélanchthon, dont je vous ai parlé. » Les deux Suisses demeurèrent tout le jour, en souvenir de la rencontre d'Iéna, avec les docteurs de Wittemberg.

Une grande pensée occupait le réformateur, et lui faisait oublier la joie de se retrouver au milieu de ses amis. Sans doute le théâtre sur lequel il reparaissait était obscur; c'était dans une petite ville de la Saxe qu'il allait élever la voix; et pourtant son entreprise avait toute l'importance d'un événement qui devait influer sur les destinées du monde. Beaucoup de peuples et beaucoup de siècles devaient s'en ressentir. Il s'agissait de savoir si cette doctrine, qu'il avait puisée dans la Parole de Dieu, et qui devait exercer une si grande influence sur le developpement futur de l'humanité, serait plus forte que les principes de destruction qui menaçaient son existence. Il s'agissait de savoir si l'on pouvait réformer sans détruire, et frayer les voies à des développements nouveaux sans anéantir les développements anciens. Réduire au silence des fanatiques que l'ardeur du premier enthousiasme anime; s'emparer de toute une multitude déchaînée, l'apaiser, la ra-

---

[1] Luth. *Ep.*, II, p. 143. Luther dut changer cette phrase de sa lettre, sur la demande de l'Électeur.

mener à l'ordre, à la paix, à la vérité; briser la violence de ce torrent impétueux, qui menaçait de renverser l'édifice naissant de la Réforme, et d'en disperser au loin les débris : voilà l'œuvre pour laquelle Luther était revenu à Wittemberg. Mais son influence serait-elle suffisante pour cela? C'est ce que les événements seuls pouvaient lui apprendre.

L'âme du réformateur frémit à la pensée du combat qui l'attendait. Il releva la tête comme un lion que l'on provoque à la bataille, et qui secoue sa longue crinière. « Il « faut à cette heure, dit-il, fouler aux pieds Satan et com- « battre avec l'ange des ténèbres. Si nos adversaires ne se « retirent pas d'eux-mêmes, Christ saura bien les y con- « traindre. Nous sommes maîtres de la vie et de la mort, « nous qui croyons au maître de la vie et de la mort [1]. »

Mais en même temps l'impétueux réformateur, comme s'il était dompté par une puissance supérieure, refusa de se servir des anathèmes et des foudres de la Parole, et devint un humble pasteur, un doux berger des âmes. « C'est par la « Parole qu'il faut combattre, dit-il, par la Parole qu'il faut « renverser et détruire ce que l'on a établi par la violence. « Je ne veux pas qu'on emploie la force contre les supersti- « tieux ni contre les incrédules. Que celui qui croit s'appro- « che! que celui qui ne croit pas se tienne éloigné! Nul ne « doit être contraint. La liberté est de l'essence de la foi [2]. »

Le lendemain était un dimanche. C'est ce jour-là, c'est dans l'église, dans la chaire, que reparaîtra aux yeux du peuple le docteur que depuis près d'une année les murailles élevées de la Wartbourg ont dérobé à tous les regards. Luther, dit-on dans Wittemberg, est de retour; Luther va prêcher! Déjà ce mot, qui passe de bouche en bouche, fait à lui seul une diversion puissante aux idées qui égarent le peuple. On va revoir le héros de Worms. On se presse, on s'agite en sens divers; et le dimanche matin le temple est rempli d'une foule attentive et émue.

[1] « Domini enim sumus vitæ et mortis. » (Luth. *Ep.*, II, p. 130.)

[2] « Non enim ad fidem et ad ea quæ fidei sunt, ullus cogendus est. » (*Ibid.*, p. 131.)

Luther devine toutes ces dispositions de son auditoire; il monte dans la chaire. Le voilà en présence de ce troupeau qu'il conduisait jadis comme une brebis docile, mais qui vient de s'échapper comme un taureau indompté. Sa parole est simple, noble, pleine à la fois de force et de douceur : on dirait un père tendre, de retour auprès de ses enfants, qui s'informe de leur conduite, et leur rapporte avec bonté ce qu'on lui a dit à leur égard. Il reconnaît avec candeur les progrès que l'on a faits dans la foi; il prépare ainsi, il captive les esprits; puis il continue en ces mots :

« Mais il faut plus que la foi; il faut la charité. Si un « homme ayant en main une épée se trouve seul, peu im-« porte qu'il la tienne ou non dans le fourreau; mais s'il « est au milieu de la foule, il doit faire en sorte de ne bles-« ser personne.

« Que fait une mère à son enfant? Elle lui donne d'abord « du lait, puis une nourriture très délicate. Si elle voulait « commencer par lui donner de la viande et du vin, qu'en « résulterait-il?...

« Ainsi devons-nous agir avec nos frères. As-tu assez de « la mamelle, ô mon ami! A la bonne heure : mais permets « que ton frère la prenne aussi longtemps que tu l'as prise « toi-même.

« Voyez le soleil... Il nous apporte deux choses, la lu-« mière et la chaleur. Il n'est pas de roi assez puissant pour « rompre ses rayons; ils arrivent en droite ligne jusqu'à « nous, mais la chaleur rayonne et se communique en tous « sens. Ainsi la foi, semblable à la lumière, doit toujours « être droite et inflexible; mais la charité, semblable à la « chaleur, doit rayonner de tous côtés et se plier à tous les « besoins de nos frères. »

Luther ayant ainsi préparé ses auditeurs, il les serre de plus près :

« L'abolition de la messe, dites-vous, est conforme à « l'Écriture : d'accord; mais quel ordre, quelle bienséance « avez-vous observés? Il fallait présenter au Seigneur de « ferventes prières, il fallait s'adresser à l'autorité; alors

« chacun eût pu reconnaître que la chose venait de Dieu... »

Ainsi parlait Luther. Cet homme de grand courage, qui avait résisté à Worms aux princes de la terre, faisait sur les esprits une impression profonde, par des paroles de sagesse et de paix. Carlstadt et les prophètes de Zwickau, si grands, si puissants, pendant quelques semaines, et qui avaient dominé et agité Wittemberg, étaient devenus petits à côté du prisonnier de la Wartbourg.

« La messe, continue-t-il, est une mauvaise chose ; Dieu
« en est l'ennemi ; elle doit être abolie ; et je voudrais
« qu'elle fût, dans l'univers entier, remplacée par la Cène
« de l'Évangile. Mais que l'on n'en arrache personne avec
« violence. C'est à Dieu qu'il faut remettre la chose. C'est sa
« parole qui doit agir, et non pas nous. — Et pourquoi ?
« direz-vous. — Parce que je ne tiens pas les cœurs des
« hommes en ma main, comme le potier tient l'argile dans
« la sienne. Nous avons le droit de dire ; nous n'avons pas
« celui de faire. Prêchons : le reste appartient à Dieu. Si
« j'emploie la force, qu'obtiendrai-je ? Des grimaces, des
« apparences, des singeries, des ordonnances humaines,
« des hypocrisies... Mais il n'y aura ni sincérité du cœur,
« ni foi, ni charité. Tout manque dans une œuvre où man-
« quent ces trois choses, et je n'en donnerais pas... la
« queue d'une poire [1]. »

« Ce qu'il faut avant tout prendre aux gens, c'est leur
« cœur ; et pour cela, il faut prêcher l'Évangile. Alors la
« Parole tombera aujourd'hui dans un cœur, demain dans
« un autre, et elle agira de telle manière que chacun se re-
« tirera de la messe et l'abandonnera. Dieu fait plus par sa
« seule Parole, que si vous, si moi, si le monde entier,
« nous réunissions toutes nos forces. Dieu s'empare du
« cœur ; et le cœur pris, tout est pris.

« Je ne dis pas cela pour rétablir la messe. Puisqu'elle
« est à bas, au nom de Dieu qu'elle y reste ! Mais fallait-il

---

[1] « Ich wollte nicht einen Birnstiel drauf geben. » (Luth. *Op.* (L.), XVIII, p. 255.)

« s'y prendre comme on s'y est pris? Paul étant un jour
« arrivé à Athènes, ville puissante, y trouva des autels éle-
« vés aux faux dieux. Il alla de l'un à l'autre, les considéra
« tous, et n'en toucha aucun. Mais il se rendit paisiblement
« au milieu de la place, et déclara au peuple que tous ses
« dieux n'étaient que des idoles. Cette parole s'empara
« des cœurs, et les idoles tombèrent, sans que Paul les
« touchât.

« Je veux prêcher, je veux parler, je veux écrire; mais
« je ne veux contraindre personne, car la foi est une chose
« volontaire. Voyez ce que j'ai fait! Je me suis élevé contre
« le pape, les indulgences et les papistes, mais sans tu-
« multe et sans violence. J'ai mis en avant la Parole de
« Dieu, j'ai prêché, j'ai écrit; je n'ai pas fait autre chose.
« Et, tandis que je dormais, ou qu'assis familièrement à
« table avec Amsdorff et Mélanchthon, nous buvions, en
« causant, de la bière de Wittemberg, cette Parole que
« j'avais prêchée a renversé le papisme, tellement que ja-
« mais ni prince ni empereur ne lui ont causé tant de mal.
« Je n'ai rien fait : la Parole seule a tout fait. Si j'avais
« voulu en appeler à la force, l'Allemagne eût peut-être
« été baignée dans le sang. Mais qu'en fût-il résulté? Ruine
« et désolation pour l'âme et pour le corps. Je suis donc
« resté tranquille, et j'ai laissé la parole elle-même courir
« le monde. Savez-vous ce que le diable pense quand il
« voit recourir à la force pour répandre l'Évangile parmi
« les hommes? Assis, les bras croisés derrière le feu de
« l'enfer, Satan dit avec un œil malin et un affreux sou-
« rire : Ah! comme ces fous sont des gens sages de jouer
« ainsi mon jeu! — Mais s'il voit la Parole courir et lutter
« seule sur le champ de bataille, alors il se trouble, ses
« genoux se heurtent, il frémit et se pâme d'effroi. »

Luther reparut en chaire le mardi, et sa puissante parole retentit de nouveau au milieu de la foule émue. Il y
remonta le mercredi, le jeudi, le vendredi, le samedi, le
dimanche. Il passa en revue la destruction des images, la
distinction des viandes, les ordonnances de la Cène, la

restitution de la coupe, l'abolition de la confession. Il montra que ces points étaient encore plus indifférents que la messe, et que les auteurs des désordres qui avaient eu lieu dans Wittemberg avaient fait un grossier abus de leur liberté. Il fit entendre tour à tour la voix d'une charité toute chrétienne et l'éclat d'une sainte indignation.

Il s'éleva surtout avec force contre ceux qui prenaient part à la légère à la Cène de Jésus-Christ. « Ce n'est pas « la manducation extérieure qui fait le chrétien, dit-il, « c'est la manducation intérieure, spirituelle, qui s'opère « par la foi, et sans laquelle toutes les formes ne sont que « des apparences et de vaines grimaces. Or, cette foi con« siste à croire fermement que Jésus-Christ est le Fils de « Dieu ; que s'étant chargé de nos péchés et de nos iniqui« tés, et les ayant portés sur la croix, il en est lui-même « la seule, la toute-puissante expiation ; qu'il se tient main« tenant sans cesse devant Dieu, qu'il nous réconcilie avec « le Père, et qu'il nous a donné le sacrement de son corps, « pour affermir notre foi dans cette miséricorde ineffable. « Si je crois ces choses, Dieu est mon défenseur ; avec lui « je brave le péché, la mort, l'enfer, les démons ; ils ne « peuvent me faire aucun mal, ni même froisser un seul « cheveu de ma tête. Ce pain spirituel est la consolation « des affligés, le remède des malades, la vie des mou« rants, la nourriture de ceux qui ont faim et le trésor « des pauvres. Celui que ses péchés n'attristent pas ne « doit donc point venir vers cet autel : qu'y ferait-il ? Ah ! « que notre conscience nous accuse, que notre cœur se « fende à la pensée de nos fautes, et nous ne nous rap« procherons pas du saint sacrement avec tant d'impru« dence. »

La foule ne cessait de remplir le temple ; on accourait même des villes voisines pour entendre le nouvel Élie. Capiton, entre autres, vint passer deux jours à Wittemberg, et entendit deux des sermons du docteur. Jamais Luther et le chapelain du cardinal Albert n'avaient été si bien d'accord. Mélanchthon, les magistrats, les professeurs, tout le peuple, étaient dans l'allégresse[1]. Schurff, ravi de cette issue d'une si triste affaire, se hâta de la communiquer à l'Électeur. Le vendredi 15 mars, jour où Luther avait prononcé son sixième discours, il lui écrivit : « Ah! quelle « joie le retour du docteur Martin répand parmi nous! ses « paroles, avec le secours de la grâce divine, ramènent « chaque jour davantage dans le chemin de la vérité nos « pauvres âmes égarées. Il est clair comme le soleil que « l'Esprit de Dieu est en lui, et que c'est par une dispensa- « tion spéciale qu'il est revenu à Wittemberg[2]. »

En effet, ces discours sont des modèles d'éloquence populaire, mais non pas de celle qui, aux temps de Démosthène, ou même de Savonarola, enflammait les esprits. La tâche de l'orateur de Wittemberg était plus difficile à remplir. Il est plus aisé d'exciter une bête féroce que de la calmer quand elle est en fureur. Il s'agissait d'apaiser une multitude fanatisée, de dompter des passions déchaînées; et Luther le fit. Dans ses huit discours, le réformateur ne laissa pas échapper, contre les auteurs des troubles, une allusion pénible, un seul mot propre à les blesser. Mais plus il était modéré, plus il était fort; plus il ménageait ceux qui s'égaraient, plus il vengeait la vérité offensée. Comment le peuple de Wittemberg eût-il pu résister à sa puissante éloquence? On attribue d'ordinaire les discours qui prêchent la modération à la timidité, aux ménagements, à la crainte. Ici, rien de semblable. Luther se présentait au peuple de Wittemberg en bravant l'excommunication du pape et la proscription de l'Empereur. Il revenait malgré la défense de l'Électeur, qui lui avait déclaré ne pouvoir le défendre. Luther, à Worms même, n'avait pas montré tant de courage. Il affrontait les dangers les plus pressants; aussi sa voix ne fut pas méconnue : cet homme qui bravait l'échafaud avait le droit d'exhorter à la soumission. Il peut hardiment parler d'obéissance à Dieu, celui qui, pour le

---

[1] « Grosse Freude und Frohlocken under Gelahrten und Ungelahrten. » (Luth. *Op.*, XVIII, p. 266.)

[2] « Aus sonderlicher Schickung des Allmachtigen... » (*Ibid.*)

faire, enfreint toutes les persécutions des hommes. A la parole de Luther, les objections s'évanouirent, le tumulte s'apaisa, la sédition cessa de faire entendre ses cris, et les bourgeois de Wittemberg rentrèrent dans leurs tranquilles demeures.

Celui des moines augustins qui s'était montré le plus enthousiaste, Gabriel Didyme, n'avait pas perdu une parole du réformateur. « Ne trouvez-vous pas que Luther est un « docteur admirable? » lui demanda un auditeur tout ému. — « Ah! répondit-il, je crois entendre la voix, non d'un « homme, mais d'un ange[1]. » Bientôt Didyme reconnut hautement qu'il s'était trompé. « Il est devenu un autre « homme, » disait Luther[2].

Il n'en fut pas d'abord ainsi de Carlstadt. Méprisant les études, affectant de se trouver dans les ateliers des artisans de Wittemberg, pour y recevoir l'intelligence des Écritures, il fut blessé de voir son œuvre s'écrouler à l'apparition de Luther[3]. C'était à ses yeux arrêter la Réforme elle-même. Aussi, avait-il toujours l'air abattu, sombre et mécontent. Cependant il fit à la paix le sacrifice de son amour-propre; il réprima ses désirs de vengeance; il se réconcilia, au moins en apparence, avec son collègue, et reprit peu après ses cours à l'université[4].

Les principaux prophètes ne se trouvaient pas à Wittemberg lors de l'arrivée de Luther. Nicolas Storck avait été courir le pays; Marc Stubner avait quitté le toit hospitalier de Mélanchthon. Peut-être leur esprit prophétique s'était-il évanoui, et n'avaient-ils eu *ni voix ni réponse*[5], dès qu'ils avaient appris que le nouvel Élie dirigeait ses pas vers ce nouveau Carmel. L'ancien maître d'école Cellarius y était seul demeuré. Cependant Stubner, ayant été informé que

---

[1] « Imo, inquit, angeli, non hominis, vocem mihi audisse videor. » (Camerar., p. 12.)
[2] « In alium virum mutatus est. » (Luth. *Ep.*, II, p. 156.)
[3] « Ego Carlstadium offendi, quod ordinationes suas cessavi. » (*Ibid.*, p. 177.)
[4] « Philippi et Carlstadii lectiones, ut sunt optimæ... » (*Ibid.*, p. 284.)
[5] 1 Rois XVIII, 29.

les brebis de son troupeau s'étaient dispersées, revint en toute hâte. Ceux qui étaient demeurés fidèles à « la pro-« phétie céleste, » entourèrent leur maître, lui racontèrent les discours de Luther, et lui demandèrent avec inquiétude ce qu'ils devaient penser et faire[1]. Stübner les exhorta à demeurer fermes dans leur foi. « Qu'il se présente, s'écria « Cellarius, qu'il nous accorde une conférence, qu'il nous « laisse exposer notre doctrine, et nous verrons... »

Luther se souciait peu de se rencontrer avec ces hommes; il savait qu'il y avait en eux un esprit violent, impatient, superbe, qui ne pouvait supporter des avertissements, même charitables, et qui prétendait que chacun se soumît au premier mot, comme à une autorité souveraine[2]. Tels sont les enthousiastes dans tous les temps. Cependant, puisqu'on lui demandait une entrevue, le docteur ne pouvait la refuser. D'ailleurs, il pouvait être utile aux simples du troupeau qu'il démasquât l'imposture des prophètes. La conférence eut lieu. Stubner prit le premier la parole. Il exposa comment il voulait renouveler l'Église et changer le monde. Luther l'écouta avec un grand calme[3]. « Rien « de ce que vous avez dit, répondit-il enfin avec gravité, « ne repose sur la sainte Écriture. Ce ne sont que des fa-« bles. » A ces mots, Cellarius ne se possède plus; il élève la voix; il fait les gestes d'un furieux; il trépigne; il frappe la table qui est devant lui[4]; il s'irrite; il s'écrie que c'est une indignité d'oser parler ainsi à un homme de Dieu. Alors Luther reprend : « Saint Paul déclare que les preu-« ves de son apostolat ont éclaté par des prodiges; prouvez « le vôtre par des miracles. » — « Nous le ferons, » répondirent les prophètes[5]. — « Le Dieu que j'adore, dit « Luther, saura bien tenir vos dieux en bride. » Stubner,

---

[1] « Rursum ad ipsum confluere... » (Camerar., p. 52.)
[2] « Vehementer superbus et impatiens... credi vult plena auctoritate, ad primam vocem... » (Luth. *Ep.*, II, p. 179.)
[3] « Audivit Lutherus placide. » (Camerar., p. 52.)
[4] « Cum et solum pedibus et propositam mensulam manibus feriret. » (*Ibid.*)
[5] « Quid pollicentes de mirabilibus affectionibus. » (*Ibid.*, p. 53.)

qui était demeuré plus calme, arrêtant alors les yeux sur le réformateur, lui dit d'un air inspiré : « Martin Luther! « je vais te déclarer ce qui se passe maintenant dans ton « âme... Tu commences à croire que ma doctrine est « vraie. » Luther, ayant quelques instants gardé le silence, reprit : « Dieu te châtie, Satan!... » A ces mots, tous les prophètes sont hors d'eux-mêmes. « L'Esprit! l'Esprit! » s'écrient-ils. Luther, reprenant avec ce ton froid du dédain et ce langage incisif et familier qui lui était propre : « Je « donne sur le museau à votre *Esprit*[1], » dit-il. Les clameurs redoublent; Cellarius surtout se distingue par ses emportements. Il est furieux, il frémit, il écume[2]. On ne pouvait plus s'entendre dans la chambre de la conférence. Enfin, les trois prophètes abandonnent la place, et s'éloignent le même jour de Wittemberg.

Ainsi Luther avait accompli l'œuvre pour laquelle il avait quitté sa retraite. Il avait tenu tête au fanatisme et chassé du sein de l'Église renouvelée l'enthousiasme et le désordre qui prétendaient l'envahir. Si, d'une main, la Réformation jetait bas les poudreuses décrétales de Rome, de l'autre elle repoussait les prétentions des mystiques, et elle affermissait, sur le terrain qu'elle avait conquis, la Parole vivante et immuable de Dieu. Le caractère de la Réformation était ainsi bien établi. Elle devait toujours se mouvoir entre ces deux extrêmes, également éloignée des convulsions des fanatiques et de l'état de mort de la papauté.

Alors une population passionnée, égarée, qui avait rompu tout frein, s'apaise, se calme, se soumet; et la tranquillité la plus parfaite se rétablit dans cette cité qui, il y a peu de jours encore, était comme une mer en tourmente.

Une entière liberté fut aussitôt établie à Wittemberg. Luther continua à demeurer dans le couvent et à porter l'habit monastique; mais chacun était libre de faire autrement. On pouvait, en prenant la cène, se contenter de l'ab-

---

[1] « Ihren Geist haue er über die Schnauze. » (Luth. *Op.*, Altenburg. Aug., III, p. 137.)

[2] « Spumabat et fremebat et fureba'. » (Luth. *Ep.*, II, p. 179.)

solution générale, ou en demander une particulière. On établit en principe de ne rien rejeter que ce qui était opposé à une déclaration claire et formelle de l'Écriture sainte[1]. Ce n'était pas de l'indifférence ; au contraire, la religion fut ramenée ainsi à ce qui est son essence ; le sentiment religieux se retira des formes accessoires, où il avait failli se perdre, et se reporta sur ce qui en est la base. Ainsi la Réformation fut sauvée ; et la doctrine put continuer à se développer au sein de l'Église, selon la charité et la vérité.

IX

A peine le calme fut-il rétabli, que le réformateur se tourna vers son cher Mélanchthon, et lui demanda son assistance pour mettre la dernière main à la version du Nouveau Testament, qu'il avait rapportée de la Wartbourg[2]. Mélanchthon avait, dès l'an 1519, établi le grand principe, qu'il faut expliquer les Pères d'après l'Écriture, et non l'Écriture d'après les Pères. Approfondissant toujours plus les écrits du Nouveau Testament, il se sentait à la fois ravi de leur simplicité et frappé de leur profondeur. « Ce n'est que là, » disait hautement cet homme si familier avec tous les philosophes de l'antiquité, « que se trouve « la vraie nourriture de l'âme. » Aussi se rendit-il avec joie à l'invitation de Luther ; et dès lors les deux amis passèrent ensemble de longues heures à étudier et à traduire la Parole inspirée. Souvent ils s'arrêtaient dans leurs laborieuses recherches pour donner cours à leur admiration. « La raison pense, disait Luther : Oh ! si seulement une « fois je pouvais entendre Dieu ! je courrais pour cela au

---

[1] « Ganz klare und gründliche Schrift. »
[2] « Verum omnia nunc elimare cœpimus Philippus et ego. » (Luth. *Ep.*, II, p. 176.)

« bout du monde... Écoute donc, ô homme, mon frère!...
« Dieu, le créateur des cieux et de la terre, te parle... »

On se mit à travailler à l'impression du Nouveau Testament avec un zèle sans exemple[1]. On eût dit que les ouvriers eux-mêmes sentaient l'importance de l'œuvre qu'ils préparaient. Trois presses étaient employées à ce travail, et dix mille feuilles étaient imprimées chaque jour[2].

Enfin, le 21 septembre, parut l'édition complète, de trois mille exemplaires, en deux volumes in-folio, avec ce simple titre : *Le Nouveau Testament — Allemand. — Wittemberg*. Il n'y avait point de nom d'hommes. Chaque Allemand put dès lors se procurer la Parole de Dieu pour une somme modique[3].

La traduction nouvelle, écrite dans l'esprit même des livres saints, dans une langue vierge encore, et qui déployait pour la première fois ses grandes beautés, saisissait, ravissait, ébranlait les plus petits du peuple comme les plus élevés. C'était une œuvre nationale; c'était le livre du peuple; c'était plus, c'était vraiment le livre de Dieu. Des adversaires même ne purent refuser leur approbation à ce travail admirable; et l'on vit des amis indiscrets de la Réformation, frappés de la beauté de cette œuvre, s'imaginer y reconnaître une seconde inspiration. Cette traduction servit à propager la piété chrétienne plus que tous les autres écrits de Luther. L'œuvre du seizième siècle fut ainsi placée sur une base où rien ne pourra l'ébranler. La Bible donnée au peuple ramena l'esprit humain, qui depuis des siècles errait dans le labyrinthe tortueux de la scolastique, à la source divine du salut. Aussi, le succès de ce travail fut-il prodigieux. En peu de temps, tous les exemplaires furent enlevés. Au mois de décembre, une seconde édition parut. En 1533 on comptait déjà dix-sept éditions du Nouveau Testament de Luther, imprimées à Wittemberg, treize à Augsbourg, douze à Bâle, une à Erfurt, une à

---

[1] « Ingenti labore et studio. » (Luth. *Ep.*, II, p. 236.)
[2] « Singulis diebus decies millia chartarum sub tribus prelis... » (*Ibid.*)
[3] Un florin et demi, environ trois francs.

Grimma, une à Leipzig, treize à Strasbourg[1]... Tels étaient les ressorts puissants qui soulevaient et transformaient l'Église et le monde.

La première édition du Nouveau Testament s'imprimait encore, que Luther entreprit déjà de traduire l'Ancien. Commencé en 1522, ce travail fut poursuivi sans interruption. Il publia cette traduction par parties, à mesure qu'elle avançait, afin de satisfaire plus vite l'impatience qu'on témoignait de toutes parts, et de faciliter aux pauvres l'acquisition du livre.

C'est de l'Écriture et de la foi, deux sources qui au fond n'en forment qu'une seule, que la vie évangélique a découlé et qu'elle se répand encore dans le monde. Ces deux principes combattaient deux erreurs fondamentales. La foi était opposée à la tendance pélagienne du catholicisme; l'Écriture l'était à la théorie de la tradition et de l'autorité de Rome. L'Écriture amenait à la foi, et la foi ramenait à l'Écriture. « L'homme ne peut faire aucune œuvre méritoire; « la grâce libre de Dieu, qu'il reçoit par la foi en Christ, « le sauve seule. » Telle était la doctrine proclamée dans la chrétienté. Or, cette doctrine devait pousser la chrétienté vers l'Écriture. En effet, si la foi en Christ est tout dans le christianisme, si les pratiques et les ordonnances de l'Église ne sont rien, ce n'est pas à la parole de l'Église, mais à la Parole de Christ que l'on doit adhérer. Le lien qui attache à Christ deviendra tout pour l'âme fidèle. Que lui importe le lien extérieur qui l'unit à une Église extérieure, asservie à des opinions d'hommes?... Ainsi, comme la parole de la Bible avait poussé les contemporains de Luther vers Jésus-Christ, l'amour qu'ils avaient pour Jésus-Christ les poussait à son tour vers la Bible. Ce n'était pas, comme on se l'imagine de nos jours, par un principe philosophique, par suite d'un doute, ou par un besoin d'examen, qu'ils revenaient à l'Écriture; c'était parce qu'ils y trouvaient la Parole de Celui qu'ils aimaient. « Vous nous avez

[1] *Gesch. d. deutsch. Bibel Uebersetz.*

« annoncé Christ, disaient-ils au réformateur, faites-le-nous
« maintenant entendre lui-même. » Et ils se précipitaient
sur les feuilles qui leur étaient livrées, comme sur une
lettre venue du ciel.

Mais si la Bible fut reçue avec tant de joie par ceux qui
aimaient Christ, elle fut repoussée avec haine par ceux qui
préféraient les traditions et les pratiques des hommes. Une
persécution violente accueillit cette œuvre du réformateur.
A l'ouïe de la publication de Luther, Rome trembla. La
plume qui transcrivit les oracles sacrés fut vraiment celle
que l'électeur Frédéric avait vue en songe, et qui, s'étendant jusqu'aux sept collines, avait fait chanceler la tiare de
la papauté. Le moine dans sa cellule, le prince sur son
trône, poussèrent un cri de colère. Les prêtres ignorants
frémirent à la pensée que tout bourgeois, tout paysan
même, serait maintenant en état de discuter avec eux sur
les enseignements du Seigneur. Le roi d'Angleterre dénonça cette œuvre à l'électeur Frédéric et au duc George
de Saxe. Mais déjà, dès le mois de novembre, le duc avait
ordonné à tous ses sujets de remettre tout exemplaire du
Nouveau Testament de Luther entre les mains du magistrat. La Bavière, le Brandebourg, l'Autriche, tous les États
dévoués à Rome, rendirent les mêmes arrêts. En quelques
lieux on fit de ces Livres saints, sur la place publique, un
bûcher sacrilége[1]. Ainsi Rome renouvelait, au seizième
siècle, les attentats par lesquels le paganisme avait voulu
détruire la religion de Jésus-Christ, au moment où l'empire échappait aux prêtres et à leurs idoles. Mais qui peut
arrêter la marche triomphante de l'Évangile? « Même
« après mes défenses, écrivait le duc George, plusieurs
« milliers d'exemplaires ont été vendus et lus dans mes
« États. »

Dieu se servit même, pour répandre sa Parole, des
mains qui prétendaient la détruire. Les théologiens catholiques, voyant qu'ils ne pouvaient arrêter l'œuvre du ré-

---

[1] « Qui et alicubi in unum congesti rogum publice combusti sunt. »

formateur, publièrent eux-mêmes une traduction du Nouveau Testament.

C'était la traduction de Luther, çà et là corrigée par les éditeurs. On ne fit aucune difficulté de la laisser lire. Rome ne savait pas encore que partout où la Parole de Dieu s'établit, sa puissance chancelle. Joachim de Brandebourg permit à tous ses sujets de lire toute traduction de la Bible, latine ou allemande, pourvu qu'elle ne vînt pas de Wittemberg. Les peuples de l'Allemagne, ceux du Brandebourg en particulier, firent ainsi un grand pas dans la connaissance de la vérité.

La publication du Nouveau Testament en langue vulgaire est une des époques importantes de la Réformation. Si le mariage de Feldkirchen avait été le premier pas qu'avait fait la Réforme pour passer de la doctrine dans la vie; si l'abolition des vœux monastiques fut le second; si l'établissement de la Cène du Seigneur fut le troisième, la publication du Nouveau Testament fut peut-être le plus important de tous. Elle opéra un changement total dans la société : non-seulement dans le presbytère du prêtre, dans la cellule du moine ou dans le sanctuaire du Seigneur, mais encore dans les maisons des grands, dans celles des bourgeois des villes et des habitants des campagnes. Quand on commença à lire la Bible dans les familles de la chrétienté, la chrétienté fut changée. Il y eut dès lors d'autres habitudes, d'autres mœurs, d'autres conversations, une autre vie. Avec la publication du Nouveau Testament, la Réformation sortit de l'École et de l'Église, et prit possession des foyers du peuple.

L'effet produit fut immense. Le christianisme de l'Église primitive, tiré, par la publication des saintes Écritures, de l'oubli où depuis des siècles il était tombé, fut ainsi présenté aux regards de la nation; et cette vue suffit pour justifier les attaques dont Rome avait été l'objet. Les hommes les plus simples, pourvu qu'ils connaissent les lettres allemandes, des femmes, des artisans (c'est un contemporain, grand ennemi de la Réformation, qui nous le raconte) étudiaient avec avidité le Nouveau Testament ¹. Ils le portaient partout avec eux ; bientôt ils le surent par cœur, et les pages de ce livre proclamaient hautement le parfait accord de la Réformation de Luther et de la Révélation de Dieu.

Cependant, ce n'était que par fragments que la doctrine de la Bible et de la Réformation avait été jusqu'alors établie. Telle vérité avait été exposée dans un écrit ; telle erreur attaquée dans un autre. Sur un vaste terrain se trouvaient épars et confus les débris de l'ancien édifice et les matériaux du nouveau ; mais l'édifice lui-même manquait encore. La publication du Nouveau Testament répondait sans doute à ce besoin. La Réformation pouvait dire, en donnant ce livre : Voilà mon système! Mais comme chacun est libre de prétendre qu'il n'a d'autre système que la Bible, la Réformation devait formuler ce qu'elle avait trouvé dans l'Écriture. C'est ce que Mélanchthon fit en son nom.

Il avait marché à pas comptés, mais à pas assurés, dans son développement théologique, et avait toujours publié avec courage le fruit de ses recherches. Déjà, en 1520, il avait déclaré ne voir dans plusieurs des sept sacrements qu'une imitation des cérémonies judaïques, et dans l'infaillibilité du pape, qu'une prétention orgueilleuse, également opposée à la sainte Écriture et au bon sens. « Pour « combattre ces doctrines, il nous faut, avait-il dit, plus « qu'un Hercule ². » Ainsi Mélanchthon était parvenu au même point que Luther, quoique par une voie plus scientifique et plus calme. Le moment était arrivé où il devait à son tour confesser sa foi.

Dès 1521, pendant la captivité de Luther, son célèbre ouvrage « *Sur les lieux communs théologiques* » avait présenté à l'Europe chrétienne un corps de doctrine, dont les bases étaient solides et les proportions admirables. Un en-

---

[1] « Ut sutores, mulieres et quilibet idiotæ... avidissime legerent. » (Cochlœus, p. 50.)

[2] « Adversus quas non uno nobis, ut ita dicam, Hercule opus est. » (*Corp. Ref.*, 1, p. 137.)

semble simple et majestueux se dessinait devant les yeux étonnés de la génération nouvelle. La traduction du Nouveau Testament justifia la Réformation auprès du peuple; les *Lieux communs* de Mélanchthon la justifièrent auprès des savants.

L'Église subsistait depuis quinze siècles et n'avait pas encore vu un pareil ouvrage. Abandonnant les développements ordinaires de la théologie scolastique, l'ami de Luther donnait enfin à la chrétienté un système théologique tiré uniquement de l'Écriture. On y trouvait un souffle de vie, un mouvement d'intelligence, une force de vérité, une simplicité d'exposition qui faisaient un étonnant contraste avec les subtils et pédantesques systèmes des écoles. Les esprits les plus philosophiques, comme les théologiens les plus sévères, en furent dans une égale admiration.

Érasme appela cet écrit : une armée merveilleusement rangée en bataille contre la tyrannie pharisaïque des faux docteurs [1]; et, tout en avouant qu'il n'était pas d'accord avec l'auteur sur tous les points, il ajouta que, quoiqu'il l'eût toujours aimé, il ne l'avait jamais tant aimé qu'après avoir lu cet ouvrage. « Tant il y a, » dit Calvin plus tard, en le présentant à la France, « que la plus grande simpli-
« cité est la plus grande vertu à traiter la doctrine chré-
« tienne [2]. »

Mais nul n'éprouva une joie semblable à celle de Luther. Cet ouvrage fut toute sa vie l'objet de son admiration. Ces sons isolés que sa main agitée avait arrachés, dans la vive émotion de son âme, à la harpe des prophètes et des apôtres, se trouvaient ici ordonnés en une ravissante harmonie. Ces pierres éparses, qu'il avait détachées avec effort de la carrière des Écritures, étaient maintenant assemblées en un édifice majestueux. Aussi ne cessa-t-il de conseiller la lecture de cet écrit aux jeunes gens qui venaient cher-

---

[1] « Video dogmatum aciem pulchre instructam adversus tyrannidem pharisaicam. » (Er. *Ep.*, p. 949.)

[2] *La Somme de théologie*, par Philippe Mélanchthon. Genève, 1551. *Jehan Calvin aux lecteurs.*

cher la science à Wittemberg, en leur disant : « Si vous « voulez être théologiens, lisez Mélanchthon[1]. »

Selon Mélanchthon, le sentiment profond de la misère à laquelle l'homme se trouve réduit par le péché, est la base sur laquelle doit s'élever l'édifice de la théologie chrétienne. Ce mal immense est le fait primitif, l'idée mère dont la science part; il est le caractère qui distingue la théologie de toutes les sciences qui n'ont que la raison pour instrument.

Le théologien chrétien, plongeant au fond du cœur de l'homme, en expose les lois et les attractions mystérieuses, comme un autre savant exposa plus tard les lois et les attractions des corps. « Le péché originel, dit-il, est une in-« clination née avec nous, un certain élan qui nous est « agréable, une certaine force qui nous entraîne à pécher, « et qui a été répandue par Adam dans toute sa postérité. « De même qu'il y a dans le feu une force native qui le « porte en haut, de même qu'il y a dans l'aimant une force « naturelle par laquelle il attire à soi le fer, de même aussi « il y a dans l'homme une force première qui le porte au « mal. Je veux que dans Socrate, dans Xénocrate, dans « Zénon se soient trouvées la constance, la tempérance, la « chasteté; ces ombres de vertus étaient dans des esprits « impurs, et provenaient de l'amour de soi-même; c'est « pourquoi il faut les regarder, non comme de vraies ver-« tus, mais comme des vices[2]. » Ces paroles peuvent paraître dures; mais elles ne le sont que si l'on méconnaît le sens de Mélanchthon. Nul n'était plus que lui disposé à reconnaître dans les païens des vertus dignes de l'estime des hommes; mais il établit cette grande vérité: que la loi souveraine donnée de Dieu à toutes ses créatures, c'est de l'aimer par-dessus toutes choses; or, si l'homme en faisant ce que Dieu commande le fait non par amour pour Dieu, mais

---

[1] « Librum invictum, » disait-il encore, « non solum immortalitate, sed et canone ecclesiastico dignum. » (*De servo arbitrio*.)

[2] *Loci communes theologici*. Bâle, 1521, p. 35. Cette édition est très rare. Voyez, pour les révisions postérieures, celle d'Erlangen, 1828, faite sur celle de Bâle, 1561.

par amour pour soi-même, Dieu pourra-t-il lui tenir compte de ce qu'il ose se substituer lui-même à son infinie majesté, et n'y aura-t-il point de vice dans un acte où se trouve une rébellion expresse contre le Dieu souverain?

Le théologien de Wittemberg montre ensuite comment l'homme est sauvé de cette misère. « L'apôtre, dit-il, t'ap-
« pelle à contempler, à la droite du Père, le Fils de
« Dieu, puissant médiateur, qui intercède pour nous, et il
« te demande d'être assuré que tes péchés te sont remis,
« et que tu es réputé juste et reçu du Père, à cause de ce
« Fils, victime immolée sur la croix [1]. »

Ce qui rend surtout remarquable cette première édition des *Lieux communs*, c'est la manière dont le grand docteur y parle de la souveraineté de la grâce. Il reconnaît, mieux peut-être encore que ne l'avait fait Luther, parce qu'il était plus théologien que lui, que cette doctrine ne pouvait être séparée de celle qui était l'essence de la Réformation. La justification de l'homme devant Dieu ne procède que de la foi, voilà le premier point; cette foi ne procède dans le cœur de l'homme que de la grâce de Dieu, voilà le second. Mélanchthon sent fort bien que si l'on accorde à l'homme quelque habileté naturelle pour croire, on renversera dans le second point cette grande doctrine de la grâce que l'on a établie dans le premier. Il avait trop de discernement et d'intelligence dans les Écritures pour se tromper en une si grave matière. Mais il alla trop loin. Au lieu de se renfermer dans les limites de la question religieuse, il aborda la question métaphysique. Il établit un fatalisme qui pourrait faire regarder Dieu comme l'auteur du mal, et qui, par conséquent, n'a aucun fondement dans l'Écriture. « Tout
« ce qui arrive, dit-il, arrivant nécessairement en confor-
« mité avec la prédestination divine, il est évident que
« notre volonté n'a aucune liberté [2]. »

---

[1] « Vult te intueri Filium Dei sedentem ad dexteram Patris, mediatorem interpellantem pro nobis. » (*Loci communes theologici*. Bâle, 1521, p. 35.)
[2] « Quandoquidem omnia quæ eveniunt necessario eveniunt juxta divinam prædestinationem, nulla est voluntatis nostræ libertas. » (*Ibid.*)

Mais ce que Mélanchthon surtout se propose, c'est de présenter la théologie comme un système de piété. L'école avait disséqué le dogme jusqu'à lui faire perdre la vie. La tâche de la Réformation était donc de ramener la vie dans le dogme mort. Dans les éditions subséquentes, Mélanchthon sentit le besoin d'exposer avec une grande clarté les doctrines [1]. Mais il n'en fut pas tout à fait ainsi en 1521. « C'est connaître Christ, dit-il, que de connaître ses bien-« faits. Paul, dans son Épître aux Romains, voulant donner « un sommaire de la doctrine chrétienne, ne philosophe pas « sur le mystère de la Trinité, sur le mode de l'incarna-« tion, sur la création active et passive. De quoi parle-t-il « donc? — De la loi, — du péché, — de la grâce. C'est de « cela que la connaissance de Christ dépend [2]. »

La publication de cette dogmatique fut d'un prix inexprimable pour la cause de l'Évangile. Les calomnies furent réfutées; les préjugés tombèrent. Dans les églises, dans les cours, dans les universités, on admirait le génie de Mélanchthon, et l'on aimait les grâces de son caractère. Ceux même qui ne connaissaient pas l'auteur furent attirés à ses croyances par son ouvrage. La rudesse et quelquefois la violence du langage de Luther en avaient repoussé plusieurs. Mais voici un homme qui, avec une grande élégance de style, un goût exquis, une clarté admirable, un ordre parfait, expose ces vérités puissantes dont la soudaine explosion a ébranlé le monde. On recherche l'ouvrage, on le lit avec avidité, on l'étudie avec ardeur. Tant de douceur et de modestie gagnèrent les cœurs; tant de noblesse et de force leur imposèrent; et les classes supérieures de la société, jusqu'alors indécises, furent conquises à une sagesse qui adoptait enfin un si beau langage.

---

[1] Voyez édit. de 1561, réimprimée en 1829, p. 14 à 44, les divers chapitres : *De tribus personis; — De divinitate Filii; — De duabus naturis in Christo; — Testimonia quod Filius sit persona; — Testimonia refutantia Arianos; — De discernendis proprietatibus humanæ et divinæ naturæ Christi; — De Spiritu sancto;* etc., etc.

[2] « Hoc est Christum cognoscere, beneficia ejus cognoscere, etc. » (*Ibid.*)

D'un autre côté, les ennemis de la vérité, que les coups terribles de Luther n'avaient pas abattus, demeurèrent quelque temps muets et déconcertés, lors de l'apparition de l'écrit de Mélanchthon. Ils reconnurent qu'il y avait un autre homme aussi digne que Luther de leur haine. « Hélas! s'écrièrent-ils, malheureuse Allemagne! à quelle « extrémité va te réduire cet enfantement nouveau[1]! »

Les *Lieux communs* eurent, de 1521 à 1595, soixante-sept éditions, sans parler des traductions. Ce livre est peut-être, après la Bible, celui qui a le plus contribué à l'établissement de la doctrine évangélique.

X

Tandis que le « grammairien » Mélanchthon apportait, par de si doux accords, un si puissant secours à Luther, des hommes redoutables, hostiles au réformateur se tournaient avec violence contre lui. Échappé de la Wartbourg, il avait reparu sur la scène du monde; et à cette nouvelle, ses anciens adversaires avaient retrouvé toute leur rage.

Il y avait trois mois et demi que Luther était de retour à Wittemberg, lorsqu'un bruit, que grossissaient toutes les voix de la renommée, lui apporta la nouvelle qu'un des plus grands rois de la chrétienté venait de l'attaquer. Le chef de la maison des Tudor, prince issu à la fois des York et des Lancastre, et sur la tête duquel, après tant de sang répandu, la Rose rouge et la Rose blanche se trouvaient enfin réunies, le puissant roi de l'Angleterre, qui prétendait rétablir sur le continent, et sur la France en particulier, l'antique influence de sa couronne, Henri VIII venait de composer un livre contre le pauvre moine de Wittemberg. « On vante fort, écrivit Luther à Lange,

---

[1] « Heu! infelicem hoc novo partu Germaniam!... » (Cochlœus.)

« le 26 juin 1522, un petit livre du roi d'Angleterre[1]. »

Henri VIII avait alors trente et un ans; il était grand, bien fait; un air de majesté et de domination était répandu sur toute sa personne[2]; et sa physionomie annonçait la vivacité de son esprit. Véhément, prétendant tout faire plier sous la violence de ses passions, et ayant soif de gloire, il cacha d'abord ses défauts sous une certaine fougue qui est le propre de la jeunesse, et ne manqua pas de flatteurs qui les encouragèrent. Souvent il se rendait, avec la troupe de ses favoris, dans la demeure de son chapelain, Thomas Wolsey, fils d'un boucher d'Ipswich. Doué d'une grande habileté, d'une excessive ambition et d'une audace sans bornes, cet homme, protégé par l'évêque de Winchester, chancelier du royaume, s'était rapidement avancé dans la faveur de son maître, et l'attirait dans sa maison, par la séduction de plaisirs et de désordres auxquels le jeune prince n'eût osé se livrer dans son propre palais. Polydore Virgile, alors sous-collecteur du pape en Angleterre, le rapporte[3]. Dans ces folles réunions, le chapelain dépassait en licence les jeunes courtisans qui accompagnaient Henri VIII. On le voyait, oubliant la gravité qui convient à un ministre des autels, chanter, danser, rire, folâtrer, tenir des discours obscènes, et faire des armes[4]. Il réussit bientôt ainsi à obtenir la première place dans le conseil du roi, et, gouvernant seul le royaume, fit acheter ses bonnes grâces à tous les princes de la chrétienté.

Henri vivait au milieu des bals, des festins, des joutes, et dissipait follement les trésors que l'avarice de son père

---

[1] « Jactant libellum regis Angliæ; sed leum illum suspicor sub pelle tectum. » (Allusion à Lee, chapelain d'Henri VIII, et jeu de mots avec *leo* (lion). Luth. *Ep.*, II, p. 213.)

[2] « He was tall, strong built and proportion'd, and had an air of authority and empire. » (Collier, *Eccl. Hist. of G.-Brit.*, in-fol. II, p. 1.)

[3] « Domi suæ voluptatum omnium sacrarium fecit, quo regem frequenter ducebat. » (Polyd. Virgilius, *Angl. Hist.* Bâle, 1570, in-fol., p. 633.) Polydore Virgile paraît avoir souffert de l'orgueil de Wolsey, et être plutôt porté à exagérer les torts de ce ministre.

[4] « Cum illis adolescentibus una psallebat, saltabat, sermones leporis plenos habebat, ridebat, jocabatur. » (*Ibid.*)

avait lentement amassés. Des tournois magnifiques se succédaient sans cesse. Le roi, qui, par sa mâle beauté, se distinguait entre tous les combattants[1], y jouait le premier rôle. Si la lutte paraissait un instant douteuse, l'adresse, la force du prince, ou l'adroite politique de ses adversaires lui assuraient la victoire, et l'enceinte retentissait de cris et d'applaudissements en son honneur. La vanité du jeune prince s'exaltait de ces faciles triomphes; et il n'y avait succès au monde auquel il ne crût pouvoir prétendre. Parmi les spectateurs se trouvait quelquefois la reine. Sa figure grave, son regard triste, son air recueilli et abattu, contrastaient avec le bruyant éclat de ces fêtes. Henri VIII, peu après son avénement au trône, avait épousé, par des raisons d'État, Catherine d'Aragon, plus âgée que lui de cinq ans, veuve de son frère Arthur et tante de Charles-Quint. Tandis que son époux se livrait aux plaisirs, la vertueuse Catherine, d'une piété tout espagnole, se levait au milieu de la nuit pour prendre part en silence aux prières des moines[2]; elle se jetait à genoux, sans coussin, sans tapis. A cinq heures du matin, après avoir pris un peu de repos, elle était de nouveau debout; elle se revêtait de l'habit de Saint-François; car elle s'était fait recevoir dans l'ordre tertiaire de ce saint; puis le recouvrant à la hâte des vêtements royaux[3], elle se rendait à l'église à six heures, pour assister aux saints offices.

Deux êtres vivant dans deux mondes si différents ne pouvaient longtemps demeurer unis.

La piété romaine avait pourtant d'autres représentants que Catherine à la cour de Henri VIII. Jean Fisher, évêque

---

1 « Eximia corporis forma præditus, in qua etiam regiæ majestatis augusta quædam species elucebat. » (Sanderus, *De schismate anglicano*, p. 4.) L'ouvrage de Sanders, nonce du pape en Irlande, doit être lu avec beaucoup de précaution; car les assertions fausses et calomnieuses n'y manquent pas, comme l'ont remarqué le cardinal Quirini et le docteur catholique-romain Lingard eux-mêmes. Voyez l'*Histoire d'Angleterre* de ce dernier, t. VI, p. 173.)

2 « Surgebat media nocte ut nocturnis religiosorum precibus interesset. » (*Ibid.*, p. 5.)

3 « Sub regio vestitu *Divi Francisci* habitu utebatur. » (*Ibid.*)

de Rochester, presque septuagénaire, aussi distingué par sa science que par la sévérité de ses mœurs, était l'objet de la vénération générale. Il avait été le plus ancien conseiller de Henri VII, et la duchesse de Richmond, aïeule de Henri VIII, l'appelant auprès de son lit de mort, lui avait recommandé la jeunesse et l'inexpérience de son petit-fils. Longtemps le roi, au milieu de ses écarts, vénéra le vieux évêque comme un père.

Un homme beaucoup plus jeune que Fisher, laïque et jurisconsulte, attirait déjà alors par son génie et la noblesse de son caractère, les regards de tous. Il s'appelait Thomas Morus. Fils d'un juge du banc du roi, pauvre, austère, ardent au travail, il avait cherché à vingt ans à éteindre les passions de la jeunesse, en portant un cilice et en se donnant la discipline. Appelé un jour par Henri VIII, au moment où il assistait à la messe, il répondit que le service de Dieu devait passer avant le service du roi. Wolsey le présenta à Henri VIII, qui l'employa dans diverses ambassades, et lui voua une grande affection. Il l'envoyait souvent chercher, et s'entretenait avec lui des planètes, de Wolsey et de la théologie.

En effet, le roi lui-même n'était point étranger aux doctrines romaines. Il paraît même que si Arthur eût vécu, Henri eût été destiné au siége archiépiscopal de Cantorbéry. Thomas d'Aquin, saint Bonaventure[1], les tournois, les festins, Élisabeth Blount et d'autres maîtresses encore, tout cela se mêlait dans l'esprit et la vie de ce prince, qui faisait chanter dans sa chapelle des messes de sa composition.

Dès que Henri VIII ouït parler de Luther, il se courrouça contre lui ; et à peine le décret de la diète de Worms fut-il connu en Angleterre, qu'il ordonna d'exécuter la bulle du pontife contre les livres du réformateur[2]. Le 12 mai 1521, Thomas Wolsey, qui à la charge de chancelier d'An-

---

[1] « Legebat studiose libros divi Thomæ Aquinatis. » (Polyd. Virgil., p. 634.)
[2] « Primum libros lutheranos, quorum magnus jam numerus pervenerat in manus suorum Anglorum, comburendos curavit. » (*Ibid.*, p. 664.)

gleterre unissait celles de cardinal et de légat de Rome, se rendit à Saint-Paul, en procession solennelle. Cet homme, parvenu au plus haut degré de l'orgueil, se croyait l'égal des rois. Il ne s'asseyait que sur un siége d'or, il couchait dans un lit d'or, et une nappe de drap d'or couvrait la table sur laquelle il mangeait[1]. Il étala en cette occasion une grande pompe. Sa maison, composée de huit cents personnes, parmi lesquelles se trouvaient des barons, des chevaliers, des fils des familles les plus distinguées, qui espéraient, en le servant, parvenir aux charges publiques, entourait le célèbre prélat. L'or et la soie brillaient non-seulement sur ses habits (il était le premier ecclésiastique qui eût osé se vêtir si somptueusement[2]), mais encore sur les housses et les harnais de ses chevaux. Devant lui, un prêtre de la plus belle figure portait une colonne d'argent terminée par une croix; derrière lui, un autre ecclésiastique, d'une figure non moins remarquable, tenait dans sa main la croix archiépiscopale d'York; un seigneur qui marchait à son côté était chargé de son chapeau de cardinal[3]. Des nobles, des prélats, des ambassadeurs du pape et de l'Empereur l'accompagnaient, suivis d'une longue troupe de mules, ayant sur leur dos des coffres couverts des étoffes les plus riches et les plus brillantes. C'est au milieu de ce cortége magnifique qu'on portait au bûcher, à Londres, les écrits du pauvre moine de Wittemberg. Arrivé dans la basilique, le prêtre orgueilleux fit déposer sur l'autel même son chapeau de cardinal. Le vertueux évêque de Rochester se rendit au pied de la croix, et faisant entendre une voix émue, il prêcha avec force contre l'hérésie. Puis on apporta les écrits impies de l'hérésiarque, et on les brûla dévotement, en présence d'une foule im-

---

[1] « Uti sella aurea, uti pulvino aureo, uti velo aureo ad mensam. » (Polyd. Virgil., p. 664.)

[2] « Primus episcoporum et cardinalium, vestitum exteriorem sericum sibi induit. » (Ibid., p. 633.)

[3] « Galerum cardinalium ordinis insignem, sublime a ministro præferebat, super altare collocabat... » (Ibid., p. 645.)

mense. Telle fut la première nouvelle que l'Angleterre reçut de la Réformation.

Henri ne voulut pas s'en tenir là. « C'est le diable, » écrivit à l'électeur palatin ce prince dont le glaive ne cessa jamais d'être levé sur ses adversaires, ses femmes et ses favoris; « c'est le diable qui, par Luther, a allumé cet « immense incendie. Si Luther ne veut pas se convertir, « que les flammes le consument avec ses écrits[1]! »

Ce n'était point encore assez. Henri, convaincu que les progrès de l'hérésie provenaient de l'extrême ignorance des princes allemands, pensa que le moment était venu de déployer tout son savoir. Les victoires de sa hache d'armes ne lui permettaient pas de douter de celles qui étaient réservées à sa plume. Mais une autre passion encore, toujours grande dans les petites âmes, la vanité, aiguillonnait le roi. Il était humilié de n'avoir aucun titre à opposer à ceux de « Catholique » et de « Très-Chrétien » que portaient les rois d'Espagne et de France, et il mendiait depuis longtemps, près de la cour romaine, une semblable distinction. Quoi de plus propre à la lui faire enfin obtenir, qu'une attaque contre l'hérésie? Henri jeta donc de côté la pourpre royale, et descendit des hauteurs du trône dans l'arène des théologiens. Il compulsa Thomas d'Aquin, Pierre Lombard, Alexandre de Hales et Bonaventure, et le monde vit paraître la « *Défense des sept sacrements, contre Martin Luther, par le très invincible roi d'Angleterre et de France, seigneur d'Irlande, Henri, huitième du nom.* »

« Je me jetterai au-devant de l'Église pour la sauver, « disait le roi d'Angleterre dans cet écrit; je recevrai dans « mon sein les traits empoisonnés de l'ennemi qui l'as-« saille[2]. L'état présent des choses m'y appelle. Il faut que « tout serviteur de Jésus-Christ, quels que soient son âge,

---

[1] Knapps *Nachlese*, II, p. 458.
[2] « Meque adversus venenata jacula hostis cam oppugnantis objicerem. » (*Assertio septem sacramentorum adv. M. Lutherum*, in prologo.)

« son sexe, son rang, se lève contre l'ennemi commun de
« la chrétienté[1].

« Armons-nous d'une double armure, d'une armure cé-
« leste, pour vaincre par les armes de la vérité celui qui
« combat avec celles de l'erreur ; mais aussi d'une armure
« terrestre, afin que, s'il se montre obstiné dans sa malice,
« la main du bourreau le contraigne à se taire, et qu'une
« fois du moins il soit utile au monde, par l'exemple ter-
« rible de sa mort[2]. »

Henri VIII ne pouvait cacher le mépris que lui inspirait
son faible adversaire. « Cet homme, dit le théologien cou-
« ronné, semble être en travail d'enfantement; il fait des
« efforts inouïs ; puis il n'enfante que du vent[3]. Otez l'en-
« veloppe audacieuse des paroles superbes dont il revêt ses
« absurdités, comme on revêt un singe de la pourpre, que
« vous restera-t-il?... un misérable et vide sophisme. »

Le roi défend successivement la messe, la pénitence, la
confirmation, le mariage, les ordres, l'extrême-onction; il
n'épargne pas les épithètes injurieuses à son adversaire ;
il l'appelle tour à tour un loup infernal, une vipère empoisonnée, un membre du diable. L'honnêteté même de
Luther est attaquée. Henri VIII écrase le moine mendiant
de sa colère royale, et « écrit comme avec son sceptre, »
dit un historien[4].

Cependant, il faut le reconnaître, l'ouvrage n'était pas
mauvais pour l'auteur et pour son siècle. Le style ne
manque pas d'une certaine force. Mais le public d'alors ne
sut pas se borner à lui rendre justice. Une explosion de
louanges accueillit le traité théologique du puissant roi
d'Angleterre. « Jamais le soleil n'a vu encore un livre aussi

---

[1] « Omnis Christi servus, omnis ætas, omnis sexus, omnis ordo consurgat. »
(*Assertio septem sacramentorum adv. M. Lutherum*, in prologo.)

[2] « Et qui nocuit verbo malitiæ, supplicii prosit exemplo. » (*Ibid.*)

[3] « Mirum est quanto nixu parturiens, quam nihil peperit, nisi merum ventum. »
(*Ibid.*)

[4] « And writes as'twere with his scepter. » (Collyer., *Eccl. Hist. of Gr.-Britain*,
p. 17.)

« savant[1], » disaient ceux-ci. — On ne peut le comparer, « reprenaient d'autres, qu'aux œuvres de saint Augustin. « C'est un Constantin, c'est un Charlemagne ! — C'est plus « encore, disaient d'autres voix, c'est un second Salomon ! »

Ces exclamations dépassèrent bientôt les limites de l'Angleterre. Henri voulut que le doyen de Windsor, Jean Clarke, son ambassadeur auprès du pape, remît son livre au souverain pontife. Léon X reçut l'ambassadeur en plein consistoire. Clarke lui présenta l'œuvre royale, en disant : « Le « roi mon maître vous donne l'assurance qu'après avoir « réfuté les erreurs de Luther avec la plume, il est prêt à « combattre ses adhérents avec le fer. » Léon, touché de cette promesse, répondit que le livre du roi n'avait pu être composé qu'avec l'aide du Saint-Esprit; et il nomma Henri « *défenseur de la foi* : » titre que portent encore les souverains de l'Angleterre.

L'accueil fait à Rome à l'ouvrage du roi contribua beaucoup à le faire lire. En quelques mois il en sortit, de diverses presses, plusieurs milliers d'exemplaires[2]. « Tout le « monde chrétien, dit Cochléus, fut rempli d'admiration et « de joie[3]. »

Ces louanges extravagantes augmentèrent l'insurmontable vanité du chef des Tudor. Il ne douta point qu'il ne fût lui-même inspiré du Saint-Esprit[4]. Dès lors il ne voulut plus supporter aucune contradiction. La papauté n'était plus pour lui à Rome, mais à Greenwich; l'infaillibilité reposait sur sa tête : ceci contribua grandement plus tard à la réformation de l'Angleterre.

Luther lut le livre de Henri avec un sourire mêlé de dédain, d'impatience et d'indignation. Les mensonges, les injures qu'il contenait, mais surtout l'air de mépris et de

---

[1] « The most learned work that ever the sun saw. » (Burnet, *Hist. of the Ref. of England*, I, p. 30.)

[2] « Intra paucos menses, liber ejus a multis chalcographis in multa millia multiplicatus. » (Cochlœus, p. 44.)

[3] « Ut totum orbem christianum et gaudio et admiratione repleverit. » (*Ibid.*)

[4] « He was brought to fancy it was written with some degree of inspiration. » (Burnet, in præf.)

compassion que le roi y affectait, irritèrent au plus haut degré le docteur de Wittemberg. La pensée que le pape avait couronné cet écrit, et que partout les ennemis de l'Évangile insultaient à la Réforme et au réformateur, comme déjà renversés et vaincus, ajouta encore à son indignation. D'ailleurs, qu'avait-il à ménager? Ne combattait-il pas pour un roi plus grand que tous les rois de la terre? La douceur évangélique ne lui sembla pas de saison. Œil pour œil, dent pour dent. Il dépassa toute mesure. Poursuivi, outragé, traqué, blessé, le lion furieux se retourna et se dressa avec fierté pour écraser son ennemi. L'Électeur, Spalatin, Mélanchthon, Bugenhagen, cherchèrent en vain à l'apaiser. Ils voulaient l'empêcher de répondre; mais rien ne put l'arrêter. « Je ne serai pas doux avec le roi d'Angleterre, dit-il; c'est
« en vain, je le sais, que je m'humilie, que je cède, que je
« conjure, que j'essaye les voies de la paix. Je vais enfin
« me montrer plus terrible avec ces furieux, qui chaque
« jour me heurtent de leurs cornes. Je dresserai contre
« eux les miennes; je provoquerai, j'irriterai Satan, jusqu'à
« ce que, épuisé, il tombe anéanti [1]. Si cet hérétique ne se
« rétracte pas, dit le nouveau Thomas, Henri VIII, il faut
« qu'on le brûle! Telles sont les armes que l'on emploie
« maintenant contre moi : la fureur d'ânes stupides et de
« porcs à la Thomas d'Aquin; puis le feu [2]. Eh bien, à la
« bonne heure! Que ces porcs s'avancent, s'ils l'osent, et
« qu'ils me brûlent! Me voici, je les attends. Je veux que
« mes cendres, jetées après ma mort dans mille mers, se
« soulèvent, poursuivent et engloutissent cet abominable
« troupeau. Vivant, je serai l'ennemi de la papauté, et
« brûlé, je serai sa ruine. Allez, porcs de saint Thomas,

---

[1] « Mea in ipsos exercebo cornua, irritaturus Satanam, donec effusis viribus et conatibus corruat in se ipso. » (Luth. *Ep.*, II, p. 236.)

[2] « Ignis et furor insulsissimorum asinorum et Thomisticorum porcorum. » (*Contra Henricum regem*, Op. lat., II, p. 331.) Il y a dans ce discours quelque chose qui rappelle ceux du grand agitateur de la Grande-Bretagne. Il y a pourtant plus de force et plus de noblesse dans l'orateur du seizième siècle que dans celui du dix-neuvième. » (Voyez *Revue britannique*, novembre 1835. *Le règne d'O'Connel.*) « Pourceaux savonnés de la société civilisée, » etc., etc., p. 30.

« faites ce que bon vous semble. Toujours vous trouverez
« Luther comme un ours sur votre chemin, et comme un
« lion sur votre sentier. Il fondra sur vous de toutes parts,
« ne vous laissera aucune paix, jusqu'à ce qu'il ait broyé vos
« cervelles de fer, et réduit en poudre vos fronts d'airain. »

Luther reproche d'abord à Henri VIII de n'avoir appuyé ses doctrines que sur des décrets et des sentences d'hommes. « Moi, dit-il, je ne cesse de crier : Évangile! Évangile!
« — Christ! Christ!... Et mes adversaires ne cessent de
« répondre : Usages! usages! — Ordonnances! ordonnan-
« ces! — Pères! Pères! — *Que votre foi*, dit saint Paul, *soit*
« *fondée non sur la sagesse des hommes, mais sur la puissance*
« *de Dieu*. — Et l'Apôtre, par ce coup de tonnerre qui part
« du ciel, renverse et disperse, comme le vent disperse la
« poussière, tous les esprits follets de ce Henri-là. Confus,
« épouvantés, les thomistes, les papistes, les Henris, tom-
« bent prosternés devant la foudre de ces paroles [1]. »

Il réfute ensuite en détail l'écrit du roi, et renverse l'un après l'autre ses arguments, avec une clarté, un esprit, une connaissance des saintes Écritures et de l'histoire de l'Église, mais aussi avec une assurance, un dédain, et quelquefois une violence, qui ne doivent pas nous surprendre.

Parvenu à la fin de son discours, Luther s'indigne de nouveau de ce que son adversaire ne puise ses arguments que dans les Pères; c'était là la base de toute la controverse.
« A toutes les paroles des Pères, des hommes, des anges,
« des diables, dit-il, j'oppose, non l'antiquité de l'usage,
« non la multitude, mais la Parole de la Majesté éternelle,
« l'Évangile qu'eux-mêmes sont contraints d'approuver.
« C'est à lui que je m'en tiens, c'est sur lui que je me re-
« pose, c'est en lui que je me glorifie, que je triomphe
« et que j'insulte aux papistes, aux thomistes, aux Henris,
« aux sophistes et à tous les pourceaux de l'enfer [2]. Le Roi

---

[1] « Confusi et prostrati jacent a facie verborum istius tonitrui. » (*Contra Henricum regem*, Op. lat., II, p. 336.)

[2] « Hic sto, hic sedeo, hic maneo, hic glorior, hic triumpho, hic insulto papistis... » (*Ibid.*, p. 342.)

« du ciel est avec moi; c'est pourquoi je ne crains rien,
« quand même mille Augustins, mille Cypriens, et mille de
« ces Églises dont Henri est le Défenseur, se lèveraient
« contre moi. C'est peu de chose que je méprise et morde
« un roi de la terre, puisque lui-même n'a pas craint de
« blasphémer dans ses discours le Roi du ciel, et de profa-
« ner sa sainteté par les plus audacieux mensonges [1].

« Papistes, s'écrie-t-il en finissant, ne mettrez-vous pas
« fin à vos vaines poursuites? Faites tout ce que vous vou-
« drez. Il faudra pourtant que devant cet Évangile, que
« moi, Martin Luther, j'ai prêché, tombent et périssent
« papes, évêques, prêtres, moines, princes, diables, la
« mort, le péché, et tout ce qui n'est pas Jésus Christ ou
« en Jésus-Christ. [2]. »

Ainsi parlait le pauvre moine. Sa violence ne peut certes être excusée, si on la juge d'après la règle qu'il invoque lui-même, d'après la Parole de Dieu. On ne peut même le justifier en alléguant, soit la grossièreté du siècle, car Mélanchthon savait observer les bienséances dans ses écrits; soit l'énergie de son caractère, car si cette énergie était pour quelque chose dans son langage, la passion aussi y était pour beaucoup. Il vaut donc mieux passer condamnation. Cependant, pour être juste, remarquons qu'au seizième siècle cette violence ne semblait pas si étrange qu'elle le paraîtrait aujourd'hui. Les savants étaient alors une puissance, aussi bien que les princes. Henri avait attaqué Luther, en se faisant écrivain. Luther lui répondait, d'après cette loi reçue dans la république des lettres, qu'il faut considérer la vérité de ce qui est dit, et non la qualité de celui qui parle. Ajoutons aussi que quand ce même roi se tourna contre le pape, les insultes dont les écrivains romains et le pape lui-même l'accablèrent, dépassèrent de beaucoup tout ce que Luther lui avait jamais dit.

Au reste, si Luther appelait le docteur Eck un âne, et

---

[1] « Nec magnum si ego regem terræ contemno. » (*Contra Henricum regem*, Op. lat., II, p. 344, verso.)
[2] Luth. *Op.*, (L.), XVIII, p. 209.

Henri VIII un porc, il rejetait avec indignation l'intervention du bras séculier, tandis que le docteur écrivait une dissertation pour prouver qu'il fallait brûler les hérétiques, et que Henri VIII élevait des échafauds pour se conformer aux préceptes du chancelier d'Ingolstadt.

L'émotion fut grande à la cour du roi. Surrey, Wolsey, et la multitude des courtisans, firent trêve aux fêtes et aux pompes de Greenwich, pour exhaler leur indignation en injures et en sarcasmes. Le vénérable évêque de Rochester, qui avait vu avec joie le jeune prince confié naguère à ses soins rompre une lance pour l'Église, fut vivement blessé de l'attaque du moine. Il y répondit aussitôt. Ses paroles caractérisent bien son temps et son Église. « Prenez-nous « les petits renards qui gâtent les vignes, dit Christ dans le « Cantique des cantiques. Ce qui montre, disait Fisher, « qu'il faut mettre la main sur les hérétiques avant qu'ils « grandissent. Maintenant Luther est devenu un grand re-« nard, si vieux, si fin et si malin, qu'il est très difficile à « prendre. Que dis-je, un renard?... c'est un chien enragé, « un loup ravissant, une ourse cruelle; ou plutôt tous ces « animaux à la fois, car le monstre renferme plusieurs « bêtes en son sein [1]. »

Thomas Morus descendit aussi dans l'arène pour y rencontrer le moine de Wittemberg. Quoique laïque, il poussa le zèle contre la Réformation jusqu'au fanatisme, s'il ne le poussa pas jusqu'au sang. Quand de jeunes nobles se mettent à soutenir la papauté, ils dépassent souvent dans leur violence les ecclésiastiques eux-mêmes. « Révérend frère, « père, buveur, Luther, fugitif de l'ordre de Saint-Augus-« tin, bacchante informe de l'un et de l'autre droit, indocte « docteur de la sacrée théologie [2]. » C'est ainsi que s'adresse au réformateur l'un des hommes les plus illustres de son temps; puis, expliquant la manière dont Luther a composé son livre contre Henri VIII : « Il rassembla, dit-il, ses com-

---

[1] « Canem dixissem rabidum, imo lupum rapacissimum, aut sævissimam quamdam ursam... » (Cochlœus, p. 60.)

[2] « Reverendus frater, pater, potator, Lutherus. » (*Ibid.*, p. 61.)

« pagnons, et les invita à aller (chacun de son côté) ramas-
« ser des bouffonneries et des injures. L'un hanta les voi-
« tures et les bateaux, l'autre les bains et les maisons de
« jeu ; celui-ci les boutiques de barbier et les tavernes, ce-
« lui-là les moulins et les maisons de prostitution. Ils cou-
« chèrent sur leurs tablettes tout ce qu'ils entendaient de
« plus insolent, de plus immonde, de plus infâme ; et rap-
« portant toutes ces injures et ces indécences, ils en char-
« gèrent l'impur cloaque qu'on appelle l'esprit de Luther.
« S'il rétracte, continue-t-il, ses mensonges et ses calom-
« nies, s'il dépose ses folies et ses fureurs, s'il ravale ses
« excréments[1]..., il trouvera quelqu'un qui discutera gra-
« vement avec lui. Mais s'il continue comme il a com-
« mencé, badinant, enrageant, folâtrant, calomniant, ne
« vomissant que cloaques et égouts[2]..., que d'autres alors
« fassent ce qu'ils voudront : pour nous, nous préférons
« laisser le petit frère avec ses fureurs et ses saletés[3].... »
Thomas Morus eût mieux fait de garder les siennes. Jamais Luther n'a abaissé son style à un tel point. Il ne répondit pas.

Cet écrit ajouta encore à l'attachement de Henri VIII pour Morus. Il allait lui-même le voir à Chelsea, dans sa modeste maison. Après dîner, le bras appuyé sur l'épaule de son favori, le roi parcourait avec lui son jardin, tandis que lady Morus et ses enfants, cachés derrière la croisée, ne pouvaient détacher d'eux leurs regards étonnés. Après l'une de ces promenades, Morus, qui connaissait son homme, dit un jour à sa femme : « Si ma tête pouvait lui « faire gagner un seul château en France, il n'hésiterait « pas à la faire tomber. »

---

[1] « Si... suas resorbeat et sua relingat stercora. » (Cochlœus, p. 62.)
[2] « Sentinas, cloacas, latrinas... stercora. » (*Ibid.*, p. 63.)
[3] « Cum suis... et stercoribus... relinquere. » (*Ibid.*) Cochléus triomphe en citant ces passages, qu'il choisit parmi ce qu'il y a de plus beau, à son goût, dans l'écrit de Thomas Morus. M. Nisard, au contraire, reconnaît dans son travail sur Morus, dont il fait l'apologie avec tant de chaleur et d'érudition, que dans cet écrit « les saletés inspirées par l'emportement du catholique sont telles, que la « traduction en devient impossible. » (*Revue des Deux-Mondes*, V, p. 592.)

Le roi, ainsi défendu par l'évêque Rochester et par son futur chancelier, n'avait pas besoin de reprendre la plume. Confus de se voir traité, à la face de l'Europe, comme un simple écrivain, Henri VIII abandonna la position dangereuse qu'il avait prise; et, jetant loin de lui la plume des théologiens, il recourut aux voies plus efficaces de la diplomatie.

Un ambassadeur partit de la cour de Greenwich pour porter à l'Électeur et aux ducs de Saxe une lettre du roi. « Véritable vipère tombée du ciel, y disait Henri, Luther « verse à flots son venin sur la terre. Il excite la révolte « dans l'Église de Jésus-Christ, il abolit les lois, il insulte « les puissances, il soulève les laïques contre les prêtres, « les laïques et les prêtres contre le pape, les peuples con- « tre les rois, et il ne demande rien autre que de voir les « chrétiens s'entre-combattre et se détruire, et les enne- « mis de notre foi saluer d'un rire affreux cette scène de « carnage [1].

Qu'est-ce que cette doctrine qu'il appelle évangélique, « sinon la doctrine de Wiclef? Or, très honorés oncles, je « sais ce qu'ont fait vos ancêtres pour la détruire. Ils l'ont « poursuivie en Bohême comme une bête sauvage, et la « faisant tomber dans une fosse, ils l'y ont enfermée et « barricadée. Vous ne permettrez pas qu'elle s'échappe par « votre négligence, qu'elle se glisse dans la Saxe, qu'elle « s'empare de toute l'Allemagne, et que ses naseaux fu- « mants vomissent le feu de l'enfer, et répandent au loin « l'incendie, que votre nation a voulu tant de fois éteindre « dans son sang [2].

« C'est pourquoi, très dignes hommes, je me sens porté « à vous exhorter, et même à vous supplier par tout ce « qu'il y a de plus sacré, d'étouffer promptement la secte

---

[1] « So ergiest er, gleich wie eine Schlang vom Himmel geworfen... » (Luth. *Op.*, XVIII, p. 212.) L'original est en latin. « Velut a cœlo dejectus serpens, virus effundit in terras. »

[2] « Und durch sein schädlich Anblasen das höllische Feuer aussprühe. » (*Ibid.*, p. 213.)

« maudite de Luther : ne mettez personne à mort, si cela
« est possible; mais si l'opiniâtre hérétique continue, ré-
« pandez sans crainte le sang, afin que cette secte abomi-
« nable disparaisse de dessous le ciel [1]. »

L'Électeur et son frère renvoyèrent le roi au futur concile. Ainsi Henri VIII fut loin d'atteindre son but. « Un si
« grand nom mêlé dans la dispute, dit Fra Paolo Sarpi,
« servit à la rendre plus curieuse, et à concilier la faveur
« universelle à Luther, comme il arrive d'ordinaire dans
« les combats et les tournois, où les spectateurs ont tou-
« jours du penchant pour le plus faible, et prennent plaisir
« à relever le prix médiocre de ses actions [2]. »

XI

En effet, un mouvement immense s'accomplissait. La Réformation, que l'on avait crue renfermée, après la diète de Worms, avec son premier docteur, dans la chambre étroite d'un château fort, éclatait dans tout l'empire, et pour ainsi dire dans toute la chrétienté. Les deux peuples jusqu'alors confondus, commençaient à se séparer; et les partisans d'un moine, qui n'avait pour lui que sa parole, se posaient sans crainte en face des serviteurs de Charles-Quint et de Léon X. Luther était à peine sorti des murailles de la Wartbourg, le pape avait excommunié tous ses adhérents, la diète impériale venait de condamner sa doctrine, les princes s'efforçaient de l'écraser dans la plus grande partie des États germaniques, les ministres de Rome la déchiraient, aux yeux du peuple, de leurs violentes invectives; les autres États de la chretienté demandaient à l'Allemagne d'immoler un ennemi dont, même de loin, ils redoutaient les atteintes; et cependant, ce parti nouveau,

---

[1] « Oder aber auch mith Bluth vergiessen. » (Luth. *Op.*, XVIII, p. 213.
[2] *Hist. du Concile de Trente*, p. 15, 16.

peu nombreux, et entre les membres duquel il n'y avait point d'organisation, point de liens, rien en un mot qui concentrât la force commune, épouvantait déjà la vaste, l'antique, la puissante domination de Rome, par l'énergie de sa foi et la rapidité de ses conquêtes. Partout, comme aux premières chaleurs du printemps, on voyait la semence sortir de terre sans effort et comme d'elle-même. Chaque jour manifestait un progrès nouveau. Des individus, des villages, des bourgs, des villes entières, s'associaient à la nouvelle confession du nom de Jésus-Christ. Il y avait d'impitoyables résistances, de terribles persécutions; mais la force mystérieuse qui poussait tout ce peuple était irrésistible; et les persécutés, hâtant leur marche, s'avançant à travers les exils, les prisons et les bûchers, l'emportaient partout sur les persécuteurs.

Des ordres monastiques, que Rome avait étendus sur toute la chrétienté, comme un filet destiné à prendre les âmes et à les tenir captives, furent des premiers à rompre leurs liens et à propager rapidement la nouvelle doctrine dans toute l'Église d'Occident. Les augustins de la Saxe avaient marché avec Luther, et fait avec lui ces expériences intimes de la Parole sainte, qui, mettant en possession de Dieu même, désabusent de Rome et de ses superbes prétentions. Mais dans les autres couvents de l'ordre, la lumière évangélique s'était aussi levée. Quelquefois c'étaient des vieillards, qui, comme Staupitz, avaient conservé, au sein de la chrétienté abusée, les saines doctrines de la vérité, et qui maintenant demandaient à Dieu de les laisser aller en paix, parce qu'ils avaient vu paraître son salut. D'autres fois, c'étaient des jeunes gens qui avaient reçu avec l'avidité de leur âge les enseignements de Luther. A Nuremberg, à Osnabruck, à Dillingen, à Ratisbonne, en Hesse, en Wurtemberg, à Strasbourg, à Anvers, les couvents des augustins se tournaient vers Jésus-Christ, et provoquaient par leur courage la colère de Rome.

Mais ce n'était pas aux augustins seulement que le mouvement se bornait. Des hommes énergiques les imitaient dans les monastères des autres ordres, et malgré les clameurs des moines, qui ne voulaient pas abandonner leurs observances charnelles, malgré les colères, les mépris, les jugements, la discipline et les prisons claustrales, ils élevaient sans crainte la voix pour cette sainte et précieuse vérité, qu'après tant de recherches pénibles, tant de doutes désolants, tant de luttes intérieures, ils avaient enfin trouvée. Dans la plupart des cloîtres, les religieux les plus spirituels, les plus pieux, les plus instruits, se déclaraient pour la Réforme. Éberlin et Kettenbach attaquaient dans le couvent des franciscains, à Ulm, les œuvres serviles du monachisme et les pratiques superstitieuses de l'Église, avec une éloquence qui eût pu entraîner toute la nation; et ils demandaient qu'on abolît à la fois les maisons de moines et les maisons de débauche. Un autre franciscain, Étienne Kempe, prêchait seul l'Évangile à Hambourg, et opposait un front d'airain à la haine, à l'envie, aux menaces, aux embûches et aux attaques des prêtres, irrités de voir la foule abandonner leurs autels et se porter avec enthousiasme à ses prédications [1].

Souvent c'étaient les chefs mêmes des couvents qui étaient les premiers entraînés dans le sens de la Réforme. On voyait des prieurs à Halberstadt, à Neuenwerk, à Halle, à Sagan, donner l'exemple à leurs religieux, ou du moins déclarer que si un moine sentait sa conscience chargée par les vœux monastiques, bien loin de le retenir dans le couvent, ils le prendraient sur leurs épaules pour le porter dehors [2].

En effet, partout en Allemagne on voyait des moines déposer à la porte de leur monastère leur froc et leur capuchon. Les uns étaient chassés par la violence des frères ou des abbés; d'autres, d'un caractère doux et pacifique, ne pouvaient plus supporter des disputes sans cesse renaissantes, des injures, des cris, des haines, qui les poursui-

---

[1] « Der übrigen Prediger Feindschafft, Neid, Nachstellungen, Praticken und Schrecken. » (Seckend., p. 559.)
[2] Seckend., p. 811. — Stentzel, *Scrip. Rer. Siles*, I, p. 457.

vaient jusque dans leur sommeil ; la plupart étaient convaincus que la vie monastique était opposée à la volonté de Dieu et à la vie chrétienne ; quelques-uns étaient arrivés peu à peu à cette assurance ; d'autres y étaient venus tout à coup par la lecture d'un passage de la Bible. L'oisiveté, la grossièreté, l'ignorance, la bassesse, qui faisaient l'essence des ordres mendiants, remplissaient d'un inexprimable dégoût les hommes doués d'une âme élevée, qui ne pouvaient supporter plus longtemps la compagnie de leurs vulgaires associés. Un franciscain, faisant sa quête, se présenta un jour, sa boîte à la main et demandant l'aumône, dans une forge de Nuremberg. « Pourquoi, lui dit le maître « forgeron, ne gagnez-vous pas plutôt votre pain en tra- « vaillant de vos propres mains ? » A ces mots, le robuste moine jette son habit loin de lui, et, saisissant le marteau d'une main vigoureuse, le fait tomber avec force sur l'enclume. L'inutile mendiant était devenu un honnête ouvrier. On renvoya au monastère sa boîte et son froc [1].

Cependant, ce n'étaient pas seulement les moines qui se rangeaient sous l'étendard de l'Évangile ; des prêtres, en plus grand nombre encore, annonçaient la doctrine nouvelle. Mais elle n'avait pas même besoin de prédicateurs pour se répandre ; souvent elle agissait sur les esprits et les réveillait de leur profond sommeil, sans qu'aucun homme eût parlé.

Les écrits de Luther étaient lus dans les villes, dans les bourgs, et jusque dans les villages ; c'était le soir, près du foyer, souvent chez le maître d'école. Quelques-uns des hommes de l'endroit étaient saisis par cette lecture ; ils prenaient la Bible, pour éclaircir leurs doutes, et ils étaient frappés de surprise en voyant l'étonnant contraste que le christianisme de la Bible formait avec le leur. Quelque temps incertains entre Rome et la sainte Écriture, ils se réfugiaient bientôt auprès de cette Parole vivante qui répandait dans leur cœur une si nouvelle et si douce lumière. Sur

---

[1] Ranke, *Deutsche Geschichte*, II, p. 70.

ces entrefaites, un prédicateur évangélique survenait, peut-être un prêtre, peut-être un moine. Il parlait avec éloquence et conviction [1]; il annonçait que Christ avait pleinement satisfait pour les péchés de son peuple; il démontrait par les Écritures la vanité des œuvres et des pénitences humaines. Une terrible opposition éclatait alors; le clergé, souvent les magistrats, mettaient tout en œuvre pour ramener ces âmes qu'ils allaient perdre; mais il y avait dans la prédication nouvelle un accord avec l'Écriture et une énergie cachée qui gagnaient les cœurs et domptaient les plus rebelles. On se jetait, au péril de ses biens, et, s'il le fallait, au péril de sa vie, du côté de l'Évangile, et l'on abandonnait les arides et fanatiques orateurs de la papauté [2]. Quelquefois le peuple, irrité d'avoir été si longtemps abusé par eux, les contraignait à s'éloigner; plus souvent les prêtres, délaissés de leurs troupeaux, sans dîmes, sans offrandes, s'en allaient tristement d'eux-mêmes chercher ailleurs à gagner leur vie [3]. Et tandis que les soutiens de l'ancienne hiérarchie se retiraient de ces lieux, mornes, abattus, et quelquefois en laissant à leurs anciens troupeaux des paroles de malédiction pour adieu, le peuple, que la vérité et la liberté transportaient de joie, entourait les nouveaux prédicateurs de ses acclamations, et, avide d'entendre la Parole, les portait comme en triomphe dans l'église et dans la chaire [4].

Une parole puissante, qui venait de Dieu, renouvelait alors la société. Souvent le peuple ou les principaux écrivaient à quelque homme connu par sa foi de venir les éclairer; et aussitôt, pour l'amour de l'Évangile, il abandonnait intérêts, famille, amis, patrie [5]. Souvent la persé-

---

1 « Eaque omnia prompte, alacriter, eloquenter. » (Cochlœus, p. 52.)
2 « Populo odibiles catholici concionatores. » (Ibid.)
3 « Ad extremam redacti inopiam, aliunde sibi victum quærere cogerentur. » (Ibid., p. 53.)
4 « Triumphantibus novis prædicatoribus qui sequacem populum verbo novi Evangelii sui ducebant. » (Ibid.)
5 « Multi, omissa re domestica, in speciem veri Evangelii, parentes et amicos relinquebant. » (Ibid.)

cution obligeait les partisans de la Réformation à quitter leur demeure; ils arrivaient dans quelque lieu où elle n'était pas encore connue; ils y trouvaient une maison qui offrait un refuge aux pauvres voyageurs, ils y parlaient de l'Évangile, en lisaient quelque page aux bourgeois attentifs, obtenaient, peut-être sur la demande de leurs nouveaux amis, de prêcher une fois publiquement dans le temple... Alors un vaste incendie éclatait dans la ville, et les efforts les plus grands ne parvenaient pas à l'éteindre [1]. Si l'on ne pouvait prêcher dans l'église on prêchait ailleurs. Tous les lieux devenaient des temples. A Husum, en Holstein, Herman Tast, qui revenait de Wittemberg, et à qui le clergé de la paroisse avait fermé l'église, prêchait à une foule immense, sur le cimetière, à l'ombre de deux grands arbres, non loin des lieux où, sept siècles auparavant, Anschar avait annoncé l'Évangile aux païens. A Arnstadt, l'augustin Gaspard Güttel prêchait sur le marché. A Dantzig, l'Évangile était annoncé sur une colline voisine de la ville. A Gosselar, un étudiant de Wittemberg enseignait la nouvelle doctrine dans une plaine plantée de tilleuls, ce qui fit donner aux chrétiens évangéliques le nom de *Frères aux tilleuls*.

Tandis que les prêtres étalaient aux yeux du peuple une sordide avidité, les nouveaux prédicateurs lui disaient: « Nous l'avons reçu gratuitement, nous vous le donnons « gratuitement [2]. » L'idée, souvent exprimée du haut de la chaire par les nouveaux prédicateurs, que Rome avait envoyé jadis aux Germains un Évangile corrompu, et que l'Allemagne entendait maintenant pour la première fois la Parole de Christ dans sa divine et primitive beauté, faisait sur les esprits une impression profonde [3]. Et la grande pensée de l'égalité de tous les hommes, d'une fraternité universelle en Jésus-Christ, saisissait les âmes, sur lesquelles avait

---

[1] « Ubi vero aliquos nacti fuissent amicos in ea civitate..... » (Cochlœus, p. 54.)
[2] « Mira eis erat liberalitas. » (*Ibid.*, p. 53.)
[3] « Eam usque diem nunquam germane prædicatam. » (*Ibid.*)

pesé si longtemps le joug de la féodalité et de la papauté du moyen âge [1].

Souvent de simples chrétiens, le nouveau Testament à la main, offraient de justifier la doctrine de la Réforme. Les catholiques fidèles à Rome se retiraient effrayés; car c'était aux prêtres et aux moines seuls qu'était remis le soin d'étudier les saintes lettres. Ceux-ci se voyaient donc obligés de se présenter; un colloque s'engageait; mais bientôt, accablés par les déclarations des saintes Écritures, citées par les laïques, les prêtres et les moines ne savaient que leur opposer [2]... « Malheureusement Luther avait persuadé « aux siens, dit Cochléus, qu'il ne fallait ajouter foi qu'aux « oracles des livres saints. » Un cri s'élevait dans l'assemblée, et proclamait la honteuse ignorance de ces vieux théologiens qui, jusqu'alors, avaient passé pour si savants aux yeux de leur parti [3].

Les hommes les plus humbles, le sexe le plus faible, avec le secours de la Parole, persuadaient et entraînaient les cœurs. Il se fait des œuvres extraordinaires dans les temps extraordinaires. Un jeune tisserand lisait les écrits de Luther, à Ingolstadt, sous les yeux du docteur Eck, à la foule assemblée. Dans la même ville, l'université ayant voulu contraindre un disciple de Mélanchthon à se rétracter, une femme, Argula de Staufen, prit sa défense, et invita les docteurs à disputer publiquement avec elle. Des femmes et des enfants, des artisans et des soldats, en savaient plus sur la Bible que les docteurs des écoles et les prêtres des autels.

Deux camps se partageaient la chrétienté, et leur aspect offrait un frappant contraste. En face des vieux soutiens de la hiérarchie, qui avaient négligé la connaissance des langues et la culture des lettres (c'est l'un d'eux qui nous l'apprend), se trouvait une jeunesse généreuse, adonnée à l'é-

---

[1] « Omnes æquales et fratres in Christo. » (Cochlœus, p. 53.)
[2] « A laïcis lutheranis, plures Scripturæ locos, quam a monachis et præsbyteris... » (Ibid., p. 54.)
[3] « Reputabantur catholici ab illis ignari Scripturarum. » (Ibid.)

tude, approfondissant les Écritures, et se familiarisant avec les chefs-d'œuvre de l'antiquité[1]. Doués d'un esprit prompt, d'une âme élevée, d'un cœur intrépide, ces jeunes hommes acquirent bientôt de telles connaissances, que de longtemps nul ne put se mesurer avec eux. Ce n'était pas seulement leur foi pleine de vie qui les rendait supérieurs à leurs contemporains, mais encore une élégance de style, un parfum d'antiquité, une vraie philosophie, une connaissance du monde, complétement étrangers aux théologiens *veteris farinæ*, comme les nomme Cochléus lui-même. Aussi, quand ces jeunes défenseurs de la Réforme se rencontraient dans quelque assemblée avec les docteurs de Rome, ils les attaquaient avec une aisance et une assurance telles, que ces hommes grossiers hésitaient, se troublaient et tombaient aux yeux de tous dans un juste mépris.

L'ancien édifice s'écroulait sous le poids de la superstition et de l'ignorance; le nouveau s'élevait sur les bases de la foi et du savoir. Des éléments nouveaux pénétraient dans la vie des peuples. A l'engourdissement, à la stupidité succédaient partout l'esprit d'examen et la soif de l'instruction. Une foi active, éclairée et vivante, remplaçait une piété superstitieuse et d'ascétiques contemplations. Les œuvres du dévouement succédaient aux dévotes pratiques et aux pénitences. La chaire l'emportait sur les cérémonies de l'autel; et le règne antique et souverain de la Parole de Dieu était enfin restauré dans l'Église.

L'imprimerie, cette puissante machine que le quinzième siècle avait découverte, venait en aide à tant d'efforts et ses puissants projectiles battaient incessamment en brèche les murs de l'ennemi.

L'élan que la Réformation donna à la littérature populaire, en Allemagne, est immense. Tandis qu'il n'avait paru en 1513 que trente-cinq publications, et trente-sept en 1517, le nombre des livres augmenta avec une étonnante rapidité

---

[1] « Totam vero juventutem, eloquentiæ litteris, linguarumque studio deditam... in partem suam traxit. » (Cochlœus, p. 54.)

après l'apparition des thèses de Luther. Nous trouvons, en 1518, soixante et onze écrits divers; en 1519, cent onze; en 1520, deux cent huit; en 1521, deux cent onze; en 1522, trois cent quarante-sept; en 1523, quatre cent quatre-vingt-dix-huit... Et où tout cela se publiait-il? Presque toujours à Wittemberg. Et quels en étaient les auteurs? Le plus souvent, Luther et ses amis. L'an 1522 vit paraître cent trente écrits du réformateur; l'année suivante, cent quatre-vingt-trois. Cette même année, il n'y eut en tout que vingt publications catholiques [1]. La littérature de l'Allemagne se formait ainsi au milieu des combats, en même temps que sa religion. Elle se montrait déjà savante, profonde, pleine de hardiesse et de mouvement, comme on l'a vue plus tard. L'esprit national se manifestait pour la première fois sans mélange, et, au moment même de sa naissance, il recevait le baptême de feu de l'enthousiame chrétien.

Ce que Luther et ses amis composaient, d'autres le répandaient. Des moines, convaincus de l'illégalité des liens monastiques, désireux de faire succéder une vie active à leur longue paresse, mais trop ignorants pour annoncer eux-mêmes la Parole de Dieu, parcouraient les provinces, les hameaux, les chaumières, en vendant les livres de Luther et de ses amis. L'Allemagne fut bientôt couverte de ces hardis colporteurs [2]. Les imprimeurs et les libraires accueillaient avec avidité tous les écrits consacrés à la Réformation; mais ils rejetaient les livres du parti opposé, où l'on ne trouvait ordinairement qu'ignorance et barbarie [3]. Si l'un d'eux pourtant se hasardait à vendre un livre en faveur de la papauté et l'exposait dans les foires, à Francfort ou ailleurs, marchands, acheteurs, hommes lettrés, faisaient pleuvoir sur lui la moquerie et les sarcasmes [4]. En vain

---

[1] Panzer's *Annalen der Deutsch. Litt.* — Ranke's *Deutsch. Gesch.*, II, p. 79.

[2] « Apostatarum, monasteriis relictis, infinitus jam erat numerus, in speciem bibliopolarum. » (Cochlœus, p. 54.)

[3] « Catholicorum, velut indocta et veteris barbariei trivialia scripta, contemnebant. » (*Ibid.*)

[4] « In publicis mercatibus Francofordiæ et alibi, vexabantur ac ridebantur. » (*Ibid.*)

l'empereur et les princes avaient-ils rendu des édits sévères contre les écrits des réformateurs. Dès qu'une visite inquisitoriale devait être faite, les marchands, qui en recevaient avis en secret, cachaient les livres qu'on voulait proscrire; et la foule, toujours avide de ce dont on veut la priver, enlevait ensuite ces écrits et les lisait avec encore plus d'ardeur. Ce n'était pas seulement en Allemagne que ces choses se passaient; les écrits de Luther étaient traduits en français, en espagnol, en anglais, en italien, et répandus parmi ces peuples.

XII

Si les plus chétifs instruments portaient à Rome de si terribles coups, qu'était-ce quand la parole du moine de Wittemberg se faisait entendre? Peu après la défaite des nouveaux prophètes, Luther traversait dans un char, en habit de laïque, le territoire du duc George. Son froc était caché, et le réformateur semblait être un simple bourgeois du pays. S'il avait été reconnu, s'il était tombé entre les mains du duc irrité, peut-être en était-ce fait de lui. Il allait prêcher à Zwickau, berceau des prétendus prophètes. A peine l'apprit-on à Schneeberg, à Annaberg et dans les lieux environnants, qu'on accourut en foule. Quatorze mille personnes arrivèrent dans la ville; et comme il n'y avait pas de temple qui pût contenir une telle multitude, Luther monta sur le balcon de l'hôtel de ville, et prêcha en présence de vingt-cinq mille auditeurs qui couvraient la place, et dont quelques-uns étaient montés sur des pierres de construction entassées près de l'hôtel[1]. Le serviteur de Christ parlait avec ferveur sur l'élection de grâce, lorsque tout à coup, du milieu de l'auditoire, on entendit pousser

---

[1] « Von dem Rathhaus unter einem Zulauf von 25,000 Menschen. » (Seckend. p. 539.)

quelques cris. Une vieille femme, l'œil hagard, étendait ses bras amaigris, du haut de la pierre sur laquelle elle s'était placée, et semblait vouloir, de sa main décharnée, retenir cette foule qui allait se précipiter aux pieds de Jésus-Christ. Ses cris sauvages interrompaient le prédicateur. « C'était le diable, dit Seckendorf, qui, prenant la « forme d'une vieille femme, voulait exciter un tumulte [1]. » Mais ce fut en vain ; la parole du réformateur fit taire le mauvais esprit ; l'enthousiasme gagna ces milliers d'auditeurs ; on se saluait du regard, on se serrait les mains, et bientôt les moines, interdits, ne pouvant conjurer l'orage, se virent obligés à quitter Zwickau.

Dans le château de Freyberg résidait le duc Henri, frère du duc George. Sa femme, princesse de Mecklembourg, lui avait donné, l'année précédente, un fils, qui avait été nommé Maurice. Le duc Henri joignait à l'amour de la table et du plaisir, la brusquerie et la grossièreté d'un soldat. Du reste, pieux à la manière du temps, il avait fait un voyage à la Terre-Sainte et un autre à Saint-Jacques de Compostelle. « A Compostelle, disait-il souvent, j'ai dé-
« posé cent florins d'or sur l'autel du saint, et je lui ai dit :
« O saint Jacques, c'est pour te plaire que je suis venu
« jusqu'ici ; je te fais cadeau de cet argent ; mais si ces co-
« quins-là (les prêtres) te le prennent, je n'y puis rien ;
« prends-y donc garde [2]. »

Un franciscain et un dominicain, disciples de Luther, prêchaient depuis quelque temps l'Évangile à Freyberg. La duchesse, à qui sa piété avait inspiré l'horreur de l'hérésie, écoutait ces prédications, tout étonnée que cette douce parole d'un Sauveur fût ce dont on lui avait tant fait peur. Peu à peu ses yeux s'ouvrirent, et elle trouva la paix en Jésus-Christ. A peine le duc George apprit-il qu'on prêchait l'Évangile à Freyberg, qu'il pria son frère de s'opposer à ces nouveautés. Le chancelier Strehlin et les

---

[1] « Der Teufel indem er sich in Gestalt eines alten Weibes... » (Seckend., p. 539.)
[2] « Lasst du dir's die Buben nehmen... » (*Ibid.*, p. 430.)

chanoines le secondèrent de leur fanatisme. Il y eut un grand éclat à la cour de Freyberg. Le duc Henri faisait à sa femme de brusques réprimandes et de durs reproches, et plus d'une fois la pieuse duchesse arrosa de ses larmes le berceau de son enfant. Cependant, peu à peu ses prières et sa douceur gagnèrent le cœur de son mari : cet homme si rude s'amollit; une douce harmonie s'établit entre les deux époux, et ils purent prier ensemble près de leur fils. Sur cet enfant planaient de grandes destinées; et de ce berceau, près duquel une mère chrétienne avait si souvent épanché ses douleurs, Dieu devait faire sortir un jour le vengeur de la Réformation.

L'intrépidité de Luther avait ému les habitants de Worms. L'arrêt impérial faisait trembler les magistrats; toutes les églises étaient fermées; mais sur une place couverte d'une foule immense, un prédicateur, du haut d'une chaire grossièrement construite, annonçait avec entraînement l'Évangile. L'autorité paraissait-elle vouloir intervenir, la foule se dissipait en un moment, on emportait furtivement la chaire; mais, l'orage passé, on la redressait aussitôt dans quelque endroit plus reculé, où la foule accourait pour entendre de nouveau la Parole de Christ. Cette chaire improvisée était portée chaque jour d'un lieu à un autre, et elle servait à affermir ce peuple, encore ébranlé par les émotions de la grande scène de Worms [1].

Dans une des principales villes libres de l'Empire, à Francfort-sur-le-Mein, tout était dans l'agitation. Un courageux évangéliste, Ibach, y prêchait le salut par Jésus-Christ. Le clergé, dont Cochléus, si célèbre par ses écrits et sa haine, faisait partie, plein d'irritation contre cet audacieux collègue, le dénonça à l'archevêque de Mayence. Le conseil, quoique timide, prit pourtant sa défense, mais en vain; le clergé destitua le ministre évangélique, et le chassa. Rome triomphait; tout semblait perdu, les sim-

---

[1] « So liessen sie eine Canzel machen, die man von einem Ort zum andern... » Seckend., p. 436.)

ples fidèles se croyaient privés pour toujours de la Parole ; mais dans le moment où la bourgeoisie se montrait disposée à céder à ces prêtres tyranniques, plusieurs nobles se déclarèrent pour l'Évangile. Max de Molnheim, Harmut de Cronberg, George de Stockheim, Emeric de Reiffenstein, dont les biens se trouvaient près de Francfort, écrivirent au conseil : « Nous sommes contraints de nous lever « contre ces loups spirituels. » Et, s'adressant au clergé : « Embrassez, lui dirent-ils, la doctrine évangélique ; rap- « pelez Ibach, ou nous vous retirerons les dîmes !... »

Le peuple, qui goûtait la Réforme, encouragé par le langage des nobles, s'émut ; et un jour, au moment où le prêtre le plus opposé à la Réformation, le persécuteur d'Ibach, Pierre Mayer, allait prêcher contre les hérétiques, un grand tumulte se fit entendre. Mayer, effrayé, abandonna précipitamment l'église. Ce mouvement décida le conseil. Une ordonnance enjoignit à tous les prédicateurs de prêcher purement la Parole de Dieu, ou de quitter la ville.

La lumière qui était partie de Wittemberg, comme du centre de la nation, se répandait ainsi dans tout l'Empire. A l'occident, le pays de Berg, Clèves, Lippstadt, Munster, Wesel, Miltenberg, Mayence, Deux-Ponts, Strasbourg, entendaient l'Évangile. Au midi, Hof, Schelestadt, Bamberg, Esslingen, Hall en Souabe, Heilbronn, Augsbourg, Ulm et beaucoup d'autres lieux le saluaient avec joie. A l'orient, le duché de Liegnitz, la Prusse et la Poméranie lui ouvraient leurs portes. Au nord, Brunswick, Halberstadt, Gosslar, Celle, la Frise, Brême, Hambourg, le Holstein, et même le Danemark et d'autres contrées voisines, s'émouvaient au son de la nouvelle parole.

L'Électeur avait déclaré qu'il laisserait les évêques prêcher librement dans ses États, mais qu'il ne leur livrerait personne. Aussi vit-on bientôt les prédicateurs évangéliques, poursuivis dans d'autres contrées, se réfugier en Saxe. Ibach de Francfort, Eberlin d'Ulm, Kauxdorf de Magdebourg, Valentin Mustéus, que les chanoines de Halberstadt avaient horriblement mutilé [1], et d'autres fidèles ministres, venus de toute l'Allemagne, accouraient à Wittemberg, comme au seul asile qui leur fût assuré. Ils s'y entretenaient avec les réformateurs; ils s'affermissaient auprès d'eux dans la foi, et ils leur faisaient part eux-mêmes des expériences qu'ils avaient faites et des lumières qu'ils avaient acquises. C'est ainsi que l'eau des fleuves revient, par les nues, des vastes étendues de l'Océan, nourrir les glaciers d'où elle descendit autrefois dans la plaine.

L'œuvre qui se développait à Wittemberg, formée ainsi de beaucoup d'éléments divers, devenait toujours plus l'œuvre de la nation, de l'Europe, de la chrétienté. Cette école fondée par Frédéric, vivifiée par Luther, était le centre de l'immense révolution qui renouvelait l'Église, et elle lui imprimait une unité réelle et vivante, bien supérieure à l'unité apparente de Rome. La Bible régnait à Wittemberg, et ses oracles étaient partout entendus. Cette académie, la plus récente de toutes, avait acquis dans la chrétienté le rang et l'influence qui avaient appartenu jusque-là à l'antique université de Paris. La foule qui y accourait de toute l'Europe y faisait connaître les besoins de l'Église et des peuples; et en quittant ces murs, devenus sacrés pour elle, elle rapportait à l'Église et aux peuples la Parole de la grâce destinée à guérir et à sauver les nations.

Luther, à la vue de ces succès, sentait son courage croître dans son cœur. Il voyait cette faible entreprise, commencée au milieu de tant de craintes et avec tant d'angoisses, changer la face du monde chrétien, et il en était étonné lui-même. Il n'avait rien prévu de semblable, à l'heure où il se leva contre Tezel. Prosterné devant le Dieu qu'il adorait, il reconnaissait que cette œuvre était son œuvre, et il triomphait dans le sentiment d'une vic-

---

[1] « Aliquot ministri canonicorum, capiunt D. Valentinum Mustæum, et vinctum manibus pedibusque, injecto in ejus os freno, deferunt per trabes in inferiores cœnobii partes, ibique in cella cerevisiaria cum castrant. » (Hamelmann, *Historia renati Evangelii*, p. 880.)

toire qui ne pouvait plus lui être ravie. « Nos ennemis nous menacent de la mort, disait-il au chevalier Harmut « de Cronberg; s'ils avaient autant de sagesse qu'ils ont de « folie, ce serait, au contraire, de la vie qu'ils nous mena- « ceraient. Quelle plaisanterie ou quel outrage n'est-ce pas « que de prétendre menacer de la mort Christ et les chré- « tiens, eux qui sont les maîtres et les vainqueurs de la « mort [1]?... C'est comme si je voulais effrayer un homme « en sellant son coursier et en l'aidant à monter dessus. Ils « ne savent donc pas que Christ est ressuscité des morts ? « Il est encore pour eux couché dans le sépulcre ; que « dis-je?... dans l'enfer. Mais nous, nous savons qu'il vit. » Il s'indignait à la pensée qu'on pût regarder à lui comme à l'auteur d'une œuvre, dans les plus petits détails de laquelle il reconnaissait la main de son Dieu. « Plusieurs « croient à cause de moi, disait-il. Mais ceux-là seuls sont « dans la vérité qui demeureraient fidèles alors même « qu'ils apprendraient, ce dont Dieu me préserve, que j'ai « renié Jésus-Christ. Les vrais disciples ne croient pas en « Luther, mais en Jésus-Christ. Moi-même je ne me soucie « pas de Luther [2]. Qu'il soit un saint ou un fripon, que « m'importe? Ce n'est pas lui que je prêche, c'est Christ. « Si le diable peut le prendre, qu'il le prenne! Mais que « Christ nous demeure, et nous demeurerons aussi. »

En effet, en vain voudrait-on expliquer ce grand mouvement par des circonstances humaines. Les lettrés, il est vrai, aiguisaient leur esprit et lançaient des traits acérés contre les moines et contre le pape; le cri de la liberté, que l'Allemagne avait si souvent poussé contre la tyrannie des Italiens, retentissait de nouveau dans les châteaux et dans les provinces; le peuple se réjouissait en entendant les chants du « rossignol de Wittemberg, » présage du printemps qui partout commençait à poindre [3]. Mais ce n'était pas un mouvement extérieur, semblable à celui que le

---

[1] « Herren und Siegmänner des Todes. » (Luth. *Ep.*, II, p. 164.)
[2] « Ich kenne auch selbst nicht den Luther. » (*Ibid.*, p. 168.)
[3] *Wittemberger Nachtigall*, poésie de Hans Sachs, 1523.

besoin d'une liberté terrestre imprime, qui s'accomplissait alors. Ceux qui disent que la Réformation fut opérée en offrant aux princes les biens des couvents, aux prêtres le mariage, aux peuples la liberté, en méconnaissent étrangement la nature. Sans doute un emploi utile des fonds qui avaient nourri jusqu'alors la paresse des moines, sans doute le mariage, la liberté, qui viennent de Dieu même, purent favoriser le développement de la Réforme ; mais la force motrice n'était pas là. Une révolution intime s'opérait alors dans les profondeurs du cœur humain. Le peuple chrétien apprenait de nouveau à aimer, à pardonner, à prier, à souffrir et même à mourir pour une vérité qui ne lui promettait du repos que dans le ciel. L'Église se transformait. Le christianisme brisait les enveloppes dans lesquelles on l'avait si longtemps retenu, et rentrait vivant dans un monde qui avait oublié son ancien pouvoir. La main qui fit le monde s'était retournée vers lui ; et l'Évangile, reparaissant au milieu des nations, précipitait sa course, malgré les efforts puissants et répétés des prêtres et des rois; semblable à l'Océan, qui, quand la main de Dieu pèse sur ses flots, s'élève avec un calme majestueux le long des rivages, sans que nulle puissance humaine soit capable d'arrêter ses progrès.

LIVRE X

AGITATIONS, REVERS ET PROGRÈS

1522—1526

I

La Réformation, qui n'avait d'abord existé que dans le cœur de quelques hommes pieux, était entrée dans le culte et dans la vie de l'Église ; il était naturel qu'elle fît un nouveau pas, et pénétrât de là dans les rapports civils et dans la vie des nations. Sa marche fut toujours du dedans au dehors. Nous allons voir cette grande révolution prendre possession de la vie politique des peuples.

Depuis près de huit siècles, l'Europe formait un vaste État sacerdotal. Les empereurs et les rois avaient été sous le patronage des papes. S'il y avait eu, surtout en France et en Allemagne, d'énergiques résistances à d'audacieuses prétentions, Rome avait eu finalement le dessus, et l'on avait vu des princes, dociles exécuteurs de ses terribles jugements, combattre, pour assurer son empire, contre de simples fidèles soumis à leur domination, et répandre pour elle avec profusion le sang des enfants de leur peuple.

Aucune atteinte ne pouvait être portée à ce vaste État ecclésiastique dont le pape était le chef, sans que les rapports politiques en fussent aussi ébranlés.

Deux grandes idées agitaient alors l'Allemagne. D'un côté, on voulait un renouvellement de la foi; de l'autre, on demandait un gouvernement national, au sein duquel les États germaniques fussent représentés, et qui pût faire contre-poids à la puissance des empereurs[1].

L'électeur Frédéric avait insisté sur ce point, lors de l'élection qui avait donné un successeur à Maximilien; et le jeune Charles s'était soumis. Un gouvernement national, composé du gouverneur impérial et des représentants des électeurs et des cercles, avait été en conséquence formé.

Ainsi Luther réformait l'Église, et Frédéric de Saxe réformait l'État.

Mais tandis que, parallèlement à la réforme religieuse, d'importantes modifications politiques étaient introduites par les chefs de la nation, il était à craindre que « la com- « mune » ne vînt aussi à s'émouvoir, et ne compromît, par ses excès religieux et politiques, les deux réformations.

Cette intrusion violente et fanatique de la populace et de quelques meneurs, qui semble inévitable dès que la société s'ébranle et se transforme, ne manqua pas d'avoir lieu en Allemagne, aux temps qui nous occupent.

Il y avait encore d'autres causes pour faire naître de telles agitations.

L'Empereur et le pape s'étaient unis contre la Réforme, et elle semblait devoir succomber sous les coups de si puissants adversaires. La politique, l'intérêt, l'ambition, imposaient à Charles-Quint et à Léon X l'obligation de la détruire. Mais ce sont là de mauvais champions pour combattre la vérité. Le dévouement à une cause que l'on regarde comme sacrée ne peut être vaincu que par un dévouement contraire. Or, Rome, docile à l'impulsion d'un Léon X, s'enthousiasmait pour un sonnet ou pour une mélodie, mais était insensible à la religion de Jésus-Christ; et si quelque pensée moins futile venait la visiter, au lieu

---

[1] Pfeffel, *Droit public de l'Allemagne*, p. 590. — Robertson, *Charles V*, III, p. 114. — Ranke, *Deutsche Gesch.*

de se purifier et de se retremper dans le christianisme des apôtres, elle s'occupait d'alliances, de guerres, de conquêtes, de traités, qui lui assurassent des provinces nouvelles, et elle laissait, avec un froid dédain, la Réformation ranimer partout l'enthousiasme religieux, et marcher triomphante vers de plus nobles conquête. L'ennemi qu'on avait juré d'écraser dans la basilique de Worms se présentait plein d'audace et de force : la lutte devait être vive; le sang allait couler.

Cependant quelques-uns des dangers les plus pressants dont la Réformation était menacée, parurent alors s'éloigner. Le jeune Charles se trouvant un jour, avant la publication de l'édit de Worms, à une fenêtre du palais, avec son confesseur, avait dit, il est vrai, en portant la main droite sur son cœur : « Je jure de faire pendre à cette fe« nêtre le premier qui, après la publication de mon édit, « osera se montrer luthérien[1]. » Mais bientôt son zèle s'était grandement ralenti. Son projet de rétablir la gloire antique du saint-empire, c'est-à-dire d'augmenter sa puissance, avait été reçu avec froideur[2]. Mécontent de l'Allemagne, il quitta les bords du Rhin, se rendit dans les Pays-Bas, et profita du séjour qu'il y fit pour donner aux moines quelques satisfactions, qu'il se voyait hors d'état de leur accorder dans l'Empire. Les œuvres de Luther furent brûlées à Gand, par la main du bourreau, avec toute la solennité possible. Plus de cinquante mille spectateurs furent présents à cet auto-da-fé; l'Empereur lui-même y assista avec un sourire approbateur[3]. Puis il se rendit en Espagne, où des guerres et des troubles le contraignirent, pour quelque temps du moins, à laisser l'Allemagne tranquille. Puisqu'on lui refuse dans l'Empire la puissance

---

[1] « Sancte juro... eum ex hac fenestra meo jussu suspensum iri. » (Pallavicini, I, p. 130.)

[2] « Essendo tornato dalla Dieta che sua Maestà haveva fatta in Wormatia, escluso d'ogni conclusion buona d'ajuti e di favori che si fussi proposto d'ottenere in essa. » (*Instruttione al card. Farnese.* Manuscrit de la biblioth. Corsini, publié par Ranke.)

[3] « Ipso Cæsare, ore subridenti, spectaculo plausit. » (Pallavicini, I, p. 130.)

qu'il réclame, que d'autres y poursuivent l'hérétique de Wittemberg. De plus graves soucis le préoccupent.

En effet, François Ier, impatient d'en venir aux mains avec son rival, lui avait jeté le gant. Sous le prétexte de rétablir dans leur patrimoine les enfants de Jean d'Albret, roi de Navarre, il avait commencé une lutte longue et sanglante, qui devait durer toute sa vie, en faisant rentrer dans ce royaume, sous le commandement de Lesparre, une armée dont les conquêtes rapides ne s'arrêtèrent que devant la forteresse de Pampelune.

Sur ces fortes murailles devait s'enflammer un enthousiasme destiné à s'opposer un jour à l'enthousiasme du réformateur, et à souffler dans la papauté un esprit nouveau d'énergie, de dévouement et de domination. Pampelune devait être comme l'émule de Wittemberg et le berceau du rival de Luther.

L'esprit chevaleresque qui avait si longtemps animé le monde chrétien ne se trouvait plus qu'en Espagne. Les guerres contre les Maures, à peine finies dans la Péninsule et toujours renouvelées en Afrique, des expéditions lointaines et aventureuses au delà des mers, entretenaient dans la jeunesse castillane cette vaillance enthousiaste et naïve dont Amadis avait été l'idéal.

Parmi les défenseurs de Pampelune se trouvait un jeune gentilhomme nommé don Inigo Lopez de Recalde, cadet d'une famille de treize enfants. Élevé à la cour de Ferdinand le Catholique, Recalde, doué des grâces et de la beauté du corps[1], habile à manier l'épée et la lance, recherchait avec ardeur la gloire de la chevalerie. Se couvrir d'armes étincelantes, monter un coursier généreux[2], s'exposer aux brillants dangers d'un tournoi, courir de hasardeuses aventures, prendre part aux débats passionnés des factions[3], et

---

[1] « Cum esset in corporis ornatu elegantissimus. » (Maffæi *Vita Loyolæ*, 1586, p. 3.)

[2] « Equorumque et armorum usu præcelleret. » (*Ibid.*)

[3] « Partim in factionum rixarumque periculis, partim in amatoria vesania... tempus consumeret. » (*Ibid.*)

déployer pour saint Pierre autant de dévotion que pour sa dame, telle était la vie du jeune chevalier.

Le gouverneur de la Navarre, étant allé chercher du secours en Espagne, avait laissé à Inigo et à quelques nobles la garde de Pampelune. Ces derniers, voyant la supériorité des troupes françaises, résolurent de se retirer. Inigo les conjura de tenir tête à Lesparre ; les trouvant inébranlables dans leur dessein, il les regarda avec indignation, les accusa de lâcheté, de perfidie, puis se jeta seul dans la citadelle, décidé à la défendre au prix de sa vie[1].

Les Français, reçus avec enthousiasme dans Pampelune, ayant proposé au commandant de la forteresse de capituler : « Supportons tout, dit Inigo avec feu à ses compa« gnons, plutôt que de nous rendre[2]. » Les Français commencent alors à battre les murs avec leurs puissantes machines, et bientôt ils tentent l'assaut. Le courage et les paroles d'Inigo excitent les Espagnols ; ils repoussent les assaillants de leurs traits, de leurs épées, de leurs hallebardes ; Inigo combat à leur tête ; debout sur la muraille, l'œil enflammé, le jeune chevalier brandit son épée, et ses coups tombent sur l'ennemi. Soudain un boulet vient frapper le mur, à la place même qu'il défend ; une pierre se détache, blesse grièvement le chevalier à la jambe droite, et le boulet, renvoyé par la violence du coup, brise sa jambe gauche. Inigo tombe sans connaissance[3]. Aussitôt la garnison se rend, et les Français, pleins d'admiration pour le courage de leur jeune adversaire, le font conduire en litière chez ses parents, au château de Loyola. C'est dans ce manoir seigneurial, dont il a plus tard porté le nom, qu'Inigo était né, huit ans après Luther, de l'une des familles les plus illustres de ces contrées.

Une opération douloureuse était devenue nécessaire. Au milieu des souffrances les plus aiguës, Inigo fermait ses

---

[1] « Ardentibus oculis, detestatus ignaviam perfidiamque, spectantibus omnibus, n arcem solus introit. » (Maffæi *Vita Loyolæ*, 1586, p. 6.)
[2] « Tam acri ac vehementi oratione commilitonibus dissuasit. » (*Ibid.*)
[3] « Ut e vestigio semianimis alienata mente corruerit. » (*Ibid.*, p. 7.)

poings avec effort, mais ne poussait pas un seul cri[1].

Contraint à un pénible repos, il avait besoin d'occuper de quelque manière sa vive imagination. A défaut des romans de chevalerie, dont il s'était nourri jusqu'alors, on lui donna la vie de Jésus-Christ et les légendes ou les *Fleurs des saints*. Cette lecture, dans l'état de solitude et de maladie où il se trouvait, fit sur son esprit une impression extraordinaire. Il crut voir s'éloigner, s'effacer et s'éteindre la vie bruyante des tournois et des combats, qui seule jusque alors avait occupé sa jeunesse, et en même temps s'ouvrit devant ses yeux étonnés une carrière plus glorieuse. Les humbles actions des saints et leurs souffrances héroïques lui parurent tout à coup bien plus dignes de louange que tous les hauts faits d'armes de la chevalerie. Étendu sur son lit, agité par la fièvre, il se livrait aux pensées les plus contradictoires. Le monde qu'il abandonnait et celui dont il saluait les saintes macérations lui apparaissaient à la fois, l'un avec ses voluptés, l'autre avec ses rigueurs; et ces deux mondes se livraient dans son esprit un combat acharné. « Que serait-ce, disait-il, si je faisais « ce qu'ont fait saint François ou saint Dominique[2]? » Puis l'image de la dame à laquelle il avait voué son cœur se présentant à lui : « Ce n'est pas une comtesse, s'écriait-il « avec une naïve vanité, ce n'est pas une duchesse, c'est « plus que tout cela[3]... » Mais ces pensées le laissaient plein d'amertume et d'ennui, tandis que son projet d'imiter les saints le remplissait de paix et de joie.

Dès lors son choix fut arrêté. A peine rétabli, il résolut de faire ses adieux au siècle. Après avoir, comme Luther, fait encore un repas avec ses anciens compagnons d'armes, il partit seul, dans le plus grand secret[4], pour se rendre

---

[1] « Nullum aliud indicium dedit doloris, nisi ut coactos in pugnum digitos valde constringeret. » (Maffæi *Vita Loyolæ*, 1586, p. 8.)

[2] « Quid si ego hoc agerem quod fecit B. Franciscus, quid si hoc quod B. Dominicus? » (*Acta Sanct.*, VII, p. 634.)

[3] « Non era condessa, ni duquessa, mas era su estado mas alto... » (*Ibid.*)

[4] « Ibi duce amicisque ita salutatis, ut arcana consiliorum suorum quam accuratissime tegeret. » (Maffæi *Vita Loyolæ*, 1586, p. 16.)

vers les demeures solitaires que des ermites de Saint-Benoît avaient taillées dans le roc des montagnes de Montserrat. Pressé, non par le sentiment de ses péchés, ou par le besoin de la grâce divine, mais par le désir de devenir « chevalier de Marie » et de se rendre illustre par des macérations et des œuvres pies, comme toute l'armée des saints, il se confessa pendant trois jours, donna à un mendiant ses riches vêtements, se couvrit d'un sac et se ceignit d'une corde[1]. Puis, se rappelant la célèbre veille d'armes d'Amadis de Gaule, il suspendit son épée devant une image de Marie, passa la nuit en veille dans son nouvel et étrange costume, et se livra, tantôt à genoux et tantôt debout, mais toujours en prière et le bâton de pèlerin à la main, à tous les dévots exercices que l'illustre Amadis avait jadis pratiqués. « C'est ainsi, » dit l'un des biographes du saint, le jésuite Maffei, « que tandis que Satan armait Martin Luther « contre toutes les lois divines et humaines, et que cet in- « fâme hérésiarque comparaissait à Worms et y déclarait « une guerre impie au siége apostolique, Christ, par un « appel de sa divine providence, suscitait ce nouveau com- « battant, et, le liant, lui et plus tard tous ses sectateurs, « au service du pontife romain, l'opposait à la licence et à « la fureur de la perversité hérétique[2]. »

Loyola, boitant encore d'une jambe, se traîna par des chemins détournés et déserts à Manresa, et y entra dans un couvent de dominicains, afin de se livrer, dans ce lieu obscur, aux plus dures pénitences. Comme Luther, il allait chaque jour mendier de porte en porte sa nourriture[3]. Il demeurait sept heures à genoux et se flagellait trois fois par jour; à minuit, il était de nouveau en prière ; il laissait croître en désordre ses cheveux et ses ongles, et il eût été impossible de reconnaître dans le moine pâle et défait de visage de Manresa, le jeune et brillant chevalier de Pampelune.

---

[1] « Pretiosa vestimenta quibus erat ornatus, pannoso cuidam largitus, sacco sese alacer induit, ac fune præcinxit. » (Maffæi *Vita Loyolæ*, p. 20.)
[2] « Furori ac libidini hæreticæ pravitatis opponeret. » (*Ibid.*, p. 21.)
[3] « Victum ostiatim precibus infimis emendicare quotidie. » (*Ibid.*, p. 23.)

Cependant le moment était venu où les idées religieuses, qui n'avaient guère été jusqu'alors pour Inigo qu'un jeu de chevalerie, devaient se révéler à lui avec plus de gravité, et lui faire sentir une puissance qu'il ignorait encore. Tout à coup, sans que rien eût pu le lui faire pressentir, la joie qu'il avait jusqu'alors éprouvée disparut[1]. En vain eut-il recours à la prière et au chant des cantiques, il ne put trouver le repos[2]. Son imagination avait cessé de l'entourer d'aimables prestiges; il était laissé seul avec sa conscience. Il ne pouvait comprendre un état si nouveau pour lui, et il se demandait avec effroi si Dieu, après tant de sacrifices qu'il lui avait faits, était encore irrité contre lui. Nuit et jour, de sombres terreurs agitaient son âme; il versait des larmes amères; il appelait à grands cris la paix qu'il avait perdue... mais tout cela en vain[3]. Il recommença alors la longue confession qu'il avait faite à Montserrat. « Peut-« être, pensait-il, ai-je oublié quelque chose. » Mais cette confession augmenta encore son angoisse; car elle lui rappela toutes ses fautes. Il errait morne, abattu; sa conscience lui criait qu'il n'avait fait pendant toute sa vie qu'entasser péchés sur péchés, et le malheureux, livré à d'accablantes terreurs, faisait retentir le cloître de ses gémissements.

D'étranges pensées trouvèrent alors accès dans son cœur. N'éprouvant aucun soulagement de la confession et des diverses ordonnances de l'Église[4], il se mit, comme Luther, à douter de leur efficace. Mais, au lieu de se détourner des œuvres des hommes pour rechercher l'œuvre pleinement suffisante du Christ, il se demanda s'il ne devait pas poursuivre de nouveau les gloires du siècle. Son âme s'élança avec impétuosité vers ce monde qu'il avait fui[5]; mais aussitôt il recula saisi d'épouvante.

---

[1] « Tunc subito, nulla præcedente significatione, prorsus exui nudarique se omni gaudio sentiret. » (Maffæi *Vita Loyolæ*, p. 27.)
[2] « Nec jam in precibus, neque in psalmis... ullam inveniret delectationem aut requiem. » (*Ibid.*)
[3] « Vanis agitari terroribus, dies noctesque fletibus jungere. » (*Ibid.*, p. 28.)
[4] « Ut nulla jam res mitigare dolorem posse videretur. » (*Ibid.*, p. 29.)
[5] « Et sæculi commodis repetendis magno quodam impetu cogitaverit. » (*Ibid.*, 30.)

Y avait-il alors quelque différence entre le moine de Manresa et le moine d'Erfurt? Dans des traits secondaires, sans doute; mais l'état de leur âme était le même. Tous deux ils sentaient avec énergie la grandeur de leurs péchés. Tous deux ils cherchaient la réconciliation avec Dieu, et ils en voulaient l'assurance dans leur cœur. Si un Staupitz, la Bible à la main, s'était présenté dans le couvent de Manresa, peut-être Inigo fût-il devenu le Luther de la Péninsule. Ces deux grands hommes du seizième siècle, ces deux fondateurs des deux puissances spirituelles, qui depuis trois cents ans se font la guerre, étaient frères alors; et peut-être, s'ils s'étaient rencontrés, Luther et Loyola fussent-ils tombés dans les bras l'un de l'autre, et eussent-ils mêlé leurs larmes et leurs vœux.

Mais ces deux moines, à dater de ce moment, devaient suivre des voies toutes différentes.

Inigo, au lieu de reconnaître que ses remords lui étaient envoyés pour le pousser au pied de la croix, se persuada que ces reproches intérieurs venaient, non de Dieu, mais du diable, et il prit la résolution de ne plus penser à ses péchés, de les effacer et de les anéantir lui-même dans un oubli éternel[1]. Luther se tourna vers Christ; Loyola ne fit que se replier sur lui-même.

Bientôt des visions vinrent confirmer Inigo dans la conviction qu'il s'était faite. Ses propres résolutions lui avaient tenu lieu de la grâce du Seigneur; ses propres imaginations lui tinrent lieu de sa Parole. Il avait regardé la voix de Dieu, dans sa conscience, comme une voix du démon; aussi le reste de son histoire nous le représente-t-il livré aux inspirations de l'esprit des ténèbres.

Un jour, Loyola rencontra une vieille femme, comme Luther, dans le temps de son angoisse, avait été visité par un vieillard. Mais la vieille Espagnole, au lieu d'annoncer

---

[1] « Sine ulla dubitatione constituit præteritæ vitæ labes perpetua oblivione conterere. » (Maffæi *Vita Loyolæ*, p. 31.)

au pénitent de Manresa la rémission des péchés, lui prédit des apparitions de Jésus. Tel fut le christianisme auquel, comme les prophètes de Zwickau, Loyola eut recours. Inigo ne chercha pas la vérité dans les saintes Écritures ; mais il imagina, à leur place, des communications immédiates avec le royaume des esprits. Bientôt il ne vécut plus que dans des extases et des contemplations.

Un jour, se rendant à l'église de Saint-Paul, située hors de la ville, il suivait, plongé dans ses méditations, les rives du Llobrégat, et finit par s'y asseoir. Ses yeux s'étaient arrêtés sur la rivière, qui roulait silencieusement devant lui ses profondes eaux, et il s'abîma dans ses pensées. Tout à coup il entra en extase ; il vit de ses yeux ce que les hommes ne comprennent qu'à peine après beaucoup de lectures, de veilles et de travaux [1]. Il se releva, se tint debout sur le bord du fleuve, et il lui sembla être devenu un autre homme ; puis il se mit à genoux au pied d'une croix qui se trouvait dans le voisinage, disposé à sacrifier sa vie au service de la cause dont les mystères venaient de lui être révélés.

Dès lors ses visions devinrent plus fréquentes. Assis sur l'escalier de Saint-Dominique, à Manresa, il chantait un jour des psaumes à la sainte Vierge. Tout à coup son âme fut ravie d'extase ; il demeura immobile, plongé dans sa contemplation ; le mystère de la sainte Trinité se révéla à ses yeux sous de magnifiques symboles [2] ; il versait des larmes, il faisait entendre des sanglots, et tout le jour il ne cessa de parler de cette vision ineffable.

Ces apparitions nombreuses avaient détruit tous ses doutes ; il croyait, non comme Luther, parce que les choses de la foi étaient écrites dans la Parole de Dieu, mais à cause des visions qu'il avait eues. « Quand même il n'y aurait « point eu de Bible, disent ses apologistes, quand même « ces mystères n'eussent jamais été révélés dans l'Écri-

---

[1] « Quæ vix demum solent homines intelligentia comprehendere. » (Maffæi *Vita Loyolæ*, p. 3°.)

[2] « En figuras de tres teclas. »

« ture¹, il les eût crus, car Dieu s'était ouvert à lui². »
Luther, à l'époque de son doctorat, avait prêté serment à la sainte Écriture, et l'autorité, seule infaillible, de la Parole de Dieu, était devenue le principe fondamental de la Réformation. Loyola prêta alors serment aux rêves et aux visions ; et des apparitions fantastiques devinrent le principe de sa vie et de sa foi.

Le séjour de Luther au couvent d'Erfurt, et celui de Loyola au couvent de Manresa, nous expliquent, l'un la Réformation, l'autre le papisme moderne. Nous ne suivrons pas à Jérusalem, où il se rendit en quittant le cloître, le moine qui devait ranimer les forces épuisées de Rome. Nous le rencontrerons plus tard, dans le cours de cette histoire.

II

Tandis que ces choses se passaient en Espagne, Rome elle-même semblait prendre un caractère plus sérieux. Le grand patron de la musique, de la chasse et des fêtes disparaissait du trône pontifical, pour faire place à un moine pieux et grave.

Léon X avait ressenti une grande joie en apprenant l'édit de Worms et la captivité de Luther ; aussitôt, en signe de sa victoire, il avait fait livrer aux flammes l'image et les écrits du réformateur³. C'était la seconde ou la troisième fois que la papauté se donnait cet innocent plaisir. En même temps, Léon X, voulant témoigner sa reconnaissance à Charles-Quint, réunit son armée à celle de l'empereur. Les Français durent quitter Parme, Plaisance, Milan ; et le cousin du pape, le cardinal Jules de Médicis,

---

[1] « Quod etsi nulla Scriptura, mysteria illa fidei doceret. » (Acta Sanct.)
[2] « Quæ Dei sibi aperiente cognoverat. » (Maffæi Vita Loyolæ, p. 34.)
[3] « Comburi jussit alteram vultus in ejus statua, alteram animi ejus in libris. » (Pallavicini, I, p. 128.)

entra dans cette dernière ville. Le pape allait ainsi se trouver au faîte de la puissance.

C'était au commencement de l'hiver de l'an 1521; Léon X avait coutume de passer l'automne à la campagne. On le voyait alors quitter Rome sans surplis, et, ce qui est encore bien plus scandaleux, dit son maître des cérémonies, avec des bottes. Il chassait au vol à Viterbe; au cerf à Corneto; le lac de Bolsena lui offrait les plaisirs de la pêche; puis il allait passer quelque temps au milieu des fêtes, à Milliana, son séjour favori. Des musiciens, des improvisateurs, tous les artistes dont les talents pouvaient égayer cette délicieuse villa, y entouraient le souverain pontife. C'était là qu'il se trouvait au moment où on lui apporta la nouvelle de la prise de Milan. Aussitôt grande agitation dans la villa. Les courtisans et les officiers ne se contiennent pas de joie; les Suisses tirent des coups de carabine, et Léon, hors de lui, se promène toute la nuit dans sa chambre, regardant souvent de la fenêtre les réjouissances des Suisses et du peuple. Il revint à Rome, fatigué, mais dans l'ivresse. A peine était-il de retour au Vatican, qu'un mal soudain se déclare. « Priez pour moi, » dit-il à ses serviteurs. Il n'eut pas même le temps de recevoir le saint sacrement, et mourut à la force de l'âge (quarante-sept ans), à l'heure du triomphe et au bruit des fêtes.

Le peuple fit entendre des invectives en accompagnant le cercueil du souverain pontife. Il ne pouvait lui pardonner d'être mort sans sacrements et d'avoir laissé des dettes, suite de ses grandes dépenses. « Tu es parvenu au ponti-
« ficat comme un renard, disaient les Romains; tu t'y es
« montré comme un lion et tu l'as quitté comme un
« chien. »

Tel fut le deuil dont Rome honora le pape qui excommunia la Réformation, et dont le nom sert à désigner l'une des grandes époques de l'histoire.

Cependant une faible réaction contre l'esprit de Léon et de Rome avait déjà commencé dans Rome même. Quelques hommes pieux y avaient fondé un oratoire, pour leur édification commune¹, près du lieu où la tradition assure que se réunirent les premières assemblées des chrétiens. Contarini, qui avait entendu Luther à Worms, était le principal de ces prêtres. Ainsi commençait à Rome, presque en même temps qu'à Wittemberg, une espèce de réformation. On l'a dit avec vérité : partout où il y a des germes de piété, il y a aussi des germes de réforme. Mais ces bonnes intentions devaient bientôt se dissiper.

En d'autre temps, pour succéder à Léon X, on eût choisi un Grégoire VII, un Innocent III, s'ils se fussent trouvés toutefois; mais l'intérêt de l'Empire allait maintenant avant celui de l'Église, et il fallait à Charles-Quint un pape qui lui fût dévoué. Le cardinal de Médicis, plus tard pape sous le nom de Clément VII, voyant qu'il ne pouvait encore obtenir la tiare, s'écria : « Prenez le cardinal de « Tortose, homme âgé, et que chacun regarde comme un « saint. » Ce prélat, né à Utrecht, au sein d'une famille bourgeoise, fut en effet élu, et régna sous le nom d'Adrien VI. Il avait autrefois été professeur à Louvain, puis il était devenu précepteur de Charles, et avait été revêtu, en 1517, par l'influence de l'Empereur, de la pourpre romaine. Le cardinal de Vio appuya la proposition. « Adrien « a eu une grande part, dit-il, à la condamnation de Luther « par les docteurs de Louvain². » Les cardinaux, fatigués, surpris, nommèrent cet étranger; mais bientôt, revenus à eux-mêmes, ils en furent, dit un chroniqueur, comme morts d'épouvante. La pensée que le rigide Néerlandais n'accepterait pas la tiare leur donna d'abord quelque soulagement; mais cet espoir dura peu. Pasquin représenta le pontife élu sous la figure d'un maître d'école, et les cardinaux sous celle de jeunes garçons qu'il châtie. Le peuple fut dans une telle colère, que les membres du conclave

---

1 « Si unirono in un oratorio, chiamato del divino amore, circa sessanta di loro. » (Caracciolo, *Vita da Paolo IV*. Msc. Ranke.)

2 « Doctores Lovanienses accepisse consilium a tam conspicuo alumno. » (Pallavicini, p. 136.)

durent se trouver heureux de n'être pas jetés à la rivière[1]. En Hollande, au contraire, on témoigna par de grandes démonstrations la joie qu'on ressentait de donner un pape à l'Église. « Utrecht a planté ; Louvain a arrosé ; l'Empereur « a donné l'accroissement, » écrivit-on sur des tapisseries suspendues en dehors des maisons. Quelqu'un écrivit au-dessous ces mots : « Et Dieu n'y a été pour rien. »

Malgré le mécontentement exprimé d'abord par le peuple de Rome, Adrien VI se rendit dans cette ville au mois d'août 1522, et il y fut bien reçu. On se disait qu'il avait plus de cinq mille bénéfices à donner, et chacun comptait en avoir sa part. Depuis longtemps le trône papal n'avait été occupé par un tel pontife. Juste, actif, savant, pieux, simple, de mœurs irréprochables, il ne se laissait aveugler ni par la faveur ni par la colère. Il était dans la voie moyenne d'Érasme. Celui-ci lui écrivant un jour l'assurait qu'on trouverait facilement dans les épîtres de saint Paul cent passages en tout semblables à ceux que l'on condamnait dans les écrits de Luther[2]. Adrien, tout pape qu'il était, n'était peut-être pas fort éloigné d'une pensée si hardie. Dans un livre réimprimé à Rome, sous son pontificat, il dit : « Il est certain que le pape peut se tromper « dans les choses qui touchent la foi, et soutenir l'hérésie « par ses conclusions ou ses décrétales[3]. » Voilà, certes, pour un pape, une assertion remarquable ; et si les docteurs ultramontains répondent qu'Adrien s'est trompé sur ce point, ils affirment par cela même ce qu'ils nient, savoir : la faillibilité des pontifes romains.

Adrien arriva au Vatican avec son ancienne gouvernante, qu'il chargea de continuer à pourvoir humblement à ses modiques besoins, dans le palais magnifique que Léon

---

[1] Sleidan, *Hist. de la Réf.*, I, p. 124.

[2] « Centum locos colligam ex Paulinis epistolis qui congruunt cum his quæ damnata sunt in Lutheri libris. » (Burmanni *Analecta hist. de Adr. VI*, p. 447.)

[3] « Certum est quod (pontifex) possit errare in iis quæ tangunt fidem, hæresim per suam determinationem aut decretalem asserendo. » (*Comm. in lib. IV Sententiarum*. Quæst. de sacr. Confirm. Romæ, 1522, fol.)

avait rempli de son luxe et de ses dissipations. Il n'avait aucun des goûts de son prédécesseur. Comme on lui montrait le magnifique groupe de Laocoon, retrouvé depuis quelques années, et acquis à grand prix par Jules II, il s'en détourna froidement en disant : « Ce sont les idoles des païens ! » « J'aimerais bien mieux, écrivait-il, servir Dieu « dans ma prévôté de Louvain, qu'être pape à Rome. » Frappé des dangers dont la Réformation menaçait la religion du moyen âge, et non, comme les Italiens, de ceux auxquels elle exposait Rome et sa hiérarchie, il désirait sérieusement les combattre et les arrêter ; et le meilleur moyen pour y réussir lui paraissait être une réforme de l'Église, opérée par l'Église elle-même. « L'Église a besoin « d'une réforme, disait-il ; mais il faut y aller pas à pas. » — « L'opinion du pape, dit Luther, est qu'entre deux pas « il faut mettre quelques siècles. » En effet, il y avait des siècles que l'Église parlait d'une réformation. Il n'y avait plus lieu à temporiser ; il fallait agir.

Fidèle à son plan, Adrien entreprit d'éloigner de la ville les impies, les prévaricateurs, les usuriers ; ce qui n'était pas chose facile, car ils formaient une partie considérable de la population.

D'abord les Romains se moquèrent de lui ; bientôt ils le haïrent. La domination sacerdotale, les profits immenses qu'elle rapportait, la puissance de Rome, les jeux, les fêtes, le luxe qui la remplissaient, tout était perdu sans retour, si l'on retournait aux mœurs apostoliques.

Le rétablissement de la discipline rencontra surtout une énergique opposition. « Pour y parvenir, dit le cardinal « grand pénitencier, il faudrait d'abord rétablir la ferveur « des chrétiens. Le remède passe les forces du malade, et « lui donnera la mort. Tremblez que, pour vouloir con-« server l'Allemagne, vous ne perdiez l'Italie[1]. » En effet, Adrien eut bientôt plus à redouter le romanisme que le luthéranisme lui-même.

---

[1] Sarpi, *Hist. du Conc. de Trente*, p. 20.

On s'efforça de le faire rentrer dans la voie qu'il voulait quitter. Le vieux et rusé cardinal Soderin de Volterre, familier d'Alexandre VI, de Jules II et de Léon X[1], faisait souvent entendre à l'honnête Adrien des mots propres à le mettre au fait du rôle, si nouveau pour lui, qu'il était appelé à remplir. « Les hérétiques, lui dit-il un jour, ont de « tout temps parlé des mœurs corrompues de la cour de « Rome, et néanmoins jamais les papes ne les ont chan- « gées. » — « Ce n'est jamais par des réformes, dit-il en « une autre occasion, que les hérésies ont jusqu'ici été « éteintes; c'est par des croisades. » — « Ah! répondait le « pontife en poussant un profond soupir, que la condition « des papes est malheureuse, puisqu'ils n'ont pas même la « liberté de faire le bien[2]! »

III

Le 23 mars 1522, avant l'arrivée d'Adrien à Rome, la diète s'était assemblée à Nuremberg. Déjà, avant cette époque, les évêques de Mersebourg et de Misnie avaient demandé à l'électeur de Saxe la permission de faire dans ses États la visite des couvents et des églises. Frédéric, pensant que la vérité devait être assez forte pour résister à l'erreur, avait répondu favorablement à cette demande. La visite se fit. Les évêques et leurs docteurs prêchèrent avec violence contre la Réforme; ils exhortèrent, ils menacèrent, ils supplièrent; mais leurs argumentations paraissaient sans force; et quand, voulant recourir à des armes plus efficaces, ils demandèrent au bras séculier de faire exécuter leurs décrets, les ministres de l'Électeur leur répondirent qu'il fallait examiner l'affaire d'après la Bible, et que l'Électeur, dans son âge avancé, ne pouvait

---

[1] « Per longa esperienza delle cose del mondo, molto prudente e accorto. » (Nardi, *Hist. Fior.*, lib. VII.)

[2] Sarpi, *Hist. du Conc. de Trente*, p. 21.

pas se mettre à étudier la théologie. Ces efforts des évêques ne ramenèrent pas une seule âme dans le bercail de Rome, et Luther, qui peu de temps après parcourut ces contrées et y fit entendre sa parole puissante, effaça les faibles impressions produites çà et là.

Ce que Frédéric avait refusé de faire, on pouvait craindre que le frère de l'Empereur, l'archiduc Ferdinand, ne le fît. Ce jeune prince, qui présida une partie des séances de la diète, prenant peu à peu plus de fermeté, pouvait bien, dans son zèle, tirer témérairement l'épée, que son frère, plus prudent et plus politique, laissait sagement dans le fourreau. En effet, Ferdinand avait commencé à poursuivre avec cruauté, dans ses États héréditaires d'Autriche, les partisans de la Réformation. Mais Dieu employa à diverses reprises, pour délivrer le christianisme renaissant, le même instrument dont il s'était servi pour détruire le christianisme corrompu. Le croissant parut dans les provinces épouvantées de la Hongrie. Le 9 août, après six semaines de siége, Belgrade, le boulevard de ce royaume et de l'Empire, tomba sous les coups de Soliman. Les sectateurs de Mahomet, après avoir évacué l'Espagne, semblaient vouloir rentrer en Europe par l'Orient. La diète de Nuremberg oublia le moine de Worms, pour ne penser qu'au sultan de Constantinople. Mais Charles-Quint réunit dans son esprit ces deux adversaires. « Il faut, écrivit-il au pape, de « Valladolid, le 31 octobre, il faut arrêter les Turcs et pu-« nir par l'épée les partisans de la doctrine empoisonnée « de Luther[1]. »

Bientôt l'orage, qui avait paru se détourner de la Réforme et se diriger vers l'Orient, s'amoncela de nouveau sur la tête du réformateur. Son retour à Wittemberg et le zèle qu'il y déployait avaient réveillé toutes les haines. « Maintenant que l'on sait où le prendre, disait le duc « George, qu'on exécute contre lui l'arrêt de Worms! » On

---

[1] « Dass man die Nachfolger derselben vergiften Lehre, mit dem Schwert strafen mag. » (Luth. *Op.*, XVII, p. 321.)

assurait même en Allemagne que Charles-Quint et Adrien se trouveraient ensemble à Nuremberg pour y aviser[1]. « Satan sent la blessure qui lui est faite, dit Luther ; c'est « pourquoi il se met dans une telle fureur. Mais Christ a « déjà étendu contre lui sa main, et il le foulera bientôt « sous ses pieds, malgré les portes de l'enfer[2]. »

Au mois de décembre 1522, la diète s'assembla de nouveau à Nuremberg. Tout paraissait annoncer que, si Soliman avait été le grand ennemi dont elle s'était occupée dans sa session du printemps, Luther serait celui dont elle s'occuperait dans la session d'hiver. Adrien VI, d'origine allemande, se flattait de trouver auprès de sa nation un accueil dont un pape d'origine italienne n'eût jamais pu se flatter[3]. Il chargea en conséquence Chieregati, qu'il avait connu en Espagne, de se rendre à Nuremberg.

A peine la diète fut-elle assemblée, que plusieurs princes parlèrent avec violence contre Luther. Le cardinal-archevêque de Salzbourg, qui jouissait de toute la confiance de l'Empereur, voulait que l'on prît des mesures promptes et décisives avant l'arrivée de l'électeur de Saxe. L'électeur Joachim de Brandebourg, toujours ferme dans sa marche, et le chancelier de Trèves, pressaient également l'exécution de l'édit de Worms. Les autres princes étaient en grande partie indécis, partagés. L'état de tourmente dans lequel se trouvait l'Église remplissait d'angoisse ses plus fidèles serviteurs. « Je donnerais, s'écria en pleine diète l'évêque « de Strasbourg, un de mes dix doigts pour n'être pas « prêtre[4]. »

Chieregati, d'accord avec le cardinal de Salzbourg, demandait la mort de Luther. « Il faut, disait-il de la part du « pape, et en tenant dans ses mains un bref du pontife, il

---

[1] « Cum fama sit fortis et Cæsarem et Papam Nurnbergam conventuros. » (Luth. *Ep.*, II, p. 214.)

[2] « Sed Christus qui cœpit conteret eum. » (*Ibid.*, p. 215.)

[3] « Quod ex ea regione venirent, unde nobis secundum carnem origo est. » (Bref du pape. Luth. *Op. lat.*, II, p. 352.)

[4] « Er wollte einen Finger drum geben. » (Seckend., p. 568.)

« faut séparer entièrement du corps ce membre gangréné[1].
« Vos pères ont fait périr à Constance Jean Huss et Jérôme
« de Prague; mais ces hérétiques revivent dans Luther.
« Suivez l'exemple glorieux de vos ancêtres, et remportez,
« avec le secours de Dieu et de saint Pierre, une victoire
« magnifique sur le dragon infernal. »

A l'ouïe du bref du pieux et modéré Adrien, la plupart des princes furent saisis d'effroi[2]. Plusieurs commençaient à mieux comprendre les arguments de Luther, et ils avaient espéré autre chose du pape. Ainsi donc Rome, même sous un Adrien, ne veut pas reconnaître ses fautes; elle agite encore ses foudres, et les provinces germaniques vont être couvertes de désolation et de sang. Tandis que les princes gardaient tristement le silence, les prélats et les membres de la diète dévoués à Rome s'agitaient en tumulte. « Qu'on le mette à mort[3]! » criaient-ils, au dire de l'envoyé de Saxe, qui assistait à la séance.

Des paroles bien différentes se faisaient entendre dans les temples de Nuremberg. La foule se précipitait dans la chapelle de l'hôpital et dans les églises des augustins, de Saint-Sébald et de Saint-Laurent, pour y assister à la prédication de l'Évangile. André Osiandre prêchait dans ce dernier temple avec une grande force. Plusieurs princes, et en particulier Albert, margrave de Brandebourg, qui, en sa qualité de grand maître de l'ordre Teutonique, prenait rang immédiatement après les archevêques, s'y rendaient fréquemment. Des moines abandonnaient les couvents de la ville, et apprenaient des métiers pour gagner leur vie par leur travail.

Chieregati ne pouvait tolérer tant d'audace. Il demanda qu'on fît jeter en prison les prêtres et les moines rebelles. La diète, malgré la vive opposition des envoyés de l'élec-

---

[1] « Resecandos uti membra jam putrida a sano corpore. » (Pallavicini, I, p. 158.)
[2] « Einen grossen Schrecken eingejagt. » (Seckend., p. 552.)
[3] « Nicht anders geschrien denn : *Crucifige! Crucifige!* » (Luth. *Op.*, XVIII, p. 367.)

teur de Saxe et du margrave Casimir, résolut de faire saisir les moines ; mais elle consentit à communiquer d'abord à Osiandre et à ses collègues les plaintes du nonce. Un comité, présidé par le fanatique cardinal de Salzbourg, fut chargé de l'exécution. Le péril était imminent ; la lutte allait commencer, et c'était le conseil même de la nation qui l'engageait.

Toutefois, la bourgeoisie le prévint. Pendant que la diète délibérait sur ce qu'il fallait faire à l'égard de ces ministres, le conseil de la ville de Nuremberg délibérait sur ce qu'il devait faire à l'égard de la résolution de la diète. Il arrêta, sans outre-passer par là ses attributions, que si l'on voulait enlever de force les prédicateurs de la ville, on les mettrait de force en liberté. Une telle résolution était significative. La diète, étonnée, répondit au nonce, qu'il n'était pas permis de saisir les prédicateurs de la ville libre de Nuremberg, sans les avoir convaincus d'hérésie.

Chieregati fut vivement ému de ce nouvel outrage fait à la toute-puissance de la papauté. « Eh bien, dit-il fièrement « à Ferdinand, ne faites rien, mais laissez-moi agir. Je « ferai saisir ces prédicateurs hérétiques au nom du « pape [1]. » A peine le cardinal-archevêque Albert de Mayence et le margrave Casimir eurent-ils appris cette étrange résolution, qu'ils se rendirent en hâte auprès du légat, et le supplièrent d'y renoncer. Le nonce se montrait inébranlable, soutenant qu'il fallait qu'on obéît au pape au sein de la chrétienté. Les deux princes quittèrent le légat en lui disant : « Si vous persistez dans votre dessein, nous « vous sommons de nous le faire savoir ; car nous quitte- « rons la ville avant que vous ayez osé mettre la main sur « ces prédicateurs [2]. » Le légat abandonna son projet.

Désespérant de réussir par la voie d'autorité, il résolut d'avoir recours à d'autres expédients, et fit dans ce but

---

[1] « Sese auctoritate pontifica curaturum ut isti caperentur. » (*Corp. Ref.*, 1, p. 606.)

[2] « Priusquam illi caperentur, se urbe cessuros esse. » (*Ibid.*)

connaître à la diète les desseins et les mandats du pontife qu'il avait jusqu'alors tenus secrets.

L'honnête Adrien, étranger au monde, nuisit, par sa franchise même, à la cause qu'il avait tant à cœur de servir. « Nous savons bien, disait-il dans les résolutions re-
« mises à son légat, que depuis plusieurs années on voit
« dans la sainte cité beaucoup d'abus et d'abominations [1].
« La contagion a passé de la tête dans les membres; elle
« est descendue des papes aux autres ecclésiastiques. Nous
« voulons réformer cette cour romaine de laquelle pro-
« viennent tant de maux; le monde entier le désire, et
« c'est pour le faire que nous nous sommes résigné à mon-
« ter sur le trône des pontifes. »

Les partisans de Rome rougirent de honte en entendant ces étranges paroles. Ils trouvaient, comme Pallavicini, ces aveux trop sincères [2]. Les amis de la Réformation, au contraire, se réjouissaient de voir Rome elle-même proclamer sa corruption. On ne doutait plus que Luther n'eût raison, puisque le pape le déclarait.

La réponse de la diète fit voir combien l'autorité du souverain pontife avait baissé dans l'Empire. L'esprit de Luther semblait avoir passé dans le cœur des représentants de la nation. Le moment était favorable : l'oreille d'Adrien semblait ouverte; l'Empereur était absent; la diète résolut de rassembler en un corps tous les griefs que, depuis des siècles, l'Allemagne avait contre Rome et de les envoyer au pape.

Le légat fut effrayé d'une telle détermination. Il supplia et menaça tour à tour; il insinua avec son maître Adrien
« que ces enfants d'iniquité n'avaient d'autre but que d'a-
« bolir toute obéissance, et d'amener chacun à faire ce qui
« lui plaisait. Observeront-ils vos lois, disait-il, ceux qui

---

[1] « In eam sedem aliquot jam annos quædam vitia irrepsisse, abusus in rebus sacris, in legibus violationes, in cunctis denique perversionem. » (Pallavicini, I, p. 160. — Voyez aussi Sarpi, p. 25. — Luth. *Op.*, XVIII, p. 329, etc.)

[2] « Liberioris tamen quam par erat sinceritatis fuisse visum est, ea conventui patefacere. » (Pallavicini, p. 162.)

« brûlent les saints canons des Pères? Épargneront-ils vos
« têtes, ceux qui insultent, frappent, tuent les oints du Sei-
« gneur? C'est vous-mêmes ; ce sont vos biens, vos mai-
« sons, vos femmes, vos enfants, vos domaines, vos États,
« vos temples et tout ce que vous adorez, que cette af-
« freuse calamité menace [1]. »

Mais toutes ces déclamations étaient inutiles ; on savait à quoi s'en tenir. Les États séculiers étaient décidés, et les États ecclésiastiques ne s'opposaient pas à leur dessein. La diète, tout en louant les promesses du pape, demanda pour les accomplir un concile libre et chrétien, réuni le plus tôt possible à Strasbourg, à Mayence, à Cologne, ou à Metz, auquel des laïques prendraient part. Des laïques dans un concile!... des laïques réglant avec les prêtres les affaires de l'Église!... c'est plus que l'on n'en voit à cette heure dans bien des pays protestants. La diète ajoutait que dans cette assemblée chacun devrait parler librement, pour la gloire de Dieu et le bien de la république chrétienne [2]. Puis elle se mit à rédiger le catalogue de ses plaintes. Quatre-vingts griefs furent signalés. Les abus et les ruses des papes et de la cour romaine pour pressurer l'Allemagne, les scandales et les profanations du clergé, les désordres et les simonies des tribunaux ecclésiastiques, les empiétements sur le pouvoir séculier pour l'asservissement des consciences, étaient exposés avec autant de franchise que de force. Les États donnaient à entendre que c'étaient des traditions d'hommes qui étaient la source de toute cette corruption, et ils terminaient en disant : « Si
« ces griefs ne sont pas redressés en un temps déterminé,
« nous aviserons à d'autres moyens, pour échapper à tant
« d'oppressions et de souffrances [3]. » Chieregati, prévoyant

---

[1] « In vos, in vestras res, domos, uxores, liberos, ditiones, dominatus, templa, quæ colitis... » (Luth. *Op. lat.*, II, p. 536.)

[2] « Quod in tali concilio eis qui interesse deberent, ecclesiastici vel *laicali ordinis*, liceret loqui. » (Goldast., *Constit. Imper.*, 1, p. 452.)

[3] « Wie sie solcher Beschwerung und Drangsaal entladen werden. » (Luth. *Op.*, XVIII, p. 354.)

le terrible recez que la diète ferait rédiger, quitta en hâte Nuremberg, afin de ne pas être porteur d'un si triste et si insolent message.

Cependant n'était-il pas à craindre que la diète cherchât à racheter sa hardiesse en sacrifiant Luther? On le pensa d'abord; mais un esprit de justice et de vérité avait soufflé sur cette assemblée. Après avoir demandé, comme Luther, la convocation dans l'Empire d'un concile libre, elle ajouta qu'en attendant qu'il eût lieu, on ne prêcherait que le pur Évangile et l'on n'imprimerait rien sans l'approbation d'un certain nombre de gens de bien et de savoir [1]. Ces résolutions nous permettent d'apprécier les pas immenses que la Réformation avait faits depuis Worms; et cependant l'envoyé saxon, le chevalier de Feilitsch, protesta solennellement contre la censure, quelque modérée qu'elle fût, que la diète prescrivait. On vit dans l'arrêté de la diète une première victoire de la Réformation, à laquelle de plus décisives encore allaient succéder. Les Suisses eux-mêmes en tressaillirent dans leurs montagnes. « Le pontife romain « est vaincu en Allemagne, dit Zwingle. Il n'y a plus qu'à « lui arracher ses armes. Voilà la bataille qu'il nous reste « à livrer, et ce sera la plus furieuse; mais nous avons « Christ pour témoin du combat [2]. » Luther dit hautement que c'était Dieu même qui avait inspiré un tel édit aux princes [3].

La colère fut grande au Vatican, parmi les ministres de la papauté. Quoi! ce n'est pas assez d'avoir un pape qui trompe toutes les espérances des Romains, et dans le palais duquel on ne chante ni ne joue; il faut encore voir des princes séculiers tenir un langage que Rome déteste, et refuser la mort de l'hérétique de Wittemberg.

Adrien lui-même fut rempli d'indignation de ce qui se

---

[1] « Ut pie placideque purum Evangelium prædicaretur. » (Pallavicini, I, p. 166 — Sleidan, I, p. 135.)
[2] « Victus est ac ferme profligatus e Germania romanus pontifex. » (Zw. *Ep.*, p. 313, 11 octobre 1523.)
[3] « Gott habe solches E. G. eingeben. » (Luth. *Op.*, XVIII, p. 476.)

passait en Allemagne, et ce fut sur l'électeur de Saxe qu'il déchargea sa colère. Jamais les pontifes de Rome ne firent entendre un cri d'alarme plus énergique, plus sincère et peut-être plus touchant.

« Nous avons attendu longtemps, et peut-être trop long-
« temps, dit le pieux Adrien dans le bref qu'il adressa à
« l'Électeur; nous voulions voir si Dieu ne visiterait pas
« ton âme, et si tu n'échapperais pas enfin aux embûches
« de Satan. Mais là où nous espérions cueillir des raisins,
« il ne s'est trouvé que du verjus. Le souffleur a soufflé en
« vain; tes méchancetés ne se sont point fondues. Ouvre
« donc les yeux pour voir la grandeur de ta chute!...

« Si l'unité de l'Église a cessé, si les simples ont été
« détournés de la foi qu'ils avaient puisée aux mamelles
« de leur mère, si les temples sont déserts, si les peuples
« sont sans prêtres, si les prêtres ne reçoivent plus l'hon-
« neur qui leur est dû, si les chrétiens sont sans Christ, à
« qui le devons-nous, si ce n'est à toi [1]?... Si la paix chré-
« tienne s'est enfuie de la terre, s'il n'y a plus dans le
« monde que discorde, rébellion, brigandage, assassinat,
« incendie; si le cri de guerre retentit de l'Orient à l'Occi-
« dent, si une bataille universelle se prépare, c'est toi, c'est
« encore toi qui en es l'auteur.

« Ne vois-tu pas cet homme sacrilége (Luther), déchirer
« de ses mains coupables et fouler de ses pieds impurs les
« images des saints, et même la croix sacrée de Jésus-
« Christ?..... Ne le vois-tu pas, dans sa colère impie, exci-
« ter les laïques à laver leurs mains dans le sang des prêtres
« et à renverser les églises du Seigneur?

« Et qu'importe que les prêtres qu'il attaque soient de
« mauvais prêtres? Le Seigneur n'a-t-il pas dit : *Faites ce*
« *qu'ils disent, et non ce qu'ils font;* montrant ainsi l'honneur
« qui leur appartient, quand même leur vie est coupable [2]?

---

[1] « Dass die Kirchen ohne Volk sind, dass die Völker ohne Priester sind, dass die Priester ohne Ehre sind, und dass die Christen ohne Christo sind. » (Luth. *Op.* XVIII, p. 371.)

[2] « Wenn sie gleich eines verdammten Lebens sind. » (*Ibid.*, p. 379.)

« Apostat rebelle, il n'a pas honte de souiller les vases
« consacrés à Dieu; il arrache de leurs sanctuaires les
« vierges saintes consacrées à Christ, et il les donne au
« diable; il prend les prêtres du Seigneur, et il les livre à
« d'infâmes prostituées... Épouvantable profanation, que
« les païens même eussent condamnée avec effroi, s'ils l'a-
« vaient trouvée dans les pontifes de leurs idoles!

« De quelle peine, de quel martyre penses-tu donc que
« nous te jugerons digne!... Aie pitié de toi-même, aie pitié
« de tes misérables Saxons; car si vous ne vous convertissez
« bientôt, Dieu fera fondre sur vous ses vengeances.

« Au nom du Dieu Tout-Puissant et de notre Seigneur
« Jésus-Christ, dont je suis le représentant sur la terre, je
« te déclare que tu seras puni dans ce monde, que tu seras
« plongé au feu éternel dans celui qui est à venir. Repens-
« toi et te convertis!... Les deux glaives sont suspendus
« sur ta tête, le glaive de l'Empire et le glaive de la pa-
« pauté.... »

Le pieux Frédéric frémit en lisant ce bref menaçant. Il avait écrit peu auparavant à l'Empereur, pour lui dire que la vieillesse et la maladie le rendaient incapable de s'occuper de ces affaires; et on lui répondait par la lettre la plus audacieuse que jamais prince souverain eût reçue. Affaibli par l'âge, il jeta les yeux sur cette épée qu'il avait portée au saint sépulcre, dans les jours de sa force. Il commença à croire qu'il faudrait la tirer du fourreau pour protéger la conscience de ses sujets, et que, déjà sur le bord de la tombe, il ne pourrait y descendre en paix. Il écrivit ausitôt à Wittemberg, pour avoir l'avis des pères de la Réformation.

Là aussi on prévoyait des troubles et des persécutions. « Que dirai-je? s'écriait le doux Mélanchthon, de quel côté « me tournerai-je? La haine nous accable, et le monde est « transporté de rage contre nous [1]. » Luther, Linck, Mélanchthon, Bugenhagen et Amsdorff consultèrent ensemble

---

[1] « Quid dicam? quo me vertam? » (*Corp. Ref.*, 1, p. 627.)

sur ce qu'il fallait répondre à l'Électeur. Ils le firent tous à peu près dans le même sens, et les avis qu'ils donnèrent sont bien remarquables :

« Nul prince, dirent-ils, ne peut entreprendre une guerre
« sans le consentement du peuple, des mains duquel il a
« reçu l'empire [1]. Or, le peuple ne veut pas que l'on se
« batte pour l'Évangile, car il ne croit pas. Que les princes
« ne prennent donc pas les armes : ils sont princes des na-
« tions, c'est-à-dire des infidèles. » Ainsi, c'était l'impétueux Luther qui demandait au sage Frédéric de remettre l'épée dans le fourreau. Il ne pouvait mieux répondre au reproche que le pape venait de lui faire, d'exciter les laïques à laver leurs mains dans le sang du clergé. Peu de caractères ont été moins bien compris que le sien. Cet avis est du 8 février 1523. Frédéric se contint.

La colère du pape porta bientôt ses fruits. Les princes qui avaient exposé leurs griefs contre Rome, effrayés de leur hardiesse, voulurent l'expier par leurs complaisances. Plusieurs se disaient d'ailleurs que la victoire demeurerait au pontife de Rome, puisqu'il paraissait le plus fort. « De
« nos jours, dit Luther, les princes se contentent de dire :
« Trois fois trois font neuf; ou bien, deux fois sept font
« quatorze : le compte est juste; l'affaire réussira. Alors
« notre Seigneur Dieu se lève, et dit : « Pour combien
« donc me comptez-vous, moi?.... Pour un zéro peut-
« être?.... » Puis il tourne sens dessus dessous leurs sup-
« putations, et leurs comptes se trouvent faux [2]. »

IV

Les flammes de feu que vomissait l'humble et le doux Adrien allumèrent l'incendie; et son frémissement imprima

---

[1] « Principi nullum licet suscipere bellum, nisi consentiente populo, a quo accepit imperium. » (*Corp. Ref.*, I, p. 601.)
[2] « So kehrt er ihnen auch die Rechnung gar um. » (Luth. *Op.*, XXII, p. 1831.)

à toute la chrétienté une immense agitation. La persécution, quelque temps arrêtée, recommença. Luther trembla pour l'Allemagne, et s'efforça de conjurer l'orage. « Si les « princes, dit-il, s'opposent à la vérité, il en résultera un « tumulte qui perdra princes, magistrats, prêtres et peuple. « Je tremble de voir bientôt l'Allemagne tout entière nager « dans le sang[1]. Élevons-nous comme une muraille, et pré-« servons notre peuple de la fureur de notre Dieu! Les peu-« ples ne sont plus maintenant ce qu'ils ont été jusqu'à « cette heure[2]. Le glaive des guerres civiles est suspendu « sur la tête des rois. Ils veulent perdre Luther, mais Lu-« ther veut les sauver. Christ vit et règne; je vivrai et je « régnerai avec lui[3]. »

Ces paroles furent sans effet; Rome se hâtait vers les échafauds et vers le sang. La Réformation, comme Jésus-Christ, n'était pas venue apporter la paix, mais l'épée. La persécution était nécessaire dans les voies de Dieu. Comme on durcit les objets par le feu, pour les mettre à l'abri de l'influence de l'atmosphère, ainsi le feu de l'épreuve devait garantir la vérité évangélique de l'influence du monde. Mais ce feu fit plus encore : il servit, comme dans les premiers temps du christianisme, à allumer dans les cœurs un enthousiasme universel pour une cause poursuivie avec tant de fureur. Il y a dans l'homme, quand il commence à connaître la vérité, une sainte indignation contre l'injustice et la violence. Un instinct qui vient de Dieu le pousse à se ranger du côté de ceux qu'on opprime; et en même temps la foi des martyrs l'élève, le gagne, l'entraîne vers cette doctrine salutaire, qui donne tant de courage et tant de paix.

Le duc George se montra à la tête de la persécution. Mais c'était peu que de l'exercer dans ses propres États; il eût voulu surtout qu'elle ravageât la Saxe électorale, ce

---

[1] « Ut videar mihi videre Germaniam in sanguine natare. » (Luth. Ep., II, p. 156.)

[2] « Cogitent populos non esse tales modo, quales hactenus fuerunt. » (Ibid., p. 157.)

[3] « Christus meus vivit et regnat, et ego vivam et regnabo. » (Ibid., p. 158.)

foyer de l'hérésie, et il fit tout pour ébranler l'électeur Frédéric et le duc Jean. « Des marchands, leur écrivait-il
« de Nuremberg, venant de la Saxe, rapportent sur ce pays
« des choses étranges et contraires à l'honneur de Dieu et
« des saints : on y reçoit avec la main le sacrement de la
« cène!... On consacre *dans la langue du peuple* le pain et
« le vin; on met le sang de Christ dans des vases ordi-
« naires; et même un homme, à Eulenbourg, pour insulter
« le prêtre, est entré dans l'église monté sur un âne!...
« Aussi qu'arrive-t-il? Les mines dont Dieu avait enrichi la
« Saxe s'épuisent depuis les prédications novatrices de Lu-
« ther. Oh! plût à Dieu que ceux qui se vantent d'avoir
« relevé l'Évangile dans l'électorat l'eussent porté plutôt à
« Constantinople! Luther a un chant doux et agréable,
« mais une queue empoisonnée, qui pique comme celle
« du scorpion. Dressons nos mains au combat! Jetons dans
« les chaînes ces moines apostats et ces prêtres impies; et
« cela sans retard, car les cheveux qui nous restent blan-
« chissent aussi bien que nos barbes, et nous montrent que
« nous n'avons plus que quelques jours pour agir[1]. »

Ainsi écrivait le duc George à l'Électeur. Celui-ci lui répondit, avec fermeté et douceur, que quiconque ferait une mauvaise action dans ses États n'échapperait pas à la condamnation qui lui serait due; mais que pour ce qui regardait les consciences, il fallait s'en remettre à Dieu[2].

George, ne pouvant persuader Frédéric, se hâta de sévir autour de lui contre l'œuvre qu'il haïssait. Il jeta en prison les moines et les prêtres sectateurs de Luther; il rappela les étudiants de ses États, des universités que la Réforme avait atteintes; et il ordonna qu'on livrât au magistrat tous les Nouveaux Testaments en langue vulgaire. Les mêmes mesures furent prises en Autriche, en Wurtemberg et dans le duché de Brunswik.

Mais ce fut dans les Pays-Bas, soumis à l'autorité immé-

---

[1] « Wie ihre Bärt und Haare ausweisen. » (Seckend., p. 482.)
[2] « Müsse man solche Dinge Gott überlassen. » (*Ibid.*, p. 485.)

diate de Charles-Quint, que la persécution se déchaîna avec le plus de force. Le couvent des augustins, à Anvers, était rempli de moines qui avaient accueilli les vérités de l'Évangile. Plusieurs des frères qui s'y trouvaient avaient séjourné quelque temps à Wittemberg, et depuis 1519 on prêchait le salut par grâce dans leur église avec une grande énergie. Le prieur Jacques Probst, homme ardent, et Melchior Mirisch, qui se distinguait au contraire par son habileté et sa prudence, furent arrêtés et conduits à Bruxelles, vers la fin de l'année 1521. Ils y comparurent devant Aléandre, Glapion et divers autres prélats. Surpris, interdit, effrayé, Probst se rétracta. Melchior Mirisch sut adoucir ses juges; il échappa à la fois à la condamnation et à la rétractation.

Ces persécutions n'épouvantèrent point les moines restés dans le couvent d'Anvers. Ils continuèrent à annoncer l'Évangile avec force. Le peuple accourait en foule, et l'église des augustins de cette ville se trouvait trop petite, comme l'avait été celle de Wittemberg. En octobre 1522, l'orage qui grondait sur leur tête éclata; le couvent fut fermé, et les moines furent jetés en prison et condamnés à mort [1]. Quelques-uns parvinrent à s'échapper. Des femmes, oubliant la timidité de leur sexe, arrachèrent l'un d'eux, Henri de Zuphten, à ses bourreaux [2]. Trois jeunes moines, Henri Voes, Jean Esch et Lambert Thorn, se dérobèrent pendant quelque temps aux recherches des inquisiteurs. On vendit tous les vases du couvent; on barricada l'édifice; on en sortit, comme d'un lieu infâme, le saint sacrement; la gouvernante des Pays-Bas, Marguerite, le reçut solennellement dans l'église de la Sainte-Vierge [3]; on ordonna de ne pas laisser pierre sur pierre de ce monastère hérétique, et l'on jeta en prison plusieurs bourgeois et des femmes de la ville qui y avaient écouté avec joie l'Évangile [4].

---

[1] « Zum Tode verurtheilet. » (Seckend., p. 548.)
[2] « Quomodo mulieres vi Henricum liberarint. » (Luth. *Ep.*, II, p. 265.)
[3] « Susceptum honorifice a domina Margareta. » (*Ibid.*)
[4] « Cives aliquos, et mulieres vexatæ et punitæ. » (*Ibid.*)

Luther fut rempli de douleur en apprenant ces nouvelles. « La cause que nous défendons, dit-il, n'est plus un simple « jeu ; elle veut du sang ; elle demande la vie [1]. »

Mirisch et Probst devaient avoir un sort bien différent. Le prudent Mirisch devint bientôt le serviteur docile de Rome et l'exécuteur des arrêts impériaux contre les partisans de la Réformation [2]. Probst, au contraire, échappé aux inquisiteurs, pleura sa faute ; il rétracta sa rétractation, et il prêcha avec courage à Bruges, en Flandre, la doctrine qu'il avait abjurée. Arrêté de nouveau et jeté dans les prisons de Bruxelles, sa mort paraissait inévitable [3]. Un franciscain prit pitié de lui, l'aida à fuir ; et Probst, « sauvé « par un miracle de Dieu, » dit Luther, arriva à Wittemberg, où sa double délivrance remplit de joie les cœurs des amis de la Réforme [4].

Partout les prêtres romains étaient sous les armes. La ville de Miltembourg sur le Mein, qui appartenait à l'électeur-archevêque de Mayence, était une des cités germaniques qui avaient reçu la Parole de Dieu avec le plus d'empressement. Les habitants avaient une grande affection pour leur pasteur, Jean Dracon, l'un des hommes les plus éclairés de son temps. Il fut contraint de s'éloigner : mais les ecclésiastiques romains, effrayés, sortirent en même temps, redoutant la vengeance du peuple. Un diacre évangélique demeura seul pour consoler les âmes. En même temps des troupes de Mayence entrèrent et se répandirent

---

[1] « Et vitam exiget et sanguinem. » (Luth. *Ep.*, II, p. 181.)

[2] « Est executor Cæsaris contra nostros. » (*Ibid.*, p. 207.)

[3] « Domo captum, exustum credimus. » (*Ibid.*, p. 214.)

[4] « Jacobus, Dei miraculo liberatus, qui nunc agit nobiscum. » (*Ibid.*, p. 182.) Cette lettre, portée dans le recueil de M. de Wette sous la date du 14 avril, doit être postérieure au mois de juin ; puisque le 26 juin Luther dit encore que Probst a été pris pour la seconde fois et va être brûlé. On ne peut admettre que Probst ait été à Wittemberg entre ses deux captivités, car Luther n'eût pas dit d'un chrétien qui se serait sauvé par une rétractation, qu'il avait été délivré par un miracle de Dieu. Peut-être faut-il lire dans la date de la lettre, au lieu de *in die S. Tiburtii*, *in die S. Turiafi*, ce qui la porterait au 13 juillet, date qui me semble plus probable.

dans la ville, la bouche remplie de blasphèmes, brandissant l'épée, et se livrant à la débauche [1].

Quelques chrétiens évangéliques tombèrent sous leurs coups [2]; d'autres furent saisis et jetés dans les cachots; les rites de Rome furent rétablis; la lecture de la Bible fut interdite, et il fut défendu aux habitants de parler de l'Évangile, même dans leurs plus intimes entretiens. Le diacre s'était réfugié, au moment de l'entrée des troupes, dans la maison d'une pauvre veuve. On vint le dénoncer aux chefs, qui envoyèrent un soldat pour s'en emparer. L'humble diacre, entendant le soldat qui cherchait sa vie s'avancer à grands pas, l'attendit en paix, et au moment où la porte de la chambre s'ouvrit brusquement, il alla avec douceur à sa rencontre, l'embrassa avec cordialité, et lui dit : « Je te « salue, mon frère; me voici; plonge ton glaive dans mon « sein [3]. » Le farouche soldat, étonné, laissa tomber son glaive de ses mains, et empêcha qu'on fît aucun mal au pieux évangéliste.

Cependant les inquisiteurs des Pays-Bas, altérés de sang, battaient le pays et cherchaient partout les jeunes augustins échappés à la persécution d'Anvers. Esch, Voes et Lambert furent enfin découverts, jetés dans les chaînes et conduits à Bruxelles. Egmondanus, Hochstratten et quelques autres inquisiteurs les firent comparaître devant eux. « Rétractez-vous, leur demanda Hochstratten, votre as- « sertion que le prêtre n'a pas la puissance de pardonner « les péchés, et que cela n'appartient qu'à Dieu seul? » Puis, il énuméra toutes les autres doctrines évangéliques qu'il les sommait d'abjurer. « Non, nous ne rétracterons « rien, s'écrièrent Esch et Voes avec fermeté; nous ne re- « nierons pas la Parole de Dieu; nous mourrons plutôt « pour la foi. »

---

1 « So sie doch schändlicher leben denn Huren und Buben. » (Luth. *Ep.*, II, p. 482.)

2 « Schlug etliche Todt. » (Seckend., p. 604.)

3 « Sey gegrüsst, mein Bruder. » (Scultet, *Ann.*, I, p. 173.)

L'INQUISITEUR.

« Avouez que vous avez été séduits par Luther.

[illegible]

[illegible]

LES INQUISITEURS.

« Nous vous déclarons hérétiques, dignes d'être brûlés vifs, et nous vous livrons au bras séculier. »

Lambert gardait le silence; la mort l'épouvantait; l'angoisse et le doute agitaient son âme. « Je vous demande « quatre jours, » dit-il d'une voix étouffée. On le ramena en prison. Aussitôt que ce délai fut expiré, on retira solennellement à Esch et à Voes la consécration sacerdotale, et on les livra au conseil de la gouvernante des Pays-Bas. Le conseil les remit, les mains liées, au bourreau. Hochstratten et trois autres inquisiteurs les accompagnèrent jusqu'au bûcher [1].

Arrivés près de l'échafaud, les jeunes martyrs le regardèrent avec calme; leur constance, leur piété, leur âge [2], arrachaient des larmes, même aux inquisiteurs. Quand ils furent liés, les confesseurs s'approchèrent : « Nous vous le « demandons encore une fois : voulez-vous recevoir la foi « chrétienne? »

LES MARTYRS.

« Nous croyons à l'Église chrétienne, mais non à votre Église. »

Une demi-heure se passa; on hésitait, on espérait que la vue d'une si affreuse mort intimiderait ces jeunes hommes. Mais, seuls tranquilles au milieu de la foule qui s'agitait sur la place, ils entonnèrent des psaumes, s'interrompant

---

[1] « Facta est hæc res Bruxellæ in publico foro. » (Luth. *Ep.*, II, p. 361.)
[2] « Nondum triginta annorum. » (*Ibid.*)

de temps en temps pour dire avec courage : « Nous vou-
« lons mourir pour le nom de Jésus-Christ. »

« Convertissez-vous, convertissez-vous, s'écriaient les
« inquisiteurs, ou vous mourrez au nom du diable. —
« Non, répondirent les martyrs, nous mourrons comme
« chrétiens, et pour la vérité de l'Évangile. »

On mit le feu au bûcher. Tandis que la flamme s'élevait
lentement, une paix divine remplissait leurs cœurs, et l'un
d'eux alla jusqu'à dire : « Il me semble reposer sur un lit
« de roses[1]. » L'heure solennelle était venue ; la mort était
proche ; les deux martyrs s'écrièrent d'une voix forte : « *O*
« *domine Jesu! Fili David, miserere nostri!* Seigneur Jésus,
« fils de David, aie pitié de nous! » Puis ils se mirent à
réciter gravement le symbole de la foi[2]. Enfin les flammes
les atteignirent ; mais elles brûlèrent les liens qui les retenaient au pilier avant que de leur faire perdre le souffle
de la vie. L'un d'eux, profitant de cette liberté, se jeta à
genoux dans le feu, et, adorant ainsi son Maître[3], il s'écria
en joignant les mains : « Seigneur Jésus, fils de David,
« aie pitié de nous! » Le feu entoura leurs corps ; ils entonnèrent le *Te Deum laudamus;* bientôt la flamme étouffa
leur voix, et il ne resta plus d'eux que des cendres.

Cette exécution avait duré quatre heures. Ce fut le
1er juillet 1523 que les premiers martyrs de la Réformation
donnèrent ainsi leur vie pour l'Évangile.

Tous les hommes de bien frémirent en l'apprenant. L'a-
venir inspirait de vives craintes. « Les supplices commen-
« cent, dit Érasme[4]. — Enfin, s'écria Luther, Jésus-Christ
« recueille quelque fruit de notre parole, et il crée de nou-
« veaux martyrs. »

Mais la joie que la fidélité de ces deux jeunes chrétiens

---

[1] « Dit schijnen mij als Roosen te zijn. » (Brandt, *Hist. der Reformatie*, I, p. 79.)

[2] « Admoto igni, canere cœperunt symbolum fidei, » dit Érasme. (Luth. *Ep.*, I, p. 127v.)

[3] « Da ist der eine im Feuer auf die Knie gefallen. » (Luth. *Op.*, XVIII, p. 481.)

[4] « Cœpta est carnificina. » (Luth. *Ep.*, I, p. 1429.)

avait causée à Luther était troublée par la pensée de Lambert. Celui-ci était le plus savant des trois; il avait remplacé Probst à Anvers dans ses fonctions de prédicateur. Agité dans son cachot, effrayé par la mort, il l'était encore plus par sa conscience, qui lui reprochait sa lâcheté, et qui le pressait de confesser l'Évangile. Bientôt, délivré de ses craintes, il proclama hardiment la vérité, et il mourut comme ses frères[1].

Une riche moisson s'éleva du sang de ces martyrs. Bruxelles se tourna vers l'Évangile[2]. « Partout où Aléandre « élève un bûcher, dit Érasme, c'est comme s'il semait des « hérétiques[3]. »

« Vos liens sont mes liens, s'écria Luther, vos cachots « sont mes cachots, et vos bûchers sont mes bûchers[4]!... « Nous sommes tous avec vous, et le Seigneur est à notre « tête! » Puis il célébra dans un beau cantique la mort des jeunes moines, et bientôt, en Allemagne et dans les Pays-Bas, dans les villes et dans les campagnes, on entendit retentir ces chants, qui partout répandaient l'enthousiasme pour la foi de ces martyrs :

> Non, leur cendre ne périt pas;
> Partout cette sainte poussière,
> Dispersée au loin sur la terre,
> Sème à Dieu de nouveaux soldats.
> Satan, en éteignant leur vie,
> Au silence les contraignit;
> Mais leur mort brave sa furie,
> Et chante en tous lieux Jésus-Christ[5].

---

[1] « Quarta post exustus est tertius frater Lambertus. » (Luth. *Ep.*, II, p. 361.)

[2] « Ea mors multos fecit lutheranos. » (Er. *Ep.*, p. 932.) « Tum demum cœpit civitas favere Luthero. » (*Ibid.*, p. 1676. Érasme au duc George.) « Ea civitas antea purissima. » (*Ibid.*, p. 1430.)

[3] « Ubicumque fumos excitavit nuntius, ibi diceres fuisse factam hæreseon sementem. » (*Ibid.*)

[4] « Vestra vincula mea sunt, vestri carceres et ignes mei sunt. » (Luth. *Ep.*, II p. 464.)

[5] « Die Asche will nicht lassen ab,
Sie stäubt in allen Landen,
Hie hilft kein Bach, Loch, noch Grab... »
(Luth. *Op.*, XVIII, p. 484.)

V

Adrien eût sans doute persévéré dans cette voie de violence; l'inutilité de ses efforts pour arrêter la Réforme, son orthodoxie, son zèle, sa rigidité, sa conscience même, en eussent fait un cruel persécuteur. La Providence ne le permit pas. Le 14 septembre 1523, il mourut, et les Romains, tout joyeux d'être délivrés de ce rigide étranger, couronnèrent de fleurs la porte de son médecin, en y mettant cette inscription : « Au sauveur de la patrie. »

Jules de Médicis, cousin de Léon X, succéda à Adrien VI, sous le nom de Clément VII. Du jour de son élection, il ne fut plus question de réforme religieuse. Le nouveau pape, comme beaucoup de ses prédécesseurs, ne pensait qu'à maintenir les priviléges de la papauté, et à en faire servir les forces à l'agrandissement de sa puissance.

Voulant réparer les fautes d'Adrien, Clément envoya à Nuremberg un légat de son caractère, l'un des prélats les plus habiles de sa cour, le cardinal Campeggi, homme d'une grande expérience des affaires, et qui connaissait presque tous les princes de l'Allemagne. Reçu avec magnificence dans les villes d'Italie, le légat s'aperçut bientôt du changement qui s'était opéré dans l'Empire. En entrant à Augsbourg il voulut, selon l'usage, donner la bénédiction au peuple; mais on se mit à rire. Il se le tint pour dit, et entra incognito à Nuremberg, sans se rendre à l'église de Saint-Sébalde, où le clergé l'attendait. Point de prêtres qui le devançassent en ornements sacerdotaux; point de croix portée solennellement devant lui[1]; on eût dit qu'un homme vulgaire traversait les rues de la ville. Tout annonçait à la papauté que son règne allait finir.

---

[1] « Communi habitu, quod per sylvas et campos ierat, per mediam urbem... sine clero, sine prævia cruce. » (Cochlœus, p. 82.)

La diète s'était rouverte à Nuremberg au mois de janvier de l'an 1524. Un orage menaçait le gouvernement national, qu'on devait à la fermeté de Frédéric. La ligue de Souabe, les villes les plus riches de l'Empire, Charles-Quint surtout, avaient juré sa perte. On accusait cette administration de favoriser la nouvelle hérésie. Aussi résolut-on de la renouveler, sans y maintenir un seul de ses anciens membres. Frédéric, plein de douleur, quitta aussitôt Nuremberg.

Les fêtes de Pâques approchaient. Osiandre et les prédicateurs évangéliques redoublèrent de zèle. Le premier prêchait publiquement que l'Antechrist était entré dans Rome le jour où Constantin le Grand en était sorti pour établir sa résidence à Constantinople. On omit la consécration des rameaux et plusieurs cérémonies de cette fête; quatre mille personnes reçurent la cène sous les deux espèces, et la reine de Danemark, sœur de l'Empereur, la célébra publiquement au château. « Ah! s'écria l'archiduc Ferdinand, « hors de lui, je voudrais que vous ne fussiez pas ma sœur! « — Le même sein nous a portés, répondit la reine, et je « sacrifierai tout pour vous plaire, sauf la Parole de Dieu[1] »

Campeggi frémit à la vue de tant d'audace; mais, affectant de mépriser les rires du peuple et les discours des prédicateurs, et s'appuyant sur l'autorité de l'Empereur et du pape, il rappela à la diète l'édit de Worms, et demanda qu'on étouffât la Réformation par la force. A ces mots, plusieurs des princes et des députés témoignèrent leur indignation : « Que sont devenus, dirent-ils à Campeggi, les « griefs présentés au pape par la nation germanique? » Le légat, suivant ses instructions, prit un air honnête et étonné : « Il est parvenu, dit-il, trois exemplaires de cet « écrit à Rome ; mais nous n'en avons reçu aucune com- « munication officielle[2] : et ni le pape ni le collège des car- « dinaux n'ont pu croire qu'une telle brochure fût émanée

---

[1] « Wolle sich des Wortes Gottes halten. » (Seckend., p. 613.)

[2] « Tria solum exemplaria fuisse perlata Romam, ad quosdam privatim, ex iis unum sibi contigisse. » (Sleidan, lib. 4.)

« de Vos Seigneuries. Nous avons pensé qu'elle venait de
« quelques particuliers qui l'avaient publiée par haine de
« la cour de Rome. En conséquence, je n'ai point d'ordres
« sur cette affaire. »

La diète fut indignée de cette réponse. Si c'est ainsi que
le pape accueille ses représentations, elle sait, elle aussi,
comment accueillir celles qu'il voudra lui adresser. « Le
« peuple, dirent plusieurs députés, a soif de la Parole de
« Dieu; et la lui enlever, comme l'ordonne l'édit de Worms,
« serait faire couler des fleuves de sang. »

Aussitôt la diète s'occupa de la réponse à faire au pape.
Ne pouvant abolir l'édit de Worms, elle y ajouta une clause
qui l'annulait. « Il faut, dit-elle, s'y conformer *autant que*
« *possible*[1]. » Or, plusieurs États avaient déclaré qu'il était
impossible de l'observer. En même temps, évoquant l'ombre
importune des conciles de Constance et de Bâle, la diète
demanda la convocation, en Allemagne, d'un concile universel de la chrétienté.

Les amis de la Réforme ne s'en tinrent pas là. Qu'attendre d'un concile qui peut-être ne sera jamais convoqué,
et qui, dans tous les cas, sera composé d'évêques de toutes
les nations? L'Allemagne soumettra-t-elle ses tendances
antiromaines à des prélats venus d'Espagne, de France,
d'Angleterre et d'Italie? Le gouvernement national a été
renversé; il faut lui substituer une assemblée nationale qui
protége les intérêts du peuple.

En vain Hannaart, envoyé d'Espagne par Charles-Quint,
et tous les partisans de Rome et de l'Empereur voulurent-ils s'opposer à ce plan; la majorité de la diète fut inébranlable. On convint qu'une diète, une assemblée séculière se réunirait à Spire, au mois de novembre, pour
régler toutes les questions religieuses, et que les États
feraient immédiatement dresser par leurs théologiens une
liste des points controversés, qui seraient déférés à cette
auguste assemblée.

---

[1] « Quantum eis possibile sit... » (Cochlœus, p. 84.)

On se mit aussitôt à l'œuvre. Chaque province rédigea ses cahiers; et jamais Rome n'avait été menacée d'une explosion plus puissante. La Franconie, le Brandebourg, Henneberg, Windsheim, Wertheim, Nuremberg, se prononcèrent dans le sens évangélique, contre les sept sacrements, les abus de la messe, l'adoration des saints, la suprématie du pape. « Voilà de l'argent de bonne empreinte, « dit Luther. » Pas une des questions qui agitent le peuple ne sera passée sous silence dans ce concile national. La majorité obtiendra des mesures générales... L'unité de l'Allemagne, son indépendance, sa réformation vont être sauvées.

A cette nouvelle le pape ne put contenir sa colère. Quoi! l'on ose établir un tribunal séculier qui décidera des choses religieuses contre son autorité pontificale elle-même [1]! Si cette inconcevable résolution s'accomplit, sans doute l'Allemagne est sauvée, mais Rome est perdue. Un consistoire fut assemblé en grande hâte, et, à voir les sénateurs hors d'eux-mêmes, on eût dit que les Germains marchaient sur le Capitole. « Il faut, dit Aléandre, faire tomber de la tête « de Frédéric le chapeau d'électeur. » — « Il faut, dit un « autre cardinal, que les rois d'Angleterre et d'Espagne « menacent les villes libres de rompre tout commerce avec « elles. » Enfin la congrégation décida que le seul moyen de salut était de remuer ciel et terre pour empêcher l'assemblée de Spire.

Le pape écrivit aussitôt à l'Empereur : « Si c'est moi, le « premier, qui fais tête à l'orage, ce n'est pas que je sois « le seul que la tempête menace ; mais c'est que le gouver« nail est dans mes mains. Les droits de l'Empire sont en« core plus attaqués que la dignité de la cour de Rome. »

Tandis que le pape envoyait cette lettre en Castille, il s'efforçait de se faire des alliés en Allemagne. Bientôt il eut gagné l'une des plus puissantes maisons de l'Empire,

---

[1] « Pontifex ægerrime tulit... intelligens novum de religione tribunal eo pacto excitari citra ipsius auctoritatem. » (Pallavicini, 1, p. 182.)

celle des ducs de Bavière. L'édit de Worms n'avait pas été mieux observé dans leur pays qu'ailleurs, et la doctrine évangélique y avait fait de grands progrès. Mais, dès la fin de l'an 1521, les princes de Bavière, ébranlés par le docteur Eck, chancelier de leur université d'Ingolstadt, s'étaient rapprochés de Rome, et avaient rendu un édit par lequel ils ordonnaient à tous leurs sujets de demeurer fidèles à la religion de leurs pères[1] !

Les évêques bavarois se montrèrent alarmés de cet empiétement de la puissance séculière. Eck partit alors pour Rome, afin de demander au pape pour les princes une extension de pouvoir. Le pape accorda tout, et même il attribua aux ducs le cinquième des revenus écclésiastiques de leur pays.

Ainsi, dans un temps où la Réformation n'avait encore rien organisé, le catholicisme romain avait déjà recours, pour son maintien, à de puissantes institutions ; et des princes catholiques, soutenus par le pape, mettaient la main sur les revenus de l'Église, bien avant que la Réforme eût osé y toucher. Que faut-il donc penser des reproches que les catholiques-romains lui ont si souvent adressés à cet égard ?

Clément VII pouvait déjà compter sur la Bavière pour conjurer la redoutable assemblée de Spire. Bientôt l'archiduc Ferdinand, l'archevêque de Salzbourg et d'autres princes encore furent gagnés à leur tour.

Mais Campeggi voulait faire plus ; il fallait diviser l'Allemagne en deux camps, et exciter Germains contre Germains.

Déjà pendant son séjour à Stuttgart le légat avait conçu, d'accord avec Ferdinand, le plan d'une ligue contre la Réformation. « Il y a tout à craindre, disait-il, d'une assem-« blée où la voix du peuple se fera entendre. La diète de « Spire peut perdre Rome et sauver Wittemberg. Serrons

---

[1] « Erstes baierisches Religious Mandat. » (Winter, *Gesch. der Evang. Lehre in Baiern*, I, p. 310.)

« nos rangs, et entendons-nous pour le jour de la ba-
« taille¹. » Ratisbonne fut fixé pour le lieu du rendez-vous
de la ligue romaine.

Malgré la jalousie qui divisait les maisons de Bavière et
d'Autriche, Campeggi parvint à réunir dans cette ville, à la
fin de juin 1524, les ducs de Bavière et l'archiduc Ferdinand. L'archevêque de Salzbourg et les évêques de Trente
et de Ratisbonne se joignirent à eux. Les évêques de Spire,
Bamberg, Augsbourg, Strasbourg, Bâle, Constance, Freisingen, Passau et Brixen se firent représenter par des députés.

Le légat ouvrit l'assemblée, en peignant avec énergie
les dangers que la Réforme faisait courir aux princes et
au clergé. « Extirpons l'hérésie, et sauvons l'Église ! » s'écria-t-il.

Les conférences continuèrent pendant quinze jours, dans
la maison de ville de Ratisbonne. Un grand bal, qui dura
toute une nuit, vint égayer cette première assemblée catholique, tenue par la papauté contre la Réforme naissante². On arrêta ensuite les mesures destinées à détruire
les hérétiques. Le légat pensait, selon le fameux axiome du
concile de Constance, qu'on n'était pas obligé de leur tenir
parole³; et, en attendant qu'il pratiquât en grand ce principe, il s'y exerçait en petit. Pendant la diète de Nuremberg, ayant soutiré d'un pauvre marchand d'instruments
d'astronomie un globe et un livre, Campeggi les garda, et
se refusa à donner aucun dédommagement au marchand,
vu qu'il était luthérien. C'est le célèbre Pirckheimer, l'un
des premiers magistrats de Nuremberg, qui le raconte⁴.

Les princes et les évêques s'engagèrent à faire exécuter
les édits de Worms et de Nuremberg, à ne permettre dans
le culte aucun changement, à ne tolérer dans leurs États
aucun ecclésiastique marié, à rappeler tous les étudiants

---

1 Winter, *Gesch. der Evang. Lehre in Baiern*, I, p. 156.
2 Ranke, *Deutsche Gesch.*, II, p. 159.
3 « Non est frangere fidem in eo qui Deo fidem frangit. » (*Decret. Conc. Sess. gen.* 19, 23 septembre 1415.)
4 Strobel's Verm., *Beytræge zur Gesch. der Litt.* Nürnberg, 1775, p. 98.

de leur pays qui pouvaient se trouver à Wittemberg, et à employer tous les moyens en leur pouvoir pour la destruction de l'hérésie. Ils ordonnèrent aux prédicateurs de s'en tenir, pour les passages difficiles, à l'interprétation des Pères de l'Église latine, Ambroise, Jérôme, Augustin et Grégoire. N'osant, en présence de la Réformation, rappeler l'autorité des scolastiques, ils se contentaient de poser les premiers fondements de l'orthodoxie romaine.

Mais, d'autre part, ne pouvant fermer les yeux sur les scandales et sur les mœurs corrompues des prêtres[1], ils convinrent d'un projet de réforme, dans lequel ils cherchèrent à tenir compte des griefs de l'Allemagne qui concernaient le moins la cour de Rome. On défendit aux prêtres de faire le commerce, de hanter les cabarets, de fréquenter « les danses, » et de se livrer, la bouteille à la main, à des disputes sur des articles de foi.

Tel fut le résultat de la confédération de Ratisbonne[2]. Tout en s'armant alors contre la Réformation, Rome lui céda quelque chose, et l'on put remarquer dans ces arrêtés la première influence de la Réforme du seizième siècle, pour opérer une restauration intérieure du catholicisme. L'Évangile ne peut déployer sa force, sans que ses adversaires cherchent de quelque manière à l'imiter. Emser avait opposé une traduction de la Bible à la traduction de Luther; Eck, des *Lieux communs* à ceux de Mélanchthon[3]; et maintenant Rome opposait à la Réformation ces essais partiels de réforme auxquels on doit le catholicisme moderne. Mais toutes ces œuvres de Rome n'étaient en réalité que des expédients subtils pour échapper aux dangers qui la menaçaient; des rameaux arrachés, il est vrai, à l'arbre de la Réformation, mais plantés en un sol qui devait leur donner la mort; la vie y manquait; et elle manquera toujours à des tentatives semblables.

---

[1] « Improbis clericorum abusibus et perditis moribus. » (Cochlœus, p. 91.)
[2] « Ut Lutheranæ factioni efficacius resistere possint, ultronea confederatione sese constrixerunt. » (*Ibid.*)
[3] Enchiridion, *seu Loci communes contra hæreticos*, 1525.

Un autre fait doit ici nous frapper. Le parti romain forma à Ratisbonne la première ligue qui rompit l'unité germanique. Ce fut dans le camp du pape que le signal des combats fut donné. Ratisbonne fut le berceau de cette scission, de ce déchirement politique de l'Allemagne, que tant d'Allemands déplorent encore de nos jours. L'assemblée nationale de Spire devait, en sanctionnant et en généralisant la réforme de l'Église, assurer l'unité de l'Empire. Le conventicule séparatiste de Ratisbonne déchira pour jamais la nation en deux partis contraires[1].

Les projets ultramontains de Campeggi ne réussirent pas d'abord aussi bien qu'on l'avait imaginé. Peu de princes répondirent à cet appel. Les adversaires les plus décidés de Luther, le duc George de Saxe, l'électeur Joachim de Brandebourg, les électeurs ecclésiastiques, les villes impériales n'y prirent aucune part. On sentait que le légat du pape formait en Allemagne un parti romain contre la nation elle-même. Les sympathies populaires contre-balançaient les antipathies religieuses, et bientôt *la réformation de Ratisbonne* devint l'objet des risées du peuple. Mais le premier pas était fait; l'exemple était donné. On espérait qu'il en coûterait peu par la suite pour affermir et agrandir cette ligue romaine. Ceux qui hésitaient encore devaient être nécessairement entraînés par la marche des événements. Au légat Campeggi demeure la gloire d'avoir inventé la mine qui devait mettre à deux doigts de leur perte les libertés germaniques, l'existence de l'Empire, et celle de la Réformation. Dès lors la cause de Luther cessait d'être une affaire purement religieuse; la dispute du moine de Wittemberg prenait place dans l'ordre des événements politiques de l'Europe. Luther va se trouver éclipsé; et Charles-Quint, le pape et les princes seront les principaux personnages sur le théâtre où le grand drame du seizième siècle doit s'accomplir.

Cependant on avait toujours en perspective l'assemblée

---

[1] Ranke, *Deutsche Gesch.*, II, p. 163.

de Spire ; et elle pouvait réparer le mal que Campeggi avait fait à Ratisbonne. Rome mit donc tout en œuvre pour l'empêcher. « Quoi ! » disaient les députés du pape, non-seulement à Charles-Quint, mais à son allié Henri VIII et à d'autres princes de la chrétienté, « quoi ! ces orgueilleux
« Germains prétendent décider, dans une assemblée natio-
« nale, des choses de la foi ! Il faudra apparemment que les
« rois, la majesté impériale, toute la chrétienté et le monde
« universel, se soumettent à leurs arrêts ! »

Le moment était bien choisi pour agir sur l'Empereur. La guerre entre ce prince et François Ier était dans toute sa force. Pescaire et le connétable de Bourbon avaient quitté l'Italie, et, entrés en France au mois de mai, ils y faisaient le siége de Marseille. Le pape, qui ne voyait point de bon œil cette attaque, pouvait faire sur les derrières de l'armée impériale une puissante diversion. Charles, qui devait craindre de le mécontenter, n'hésita pas, et sacrifia aussitôt l'indépendance de l'Empire à la faveur de Rome et au succès de sa lutte avec la France.

Le 15 juillet, Charles rendit, à Burgos en Castille, un décret dans lequel, d'un ton impérieux et passionné, il déclarait : « que c'était au pape seul à convoquer un concile,
« à l'Empereur seul à le demander ; que la réunion fixée
« à Spire ne pouvait ni ne devait être tolérée ; qu'il était
« étrange que la nation allemande entreprît une œuvre que
« toutes les autres nations de l'univers, même avec le pape,
« ne seraient pas en droit de faire ; qu'on devait se hâter
« d'exécuter le décret de Worms contre le nouveau Ma-
« homet. »

Ainsi venait d'Espagne et d'Italie le coup qui arrêtait en Allemagne les développements de l'Évangile. Ce n'était pas assez pour Charles. Il avait offert, en 1519, au duc Jean, frère de l'Électeur, d'unir sa sœur, l'archiduchesse Catherine, au fils de celui-ci, Jean-Frédéric, héritier de l'électorat. Mais n'était-ce pas cette maison de Saxe qui soutenait en Allemagne ces principes d'indépendance religieuse et politique que Charles haïssait ? Il se décida à rompre entièrement avec le représentant importun et coupable des idées évangéliques et nationales, et donna sa sœur en mariage à Jean III, roi de Portugal. Frédéric, qui en 1519 s'était montré indifférent aux ouvertures du roi d'Espagne, sut surmonter en 1524 l'indignation que la conduite de l'Empereur lui fit éprouver, mais le duc Jean fit connaître avec fierté que ce coup l'avait profondément blessé.

On voyait ainsi se dessiner toujours plus nettement dans l'Empire les deux camps ennemis qui devaient longtemps le déchirer.

VI

Le parti romain ne s'en tint pas là. L'alliance de Ratisbonne ne devait pas être seulement un papier pour la forme; il fallait qu'elle fût scellée par le sang. Ferdinand et Campeggi descendirent ensemble le Danube, de Ratisbonne à Vienne, et se firent l'un à l'autre, pendant le voyage, de cruelles promesses. La persécution commença aussitôt dans les États autrichiens.

Un bourgeois de Vienne, Gaspard Tauber, avait répandu les livres de Luther, et avait lui-même écrit contre l'invocation des saints, le purgatoire et la transsubstantiation[1]. Jeté en prison, il fut sommé par les juges, tant théologiens que jurisconsultes, de rétracter ses erreurs. On crut qu'il y consentait, et tout se prépara dans Vienne pour donner au peuple ce spectacle solennel. Le jour de la naissance de Marie, deux chaires furent élevées sur le cimetière de Saint-Étienne, l'une pour le chef du chœur qui devait célébrer par ses chants la repentance de l'hérétique, et l'autre pour Tauber lui-même. On mit en sa main la formule de rétractation[2]; le peuple, les chantres et les prêtres atten-

---

[1] « Atque etiam proprios ipse tractatus perscripserim. » (Cochlœus, p. 92, verso.)
[2] Voir Cochlœus, ibid. « Cum igitur ego Casparus Tauber, » etc.

daient en silence. Soit que Tauber n'eût fait aucune promesse, soit qu'au moment d'abjurer, sa foi se ranimât tout à coup avec une force nouvelle : « Je ne suis point con-
« vaincu, s'écria-t-il, et j'en appelle au saint Empire ro-
« main! » Les ecclésiastiques, le chœur, le peuple, sont saisis d'étonnement et d'effroi. Mais Tauber continue à demander la mort plutôt que de renier l'Évangile. Il fut décapité, son corps fut brûlé[1]; et son courage fit sur les bourgeois de Vienne une impression ineffaçable.

A Bude, en Hongrie, un libraire évangélique, nommé Jean, avait répandu dans le pays le Nouveau Testament et les livres de Luther. On l'attacha à un poteau, puis on éleva peu à peu autour de lui tous ses livres, de manière à l'enfermer comme dans une tour, et on y mit le feu. Jean témoignait un inébranlable courage, s'écriant, du milieu des flammes, qu'il était heureux de souffrir pour le Seigneur[2]. « Le sang succède au sang, s'écria Luther en apprenant
« cette mort; mais ce sang généreux, que Rome se plaît à
« répandre, étouffera à la fin le pape avec tous ses royau-
« mes et tous ses rois[3]. »

Le fanatisme s'enflammait toujours plus; on chassait les ministres évangéliques des églises; on bannissait les magistrats; on en venait quelquefois aux plus terribles supplices. Dans le Wurtemberg, un inquisiteur, nommé Reichler, faisait pendre aux arbres les luthériens, et surtout les prédicateurs. On voyait des hommes barbares clouer froidement par la langue des ministres au poteau; en sorte que ces malheureux, faisant un effort et s'arrachant avec violence de la pièce de bois où ils étaient retenus, se mutilaient horriblement pour retrouver la liberté, et se privaient eux-mêmes de ce don de la parole qu'ils

---

[1] « Credo te vidisse Casparis Tauber historiam martyris novi Viennæ, quem cæsum capite scribunt et igne exustum pro verbo Dei. » (Luther à Hausmann, 12 novembre 1524, II, p. 563.)

[2] « Idem accidit Budæ in Ungaria bibliopolæ cuidam Johanni, simul cum libris circa eum positis exusto, fortissimeque passo pro Domino. » (Ibid.)

[3] « Sanguis sanguinem tangit, qui suffocabit papam cum regibus et regnis suis. » (Ibid.)

avaient longtemps fait servir à annoncer l'Évangile [1].

Les mêmes persécutions avaient lieu dans les autres États de la ligue catholique. Un ministre évangélique du pays de Salzbourg était conduit à la prison, où il devait finir ses jours ; pendant que les archers qui le menaient buvaient dans une auberge de la route, deux jeunes paysans, émus de compassion, trompèrent leur vigilance et délivrèrent le pasteur. La colère de l'archevêque s'enflamma contre ces pauvres gens, et, sans leur faire subir aucun procès, il ordonna qu'ils fussent décapités. Ils furent conduits secrètement, et de grand matin, hors de la ville ; arrivés dans la plaine où ils devaient mourir, le bourreau hésitait lui-même ; car, disait-il, ils n'ont pas été jugés. « Fais ce que je te commande, lui répondit brusquement « l'émissaire de l'archevêque, et laisses-en au prince la « responsabilité ! » Et les têtes des jeunes libérateurs tombèrent aussitôt sous le glaive[2].

La persécution désolait surtout les États des ducs de Bavière ; les prêtres étaient destitués, les nobles chassés de leurs châteaux ; la délation s'exerçait par tous le pays ; et dans tous les cœurs régnaient la défiance et l'effroi. Un magistrat, Bernard Fichtel, se rendait à Nuremberg pour les affaires du duc ; il rencontra sur le grand chemin François Bourkard, professeur d'Ingolstadt, ami du docteur Eck. Bourkard l'aborda, et ils firent route ensemble. Après le souper, le professeur vint à parler religion ; Fichtel, connaissant son compagnon de voyage, lui rappela que le nouvel édit interdisait de tels entretiens. « Entre nous, répon« dit Bourkard, il n'y a rien à craindre. — Je ne crois « pas, dit alors Fichtel, que cet édit puisse jamais s'exé« cuter ; » puis il s'exprima d'une manière équivoque sur le purgatoire, et dit que c'était une chose horrible que de punir de mort pour des opinions religieuses. A ces mots, Bourkard ne put se contenir : « Quoi de plus juste,

---

[1] Ranke, *Deutsche Gesch.*, II, p. 174.
[2] Zauner, *Salzburger Chronik.*, IV, p. 381.

« s'écria-t-il, que de couper la tête à tous ces scélérats de
« luthériens ! » Il quitta pourtant Fichtel de bonne grâce,
mais il courut le dénoncer. Fichtel fut jeté en prison ; et
ce malheureux, qui n'avait jamais pensé à devenir martyr,
et dont les convictions n'étaient pas profondes, n'échappa
à la mort que par une honteuse rétractation. Il n'y avait
plus de sûreté nulle part, et même dans le sein d'un
ami.

Mais la mort à laquelle Fichtel échappa, d'autres la trouvèrent. En vain l'Évangile ne se prêchait-il plus qu'en
secret[1], les ducs le poursuivaient dans l'ombre, dans le
mystère, sous les toits des maisons, dans les retraites cachées des campagnes.

« La croix et la persécution, disait Luther, règnent
« dans la Bavière ; ces bêtes féroces s'emportent avec fu« reur[2]. »

Le nord de l'Allemagne même n'était point à l'abri de
ces cruautés. Bogislas, duc de Poméranie, étant mort, son
fils, élevé à la cour du duc George, persécuta l'Évangile ;
Suaven et Knipstrow durent s'enfuir.

Mais ce fut dans le Holstein que l'un des plus grands
exemples de fanatisme fut alors donné.

Henri de Zuphten, échappé, comme nous l'avons vu, du
couvent d'Anvers, prêchait l'Évangile à Brême ; Nicolas
Boye, pasteur à Mehldorf, dans le pays des Dittmarches,
et plusieurs hommes pieux de ces contrées l'appelèrent
pour leur annoncer Jésus-Christ ; il se rendit à leurs vœux.
Aussitôt le prieur des dominicains et le vicaire de l'official
de Hambourg tinrent conseil. « S'il prêche et que le peu« ple l'entende, dirent-ils, tout est perdu ! » Le prieur,
après avoir passé une nuit agitée, se leva de grand matin,
et se rendit à l'inculte et stérile bruyère où s'assemblaient
d'ordinaire les quarante-huit régents du pays. « Le moine
« de Brême est arrivé, leur dit-il, pour perdre tous les

---

[1] « Verbi non palam seminati. » (Luth. *Ep.*, II, p. 539.)
[2] « In Bavaria multum regnat crux et persecutio... » (*Ibid.*)

« Dittmarches! » Ces quarante-huit hommes simples et ignorants, auxquels on assura qu'ils acquerraient une grande gloire en délivrant le monde du moine hérétique, résolurent de le mettre à mort, sans l'avoir ni vu ni entendu.

C'était un samedi, et le prieur voulait empêcher que Henri ne prêchât le dimanche. Il arriva chez le pasteur Boye au milieu de la nuit, avec la lettre des quarante-huit régents. « Si Dieu veut que je meure chez les Dittmarches, « dit Henri de Zuphten, le ciel est aussi près là qu'ailleurs[1] ; « — je prêcherai ! »

Il monta en chaire, et prêcha avec force. Les auditeurs, enflammés par son éloquence chrétienne, avaient à peine quitté le temple, que le prieur leur remit une lettre des quarante-huit régents, défendant de laisser prêcher le moine. Ils envoyèrent aussitôt leurs représentants à la bruyère, et, après bien des débats, les Dittmarches tombèrent d'accord que, vu leur grande ignorance, ils attendraient jusqu'à Pâques. Mais le prieur, irrité, vint vers quelques-uns des régents, et enflamma de nouveau leur zèle. « Nous « lui écrirons, » dirent-ils. — « Gardez-vous-en, répondit « le prieur; s'il commence à parler, on ne peut plus rien « contre lui. Il faut le saisir pendant la nuit, et le brûler « avant qu'il ait pu ouvrir la bouche. »

Ainsi fut arrêté. Le lendemain de la fête de la Conception, la nuit étant venue, on sonna l'*Ave Maria*. A ce signal, tous les paysans des villages voisins se rassemblèrent, au nombre de cinq cents, et les chefs ayant fait défoncer trois tonneaux de bière de Hambourg, leur communiquèrent ainsi un nouveau courage. Minuit sonnait comme on arrivait à Mehldorff; les paysans étaient en armes; les moines tenaient des flambeaux; tous marchaient sans ordre, échangeant des cris de fureur; en entrant dans le village, on fit un profond silence, de peur que Henri ne s'échappât.

---

[1] « Der Himmel wäre da so nähe als anderswo. » (Luth. *Op.*, XIX, p. 330.)

Tout à coup on enfonça les portes de la cure; les paysans ivres s'y précipitèrent, et frappèrent tout ce qui se présenta devant eux; ils jetèrent pêle-mêle vases, chaudrons, gobelets, vêtements, saisirent l'or et l'argent qu'ils purent trouver, et se ruant sur le pauvre pasteur, ils le frappèrent en criant : « Tue! tue! » puis ils le jetèrent dans la boue. Mais c'était à Henri qu'ils en voulaient; ils le tirèrent de son lit, lui lièrent les mains derrière le dos, et le traînèrent après eux, sans vêtements, par un froid rigoureux. « Qu'es-tu donc venu faire ici? » lui dirent-ils. Henri ayant répondu avec douceur : « A bas! à bas! dirent-ils; « si nous l'écoutons, nous deviendrons hérétiques comme « lui! » On l'avait traîné nu sur la glace et la neige; ses pieds étaient en sang; il pria qu'on le mît à cheval : « Vrai-« ment oui, répondirent-ils en se moquant, nous allons « fournir des chevaux aux hérétiques!... Marche! » Et ils continuèrent à le traîner jusqu'à la bruyère. Une femme, qui était sur la porte de sa maison au moment où passait le pauvre serviteur de Dieu, se mit à pleurer : « Bonne « femme, lui dit Henri, ne pleurez pas sur moi. » Le bailli prononça sa condamnation. Alors l'un des furieux qui l'avaient amené frappa d'un coup d'épée sur le crâne le prédicateur de Jésus-Christ; un autre lui donna un coup de massue; puis on lui amena un pauvre moine, afin qu'il se confessât. « Frère, lui dit Henri, vous ai-je fait quelque « mal? — Aucun, répondit le moine. — Je n'ai donc rien « à vous confesser, reprit Henri, et vous n'avez rien à me « pardonner. » Le moine, confus, se retira. En vain s'efforçait-on d'allumer le bûcher, le feu ne voulait pas prendre. Le martyr demeura ainsi deux heures devant les paysans hors d'eux-mêmes, paisible et élevant les yeux vers le ciel. Comme on le liait pour le jeter sur le bûcher, il commença à confesser sa foi. « Brûle d'abord, lui dit un pay-« san, en le frappant du poing sur la bouche, et ensuite « tu parleras! » On le jeta, mais il tomba de côté; Jean Holme, saisissant une massue, lui frappa la poitrine, et on l'étendit mort sur des charbons ardents. « Telle est

« l'histoire véritable des souffrances du saint martyr Henri
« de Zuphten[1]. »

VII

Tandis que le parti romain tirait partout le glaive contre la Réformation, cette œuvre subissait de nouveaux développements. Ce n'est pas à Zurich ou à Genève, c'est dans Wittemberg même, au foyer du réveil luthérien, qu'il faut chercher les commencements de cette Église réformée, dont Calvin est devenu le plus grand docteur. Ces deux grandes familles ont dormi dans le même berceau. L'union eût dû couronner leur âge mûr. Mais la question de la cène une fois soulevée, Luther rejeta avec violence l'élément réformé, et se fixa lui et son Église dans un luthéranisme exclusif. Le chagrin qu'il ressentit de cette doctrine rivale lui fit perdre quelque chose de la bonhomie qui lui était naturelle, et lui donna un esprit de méfiance, un mécontentement habituel et une irritation qu'il n'avait pas eus jusque-là.

C'est entre les deux anciens amis, entre les champions qui, à Leipzig, avaient combattu ensemble contre Rome, entre Carlstadt et Luther, que cette dispute éclata. Leur attachement à des doctrines contraires provint, soit chez l'un, soit chez l'autre, de tendances dignes d'estime. En effet, il y a deux extrêmes en matière de religion : l'un consiste à tout matérialiser; l'autre, à tout spiritualiser. Le premier de ces extrêmes est celui de Rome; le second est celui des mystiques. La religion, comme l'homme lui-même, est composée d'un esprit et d'un corps; les idéalistes purs, comme les matérialistes, en fait de religion ou de philosophie, ont également tort.

Telle est la grande discussion qui se trouve cachée sous

[1] « Das ist die wahre Historie, etc. » (Luth. *Op.* (L.), XIX, p. 333.)

la dispute de la cène. Tandis qu'un œil superficiel n'y voit qu'une petite querelle de mots, un regard plus profond y découvre l'une des plus importantes controverses qui puissent occuper l'esprit humain.

Les réformateurs se partagent ici en deux camps; mais chacun de ces camps emporte avec lui une partie de la vérité. Luther, avec ses partisans, prétend combattre un spiritualisme exagéré ; Carlstadt et les réformés attaquent un matérialisme odieux. Chacun d'eux se prend à l'erreur qui lui semble la plus funeste, et, en la combattant, il va peut-être au delà de la vérité. Mais n'importe; chacun d'eux est vrai dans sa tendance générale, et, quoique appartenant à deux armées différentes, ces deux illustres docteurs se trouvent rangés l'un et l'autre sous un drapeau commun, celui de Jésus-Christ : Christ est seul la vérité dans son étendue infinie.

Carlstadt croyait que rien ne pouvait nuire davantage à la véritable piété que la confiance en des cérémonies extérieures et en une certaine influence magique des sacrements. La participation extérieure au sacrement de la cène suffit pour sauver, avait dit Rome, et ce principe avait matérialisé la religion. Carlstadt ne vit rien de mieux, pour la spiritualiser de nouveau, que de nier toute présence du corps de Christ, et il enseigna que le repas sacré était simplement pour les fidèles un gage de leur rédemption.

Carlstadt vint-il de lui-même à cette doctrine? Non; elle date des premiers siècles de l'Église, où elle a eu ses représentants. Mais si nous cherchons dans la longue chaîne des siècles l'anneau auquel vint se joindre celui de Carlstadt et des réformateurs suisses, c'est au plus illustre docteur du quinzième siècle (Jean Wessel[1]) que nous arrivons.

Un jurisconsulte chrétien de la Hollande, Corneille Hoen (Honius), ami d'Érasme, et qui en 1523 fut jeté en prison pour son attachement à l'Évangile, trouva parmi les papiers de Jacques Hoek, doyen de Naeldwick, grand ami

---

[1] Voir tome Ier, livre Ier, ch. 6.

de Wessel, divers écrits de cet illustre docteur concernant la cène[1]. Hoen, convaincu de la vérité du sens spirituel que Wessel donnait à ce sacrement, se crut obligé de faire connaître aux réformateurs les écrits de son compatriote. Il les remit donc à deux de ses amis, Jean Rhodius, président de la maison des frères de la vie commune à Utrecht, et George Sagarus ou Saganus; il les accompagna d'une lettre sur le même sujet, et invita ces hommes pieux à porter le tout à Luther.

Arrivés à Wittemberg vers la fin de 1520, les deux Hollandais paraissent avoir été aussitôt accueillis favorablement par Carlstadt. Luther, selon sa coutume, les invita à dîner chez lui, avec quelques-uns de ses collègues. La conversation tomba naturellement sur le trésor que les Néerlandais apportaient avec eux, sur les écrits de Wessel concernant la cène; Rhodius invita Luther à recevoir la doctrine de son maître, et Carlstadt supplia son ami d'écrire contre la manducation charnelle du corps de Christ. Luther s'y refusa. Alors Carlstadt, s'échauffant, s'écria : « Eh bien! « si vous ne le voulez pas, c'est moi qui le ferai, quoique « j'y sois moins propre que vous. » Tel fut le commencement de la division qui éclata entre les deux collègues[2]. Les Néerlandais, repoussés en Saxe, prirent la résolution de se diriger vers la Suisse, où nous les retrouverons.

Luther prit dès lors une direction tout opposée. Il avait, au commencement, paru s'exprimer dans le sens même que nous venons d'indiquer. Dans son écrit sur la messe, publié en 1520, il disait : « Je puis chaque jour jouir des « sacrements, si seulement je me rappelle la parole et la « promesse de Christ, et si j'en nourris et fortifie ma foi. » Jamais Carlstadt, Zwingle ni Calvin n'ont dit quelque chose

---

[1] Voir Hardenberg, *Vita Wesseli*; — Gerdes, *Hist. Evang. renov.*, I, p. 228-230. — Gieseler, *Kirchen G.*, tome III, p. 190. — Ullman, *Joh. Wessel* (2e édit., p. 564.)

[2] Hardenberg, *Vita Wesseli*. W. *Opera*, Amsterdam, p. 13. Hardenberg se réfère à Rhodius, Godwin, Mélanchthon, et Th. Blaurer, desquels, dit-il, il tient ce récit, et ajoute : « Interim velim illis credi, ut viris bonis, mihi saltem ut fideli relatori. »

de plus fort. Il paraît même que la pensée lui vint souvent, à cette époque, qu'une explication symbolique de la cène serait l'arme la plus puissante pour renverser de fond en comble tout le système papiste; car il dit, en 1525, que cinq ans auparavant il avait soutenu de rudes combats pour cette doctrine[1], et que celui qui lui aurait prouvé qu'il n'y avait que du pain et du vin dans la cène lui aurait rendu un service immense.

Mais des circonstances nouvelles vinrent le jeter dans une opposition quelquefois passionnée, à ces vues mêmes dont il s'était si fort rapproché. Le fanatisme des anabaptistes explique la direction que prit alors Luther. Ces enthousiastes ne se contentèrent pas d'estimer peu ce qu'ils appelaient la parole extérieure, c'est-à-dire la Bible, et de prétendre à des révélations spéciales de l'Esprit-Saint; ils en vinrent aussi à mépriser le sacrement de la cène, comme quelque chose d'extérieur, et à parler d'une communion intérieure comme de la seule véritable. Dès lors, dans tous les essais que l'on fit pour exposer d'une manière symbolique la doctrine de la cène, Luther ne vit plus que le danger d'ébranler l'autorité des saintes Écritures, de substituer à leur sens véritable des allégories arbitraires, de tout spiritualiser dans la religion, de la faire consister, non dans des grâces de Dieu, mais dans des impressions d'homme, et de substituer ainsi au vrai christianisme un mysticisme, une théosophie, un fanatisme qui deviendraient infailliblement son tombeau. Il faut le reconnaître, sans la forte opposition de Luther la tendance mystique, enthousiaste, subjective, eût peut-être fait alors de rapides progrès, et eût refoulé bien loin les bienfaits que la Réformation devait répandre dans le monde.

Carlstadt, impatient de ne pouvoir développer librement sa foi dans Wittemberg, pressé dans sa conscience de combattre un système qui selon lui « abaissait la mort de Christ

---

[1] « Ich habe wohl so harte Anfechtungen da erlitten. » (Luth. *Ep.*, II, p. 577.)

« et anéantissait sa justice, » résolut « de faire un éclat pour
« l'amour de la pauvre chrétienté, cruellement trompée. »
Il quitta Wittemberg au commencement de l'année 1524,
sans prévenir ni l'université ni le chapitre, et se rendit dans
la petite ville d'Orlamunde, dont l'église était placée sous
son inspection. Il en fit destituer le vicaire, se fit nommer
pasteur à sa place, et, en dépit du chapitre, de l'université
et de l'Électeur, il s'établit dans ce nouveau poste.

Bientôt il y répandit sa doctrine. « Il est impossible,
« disait-il, de trouver dans la présence réelle quelque
« avantage qui ne découle pas déjà de la foi ; elle est donc
« inutile. » Il avait recours, pour expliquer les paroles de
Christ dans l'institution de la cène, à une interprétation que
n'ont point admise les Églises réformées. Luther, dans la
dispute de Leipzig, avait expliqué ces mots : *Tu es Pierre,
et sur cette pierre je bâtirai mon Église*, en séparant ces
deux propositions et appliquant la dernière à la personne
du Sauveur. « De même, disait Carlstadt, *prenez, mangez*,
« se rapporte au pain ; mais *ceci est mon corps* se rapporte
« à Jésus-Christ, qui se montra alors lui-même, et qui fai-
« sait connaître, par le signe symbolique de la rupture du
« pain, que ce corps allait être bientôt détruit. »

Carlstadt ne s'en tint pas là. A peine affranchi de la tutelle de Luther, il sentit se ranimer son zèle contre les
images. Ses discours imprudents, ses paroles enthousiastes
pouvaient facilement dans ces temps de fermentation enflammer les esprits. Le peuple, croyant entendre un second
Élie, brisa les idoles de Baal. Cette ferveur gagna bientôt
les villages d'alentour. L'Électeur voulut intervenir ; mais
les paysans lui répondirent qu'il fallait obéir à Dieu plutôt
qu'aux hommes. Alors le prince résolut d'envoyer Luther
à Orlamunde, pour y rétablir la paix. Luther voyait dans
Carlstadt un homme consumé par l'amour de la gloire[1],
un fanatique qui se laisserait emporter à faire la guerre à

---

[1] « Huc perpulit eum insana gloriæ et laudis libido. » (Luth. *Ep.*, II, p. 551.)

Jésus-Christ lui-même. Peut-être Frédéric eût-il pu faire un choix plus sage. Luther partit, et Carlstadt dut voir cet importun rival venir troubler encore une fois ses plans de réforme et arrêter son essor.

Iéna était sur la route d'Orlamunde. Arrivé dans cette ville le 23 août, Luther monta en chaire le 24, à sept heures du matin; il y parla pendant une heure et demie, en présence d'un nombreux auditoire, contre le fanatisme, la rébellion, la destruction des images et le mépris de la présence réelle, s'élevant surtout avec force contre les innovations d'Orlamunde. Il ne nomma pas Carlstadt, mais chacun put deviner qui il avait en vue.

Carlstadt, soit par hasard, soit à dessein, se trouvait à Iéna, et était au nombre des auditeurs de Luther. Il n'hésita pas à chercher raison de ce discours. Luther était à dîner avec le prieur de Wittemberg, le bourgmestre, le secrétaire, le pasteur de la ville d'Iéna et plusieurs officiers de l'Empereur et du margrave, quand on lui remit une lettre de Carlstadt, qui lui demandait un entretien; il la donna à ses voisins, et répondit au porteur : « Si le docteur
« Carlstadt veut venir vers moi, soit; s'il ne le veut pas, je
« m'en passerai. » Carlstadt arriva. Sa venue produisit une vive sensation sur toute l'assemblée. La plupart, impatients de voir les deux lions aux prises, suspendirent leur repas, et ouvrirent de grands yeux, tandis que les plus timides pâlissaient d'effroi.

Carlstadt, sur l'invitation de Luther, s'assit en face de lui; puis il dit : « Monsieur le docteur, vous m'avez mis aujour-
« d'hui, dans votre sermon, sur le même rang que ceux qui
« prêchent la révolte et l'assassinat. Je déclare fausse une
« telle inculpation.

LUTHER.

« Je ne vous ai point nommé; mais puisque vous vous êtes senti atteint, à la bonne heure. »

Il y eut un moment de silence; Carlstadt reprit :

« Je me charge de prouver que sur la doctrine du sacrement vous vous êtes contredit vous-même, et que personne, depuis le temps des apôtres, ne l'a enseignée aussi purement que moi.

LUTHER.

« Écrivez; combattez!

CARLSTADT.

« Je vous offre une dispute publique à Wittemberg ou à Erfurt, si vous me procurez un sauf-conduit.

LUTHER.

« Ne craignez rien, Monsieur le docteur.

CARLSTADT.

« Vous me liez mains et pieds, et quand vous m'avez mis hors d'état de me défendre, vous me frappez[1]. »

Il se fit un moment de silence. Luther reprit :

« Écrivez contre moi, mais publiquement, et non en secret.

CARLSTADT.

« Si je savais que vous me parlassiez sincèrement, je le ferais.

LUTHER.

« Faites-le, et je vous donnerai un florin.

CARLSTADT.

« Donnez-le-moi; je l'accepte. »

A ces mots, Luther mit la main à la poche, en tira un florin d'or, et, le donnant à Carlstadt, il dit : « Prenez-le, et attaquez-moi vaillamment. »

Carlstadt, tenant en main le florin d'or, se tourna vers

---

[1] « Ihr bandet mir Hände und Füsse, darnach schlugt Ihr mich. » (Luth. *Op.*, XIX, p. 150.)

l'assemblée, et dit : « Chers frères, ceci est pour moi *ar-
« rabo*, un gage que j'ai le pouvoir d'écrire contre le doc-
« teur Luther; je vous en prends tous à témoin. »

Puis courbant le florin pour qu'on pût le reconnaître, il le mit dans sa bourse, et tendit la main à Luther. Celui-ci but à sa santé; Carlstadt le lui rendit. « Plus vos attaques « seront vigoureuses, plus elles me seront agréables, » reprit Luther.

« Si je vous manque, répondit Carlstadt, ce sera ma « faute. »

Ils se donnèrent encore une fois la main, et Carlstadt retourna chez lui.

Ainsi, dit un historien, de même que d'une seule étincelle procède souvent l'incendie de toute une forêt, on vit d'un petit commencement naître une grande division dans l'Église [1].

Luther partit pour Orlamunde, et y arriva, mal préparé par la scène d'Iéna. Il assembla le conseil et l'Église, et dit : « Ni l'Électeur ni l'université ne veulent reconnaître « Carlstadt pour votre pasteur. — Si Carlstadt n'est pas « notre pasteur, répondit le trésorier du conseil de ville, « saint Paul est un faux docteur, et vos livres sont des « mensonges; car nous l'avons élu. »

Comme il disait ces mots, Carlstadt entra. Quelques-uns de ceux qui se trouvaient près de Luther lui firent signe de s'asseoir; mais Carlstadt, allant droit à Luther, lui dit : « Cher monsieur le docteur, si vous voulez le permettre, « je vous recevrai.

LUTHER.

« Vous êtes mon ennemi. Je vous ai donné un florin d'or pour cela.

---

[1] « Sicut una scintilla sæpe totam sylvam comburit. » (M. Adam., *Vita Carlst.*, p. 83.) Notre récit est tiré en grande partie des *Actes* de Reinhard, pasteur d'Iéna, témoin oculaire, mais ami de Carlstadt, et que Luther a accusé d'inexactitude.

CARLSTADT.

Je veux demeurer votre ennemi aussi longtemps que vous demeurerez vous-même l'ennemi de Dieu et de sa vérité.

LUTHER.

« Sortez ; je ne puis permettre que vous soyez présent ici.

CARLSTADT.

« Cette réunion est publique. Si votre cause est juste, pourquoi me craindre ?

LUTHER, à son domestique.

« Attelez, attelez ! je n'ai rien à faire avec Carlstadt ; et puisqu'il ne veut pas sortir, je pars [1]. »

En même temps Luther se leva ; alors Carlstadt sortit.

Après un moment de silence, Luther reprit : « Prouvez « par l'Écriture qu'il faut détruire les images.

UN CONSEILLER.

« Monsieur le docteur, vous m'accorderez pourtant que Moïse a su les commandements de Dieu ? » (*Ouvrant une Bible*) « Eh bien ! voici ses paroles : *Tu ne te feras point* « *d'image taillée, ni aucune ressemblance.* »

LUTHER.

« Il n'est question dans ce passage que des images d'idoles. Si j'ai suspendu dans ma chambre un crucifix que je n'adore pas, en quoi peut-il me nuire ?

UN CORDONNIER.

« J'ai souvent ôté mon chapeau devant une image qui se trouvait dans une chambre ou sur le chemin ; c'est une

---

[1] « Spann an, spann an ! » (Luth. *Op.*, XIX, p. 154.)

idolâtrie qui enlève à Dieu la gloire qui n'est due qu'à lui seul.

LUTHER.

« Il faudra donc aussi, à cause de l'abus, détruire les emmes et jeter le vin à la rue[1] ?

UN AUTRE MEMBRE DE L'ÉGLISE.

« Non, ce sont des créatures de Dieu qu'il ne nous est pas ordonné de détruire. »

Après que la conférence eut duré encore quelque temps, Luther et les siens montèrent en voiture, étonnés de cette scène, et sans avoir pu convaincre les habitants, qui réclamaient fermement pour eux le droit d'interpréter et d'exposer librement les Écritures. L'agitation était grande dans Orlamunde; le peuple insultait Luther; quelques hommes même lui crièrent : « Va-t'en, au nom de tous les démons ! « Et puisses-tu te rompre le cou avant d'être sorti de notre « ville[2] ! » Jamais le réformateur n'avait encore eu à subir de telles humiliations.

Il se rendit à Kale, où le pasteur avait aussi embrassé les doctrines de Carlstadt, et il résolut d'y prêcher. Mais en entrant dans la chaire il y trouva les débris d'un crucifix. Il en éprouva d'abord une vive émotion; puis, se remettant aussitôt, il en rassembla les morceaux dans un coin de la chaire, et fit un sermon dans lequel ne se trouvait aucune allusion à cette circonstance. « C'est par le mépris, dit-il « plus tard, que j'ai voulu me venger du diable. »

Plus l'Électeur approchait de sa fin, plus il paraissait craindre qu'on n'allât trop loin dans la Réformation. Il ordonna que Carlstadt fût privé de ses charges, et qu'il quittât non-seulement Orlamunde, mais encore les États élec-

---

[1] « So muss du des Missbrauchs halber auch. » (Luth. *Op.*, XIX, p. 155.)
[2] Deux des historiens les plus distingués de l'Allemagne (Marheinecke, II, p. 139, et von Raumer, I, p. 371) ajoutent que les gens d'Orlamunde jetèrent à Luther des pierres et de la boue; mais Luther dit tout le contraire : « Dass ich nicht mit Steinen und Dreck ausgeworffen ward. » (Luth. *Ep.*, II, p. 579.)

toraux. En vain l'Église de ce lieu intercéda-t-elle en sa faveur; en vain demanda-t-elle qu'on lui permît au moins d'y résider comme bourgeois, en lui accordant de faire un sermon de temps à autre; en vain représenta-t-elle qu'elle estimait la vérité de Dieu plus que le monde entier, et même que mille mondes, si Dieu en avait créé mille[1] : Frédéric fut inflexible; il alla même jusqu'à refuser au malheureux Carlstadt l'argent nécessaire pour son voyage. Luther n'était pour rien dans cette dureté du prince; elle était loin de son caractère, et il le prouva plus tard. Mais Carlstadt le regarda comme l'auteur de son infortune, et remplit l'Allemagne de ses plaintes et de ses gémissements. Il écrivit une lettre d'adieu à ses amis d'Orlamunde. Cette lettre, pour la lecture de laquelle on sonna les cloches, et qui fut lue à l'Église assemblée et fondant en larmes[2], était signée : « André Bodenstein, chassé par Luther sans « avoir été ni entendu ni convaincu par lui. »

On ne peut sans peine voir ainsi aux prises ces deux hommes, amis autrefois, et excellents l'un et l'autre. Un sentiment de tristesse s'empara de tous les disciples de la Réformation. Qu'allait-elle devenir, maintenant que ses plus illustres défenseurs en venaient aux mains? Luther s'aperçut de ces craintes, et chercha à les calmer. « Combat« tons, dit-il, comme combattant pour un autre. La cause « est de Dieu, le soin est de Dieu, la victoire est de Dieu, « la gloire est de Dieu[3]. Il combattra et il vaincra sans nous. « Que ce qui doit tomber tombe! Que ce qui doit demeurer « debout demeure debout! Ce n'est pas de notre cause qu'il « s'agit, et ce n'est pas notre gloire que nous cherchons! »

Carlstadt se réfugia à Strasbourg, où il publia plusieurs écrits. Il possédait à fond, dit le docteur Scheur, le latin, le grec et l'hébreu; et Luther reconnaissait la supériorité

---

[1] « Höher als tausend Welten. » (Seckend., p. 628.)

[2] « Quæ publice vocatis per campanas lectæ sunt omnibus simul flentibus. » (Luth. *Ep.*, II. p. 558.)

[3] « Causa Dei est, cura Dei est, opus Dei est, victoria Dei est, gloria Dei est. » (*Ibid.* 556.)

de son érudition. Doué d'une âme élevée, il sacrifia à ses convictions sa réputation, son rang, sa patrie, son pain même. Plus tard, il se rendit en Suisse; c'est là qu'il eût dû commencer ses enseignements : son indépendance avait besoin de l'atmosphère libre où respiraient les Œcolampade et les Zwingle. Sa doctrine excita bientôt une attention presque aussi grande que celle qu'avaient obtenue les premières thèses de Luther. La Suisse parut gagnée; Bucer, Capiton semblèrent entraînés avec elle.

Alors l'indignation de Luther fut à son comble, et il publia l'un des plus forts, mais aussi l'un des plus violents de ses écrits de controverse, son livre : « *Contre les prophètes* « *célestes.* »

Ainsi la Réforme, attaquée par le pape, attaquée par l'Empereur, attaquée par les princes, commençait aussi à se déchirer elle-même. Elle paraissait près de succomber à tant de maux; et certes elle y eût succombé si elle eût été une œuvre d'homme. Mais bientôt, sur le point d'échouer, elle se releva avec une nouvelle énergie.

VIII

La ligue catholique de Ratisbonne et les persécutions qui la suivirent excitèrent une puissante réaction dans les populations germaniques. Les Allemands n'étaient pas disposés à se laisser enlever cette Parole de Dieu qui leur avait enfin été rendue; et aux ordres de Charles-Quint, aux bulles du pape, aux menaces et aux bûchers de Ferdinand et des autres princes catholiques, ils répondirent : « Nous la garderons! »

A peine les ligueurs avaient-ils quitté Ratisbonne, que les députés des villes dont les évêques avaient pris part à cette alliance, surpris et indignés, se réunirent à Spire, et arrêtèrent que leurs prédicateurs, malgré les défenses des évêques, n'annonceraient que l'Évangile et l'Évangile seul, conformément à la parole des prophètes et des apôtres. Puis ils se préparèrent à présenter à l'assemblée nationale un avis ferme et uniforme.

La lettre impériale datée de Burgos vint, il est vrai, troubler toutes leurs pensées. Néanmoins, vers la fin de l'année, les députés de ces villes et plusieurs seigneurs réunis à Ulm jurèrent de se prêter, en cas d'attaque, un secours mutuel.

Ainsi, au camp formé par l'Autriche, la Bavière et les évêques, les villes libres en opposaient aussitôt un autre, où elles arboraient l'étendard de l'Évangile et des libertés nationales.

Tandis que les villes se plaçaient aux avant-postes de la Réforme, plusieurs princes étaient gagnés à sa cause. Un des premiers jours du mois de juin 1524, Mélanchthon revenait à cheval de voir sa mère, accompagné de Camérarius et de quelques autres amis, lorsque, près de Francfort, il rencontra un brillant cortége. C'était Philippe, landgrave de Hesse, qui, trois ans auparavant, avait visité Luther à Worms, et qui se rendait alors aux jeux de Heidelberg, où devaient se trouver tous les princes de l'Allemagne.

Ainsi la Providence rapprochait successivement Philippe des deux réformateurs. On savait que l'illustre docteur était allé dans sa patrie; l'un des chevaliers du landgrave lui dit : « C'est, je pense, Mélanchthon. » Aussitôt le jeune prince pique des deux, et, arrivant auprès du docteur, il lui dit : « Es-tu Philippe? — Je le suis, » répondit le savant, un peu intimidé et s'apprêtant à mettre respectueusement pied à terre[1]. « Demeure, dit le prince; fais volte-face, et « viens passer la nuit avec moi; il est des sujets sur les-« quels je désire t'entretenir; ne crains rien. — Que pour-« rais-je craindre d'un prince tel que vous? » répondit le docteur. — « Eh, eh! dit le landgrave en riant, si je t'em-« menais et te livrais à Campeggi, il n'en serait pas fâché,

---

[1] « Honoris causa de equo descensurus. » (Camerar., p. 94.)

« je pense. » Les deux Philippe font route l'un à côté de l'autre ; le prince interroge, le docteur répond, et le landgrave est ravi des vues claires et frappantes qui lui sont présentées. Mélanchthon le suppliant enfin de lui laisser continuer sa route, Philippe de Hesse ne se sépara de lui qu'avec peine. « A une condition, lui dit-il, c'est que, de « retour chez vous, vous traitiez avec soin les questions que « nous avons débattues et m'envoyiez votre écrit[1]. » Mélanchthon le promit. « Allez donc, lui dit Philippe, et « passez par mes États. »

Mélanchthon rédigea, avec son talent ordinaire, un *Abrégé de la doctrine renouvelée du christianisme*[2] ; et cet écrit, plein de concision et de force, fit une impression décisive sur l'esprit du landgrave. Peu après son retour des jeux de Heidelberg, ce prince, sans se joindre aux villes libres, rendit de son côté une ordonnance par laquelle, s'opposant à la ligue de Ratisbonne, il commandait que l'Évangile fût prêché dans toute sa pureté. Il l'embrassa lui-même avec l'énergie de son caractère. « Plutôt, s'é-« criait-il, abandonner mon corps et ma vie, mes États et « mes sujets, que la Parole de Dieu. » Un moine, le frère mineur Ferber, s'apercevant de ce penchant du prince pour la Réforme, lui écrivit une lettre pleine de reproches, dans laquelle il le conjurait de demeurer fidèle à Rome. « Je « veux, répondit Philippe, demeurer fidèle à l'ancienne « doctrine, mais telle qu'elle est contenue dans l'Écriture. » Puis il établit, avec une grande force, que l'homme est justifié uniquement par la foi. Le moine se tut, tout étonné[3]. On appela le landgrave « le disciple de Mélanch-« thon[4]. »

D'autres princes suivaient une direction semblable. L'é-

---

[1] « Ut de quæstionibus quas audisset moveri, aliquid diligenter conscriptum curaret. » (Camerar., p. 94.)

[2] *Epitome renovatæ ecclesiasticæ doctrinæ.*

[3] Seckend., p. 738.

[4] « Princeps ille discipulus Philippi fuit a quibusdam appellatus. » (Camerar., p. 93.)

lecteur palatin refusait de se prêter à aucune persécution; le duc de Lunebourg, neveu de l'électeur de Saxe, commençait à réformer ses États; et le roi de Danemark ordonnait que dans le Schleswig et le Holstein, chacun fût libre de servir Dieu comme sa conscience le lui commanderait.

La Réforme fit une conquête plus importante encore. Un prince, dont la conversion à l'Évangile devait avoir jusqu'à nos jours de grandes conséquences, commençait alors à se détourner de Rome. Un jour, vers la fin de juin, peu après le retour de Mélanchthon à Wittemberg, entrait dans la chambre de Luther, le grand maître de l'ordre Teutonique, Albert, margrave de Brandebourg. Ce chef des moines-chevaliers de l'Allemagne, qui possédaient alors la Prusse, s'était rendu à la diète de Nuremberg pour invoquer contre la Pologne le secours de l'Empire. Il en revenait l'âme brisée. D'un côté, les prédications d'Osiandre et la lecture de l'Évangile l'avaient convaincu que son état de moine était contraire à la Parole de Dieu; de l'autre, la chute du gouvernement national en Allemagne lui avait ôté toute espérance d'obtenir le secours qu'il était venu réclamer. Que fera-t-il donc?... Le conseiller saxon de Planitz, avec lequel il avait quitté Nuremberg l'invita à voir le réformateur. « Que pensez-vous, dit à Luther le prince, « inquiet et agité, de la règle de mon ordre? » Luther n'hé-« sita pas; il vit qu'une conduite conforme à l'Évangile pouvait seule aussi sauver la Prusse. « Invoquez, dit-il au grand « maître, le secours de Dieu; rejetez la règle insensée et « confuse de votre ordre; faites cesser cette abominable « principauté, véritable hermaphrodite, qui n'est ni reli-« gieuse ni séculière[1]; fuyez la fausse chasteté, recherchez « la véritable; mariez-vous; et à la place de ce monstre « sans nom, fondez un empire légitime[2]. » Ces paroles

---

[1] « Ut loco illius abominabilis principatus, qui hermaphrodita quidam. » (Luth. *Ep.*, II, p. 527.)

[2] « Ut contempta ista stulta confusaque regula, uxorem duceret. » (*Ibid.*)

dessinaient nettement, dans l'âme du grand maître, une situation qu'il n'avait jusqu'alors que vaguement entrevue. Un sourire éclaira ses traits; mais il avait trop de prudence pour se prononcer; il se tut [1]. Mélanchthon, qui était présent, parla comme Luther, et le prince repartit pour ses États, laissant les réformateurs convaincus que la semence qu'ils avaient jetée dans son cœur porterait un jour des fruits.

Ainsi Charles-Quint et le pape s'étaient opposés à l'assemblée nationale de Spire, de peur que la Parole de Dieu ne gagnât tous les assistants; mais la Parole de Dieu ne peut être liée : on refusait de lui permettre de retentir dans une des salles d'une ville du Bas-Palatinat; eh bien! elle s'en vengeait en se répandant dans toutes les provinces; elle remuait les peuples, éclairait les princes, et elle déployait dans tout l'Empire cette force divine que ni bulles, ni ordonnances ne pourront jamais lui ravir.

IX

Tandis que les peuples et leurs chefs se pressaient ainsi vers la lumière, les réformateurs s'efforçaient de tout renouveler, de tout pénétrer des principes du christianisme. Le culte les occupa d'abord. Le temps fixé par le réformateur, à son retour de la Wartbourg, était arrivé. « Maintenant, dit-il, que les cœurs ont été fortifiés par la grâce « divine, il faut faire disparaître les scandales qui souillent « le royaume du Seigneur, et oser quelque chose au nom « de Jésus. » Il demanda que l'on communiât sous les deux espèces; qu'on retranchât de la cène tout ce qui tendait à en faire un sacrifice [2]; que les assemblées chrétiennes ne se réunissent jamais sans que la Parole de Dieu y fût

---

[1] « Ille tum arrisit, sed nihil respondit. » (Luth. *Ep.*, II, p. 527.)
[2] « Weise christliche Messe zu halten. » (Luth. *Op.* (L.), XXII, p. 232.)

prêchée¹ ; que les fidèles, ou tout au moins les prêtres et les écoliers, se réunissent chaque matin, à quatre ou cinq heures, pour lire l'Ancien Testament; et chaque soir, à cinq ou six heures, pour lire le Nouveau ; que le dimanche, l'Église tout entière s'assemblât le matin et l'après-midi, et que la règle suprême du culte fût de faire retentir la cloche de la Parole de Dieu².

L'église de Tous-les-Saints, à Wittemberg, excitait surtout son indignation. On y célébrait annuellement 9,901 messes, et l'on y brûlait 35,570 livres de cire, nous dit Seckendorf. Luther l'appelait « la sacrilége Topheth. » « Il « n'y a, disait-il, que trois ou quatre ventres paresseux « qui adorent encore ce honteux Mammon, et si je ne « retenais le peuple, il y a longtemps que cette maison de « tous les saints, ou plutôt de tous les diables, eût fait dans « le monde un bruit tel, que l'on n'en a jamais entendu un « pareil. »

La lutte commença autour de cette église. Elle était comme ces antiques sanctuaires du paganisme en Égypte, en Gaule et en Germanie, qui devaient tomber, pour que le christianisme s'établît. Luther voulant qu'on abolît la messe dans cette cathédrale, adressa à cet effet, le 1ᵉʳ mars 1523, une première requête au chapitre, et le 11 juillet il lui en adressa une seconde³. Les chanoines lui ayant opposé les ordres de l'Électeur : « Que nous importe ici l'ordre du « prince ; répondit Luther. Il est un prince séculier ; c'est « du glaive qu'il doit s'occuper, et non du ministère de « l'Évangile⁴. » Luther exprime ici avec clarté la distinction de l'État et de l'Église. « Il n'y a qu'un seul sacrifice qui « efface les péchés, dit-il encore, Christ qui s'est offert une « seule fois; et nous y avons part, non par des œuvres ou

---

1 « Die christliche Gemeine nimmer soll zusammen kommen, es werde denn daselbst Gottes Wort geprediget. » (Luth. *Op.*, XXII, p. 226.)

2 « Dass das Wort im Schwange gehe. » (*Ibid.*, p. 227.)

3 Luth. *Ep.*, II, p. 308 et 354.

4 « Welchem gebührt das Schwerd, nicht das Predigtamt zu versogen. » (Luth. *Op.*, XVIII, p. 497.)

« par des sacrifices, mais uniquement par la foi à la Pa-
« role de Dieu. »

L'Électeur, qui se sentait près de sa fin, répugnait à des réformes nouvelles.

Mais de nouvelles instances vinrent se joindre à celles de Luther. « Il est temps d'agir, dit à l'Électeur, Jonas, prévôt
« de la cathédrale. Une manifestation de l'Évangile, aussi
« éclatante que celle que nous avons à cette heure, ne dure
« d'ordinaire pas plus longtemps qu'un rayon de soleil.
« Hâtons-nous donc[1]. »

Cette lettre de Jonas n'ayant pas changé les vues de l'Électeur, Luther perdit patience; il crut que le moment était venu de porter le dernier coup, et adressa au chapitre une lettre menaçante : « Je vous prie amicalement, y dit-il,
« et je vous sollicite sérieusement de mettre fin à tout ce
« culte sectaire. Si vous vous y refusez, vous en recevrez,
« Dieu aidant, la récompense que vous aurez méritée. Je
« dis ceci pour votre gouverne, et je demande une ré-
« ponse positive et immédiate, — oui, ou non, — avant di-
« manche prochain, afin que je sache ce que j'ai à faire.
« Dieu vous donne sa grâce, pour suivre sa lumière.
« Jeudi, le 8 décembre 1524.

« Martin Luther,

« Prédicateur à Wittemberg[2]. »

En même temps le recteur, deux bourgmestres et dix conseillers se réunirent chez le doyen, et le sollicitèrent, au nom de l'université, du conseil et de la commune de Wittemberg, « d'abolir la grande et horrible impiété commise
« dans la messe contre la majesté de Dieu. »

Le chapitre dut se rendre; il déclara qu'éclairé par la sainte Parole de Dieu[3], il reconnaissait les abus qu'on lui

---

[1] *Corp. Ref.*, I, p. 636.
[2] Luth. *Ep.*, II, p. 565.
[3] « Durch das Licht des heiligen göttlichen Wortes... » (Luth. *Op.*, XVIII p. 502.)

signalait, et publia un nouvel ordre de service, qui commença à être suivi le jour de Noël 1524.

Ainsi tomba la messe dans ce fameux sanctuaire, où si longtemps elle avait résisté aux attaques réitérées des réformateurs. L'électeur Frédéric, attaqué de la goutte, et près de rendre le dernier soupir, ne put, malgré tous ses efforts, empêcher ce grand acte de réformation. Il y reconnut la volonté divine, et se soumit. La chute des pratiques romaines dans l'église de Tous-les-Saints précipita leur fin dans un grand nombre d'églises de la chrétienté; il y eut partout la même résistance, mais aussi la même victoire. En vain les prêtres et même les princes voulurent-ils, en bien des lieux, y mettre obstacle, ils ne le purent.

Ce n'était pas le culte seulement que la Réformation devait changer. L'école fut de bonne heure placée par elle à côté de l'Église; et ces deux grandes institutions, puissantes pour régénérer les peuples, furent également vivifiées par elle. C'était par une alliance intime avec les lettres que la Réformation était entrée dans le monde; au jour de son triomphe, elle n'oublia pas son alliée.

Le christianisme n'est pas un simple développement du judaïsme; il ne se propose pas de renfermer de nouveau l'homme, comme voudrait le faire la papauté, dans les langes étroits d'ordonnances extérieures et de doctrines humaines. Le christianisme est une nouvelle création; il saisit l'homme au dedans; il le transforme dans ce que la nature humaine a de plus intime, en sorte que l'homme n'a plus besoin que d'autres hommes lui imposent des règles; mais, aidé de Dieu, il peut, de lui-même et par lui-même, reconnaître ce qui est vrai et faire ce qui est bon[1].

Pour amener l'humanité à cet état de majorité que Christ lui a acquis, et pour la sortir de la tutelle où Rome l'avait si longtemps tenue, la Réformation devait développer l'homme tout entier; et en régénérant son cœur et sa

---

[1] Épître aux Hébreux, chap. VIII, v. 11.

volonté par la Parole de Dieu, éclairer son intelligence par l'étude des lettres sacrées et profanes.

Luther le comprit; il sentit que pour affermir la Réformation, il fallait travailler sur la jeunesse, perfectionner les écoles, et propager dans la chrétienté les connaissances nécessaires à une étude approfondie des saintes Écritures. Aussi, fut-ce là l'un des buts de sa vie. Il le comprit surtout à l'époque à laquelle nous sommes parvenus, et s'adressa alors aux conseillers de toutes les villes de l'Allemagne, pour leur demander la fondation d'écoles chrétiennes. « Chers Messieurs, leur dit-il, on dépense annuellement
« tant d'argent pour des arquebuses, des chemins, des di-
« gues : pourquoi n'en dépenserait-on pas un peu pour
« donner à la pauvre jeunesse un ou deux maîtres d'école?
« Dieu est à notre porte, et il heurte; bienheureux sommes-
« nous si nous lui ouvrons! Maintenant la Parole divine
« abonde. O chers Allemands, achetez, achetez, tandis que
« le marché se tient devant votre maison. La Parole de
« Dieu et sa grâce sont comme une ondée qui tombe et
« s'en va. Elle a été chez les Juifs; mais elle a passé, main-
« tenant ils ne l'ont plus. Paul l'a apportée en Grèce; mais
« là aussi elle a passé, et ce sont les Turcs qui s'y trouvent.
« Elle vint à Rome et dans le pays latin; mais là encore
« elle a passé, et Rome a maintenant le pape[1]. O Alle-
« mands, ne pensez pas que vous aurez éternellement cette
« Parole. Le mépris qu'on lui témoigne la chassera. C'est
« pourquoi, que celui qui veut l'avoir la saisisse et la garde!

« Occupez-vous des enfants, continue-t-il, en s'adressant
« toujours aux magistrats; car beaucoup de parents sont
« comme les autruches : ils s'endurcissent envers leurs pe-
« tits, et, contents d'avoir pondu l'œuf, ils ne s'en soucient
« plus ensuite. La prospérité d'une ville ne consiste pas
« seulement à assembler de grands trésors, à bâtir de fortes
« murailles, à élever de belles maisons, à posséder des
« armes brillantes. Si des fous viennent à fondre sur elle,

---

[1] « Aber hin ist hin; sie haben nun den Papst. » (Luth. *Op.* (W), X, p. 535.)

« son malheur n'en sera alors que plus grand. Le bien vé-
« ritable d'une ville, son salut et sa force, c'est de compter
« beaucoup de citoyens savants, sérieux, honnêtes et bien
« élevés. Et à qui faut-il s'en prendre de ce qu'il y en a si
« peu maintenant, si ce n'est à vous, magistrats, qui avez
« laissé croître la jeunesse comme la futaie dans la forêt? »

C'est surtout de l'étude des lettres et des langues que Luther maintient avec force la nécessité : « Quelle utilité y
« a-t-il, demande-t-on, à apprendre le latin, le grec, l'hé-
« breu? Nous pouvons bien lire la Bible en allemand. Sans
« les langues, répond-il, nous n'eussions pas reçu l'Évan-
« gile... Les langues sont le fourreau où se trouve le glaive
« de l'Esprit [1] ; elles sont l'écrin qui contient ces joyaux;
« elles sont le vase qui renferme cette liqueur ; et, comme
« parle l'Évangile, elles sont les corbeilles où l'on conserve
« les pains et les poissons qui doivent nourrir le peuple. Si
« nous abandonnons les langues, nous en viendrons non-
« seulement à **perdre** l'Évangile, mais encore à ne plus
« pouvoir parler et écrire en latin ou en allemand. Dès
« qu'on a cessé de les cultiver, la chrétienté est déchue,
« jusqu'à tomber sous la puissance du pape. Mais mainte-
« nant que les langues sont de nouveau en honneur, elles
« répandent tant de lumière que tout le monde s'en étonne,
« et que chacun doit confesser que notre Évangile est pres-
« que aussi pur que celui des apôtres eux-mêmes. Les
« saints Pères autrefois se sont souvent trompés, parce
« qu'ils n'ont pas connu les langues; de nos jours, quel-
« ques-uns, comme les Vaudois du Piémont, ne croient
« pas les langues utiles; mais, quoique leur doctrine soit
« bonne, ils sont souvent privés du véritable sens du texte
« sacré, ils se trouvent sans armes contre l'erreur, et je
« crains fort que leur foi ne demeure pas pure [2]. Si les lan-
« gues ne m'avaient rendu certain du sens de la Parole,
« j'eusse pu être un moine pieux et prêcher paisiblement

---

[1] « Die Sprachen sind die Scheide, darinnen dies Messer des Geistes stecket. » (Luth. *Op.* (W.), X, p. 535.)
[2] « Es sey oder werde nicht lauter bleiben. » (*Ibid.*)

« la vérité dans l'obscurité du cloître; mais j'eusse laissé
« debout le pape, les sophistes et leur empire antichré-
« tien[1]. »

Ce n'est pas seulement de l'enseignement des ecclésiastiques que Luther s'occupe; il veut que la science ne soit plus uniquement dans l'Église; il se propose d'y faire participer les laïques, qui en ont été jusqu'à cette heure déshérités. Il demande qu'on fonde des bibliothèques, et qu'on ne se borne pas à y recueillir des éditions et des commentaires des scolastiques et des Pères de l'Église, mais aussi les livres des orateurs et des poëtes, fussent-ils même païens, ainsi que les ouvrages consacrés aux beaux-arts, au droit, à la médecine, à l'histoire. « Ces écrits servent, dit-il, à
« faire reconnaître les œuvres et les miracles de Dieu. »

Cet ouvrage de Luther est l'un des plus importants de ceux que la Réformation a produits. Il sortit la science des mains des prêtres, qui l'avaient accaparée, comme jadis ceux de l'Égypte, et il la rendit à tous. De cette impulsion de la Réforme sont provenus les plus grands développements des temps modernes. Ces laïques, hommes de lettres ou savants, qui maintenant déchirent la Réformation, oublient qu'ils sont eux-mêmes son œuvre, et que sans elle ils seraient encore placés, comme des enfants ignorants, sous la verge du clergé. La Réforme s'aperçut de l'union intime qu'il y avait entre toutes les sciences; elle comprit que toute science, partant de Dieu, ramène à Dieu. Elle voulut que tous apprissent, et que l'on apprît tout.
« Ceux qui méprisent les lettres profanes, disait Mélanch-
« thon, n'estiment pas davantage la sainte théologie. Leur
« mépris n'est qu'un prétexte, dont ils cherchent à couvrir
« leur lâcheté[2]. »

La Réformation ne se contenta pas de donner une forte impulsion aux lettres; elle imprima encore aux arts un nouvel élan. On reproche souvent au protestantisme d'avoir

---

[1] « Ich hätte wohl auch können fromm seyn und in der Stille recht predigen. » (Luth. *Op.* (W.), X, p. 535.)

[2] « Hunc titulum ignaviæ suæ prætextunt. » (*Corp. Ref.*, I, p. 613.)

été l'ennemi des arts. Plusieurs protestants acceptent volontiers ce reproche. Nous n'examinerons pas si la Réformation devrait ou non s'en prévaloir; nous nous contenterons de remarquer que l'impartiale histoire ne confirme pas le fait sur lequel cette accusation repose. Que le catholicisme romain s'enorgueillisse d'être plus favorable aux arts que le protestantisme, à la bonne heure; le paganisme leur fut plus favorable encore, et le protestantisme met ailleurs sa gloire. Il est des religions où les tendances esthétiques de l'homme tiennent une place plus importante que sa nature morale. Le christianisme se distingue de ces religions, en ce que son essence est l'élément moral. Le sentiment chrétien s'exprime, non par les productions des beaux-arts, mais par les œuvres de la vie chrétienne. Toute secte qui abandonnerait cette tendance morale du christianisme perdrait par là même ses droits au nom chrétien. Rome ne l'a point entièrement abandonnée, mais le protestantisme garde avec bien plus de pureté ce caractère essentiel. Il met, lui, sa gloire à approfondir tout ce qui est du ressort de l'être moral, à juger des actes religieux, non d'après leur beauté extérieure et la manière dont ils frappent l'imagination, mais d'après leur valeur intime et le rapport qu'ils ont avec la conscience; en sorte que, si la papauté est avant tout une religion esthétique, comme l'a prouvé un illustre écrivain[1], le protestantisme est avant tout une religion morale.

Cependant, bien que la Réformation s'adressât d'abord à l'homme comme être moral, elle s'adressait à l'homme tout entier. Nous venons de voir comment elle parla à son intelligence et ce qu'elle fit pour les lettres; elle parla aussi à sa sensibilité, à son imagination, et contribua au développement des arts. L'Église n'était plus composée uniquement de prêtres et de moines; c'était l'assemblée des fidèles. Tous devaient prendre part au culte; et aux chants du clergé devaient succéder les chants du peuple. Aussi

---

[1] Chateaubriand, *Génie du Christianisme.*

Luther, en traduisant les Psaumes, pensa-t-il à les adapter au chant de l'Église. Ainsi le goût de la musique fut répandu dans toute la nation.

« Après la théologie, disait Luther, c'est à la musique
« que je donne la première place et le plus grand honneur[1].
« — Il faut qu'un maître d'école sache chanter, disait-il en-
« core, sans quoi je ne le regarde pas même. »

Un jour qu'on chantait chez lui quelques beaux morceaux, il s'écria avec ravissement : « Si notre Seigneur
« Dieu a répandu des dons si admirables sur cette terre,
« qui n'est qu'un réduit obscur, que n'y a-t-il pas dans
« cette vie éternelle où la perfection sera venue!... » Depuis Luther, le peuple chanta; la Bible inspira ses chants, et l'impulsion donnée à l'époque de la Réforme enfanta plus tard ces magnifiques oratorios qui semblent être le dernier mot de cet art.

La poésie prit le même élan. On ne pouvait, pour célébrer les louanges de Dieu, s'en tenir à de simples traductions des hymnes antiques. L'âme de Luther et celle de plusieurs de ses contemporains, élevées par la foi aux pensées les plus sublimes, excitées à l'enthousiasme par les combats et les dangers qui menaçaient sans cesse l'Église naissante, inspirées enfin par le génie poétique de l'Ancien Testament, et la foi au Nouveau, épanchèrent bientôt leurs sentiments en des chants religieux, où la poésie et la musique unirent et confondirent ce qu'elles ont de plus céleste. Ainsi l'on vit renaître, au seizième siècle, le cantique, qui déjà, au premier, avait consolé les douleurs des martyrs. En 1523, Luther, nous l'avons vu, le consacra à chanter les martyrs de Bruxelles; d'autres enfants de la Réforme suivirent ses traces; les chants se multiplièrent, ils se répandirent avec promptitude parmi le peuple, et ils contribuèrent puissamment à le réveiller de son sommeil. Ce fut dans la même année que Hans Sachs chanta *le rossignol*

---

[1] « Ich gehe nach der Theologie, der Musica den nähesten Locum und höchste Ehre. » (Luth. *Op.* (W.), XXII, p. 2253.)

de Wittemberg. La doctrine qui depuis quatre siècles avait régné dans l'Église est pour lui comme le clair de lune, pendant lequel on s'est égaré dans les déserts. Maintenant le rossignol annonce le soleil, et s'élève, en chantant la lumière du jour, au-dessus des nuages du matin.

Tandis que la poésie lyrique sortait ainsi des inspirations les plus élevées de la Réforme, la poésie et le drame satiriques attaquaient, sous la plume de Hutten, de Manuel, les plus criants abus.

C'est à la Réforme que les grands poëtes de l'Angleterre, de l'Allemagne et peut-être de la France, ont dû leur essor.

La peinture est de tous les arts celui sur lequel la Réformation eut le moins d'influence. Néanmoins elle fut renouvelée et comme sanctifiée par le mouvement universel qui agitait alors toutes les puissances de l'homme. Le grand maître de cette époque, Lucas Cranach, se fixa à Wittemberg, y vécut dans l'intimité de Luther, et devint le peintre de la Réformation. Nous avons vu comment il représenta les contrastes de Christ et de l'Antechrist (le pape), et prit ainsi rang parmi les instruments les plus influents de la révolution qui transformait les peuples. Dès qu'il eut accueilli des convictions nouvelles, il ne consacra son chaste pinceau qu'à des peintures en harmonie avec les croyances chrétiennes, et il répandit sur des groupes d'enfants, bénis par le Sauveur, la grâce dont il avait auparavant orné les saints et les saintes de la légende. Albert Durer fut gagné aussi par la parole de l'Évangile, et son génie en prit un nouvel élan. Ses chefs-d'œuvre datent de cette époque. On voit aux traits dont il peignit dès lors les évangélistes et les apôtres, que la Bible était rendue au peuple, et que le peintre y puisait une profondeur, une force, une vie, une grandeur, qu'il n'eût jamais trouvées en lui-même [1].

Cependant, il faut le reconnaître, la peinture est de tous les arts celui dont l'influence religieuse est le plus susceptible d'objections fondées et pressantes. La poésie et la

---

[1] Ranke, *Deutsche Gesch.*, II, p. 85.

musique viennent du ciel et se retrouveront au ciel ; mais on voit sans cesse la peinture unie à de graves immoralités ou à de funestes erreurs. Quand on a étudié l'histoire ou vu l'Italie, on n'attend pour l'humanité rien de bon de cet art-là. Quoi qu'il en soit de cette exception que nous croyons devoir faire, notre remarque générale subsiste.

La réformation de l'Allemagne, tout en s'adressant avant tout à la nature morale de l'homme, a donné aux arts une impulsion qu'il n'eussent point reçue du catholicisme romain.

Ainsi tout avançait, les arts, les lettres, la spiritualité du culte, et les âmes des peuples et des rois. Mais cette magnifique harmonie, que l'Évangile, aux jours de sa renaissance, produisait de toutes parts, allait être troublée. Les chants du rossignol de Wittemberg allaient être interrompus par le sifflement de la tempête et le rugissement des lions. Un nuage s'étendit en un moment sur toute l'Allemagne, et à un beau jour succéda une profonde nuit.

X

Une fermentation politique, bien différente de celle que l'Évangile opère, travaillait depuis longtemps l'Empire. Accablé sous l'oppression civile et ecclésiastique, attaché en plusieurs pays aux terres seigneuriales et vendu avec elles, le peuple menaçait de se soulever avec fureur et de briser enfin ses chaînes. Cette agitation s'était manifestée bien avant la Réforme, par plusieurs symptômes ; et déjà alors l'élément religieux s'était uni à l'élément politique ; il était impossible au seizième siècle de séparer ces deux principes, si intimement associés dans la vie des nations. En Hollande, à la fin du siècle précédent, les paysans s'étaient soulevés, en mettant sur leurs étendards, en guise d'armoiries, du pain et du fromage, les deux grands biens de ces pauvres gens. « L'alliance des souliers » avait éclaté dans le voisinage de Spire, en 1502. En 1513, elle s'était renouvelée en Brisgau, encouragée par des prêtres. Le Wurtemberg avait vu, en 1514, « la ligue du pauvre Conrad, » dont le but était de soutenir par la révolte « le droit de Dieu. » La Carinthie et la Hongrie avaient été, en 1515, le théâtre de terribles agitations. Ces séditions avaient été étouffées par des torrents de sang; mais aucun soulagement n'avait été accordé aux peuples. Une réforme politique n'était donc pas moins nécessaire qu'une réforme religieuse. Le peuple y avait droit; mais, il le faut dire, il n'était pas mûr pour en jouir.

Depuis que la Réformation avait commencé, ces agitations populaires ne s'étaient pas renouvelées; les esprits avaient été absorbés par d'autres pensées. Luther, dont l'œil perçant avait discerné l'état de son peuple, lui avait adressé déjà, du haut de la Wartbourg, de graves exhortations, pour contenir ainsi les esprits agités.

« La révolte, avait-il dit, ne produit point l'amélioration
« que l'on désire, et Dieu la condamne. Qu'est-ce que se
« révolter, si ce n'est se venger soi-même? Le diable s'ef-
« force d'exciter à la révolte ceux qui embrassent l'Évan-
« gile, afin de le couvrir d'opprobre; mais ceux qui ont
« bien compris ma doctrine ne se révoltent pas[1]. »

Tout faisait craindre que l'imagination populaire ne pût être plus longtemps contenue. Le gouvernement que Frédéric de Saxe avait eu tant de peine à former, et qui avait la confiance de la nation, était dissous. L'empereur, dont l'énergie eût peut-être remplacé l'influence de cette administration nationale, était absent; les princes, dont l'union avait toujours fait la force de l'Allemagne, étaient divisés; et les nouvelles déclarations de Charles-Quint contre Luther, en enlevant toute espérance d'un futur accord, dépouillaient le réformateur d'une partie de l'autorité morale par laquelle, en 1522, il avait réussi à calmer l'orage. Les

---

[1] « Luther's treue Ermahnung an alle Christen sich vor Aufruhr und Empörung zu hüten. » (Luth. *Op.*, XVIII, p. 288.)

principales digues qui jusqu'à cette heure avaient retenu le torrent étant rompues, rien ne pouvait plus contenir sa furie.

Ce ne fut pas le mouvement religieux qui enfanta l'agitation politique; mais en plusieurs lieux il se laissa entraîner par ses flots tumultueux. Peut-être même faut-il aller plus loin; peut-être faut-il reconnaître que le mouvement imprimé au peuple par la Réforme donna une force nouvelle au mécontentement qui fermentait dans la nation. La violence des écrits de Luther, l'intrépidité de ses actions et de ses paroles, les dures vérités qu'il disait, non-seulement au pape et aux prélats, mais aussi aux princes eux-mêmes, tout cela devait contribuer à enflammer des esprits déjà en effervescence. Aussi Érasme ne manqua-t-il pas de lui dire : « Nous recueillons maintenant les fruits que tu « as semés[1]. » D'ailleurs, les réjouissantes vérités de l'Évangile, mises enfin au grand jour, remuaient tous les cœurs et les remplissaient d'attente et d'espoir. Mais beaucoup d'âmes irrégénérées n'étaient point préparées par la repentance à la foi et à la liberté chrétiennes. Elles voulaient bien rejeter le joug du pape, mais elles ne voulaient pas accepter le joug de Christ. Aussi, quand des princes dévoués à Rome cherchaient dans leur colère à étouffer la Réformation, les véritables chrétiens, il est vrai, savaient supporter avec patience ces persécutions cruelles; mais la multitude bouillonnait, éclatait, et voyant ses désirs comprimés d'un côté elle leur procurait une issue de l'autre. « Pourquoi, disait-on, tandis que l'Église appelle tous les « hommes à une noble liberté, la servitude se perpétue- « rait-elle dans l'État? Pourquoi, tandis que l'Évangile ne « parle que de douceur, les gouvernements ne régneraient- « ils que par la force? » Malheureusement, alors que la réforme religieuse était reçue avec une joie égale, et des princes et du peuple, la réforme politique, au contraire, avait contre elle la partie la plus puissante de la nation; et

---

[1] « Habemus fructum tui spiritus. » (Erasm. Hyperasp. B, p. 4.)

pendant que celle-là avait l'Évangile pour règle et pour point d'appui, celle-ci n'eut bientôt d'autres principes que la violence et l'arbitraire. Aussi, tandis que l'une fut contenue dans les limites de la vérité, l'autre dépassa rapidement, et comme un torrent fougueux, toutes celles de la justice. Mais vouloir méconnaître une influence indirecte de la Réformation sur les troubles qui éclatèrent dans l'Empire, me semblerait faire preuve de partialité. Un feu avait été allumé en Allemagne par les discussions religieuses; il était impossible qu'il ne s'en échappât point quelques étincelles propres à enflammer les passions du peuple.

Les prétentions de quelques fanatiques à des inspirations célestes vinrent augmenter le mal. Tandis que la Réformation en avait sans cesse appelé, de la prétendue autorité de l'Église, à l'autorité réelle de l'Écriture sainte, ces enthousiastes rejetèrent non-seulement l'autorité de l'Église, mais encore celle de l'Écriture; ils ne parlèrent plus que d'une parole intérieure, d'une révélation de Dieu au dedans; et, méconnaissant la corruption naturelle de leur cœur, ils le livrèrent à toute l'ivresse de l'orgueil spirituel, et s'imaginèrent être des saints.

« L'Écriture sainte ne fut pour eux qu'une lettre morte, « dit Luther, et tous se mirent à crier: *Esprit! Esprit!* « Mais certes, je ne les suivrai pas là où leur esprit les « mène! Que Dieu, dans sa miséricorde, me préserve d'une « Église où il n'y a que des saints[1]. Je veux demeurer là « où il y a des humbles, des faibles, des malades, qui con- « naissent et sentent leur péché, et qui soupirent et crient « sans cesse à Dieu, du fond de leur cœur, pour obtenir « sa consolation et son secours. » Ces paroles de Luther ont une grande profondeur, et signalent le changement qui s'opérait dans ses vues sur la nature de l'Église. Elles montrent en même temps combien les principes religieux des révoltés étaient en opposition avec ceux de la Réforme.

---

[1] « Der barmherzige Gott behüte mich ja für der christlichen Kirche, darin eitel Heilige sind. » (Sur Jean I, 2. Luth. *Op.* (W.), VII, p. 1469.)

Le plus distingué de ces enthousiastes fut Thomas Munzer ; il n'était pas sans talents, avait lu la Bible, avait du zèle, et eût pu faire du bien, s'il avait su recueillir ses esprits agités et trouver la paix du cœur. Mais, ne se connaissant pas lui-même et dépourvu d'une vraie humilité, il était possédé du désir de réformer le monde, et oubliait, comme tous les enthousiastes, que c'était par lui-même que la Réforme devait commencer. Des écrits mystiques, qu'il avait lus dans sa jeunesse, avaient donné une fausse direction à son esprit. Il parut d'abord à Zwickau, quitta Wittemberg après le retour de Luther, mécontent du rôle inférieur qu'il y jouait, et devint pasteur de la petite ville d'Alstadt, en Thuringe. Il ne put longtemps s'y tenir tranquille, et accusa les réformateurs de fonder, par leur attachement à la lettre, un nouveau papisme, et de former des Églises qui n'étaient point saintes et pures.

« Luther, disait-il, a délivré les consciences du joug du
« pape, mais il les a laissées dans une liberté charnelle, et
« ne les a point fait avancer en esprit vers Dieu[1]. »

Il se regardait comme appelé de Dieu à porter remède à un si grand mal. Les révélations de l'*Esprit* étaient selon lui le moyen par lequel sa réforme devait s'accomplir.
« Celui qui possède cet esprit, dit-il, a la vraie foi, quand
« même il ne verrait pas l'Écriture sainte de toute sa vie.
« Les païens et les Turcs sont plus propres à le recevoir
« que bien des chrétiens qui nous nomment enthousias-
« tes. » C'était Luther qu'il avait en vue par ces mots.
« Pour recevoir cet Esprit, il faut châtier son corps, di-
« sait-il encore, porter de mauvais habits, laisser croître sa
« barbe, avoir l'air triste, garder le silence[2], aller dans des
« lieux retirés, et supplier Dieu de nous donner un signe
« de sa faveur. Alors Dieu viendra et parlera avec nous,
« comme autrefois avec Abraham, Isaac et Jacob. S'il ne
« le faisait pas, il ne mériterait pas que l'homme s'occupât

---

[1] « Führete sie nicht weiter in Geist und zu Gott. » (Luth. *Op.*, XIX, p. 294.)

[2] « Saur sehen, den Bart nicht abschneiden. » (*Ibid.*)

« de lui[1]. J'ai reçu de Dieu la charge d'assembler ses élus « en une alliance sainte et éternelle. »

L'agitation et la fermentation qui travaillaient les esprits ne favorisaient que trop la propagation de ces idées enthousiastes. L'homme aime le merveilleux et ce qui flatte son orgueil. Munzer, ayant entraîné dans ses vues une partie de son troupeau, abolit le chant ecclésiastique et toutes les cérémonies. Il soutint qu'obéir à des princes « dépour-« vus de raison, » c'était servir à la fois Dieu et Bélial. Puis marchant, à la tête de ses paroissiens, sur une chapelle qui se trouvait près d'Alstadt, et où l'on allait de tous côtés en pèlerinage, il la renversa. Obligé après cet exploit de quitter le pays, il erra en Allemagne, et vint jusqu'en Suisse, emportant avec lui et communiquant à tous ceux qui voulaient l'entendre le plan d'une révolution universelle. Partout aussi il trouva les esprits préparés; il jetait de la poudre sur des charbons ardents, et bientôt l'explosion se fit avec violence.

Luther, qui avait repoussé les entreprises guerrières de Sickingen[2], ne pouvait se laisser entraîner par les mouvements tumultueux des paysans. L'Évangile le gardait, heureusement pour l'ordre social; car, que fût-il arrivé s'il eût porté dans leur camp sa vaste influence?... Il maintint toujours fermement la distinction entre le spirituel et le séculier; il ne cessa de répéter que c'était les âmes immortelles que Christ affranchissait par sa Parole; et si, d'une main, il attaqua l'autorité de l'Église, il soutint de l'autre avec la même force la puissance des princes. « Un chré-« tien, disait-il, doit endurer cent fois la mort, plutôt que « de tremper le moins du monde dans la révolte des pay-« sans. » Il écrivit à l'Électeur : « Ce qui me cause une joie « particulière, c'est que ces enthousiastes se vantent eux-« mêmes, à qui veut les entendre, qu'ils ne sont pas des

---

[1] L'expression de Munzer est ignoble et impie : « Er wollt in Gott scheissen wenn er nicht mit ihm redet, wie mit Abraham. » (*Hist. de Munzer*, par Mélanchthon. Luth. *Op.*, XIX, p. 295.)

[2] Tome Ier, liv. Ier.

« nôtres. C'est l'Esprit qui les pousse, disent-ils ; et moi je
« réponds : C'est un mauvais esprit que celui qui ne porte
« d'autres fruits que le pillage des couvents et des églises;
« les plus grands brigands de la terre en sauraient faire
« autant. »

En même temps, Luther, qui voulait pour les autres la
liberté qu'il réclamait pour lui-même, détourna le prince
de toute mesure de rigueur : « Laissez-les prêcher ce qu'ils
« veulent et contre qui bon leur semble, dit-il; car il faut
« que ce soit la Parole de Dieu qui marche elle-même en
« avant et qui leur livre bataille. Si leur Esprit est le véri-
« table, il ne craindra pas nos rigueurs; si le nôtre est le
« véritable, il ne craindra pas leur violence. Laissons les
« Esprits lutter entre eux et se combattre[1]. Peut-être quel-
« ques-uns seront-ils séduits, il n'y a pas de bataille sans
« blessures; mais celui qui combat fidèlement sera cou-
« ronné. Néanmoins, s'ils veulent prendre l'épée, que Vos
« Altesses le leur défendent, et leur ordonnent de quitter
« le pays. »

La révolte commença dans les contrées de la forêt Noire
et des sources du Danube, si souvent agitées par des troubles populaires. Le 19 juillet 1524, des paysans thurgoviens
se soulevèrent contre l'abbé de Reichenau, qui ne voulait
pas leur accorder un prédicateur évangélique. Bientôt des
milliers se réunirent autour de la petite ville de Tengen,
pour délivrer un ecclésiastique qu'on tenait prisonnier. La
révolte s'étendit avec une inconcevable rapidité, depuis la
Souabe jusque dans les contrées du Rhin, de la Franconie,
de la Thuringe et de la Saxe. Tous ces pays étaient soulevés en janvier 1525.

Vers la fin de ce mois, les paysans publièrent une déclaration en douze articles, par laquelle ils demandaient la
liberté de se choisir eux-mêmes leurs pasteurs, l'abolition de la petite dîme, de la servitude, des droits sur les

---

[1] « Man lasse die Geister auf einander platzen und treffen. » (Luth. *Ep.*, II, p. 547.)

héritages, la liberté de la chasse, de la pêche, de la coupe des bois, etc. Chaque demande était appuyée par un passage. « Si nous nous trompons, disaient-ils en terminant, « que Luther nous corrige par l'Écriture. »

On demanda leur avis aux théologiens de Wittemberg. Mélanchthon et Luther donnèrent le leur, chacun séparément. On y reconnaît la différence de leurs caractères. Mélanchthon, pour lequel toute espèce de trouble était un grand crime, sort des limites de sa douceur ordinaire, et ne peut exprimer assez fortement son indignation. Les paysans sont des criminels, contre lesquels il invoque toutes les lois divines et humaines. Si des négociations bénévoles sont inutiles, les magistrats doivent les poursuivre comme des brigands et des assassins. « Cependant, ajoute-t-il (et « il faut bien qu'un trait du moins nous rappelle Mélanch- « thon), qu'on ait pitié des orphelins, dans l'application de « la peine de mort! »

Luther pensait sur la révolte comme Mélanchthon, mais il y avait en lui un cœur qui battait pour les misères du peuple. Il se montra en cette occasion d'une haute impartialité, et il dit franchement la vérité aux deux partis. Il s'adressa d'abord aux princes, et plus particulièrement aux évêques :

« C'est vous, leur dit-il, qui êtes cause de la révolte ; ce « sont vos déclamations contre l'Évangile, c'est votre op- « pression coupable des petits de l'Église, qui ont porté le « peuple au désespoir. Ce ne sont pas des paysans, chers « seigneurs, qui se soulèvent contre vous; c'est Dieu lui- « même qui veut s'opposer à votre fureur[1]. Les paysans « ne sont que les instruments qu'il emploie pour vous hu- « milier. Ne pensez pas échapper à la punition qu'il vous « prépare. Quand même vous parviendriez à détruire tous « ces paysans, Dieu pourrait, des pierres même, en faire « naître de nouveaux, pour châtier votre orgueil. Si je vou- « lais me venger, je pourrais rire sous cape, regarder faire

---

[1] « Gott ist's selber der setzt sich wider euch. » (Luth. *Op.*, XIX, p. 254.)

« les paysans, ou même augmenter leur colère ; mais Dieu
« m'en garde !... Chers seigneurs, pour l'amour de Dieu,
« revenez de votre indignation, traitez avec raison ce pau-
« vre peuple comme des gens ivres et égarés. Apaisez ces
« troubles par la douceur, de peur qu'il n'en sorte un in-
« cendie qui embrase toute l'Allemagne. Parmi leurs douze
« articles, il y en a qui sont justes et équitables. »

Cet exorde était propre à concilier à Luther la confiance des paysans, et à leur faire écouter avec patience les vérités qu'il avait à leur dire. Il leur représenta qu'une grande partie de leurs demandes était, il est vrai, fondée, mais que se révolter, c'était agir en païens ; que le devoir des chrétiens était la patience, et non la guerre ; que s'ils continuaient à se lever au nom de l'Évangile contre l'Évangile même, il les regarderait comme des ennemis plus dangereux que le pape. « Le pape et l'Empereur, continuait-il,
« se sont unis contre moi ; mais plus le pape et l'Empereur
« ont tempêté, plus l'Évangile a fait de progrès... Pourquoi
« cela ? C'est que je n'ai jamais tiré l'épée ni demandé ven-
« geance ; c'est que je n'ai eu recours ni au tumulte ni à la
« révolte : j'ai remis tout à Dieu, et je me suis attendu à sa
« main puissante. Ce n'est ni avec le glaive, ni avec l'ar-
« quebuse, que les chrétiens combattent, mais avec les
« souffrances et avec la croix. Christ, leur capitaine, n'a pas
« manié l'épée... il a été suspendu au bois. »

Mais en vain Luther faisait-il entendre des paroles si chrétiennes. Le peuple était trop exalté par les discours fanatiques des chefs de la révolte, pour prêter, comme autrefois, l'oreille au réformateur. « Il fait l'hypocrite,
« disait-on ; il flatte les princes ; il a déclaré la guerre au
« pape, et il veut que nous nous soumettions à nos oppres-
« seurs ! »

La révolte, au lieu de s'apaiser, devint donc plus formidable. A Weinsberg, le comte Louis de Helfenstein et les soixante-dix hommes qu'il commandait, furent condamnés à mort. Une partie des paysans tenaient leurs piques en avant, fermes et immobiles ; d'autres chassaient et acculaient contre cette forêt de fer le comte et ses soldats[1]. La femme du malheureux Helfenstein, fille naturelle de l'empereur Maximilien, tenant en ses bras un enfant de deux ans, demandait à genoux, avec de grands cris, la vie de son époux, et s'efforçait en vain d'arrêter cette marche meurtrière; un jeune garçon, qui avait été au service du comte, et qui s'était joint aux rebelles, gambadait gaiement près de lui, et jouait sur un fifre la marche de la mort, comme s'il eût conduit à la danse les victimes. Tous périrent; l'enfant fut blessé dans les bras de sa mère; elle-même fut jetée sur un char de fumier et conduite ainsi à Heilbronn.

A l'ouïe de ces cruautés, un cri d'horreur se fit entendre parmi les amis de la Réformation, et un terrible combat se livra dans l'âme sensible de Luther. D'un côté, les paysans, se moquant de ses représentations, prétendaient à des révélations du ciel, faisaient un usage impie des menaces de l'Ancien Testament, proclamaient l'égalité des conditions et la communauté des biens, défendaient leur cause avec le fer et le feu, et se livraient à des exécutions barbares. De l'autre, les ennemis de la Réforme demandaient avec un malin sourire au réformateur s'il ne savait donc pas qu'il était plus facile d'allumer un incendie que de l'éteindre. Indigné de ces excès, épouvanté de la pensée qu'ils pourraient arrêter les progrès de l'Évangile, Luther n'hésita plus, il ne ménagea rien; il se déchaîna contre les rebelles avec toute la force de son caractère, et dépassa peut-être les justes bornes dans lesquelles il eût dû se contenir.

« Les paysans, dit-il, commettent trois horribles péchés
« envers Dieu et envers les hommes, et méritent ainsi la
« mort du corps et celle de l'âme. D'abord, ils se révoltent
« contre leurs magistrats, auxquels ils ont juré fidélité. En-
« suite, ils volent, ils pillent les couvents et les châteaux.
« Enfin ils couvrent ces crimes du manteau de l'Évangile.

---

[1] « Und jechten ein Grafen durch die Spiesse. » (Mathes., p. 46.)

« Si vous ne mettez à mort un chien enragé, vous périrez
« et tout le pays avec vous. Celui qui sera tué en combat-
« tant pour les magistrats sera un véritable martyr, s'il a
« combattu avec une bonne conscience. » Luther dépeint
ensuite avec énergie la coupable violence des paysans, qui
contraignent des hommes simples et paisibles à entrer dans
leur alliance, et les entraînent ainsi dans la même condamnation. Puis il ajoute : « C'est pourquoi, chers seigneurs,
« aidez, sauvez, délivrez, ayez pitié de ce pauvre peuple.
« Frappe, transperce et tue qui peut..... Si tu meurs, tu
« ne pouvais avoir une fin plus heureuse; car tu meurs
« au service de Dieu et pour sauver ton prochain de
« l'enfer [1]. »

Ni la douceur ni la force ne purent arrêter le torrent populaire. Ce n'était plus pour le service divin qu'on sonnait la cloche des églises; dès qu'au sein des campagnes on entendait retentir ces sons graves et prolongés, c'était le tocsin, et tous couraient aux armes. Le peuple de la forêt Noire s'était réuni autour de Jean Muller de Bulgenbach. D'un aspect imposant, couvert d'un manteau rouge, un bonnet rouge sur la tête, ce chef s'avança fièrement, de village en village, suivi de ses paysans. Derrière lui, sur un char orné de rubans et de feuillage, s'élevait le drapeau tricolore, noir, rouge et blanc, signal de la révolte. Un héraut, bariolé de même, lisait les douze articles, et invitait le peuple à se joindre à l'émeute. Quiconque s'y refusait était exclu de la communauté.

Bientôt cette marche, d'abord pacifique, devint plus inquiétante : « Il faut, s'écria-t-on, forcer les seigneurs à se
« soumettre à l'alliance. » Et pour les y amener, on pille les greniers à blé, on vide les caves, on pêche les étangs seigneuriaux, on réduit en ruine les châteaux des nobles qui résistent, et l'on brûle les couvents. La résistance a enflammé la colère de ces hommes grossiers; l'égalité ne leur suffit plus, ils veulent du sang... ; et ils jurent de faire

---

[1] « Deinen Nehesten zu retten aus der Hölle. » (Luth. *Op.*, XIX, p. 266.)

mordre la poussière à quiconque porte un éperon au pied.

A l'approche des paysans, les villes hors d'état de résister ouvrent leurs portes et s'unissent à eux. Dans tous les lieux où ils entrent, les images sont déchirées, les crucifix brisés; des femmes armées parcourent les rues, et menacent les moines. Sont-ils battus en un endroit, ils se rassemblent en un autre, et bravent les forces les plus redoutables. Un comité de paysans s'établit à Heilbronn. Les comtes de Lowenstein sont pris; on les revêt d'une blouse, on leur met un bâton blanc à la main, et on les contraint de jurer les douze articles. « Frère George, et toi, frère Al« bert, » dit un chaudronnier d'Ohringen aux comtes de Hohenlohe, qui s'étaient rendus au camp, « jurez-nous de « vous conduire en frères; car vous aussi, vous êtes main« tenant des paysans, vous n'êtes plus seigneurs. » L'égalité des conditions, ce rêve de tant de démocrates, est établie dans l'aristocratique Allemagne.

Un grand nombre de nobles, les uns par crainte, les autres par ambition, se joignirent alors aux révoltés. Le fameux Götz de Berlichingen, voyant les siens lui refuser obéissance, voulut s'enfuir vers l'Électeur de Saxe; mais sa femme, qui se trouvait en couche, cacha, pour le retenir près d'elle, la réponse de l'Électeur. Götz, serré de près, fut obligé de se mettre à la tête de l'armée des rebelles. Le 7 mai, les paysans entrèrent dans Wurtzbourg, où les bourgeois les reçurent avec acclamations. Les forces des princes et des chevaliers de la Souabe et de la Franconie, qui étaient réunies dans cette cité, l'évacuèrent, et se retirèrent avec précipitation dans la citadelle, dernier boulevard de la noblesse.

Mais déjà le mouvement s'est étendu à d'autres parties de l'Allemagne. Spire, le Palatinat, l'Alsace, la Hesse, ont reconnu les douze articles, et les paysans menacent la Bavière, la Westphalie, le Tyrol, la Saxe et la Lorraine. Le margrave de Bade, ayant repoussé les articles, est forcé de s'enfuir. Le coadjuteur de Fould y accède en riant. Les petites villes disent qu'elles n'ont pas de lances à opposer aux révoltés. Mayence, Trèves, Francfort, obtiennent les libertés qu'elles réclament.

Une immense révolution se prépare dans tout l'Empire. Les droits ecclésiastiques et séculiers, qui oppriment les paysans, seront supprimés; on sécularisera les biens du clergé, pour dédommager les princes et pourvoir aux besoins de l'Empire; les impôts seront abolis, sauf un tribut qui se payera tous les dix ans; la puissance impériale, reconnue par le Nouveau Testament, subsistera seule; tous les autres princes cesseront de régner; soixante-quatre tribunaux libres seront établis, et des hommes de toutes les classes y siégeront; tous les états retourneront à leur destination primitive; les ecclésiastiques ne seront plus que pasteurs des Églises; les princes et les chevaliers ne seront que défenseurs des faibles; l'unité des poids et des mesures sera introduite, et l'on ne frappera dans tout l'Empire qu'une seule monnaie.

Cependant les princes étaient sortis de leur première stupeur, et George de Truchsess, général en chef de l'armée impériale, s'avançait du côté du lac de Constance. Il bat les paysans, le 2 mai, à Beblingen, marche sur la ville de Weinsberg, où le malheureux comte de Helfenstein avait péri, la brûle, la rase, et ordonne que les ruines en soient respectées, comme un éternel monument de la trahison de ses habitants. A Fürfeld, il se réunit à l'électeur palatin et à l'électeur de Trèves, et tous ensemble s'avancent vers la Franconie.

La Frauenbourg, citadelle de Wurtzbourg, tenait encore pour les princes, et la grande armée des paysans était toujours réunie sous ses murs. En apprenant la marche de Truchsess, ils se décidèrent à l'assaut. Le 15 mai, à neuf heures du soir, les trompettes sonnent, le drapeau tricolore se déploie, et les paysans se précipitent à l'attaque, en poussant d'horribles cris. Sébastien de Rotenhan, l'un des plus chauds partisans de la Réforme, commandait dans le château. Il avait mis la défense sur un pied redoutable, et, ayant exhorté les soldats à repousser l'assaut avec courage, tous avaient juré de le faire, en élevant trois doigts vers le ciel. Le combat le plus terrible s'engage alors. A l'énergie et au désespoir des paysans la forteresse répond de ses murs et de ses tours par des pétards, des pluies de soufre et de poix bouillante, et les décharges de son artillerie. Les paysans, frappés ainsi par leurs ennemis invisibles, sont un moment surpris ; mais bientôt leur rage ne fait que s'accroître ; la nuit s'avance, et la lutte se prolonge. La forteresse, éclairée pas les milliers de feux de la bataille, semble, dans les ténèbres, un géant superbe, qui, vomissant des flammes, lutte seul, au milieu de foudroyantes détonations, pour le salut de l'Empire, contre la farouche valeur de hordes furieuses. A deux heures après minuit, les paysans, dont tous les efforts ont échoué, se retirent enfin.

Ils voulurent entrer en négociation, soit avec la garnison, soit avec Truchsess, qui s'avançait à la tête de son armée. Mais c'était sortir de leur rôle : la violence et la victoire pouvaient seules les sauver. Après quelques irrésolutions, ils se décident à marcher à la rencontre de l'armée impériale ; mais l'artillerie et la cavalerie firent des ravages affreux dans leurs rangs. A Königshofen, puis à Engelstadt, ces malheureux furent complétement défaits. Alors, abusant de leur victoire, les princes, les nobles et les évêques déployèrent la cruauté la plus inouïe. Les prisonniers furent pendus le long des chemins. L'évêque de Wurtzbourg, qui s'était enfui, revint, parcourut avec des bourreaux tout son diocèse, et l'arrosa à la fois du sang des rebelles et du sang des tranquilles amis de la Parole de Dieu. Götz de Berlichingen fut condamné à une prison perpétuelle. Le margrave Casimir d'Anspach fit arracher les yeux à quatre-vingt-cinq paysans rebelles, qui avaient juré que leurs yeux ne reverraient jamais ce prince, et il jeta dans le monde cette troupe d'aveugles, qui s'en allèrent çà et là, se tenant par la main, tâtonnant, chancelant, et mendiant leur pauvre existence. Le malheureux garçon qui avait joué sur son fifre la marche de mort de Helfenstein fut attaché à un pieu par une chaîne ; on alluma un feu tout autour de lui, et les chevaliers assistèrent en riant à ses horribles contorsions.

Le culte fut partout rétabli sous son ancienne forme. Les pays les plus florissants et les plus peuplés de l'Empire ne présentèrent plus à ceux qui les parcouraient que des monceaux de cadavres et des ruines fumantes. Cinquante mille hommes avaient péri, et le peuple perdit presque partout le peu de liberté dont il avait joui jusqu'alors. Telle fut, dans le sud de l'Allemagne, l'horrible fin de cette révolte.

XI

Mais ce n'était pas au midi et à l'ouest de l'Allemagne que le mal devait se borner. Münzer, après avoir parcouru une partie de la Suisse, de l'Alsace et de la Souabe, avait dirigé de nouveau ses pas du côté de la Saxe. Quelques bourgeois de Mulhouse en Thuringe l'appelèrent dans leur ville, et le nommèrent leur pasteur. Le conseil de la ville ayant résisté, Münzer le destitua, et en nomma un autre, composé de ses amis, et dont il se fit lui-même le chef. Plein de mépris pour le Christ « doux comme le miel que « prêchait Luther, » décidé à recourir aux moyens les plus énergiques : « Il faut, disait-il, faire périr par le glaive, « comme Josué, tous les peuples de Canaan. » Il établit la communauté des biens, et pilla les couvents [1]. « Münzer, « écrivait Luther, le 11 avril 1525, à Amsdorff, Münzer est « roi et empereur de Mulhouse, et non plus seulement « son pasteur. » Les pauvres ne travaillaient plus; si quelqu'un avait besoin de drap ou de blé, il allait en demander à un riche; si celui-ci le refusait, le pauvre s'en emparait; si le riche résistait, on le pendait. Mulhouse étant une ville indépendante, Münzer put sans opposition y exercer son pouvoir pendant près d'une année. La révolte du midi

---

[1] « Omnia simul communia. » (Luth. *Op.*, XIX, p. 292.)

de l'Allemagne lui fit croire qu'il était temps d'étendre son nouveau royaume. Il fit fondre des canons de gros calibre dans le couvent des Franciscains, et tâcha de soulever les paysans et les mineurs de Mansfeld. « Combien de temps « voulez-vous dormir encore? leur dit-il dans une procla- « mation fanatique; levez-vous et combattez le combat du « Seigneur! Il en est temps. La France, l'Allemagne et « l'Italie sont en marche. En avant! en avant! en avant! « Dran!... dran!... dran!... N'ayez pas égard à la douleur « des impies. Ils vous supplieront comme des enfants; mais « demeurez impitoyables. Dran!... dran!... dran!... Le feu « brûle : que votre glaive soit toujours teint de sang [1]. « Dran!... dran!... dran!... Travaillez tandis qu'il est jour. »
— La lettre était signée : « Münzer, serviteur de Dieu « contre les impies. »

Le peuple des campagnes, avide de richesses, accourt en foule sous ses drapeaux. Partout dans les pays de Mansfeld, Stolberg, Schwarzbourg, dans la Hesse, le duché de Brunswick, les paysans se soulevèrent. Les couvents de Michelstein, Ilsenbourg, Walkenried, Rossleben et beaucoup d'autres près du Hartz, ou dans les plaines de la Thuringe, furent dévastés. A Reinhardsbrunn, que Luther avait visité, les tombes des anciens landgraves furent profanées et la bibliothèque détruite.

La terreur se répandit au loin. A Wittemberg même, on n'était pas sans inquiétude. Ces docteurs qui n'avaient craint ni l'Empereur ni le pape se voyaient obligés de trembler devant un insensé. On était à la piste de toutes les nouvelles; on comptait pas à pas les progrès des révoltés. « Nous sommes ici, disait Mélanchthon, dans un grand « danger. Si Münzer réussit, c'en est fait de nous, à moins « que Christ ne nous sauve. Münzer s'avance avec une « cruauté qui dépasse celle des Scythes[2], et l'on ne peut « dire les affreuses menaces qu'il profère. »

---

[1] « Lasset euer Schwerdt nicht kalt werden von Blut. » (Luth. *Op.*, XIX, p. 289.)

[2] « Moncerus plus quam scythicam crudelitatem præ se fert. » (*Corp. Ref.*, , p. 741.)

Le pieux Électeur avait longtemps hésité sur ce qu'il devait faire. Münzer l'avait exhorté, lui et tous les princes, à se convertir, parce que, disait-il, leur heure était venue; et il avait signé ces lettres : « Münzer, armé du glaive de « Gédéon. » Frédéric eût voulu employer la douceur pour ramener ces hommes égarés. Dangereusement malade, il avait écrit, le 14 avril, à son frère Jean : « Peut-être a-t-on « donné à ces pauvres gens plus d'un motif de révolte. Ah! « les petits sont opprimés de plusieurs manières par leurs « seigneurs temporels et spirituels. » Et comme on lui représentait les humiliations, les révolutions, les dangers auxquels il s'exposait s'il n'étouffait pas promptement cette rébellion : « J'ai été jusqu'à présent, répondit-il, un élec- « teur puissant, ayant en abondance chevaux et carrosses; « si maintenant Dieu veut me les prendre, eh bien, j'irai à « pied [1]. »

Le premier des princes qui prit les armes fut le jeune landgrave Philippe de Hesse. Ses chevaliers et ses soldats jurèrent de vivre et de mourir avec lui. Après avoir pacifié ses États, il se dirigea vers la Saxe. De leur côté, le duc Jean, frère de l'Électeur, le duc George de Saxe et le duc Henri de Brunswick s'avancèrent, et réunirent leurs troupes à celles de la Hesse. Les paysans, effrayés à la vue de cette armée, se réfugièrent sur une colline, où, sans discipline, sans armes et la plupart sans courage, ils se firent un rempart de leurs chars. Münzer n'avait pas même su préparer de la poudre pour ses immenses canons. Aucun secours ne paraissait; l'armée serrait de près les rebelles; le découragement les saisit. Les princes, ayant pitié d'eux, leur firent des propositions qu'ils semblaient vouloir accepter. Münzer eut alors recours au plus puissant ressort que puisse faire jouer l'enthousiasme. « Nous verrons aujourd'hui le « bras de Dieu, dit-il, et tous nos ennemis seront détruits. » En ce moment même parut un arc-en-ciel; cette foule fanatique, qui portait un arc-en-ciel sur ses drapeaux, y vit

---

[1] « So wolle er hinkünftig zu Fuss gehen. » (Seckend., p. 685.)

un signe assuré de la protection du ciel. Münzer en profita : « Ne craignez point, dit-il aux bourgeois et aux paysans ; « je recevrai dans ma manche toutes les balles qu'on tirera « sur vous [1]. » En même temps il fit massacrer cruellement un jeune gentilhomme, Maternus de Geholfen, envoyé des princes, afin d'ôter ainsi aux rebelles toute espérance de pardon.

Le landgrave, ayant rassemblé ses cavaliers, leur dit : « Je sais bien que nous sommes souvent en faute, nous « autres princes, car nous sommes des hommes ; mais Dieu « veut que l'on honore les puissances. Sauvons nos femmes « et nos enfants de la furie de ces meurtriers. Le Seigneur « nous donnera la victoire ; car il a dit : *Celui qui s'oppose* « *à la puissance s'oppose à l'ordre de Dieu.* » Puis Philippe donna le signal de l'attaque ; c'était le 15 mai 1525. L'armée s'ébranla ; mais la foule des paysans demeura immobile, entonnant le cantique : « Viens, Saint-Esprit, » et attendant que le ciel se déclarât en sa faveur. Bientôt l'artillerie brisa leur grossier rempart, et porta au milieu d'eux le trouble et la mort. Alors le fanatisme et le courage les abandonnèrent à la fois ; une terreur panique les saisit, et ils s'enfuirent à la débandade. Cinq mille d'entre eux perdirent la vie dans leur fuite.

Les princes et leurs troupes victorieuses entrèrent, après la bataille, dans Frankenhausen. Un soldat, étant monté jusqu'au grenier de la maison où il logeait, aperçut un homme couché [2] : « Qui es-tu ? lui dit-il ; es-tu un rebelle ? » Puis, ayant découvert un portefeuille, il le prit, et y trouva des lettres adressées à Thomas Münzer. « Es-tu Thomas ? » dit le cavalier. Le malade, consterné, répondit : « Non. » Mais le soldat lui faisant de terribles menaces, Münzer, car c'était bien lui, avoua qui il était. « Tu es mon prisonnier, » dit le soldat. Conduit devant le duc George et le landgrave, Münzer ne cessa de dire qu'il avait eu raison de vouloir

---

[1] « Ihr sollt sehen dass ich alle Büchsensteine in Ermel fassen will. » (Luth. *Op.*, XIX, p. 297.)

[2] « So findet er einen am Bett. »

châtier les princes, puisqu'ils s'opposaient à l'Évangile. « Malheureux, lui dit-on, pense à tous ceux dont tu as « causé la perte! » Mais il leur répondit en souriant, au milieu de son angoisse : « Ils l'ont ainsi voulu! » Il prit le sacrement sous une seule espèce. Sa tête et celle de Pfeiffer, son lieutenant, tombèrent en même temps. Mulhouse fut pris, et les paysans furent chargés de liens.

Un seigneur ayant remarqué dans la foule des prisonniers un prisonnier de bonne mine, s'approcha de lui, et lui dit : « Eh bien! mon garçon, quel gouvernement te « plaît le mieux, celui des paysans, ou celui des princes? » Le pauvre homme répondit, en poussant un profond soupir : « Ah! mon cher seigneur, il n'y a pas de couteau dont « le tranchant fasse autant de mal que la domination d'un « paysan sur un autre[1]. »

Les restes de la révolte furent éteints dans le sang; le duc George montra surtout une grande sévérité. Dans les États de l'Électeur, il n'y eut ni châtiment ni supplice[2]. La Parole de Dieu, prêchée dans toute sa pureté, s'y était montrée efficace pour contenir les passions tumultueuses du peuple.

En effet, Luther n'avait pas cessé de combattre la rébellion, qui était pour lui l'avant-coureur du jugement universel. Instructions, prières, ironie même, il n'avait rien épargné. A la fin des articles dressés à Erfurt par les rebelles, il avait ajouté comme article supplémentaire : « *Item :* l'article suivant a été omis : Dorénavant l'hono- « rable conseil n'aura aucun pouvoir; il ne pourra rien faire, « il siégera comme une idole, ou comme une bûche; la « commune lui mâchera tous les morceaux, et il gouver- « nera pieds et mains liés; désormais le char conduira les « chevaux, les chevaux tiendront les rênes, et ainsi tout « marchera admirablement, conformément au beau projet « que ces articles exposent. »

---

[1] « Kein Messer, scherpfer schirrt denn wenn ein Baur des andern Herr wird. » (Mathes., p. 48.)
[2] « Hic nulla carnificina, nullum supplicium. » (*Corp. Ref.*, I, p. 752.)

Luther ne se contenta pas d'écrire. Tandis que le tumulte était encore dans toute sa force, il quitta Wittemberg, et parcourut quelques-uns des pays où régnait le plus d'agitation. Il prêchait, il s'efforçait d'adoucir les esprits, et sa main, que Dieu rendait puissante, détournait, apaisait, faisait rentrer dans leur lit les torrents furieux et débordés.

Partout les docteurs de la Réforme exerçaient la même influence. A Halle, Brentz avait relevé, par les promesses de la Parole divine, les esprits abattus des bourgeois, et quatre mille paysans s'étaient enfuis devant six cents citoyens [1]. A Ichterhausen, une multitude de paysans s'étant réunis dans l'intention de démolir plusieurs châteaux et de mettre les seigneurs à mort, Frédéric Myconius alla seul vers eux, et telle fut la force de sa parole, qu'ils abandonnèrent aussitôt leur dessein [2].

Tel fut le rôle des réformateurs et de la Réformation au milieu de cette révolte; ils la combattirent de tout leur pouvoir par le glaive de la Parole, et maintinrent avec énergie les principes, qui seuls, en tout temps, peuvent conserver l'ordre et l'obéissance dans les nations. Aussi Luther prétendit-il que si la puissance de la saine doctrine n'eût arrêté la furie du peuple, la révolte eût exercé de bien plus grands ravages, et eût renversé partout et l'Église et l'État. Tout fait croire que ces tristes prévisions se fussent en effet réalisées.

Si les réformateurs combattirent ainsi la sédition, ce ne fut pas sans en recevoir de terribles atteintes. Cette agonie morale, qui avait commencé pour Luther dans la cellule d'Erfurt, s'éleva peut-être au plus haut degré après la révolte des paysans. Une grande transformation de l'humanité ne s'opère point sans souffrances, pour ceux qui en sont les instruments. Il a fallu pour accomplir la création du christianisme l'agonie de la croix; mais Celui qui a été mis

---

[1] « Eorum animos fractos et perturbatos verbo Dei erexit. » (M. Adam., *Vita Brentii*, p. 441.)

[2] « Agmen rusticorum qui convenerant ad demoliendas arces, unica oratione ic compescuit. » (M. Adam., *Vita F. Myconii*, p. 178.)

sur cette croix adresse à chacun de ses disciples cette parole : « *Pouvez-vous être baptisés du même baptême dont j'ai été baptisé ?* »

Du côté des princes, on ne cessait de répéter que Luther et sa doctrine étaient la cause de la révolte, et, quelque absurde que fût cette idée, le réformateur ne pouvait la voir si généralement accueillie sans en éprouver une vive douleur. Du côté du peuple, Munzer et tous les chefs de la sédition le représentaient comme un vil hypocrite, un flatteur des grands[1], et l'on croyait facilement ces calomnies. La violence avec laquelle Luther s'était prononcé contre les rebelles avait déplu, même aux hommes modérés. Les amis de Rome triomphaient[2]; tous étaient contre lui, et il portait le poids de la colère de son siècle. Mais ce qui déchirait le plus son âme, c'était de voir l'œuvre du ciel ainsi traînée dans la fange et mise au rang des projets les plus fanatiques. Il reconnut ici son Gethsémané; il vit la coupe amère qui lui était présentée; et, prévoyant un abandon universel, il s'écria : « Bientôt, peut-être, moi « aussi, je pourrai dire : *Omnes vos scandalum patiemini in* « *ista nocte*[3]. »

Cependant, au sein d'une si grande amertume, il conserva sa foi : « Celui, dit-il qui m'a fait fouler aux pieds
« l'ennemi, quand il se levait contre moi comme un dragon
« cruel ou comme un lion furieux, ne permettra pas que
« cet ennemi m'écrase, maintenant qu'il se présente avec
« le regard perfide du basilic[4]. Je contemple ces malheurs,
« et j'en gémis. Souvent je me suis demandé à moi-même
« s'il n'eût pas mieux valu laisser la papauté suivre tran-
« quillement sa marche, plutôt que de voir éclater dans

---

[1] « Quod adulator principum vocer. » (Luth. *Ep.*, II, p. 671.)
[2] « Gaudent papistæ de nostro dissidio. » (*Ibid.*, p. 612.)
[3] « Cette nuit vous vous scandaliserez tous en moi. » Matth., XXVI, 31, 33. (*Ibid.*, p. 671.)
[4] « Qui cum toties hactenus sub pedibus meis calcavit et contrivit leonem et draconem, non sinet etiam basiliscum super me calcare. » (Luth. *Ep.*, II, p. 671.)

« le monde tant de troubles et de séditions. Mais non!
« mieux vaut en arracher quelques-uns de la gueule du
« diable, que de les laisser tous sous sa dent meur-
« trière¹. »

Ce fut alors que se termina, dans l'esprit de Luther, cette révolution qui avait commencé au retour de la Wartbourg. La vie intérieure ne lui suffit plus; l'Église et ses institutions prirent à ses yeux une grande importance. La hardiesse avec laquelle il avait tout abattu s'arrêta à la vue de destructions bien plus radicales; il sentit qu'il fallait conserver, gouverner, construire; et ce fut du milieu des ruines sanglantes dont la guerre des paysans couvrit toute l'Allemagne, que l'édifice de la nouvelle Église commença lentement à s'élever.

Ces troubles laissèrent dans les esprits une vive et longue émotion. Les peuples étaient frappés d'effroi. Les masses, qui n'avaient cherché dans la Réforme que la liberté politique, s'en retirèrent spontanément quand elles virent que la liberté spirituelle seule leur y était offerte. L'opposition de Luther aux paysans fut sa renonciation à la faveur éphémère du peuple. Bientôt un calme apparent s'établit, et au fracas de l'enthousiasme et de la sédition², succéda dans toute l'Allemagne un silence inspiré par la terreur.

Ainsi les passions populaires, la cause révolutionnaire, les intérêts d'une égalité radicale succombèrent dans l'Empire : mais la Réformation n'y succomba pas. Ces deux mouvements, confondus par plusieurs, furent nettement tranchés par la diversité de leur issue. La révolte venait d'en bas; la Réformation d'en haut. Il suffit de quelques cavaliers et de quelques canons pour abattre la première, mais l'autre ne cessa de s'élever, de se fortifier et de croître, malgré les attaques sans cesse renouvelées de l'Empire et de l'Église.

---

1 « Es ist besser einige aus dem Rachen des Teufels herausreissen. » (Luth. Op. [H. Ed.], IX, p. 961.)
2 « Ea res incussit... vulgo terrorem, ut nihil usquam moveatur. » (Corp. Ref., I, p. 752.)

XII

Cependant la cause de la Réforme elle-même parut d'abord devoir périr dans le gouffre qui engloutit les libertés populaires. Un triste événement sembla devoir hâter sa fin. Au moment où les princes marchaient contre Munzer, dix jours avant sa défaite, le vieux Électeur de Saxe, cet homme que Dieu avait établi pour défendre la Réformation contre les attaques du dehors, descendait dans la tombe.

Ses forces diminuaient de jour en jour ; les horreurs dont la guerre des paysans était accompagnée brisaient son âme compatissante. « Ah! s'écriait-il avec un profond soupir, si « c'était la volonté de Dieu, je mourrais avec joie. Je ne « vois plus ni amour, ni vérité, ni foi, ni quoi que ce soit « de bon sur la terre[1]. »

Détournant ses regards des combats qui remplissaient alors l'Allemagne, ce prince pieux se préparait en paix « au départ, » dans son château de Lochau. Le 4 mai, il fit demander son chapelain, le fidèle Spalatin : « Vous faites « bien, lui dit-il avec douceur, en le voyant entrer, de « venir me voir; car il faut visiter les malades. » Puis, ordonnant qu'on roulât sa chaise longue vers la table, près de laquelle Spalatin s'était assis, il fit sortir tous ceux qui l'entouraient, prit affectueusement la main de son ami, et parla familièrement avec lui de Luther, des paysans et de son prochain départ. Le soir, à huit heures, Spalatin revint ; le vieux prince lui ouvrit alors toute son âme, et confessa ses fautes en la présence de Dieu. Le lendemain, 5 mai, il reçut la communion sous les deux espèces. Il n'avait près de lui aucun membre de sa famille ; son frère et son neveu étaient partis avec l'armée ; mais ses domestiques l'entouraient, selon l'ancien usage de ces temps. Les

---

[1] « Noch etwas gutes mehr in der Welt. » (Seckend., p. 702.)

yeux arrêtés sur ce prince vénérable, qu'il leur avait été si doux de servir, tous fondaient en larmes[1] : « Mes petits « enfants, dit-il d'une voix tendre, si j'ai offensé l'un de « vous, qu'il me le pardonne, pour l'amour de Dieu ; car « nous autres princes nous faisons souvent de la peine aux « pauvres gens, et cela est mal. » Ainsi Frédéric accomplissait cette parole d'un apôtre : *Que celui qui est élevé s'humilie dans sa bassesse, car il passera comme la fleur de l'herbe*[2].

Spalatin ne le quitta plus ; il lui présentait avec ferveur les riches promesses de l'Évangile, et le pieux électeur en goûtait avec une paix ineffable les puissantes consolations. La doctrine évangélique n'était plus pour lui cette épée qui attaque l'erreur, qui la poursuit partout où elle se trouve, et qui, après un combat vigoureux, enfin en triomphe ; elle distillait comme la pluie et comme la rosée sur son cœur, et le remplissait d'espérance et de joie. Frédéric avait oublié le monde présent ; il ne voyait plus que Dieu et l'éternité.

Sentant sa mort approcher à grands pas, il fit détruire le testament qu'il avait écrit plusieurs années auparavant, et où il recommandait son âme à la « Mère de Dieu ; » puis il en dicta un autre, où il invoqua le saint et unique mérite de Jésus-Christ, « pour la rémission de ses fautes, » et déclara sa ferme assurance « qu'il était racheté par le sang « précieux de son bien-aimé Sauveur[3]. » Ensuite il dit : « Je n'en puis plus ! » et le soir, à cinq heures, il s'endormit doucement. « C'était un enfant de paix, s'écria son méde- « cin ; et il a délogé dans la paix ! » — « O mort ! pleine « d'amertume pour tous ceux qu'il laisse dans la vie[4], » dit Luther.

Luther, qui parcourait alors la Thuringe pour l'apaiser,

---

[1] « Dass alle Umstehende zum weinen bewegt. » (Seckend., p. 702.)

[2] Épître de saint Jacques, I, v. 10.

[3] « Durch das theure Blut meines allerliebsten Heylandes erlöset. » (Seckend. p. 703.)

[4] « O mors amara ! » (Luth. *Ep.*, II, p. 639.)

n'avait jamais vu l'Électeur, si ce n'est de loin, à Worms, aux côtés de Charles-Quint. Mais ces deux hommes s'étaient rencontrés en leur âme du premier moment que le réformateur avait paru. Frédéric avait besoin de nationalité et d'indépendance, comme Luther de vérité et de réformation. Sans doute la Réforme fut avant tout une œuvre spirituelle ; mais il était nécessaire, peut-être, à ses premiers succès qu'elle se liât à quelque intérêt national. Aussi, à peine Luther se fut-il élevé contre les indulgences, que l'alliance entre le prince et le moine fut tacitement conclue ; alliance purement morale, sans contrat, sans lettres, sans paroles même, et où le fort ne prêta d'autre secours au faible que de le laisser faire. Mais maintenant que le chêne vigoureux à l'abri duquel la Réformation s'était peu à peu élevée était abattu, maintenant que les ennemis de l'Évangile déployaient partout une haine et une force nouvelles, et que ses partisans étaient réduits à se cacher ou à se taire, rien ne semblait plus pouvoir le défendre contre le glaive de ceux qui le poursuivaient avec fureur.

Les confédérés de Ratisbonne, qui avaient vaincu les paysans au midi et à l'ouest de l'Empire, frappaient partout la Réforme en même temps que la révolte. A Wurtzbourg, à Bamberg, on fit mourir plusieurs des citoyens les plus tranquilles et de ceux même qui avaient résisté aux paysans. « N'importe ! disait-on ouvertement, ils te-« naient à l'Évangile ! » C'était assez pour que leur tête tombât[1].

Le duc George espérait faire partager au landgrave et au duc Jean de Saxe ses affections et ses haines. « Voyez, » leur dit-il après la défaite des paysans, en leur montrant le champ de bataille, « voyez les maux que Luther a enfantés ! » Jean et Philippe parurent lui donner quelque espoir d'adopter ses idées. « Le duc George, dit le réformateur, « s'imagine triompher, maintenant que Frédéric est mort ;

---

[1] Ranke, *Deutsche Gesch.*, II, p. 226.

« mais Christ règne au milieu de ses ennemis : en vain grin-
« cent-ils des dents... leur désir périra[1]. »

George ne perdit pas de temps pour former dans le nord de l'Allemagne une confédération semblable à celle de Ratisbonne. Les électeurs de Mayence et de Brandebourg, les ducs Henri et Éric de Brunswick et le duc George se réunirent à Dessau, et y conclurent, au mois de juillet, une alliance romaine[2]. George pressa le nouvel électeur et son gendre, le landgrave, d'y adhérer. Puis, comme pour annoncer ce que l'on devait en attendre, il fit trancher la tête à deux bourgeois de Leipzig, dans la maison desquels on avait trouvé des livres du réformateur.

En même temps arrivaient en Allemagne des lettres de Charles-Quint, datées de Tolède, qui convoquaient une nouvelle diète à Augsbourg. Charles voulait donner à l'Empire une constitution qui lui permît de disposer à son gré des forces de l'Allemagne. Les divisions religieuses lui en offraient le moyen; il n'avait qu'à lâcher les catholiques contre les évangéliques, et, quand ils se seraient mutuellement affaiblis, il triompherait facilement des uns et des autres. Plus de luthériens! tel était donc le cri de l'Empereur[3].

Ainsi tout se réunissait contre la Réformation. Jamais l'âme de Luther n'avait dû être accablée de tant de craintes. Les restes de la secte de Munzer avaient juré qu'ils auraient sa vie; son unique protecteur n'était plus; le duc George, lui écrivait-on, avait l'intention de le faire saisir dans Wittemberg même[4]; les princes qui eussent pu le défendre baissaient la tête et paraissaient avoir abandonné l'Évangile; l'université, déjà diminuée par les troubles, allait, disait-on, être supprimée par le nouvel électeur; Charles, victorieux à Pavie, assemblait une nouvelle diète dans le but de donner à la Réforme le coup de mort. Quels dan-

---

[1] « Dux Georgius, mortuo Frederico, putat se omnia posse. » (Luth. *Ep.*, III, p. 22.)
[2] « Habito conciliabulo conjuraverunt restituros sese esse omnia... » (*Ibid.*)
[3] Sleidan, *Hist. de la Réf.*, I, p. 214.
[4] Keil, *Luther's Leben*, p. 160.

gers ne devait-il donc pas prévoir!... Ces angoisses, ces souffrances intimes, qui avaient souvent arraché des cris à Luther, déchiraient son âme. Comment résistera-t-il à tant d'ennemis? Au milieu de ces agitations, en présence de tant de périls, à côté du cadavre de Frédéric, qui avait à peine perdu sa chaleur, et des corps morts des paysans qui couvraient les plaines de l'Allemagne, Luther, — personne sans doute ne l'eût imaginé, — Luther se maria.

XIII

Dans le monastère de Nimptsch, près de Grimma en Saxe, se trouvaient, en 1523, neuf nonnes assidues à lire la Parole de Dieu et qui avaient reconnu le contraste qui se trouve entre la vie chrétienne et la vie du cloître. C'étaient Madeleine Staupitz, Éliza de Canitz, Ave Grossn, Ave et Marguerite Schonfeld, Laneta de Golis, Marguerite et Catherine Zeschau, et Catherine de Bora. Le premier mouvement de ces jeunes filles, après s'être détachées des superstitions du monastère, fut d'écrire à leurs parents. « Le salut de « de notre âme, leurs dirent-elles, ne nous permet pas de « continuer plus longtemps à vivre dans un cloître[1]. » Les parents, craignant l'embarras qu'une pareille résolution devait leur donner, repoussèrent avec dureté la prière de leurs filles. Les pauvres religieuses furent consternées. Comment abandonner le monastère? Leur timidité s'effrayait d'une action aussi désespérée. A la fin, l'horreur que leur causait le culte de la papauté l'emporta, et elles se promirent de ne se point quitter, mais de se rendre toutes ensemble en un lieu honorable avec ordre et avec décence[2]. Deux respectables et pieux citoyens de Torgau, Léonard

---

[1] « Der Seelen Seligkeit halber. » (Luth. *Ep.*, II, p. 323.)
[2] « Mit aller Zucht und Ehre an redliche Stätte und Orte kommen. » (*Ibid.*, p. 322.)

Koppe et Wolff Tomitzsch, leur offrirent leur appui [1]; elles l'acceptèrent comme venant de Dieu même, et sortirent du couvent de Nimptsch sans que personne s'y opposât, et comme si la main du Seigneur leur en eût ouvert les portes [2]. Knoppe et Tomitzsch les reçurent dans leur char, et le 7 avril 1523, les neuf religieuses, étonnées elles-mêmes de leur hardiesse, s'arrêtèrent avec émotion devant la porte de l'ancien couvent des augustins, où demeurait Luther.

« Ce n'est pas moi qui l'ai fait, dit Luther en les rece-« vant, mais plût à Dieu que je pusse sauver ainsi toutes « les consciences captives, et vider tous les cloîtres [3]; la « brèche est faite! » Plusieurs personnes offrirent au docteur de recevoir les religieuses dans leur maison, et Catherine de Bora fut accueillie dans la famille du bourgmestre de Wittemberg.

Si Luther pensait alors devoir se préparer à quelque événement solennel, c'était à monter à l'échafaud et non à s'avancer vers l'autel. Bien des mois plus tard, il répondait encore à ceux qui lui parlaient de mariage : « Dieu peut « changer mon cœur comme il lui plaît; mais, maintenant « du moins, je ne pense en aucune manière à prendre « femme; non que je ne sente aucun attrait pour cet état, « je ne suis ni de bois ni de pierre, mais j'attends chaque « jour la mort et le supplice dû à un hérétique [4]. »

Cependant tout était en progrès dans l'Église. A la vie monastique, invention des hommes, succédaient partout les habitudes de la vie domestique, instituée de Dieu. Le dimanche 9 octobre 1524, Luther s'étant levé comme à l'ordinaire, mit de côté son froc de moine augustin, se revêtit d'un habit de prêtre séculier, puis parut ainsi dans le temple, où ce changement excita une vive joie. La chré-

---

[1] « Per honestos cives Torgavienses adductæ. » (Luth. *Ep.*, II, p. 319.)

[2] « Mirabiliter evaserunt. » (*Ibid.*)

[3] « Und alle Klöster ledig machen. » (*Ibid.*, p. 322.)

[4] « Cum expectem quotidie mortem et meritum hæretici supplicium. » (Luth. *Ep.*, II, p. 570, du 30 novembre 1524.)

tienté rajeunie saluait avec transport tout ce qui lui annonçait que les choses vieilles étaient passées.

Peu après, le dernier moine quitta le couvent, mais Luther y resta; ses pas se faisaient seuls entendre dans les longs corridors, et seul il s'asseyait silencieusement au réfectoire qui retentissait naguère du babil des moines. Solitude éloquente et qui attestait les triomphes de la Parole de Dieu. Le couvent avait cessé d'exister. Luther envoya, vers la fin de décembre de l'an 1524, les clefs du monastère à l'Électeur, en lui annonçant qu'il verrait où il plairait à Dieu de le nourrir[1]. L'Électeur donna le couvent à l'université, et invita Luther à continuer à l'habiter. La demeure des moines devait bientôt devenir le sanctuaire d'une famille chrétienne.

Luther, dont le cœur était si bien fait pour goûter les douceurs de la vie domestique, honorait et aimait l'état du mariage; il est même probable qu'il avait quelque penchant pour Catherine de Bora. Longtemps ses scrupules et la pensée des calomnies auxquelles donnerait lieu une telle démarche l'avaient empêché de penser à elle, et il avait offert la pauvre Catherine, d'abord à Baumgartner de Nuremberg[2], puis au docteur Glatz d'Orlamunde. Mais quand il vit Baumgartner refuser Catherine, et Glatz être refusé par elle, il se demanda plus sérieusement s'il ne devait point songer lui-même à cette union.

Son vieux père, qui l'avait vu avec tant de peine embrasser l'état ecclésiastique, le sollicitait d'entrer dans l'état conjugal[3]. Mais une idée surtout se représentait chaque jour à la conscience de Luther avec une nouvelle énergie: le mariage est une institution de Dieu, le célibat est une institution des hommes. Il avait horreur de tout ce qui venait de Rome. « Je veux, disait-il à ses amis, ne rien « conserver de ma vie papistique[4]. » Jour et nuit il priait,

---

[1] « Muss und will Ich sehen wo mich Gott ernähret. » (Luth. Ep., II, p. 582.)
[2] « Si vis Ketam tuam a Bora tenere. » (Ibid., p. 553.)
[3] « Aus Begehren meines lieben Vaters. » (Ibid., III, p. 2.)
[4] « Nichts meines vorigen papistischen Lebens. » (Ibid., p. 1.)

conjurait le Seigneur de le tirer de son incertitude. Enfin une pensée vint rompre les derniers liens qui le retenaient encore. A tous les motifs de convenance et d'obéissance personnelle qui le portaient à s'appliquer à lui-même cette déclaration de Dieu : *Il n'est pas bon que l'homme soit seul*[1], se joignit un motif d'une nature plus élevée et d'une plus grande puissance. Il vit que s'il était appelé au mariage comme homme, il l'était aussi comme réformateur; cela le décida.

« Si ce moine se marie, disait son ami le jurisconsulte « Schurff, il fera éclater de rire le monde et le diable, et « il détruira l'œuvre qu'il a commencée[2]. » Ce mot fit sur Luther une tout autre impression que celle qu'on aurait pu supposer. Braver le monde, le diable et ses ennemis; empêcher, par une action propre, pensait-on, à perdre l'œuvre de la Réforme, qu'on ne lui en attribue en aucune manière le succès, voilà ce qu'il désire. Aussi, relevant hardiment la tête : « Eh bien, répondit-il, je le ferai; je « jouerai ce tour au monde et au diable ; je causerai cette « joie à mon père ; j'épouserai Catherine ! » En se mariant, Luther rompait plus complétement encore avec les institutions de la papauté ; il confirmait par son exemple la doctrine qu'il avait prêchée, et il encourageait les hommes timides à renoncer entièrement à leurs erreurs[3]. Rome paraissait alors regagner çà et là une partie du terrain qu'elle avait perdu; elle se berçait peut-être de l'espoir de la victoire; et voilà qu'une détonation puissante porte dans ses rangs la surprise et l'effroi, et lui révèle plus pleinement encore quel est le courage de l'ennemi qu'elle pense avoir abattu. « Je veux, dit Luther, rendre témoignage à l'Évan- « gile, non par mes paroles seulement, mais aussi par mes « œuvres. Je veux, à la face de mes ennemis, qui déjà

---

[1] Genèse, II, v. 18.

[2] « Risuros mundum universum et diabolum ipsum. » (M. Adam., *Vita Luth.*, p. 130.)

[3] « Ut confirmem facto quæ docui, tam multos invenio pusillanimes in tanta luce Evangelii. » (Luth. *Ep.*, III, p. 13.)

« triomphent et font entendre leurs jubilations, épouser
« une nonne, afin qu'ils sachent et qu'ils connaissent qu'ils
« ne m'ont pas vaincu[1]. Je n'épouse point une femme pour
« vivre longtemps avec elle ; mais, voyant les peuples et
« les princes déchaîner contre moi leur furie, prévoyant
« que ma fin est proche, et qu'après ma mort on foulera
« de nouveau aux pieds ma doctrine, je veux, pour l'édifi-
« cation des faibles, laisser une éclatante confirmation de
« ce que j'ai enseigné ici-bas[2]. »

Le 11 juin 1525, Luther se rendit à la maison de son ami et collègue Amsdorff. Il demanda à Poméranus, qu'il appelait par excellence « le Pasteur, » de bénir son union. Le célèbre peintre Lucas Cranach et le docteur Jean Apelle lui servirent de témoins. Mélanchthon n'était pas présent.

A peine Luther fut-il marié que toute la chrétienté s'en émut. De toutes parts on le poursuivait d'accusations et de calomnies. « C'est un inceste, » s'écriait Henri VIII. « Un « moine épouse une vestale, » disaient les uns[3]. — « L'An- « techrist doit naître de cette union, disaient les autres, « car une prophétie annonce qu'il naîtra d'un moine et « d'une religieuse. » A quoi Érasme répondait avec son sourire malin : « Si la prophétie est vraie, que de milliers « d'Antechrists n'y a-t-il pas déjà eu dans le monde[4] ! » Mais tandis qu'on assaillait ainsi Luther, plusieurs des hommes sages et modérés que l'Église romaine comptait dans son sein prenaient sa défense. « Luther, dit Érasme, a pris « pour épouse une femme de l'illustre famille de Bora, « mais elle est sans dot[5]. » Un témoignage plus vénéré encore lui fut alors rendu. Le maître de l'Allemagne,

---

[1] « Nonna ducta uxore in despectum triumphantium et clamantium Jo! Jo! hostium. » (Luth. *Ep.*, III. p. 21.)

[2] « Non duxi uxorem ut diu viverem, sed quod nunc propiorem finem meum suspicarer. » (*Ibid.*, p. 32.)

[3] « Monachus cum vestali copularetur. » (M. Adam., *Vita Luth.*, p. 131.)

[4] « Quot Antichristorum millia jam olim habet mundus. » (Er. *Ep.*, p. 789.)

[5] Érasme ajoute : « Partu maturo sponsæ vanus erat rumor. » (*Ibid.*, p. 780, 789.)

Philippe Mélanchthon, que cette démarche hardie avait d'abord épouvanté, dit de cette voix grave que ses ennemis même écoutaient avec respect : « Si l'on prétend qu'il y a « eu quelque chose d'inconvenant dans le mariage de Lu- « ther, c'est un mensonge et une calomnie[1]. Je crois qu'il « a dû se faire violence pour se marier. La vie du mariage « est une vie humble, mais elle est une vie sainte, s'il en « est une au monde, et partout les Écritures nous la repré- « sentent comme honorable devant Dieu. »

Luther fut d'abord ému en voyant fondre sur lui tant de mépris et de colère ; Mélanchthon redoubla d'amitié et d'égards envers lui[2] ; et bientôt le réformateur sut voir dans l'opposition des hommes, une marque de l'approbation de Dieu. « Si je ne scandalisais pas le monde, dit-il, j'aurais « lieu de trembler que ce que j'ai fait ne fût pas selon « Dieu[3]. »

Huit ans s'étaient écoulés depuis le moment où Luther avait attaqué les indulgences jusqu'à celui où il s'unit à Catherine de Bora : il serait difficile d'attribuer, comme on le fait encore, son zèle contre les abus de l'Église à un « désir impatient » de se marier. Il avait alors quarante-deux ans, et Catherine de Bora avait déjà passé deux années à Wittemberg.

Luther fut heureux dans cette union. « Le plus grand « don de Dieu, disait-il, c'est une épouse pieuse, aimable, « craignant Dieu, aimant sa maison, avec laquelle on puisse « vivre en paix, et à qui l'on puisse se confier entièrement. » Quelques mois après son mariage, il annonça à l'un de ses amis la grossesse de Catherine[4] ; et en effet elle accoucha « d'un fils un an après leur union[5]. Les douceurs du bon-

---

[1] « Ὅτι ψεῦδος τοῦτο καὶ διαβολή ἐστι. » (*Corp. Ref.*, I, p. 753, ad Cam.)

[2] « Πᾶσα σπουδῇ καὶ εὐνοίᾳ. » (*Ibid.*)

[3] « Offenditur etiam in carne ipsius Divinitatis et Creatoris, » ajoute-t-il. (Luth. *Ep.*, III, p. 32.)

[4] 21 octobre 1525. « Catena mea simulat vel vere implet illud Genes. 3 : Tu dolore gravida eris. » (*Ibid.*, p. 33.)

[5] « Mir meine liebe Kethe einen Hansen Luther bracht hat, gestern um zwei. » (8 juin 1526. *Ibid.*, p. 119.)

heur domestique dissipèrent bientôt les nuages que l'irritation de ses ennemis avait d'abord soulevés autour de lui. Sa Ketha, comme il l'appelait, lui témoignait l'affection la plus tendre, le consolait quand il était abattu, en lui récitant des passages de la Bible, le déchargeait de tous les soins de la vie extérieure, s'asseyait près de lui dans ses heures de loisir, brodait le portrait de son mari, lui rappelait les amis auxquels il oubliait d'écrire, et l'amusait souvent par ses questions naïves. Une certaine fierté paraît avoir été dans son caractère; aussi Luther l'appelait-il quelquefois : « Seigneur Ketha; » il disait un jour en plaisantant que s'il avait encore à se marier, il se sculpterait en pierre une femme obéissante; car, ajoutait-il, il est impossible d'en trouver une telle en réalité. Ses lettres étaient pleines de tendresse pour Catherine; il la nommait : « Sa « chère et gracieuse femme, sa chère et aimable Ketha. » L'humeur de Luther prit plus d'enjouement dans la société de Catherine; et cette heureuse disposition d'esprit lui demeura dès lors, même au milieu des plus grandes alarmes.

La corruption presque universelle des ecclésiastiques avait fait tomber le sacerdoce dans le plus grand mépris, et les vertus isolées de quelques vrais serviteurs de Dieu n'avaient pu l'en retirer. La paix domestique, la fidélité conjugale, ces fondements les plus sûrs du bonheur terrestre, étaient sans cesse troublés, dans les villes et les campagnes, par les passions grossières des prêtres et des moines. Personne n'était à l'abri de leurs tentatives de séduction. Ils profitaient de l'accès qu'ils avaient dans le sein des familles, et même quelquefois de l'intimité du tribunal de la pénitence, pour faire pénétrer dans les âmes un venin mortel et satisfaire leurs coupables penchants. La Réformation, en abolissant le célibat des prêtres, rétablit la sainteté de l'union conjugale. Le mariage des ecclésiastiques mit fin à un nombre immense de crimes cachés. Les réformateurs devinrent les modèles de leurs troupeaux dans la relation la plus intime et la plus importante de la vie; et le peuple ne tarda pas à se réjouir de voir de nouveau les ministres de la religion époux et pères.

XIV

Au premier abord, le mariage de Luther avait, il est vrai, paru ajouter aux embarras de la Réforme. Elle était encore sous le coup que la révolte des paysans lui avait porté; le glaive de l'Empereur et des princes était toujours tiré contre elle; et ses amis, le landgrave Philippe et le nouvel électeur Jean, semblaient eux-mêmes découragés et interdits.

Toutefois, cet état de choses ne dura pas longtemps. Bientôt le jeune landgrave releva fièrement la tête. Ardent et courageux comme Luther, le beau caractère du réformateur l'avait subjugué. Il se jeta dans la Réformation avec l'entraînement d'un jeune homme, et il l'étudia en même temps avec le sérieux d'un homme supérieur.

En Saxe, Frédéric n'était remplacé ni quant à la sagesse, ni quant à l'influence; mais son frère, l'électeur Jean, au lieu de se contenter du rôle passif de protecteur, intervenait plus directement et avec plus de courage dans les affaires religieuses. « Je veux, » fit-il dire, le 16 août 1525, au moment de quitter Weimar, à tous les prêtres assemblés, « que vous prêchiez à l'avenir la pure Parole de Dieu, « sans aucune addition humaine. » Quelques vieux ecclésiastiques, qui ne savaient comment s'y prendre pour lui obéir, répondirent naïvement : « On ne nous défend pas « pourtant de dire la messe pour les morts, ni de bénir « l'eau et le sel? — Tout, reprit l'Électeur, les cérémo- « nies aussi bien que la prédication, doit être soumis à la « Parole de Dieu. »

Bientôt le jeune landgrave forma le projet inouï de convertir le duc George, son beau-père. Tantôt il établissait la suffisance de l'Écriture, tantôt il attaquait la messe, la papauté et les vœux obligatoires. Une lettre succédait à une autre lettre ; et toutes les déclarations de la Parole de Dieu étaient tour à tour opposées à la foi du vieux duc[1].

Ces efforts ne furent pas inutiles. Le fils du duc George fut gagné à la nouvelle doctrine. Mais Philippe échoua auprès du père. « Dans cent ans, dit celui-ci, on verra qui « a raison. » — « Parole terrible, dit l'électeur de Saxe. « Qu'est-ce, je vous prie, qu'une foi qui a besoin d'une « telle épreuve[2] ? Pauvre duc... Il attendra longtemps. « Dieu, je le crains, l'a endurci, comme autrefois Pha- « raon. »

Le parti évangélique trouva en Philippe un chef intelligent et hardi, capable de tenir tête aux attaques terribles que ses ennemis lui préparaient. Mais n'y a-t-il pas lieu de regretter que le chef de la Réforme fût dès ce moment un homme d'épée, et non un simple disciple de la Parole de Dieu ?... L'élément humain grandit dans la Réformation, et l'élément spirituel y diminua. Ce fut au détriment de l'œuvre ; car c'est selon les lois de sa nature propre que toute œuvre doit se développer, et la Réforme était d'une nature essentiellement spirituelle.

Dieu multipliait ses soutiens. Déjà un État puissant, aux frontières de l'Allemagne, la Prusse, se rangeait avec joie sous l'étendard de l'Évangile. L'esprit chevaleresque et religieux qui avait fondé l'ordre Teutonique s'était éteint peu à peu avec les siècles qui l'avaient vu naître. Les chevaliers, ne cherchant plus que leur intérêt particulier, avaient mécontenté les populations qui leur étaient soumises. La Pologne en avait profité, en 1466, pour faire reconnaître à l'ordre sa suzeraineté. Le peuple, les chevaliers, le grand maître, la domination polonaise étaient autant de puissances contraires qui se heurtaient mutuellement, et qui rendaient la prospérité du pays impossible.

Alors vint la Réformation, et l'on y reconnut le seul

---

[1] Rommels *Urkundenbuch*, I, p. 2.
[2] « Was das für ein Glaube sey, der eine solche Erfahrung erfordert. » (Seckend., p. 739.)

moyen de salut qui demeurât à ce malheureux peuple. Brismann, Spératus, Poliandre, secrétaire du docteur Eck à la dispute de Leipzig, d'autres encore, prêchèrent l'Évangile en Prusse.

Un jour, un mendiant venant des contrées soumises aux chevaliers teutoniques arriva à Wittemberg, et, s'arrêtant devant la maison de Luther, il chanta d'une voix grave ce beau cantique de Poliandre :

<blockquote>Le salut jusqu'à nous est enfin arrivé [1] !</blockquote>

Le réformateur, qui n'avait jamais entendu ce chant chrétien, écoutait, étonné et ravi ; l'accent étranger du chanteur augmentait sa joie. « Encore ! encore ! » s'écriat-il quand le mendiant eut fini. Puis il lui demanda d'où pouvait venir cet hymne ; et ses larmes commencèrent à couler quand il apprit du pauvre homme que c'était des bords de la Baltique qu'un cri de délivrance retentissait jusqu'à Wittemberg ; alors, joignant les mains, il rendit grâce [2].

En effet, le salut était là.

« Prenez pitié de notre misère, disait le peuple de la « Prusse au grand maître, et donnez-nous des prédicateurs « qui nous annoncent le pur Évangile de Jésus-Christ. » Albert ne répondit rien d'abord ; mais il entra en pourparler avec Sigismond, roi de Pologne, son oncle et son seigneur suzerain.

Celui-ci le reconnut comme duc héréditaire de la Prusse [3] ; et le nouveau prince entra dans sa capitale de Kœnigsberg au son des cloches et aux acclamations du peuple ; toutes les maisons étaient magnifiquement ornées, et les rues jonchées de fleurs. « Il n'y a qu'un seul ordre, dit Albert, « c'est la chrétienté. » Les ordres monastiques s'en allaient, et cet ordre divin était rétabli.

---

[1] « Es ist das Heyl uns kommen her. »
[2] « Dankte Gott mit Freuden. » (Seckend., p. 668.)
[3] Sleidan, *Hist. de la Réf.*, p. 220.

Les évêques remirent au nouveau duc leurs droits séculiers ; les couvents furent changés en hospices ; l'Évangile fut annoncé jusque dans les plus pauvres villages, et l'année suivante Albert épousa Dorothée, fille du roi de Danemark, dont « la foi au seul Sauveur » était inébranlable.

Le pape somma l'Empereur de sévir contre ce moine « apostat, » et Charles mit Albert à l'interdit.

Un autre prince de la famille de Brandebourg, le cardinal-archevêque de Mayence, fut alors sur le point de suivre l'exemple de son cousin. La guerre des paysans menaçait surtout les principautés ecclésiastiques ; l'Électeur, Luther, toute l'Allemagne croyaient être à la veille d'une grande révolution. L'archevêque, pensant que le seul moyen de garder sa principauté était de la séculariser, invita secrètement Luther à préparer le peuple à cette démarche hardie[1] ; ce que celui-ci fit par une lettre destinée à être rendue publique, qu'il lui adressa : « Dieu, y disait-il, a « appesanti la main sur le clergé ; il faut qu'il tombe ; rien « ne peut le sauver[2]. » Mais, la guerre des paysans s'étant terminée beaucoup plus promptement qu'on ne l'avait imaginé, le cardinal garda ses biens temporels, ses inquiétudes se dissipèrent, et il renonça à ses projets de sécularisation.

Tandis que Jean de Saxe, Philippe de Hesse et Albert de Prusse confessaient si hautement la Réformation, et qu'à la place du prudent Frédéric se trouvaient ainsi trois princes pleins de résolution et de courage, l'œuvre sainte faisait des progrès dans l'Église et parmi les nations. Luther sollicitait l'Électeur d'établir partout le ministère évangélique à la place du sacerdoce de Rome, et d'instituer une visite générale des églises[3]. Vers le même temps on commençait à Wittemberg à exercer les droits épiscopaux et à consacrer les ministres. « Que le pape, les évêques, les « moines et les prêtres, disait Mélanchthon, ne s'écrient « pas : « Nous sommes l'Église ; celui qui se sépare de nous

---

[1] Seckend., p. 712.
[2] « Er muss herunter. » (Luth. *Ep.*, II, p. 674.)
[3] Luth. *Ep.*, III, p. 28, 38, 51, etc.

« se sépare de l'Église ! » Il n'y a d'autre Église que l'as-
« semblée de ceux qui ont la Parole de Dieu et qui sont
« purifiés par elle[1]. »

Tout cela ne pouvait se dire et se faire sans produire une réaction énergique. Rome avait cru la Réformation éteinte dans le sang des paysans rebelles; mais partout ses flammes reparaissaient plus brillantes et plus vives. Elle résolut de faire un nouvel effort. Le pape et l'Empereur écrivirent des lettres menaçantes, l'un de Rome, l'autre d'Espagne. Le gouvernement impérial se prépara à remettre les choses sur l'ancien pied; et l'on songea sérieusement à écraser définitivement la Réforme à la prochaine diète.

Le prince électoral de Saxe et le landgrave, alarmés, se réunirent, le 7 novembre, au château de Friedewalt, et convinrent que leurs députés à la diète agiraient d'un commun accord. Ainsi, dans la forêt de Sullinge, se formaient les premiers éléments d'une alliance évangélique opposée aux ligues de Ratisbonne et de Dessau.

La diète s'ouvrit le 11 décembre, à Augsbourg. Les princes évangéliques ne s'y trouvaient pas en personne. Les députés de Saxe et de Hesse tinrent, dès l'entrée, un courageux langage : « C'est à une imprudente sévérité, dirent-
« ils, qu'est due la révolte des paysans. Ce n'est ni par le
« feu ni par le glaive qu'on arrache des cœurs la vérité de
« Dieu. Si vous voulez employer la violence contre la Ré-
« formation, il en résultera des maux plus terribles que
« ceux auxquels vous venez à peine d'échapper. »

On sentait que la résolution qui serait prise ne pouvait manquer d'être d'une immense portée. Chacun désirait reculer le moment décisif afin d'augmenter ses forces. On résolut donc de se réunir de nouveau à Spire, au mois de mai suivant; et l'on maintint jusque-là le recez de Nuremberg. Alors, dit-on, nous traiterons à fond « de la sainte
« foi, de la justice et de la paix. »

---

[1] « Dass Kirche sey allein diejenige, so Gottes Wort haben und damit gereiniget werden. » (*Corp Ref.*, 1, p. 766.)

Le landgrave poursuivit son dessein. A la fin de février 1526, il eut à Gotha une conférence avec l'Électeur. Les deux princes convinrent que, s'ils étaient attaqués pour la Parole de Dieu, ils réuniraient toutes leurs forces pour résister à leurs adversaires. Cette alliance fut ratifiée à Torgau; elle devait avoir de grandes conséquences.

L'alliance de Torgau ne suffisait pas au landgrave. Convaincu que Charles-Quint cherchait à former une ligue « contre Christ et sa sainte Parole, » il écrivait à l'Électeur lettre sur lettre, lui représentant la nécessité de s'unir avec d'autres États. « Pour moi, lui disait-il, plutôt mourir que « de renier la Parole de Dieu et de me laisser chasser de « mon trône[1]. »

A la cour électorale, on était dans une grande incertitude. En effet, un obstacle sérieux s'opposait à l'union des princes évangéliques; et cet obstacle, c'étaient Luther et Mélanchthon. Luther voulait que la doctrine évangélique ne fût défendue que par Dieu seul. Il croyait que moins les hommes s'en mêleraient, plus l'intervention de Dieu serait éclatante. Toutes ces mesures qu'on voulait prendre lui semblaient devoir être attribuées à une lâche timidité et à une défiance coupable. Mélanchthon craignait qu'une alliance des princes évangéliques n'amenât précisément la guerre qu'on voulait éviter.

Le landgrave ne se laissa point arrêter par ces considérations, et s'efforça de faire entrer dans l'alliance les États qui l'entouraient; mais ses efforts ne furent pas couronnés de succès. Francfort refusa d'en faire partie. L'électeur de Trèves cessa son opposition, et accepta une pension de l'Empereur. L'électeur palatin lui-même, dont les dispositions évangéliques étaient connues, rejeta les propositions de Philippe.

Ainsi, du côté du Rhin, le landgrave échouait; mais l'Électeur, malgré les avis des théologiens de la Réforme, entra en négociation avec les princes qui, de tout temps,

---

[1] Seckend., p. 768.

s'étaient rangés autour de la puissante maison de Saxe. Le 12 juin, l'Électeur et son fils, les ducs Philippe, Ernest, Othon et François de Brunswick et Lunebourg, le duc Henri de Mecklembourg, le prince Wolf d'Anhalt, les comtes Albert et Gebhard de Mansfeld, se réunirent à Magdebourg; et là, sous la présidence de l'Électeur, ils formèrent une alliance semblable à celle de Torgau.

« Le Dieu tout-puissant, disaient ces princes, ayant, « dans son ineffable miséricorde, fait reparaître au milieu « des hommes sa sainte et éternelle Parole, la nourriture « de nos âmes et notre plus grand trésor ici-bas; et des « manœuvres puissantes ayant lieu de la part du clergé et « de ses adhérents pour l'anéantir et l'extirper; fermement « assurés que celui qui l'a envoyée pour glorifier son nom « sur la terre saura aussi la maintenir, nous nous enga- « geons à conserver cette Parole sainte à nos peuples, et à « employer à cet effet nos biens, nos vies, nos États, nos « sujets, tout ce que nous possédons; mettant notre con- « fiance, non point en nos armées, mais uniquement dans « la toute-puissance du Seigneur, dont nous ne voulons « être que les instruments[1]. » Ainsi parlaient les princes.

La ville de Magdebourg fut, deux jours après, reçue dans l'alliance, et le nouveau duc de Prusse, Albert de Brandebourg, y adhéra sous une forme particulière.

L'alliance évangélique était formée; mais les dangers qu'elle était destinée à écarter devenaient chaque jour plus menaçants. Les prêtres et les princes amis de Rome avaient vu grandir tout à coup devant eux, d'une manière redoutable, cette Réformation qu'ils avaient crue étouffée. Déjà les partisans de la Réforme étaient presque aussi puissants que ceux du pape. S'ils ont la majorité dans la diète, on peut deviner ce que les États ecclésiastiques en doivent attendre. Maintenant donc, ou jamais! Il ne s'agit plus seulement de réfuter une hérésie; il faut combattre un parti puis-

---

[1] « Allein auf Gott den Allmächtigen, als dessen Werkzeuge sie handeln. » (Hortleber, *Ursache des deutschen Krieges*, I, p. 1490.)

sant. Ce sont d'autres victoires que celles du docteur Eck qui doivent à cette heure sauver la chrétienté.

Déjà des mesures efficaces avaient été prises. Le chapitre métropolitain de l'église primatiale de Mayence avait convoqué une assemblée de tous ses suffragants, et arrêté qu'une députation serait envoyée à l'Empereur et au pape, pour leur demander de sauver l'Église.

En même temps, le duc George de Saxe, le duc Henri de Brunswick et le cardinal-électeur Albert s'étaient réunis à Halle, et avaient aussi résolu de s'adresser à Charles-Quint. « La détestable doctrine de Luther, lui disaient-ils, fait de « rapides progrès. Chaque jour on cherche à nous gagner « nous-mêmes ; et comme on ne peut y parvenir par la « douceur, on veut nous y contraindre en soulevant nos su- « jets. Nous invoquons le secours de l'Empereur[1]. » Aussitôt après cette conférence, Brunswick lui-même partit pour l'Espagne, afin de décider Charles.

Il ne pouvait arriver dans un moment plus favorable ; l'Empereur venait de conclure avec la France la fameuse paix de Madrid ; il semblait n'avoir plus rien à craindre de ce côté, et ses regards ne se tournaient plus que vers l'Allemagne. François Ier lui avait offert de payer la moitié des frais de la guerre, soit contre les hérétiques, soit contre les Turcs.

L'Empereur était à Séville ; il allait épouser une princesse de Portugal, et les rives du Guadalquivir retentissaient du bruit des fêtes. Une brillante noblesse, un peuple immense remplissaient l'ancienne capitale des Maures. Sous les voûtes de la superbe cathédrale étaient étalées toutes les pompes de l'Église ; un légat du pape officiait, et jamais, même au temps des Arabes, l'Andalousie n'avait vu une cérémonie plus magnifique et plus solennelle.

Ce fut alors que Henri de Brunswick arriva d'Allemagne, et supplia Charles-Quint de sauver l'Église et l'Empire, attaqués par le moine de Wittemberg. Sa demande fut

---

[1] Schmidt, *Deutsche Gesch.*, VIII, p. 202.

aussitôt prise en considération, et l'Empereur se décida pour des mesures énergiques.

Le 23 mars 1526, il écrivit à plusieurs des princes et des villes demeurés fidèles à Rome. Il chargea en même temps, par une instruction spéciale, le duc de Brunswick de leur dire qu'il avait appris avec une vive douleur que les progrès continuels de l'hérésie de Luther menaçaient de remplir l'Allemagne de sacrilége, de désolation et de sang; qu'il voyait, au contraire, avec un plaisir extrême la fidélité du plus grand nombre des États; que, négligeant toute autre affaire, il allait quitter l'Espagne, se rendre à Rome pour s'entendre avec le pape, et de là retourner en Allemagne pour combattre la peste détestable de Wittemberg; que quant à eux, ils devaient demeurer fidèles à leur foi, et, si les luthériens voulaient les entraîner dans l'erreur par la ruse ou par la force, s'unir étroitement et résister avec courage; qu'il arriverait bientôt, et les soutiendrait de tout son pouvoir[1].

Au retour de Brunswick en Allemagne, le parti catholique fut dans la joie, et releva fièrement la tête. Les ducs de Brunswick, de Poméranie, Albert de Mecklembourg, Jean de Juliers, George de Saxe, les ducs de Bavière, tous les princes ecclésiastiques se crurent sûrs de la victoire, après avoir lu les lettres menaçantes du vainqueur de François Ier. On se rendra encore à la prochaine diète, on humiliera les princes hérétiques, et, s'ils ne se soumettent pas, on les contraindra par le glaive. « Quand je le vou-
« drai, dit, à ce qu'on assure, le duc George, je serai
« Électeur[2]; » parole à laquelle il chercha plus tard à donner un autre sens. « La cause de Luther ne tiendra pas
« longtemps, dit un jour à Torgau, d'un air de triomphe
« le chancelier du duc; qu'on y prenne garde! »

Luther, en effet, y prenait garde, mais non comme on l'entendait; il suivait avec attention les desseins des enne-

---

[1] Archives de Weymar. (Seckend., p. 768.)
Ranke, *Deutsche Gesch.*, II, p. 349. — Rommels *Urkundenbuch*, p. 22.

mis de la Parole de Dieu, et pensait, ainsi que Mélanchthon, voir bientôt des milliers de glaives tirés contre l'Évangile. Mais il cherchait sa force plus haut que dans les hommes. « Satan, écrivait-il à Frédéric Myconius, fait éclater sa fu-
« reur; d'impies pontifes conspirent; et l'on nous menace
« de la guerre. Exhortez le peuple à combattre vaillam-
« ment devant le trône du Seigneur, par la foi et par la
« prière, en sorte que nos ennemis, vaincus par l'Esprit de
« Dieu, soient contraints à la paix. Le premier besoin, le
« premier travail, c'est la prière; que le peuple sache
« qu'il est maintenant exposé au tranchant des épées et
« aux fureurs du diable, et qu'il prie[1]. »

Ainsi tout se préparait pour un combat décisif. La Réformation avait pour elle les prières des chrétiens, la sympathie du peuple, le mouvement ascendant des esprits, que nulle puissance ne pouvait arrêter. La papauté avait en sa faveur l'ancien ordre de choses, la force des coutumes antiques, le zèle et les haines de princes redoutables, et la puissance de ce grand Empereur, qui régnait sur les deux mondes et qui venait de porter un rude échec à la gloire de François Ier.

Tel était l'état des choses quand la diète de Spire s'ouvrit. Maintenant retournons à la Suisse.

---

[1] « Ut in mediis gladiis et furoribus Satanæ posito et periclitanti. » (Luth. *Ep.*, III, p. 100.)

LIVRE XI

DIVISIONS

SUISSE — ALLEMAGNE

1523 — 1527

I

Nous allons voir paraître les diversités, ou, comme on les a appelées, les *variations* de la Réforme. Ces diversités sont un de ses caractères les plus essentiels.

Unité dans la diversité et diversité dans l'unité, telle est la loi de la nature, et telle est aussi celle de l'Église.

La vérité est comme la lumière du soleil : la lumière descend du ciel une et toujours la même; et cependant elle revêt différentes couleurs sur la terre, selon les objets sur lesquels elle tombe : de même, des formules un peu différentes peuvent quelquefois exprimer la même idée chrétienne, envisagée sous des points de vue divers.

Que la création serait triste si cette immense variété de formes et de couleurs, qui en fait la richesse, était remplacée par une absolue uniformité! Mais aussi quel désolant aspect si tous les êtres créés ne formaient pas une seule et magnifique unité!

L'unité divine a des droits, la diversité humaine en a aussi. Il ne faut dans la religion anéantir ni Dieu ni l'homme. Si vous n'avez pas d'unité, la religion n'est pas de Dieu; si vous n'avez pas de diversité, la religion n'est pas de l'homme ; or elle doit être de l'un et de l'autre. Voulez-vous rayer de la création l'une des lois que Dieu lui a imposées, celle d'une immense diversité ? *Si les choses inanimées, qui rendent leur son,* dit saint Paul, *soit un hautbois, soit une harpe, ne forment des tons différents, comment connaîtra-t-on ce qui est sonné sur le hautbois ou sur la harpe*[1] *?* Mais s'il est dans les choses religieuses une diversité qui provient de la différence d'individualité, et qui par conséquent doit subsister même dans le ciel, il en est une qui provient de la révolte de l'homme, et celle-là est un grand mal.

Il est deux tendances qui entraînent également dans l'erreur. La première exagère la diversité, et la seconde l'unité. Les doctrines essentielles au salut forment la limite entre ces deux directions. Exiger plus que ces doctrines, c'est porter atteinte à la diversité; exiger moins, c'est porter atteinte à l'unité.

Ce dernier excès est celui d'esprits téméraires et rebelles, qui se jettent en dehors de Jésus-Christ, pour former des systèmes et des doctrines d'hommes.

Le premier se trouve dans diverses sectes exclusives, et en particulier dans celle de Rome.

L'Église doit rejeter l'erreur; si elle ne le faisait pas, le christianisme ne pourrait être maintenu. Mais si l'on veut pousser à l'extrême cette pensée, il en résultera que l'Église devra prendre parti contre la moindre déviation, qu'elle s'émouvra pour une dispute de mots; la foi sera bâillonnée, et le sentiment chrétien réduit en servitude. Tel ne fut point l'état de l'Église dans les temps du vrai catholicisme, de celui des premiers siècles. Il rejeta les sectes qui portaient atteinte aux vérités fondamentales de l'Évangile; mais, ces vérités admises, il laissa à la foi une pleine liberté. Rome s'éloigna bientôt de ces sages errements; et à mesure qu'une domination et une doctrine

---

[1] Ire Épître aux Corinthiens, XIV, v. 7.

d'hommes se formèrent dans l'Église, on y vit aussi paraître une unité d'hommes.

Un système humain une fois inventé, les rigueurs s'accrurent de siècle en siècle. La liberté chrétienne, respectée par le catholicisme des premiers âges, fut d'abord limitée, puis enchaînée, puis étouffée. La conviction, qui, selon les lois de la nature humaine et de la Parole de Dieu, doit se former librement dans le cœur et dans l'intelligence de l'homme, fut imposée du dehors, toute faite et symétriquement arrangée par les maîtres de l'homme. La réflexion, la volonté, le sentiment, toutes les facultés de l'être humain, qui, soumises à la Parole et à l'Esprit de Dieu, doivent travailler et produire librement, furent comprimées dans leur liberté, et contraintes à se répandre dans des formes, à l'avance déterminées. L'esprit de l'homme devint semblable à un miroir où viennent se représenter des images étrangères, mais qui ne possède rien par lui-même. Il y eut sans doute encore des âmes enseignées immédiatement de Dieu. Mais la grande majorité des chrétiens n'eut dès lors que les convictions d'autrui; une foi propre à l'individu devint chose rare; la Réformation seule rendit à l'Église ce trésor.

Cependant il y eut pendant quelque temps encore un espace dans lequel il était permis à l'esprit humain de se mouvoir, certaines opinions que l'on pouvait admettre ou rejeter à son gré. Mais de même qu'une armée ennemie serre toujours de plus près une ville assiégée, contraint la garnison à ne plus se mouvoir que dans l'enceinte étroite de ses murs, l'oblige enfin à se rendre; de même on a vu la hiérarchie rétrécir, chaque siècle et presque chaque année, l'espace qu'elle avait provisoirement accordé à l'esprit de l'homme, jusqu'à ce qu'enfin cet espace, envahi entièrement par elle, ait cessé d'exister. Tout ce qu'il faut croire, aimer ou faire, a été réglé et arrêté dans les bureaux de la chancellerie romaine. On a déchargé les fidèles de la fatigue d'examiner, de penser, de combattre; ils n'ont plus eu qu'à répéter les formules qu'on leur avait apprises.

Dès lors, s'il a paru au sein du catholicisme romain quelque homme héritier du catholicisme des temps apostoliques, cet homme, incapable de se développer dans les liens où il était retenu, a dû les briser, et montrer de nouveau au monde étonné la libre allure du chrétien, qui n'accepte d'autre loi que celle de Dieu.

La Réformation, en rendant la liberté à l'Église, devait donc lui rendre sa diversité originelle, et la peupler de familles, unies par les grands traits de ressemblance qu'elles tirent de leur chef commun, mais diverses dans les traits secondaires, et rappelant les variétés inhérentes à la nature humaine. Peut-être eût-il été à désirer que cette diversité subsistât dans l'Église universelle, sans qu'il en résultât de sectes. Néanmoins il faut se rappeler que les sectes ne sont que l'expression de cette diversité.

La Suisse et l'Allemagne, qui s'étaient jusque alors développées indépendamment l'une de l'autre, commencèrent à se rencontrer dans les années dont nous devons retracer l'histoire, et elles réalisèrent la diversité dont nous parlons, et qui devait être l'un des caractères du protestantisme. Nous y verrons des hommes parfaitement d'accord sur tous les grands points de la foi, différant pourtant sur quelques questions secondaires. Sans doute la passion intervint dans ces débats; mais tout en déplorant ce triste mélange, le protestantisme, loin de chercher à déguiser sa diversité, l'annonce et la proclame. C'est par un chemin long et difficile qu'il tend à l'unité; mais cette unité est la vraie.

Zwingle faisait des progrès dans la vie chrétienne. Tandis que l'Évangile avait délivré Luther de cette profonde mélancolie à laquelle il s'était abandonné autrefois dans le couvent d'Erfurt, et avait développé en lui une sérénité qui devenait souvent de la gaieté, et dont le réformateur donna dès lors tant de preuves, même en face des plus grands périls, le christianisme avait eu un effet tout contraire sur le joyeux enfant des montagnes du Tockenbourg. Arrachant Zwingle à sa vie légère et mondaine, il avait imprimé à son caractère une gravité qui ne lui était pas naturelle. Ce sérieux lui était bien nécessaire. Nous avons vu comment, vers la fin de l'an 1522, de nombreux ennemis semblaient se lever contre la Réforme [1]. Partout on accablait Zwingle d'invectives, et souvent des disputes s'engageaient jusque dans les temples mêmes.

Léon Juda, de petite taille[2], dit un historien, mais plein de charité pour les pauvres et de zèle contre les faux docteurs, était arrivé à Zurich, vers la fin de l'an 1522, pour remplir les fonctions de pasteur de l'église de Saint-Pierre. Il avait été remplacé à Einsidlen par Oswald Myconius[3]. C'était une acquisition précieuse pour Zwingle et pour la Réforme.

Un jour, peu après son arrivée, il entendit dans l'église où il venait d'être appelé comme pasteur, un moine augustin prêcher avec force que l'homme peut satisfaire par lui-même à la justice de Dieu. « Révérend père prieur, s'é-« cria Léon, écoutez-moi un instant; et vous, chers bour-« geois, soyez tranquilles, je parlerai comme il convient à « un chrétien. » Puis il prouva au peuple la fausseté de la doctrine qu'il venait d'entendre[4]. Il en résulta une vive agitation dans le temple; plusieurs attaquèrent aussitôt avec colère le « petit prêtre » venu d'Einsidlen. Zwingle se rendit devant le grand conseil; il demanda à rendre compte de sa doctrine, en présence des députés de l'évêque; et le conseil, désireux de voir finir ces discordes, convoqua une conférence pour le 29 janvier 1523. La nouvelle se répandit promptement dans toute la Suisse. « Il va y avoir à Zurich, « disaient avec dépit les adversaires, une *diète* de vagabonds; « tous les coureurs de grand chemin y seront réunis. »

Zwingle, voulant préparer le combat, publia soixante-sept thèses. Le montagnard du Tockenbourg attaquait hardiment le pape aux yeux de la Suisse entière.

« Tous ceux qui prétendent que l'Évangile n'est rien sans

---

[1] Tome II, livre VIII, à la fin.
[2] « Er war ein kurzer Mann. » (*Füsslin Beytræge*, IV, p. 44.)
[3] « Ut post abitum Leonis, monachis aliquid legam. » (Zw. *Ep.*, p. 253.)
[4] J. J. Hottinger, *Helv. Kirch. Gesch.*, III, p. 105.

« la confirmation de l'Église, disait-il, blasphèment Dieu.

« Le seul chemin du salut pour tous ceux qui ont été, qui
« sont ou qui seront, c'est Jésus-Christ.

« Tous les chrétiens sont frères de Christ et frères entre
« eux, et ils n'ont point de pères sur la terre : ainsi tom-
« bent les ordres, les sectes et les partis.

« On ne doit faire subir aucune contrainte à ceux qui ne
« reconnaissent pas leur erreur, à moins que, par leur con-
« duite séditieuse, ils ne troublent la paix. »

Telles étaient quelques-unes des paroles de Zwingle.

Le jeudi 29 janvier, dès le matin, plus de six cents personnes étaient réunies dans la salle du grand conseil, à Zurich. Des Zuricois et des étrangers, des savants, des gens de distinction et des ecclésiastiques avaient répondu à l'appel du conseil. « Qu'arrivera-t-il de tout cela? » se demandait-on[1]. Nul n'osait répondre; mais l'attention, l'émotion, l'agitation qui régnaient dans cette assemblée, montraient assez que l'on s'attendait à de grandes choses.

Le bourgmestre Roust, qui avait combattu à Marignan, présidait la conférence. Le chevalier Jacques d'Anwyl, grand maître de la cour épiscopale de Constance, Faber, vicaire général, et plusieurs docteurs y représentaient l'évêque, Schaffhouse avait envoyé le docteur Sébastien Hofmeister; c'était le seul député des cantons, tant la Réforme était encore faible en Suisse. Sur une table, au milieu de la salle, était la Bible, et devant elle un docteur; c'était Zwingle. « Je suis agité et tourmenté de toutes parts, avait-il dit;
« mais cependant je demeure ferme, appuyé, non sur ma
« propre force, mais sur le rocher qui est Christ, avec l'aide
« duquel je puis tout[2].

Zwingle se leva : « J'ai prêché que le salut ne se trouve
« qu'en Jésus-Christ, dit-il, et à cause de cela on m'appelle
« dans toute la Suisse un hérétique, un séducteur, un re-

---

[1] « Ein grosses Verwunderen, was doch uss der Sach werden wollte. » (Bullinger, *Chron.*, I, p. 97.)

[2] « Immotus tamen maneo, non meis nervis nixus, sed petra Christo, in quo omnia possum. » (Zw. *Ep.*, p. 261.)

« belle... Maintenant donc, au nom de Dieu, me voici[1]. »

Tous les regards se tournèrent alors vers Faber, qui se leva, et répondit : « Je n'ai pas été envoyé ici pour disputer, « mais seulement pour écouter. » L'assemblée, surprise, se mit à rire. « La diète de Nuremberg, continua Faber, a pro- « mis un concile dans une année; il faut attendre qu'il ait « lieu. »

« Quoi! dit Zwingle, cette grande et savante assemblée « ne vaut-elle donc pas un concile? » Puis, s'adressant au conseil : « Gracieux seigneurs, dit-il, défendez la Parole « de Dieu. »

Un profond silence suivit cet appel; comme il se prolongeait, le bourgmestre le rompit. « S'il y a quelqu'un, « dit-il, qui ait quelque chose à dire, qu'il le fasse!... » Nouveau silence. « Je conjure tous ceux qui m'ont accusé « (et je sais qu'il y en a ici plusieurs), dit alors Zwingle, « de s'avancer et de me reprendre pour l'amour de la vé- « rité. » Personne ne dit mot. Zwingle renouvela une seconde et une troisième fois sa demande; ce fut en vain. Faber, serré de près, sortit un instant de la réserve qu'il s'était imposée, pour déclarer qu'il avait convaincu de son erreur le pasteur de Filispach, retenu en prison; mais il rentra aussitôt dans son rôle. On eut beau le presser d'exposer les raisons par lesquelles il avait convaincu ce pasteur; il se tut obstinément. Le silence des docteurs de Rome impatientait les spectateurs. Une voix se fit entendre du fond de la salle, s'écriant : « Où sont donc maintenant « ces vaillants hommes[2], qui parlent si haut dans les rues ? « Allons, avancez, voilà l'homme! » Personne ne se présenta. Alors le bourgmestre dit en souriant : « Il paraît que « cette fameuse épée, dont on a frappé le pasteur de Filis- « pach, ne veut pas sortir aujourd'hui de son fourreau; » et il leva la séance.

L'après-midi, l'assemblée s'étant de nouveau réunie, le

---

[1] « Nun wohlan in dem Namen Gottes, hie bin ich. » (Bullinger, *Chron.*, p. 98.)

[2] Les moines. « Wo sind nun die grossen Hansen... » (Zw. *Op.*, I, p. 124.)

conseil déclara que maître Ulrich Zwingle, n'ayant été repris par personne, continuerait à prêcher le saint Évangile, et que tous les autres prêtres du canton n'enseigneraient que ce qu'ils pourraient établir par la sainte Écriture.

« Loué soit Dieu, qui veut faire dominer sa sainte Parole
« dans le ciel et sur la terre! » s'écria Zwingle. Alors Faber ne put retenir son indignation : « Les thèses de maître
« Ulrich, dit-il, sont contraires à l'honneur de l'Église et à
« la doctrine de Christ, et je le prouverai. — Faites-le! » s'écria Zwingle. Mais Faber refusa de le faire ailleurs qu'à Paris, à Cologne ou à Fribourg. « Je ne veux pas d'autre
« juge que l'Évangile, dit Zwingle. Avant que vous parve-
« niez à ébranler une seule de ses paroles, la terre elle-
« même s'entr'ouvrira[1]. — L'Évangile, dit Faber, tou-
« jours l'Évangile!... On pourrait vivre saintement, dans la
« paix et la charité, quand même il n'y aurait pas d'É-
« vangile[2]. »

A ces paroles, les assistants, indignés, se levèrent. Ainsi finit la dispute.

II

La Réformation l'emportait; elle devait maintenant hâter ses conquêtes. Après la bataille de Zurich, où les plus habiles champions de la papauté étaient demeurés muets, qui aurait encore le courage de s'opposer à la doctrine nouvelle?... Cependant on essaya d'autres armes. La fermeté de Zwingle et ses allures républicaines imposaient à ses adveraires; ausi recourut-on, pour le subjuguer, à des moyens particuliers. Tandis que Rome poursuivait Luther de ses anathèmes, elle s'efforça de gagner par la douceur le réformateur de Zurich. A peine la dispute était-elle ter-

---

[1] « Ee müs das Erdrych brechen. » (Zw. Op., I, p. 148.)
[2] « Man möcht dennoch früntlich, fridlich und tugendlich läben, wenn glich kein Evangelium were. » (Bullinger, Chron., p. 107. — Zw. Op., I, p. 152.)

minée, que Zwingle vit arriver le capitaine des gardes du pape, fils du bourgmestre Roust, accompagné du légat Einsius, chargé pour lui d'un bref pontifical où Adrien VI appelait Zwingle son fils bien-aimé, et lui faisait connaître « sa faveur toute particulière[1]. » En même temps le pape faisait presser Zink de gagner Zwingle. « Et qu'est-ce que « le pape vous charge donc de lui offrir? » demanda Oswald Myconius. — « Tout, répondit Zink, excepté le siége pon-« tifical[2]. »

Il n'y avait pas de mitre ni de crosse, il n'y avait pas de chapeau de cardinal, au prix duquel le pape n'eût voulu gagner le réformateur zuricois. Mais Rome se faisait sur son compte d'étranges illusions; toutes ces offres étaient inutiles. L'Église romaine avait en Zwingle un ennemi plus impitoyable encore que Luther. Il se souciait moins que celui-ci des idées et des rites des siècles antérieurs; et il lui suffisait qu'à une coutume, innocente en elle-même, se trouvât attaché quelque abus, pour faire main basse sur elle. La Parole de Dieu, pensait-il, devait seule demeurer debout.

Mais si Rome avait si peu l'intelligence des choses qui se passaient alors dans la chrétienté, elle trouvait des conseillers qui cherchaient à la remettre dans la voie.

Faber, irrité de voir le pape s'abaisser ainsi devant son adversaire, se hâta de l'éclairer. Homme de cour, ayant toujours le sourire sur les lèvres, des paroles mielleuses dans la bouche, il était, à l'entendre, l'ami de tout le monde, et de ceux même qu'il accusait d'hérésie; mais ses haines étaient mortelles. Aussi, jouant sur le nom de Faber, le réformateur disait-il : « Le vicaire de Constance est un for-« geron... de mensonges. Qu'il coure franchement aux « armes, et qu'il voie comment Christ nous défend[3]. »

---

[1] « Cum de tua egregia virtute specialiter nobis sit cognitum. » (Zw. *Ep.*, p. 266.)

[2] « Serio respondit : Omnia certe, præter sedem papalem. » (*Vita Zwinglii*, per Osw. Myc.)

[3] « Prodeant volo, palamque arma capiant. » (Zw. *Ep.*, p. 292.)

Ces paroles n'étaient pas une vaine bravade; car tandis que le pape parlait à Zwingle de ses éminentes vertus et de la confiance particulière qu'il avait en lui, les ennemis du réformateur se multipliaient en Suisse. Les anciens soldats, les grandes familles, les pâtres des montagnes, unissaient leurs haines contre cette doctrine qui contrariait leurs goûts. A Lucerne, on annonçait le spectacle pompeux de la *Passion* de Zwingle; en effet, on traînait au supplice un mannequin qui représentait le réformateur, en criant qu'on allait mettre à mort l'hérétique; et saisissant quelques Zuricois qui étaient à Lucerne, on les obligeait à être spectateurs de cette ridicule exécution. « Ils ne troubleront « pas ma paix, dit Zwingle; Christ ne manquera jamais « aux siens[1]. » La diète elle-même retentissait de menaces contre lui. « Chers confédérés, disait aux cantons le con-« seiller de Mullinen, opposez-vous à temps à la cause lu-« thérienne... A Zurich on n'est déjà plus maître dans sa « maison! »

Cette agitation des adversaires annonçait ce qui se passait dans Zurich, mieux encore que toutes les proclamations n'eussent pu le faire. En effet, la victoire portait ses fruits; les vainqueurs prenaient peu à peu possession du pays, et chaque jour l'Évangile faisait de nouveaux progrès. Vingt-quatre chanoines, un grand nombre de chapelains, vinrent eux-mêmes demander au conseil une réforme de leurs statuts. On résolut de substituer à ces prêtres paresseux des hommes pieux et savants, chargés de donner à la jeunesse zuricoise une instruction chrétienne et libérale, et d'établir à la place de leurs vêpres et de leurs messes latines une explication quotidienne d'un chapitre de la Bible, d'après les textes hébreu et grec, d'abord pour les savants, puis, aussitôt après, pour le peuple.

Il y a malheureusement dans toutes les armées de ces enfants perdus qui se détachent des corps de bataille, et

---

[1] « Christum suis nunquam defecturum. » (Zw. *Ep.*, p. 278.)

portent trop tôt l'attaque sur des points qu'il fallait encore respecter. Un jeune prêtre, Louis Hetzer, ayant publié en allemand un livre intitulé : « *Jugement de Dieu contre les* « *images*, » cet écrit produisit un grand effet, et les images devinrent la préoccupation constante d'une partie de la population. Ce n'est qu'au détriment des choses essentielles qui doivent l'occuper, que l'homme se préoccupe de choses secondaires. Un crucifix ciselé avec soin et richement orné était placé en dehors de l'une des portes de la ville, au lieu appelé Stadelhofen. Les hommes les plus ardents de la Réforme, choqués des superstitions auxquelles cette image donnait lieu, ne pouvaient plus passer près d'elle sans exprimer leur indignation. Un bourgeois, nommé Claude Hottinger, « homme honnête, dit Bullinger, et bien instruit « dans la sainte Écriture, » ayant rencontré le meunier de Stadelhofen, auquel le crucifix appartenait, lui demanda quand il ferait abattre ses idoles : « Personne ne t'oblige à les « adorer, avait répondu le meunier. — Mais ne sais-tu pas, « avait repris Hottinger, que la Parole de Dieu nous défend « d'avoir des images taillées? — Eh bien! reprit le meunier, « si tu es autorisé à les abattre, je te les abandonne. » Hottinger se crut en droit d'agir, et peu après, c'était un des derniers jours de septembre, on le vit sortir de la ville avec une compagnie de bourgeois. Arrivés près du crucifix, ils creusèrent tranquillement tout alentour, jusqu'à ce que l'image cédât à leurs efforts et tombât à terre avec bruit.

Cette action hardie répandit partout l'effroi; on eût dit qu'avec le crucifix de Stadelhofen la religion même avait été renversée. « Ce sont des sacriléges! Ils sont dignes de mort! » s'écriaient les amis de Rome. Le conseil fit saisir les bourgeois iconoclastes.

« Non, » dirent alors du haut des chaires Zwingle et ses collègues, « Hottinger et ses amis ne sont pas coupables « envers Dieu et dignes de mort[1]. Mais ils peuvent être châ-

---

[1] On peut voir l'exposition des mêmes principes dans les discours de MM. de Broglie et Royer-Collard, lors des fameux débats sur la loi du sacrilége.

« tiés pour avoir agi avec violence et sans l'autorisation des
« magistrats[1].

Cependant des actes semblables se multipliaient. Un vicaire de l'église de Saint-Pierre, voyant un jour devant l'église beaucoup de pauvres sans vêtements et sans nourriture, dit à l'un de ses collègues, en portant les yeux sur les images pompeusement parées des saints : « Je « voudrais dépouiller ces idoles de bois pour revêtir ces « pauvres membres de Jésus-Christ. » Peu de jours après, à trois heures du matin, les saints et tous leurs ornements disparurent. Le conseil fit jeter le vicaire en prison, bien qu'il déclarât n'être point coupable de ce fait. « Eh quoi ! s'écria le peuple, est-ce des morceaux de « bois que Jésus nous a ordonné de vêtir? Est-ce à l'oc- « casion de ces images qu'il dira aux justes : *J'étais nu,* « *et vous m'avez vêtu ?...* » Ainsi la Réformation, repoussée, s'élevait avec d'autant plus de force, et plus on la comprimait, plus elle s'élançait avec violence et menaçait de tout renverser.

III

Ces excès mêmes devaient être salutaires; il fallait un nouveau combat pour assurer de nouveaux triomphes; car, pour les choses de l'esprit, comme pour les royaumes de la terre, il n'y a pas de conquête sans lutte; et puisque les soldats de Rome demeuraient immobiles, le combat devait être provoqué par les enfants perdus de la Réformation. En effet, les magistrats étaient incertains, agités; ils sentaient le besoin d'éclairer leur conscience, et ils résolurent dans ce but d'instituer une seconde dispute publique,

---

[1] « Dorum habend ir unser Herren kein Rächt zu inen, sy zu töden. » (Bullinger, *Chron.*, p. 127.)

en langue allemande, où l'on examinerait, d'après l'Écriture, la question des images.

Les évêques de Coire, de Constance et de Bâle, l'université de Bâle et les douze cantons furent en conséquence invités à envoyer des députés à Zurich. Mais les évêques se refusèrent à cette invitation. Ils se rappelaient la triste figure que leurs députés avaient faite lors de la première dispute, et ils ne se souciaient nullement de renouveler ces scènes humiliantes. Que les évangéliques disputent, à la bonne heure; mais qu'ils disputent seuls. La première fois on s'était tu; la seconde, on ne se présentera même pas; Rome s'imaginait peut-être que le combat cesserait faute de combattants. Les évêques ne furent pas seuls à refuser de venir. Les hommes d'Underwald répondirent qu'il n'y avait pas chez eux des savants, mais seulement des prêtres honnêtes et pieux, qui expliquaient l'Évangile, comme avaient fait leurs pères; qu'ils n'enverraient donc aucun député à Zwingle « et à ses pareils; » mais que, s'ils le tenaient en leurs mains, ils le traiteraient de façon à lui ôter l'envie de retomber dans les mêmes fautes [1]. Schaffouse et Saint-Gall se firent seuls représenter.

Le lundi 26 octobre, une assemblée de plus de neuf cents personnes, composée des membres du grand conseil et de trois cent cinquante prêtres, remplit, après le sermon, la grande salle de l'hôtel de ville. Zwingle et Léon Juda étaient assis devant une table, sur laquelle se trouvaient l'Ancien et le Nouveau Testament dans les langues originales. Zwingle prit le premier la parole, et, renversant d'un bras vigoureux l'autorité de la hiérarchie et de ses conciles, il établit les droits de chaque Église chrétienne, et réclama la liberté des premiers siècles, de ces temps où l'Église n'avait encore ni conciles œcuméniques ni conciles provinciaux. « L'Église universelle, dit-il, est « répandue dans tout le monde, partout où l'on croit en

---

[1] « So wollten wir Ihm den Lohn geben, dass er's nimmer mehr thäte. » (Simml. Samml., msc., IX.)

« Jésus-Christ, aux Indes aussi bien qu'à Zurich... Et quant
« à des Églises particulières, nous en avons à Berne, à
« Schaffhouse, ici même. Mais les papes, leurs cardinaux
« et leurs conciles ne sont ni l'Église universelle, ni une
« Église particulière[1]. Cette assemblée où je parle, con-
« tinua-t-il avec énergie, est l'Église de Zurich ; elle veut
« entendre la Parole de Dieu, et elle a droit d'ordonner
« tout ce qui lui paraîtra conforme à la sainte Écriture. »

Ainsi Zwingle s'appuyait sur l'Église, mais sur la véritable ; non pas sur les prêtres seulement, mais sur l'assemblée des chrétiens, sur le peuple. Tout ce que l'Écriture dit de l'Église en général il l'appliquait aux Églises particulières. Il ne pensait pas qu'une Église qui écoute avec docilité la Parole de Dieu pût se tromper. L'Église était pour lui représentée politiquement et ecclésiastiquement par le grand conseil[2]. Il expliquait d'abord chaque question du haut de la chaire ; puis quand les esprits étaient convaincus de la vérité, il portait la chose au grand conseil, qui, d'accord avec les ministres de l'Église, prenait les décisions qu'elle réclamait[3].

En l'absence des députés de l'évêque, ce fut le vieux chanoine Conrad Hoffmann, le même qui avait fait appeler Zwingle à Zurich, qui prit la défense du pape. Il soutint que l'Église, le troupeau, le « tiers état, » n'avaient point le droit de discuter de telles matières. « J'ai été
« treize ans à Heidelberg, dit-il, j'ai demeuré chez un
« grand savant ; il s'appelait le docteur Joss, homme hon-
« nête et pieux, avec lequel j'ai mangé et bu longtemps et
« mené bonne vie ; mais je lui ai toujours entendu dire qu'il
« ne convenait pas de discuter sur ces choses. Vous voyez
« bien !... » Chacun était prêt à rire ; le bourgmestre arrêta

---

[1] « Der Päbste, Cardinäle und Bischöffe Concilia sind nicht die christliche Kirche. » (*Füsslin Beytræge*, III, p. 20.)

[2] « Diacosion Senatus summa est potestas Ecclesiæ vice. » (Zw. *Op.*, III, p. 339.)

[3] « Ante omnia multitudinem de quæstione probe docere ita factum est, ut quidquid diacosii (le grand conseil) cum verbi ministris ordinarent, jamdudum in animis fidelium ordinatum esset. » (*Ibid.*)

l'explosion. « Ainsi donc, continua Hoffmann, attendons « un concile. Pour le moment, je ne veux pas disputer, « mais être soumis à l'évêque, fût-il même un coquin ! »

« Attendre un concile ! reprit Zwingle. Et qui se rendra « à un concile ? Le pape et des évêques oisifs et ignorants, « qui ne feront rien qu'à leur propre tête. Non, ce n'est « pas là l'Église ! Höng et Kussnacht (deux villages zuri- « cois) sont bien plus certainement une Église que tous « les évêques et les papes réunis ! »

Ainsi Zwingle revendiquait les droits du peuple chrétien, que Rome avait déshérité de ses attributs. L'assemblée devant laquelle il parlait n'était pas, selon lui, l'Église de Zurich, mais elle en était la première représentation. Ce sont ici les commencements du système presbytérien à l'époque de la Réformation. Zwingle enlevait Zurich à la juridiction de l'évêché de Constance, il la détachait de la hiérarchie latine, et il fondait, sur l'idée du troupeau, de l'assemblée chrétienne, une nouvelle constitution ecclésiastique, à laquelle d'autres contrées devaient plus tard adhérer.

La dispute continua. Plusieurs prêtres s'étant levés pour défendre les images, mais sans avoir recours pour cela à la sainte Écriture, Zwingle et les autres réformateurs les réfutèrent par la Bible. « Si personne, dit l'un des prési- « dents, ne se lève pour présenter des arguments bibliques « en faveur des images, nous appellerons par leur nom « quelques-uns de leurs défenseurs. » Personne ne se présentant, on appela le curé de Waldischwyl. « Il dort, » répondit l'un des assistants. On appela alors le curé de Horgen. « Il m'a envoyé à sa place, dit son vicaire, mais « je ne veux pas répondre pour lui. » La Parole de Dieu faisait évidemment sentir sa puissance au milieu de cette assemblée. Les partisans de la Réforme étaient pleins de force, de liberté, de joie; leurs adversaires paraissaient interdits, inquiets, abattus. On appela successivement les curés de Laufen, de Glattfelden, de Wetzikon, le recteur et le curé de Pfäffikon, le doyen de Elgg, le curé de

Bäretschwyl, les frères dominicains et cordeliers connus pour prêcher partout les images, la Vierge, les saints et la messe ; mais tous répondirent qu'ils ne pouvaient rien dire en leur faveur, et que dorénavant ils s'appliqueraient à l'étude de la vérité. « J'ai cru jusqu'à présent les anciens « docteurs, dit l'un d'eux ; maintenant je veux croire les « nouveaux. — Ce n'est pas nous que vous devez croire, « s'écria Zwingle, c'est la Parole de Dieu ! Il n'y a que la « seule Écriture de Dieu qui ne puisse jamais tromper ! » La séance s'était prolongée ; il commençait à faire nuit. Le président Hofmeister, de Schaffhouse, se leva, et dit : « Béni soit le Dieu tout-puissant, éternel, de ce qu'en « toutes choses il remporte en nous la victoire ; » et il exhorta les conseillers de Zurich à abolir les images.

On se réunit de nouveau le mardi, sous la présidence de Vadian, afin de discuter la doctrine de la messe. « Frè- « res en Christ, dit Zwingle, loin de nous la pensée qu'il « y ait quelque tromperie ou quelque fausseté dans le « corps et le sang de Christ[1]. Tout notre but est de mon- « trer que la messe n'est pas un sacrifice qu'un homme « puisse présenter à Dieu pour un autre homme, à moins « qu'on ne prétende aussi qu'un homme peut manger et « boire pour son ami. »

Vadian, ayant demandé à deux reprises si aucun des assistants ne voulait soutenir par l'Écriture la doctrine attaquée, et personne n'ayant répondu, les chanoines de Zurich, les chapelains et plusieurs autres ecclésiastiques déclarèrent qu'ils étaient d'accord avec Zwingle.

Mais à peine les réformateurs avaient-ils ainsi vaincu les partisans des anciennes doctrines, qu'ils durent lutter contre ces hommes impatients, qui demandent des innovations brusques et violentes, et non des réformes sages et graduelles. Le malheureux Conrad Grebel se leva, et dit : « Ce n'est pas assez d'avoir discuté sur la messe, il

---

[1] « Dass einigerley Betrug oder Falsch syg in dem reinen Blut und Fleisch Christi. » (Zw. *Op.*, I, p. 498.)

« faut en abolir les abus. — Le conseil, répliqua Zwin-
« gle, rendra un arrêté à cet égard. » Alors Simon Stumpf
s'écria : « L'Esprit de Dieu a déjà décidé ! pourquoi donc
« renvoyer la décision au conseil[1] ? »

Le commandeur Schmid de Kussnacht se leva avec gravité, et faisant entendre des paroles pleines de sagesse :
« Apprenons aux chrétiens, dit-il, à recevoir Christ dans
« leurs cœurs[2]. Jusqu'à cette heure, vous avez tous marché
« après les idoles. Ceux de la plaine ont couru dans les
« montagnes, et ceux des montagnes dans la plaine ; les
« Français en Allemagne, et les Allemands en France.
« Maintenant, vous savez où vous devez vous rendre. Dieu
« a réuni toutes choses en Christ. Nobles hommes de Zu-
« rich, courez à la source véritable ; et que Jésus-Christ
« rentre enfin sur votre territoire, et y reprenne son an-
« tique empire. »

Ce discours fit une impression profonde, et personne
n'ayant paru pour le contredire, Zwingle, ému, se leva et
parla ainsi : « Gracieux seigneurs, Dieu est avec nous !...
« il défendra sa cause. Maintenant donc..., au nom de
« Dieu..., en avant !... » Ici l'émotion de Zwingle devint si
forte qu'il fut obligé de s'arrêter. Il pleurait, et plusieurs
pleuraient comme lui[3].

Ainsi se termina la dispute. Les présidents se levèrent ;
le bourgmestre les remercia ; puis ce vieux guerrier, s'adressant au conseil, dit avec gravité, de cette voix qui avait
si souvent retenti sur les champs de bataille : « Maintenant
« donc... prenons en main le glaive de la Parole de Dieu...,
« et que Dieu donne prospérité à son œuvre ! »

Cette dispute du mois d'octobre 1523 avait été décisive.
La plupart des prêtres qui y avaient assisté retournèrent
dans les diverses parties du canton pleins de zèle, et l'effet
de ces journées se fit sentir dans toute la Suisse. L'Église

---

[1] « Der Geist Gottes urtheilet. » (Zw. *Op.*, I, p. 529.)

[2] « Wie sy Christum in iren Herzen sollind bilden und machen. » (*Ibid.*, p. 534.)

[3] « Dass er sich selbst mit vil andren bewegt zu weinen. » (*Ibid.*, p. 537.)

de Zurich, qui avait toujours maintenu à l'égard de l'évêché de Constance une certaine indépendance, fut alors pleinement émancipée. Au lieu de reposer par l'évêque sur le pape, elle reposa dès lors par le peuple sur la Parole de Dieu. Zurich reprit les droits que Rome lui avait enlevés. La ville et la campagne rivalisèrent d'intérêt pour l'œuvre de la Réformation, et le grand conseil ne fit que suivre le mouvement du peuple. Dans les occasions importantes, la ville et les villages faisaient connaître ce qu'ils pensaient. Luther avait rendu la Bible au peuple chrétien; Zwingle alla plus loin : il lui rendit ses droits. C'est ici un trait caractéristique de la Réforme en Suisse. Le maintien de la saine doctrine y fut confié, après Dieu, au peuple; et des événements récents ont montré que le peuple sait garder ce dépôt mieux que les prêtres et les pontifes[1].

Zwingle ne se laissa point enfler par la victoire; au contraire, on procéda à la réforme, d'après son désir, avec une grande modération. « Dieu connaît mon cœur, » dit-il, quand le conseil lui demanda son avis; « il sait que je suis « porté à édifier et non à démolir. Je connais des âmes « timides qui méritent qu'on les ménage; que la messe « soit donc, pendant quelque temps encore, lue le dimanche « dans toutes les églises, et que l'on se garde d'insulter « ceux qui la célèbrent[2]. »

Le conseil prit un arrêté dans ce sens. Hottinger et Hochrutiner, l'un de ses amis, furent bannis du canton pour deux ans, avec défense d'y rentrer sans permission.

La Réformation suivait à Zurich une marche sage et chrétienne. Élevant toujours plus cette cité, elle l'entourait de gloire aux yeux de tous les amis de la Parole de Dieu. Aussi, ceux qui en Suisse avaient salué le jour nouveau qui se levait sur l'Église, se sentaient-ils attirés avec force vers Zurich. Oswald Myconius, chassé de Lucerne, demeurait depuis six mois dans la vallée d'Einsidlen, lors-

---

[1] Allusion au peuple de Zurich renvoyant le docteur Strauss.
[2] « Ohne das jemand sich unterstehe die Messprister zu beschimpfen. » (Wirtz, H. K. G., V, p. 208.)

qu'un jour, au moment où il revenait d'un voyage fait à Glaris[1], accablé par la fatigue et par la chaleur du soleil, il vit son fils, le jeune Félix, courir à sa rencontre, et lui annoncer qu'il était appelé à Zurich pour la direction de l'une des écoles. Oswald, ne pouvant croire une si heureuse nouvelle, hésitait entre la crainte et l'espoir[2]. « Je « suis à toi, » écrivit-il enfin à Zwingle. Geroldsek le laissa partir à regret; de tristes pensées occupaient son esprit. « Ah! lui dit-il, tous ceux qui confessent Christ se « rendent à Zurich; je crains qu'un jour nous n'y péris- « sions tous à la fois[3]. » Pressentiments douloureux, que la mort de Geroldsek lui-même et de tant d'autres amis de l'Évangile ne devait réaliser que trop dans les champs de Cappel.

Myconius trouvait enfin dans Zurich un port assuré. Son prédécesseur, qu'on avait nommé à Paris, à cause de sa taille, « le grand diable, » avait négligé ses devoirs; Oswald consacra toutes ses forces et tout son cœur à remplir les siens. Il expliquait les classiques latins et grecs; il enseignait la rhétorique et la dialectique; et la jeunesse de la ville l'écoutait avec joie[4]. Myconius devait être pour la nouvelle génération ce que Zwingle était pour les hommes faits.

D'abord Myconius s'était effrayé des grands écoliers qu'il allait avoir; mais il avait peu à peu repris courage, et il n'avait pas tardé à distinguer parmi ses élèves un jeune homme de vingt-quatre ans, dans le regard duquel on voyait briller l'amour de l'étude. Il se nommait Thomas Plater, et était originaire du Valais. Dans la belle vallée où le torrent de la Viége, après s'être échappé de cet océan de glaciers et de neiges qui entourent le mont Rosa, roule ses ondes tumultueuses, entre Saint-Nicolas

---

[1] « Inesperato nuntio excepit me filius redeuntem ex Glareana. » (Zw. *Ep.*, p. 322.)

[2] « Inter spem et metum. » (*Ibid.*)

[3] « Ac deinde omnes simul pereamus. » (*Ibid.*, p. 323.)

[4] « Juventus illum lubens audit. » (*Ibid.*, p. 264.)

et Stalden, sur la montagne qui s'élève à la droite de la rivière, est encore le village de Grächen. Ce fut le lieu de naissance de Plater. Du voisinage de ces colosses des Alpes devait sortir l'un des personnages les plus originaux qui figurent dans le grand drame du seizième siècle. Placé à l'âge de neuf ans chez un curé son parent, le petit rustre, souvent accablé de coups, criait, dit-il lui-même, comme un chevreau qu'on tue. Un de ses cousins le prit avec lui pour visiter les écoles allemandes. Mais il avait déjà plus de vingt ans que, tout en courant d'école en école, il savait à peine lire[1]. Arrivé à Zurich, il prit la ferme résolution de s'instruire; il se fit un banc dans un coin de l'école de Myconius, et il se dit : « Là tu apprendras, ou tu « y mourras. » La lumière de l'Évangile pénétra dans son cœur. Un matin qu'il faisait très froid, et qu'il n'avait rien pour chauffer le poêle de l'école, qu'il était chargé d'entretenir, il se dit à lui-même : « Tu n'as point de bois, et « il y a dans l'église tant d'idoles ! » Personne n'était encore dans le temple, où Zwingle cependant devait prêcher, et où déjà les cloches appelaient les fidèles. Plater y entra sans bruit, saisit un saint Jean placé sur un autel, et le mit dans le poêle, en disant : « Baisse-toi, car il faut que « tu y passes. » Sans doute, ni Myconius ni Zwingle n'auraient approuvé un tel acte.

C'était en effet avec de meilleures armes que l'incrédulité et la superstition devaient être combattues. Zwingle et ses collègues avaient tendu la main d'association à Myconius; et celui-ci exposait chaque jour le Nouveau Testament dans l'église de Notre-Dame à une foule avide de l'entendre[2]. Une dispute publique, tenue le 13 et le 14 janvier 1524, avait été de nouveau funeste à Rome; et c'était en vain que le chanoine Koch s'était écrié : « Les « papes, les cardinaux, les évêques et les conciles, voilà « mon Église !... »

---

[1] Voir son autobiographie.
[2] Weise, *Füsslin Beyträge*, IV, p. 66.

Tout avançait dans Zurich; les esprits s'éclairaient, les cœurs se décidaient, la Réforme s'établissait. Zurich était une forteresse conquise par la doctrine nouvelle, et de ses murs elle allait se répandre dans toute la Confédération.

IV

Les adversaires le comprirent. Ils sentirent qu'il fallait se décider à frapper un coup énergique. Assez longtemps ils étaient restés muets. Les hommes forts de la Suisse, tout cuirassés et bardés de fer, résolurent enfin de se lever; et ils ne s'étaient jamais levés sans que le sang rougît le champ de bataille.

La diète était réunie à Lucerne; les prêtres s'efforçaient de soulever en leur faveur le premier conseil de la nation. Fribourg et les Waldstettes se montraient leurs instruments dociles; Berne, Bâle, Soleure, Glaris, Appenzell étaient incertains. Schaffhouse était presque décidé pour l'Évangile; mais Zurich seul se posait avec hardiesse comme son défenseur. Les partisans de Rome pressaient l'assemblée de céder à leurs exigences et à leurs préjugés. « Qu'il soit défendu, disaient-ils, de prêcher ou de racon-« ter quelque chose de nouveau ou de luthérien, secrète-« ment ou publiquement, et de parler ou de disputer de « ces choses dans les auberges et entre les verres[1]. » Tel était le droit ecclésiastique que l'on voulait établir dans la Confédération.

Dix-neuf articles furent rédigés dans ce sens, approuvés, le 26 janvier 1523, par tous les États, sauf Zurich, et envoyés à tous les baillis, avec ordre de les faire sévèrement observer; « ce qui causa, dit Bullinger, une grande

---

[1] « Es soll nieman in den Wirtzhüseren oder sunst hinter dem Wyn von Luthe- rischen oder nuwen Sachen uzid reden. » (Bullinger, *Chron.*, p. 144.)

« joie parmi les prêtres et beaucoup de tristesse parmi les
« fidèles. » La persécution commençait, régulièrement organisée par l'autorité supérieure de la Confédération.

L'un des premiers qui reçurent le mandat de la diète fut Henri Flackenstein de Lucerne, bailli de Bade. C'était sur son territoire que s'était retiré Hottinger, banni de Zurich, après avoir renversé le crucifix de Stadelhofen, et il n'avait pas imposé silence à sa langue. Un jour, se trouvant à table à l'auberge de l'Ange, à Zurzach, il avait dit que les prêtres interprétaient mal la sainte Écriture, et qu'il fallait mettre toute sa confiance en Dieu seul[1]... L'hôte, qui entrait et sortait sans cesse pour apporter du pain et du vin, prêtait l'oreille à des discours qui lui paraissaient fort étranges. Un autre jour, Hottinger avait été voir un de ses amis, Jean Schutz de Schneyssingen : « Qu'est-ce donc, dit Schutz, après qu'ils eurent bu et « mangé ensemble, que cette nouvelle foi que les prêtres « de Zurich annoncent? — Ils prêchent, répondit Hot- « tinger, que Christ s'est immolé une seule fois pour tous « les chrétiens, que par ce seul sacrifice il les a purifiés « et rachetés de tous leurs péchés, et ils montrent par « l'Écriture sainte que la messe est un mensonge. »

Hottinger avait ensuite quitté la Suisse (c'était en février 1523), et s'était rendu pour affaires au delà du Rhin, à Waldshut. On prit des mesures pour s'assurer de lui, et vers la fin de février, le pauvre Zuricois, qui ne soupçonnait rien, ayant traversé le Rhin, était à peine à Coblence, village sur la rive gauche du fleuve, qu'on l'arrêta. On le conduisit à Klingenau ; et comme il y confessait sa foi avec franchise : « Je vous conduirai en un lieu, lui dit Flacken- « stein irrité, où l'on saura bien vous répondre. »

En effet, le bailli le conduisit successivement, devant les juges de Klingenau, devant le tribunal supérieur de Bade, et enfin, ne pouvant trouver personne qui le dé-

---

[1] « Wie wir unser pitt Hoffnung und Trost allein uf Gott. » (Bullinger, *Chron.* . 146.)

clarât coupable, devant la diète assemblée à Lucerne. Il lui fallait absolument des juges qui le condamnassent.

La diète ne perdit pas de temps, et condamna Hottinger à perdre la tête. En apprenant son arrêt, il rendit gloire à Jésus-Christ. « C'est bon, c'est bon, » dit Jacques Troger, l'un des juges ; « nous ne sommes pas ici pour entendre « des sermons. Tu babilleras une autre fois ! — Il faut « que sa tête lui soit une fois ôtée, dit en riant le bailli « Am-Ort de Lucerne ; mais si elle lui revient, nous em- « brasserons tous sa foi. — Que Dieu, dit l'accusé, « pardonne à tous ceux qui me condamnent ! » Alors un moine ayant mis sur sa bouche un crucifix : « C'est dans « le cœur, dit-il en le repoussant, que nous devons rece- « voir le Christ. »

Quand on le conduisit au supplice, plusieurs dans la foule ne pouvaient retenir leurs larmes. « Je vais au bon- « heur éternel, » dit-il en se tournant vers eux. Arrivé au lieu de l'exécution, il leva les yeux au ciel, et dit : « Je « remets mon âme en tes mains, ô mon Rédempteur ! » Puis sa tête roula sur l'échafaud.

A peine le sang de Hottinger avait-il coulé, que les ennemis de la Réforme en profitèrent pour enflammer encore plus la colère des confédérés. C'était dans Zurich même qu'il fallait aller étouffer le mal. L'exemple terrible qui venait d'être donné devait remplir de terreur Zwingle et ses partisans. Encore un effort vigoureux, et la mort de Hottinger sera suivie de celle de la Réforme... On résolut aussitôt en diète qu'une députation se rendrait à Zurich, pour demander aux conseils et aux citoyens de renoncer à leur foi.

Ce fut le 21 mars que la députation fut admise. L'an- « tique unité chrétienne, dirent les députés, est rompue ; « le mal s'étend ; déjà le clergé des quatre Waldstettes « a déclaré aux magistrats que, s'ils ne venaient à son « aide, il devrait cesser ses fonctions. Confédérés de Zu- « rich, joignez vos efforts aux nôtres ; étouffez cette foi

« nouvelle[1] ; destituez Zwingle et ses disciples ; puis réu-
« nissons-nous tous pour porter remède aux atteintes des
« papes et de leurs courtisans. »

Ainsi parlaient les adversaires. Qu'allait faire Zurich?
Le cœur lui défaudrait-il, et son courage se serait-il
écoulé avec le sang de son concitoyen?

Zurich ne laissa pas longtemps ses amis et ses adversaires dans l'incertitude. Le conseil répondit avec calme et avec noblesse qu'il ne pouvait rien céder en ce qui concernait la Parole de Dieu. Puis il procéda aussitôt à une réponse plus éloquente encore.

Il était d'usage, depuis l'an 1351, que le lundi de la Pentecôte une nombreuse procession, dont chaque pèlerin portait une croix, se rendît à Einsidlen pour adorer la Vierge. De grands désordres accompagnaient cette fête[2], établie en mémoire de la bataille de Tatwyll. La procession devait avoir lieu le 7 mai. Sur la demande des trois pasteurs, les conseils l'abolirent, et toutes les autres processions furent successivement réformées.

On ne s'en tint pas là. Les reliques, source de beaucoup de superstitions, furent honorablement ensevelies[3]. Puis, sur la demande des trois pasteurs, le conseil rendit une ordonnance portant que Dieu seul devant être honoré, les images seraient enlevées de toutes les églises du canton, et leurs ornements employés au soulagement des pauvres. Douze conseillers, un de chaque tribu, les trois pasteurs, l'architecte de la ville, des forgerons, des serruriers, des charpentiers et des maçons se rendirent dans les divers temples, et, les portes ayant d'abord été fermées[4], ils descendirent les croix, piquèrent les fresques, blanchirent les murs et enlevèrent les images, à la grande joie des fidèles,

---

[1] « Zurich selbigen ausreuten und untertrucken helfe. » (Hottinger, *Helv. K. G.*, III, p. 170.)
[2] « Uff einen Creitzgang, sieben unehelicher Kinden überkommen wurdend. » (Bullinger, *Chron.*, p. 160.)
[3] « Und es eerlich bestattet hat. » (*Ibid.*, p. 161.)
[4] « Habend die nach iuen zu beschlossen. » (*Ibid.*, p. 175.)

qui voyaient dans cet acte, dit Bullinger, un hommage éclatant rendu au vrai Dieu. Dans quelques églises de la campagne, on brûla les ornements des églises, « à l'hon« neur et à la gloire de Dieu. » Bientôt on abolit les orgues, dont le jeu se trouvait en rapport avec diverses superstitions ; et l'on rédigea pour le baptême une nouvelle formule, de laquelle on bannit tout ce ce qui n'était pas scripturaire.

Le bourgmestre Roust et son collègue saluèrent avec joie de leurs derniers regards le triomphe de la Réforme. Ils avaient assez vécu, et ils moururent dans les jours mêmes de cette grande rénovation du culte.

La Réformation suisse nous apparaît ici sous un aspect un peu différent de celui que nous présente la Réformation allemande. Luther s'était élevé contre les excès de ceux qui avaient brisé les images dans les églises de Wittemberg ; et les images tombent en présence de Zwingle dans les temples de Zurich. Cette différence s'explique par les points de vue différents des deux réformateurs. Luther voulait maintenir dans l'Église tout ce qui n'était pas expressément contraire à l'Écriture, et Zwingle voulait abolir tout ce qu'on ne pouvait pas prouver par l'Écriture. Le réformateur allemand voulait rester uni à l'Église de tous les siècles, et se contentait de la purifier de tout ce qui y était opposé à la Parole de Dieu. Le réformateur zuricois passait sur tous ces siècles, revenait aux temps apostoliques, et, faisant subir à l'Église une transformation complète, s'efforçait de la rétablir dans son état primitif.

La Réforme de Zwingle était donc plus complète. L'œuvre que la Providence avait confiée à Luther, le rétablissement de la justification par la foi, était sans doute la grande œuvre de la Réforme ; mais cette œuvre une fois achevée, il en restait d'autres à faire, qui, peut-être secondaires, étaient pourtant importantes ; et ce fut là plus spécialement l'œuvre de Zwingle.

En effet, deux grandes tâches étaient imposées aux

réformateurs. Le catholicisme chrétien, né au milieu du pharisaïsme juif et du paganisme grec, avait peu à peu subi l'influence de ces deux religions, qui l'avaient transformé en catholicisme romain. Or, la Réformation, appelée à purifier l'Église, devait la dégager également de l'élément païen et de l'élément juif.

L'élément juif se trouvait surtout dans cette partie de la doctrine chrétienne qui a rapport à l'homme. Le catholicisme avait reçu du judaïsme les idées pharisaïques de propre justice, de salut par des forces ou des œuvres humaines.

L'élément païen se trouvait surtout dans cette partie de la doctrine chrétienne qui a rapport à Dieu. Le paganisme avait altéré dans le catholicisme l'idée d'un Dieu infini, dont la puissance, parfaitement suffisante, agit partout et sans cesse. Il avait établi dans l'Église le règne des symboles, des images, des cérémonies; et les saints étaient devenus les demi-dieux de la papauté.

La réformation de Luther fut dirigée essentiellement contre l'élément judaïque. C'était avec cet élément qu'il avait eu à lutter, lorsqu'un moine audacieux vendait, argent comptant, de la part du pape, le salut des âmes.

La Réformation de Zwingle fut spécialement dirigée contre l'élément païen. C'était cet élément qu'il avait rencontré, quand, au temple de Notre-Dame d'Einsidlen, comme jadis à celui de la Diane des Éphésiens, une foule, accourue de toutes parts, se prosternait stupidement devant une idole couverte d'or.

Le réformateur de l'Allemagne proclama la grande doctrine de la justification par la foi, et par elle porta le coup de mort à la justice pharisaïque de Rome. Le réformateur de la Suisse le fit sans doute aussi; l'incapacité de l'homme de se sauver lui-même forme la base de l'œuvre de tous les réformateurs. Mais Zwingle fit encore autre chose; il établit l'existence et l'action souveraine, universelle et exclusive de Dieu, et il porta ainsi une mortelle atteinte au culte païen de Rome.

Le catholicisme romain avait élevé l'homme et abaissé Dieu. Luther abaissa l'homme et Zwingle releva Dieu.

Ces deux tâches, qui furent spécialement, mais non exclusivement, les leurs, se complétaient l'une l'autre. Celle de Luther jeta les fondements de l'édifice; celle de Zwingle en posa le faîte.

Il était réservé à un génie plus vaste encore d'imprimer, des bords du Léman, ces deux caractères à l'ensemble de la Réforme[1].

Mais tandis que Zwingle avançait ainsi à grands pas à la tête de la Confédération, les dispositions des cantons devenaient toujours plus hostiles. Le gouvernement zuricois sentait la nécessité de pouvoir s'appuyer sur le peuple. Le peuple, c'est-à-dire l'assemblée des croyants, était d'ailleurs, selon les principes de Zwingle, la puissance la plus élevée à laquelle on dût en appeler sur la terre. Le conseil résolut de sonder l'opinion, et ordonna aux baillis de demander à toutes les communes si elles étaient prêtes à tout endurer pour notre Seigneur Jésus-Christ, « qui, » disait le conseil, « a donné pour nous, pé-« cheurs, sa vie et son sang[2]. » Tout le canton avait suivi attentivement la marche de la Réformation dans la ville; et, en bien des lieux, les maisons des paysans étaient devenues des écoles chrétiennes où l'on lisait les saintes Écritures.

La proclamation du conseil, lue dans toutes les communes, fut reçue par elles avec enthousiasme. « Que nos « seigneurs, répondirent-elles, demeurent courageusement « attachés à la Parole de Dieu : nous les aiderons à la « maintenir[3]; et si l'on veut leur faire de la peine, nous « leur porterons secours en braves concitoyens. » Les

---

[1] *Litterarischer Anzeiger* 1840, n° 27.

[2] « Der sin rosenfarw Blüt alein fur uns arme Sünder vergossen hat. » (Bulling., *Chron.*, p. 180.)

[3] « Meine Herrn sollten auch nur dapfer bey dem Gottsworte verbleiben. » *Füsslin Beytræge*, IV, p. 107, où se trouvent les réponses de toutes les communes.)

campagnards de Zurich montrèrent alors, comme ils l'ont montré naguère, que la force de l'Église est dans le peuple chrétien.

Mais le peuple n'était pas seul. L'homme que Dieu avait mis à sa tête répondait dignement à son appel. Zwingle se multipliait pour le service de Dieu. Tous ceux qui, dans les cantons helvétiques, enduraient quelque persécution pour l'Évangile, s'adressaient à lui[1]. La responsabilité des affaires, le soin des églises, les soucis du combat glorieux qui s'engageait dans toutes les vallées de la Suisse, pesaient sur l'évangéliste zuricois[2]. A Wittemberg, on apprenait avec joie son courage. Luther et Zwingle étaient deux grandes lumières placées dans la haute et la basse Allemagne ; et la doctrine du salut, annoncée par eux avec tant de force, remplissait les vastes contrées qui descendent des hauteurs des Alpes jusqu'aux rives de la mer Baltique et de la mer du Nord.

V

La Parole de Dieu ne pouvait envahir ainsi de vastes contrées, sans que ses triomphes remplissent d'indignation le pape dans son palais, les curés dans leurs presbytères, et les magistrats suisses dans leurs conseils. Leur terreur augmentait chaque jour. Le peuple était consulté ; le peuple chrétien redevenait quelque chose dans l'Église chrétienne, et on en appelait à ses sympathies et à sa foi, au lieu d'en appeler aux décrets de la chancellerie romaine !... Une attaque aussi redoutable demandait une résistance plus formidable encore. Le 18 avril, le pape adressa un bref aux confédérés, et la diète assemblée à Zoug, au mois

---

[1] « Scribunt ex Helvetiis ferme omnes qui propter Christum premuntur. » (Zw. *Ep.*, p. 348.)
[2] « Negotiorum strepitus et ecclesiarum curæ ita me undique quatiunt. » (*Ibid.*)

de juillet, cédant aux pressantes exhortations du pontife, envoya à Zurich, à Schaffhouse et à Appenzell, une députation chargée de déclarer à ces États la ferme résolution où elle était de détruire la nouvelle doctrine, et de poursuivre ses adhérents dans leurs biens, dans leurs honneurs et même dans leur vie. Ce ne fut pas sans émotion que Zurich entendit cet avertissement ; mais on y répondit avec fermeté que, dans les choses de la foi, on n'obéirait qu'à la Parole de Dieu. A l'ouïe de cette réponse, Lucerne, Schwitz, Uri, Underwald, Fribourg et Zoug frémirent de colère, et, oubliant la réputation et la force que l'accession de Zurich avait jadis apportées à la confédération naissante, oubliant la préséance qui lui avait aussitôt été accordée, les serments simples et solennels qui lui avaient été prêtés, et tant de victoires et de revers communs, ces États déclarèrent qu'ils ne siégeraient plus en diète avec Zurich. Ainsi en Suisse, comme en Allemagne, c'étaient les partisans de Rome qui rompaient les premiers l'unité fédérale. Mais des menaces, des ruptures d'alliance ne suffisaient pas encore. Le fanatisme des cantons demandait du sang ; et l'on vit bientôt avec quelles armes la papauté prétendait combattre la Parole de Dieu.

Un ami de Zwingle, l'excellent Oexlin[1], était pasteur à Burg, près de Stein, sur le Rhin. Le bailli Am-Berg, qui avait paru écouter avec joie l'Évangile[2], voulant obtenir ce bailliage, avait promis aux hommes puissants de Schwitz de détruire la foi nouvelle. Oexlin, quoiqu'il n'appartînt pas à sa juridiction, était le premier contre qui il devait sévir.

Dans la nuit du 7 juillet 1524, on frappe vers minuit à la porte du pasteur : on entre ; c'étaient les soldats du bailli ; ils se saisissent de lui, et l'emmènent prisonnier malgré ses cris. En effet, Oexlin, croyant qu'on veut l'assassiner, crie au meurtre ; les habitants se lèvent effrayés,

---

[1] Tome II, livre VIII, chap. 5.
[2] « Der war anfangs dem Evangelio günstig. » (Bullinger, *Chron.*, p. 180.)

et bientôt il y a dans tout le village un affreux tumulte qui retentit jusqu'à Stein. La sentinelle qui se trouvait de garde au château de Hohenklingen tire le canon d'alarme; le tocsin sonne, et les habitants de Stein, de Stammheim et des lieux environnants sont en quelques moments debout, et s'informent, au milieu des ténèbres, de ce qui arrive dans le pays.

A Stammheim se trouvait le vice-bailli Wirth, dont les deux fils aînés, Adrien et Jean, jeunes prêtres pleins de piété et de courage, prêchaient avec entraînement l'Évangile. Jean surtout, rempli de foi, était prêt à donner sa vie pour celui qui l'avait sauvé. C'était une famille patriarcale. La mère, Anna, qui avait donné au bailli de nombreux enfants et les avait élevés dans la crainte de Dieu, était vénérée pour ses vertus dans toute cette contrée. A l'ouïe du tumulte de Burg, le père et les deux fils aînés sortent aussi de leur maison. Le père voit avec indignation que le bailli de Frauenfeld a fait un acte d'autorité contraire à la législation du pays. Les fils apprennent avec douleur que leur frère, leur ami, celui dont ils aiment à suivre les bons exemples, est enlevé comme un criminel. Chacun d'eux saisit une hallebarde, et malgré les craintes d'une épouse, d'une mère pleine de tendresse, le père et les deux fils se joignent à la troupe des bourgeois de Stein, décidés à délivrer leur pasteur. Malheureusement une foule de ces hommes sans aveu, qui surgissent partout dès qu'il y a quelque trouble, se mettent aussi en marche; on poursuit les sergents du bailli; ceux-ci, entendant le tocsin et les cris d'alarme, précipitent leurs pas, traînent après eux leur victime, et mettent bientôt la Thur entre eux et leurs adversaires.

Les gens de Stein et de Stammheim arrivés sur le bord de l'eau, et ne trouvant rien pour passer la rivière, s'arrêtèrent là, et résolurent d'envoyer une députation à Frauenfeld. « Ah! disait le bailli Wirth, le pasteur de « Stein nous est si cher, que je donnerais volontiers pour « lui mes biens, ma liberté et jusqu'à mes propres en-

« trailles[1]. » La populace, se trouvant près du couvent des chartreux d'Ittingen, qui passaient pour exciter la tyrannie du bailli Am-Berg, y entra et s'établit au réfectoire. Bientôt la tête tourna à ces misérables, et des scènes de désordre s'ensuivirent. Wirth les supplia, mais en vain, de sortir du couvent[2]; il courut risque d'être maltraité par eux. Son fils Adrien s'arrêta hors du cloître. Jean y entra; mais, affligé de ce qu'il y vit, il en sortit aussitôt[3]. Les paysans, enivrés, se mirent à parcourir les caves et les greniers, à briser les meubles et à brûler les livres.

La nouvelle de ces désordres étant parvenue à Zurich, des députés du conseil accoururent, et ordonnèrent aux ressortissants du canton de retourner dans leur foyers, ce qui eut lieu. Mais une foule de Thurgoviens, attirés par le tumulte, s'installèrent dans le couvent pour y faire bonne chère. Tout à coup le feu éclata sans qu'on sût comment, et le monastère fut réduit en cendres.

Cinq jours après, les députés des cantons se réunirent à Zoug. On n'entendait dans l'assemblée que des cris de vengeance et de mort. « Marchons à étendards déployés « sur Stein et sur Stammheim, disait-on, et frappons de « l'épée leurs habitants. » Le vice-bailli et ses deux fils « étaient depuis longtemps, à cause de leur foi, les objets d'une haine particulière. « Si quelqu'un est coupable, dit « le député de Zurich, il doit être puni, mais selon les lois « de la justice et non par violence. » Vadian, député de Saint-Gall, appuya cet avis. Alors l'avoyer Jean Hug, de Lucerne, ne se contenant plus, s'écria avec d'affreuses malédictions[4] : « L'hérétique Zwingle est le père de toutes « ces révoltes; et toi, docteur de Saint-Gall, tu favorises « son infâme cause, et tu l'aides à la faire triompher... Tu « ne dois plus siéger parmi nous! » Le député de Zoug

---

[1] « Sunder die Kuttlen im Buch für In wagen. » (Bullinger, *Chron.*, p. 193.)
[2] « Und badt sy um Gottes willen uss dem Kloster zu gand. » (*Ibid.*, p. 183.)
[3] « Dan es im leid was. » (*Ibid.*, p. 195.)
[4] « Mit Fluchen und Wüten. » (*Ibid.*, p. 184.)

s'efforça de rétablir la paix, mais en vain. Vadian sortit, et comme des gens du peuple en voulaient à sa vie, il quitta la ville en secret, et arriva par des chemins détournés au couvent de Cappel.

Zurich, décidé à réprimer tout désordre, résolut de faire provisoirement saisir ceux que désignait la colère des confédérés. Wirth et ses fils étaient paisiblement à Stammheim. « Jamais les ennemis de Dieu ne pourront vaincre « ses amis, » disait, du haut de la chaire, Adrien Wirth. On informa le père du sort qui l'attendait, et on le supplia de s'enfuir avec ses fils. « Non, dit-il; me confiant en Dieu, « je veux attendre les sergents. » Et quand les soldats se présentèrent chez lui : « Messeigneurs de Zurich, dit-il, « eussent pu s'épargner tant de peine : ils n'avaient qu'à « m'envoyer un enfant, j'aurais obéi[1]. » Les trois Wirth furent conduits dans les prisons de Zurich. Rutiman, bailli de Nussbaum, partagea leur sort. On les examina avec soin, mais on ne trouva rien à reprendre dans la conduite qu'ils avaient tenue.

Dès que les députés des cantons eurent appris l'emprisonnement de ces quatre citoyens, ils demandèrent qu'on les envoyât à Bade, et ils donnèrent ordre, en cas de refus, de marcher sur Zurich, afin de les enlever. « C'est à Zurich, répondirent les députés de cet État, « qu'il appartient de connaître si ces hommes sont cou- « pables ou non; et nous n'avons trouvé aucune faute « en eux. » Alors les députés des cantons s'écrièrent : « Voulez-vous nous les livrer? Répondez oui ou non, « rien de plus. » Deux députés de Zurich montèrent à cheval, et se rendirent en toute hâte auprès de leurs commettants.

A leur arrivée, toute la ville fut dans une grande agitation. Si l'on refusait les prisonniers, les confédérés viendraient les chercher les armes à la main; et si on les livrait,... c'était consentir à leur mort. Les avis étaient

---

[1] « Dann hättind sy mir ein Kind geschickt. » (Bullinger, *Chron.*, p. 186.)

partagés; Zwingle se prononçait pour le refus. « Zurich, « disait-il, doit demeurer fidèle à ses constitutions. » Enfin on crut avoir trouvé un terme moyen. « Nous vous remet- « trons les prisonniers, dit-on à la diète, mais à condition « que vous ne les examinerez que sur l'affaire d'Ittingen, « et non sur leur foi. » La diète accéda à cette proposition; et le vendredi avant la Saint-Barthélemy (août 1524), les trois Wirth et leur ami, accompagnés de quatre conseillers d'État et de quelques hommes armés, sortirent de Zurich.

L'affliction était générale; on prévoyait le sort qui attendait ces deux vieillards et ces deux jeunes hommes. On n'entendait sur leur passage que des sanglots. « Hélas! « s'écrie un contemporain, quelle marche douloureuse[1]! » Les églises se remplirent. « Dieu, s'écria Zwingle, Dieu « nous punira. Ah! prions-le du moins de communiquer « sa grâce à ces pauvres prisonniers et de les fortifier dans « la foi[2]. »

Le vendredi soir, les accusés arrivèrent à Bade, où une foule immense les attendait. On les conduisit d'abord dans une auberge, puis à la prison. Ils avaient peine à avancer, tant le peuple les serrait de près pour les voir. Le père, qui marchait en tête, se tourna vers ses fils, et leur dit avec douceur : « Voyez, mes chers enfants, nous sommes, « comme dit l'Apôtre, des gens dévoués à la mort, ser- « vant de spectacle au monde, aux anges et aux hommes « (1 Cor. IV, 9). » Puis, apercevant dans la foule son ennemi mortel, le bailli Am-Berg, cause de tous ses malheurs, il alla à lui, et lui tendit la main, bien que le bailli se détournât : « Dieu vit dans le ciel et il sait toutes choses, » dit-il avec calme, en lui serrant la sienne.

L'enquête commença le lendemain; le bailli Wirth fut amené le premier. On le mit à la torture, sans respect pour son caractère et pour son âge; mais il persista à déclarer

---

[1] « O weh! was elender Fahrt war das! » (Bern. Weyss., *Füsslin Beytræge*, IV, p. 56.)

[2] « Sy troste und in warem Glouben starckte. » (Bullinger, *Chron.*, p. 188.)

qu'il était innocent du pillage et de l'incendie d'Ittingen. On l'accusa alors d'avoir détruit une image représentant sainte Anne..... On ne put rien établir à la charge des autres prisonniers, si ce n'est qu'Adrien Wirth était marié et prêchait à la manière de Zwingle et de Luther, et que Jean Wirth avait donné le saint sacrement à un malade sans cierge et sans sonnette [1].

Mais plus leur innocence éclatait, plus augmentait la rage de leurs adversaires. Depuis le matin jusqu'à midi on fit subir une cruelle torture au vieillard; ses larmes ne purent attendrir ses juges. Jean Wirth fut encore plus cruellement tourmenté. « Dis-nous, lui demandait-on au « milieu de ses douleurs, d'où te vient ta foi hérétique? « Est-ce de Zwingle ou d'un autre? » Et comme il s'écriait : « O Dieu miséricordieux et éternel, viens à mon aide et me « console! — Eh bien! lui dit un des députés, où est « maintenant ton Christ? » Quand Adrien parut, Sébastien de Stein, député de Berne, lui dit : « Jeune homme, dis- « nous la vérité; car si tu refuses de la dire, je te jure par « ma chevalerie, que j'ai acquise dans les lieux mêmes où « Dieu a souffert le martyre, que nous t'ouvrirons les « veines l'une après l'autre! » Alors on attacha le jeune homme à une corde, et comme on le hissait en l'air : « Mon petit Monsieur, lui dit Stein avec un sourire diabo- « lique, voilà notre présent de noces [2]; » faisant allusion au mariage du jeune ministre du Seigneur.

L'instruction finie, les députés retournèrent dans leurs cantons pour faire leur rapport, et ne revinrent qu'après quatre semaines. La femme du bailli, la mère des deux jeunes prêtres, se rendit à Bade, un enfant en bas âge dans les bras, pour intercéder auprès des juges. Jean Escher de Zurich l'accompagnait comme avocat. Voyant parmi les juges le landamman de Zoug, Jérôme Stocker, qui avait

---

[1] « On Kerzen, Schellen und anders so bisshar geüpt ist. » (Bullinger, *Chron.*, p. 196.)

[2] « Alls man inn am Folter seyl uffzog, sagt der zum Stein : Herrli, das ist die Gaab die wir üch zu üwer Hussfrowen schänckend. » (*Ibid.*, p. 190.)

été bailli à deux reprises à Frauenfeld : « Landamman ! lui
« dit-il, vous connaissez le bailli Wirth ; vous savez qu'il a
« été un honnête homme toute sa vie ? — Tu dis vrai,
« mon cher Escher, répondit Stocker, il n'a jamais fait de
« mal à personne ; concitoyens et étrangers ont toujours
« été accueillis avec bonté à sa table ; sa maison ressem-
« blait à un couvent, à une auberge et à un hôpital [1]. Aussi,
« s'il avait volé ou assassiné, je ferais tous mes efforts pour
« obtenir sa grâce ; mais puisqu'il a brûlé sainte Anne,
« la grand'mère du Christ, il faut qu'il meure !... » —
« Dieu aie pitié de nous ! » s'écria Escher.

On ferma les portes ; c'était le 28 septembre, et les députés de Berne, de Lucerne, d'Uri, de Schwitz, d'Underwald, de Zoug, de Glaris, de Fribourg et de Soleure, ayant procédé au jugement à huis clos, selon leur usage, condamnèrent à mort le bailli Wirth, son fils Jean, qui était le plus ferme dans sa foi et qui paraissait avoir entraîné les autres, et le bailli Rutiman. Ils accordèrent Adrien, le second des fils, aux pleurs de sa mère.

On se rendit à la tour pour chercher les prisonniers :
« Mon fils, dit le père à Adrien, ne vengez jamais notre
« mort, bien que nous n'ayons pas mérité le supplice..... »
Adrien versa d'abondantes larmes. « Mon frère, lui dit Jean,
« la croix de Christ doit toujours suivre sa Parole [2]. »

Après la lecture du jugement, on conduisit ces trois chrétiens en prison ; Jean Wirth marchait le premier, les deux vice-baillis venaient après, et un vicaire les suivait. Comme ils passaient sur le pont du château, où se trouvait une chapelle consacrée à saint Joseph : « Prosternez-
« vous, et invoquez les saints, » dit le prêtre aux deux vieillards. Jean Wirth, qui était en avant, se retournant à ces mots, s'écria : « Mon père, demeurez ferme. Vous sa-
« vez qu'il n'y a qu'un seul médiateur entre Dieu et les

---

[1] « Sin Huss ist allwey gsin wie ein Kloster, Wirtshuss, und Pitall. » (Bullinger, *Chron.*, p. 198.)

[2] « Doch allwäg das Cruz darby. » (*Ibid.*)

« hommes, savoir Jésus-Christ. — Certainement, mon fils,
« répondit le vieillard, et avec le secours de sa grâce, je
« lui demeurerai fidèle jusqu'à la fin. » Alors ils se mirent
tous trois à prononcer la prière du Seigneur : « Notre Père
« qui es aux cieux..... » Puis ils passèrent le pont.

On les conduisit ensuite à l'échafaud. Jean Wirth, dont
le cœur était rempli pour son père de la plus tendre sollicitude, lui fit ses adieux. « Mon bien-aimé père, lui dit-il,
« désormais tu n'es plus mon père et je ne suis plus ton
« fils ; mais nous sommes frères en Christ notre Seigneur,
« pour le nom duquel je dois endurer la mort [1]. Aujourd'hui, s'il plaît à Dieu, ô mon frère bien-aimé, nous
« irons vers celui qui est notre père à tous. Ne crains rien.
— Amen ! répondit le vieillard, et que le Dieu tout-
« puissant te bénisse, fils bien-aimé, et mon frère en
« Christ ! »

Ainsi, sur le seuil de l'éternité, prenaient congé l'un de
l'autre ce fils et ce père, en saluant les temps nouveaux
où des liens éternels allaient les unir. La plupart de ceux
qui les entouraient versaient des larmes abondantes [2]. Le
bailli Rutiman priait en silence.

Tous trois, ayant mis le genou en terre, « au nom de
« Christ » furent décapités.

La multitude, en voyant sur leurs corps les traces de la
torture, témoigna hautement sa douleur. Les deux baillis
laissaient vingt-deux enfants et quarante-cinq petits-enfants. Anna dut payer douze couronnes d'or au bourreau
qui avait ôté la vie à son mari et à son fils.

Ainsi le sang, et un sang pur, avait coulé. La Suisse et
la Réformation étaient baptisées du sang des martyrs. Le
grand ennemi de l'Évangile avait fait son œuvre ; mais, en
la faisant, sa puissance s'était brisée. La mort de Wirth
devait hâter les triomphes de la Réformation.

---

[1] « Furohin bist du nitt me min Vatter und ich din Sun, sondern wir sind Brüdern in Christo. » (Bullinger, *Chron.*, p. 204.)
[2] « Des Gnadens weyneten vil Lüthen herzlich. » (*Ibid.*)

VI

On n'avait pas voulu procéder à l'abolition de la messe dans Zurich aussitôt après l'abolition des images; maintenant le moment paraissait arrivé.

Non-seulement les lumières évangéliques s'étaient répandues dans le peuple, mais encore les coups que frappaient les adversaires appelaient les amis de la Parole de Dieu à y répondre par des démonstrations éclatantes de leur inébranlable fidélité. Chaque fois que Rome élève un échafaud et fait tomber quelques têtes, la Réformation élèvera la sainte Parole du Seigneur et fera tomber quelques abus. Quand Hottinger fut exécuté, Zurich abolit les images; maintenant que les têtes des Wirth ont roulé à terre, Zurich répondra par l'abolition de la messe. Plus Rome accroîtra ses cruautés, plus la Réformation verra croître sa force.

Le 11 avril 1525, les trois pasteurs de Zurich se présentèrent, avec Mégandre et Oswald Myconius, devant le grand conseil, et demandèrent qu'on rétablît la cène du Seigneur. Leur parole était grave [1]; les esprits étaient recueillis; chacun sentait combien était importante la résolution que ce conseil était appelé à prendre. La messe, ce mystère qui depuis plus de trois siècles était l'âme de tout le culte de l'Église latine, devait être abolie; la présence corporelle de Christ devait être déclarée une illusion, et cette illusion même devait être enlevée au peuple; il fallait du courage pour s'y résoudre, et il se trouva dans le conseil des hommes que cette audacieuse pensée fit frémir. Joachim Am-Grut, sous-secrétaire d'Etat, effrayé de la demande hardie des pasteurs, s'y opposa de tout son pouvoir. «Ces paroles: *Ceci est mon corps*, dit-il, prouvent

---

[1] « Und vermantend die ernstlich. » (Bullinger, *Chron.*, p. 263.)

« irrésistiblement que le pain est le corps de Christ lui-
« même. » Zwingle fit remarquer qu'il n'y a pas d'autre
mot dans la langue grecque que ἐστί (est) pour exprimer
signifie, et il cita plusieurs exemples où ce mot est employé en un sens figuré. Le grand conseil, convaincu,
n'hésita pas; les doctrines évangéliques avaient pénétré
dans tous les cœurs; d'ailleurs, puisqu'on se séparait de
l'Église de Rome, on trouvait une certaine satisfaction à
le faire aussi complétement que possible et à creuser un
abîme entre elle et la Réformation. Le conseil ordonna
donc l'abolition de la messe, et arrêta que le lendemain,
jeudi saint, la cène se célébrerait conformément aux usages
apostoliques.

Zwingle était vivement occupé de ces pensées, et le soir,
quand il ferma les yeux, il cherchait encore des arguments à opposer à ses adversaires. Ce qui l'avait si fort
occupé le jour se présenta à lui en songe. Il rêva qu'il disputait avec Am-Grut, et qu'il ne pouvait répondre à sa
principale objection. Tout à coup un personnage se présenta à lui dans son rêve, et lui dit : « Pourquoi ne lui
« cites-tu pas Exode XII, verset 11 : *Vous mangerez l'agneau*
« *à la hâte, il est le passage (la pâque) de l'Éternel.* » Zwingle
se réveilla, sortit du lit, prit la traduction des Septante, et
y trouva le même mot ἐστί (est), dont le sens ici, de l'aveu
de tous, ne peut être que « *signifie.* »

Voici donc dans l'institution même de la Pâque, sous
l'ancienne alliance, le sens que Zwingle réclame. Comment ne pas en conclure que les deux passages sont parallèles?

Le jour suivant, Zwingle prit ce passage pour texte de
son sermon, et parla avec tant de force qu'il détruisit tous
les doutes.

Cette circonstance, qui s'explique si naturellement, et
l'expression dont Zwingle se servit pour dire qu'il ne se rappelait pas l'apparence du personnage qu'il avait vu en songe[1],

---

[1] « Ater fuerit an albus nihil memini; somnium enim narro. »

ont fait avancer que ce fut du diable que ce réformateur apprit sa doctrine.

Les autels avaient disparu ; de simples tables couvertes du pain et du vin de l'eucharistie les remplaçaient, et une foule attentive se pressait à l'entour. Il y avait quelque chose de solennel dans cette multitude. Le jeudi saint, les jeunes gens ; le vendredi, jour de la passion, les hommes et les femmes ; le jour de Pâques, les vieillards célébrèrent successivement la mort du Seigneur [1].

Les diacres lurent les passages des Écritures qui se rapportent à ce sacrement ; les pasteurs adressèrent au troupeau une pressante exhortation, invitant tous ceux qui, en persévérant dans le péché, souilleraient le corps de Jésus-Christ, à s'éloigner de cette cène sacrée ; le peuple se mit à genoux, on apporta le pain sur de grandes patènes ou assiettes en bois, et chacun en rompit un morceau ; on fit passer le vin dans des gobelets de bois : on croyait ainsi se rapprocher mieux de la cène primitive. La surprise ou la joie remplissaient tous les cœurs [2].

Ainsi la Réforme s'opérait dans Zurich. La simple célébration de la mort du Seigneur semblait avoir répandu de nouveau dans l'Église l'amour de Dieu et l'amour des frères. Les paroles de Jésus-Christ étaient de nouveau esprit et vie. Tandis que les divers ordres et les diverses parties de l'Église de Rome n'avaient cessé de se disputer entre eux, le premier effet de l'Évangile, en rentrant dans l'Église, était de rétablir la charité parmi les frères. L'amour des premiers siècles était rendu alors à la chrétienté. On vit des ennemis renoncer à des haines antiques et invétérées, et s'embrasser après avoir mangé ensemble le pain de l'eucharistie. Zwingle, heureux de ces touchantes manifestations, rendit grâces à Dieu de ce que la cène du Seigneur opérait de nouveau ces miracles de charité, que

---

[1] *Füsslin Beytræge*, IV, p. 64.
[2] « Mit grossem Werwundern viler Lüthen und noch mit vil grössern Fröuden der Glöubigen. » (Bullinger, *Chron.*, p. 264.)

le sacrifice de la messe avait dès longtemps cessé d'accomplir[1].

« La paix demeure dans notre ville, s'écria-t-il; parmi
« nous point de feinte, point de dissension, point d'envie,
« point de querelle. D'où peut venir un tel accord, si ce
« n'est du Seigneur et de ce que la doctrine que nous an-
« nonçons nous porte à l'innocence et à la paix[2]? »

Il y avait alors charité et unité, quoiqu'il n'y eût pas
uniformité. Zwingle, dans son *Commentaire de la vraie
et de la fausse religion*, qu'il dédia à François Ier, en
mars 1525, année de la bataille de Pavie[3], avait présenté
quelques vérités de la manière la plus propre à les faire
accueillir par la raison humaine, suivant en cela l'exemple
de plusieurs des théologiens scolastiques les plus distingués. C'est ainsi qu'il avait appelé *maladie* la corruption
originelle, et réservé le nom de *péché* pour la transgression
actuelle de la loi[4]. Mais ces assertions, qui excitèrent
quelques réclamations, ne nuisirent pourtant point à l'amour fraternel; car Zwingle, tout en persistant à appeler
le péché originel une maladie, ajouta que tous les hommes
étaient perdus par ce mal, et que l'unique remède était
Jésus-Christ[5]. Il n'y avait donc ici aucune erreur pélagienne.

Mais, tandis que la célébration de la cène était accompagnée dans Zurich d'un retour à la fraternité chrétienne,
Zwingle et ses amis avaient d'autant plus à soutenir au
dehors l'irritation des adversaires. Zwingle n'était pas seulement un docteur chrétien, il était aussi un vrai patriote;
et nous savons avec quel zèle il combattait les capitula-

---

[1] « Expositio fidei. » (Zw. *Op.*, II, p. 241.)
[2] « Ut tranquillitatis et innocentiæ studiosos reddat. » (Zw. *Ep.*, p. 390.)
[3] *De vera et falsa religione Commentarius.* (Zw. *Op.*, III, p. 145-325.)
[4] « Peccatum ergo *morbus* est cognatus nobis, quo fugimus aspera et gravia, sectamur jucunda et voluptuosa : secundo loco accipitur peccatum pro eo quod contra legem fit. » (*Ibid.*, p. 204.)
[5] « Originali morbo perdimur omnes; remedio vero quod contra ipsum invenit Deus, incolumitati restituimur. » (*De peccato originali declaratio ad Urbanum Rhegium.* Ibid., p. 632.)

tions, les pensions et les alliances étrangères. Il était convaincu que ces influences du dehors détruisaient la piété, aveuglaient la raison et semaient partout la discorde. Mais ses courageuses protestations devaient nuire aux progrès de la Réforme. Dans presque tous les cantons, les chefs qui recevaient les pensions étrangères, et les officiers qui conduisaient au combat la jeunesse helvétique, formaient de puissantes factions, des oligarchies redoutables, qui attaquaient la Réformation, non pas tant en vue de l'Église qu'à cause du préjudice qu'elle devait porter à leurs intérêts et à leurs honneurs. Déjà ils l'avaient emporté à Schwitz; et ce canton où Zwingle, Léon Juda et Oswald Myconius avaient enseigné, et qui semblait devoir suivre la marche de Zurich, s'était tout à coup rouvert aux capitulations mercenaires et fermé à la Réforme.

A Zurich même, quelques misérables, soulevés par des intrigues étrangères, attaquaient Zwingle au milieu de la nuit, jetaient des pierres contre sa maison, en brisaient les fenêtres et appelaient à grands cris « le roux Uli, le « vautour de Glaris, » en sorte que Zwingle, réveillé, courait à son épée [1]. Ce trait le caractérise.

Mais ces attaques isolées ne pouvaient paralyser le mouvement qui entraînait Zurich et qui commençait à ébranler la Suisse. C'étaient quelques cailloux jetés pour arrêter un torrent. Partout ses eaux, grossissant, menaçaient de vaincre les plus grands obstacles.

Les Bernois ayant déclaré aux Zuricois que plusieurs États avaient refusé de siéger à l'avenir avec eux en diète : « Eh bien! » répondirent ceux de Zurich, avec calme et en levant, comme autrefois les hommes du Rutli, leurs mains vers le ciel, « nous avons la ferme assurance que Dieu le « Père, le Fils et le Saint-Esprit, au nom duquel la Confé- « dération a été formée, ne s'éloignera point de nous, et « nous fera à la fin siéger, par miséricorde, à côté de sa « majesté souveraine [2]. » Avec une telle foi, la Réforme

---

[1] « Interea surgere Zwinglius ad ensem suum. » (Zw. *Op.*, III, p. 411.)
[2] « Bey Ihm zuletzt sitzen... » (Kirchhofer's *Ref. v. Bern.*, p. 55.)

n'avait rien à craindre. Mais remporterait-elle de semblables victoires dans les autres États de la Confédération? Zurich ne demeurerait-il pas seul du côté de la Parole? Berne, Bâle, d'autres cantons encore, resteront-ils assujettis à la puissance de Rome? C'est ce que maintenant nous allons voir. Tournons-nous donc vers Berne, et étudions la marche de la Réforme dans l'État le plus influent de la Confédération.

VII

Nulle part la lutte ne devait être aussi vive qu'à Berne, car l'Évangile y comptait à la fois de puissants amis et de redoutables adversaires. A la tête du parti de la Réformation se trouvaient le banneret Jean de Weingartnen, Barthélemy de May, membre du petit conseil, ses fils Wolfgang et Claudius; ses petits-fils Jacques et Benoît, et surtout la famille de Watteville. L'avoyer Jacques de Watteville, qui occupait depuis 1512 la première place de la république, avait lu de bonne heure les écrits de Luther et de Zwingle, et s'était souvent entretenu de l'Évangile avec Jean Haller, pasteur à Anseltingen, qu'il avait protégé contre ses persécuteurs.

Son fils Nicolas, âgé alors de trente et un ans, était depuis deux ans prévôt de l'Église de Berne, et jouissait comme tel, en vertu d'ordonnances papales, de grands privilèges; aussi Berthold Haller l'appelait-il « notre « évêque[1]. »

Les prélats et le pape s'efforçaient à l'envi de le lier aux intérêts de Rome[2]; et tout paraissait devoir l'éloigner de la connaissance de l'Évangile; mais l'action de Dieu fut plus

---

[1] « Episcopus noster *Vadivillius*. » (Zw. *Ep.*, p. 285.)
[2] « Tantum favoris et amicitiæ quæ tibi cum tanto summorum pontificum et potentissimorum episcoporum cœtu hactenus intercessit. » (Zw. *Op.*, 1, anc. éd. lat., p. 305.)

puissante que les flatteries des hommes. Watteville fut converti des ténèbres à la douce lumière de l'Évangile, dit Zwingle[1]. Ami de Berthold Haller, il lisait toutes les lettres que celui-ci recevait de Zwingle, et il ne pouvait assez en témoigner son admiration[2].

L'influence des deux de Watteville, qui se trouvaient à la tête, l'un de l'État, l'autre de l'Église, devait, ce semble, entraîner la république. Mais le parti opposé n'était pas moins puissant.

On remarquait parmi ses chefs le schultheiss d'Erlach, le banneret Willading, et plusieurs patriciens, dont les intérêts étaient les mêmes que ceux des couvents placés sous leur administration. Derrière ces hommes influents était un clergé ignorant et corrompu, qui appelait la doctrine évangélique « une invention de l'enfer. » « Chers confé« dérés, » dit au mois de juillet, en pleine assemblée, le conseiller du Mullinen, « prenez garde que cette Réfor« mation ne nous gagne; on n'est pas en sûreté à Zurich « dans sa propre maison, et il faut des hommes d'armes « pour s'y défendre. » En conséquence, on fit venir à Berne le docteur des dominicains de Mayence, Jean Heim, qui se mit à déployer du haut des chaires, contre la Réforme, toute l'éloquence de saint Thomas[3].

Ainsi les deux partis étaient rangés l'un contre l'autre; la lutte paraissait inévitable, et déjà l'issue n'en semblait pas douteuse. En effet, une foi commune unissait une partie du peuple aux familles les plus distinguées de l'État. Berthold Haller s'écriait, plein de confiance en l'avenir : « A moins que la colère de Dieu ne se tourne contre nous, « il est impossible que la Parole du Seigneur soit bannie « de cette ville, car les Bernois ont faim[4]. »

---

[1] « Ex obscuris ignorantiæ tenebris in amœnam Evangelii lucem productum. » (Zw. *Op.*, I, p. 303.)
[2] « Epistolas tuæ et eruditionis et humanitatis testes locupletissimas.... ». (Zw. *Ep.*, p. 287.)
[3] « Suo Thomistico Marte omnia invertere. » (*Ibid.*)
[4] « Famem verbi Bernates habent. » (*Ibid.*, p. 293.)

Bientôt deux actes du gouvernement parurent faire pencher la balance du côté de la Réforme. L'évêque de Lausanne ayant annoncé une visite épiscopale, le conseil lui fit dire par le prévôt de Watteville qu'il eût à s'en abstenir[1]. Et en même temps, les conseils de Berne rendirent une ordonnance qui, tout en accordant en apparence quelque chose aux ennemis de la Réforme, en consacrait les principes. Ils arrêtèrent qu'on prêcherait exclusivement, librement, ouvertement, le saint Évangile et la doctrine de Dieu, telle qu'elle pouvait être établie par les livres de l'Ancien et du Nouveau Testament, et qu'on s'abstiendrait de toute doctrine, dispute ou écrit provenant de Luther ou d'autres docteurs[2]. La surprise des adversaires de la Réforme fut grande, quand ils virent les ministres évangéliques en appeler hautement à cette ordonnance. Cet arrêté, qui fut la base de tous ceux qui suivirent, commença légalement la Réforme dans Berne. Il y eut dès lors plus de décision dans la marche de cet État, et Zwingle, dont le regard était attentif à tout ce qui se passait dans la Suisse, put écrire au prévôt de Watteville : « Tous les chrétiens sont dans la joie, « à cause de cette foi que la pieuse ville de Berne vient de « recevoir[3]. » « La cause est celle de Christ, s'écrièrent les « amis de l'Évangile[4] ; » et ils s'y consacrèrent avec plus de courage encore.

Les adversaires de la Réforme, alarmés de ces premiers avantages, serrèrent leurs rangs, et résolurent de porter un coup qui leur assurât la victoire. Ils conçurent le projet de se débarrasser de ces ministres, dont l'audacieuse parole renversait les plus antiques coutumes ; et bientôt une occasion favorable se présenta. Il y avait à Berne, à la place où se trouve maintenant l'hôpital de l'Ile, un cou-

---

[1] « Ut nec oppidum, nec pagos Bernatum visitare prætendat omnino. » (Zw. *Ep.*, p. 295.)

[2] « Alein das heilig Evangelium und die leer Gottes frey, offentlich und unverborgen. » (Bullinger, *Chron.*, p. 111.)

[3] « Alle Christen sich allenthalben fröuwend des Glaubens... » (Zw. *Op.*, I, p. 426.)

[4] « Christi negotium agitur. » (Zw. *Ep.*, 9 mai 1523.)

vent de religieuses de Saint-Dominique, consacré à saint Michel. Le jour de cet archange (29 septembre) était pour le monastère une grande fête. Plusieurs ecclésiastiques s'y rendirent cette année, entre autres Wittenbach, de Bienne, Sébastien Meyer et Berthold Haller. Étant entrés en conversation avec les religieuses, parmi lesquelles se trouvait Clara, fille de Claudius May, l'un des appuis de la Réformation : « Les mérites de l'état monastique sont imagi- « naires, lui dit Haller, en présence de sa grand'mère, et le « mariage est un état honorable, institué de Dieu même. » Quelques nonnes auxquelles Clara raconta les discours de Berthold, en poussèrent des cris d'effroi. « Haller prétend, « dit-on bientôt dans la ville, que toutes les religieuses sont « des enfants du diable... » L'occasion que les ennemis de la Réforme cherchaient était trouvée; ils se présentèrent au petit conseil; ils rappelèrent une ancienne ordonnance qui portait que quiconque enlèverait une religieuse du monastère perdrait la tête, et ils demandèrent qu'on « adoucît « la sentence, » et que, sans entendre les trois ministres, on se contentât de les bannir à perpétuité. Le petit conseil accorda la demande, et la chose fut promptement portée au grand conseil.

Ainsi Berne allait être privée de ses réformateurs; les intrigues du parti papal avaient le dessus. Mais Rome, qui triomphait quand elle s'adressait aux oligarques, était battue devant le peuple ou ses représentants. A peine les noms de Haller, de Meyer, de Wittenbach, ces hommes que la Suisse entière vénérait, eurent-ils été prononcés dans le grand conseil, qu'il se manifesta une opposition puissante contre le petit conseil et le clergé. « Nous ne pou- « vons, s'écria Tillman, condamner ces accusés sans les « entendre !... Leur témoignage vaut bien le témoignage « de quelques femmes. » Les ministres furent donc appelés. On ne savait comment se tirer de cette affaire. « Croyons- « en l'un et l'autre parti, » dit enfin Jean de Weingarten. Ainsi fut fait; on renvoya les ministres de la plainte, en les invitant pourtant à se mêler de leur chaire et non du cloître. Mais la chaire leur suffisait. Les efforts des adversaires avaient tourné à leur honte. C'était une grande victoire pour la Réforme. Aussi l'un des patriciens s'écria-t-il : « Maintenant tout est dit, il faut que l'affaire de Luther « marche[1]. »

Elle marchait en effet, et dans les lieux même où l'on s'y fût le moins attendu. A Königsfeld, sur l'Aar, près du château de Hapsbourg, s'élevait un monastère tout rempli de la magnificence monacale du moyen âge, et où reposaient les cendres de plusieurs membres de cette maison illustre qui donna tant d'empereurs à l'Allemagne. Les plus grandes familles de la Suisse et de la Souabe y faisaient prendre le voile à leurs filles. C'était non loin de là que, le 1er mai 1308, l'empereur Albert était tombé sous les coups de son neveu Jean de Souabe; et les beaux vitraux de l'église de Königsfeld représentaient les horribles supplices dont on avait poursuivi les parents et les vassaux des coupables. Catherine de Waldbourg-Truchsess, abbesse du couvent à l'époque de la Réformation, comptait parmi ses religieuses Béatrix de Landenberg, sœur de l'évêque de Constance, Agnès de Mullinen, Catherine de Bonnstetten et Marguerite de Watteville, sœur du prévôt. La liberté dont jouissait ce couvent, qui, dans des temps antérieurs, avait favorisé de coupables désordres, permit d'y faire pénétrer les saintes Écritures, les écrits de Luther et de Zwingle; et bientôt une vie nouvelle en changea entièrement l'aspect. Près de cette cellule où s'était retirée la reine Agnès, fille d'Albert, après s'être baignée dans des torrents de sang, comme dans une « rosée « de mai; » et où, filant de la laine ou brodant des ornements d'église, elle avait mêlé des exercices de dévotion à des pensées de vengeance, Marguerite de Watteville n'avait que des pensées de paix, lisait les Écritures, et composait de plusieurs ingrédients salutaires un électuaire excellent. Puis, se recueillant dans sa cellule, la jeune nonne

---

[1] « Es ist nun gethan. Der Lutherische Handel muss vorgehen. » (Anshelm. Wirtz, K. G., V, p. 290.)

prenait la hardiesse d'écrire au docteur de la Suisse. Sa lettre montre mieux que beaucoup de réflexions ne pourraient le faire, l'esprit chrétien qui se trouvait dans ces pieuses femmes, de nos jours encore si fort calomniées.

« Que la grâce et la paix, dans le Seigneur Jésus, vous
« soient toujours données, et multipliées par Dieu le Père
« céleste, disait à Zwingle la nonne de Königsfeld. Très
« savant, révérend et bien cher Monsieur, je vous conjure
« de ne pas prendre en mauvaise part la lettre que je vous
« écris. L'amour qui est en Christ me presse de le faire,
« surtout depuis que j'ai appris que la doctrine du salut
« croit de jour en jour par votre prédication de la Parole
« de Dieu. C'est pourquoi je présente mes louanges au
« Dieu éternel, de ce qu'il nous a éclairés de nouveau et
« nous a envoyé, par son Saint-Esprit, tant de hérauts de
« sa sainte Parole; et en même temps je lui offre d'ar-
« dentes prières pour qu'il vous revête de sa force, vous
« et tous ceux qui annoncent sa bonne nouvelle, et pour
« que, vous armant contre tous les ennemis de la vérité,
« il fasse croître dans tous les hommes son verbe divin.
« Très savant Monsieur, j'ose envoyer à Votre Révérence
« cette petite marque de mon affection; veuillez ne pas la
« mépriser, car c'est la charité chrétienne qui vous l'offre.
« Si cet électuaire vous fait du bien, et que vous en dési-
« riez davantage, faites-le-moi connaître; car ce serait une
« grande joie pour moi que de faire quelque chose qui
« vous fût agréable; et ce n'est pas moi seulement qui
« pense ainsi, mais toutes celles qui aiment l'Évangile
« dans notre couvent de Königsfeld. Elles présentent à
« Votre Révérence leurs salutations en Jésus-Christ, et
« toutes ensemble nous vous recommandons sans cesse à
« sa très puissante garde[1].

« Le samedi avant *Lætare*, 1523. »

Telle fut la pieuse lettre que la nonne de Königsfeld écrivit au docteur de la Suisse.

---

[1] « Cujus præsidio auxilioque præsentissimo, nos vestram dignitatem assidue commendamus. » (Zw. *Ep.*, p. 280.)

Un couvent dans lequel la lumière évangélique avait ainsi pénétré ne pouvait persévérer longtemps dans les pratiques de la vie monacale. Marguerite de Watteville et ses sœurs, persuadées qu'elles pourraient mieux servir Dieu dans leurs familles que dans le cloître, demandèrent à en sortir. Le conseil de Berne, effrayé, voulut d'abord mettre ces nonnes à la raison, et le provincial et l'abbesse employèrent tour à tour les menaces et les promesses; mais les sœurs Marguerite, Agnès, Catherine, et leurs amies, se montrèrent inébranlables. Alors on adoucit la règle du couvent, on exempta les nonnes des jeûnes et des matines, et on augmenta leur bénéfice. « Ce n'est pas, répondirent« elles au conseil, la liberté de la chair que nous deman« dons; c'est celle de l'esprit. Nous, vos pauvres et inno« centes prisonnières, nous demandons qu'on ait pitié de « nous! » — « *Nos* prisonnières, *nos* prisonnières! s'écria le « banneret de Krauchthaler, je ne veux pas qu'elles soient « mes prisonnières! » Cette parole de l'un des plus fermes appuis des couvents décida le conseil; le couvent fut ouvert; et peu après, Catherine de Bonnstetten épousa Guillaume de Diesbach.

Cependant, loin de se ranger franchement du côté des réformateurs, Berne tenait un certain milieu, et s'appliquait à suivre un système de bascule. Une occasion fit bientôt ressortir cette marche mitoyenne. Sébastien Meyer, lecteur des franciscains, publia une rétractation des erreurs romaines, qui fit grande sensation, et où, peignant la vie des couvents, il disait : « On y vit plus impurement, « on y tombe plus fréquemment, on s'y lève plus tardive« ment, on y marche plus incertainement, on s'y repose « plus dangereusement, on y a pitié plus rarement, on y « est lavé plus lentement, on y meurt plus désespérément « et l'on y est condamné plus durement[1]. » Au moment où Meyer se prononçait ainsi contre les cloîtres, Jean Heim, lecteur des dominicains, s'écriait, du haut des chaires :

---

[1] « Langsamer gereiniget, verzweifelter stirbt, härter verdammet. » (Kirchhofer's *Ref. v. Bern.*, p. 48.)

« Non ! Christ n'a pas, comme les évangéliques l'enseignent, « satisfait une fois pour toutes à son Père. Il faut encore « que chaque jour Dieu soit réconcilié avec les hommes « par le sacrifice de la messe et les bonnes œuvres. » Deux bourgeois qui se trouvaient dans le temple l'interrompirent en disant : « Ce n'est pas vrai ! » Aussitôt grand bruit dans l'église ; Heim restait muet ; plusieurs le pressaient de continuer, mais il descendit de la chaire sans finir son discours. Le lendemain, le grand conseil frappa à la fois Rome et la Réforme ; il renvoya de la ville les deux grands controversistes Meyer et Heim. « Ils ne sont ni clairs ni troubles [1], » disait-on des Bernois, en se servant d'un mot à double sens ; *Luther* voulant dire *clair* en vieux allemand [2].

---

[1] « Dass sie weder luther noch trüb seyen. » (Kirchhofer's *Ref. v. Bern.*, p. 50.)

[2] Des écrivains romains, et en particulier M. de Haller, ont cité, d'après Salat et Tschudi, ennemis de la Réformation, une prétendue lettre de Zwingle adressée dans ce temps à Kolb à Berne. La voici :

« Salut et bénédiction de Dieu notre Seigneur. Cher François, allez doucement « dans l'affaire ; ne jetez d'abord à l'ours qu'une poire aigre parmi plusieurs douces, « ensuite deux, puis trois ; et quand il aura commencé à les manger, jetez-lui en « toujours davantage : aigres et douces, pêle-mêle ; enfin secouez entièrement le sac ; « molles, dures, douces, aigres et crues, il les mangera toutes, et ne permettra plus « qu'on les lui ôte ni qu'on le chasse. Zurich, lundi avant St-George, 1525.

« Votre serviteur en Christ, *Ulrich Zwingle.* »

Des raisons décisives s'opposent à ce qu'on admette l'authenticité de cette lettre. 1° En 1525, Kolb était pasteur à Wertheimer ; il ne vint à Berne qu'en 1527. (Voyez Zw. *Ep.*, p. 526.) M. de Haller substitue, il est vrai, mais très arbitrairement, 1527 à 1525 : cette correction est sans doute très bien entendue ; mais malheureusement M. de Haller est en cela en contradiction avec Salat et Tschudi, qui, tout en ne s'accordant pas sur le jour où l'on parla en diète de cette lettre, s'accordent sur l'année, qui chez l'un et l'autre est bien 1525. 2° On ne s'entend pas sur la manière dont on eut connaissance de la lettre : d'après une version, elle fut interceptée ; d'après une autre, des paroissiens de Kolb la communiquèrent à un homme des petits cantons qui se trouvait à Berne. 3° L'original est en allemand ; or Zwingle écrivait toujours en latin à ses amis lettrés ; de plus, il les saluait comme leur *frère*, non comme leur *serviteur*. 4° Si on lit les lettres de Zwingle, on verra qu'il est impossible d'avoir un style plus opposé à celui de cette prétendue lettre. Jamais Zwingle n'eût écrit une lettre pour dire si peu de chose ; ses épîtres sont ordinairement longues et pleines de nouvelles. Appeler la petite plaisanterie recueillie par Salat *une lettre* est une vraie dérision. 5° Salat mérite peu de confiance comme historien, et Tschudi paraît l'avoir copié, avec quelques variantes. — Il se peut qu'un homme des petits cantons ait reçu de quelque Bernois communication de la lettre de Zwingle à Haller, dont nous avons parlé (tome II de cette Histoire, 1re édit., p. 468), où Zwingle emploie avec beaucoup de noblesse cette comparaison des ours, que l'on retrouve du reste chez tous les auteurs de ce temps. Cela aura donné l'idée à quelque plaisant d'inventer cette fausse lettre, qu'on aura supposé avoir été adressée à Kolb par Zwingle.

Mais en vain voulait-on étouffer la Réforme dans Berne; elle faisait de toutes parts des progrès. Les religieuses du monastère de l'Ile avaient gardé le souvenir de la visite de Haller. Clara May et plusieurs de ses amies, se demandant avec anxiété ce qu'elles devaient faire, écrivirent au savant Henri Bullinger. « Saint Paul, répondit celui-ci, « prescrit aux jeunes femmes, non de faire des vœux, mais « de se marier, et de ne pas vivre dans l'oisiveté, sous une « fausse apparence de piété. (1 Timothée, chap. V, v. 13, « 14.) Suivez Jésus dans l'humilité, la charité, la patience, « la pureté et l'honnêteté[1]. » Clara invoquant le secours d'en haut, résolut de suivre ce conseil et de quitter une vie contraire à la Parole de Dieu, inventée par les hommes et pleine de séductions et de péchés. Son père Barthélemy, qui avait passé cinquante années sur les champs de bataille et dans les conseils, apprit avec joie la résolution de sa fille. Clara quitta le couvent.

Le prévôt Nicolas de Watteville, que tous ses intérêts liaient à la hiérarchie romaine, et qui devait être porté sur le premier siége épiscopal vacant en Suisse, renonça aussi à ses titres, à ses revenus et à ses espérances, pour garder une conscience pure; et rompant tous les liens par lesquels les papes avaient cherché à l'enlacer, il entra dans l'état du mariage, établi de Dieu dès la création du monde. Nicolas de Watteville épousa Clara May, et sa sœur Marguerite, la nonne de Königsfeld, s'unit presque en même temps à Lucius Tscharner, de Coire[2].

VIII

Ainsi tout annonçait les triomphes que la Réformation devait bientôt remporter dans Berne. Une cité non moins

---

[1] « Eueren Herrn Jesu nachfolget in Demuth... » (Kirchhofer's *Ref. v. Bern.*, p. 60.)
[2] Zw. *Ep.*, Annotatio, p. 451.—C'est de cette union que descendent les Tscharner de Berne.

importante, et qui était alors comme l'Athènes de la Suisse, Bâle, commençait aussi à se préparer au grand combat qui a signalé le seizième siècle.

Chacune des villes de la Confédération avait son aspect particulier. Berne était la ville des grandes familles, et la question paraissait devoir y être décidée par le parti que prendraient tels et tels des chefs de cette cité. A Zurich, les ministres de la Parole, les Zwingle, les Léon Juda, les Myconius, les Schmidt, entraînaient après eux une bourgeoisie puissante. Lucerne était la ville des armes et des capitulations militaires; Bâle était celle du savoir et des imprimeries. Le chef de la république des lettres au seizième siècle, Érasme, y avait fixé son séjour; et, préférant la liberté dont il jouissait aux séduisantes invitations des papes et des rois, il y était devenu le centre d'un concours nombreux de lettrés.

Mais un homme humble, doux et pieux, d'un génie inférieur à celui d'Érasme, devait bientôt exercer sur cette ville une influence plus puissante que celle du prince des écoles. L'évêque de Bâle, Christophe de Utenheim, d'accord avec Érasme, cherchait à s'entourer d'hommes propres à accomplir une réformation de juste milieu. Dans ce dessein, il avait appelé près de lui Capiton et Œcolampade. Il y avait dans ce dernier quelque chose de monastique, qui heurtait souvent l'illustre philosophe. Mais Œcolampade s'attacha bientôt à lui avec enthousiasme; et peut-être eût-il perdu toute indépendance dans cette étroite relation, si la Providence ne l'eût éloigné de son idole. Il retourna, en 1517, à Weinsberg, sa ville natale, et là les désordres et les plaisanteries profanes des prêtres le révoltèrent; il nous a laissé un beau monument de l'esprit grave qui l'animait dès lors, dans son ouvrage célèbre « *sur les rires de Pâques,* » qui paraît avoir été écrit dans ce temps-là [1].

Appelé à Augsbourg vers la fin de 1518, comme prédi-

---

[1] Herzog, *Studien und Kritiken,* 1840, p. 334.

cateur de la cathédrale, il trouva cette ville encore émue de la fameuse conférence que Luther y avait eue, au mois de mai, avec le légat du pape. Il fallait se décider pour ou contre ; Œcolampade n'hésita pas, et se prononça pour le réformateur. Cette franchise lui suscita bientôt une vive opposition ; et convaincu que sa timidité et la faiblesse de sa voix ne lui permettaient pas de réussir dans le monde, il se mit à promener ses regards tout autour de lui, et les arrêta sur un couvent de moines de Sainte-Brigitte, célèbre par sa piété et par ses études profondes et libérales, qui se trouvait près d'Augsbourg. Sentant le besoin du repos, du loisir, du travail et de la prière, il se tourna vers ces religieux, et leur dit : « Peut-on vivre chez vous selon la « Parole de Dieu ? » Ceux-ci lui en ayant donné l'assurance, Œcolampade franchit la porte du couvent le 23 avril 1520, sous la condition expresse qu'il serait libre, si jamais le service de la Parole de Dieu le réclamait quelque part.

Il était bon que le futur réformateur de Bâle connût, comme Luther, cette vie monastique, qui était la plus haute expression du catholicisme romain. Mais il n'y trouva pas le repos ; ses amis blâmaient sa démarche, et lui-même déclarait hautement que Luther était plus près de la vérité que ses adversaires. Aussi le docteur Eck et d'autres docteurs romains le poursuivirent-ils de leurs menaces, jusque dans sa tranquille retraite.

Œcolampade n'était alors ni réformé ni sectateur de Rome ; il voulait un certain catholicisme purifié qui n'existe nulle part dans l'histoire, mais dont l'idée a été souvent comme un pont qui a servi de passage à plusieurs. Il se mit à corriger par la Parole de Dieu les statuts de son ordre. « Je vous en supplie, disait-il aux frères, n'estimez pas vos « ordonnances plus que les commandements du Seigneur ! — Nous ne voulons, répondirent les religieux, d'autre « règle que celle du Sauveur ; prenez nos livres, et mar- « quez, comme en présence de Christ lui-même, ce que « vous trouverez de contraire à sa Parole. » Œcolampade commença ce travail ; mais il se lassait presque à la peine.

« O Dieu tout-puissant! s'écriait-il, quelles abominations
« Rome n'a-t-elle pas approuvées dans ces statuts! »

A peine en eut-il signalé quelques-unes, que la colère des frères s'enflamma. « Hérétique! lui dit-on, apostat! tu « mérites d'être jeté pour la fin de tes jours dans un ca- « chot obscur! » On l'exclut des prières communes. Mais le danger était encore plus grand au dehors. Eck et les siens n'avaient point abandonné leurs projets. « Dans trois « jours, lui fit-on dire, on doit venir vous arrêter. » Il se rendit vers les frères : « Voulez-vous, leur dit-il, me livrer « aux assassins? » Les religieux étaient interdits, irrésolus...; ils ne voulaient ni le sauver ni le perdre. Dans ce moment arrivèrent près du cloître des amis d'Œcolampade, avec des chevaux pour le mener en lieu sûr. A cette nouvelle, les moines se décidèrent à laisser partir un frère qui avait apporté le trouble dans leur couvent. « Adieu, » leur dit-il, et il fut libre. Il était resté près de deux ans dans le cloître de Sainte-Brigitte.

Œcolampade était sauvé; il respirait enfin : « J'ai sacri- « fié le moine, écrivait-il à un ami, et j'ai retrouvé le chré- « tien. » Mais sa fuite du couvent et ses écrits hérétiques étaient partout connus; partout aussi on reculait à son approche. Il ne savait que devenir, quand Sickingen lui offrit une retraite, au printemps de l'an 1522; il l'accepta.

Son esprit opprimé par la servitude monacale prit un élan tout nouveau au milieu des nobles guerriers d'Ébernbourg. « Christ est notre liberté, s'écriait-il; et ce que les « hommes regardent comme le plus grand malheur, — la « mort elle-même, — est pour nous un gain véritable. » Aussitôt il se mit à lire au peuple, en allemand, les évangiles et les épîtres. « Dès que ces trompettes-là retentissent, « disait-il, les murs de Jéricho s'écroulent. »

Ainsi l'homme le plus modeste de son siècle préludait dans une forteresse des bords du Rhin, au milieu de rudes chevaliers, à cette transformation du culte, que la chrétienté allait bientôt subir. Cependant Ébernbourg était trop étroit pour lui, et il sentait le besoin d'une autre société que celle de ces hommes d'armes. Le libraire Cratandre l'invita à se rendre à Bâle; Sickingen le lui permit, et Œcolampade, heureux de revoir ses anciens amis, y arriva le 16 novembre 1522. Après avoir vécu quelque temps comme simple savant, sans vocation publique, il fut nommé vicaire de l'église de Saint-Martin, et ce fut cette vocation à un emploi humble et ignoré[1], qui décida peut-être de la réformation de Bâle. Chaque fois qu'Œcolampade montait en chaire, une foule immense remplissait l'église[2]. En même temps les leçons publiques données, soit par lui, soit par Pellican, étaient couronnées de tant de succès, qu'Érasme lui-même fut obligé de s'écrier : « Œcolampade « triomphe[3] ! »

En effet, cet homme doux et ferme répandait tout autour de lui, dit Zwingle, la bonne odeur de Christ, et tous ceux qui l'entouraient croissaient dans la vérité[4]. Souvent, il est vrai, la nouvelle se répandait qu'il allait être obligé de quitter Bâle et de recommencer ses aventureux voyages. Ses amis, Zwingle en particulier, étaient dans la consternation; mais bientôt le bruit de nouveaux succès remportés par Œcolampade dissipait leurs craintes et augmentait leur espoir. La renommée de ses travaux parvint même jusqu'à Wittemberg, et réjouit Luther, qui s'entretenait de lui tous les jours avec Mélanchthon. Cependant le réformateur saxon n'était pas sans inquiétudes. Érasme était à Bâle, et Érasme était l'ami d'Œcolampade... Luther crut devoir mettre sur ses gardes cet homme qu'il aimait. « Je « crains fort, lui écrivit-il, que, comme Moïse, Érasme « ne meure dans les campagnes de Moab, sans nous con- « duire dans le pays de la promesse[5]. »

---

[1] « Meis sumtibus non sine contemptu et invidia. » (Œcol. ad Pirckh., *de Eucharistia*.)

[2] « Dass er kein Predigt thate, er hatte ein mächtig Volk darinn, » dit Pierre Ryf, son contemporain. (Wirtz, p. 350.)

[3] « Œcolampadius apud nos triumphat ! » (Erasm. ad Zwingl., Zw. *Ep.*, p. 312.)

[4] « Illi magis in omni bono augescunt. » (*Ibid.*)

[5] « Et in terram promissionis ducere non potest. » (Luth. *Ep.*, II, p. 353.)

Érasme s'était réfugié à Bâle, comme dans une ville tranquille, située au centre du mouvement littéraire, et du sein de laquelle il pouvait, au moyen de l'imprimerie de Frobénius, agir sur la France, l'Allemagne, la Suisse, l'Italie et l'Angleterre. Mais il n'aimait pas qu'on vînt l'y troubler; et s'il voyait avec quelque ombrage Œcolampade, un autre homme lui inspirait encore plus de crainte. Ulric de Hutten avait suivi Œcolampade à Bâle. Longtemps il avait attaqué le pape, comme un chevalier en attaque un autre. « La hache, disait-il, est déjà mise à la racine de l'arbre. Allemands! ne succombez pas au fort de la bataille; le sort en est jeté; l'entreprise est commencée... Vive la liberté! » Il avait abandonné la langue latine, et n'écrivait plus qu'en allemand; car c'était au peuple qu'il voulait s'adresser.

Ses pensées étaient grandes et généreuses. Une assemblée annuelle des évêques devait, selon lui, régler les intérêts de l'Église. Une constitution chrétienne, et surtout un esprit chrétien, devaient, de l'Allemagne, comme autrefois de la Judée, se répandre dans le monde entier. Charles-Quint serait le jeune héros destiné à réaliser cet âge d'or; mais Hutten, ayant vu ses espérances déçues à cet égard, s'était tourné vers Sickingen, et avait demandé à la chevalerie ce que l'Empire lui refusait. Sickengen, à la tête de la noblesse féodale, avait joué un grand rôle en Allemagne; mais bientôt les princes l'avaient assiégé dans son château de Landstein, et les armes nouvelles, les canons, les boulets, avaient fait crouler ses vieilles murailles, accoutumées à d'autres coups. La prise de Landstein avait été la défaite finale de la chevalerie, la victoire décisive de l'artillerie sur les lances et les boucliers, le triomphe des temps modernes sur le moyen âge. Ainsi le dernier exploit des chevaliers devait être en faveur de la Réformation : le premier effort des armes et des guerres nouvelles devait être contre elle. Les hommes armés de fer qui tombaient sous les coups inattendus des boulets et gisaient parmi les ruines de Landstein, faisaient place à d'autres chevaliers. C'étaient d'autres faits d'armes qui allaient commencer; une chevalerie spirituelle succédait à celle des Duguesclin et des Bayard. Et ces vieux créneaux brisés, ces murailles en ruine, ces héros expirants, proclamaient avec plus de force encore que n'avait pu le faire Luther, que ce n'était pas par de tels alliés et de telles armes que l'Évangile du Prince de la paix remporterait la victoire.

Avec la chute de Landstein et de la chevalerie, s'étaient écroulées toutes les espérances de Hutten. Il dit adieu, près du cadavre de Sickingen, aux beaux jours que son imagination avait rêvés, et, perdant toute confiance dans les hommes, il ne demanda plus qu'un peu d'obscurité et de repos. Il vint les chercher en Suisse, auprès d'Érasme. Longtemps ces deux hommes avaient été amis; mais le rude et bruyant chevalier, bravant le jugement d'autrui, toujours prêt à porter la main sur son épée, attaquant à droite et à gauche tous ceux qu'il rencontrait, ne pouvait guère marcher d'accord avec le délicat et timide Érasme, aux manières fines, au ton doux et poli, avide d'approbation, prêt à tout sacrifier pour l'obtenir, et ne craignant rien au monde autant qu'une dispute. Hutten, arrivé à Bâle pauvre, malade et fugitif, s'enquit aussitôt de son ancien ami. Mais Érasme trembla à la pensée de partager sa table avec un homme mis au ban par le pape et par l'Empereur, qui ne ménagerait personne, qui lui emprunterait de l'argent, et qui traînerait après lui sans doute une foule de ces « évangéliques » qu'Érasme craignait toujours plus[1]. Il refusa de le voir, et bientôt le magistrat bâlois pria Hutten de quitter la ville. Hutten, navré, irrité contre son timide ami, se rendit à Mulhouse, et y publia contre Érasme un écrit plein de violence, auquel celui-ci fit une réponse pleine d'esprit. Le chevalier avait saisi des deux mains son glaive, et l'avait fait tomber avec force sur son adversaire;

---

[1] « Ille egens, et omnibus rebus destitutus, quærebat nidum aliquem ubi moveretur. Erat mihi gloriosus ille miles cum sua scabie in ædes recipiendus, simulque recipiendus ille chorus titulo *Evangelicorum*, » écrit Érasme à Mélanchthon, dans une lettre où il cherche à s'excuser. (Er. *Ep.*, p. 949.)

le savant, s'échappant avec adresse, avait répondu aux coups d'épée par des coups de bec[1].

Hutten dut de nouveau s'enfuir; il arriva à Zurich, où il trouva auprès du noble Zwingle un généreux accueil. Mais des cabales le contraignirent à quitter encore cette ville, et, après avoir passé quelque temps aux bains de Pfeffers, il se rendit, avec une lettre du réformateur suisse, chez le pasteur Jean Schnepp, qui habitait la petite île d'Ufnau, sur le lac de Zurich. Ce pauvre ministre reçut avec la plus touchante charité le chevalier malade et fugitif. Ce fut dans cette retraite paisible et ignorée que, après la vie la plus agitée, chassé des uns, poursuivi des autres, délaissé presque de tous, ayant toujours combattu la superstition, sans avoir jamais, à ce qu'il semble, possédé la vérité, Ulrich de Hutten, l'un des génies les plus remarquables du seizième siècle, mourut obscurément, vers la fin d'août 1523. Le pauvre pasteur, habile dans l'art de guérir, lui avait en vain donné tous ses soins. Avec lui mourut la chevalerie. Il ne laissa ni argent, ni meubles, ni livres, rien au monde, excepté une plume[1]. Ainsi fut brisé le bras de fer qui avait osé soutenir l'arche de Dieu.

IX

Il y avait en Allemagne un homme plus redoutable pour Érasme que le malheureux chevalier; c'était Luther. Le moment était arrivé où les deux grands lutteurs du siècle devaient mesurer leurs forces en un champ clos. C'étaient deux réformations très différentes que celles qu'ils poursuivaient. Tandis que Luther voulait une entière réforme, Érasme, ami du juste milieu, cherchait à obtenir de la

---

[1] *Expostulatio Hutteni. — Erasmi spongia.*
[2] « Libros nullos habuit, supellectilem nullam, præter calamum. » (*Zw. Ep.*, p. 313.)

hiérarchie des concessions qui réunissent les deux partis extrêmes. Les oscillations et les incertitudes d'Érasme révoltaient Luther. « Vous voulez marcher sur des œufs sans « les casser, lui disait-il, et entre des verres sans les bri-« ser[1]. »

En même temps il opposait aux oscillations d'Érasme une entière décision. « Nous chrétiens, disait-il, nous de-« vons être sûrs de notre doctrine, et savoir dire oui ou « non sans hésiter. Prétendre nous empêcher d'affirmer « avec une conviction parfaite ce que nous croyons, c'est « nous ôter la foi même. Le Saint-Esprit n'est pas scep-« tique[2]; et il a écrit dans nos cœurs une ferme et puis-« sante assurance, qui nous rend aussi certains de notre « foi, que nous le sommes de notre vie même. »

Ces paroles seules nous disent de quel côté la force se trouvait. Pour accomplir une transformation religieuse, il faut une foi ferme et vivante. Une révolution salutaire dans l'Église ne proviendra jamais de vues philosophiques et d'opinions humaines. Pour fertiliser la terre après une longue sécheresse, il faut que l'éclair sillonne la nue et que les réservoirs des cieux s'ouvrent. La critique, la philosophie, l'histoire même, peuvent préparer les voies à la foi véritable; mais elles ne peuvent en tenir la place. En vain nettoyez-vous les canaux, rétablissez-vous les digues, tant que l'eau ne descend pas du ciel. Toutes les sciences humaines sans la foi ne sont que des canaux à sec.

Quelle que fût la différence essentielle qu'il y eût entre Luther et Érasme, longtemps les amis de Luther, et Luther lui-même, espérèrent voir Érasme s'unir à eux contre Rome. On racontait de lui des paroles échappées à son humeur caustique, qui le montraient en dissentiment avec les hommes les plus zélés du catholicisme. Un jour, par exemple, qu'il était en Angleterre, disputant vivement avec Thomas Morus sur la transsubstantiation : « Croyez

---

[1] « Auf Eyern gehen und keines zutreten. » (Luth. *Op.*, XIX, p. 11.)
[2] « Der heilige Geist ist kein Scepticus. » (*Ibid.*, p. 8.)

« que vous avez le corps de Christ, dit celui-ci, et vous
« l'avez réellement. » Érasme ne répondit rien. Il quitta
peu après les bords de la Tamise, et Morus lui prêta son
cheval jusqu'à la mer; mais Érasme l'emmena sur le continent. Aussitôt que Morus l'apprit, il lui en fit les plus
vifs reproches. Érasme, pour toute réponse, lui envoya
le quatrain suivant :

> Ce que tu me disais du repas de la foi :
> Quiconque croit qu'il l'a sans manquer le possède;
> Je l'écris à mon tour touchant ton quadrupède :
> Crois ferme que tu l'as; tu l'as; il est chez toi [1].

Ce n'était pas seulement en Allemagne et en Angleterre
qu'Érasme s'était ainsi fait connaître. — « Luther, disait-on
« à Paris, n'a fait qu'élargir l'ouverture de l'huis duquel
« Érasme avait jà crocheté la serrure [2]. »

La situation d'Érasme était difficile : « Je ne serai point
« infidèle à la cause de Christ, écrivait-il à Zwingle, du
« moins tant que le siècle le permettra [3]. » A mesure qu'il
voyait Rome se lever contre les amis de la Réformation,
il se retirait prudemment. De toutes parts on se tournait vers lui; le pape, l'Empereur, des rois, des princes,
des savants, et jusqu'à ses plus intimes amis, le sollicitaient d'écrire contre le réformateur [4] : « Nulle œuvre, lui
« écrivait le pape, ne saurait être plus agréable à Dieu et
« plus digne de vous et de votre génie [5]. »

---

[1] « Quod mihi dixisti nuper de corpore Christi :
        Crede quod habes, et habes;
     Hoc tibi rescribo tantum de tuo caballo :
        Crede quod habes, et habes. »
                    (Paravicini *Singularia*, p. 71.)

[2] *Histoire catholique de notre temps*, par S. Fontaine, de l'ordre de Saint-François; Paris, 1562.

[3] « Quantum hoc seculum patitur. » (Zw. *Ep.*, p. 221.)

[4] « A Pontifice, a Cæsare, a regibus et principibus, a doctissimis etiam et carissimis amicis huc provocor. » (Erasm. Zw. *Ep.*, p. 308.)

[5] « Nulla te et ingenio, eruditione, eloquentiaque tua dignior esse potest. » (Adrianus Papa, *Ep.* Er., p. 1202.)

Longtemps Érasme rejeta ces sollicitations; il ne pouvait se cacher à lui-même que la cause des réformateurs était celle de la religion aussi bien que celle des lettres. D'ailleurs, Luther était un adversaire avec lequel on craignait de se mesurer, et Érasme croyait déjà sentir les coups redoublés et vigoureux de l'athlète de Wittemberg. « Il « est facile de dire, » répondait-il à un théologien de Rome : « Écris contre Luther; » « mais c'est une affaire « pleine de périls[1]. » Ainsi, il voulait... et pourtant il ne voulait pas.

Cette conduite irrésolue d'Érasme déchaîna contre lui les hommes les plus violents des deux partis. Luther lui-même ne savait comment mettre en accord le respect qu'il avait pour la science d'Érasme, avec l'indignation que lui faisait ressentir sa timidité. Il résolut de sortir de cet état pénible, et lui écrivit, en avril 1524, une lettre, dont il chargea Camérarius. « Vous n'avez pas encore « reçu du Seigneur, lui disait-il, le courage nécessaire « pour marcher avec nous à la rencontre des papistes. « Nous supportons votre faiblesse. Si les lettres fleurissent, « si elles ouvrent à tous les trésors des Écritures, c'est un « don que Dieu nous a fait par vous; don magnifique et « pour lequel nos actions de grâces montent au ciel! Mais « n'abandonnez pas la tâche qui vous a été imposée, pour « passer dans notre camp. Sans doute votre éloquence et « votre génie pourraient nous être utiles; mais puisque « le courage vous manque, restez là où vous êtes. Je vou- « drais que les nôtres permissent à votre vieillesse de s'en- « dormir en paix dans le Seigneur. La grandeur de notre « cause a dès longtemps dépassé vos forces. Mais d'un « autre côté, mon cher Érasme, abstenez-vous de nous « jeter à pleines mains ce sel piquant que vous savez si « bien cacher sous des fleurs de rhétorique; car il est plus « douloureux d'être légèrement mordu d'Érasme, que « d'être réduit en poudre par tous les papistes réunis.

---

[1] « Res est periculi plena. » (Er. *Ep.*, p. 758.)

« Contentez-vous d'être le spectateur de notre tragédie[1],
« et ne publiez pas de livres contre moi; moi, de mon
« côté, je n'en publierai pas contre vous. »

Ainsi Luther, l'homme de guerre, demandait la concorde; ce fut Érasme, l'homme de paix, qui la troubla.

Érasme accueillit la démarche du réformateur comme la plus vive des insultes; et s'il n'avait pas encore formé la résolution d'écrire contre Luther, il est probable qu'il la prit alors. « Peut-être qu'Érasme, en écrivant contre vous, « lui répondit-il, sera plus utile à l'Évangile que quelques « insensés qui écrivent pour vous[2], et qui ne me permet- « tent plus d'être simple spectateur de cette tragédie. »

Mais il avait d'autres motifs encore.

Henri VIII, roi d'Angleterre, et les grands de ce royaume insistaient avec énergie pour qu'il se déclarât publiquement contre la Réformation. Érasme, dans un moment de courage, s'en laissa arracher la promesse. Sa situation équivoque était d'ailleurs devenue pour lui un continuel tourment; il aimait le repos, et l'obligation où il était de se justifier sans cesse troublait sa vie; il aimait la gloire, et déjà on l'accusait de craindre Luther et d'être trop faible pour lui répondre; il était accoutumé au premier rang, et le petit moine de Wittemberg avait détrôné le puissant Érasme. Il lui fallait donc, par un acte courageux, reconquérir la place qu'il avait perdue. Toute l'ancienne chrétienté s'adressait à lui pour l'en supplier. On voulait une capacité, la plus grande réputation du siècle, pour l'opposer à la Réforme. Érasme se donna.

Mais de quelle arme va-t-il se servir? Fera-t-il retentir les tonnerres du Vatican? Défendra-t-il les abus qui sont la honte de la papauté? Érasme ne le pouvait. Le grand mouvement qui agitait les esprits, après la mort qui avait duré tant de siècles, le remplissait de joie, et il eût craint de l'entraver. Ne pouvant se faire le champion du catholi-

---

[1] « Spectator tantum sis tragœdiæ nostræ. » (Luth. *Ep.*, II, p. 501.)
[2] « Quidam stolidi scribentes pro te. » (*Unschuldige Nachricht.*, p. 545.)

cisme romain, dans ce qu'il a ajouté au christianisme, il entreprit de le défendre dans ce qu'il en a retranché. Érasme choisit pour attaquer Luther le point où le catholicisme se confond avec le rationalisme, la doctrine du libre arbitre ou de la puissance naturelle de l'homme. Ainsi, tout en prenant la défense de l'Église, Érasme plaisait aux gens du monde, et en se battant pour les papes il se battait aussi pour les philosophes. On a dit qu'il s'était ainsi enfermé mal à propos dans une question obscure et inutile[1]. Luther, les réformateurs et leur siècle en jugèrent tout autrement; et nous pensons comme eux. « Je dois recon-
« naître, dit Luther, que, seul dans ce combat, vous avez
« saisi à la gorge le combattant. Je vous en remercie de
« tout mon cœur; car j'aime mieux m'occuper de ce sujet-
« là que de toutes ces questions secondaires sur le pape,
« le purgatoire, les indulgences, dont m'ont poursuivi
« jusqu'à cette heure les ennemis de l'Évangile[2]. »

Ses propres expériences, et l'étude attentive des saintes Écritures et de saint Augustin, avaient convaincu Luther que les forces actuelles de l'homme inclinent tellement au mal, qu'il ne peut parvenir de lui-même qu'à une certaine honnêteté extérieure, complétement insuffisante aux yeux de la Divinité. Il avait reconnu en même temps que c'était Dieu qui, opérant librement dans l'homme, par son Saint-Esprit, l'œuvre de la foi, lui donnait une justice véritable. Cette doctrine était devenue le principe de sa vie religieuse, l'idée dominante de sa théologie, et le pivot sur lequel roulait toute la Réformation.

Tandis que Luther soutenait que tout bien dans l'homme venait de Dieu, Érasme se rangea du côté de ceux qui pensaient que ce bien venait de l'homme même. — Dieu ou

---

[1] « On se prend à peine pour notre propre espèce, dit à ce sujet M. Nisard (Érasme, *Revue des Deux-Mondes*, III, p. 411), quand on voit que des hommes capables de se prendre corps à corps avec des vérités éternelles, se sont escrimés toute leur vie contre des billevesées; pareils à des gladiateurs qui se tendraient contre des mouches. »

[2] Luth. *Op.*, XIX, p. 146.

l'homme... — le bien ou le mal... — ce ne sont certes pas là de petites questions; et s'il est des billevesées, c'est ailleurs qu'il faut les chercher.

Ce fut dans l'automne de l'an 1524 qu'Érasme publia son fameux écrit intitulé : *Diatribe sur la liberté de la volonté;* et dès qu'il eut paru, le philosophe put à peine en croire son courage. Il regardait en tremblant, les yeux fixés sur l'arène, le gant qu'il venait de lancer à son adversaire. « Le sort en est jeté, écrivit-il avec émotion à Henri VIII, « le livre sur le *libre arbitre* a paru... C'est là, croyez-« moi, une action audacieuse. Je m'attends à être lapidé... « Mais je me console par l'exemple de Votre Majesté, que « la colère de ces gens-là n'a point épargnée[1]. »

Bientôt son effroi s'accrut à tel point, qu'il regretta amèrement sa démarche. « Que ne m'était-il permis, s'é-« cria-t-il, de vieillir dans le jardin des Muses! Me voilà, « moi sexagénaire, poussé de force dans l'arène, et, au « lieu de la lyre, tenant le ceste et le filet du gladiateur!... « Je sais, dit-il à l'évêque de Rochester, qu'en écrivant sur « le libre arbitre, je n'étais pas dans ma sphère... Vous me « félicitez de mes triomphes... Ah! je ne sais pas de qui « je triomphe! La faction (la Réformation) croît de jour « en jour[2]. Était-il donc dans ma destinée qu'à l'âge où je « suis, d'ami des Muses je devinsse un misérable gladia-« teur!... »

C'était sans doute beaucoup pour le timide Érasme, que de s'être élevé contre Luther; mais il était loin cependant d'avoir fait preuve de grande hardiesse. Il semble, dans son livre, attribuer peu à la volonté de l'homme, et laisser à la grâce divine la plus forte part; mais en même temps il choisit ses arguments de manière à faire croire que c'est l'homme qui fait tout, et que Dieu ne fait rien. N'osant dire clairement ce qu'il pense, il affirme une chose, et il

---

[1] « Jacta est alea... audax, mihi crede, facinus... exspecto lapidationem. » (Er. *Ep.*, p. 811.)

[2] « Quomodo triumphans nescio... Factio crescit in dies latius. » (*Ibid.*, p. 809.)

en prouve une autre; en sorte qu'il est permis de supposer qu'il croyait celle qu'il prouvait et non celle qu'il affirmait.

Il distingue trois opinions, opposées à divers degrés à celle de Pélage. « Les uns, dit-il, pensent que l'homme ne
« peut ni vouloir, ni commencer, ni encore moins accom-
« plir rien de bon, sans un secours particulier et constant
« de la grâce divine; et cette opinion semble assez vraisem-
« blable. D'autres enseignent que la volonté de l'homme
« n'a de puissance que pour le mal, et que c'est la grâce
« seule qui opère en nous le bien; et enfin il en est qui
« prétendent qu'il n'y a jamais eu de libre arbitre, ni dans
« les anges, ni en Adam, ni en nous, soit avant, soit après
« la grâce; mais que Dieu accomplit en l'homme soit le
« bien, soit le mal, et que tout ce qui a lieu, arrive par une
« nécessité absolue[1]. »

Érasme, tout en semblant admettre la première de ces opinions, emploie des arguments qui la combattent, et dont le pélagien le plus décidé peut faire usage. C'est ainsi que, rapportant les passages des Écritures où Dieu présente à l'homme le choix entre le bien et le mal, il ajoute : « Il
« faut donc que l'homme puisse vouloir et choisir; car il
« serait risible de dire à quelqu'un : Choisis! quand il ne
« serait pas en son pouvoir de le faire. »

Luther ne craignait pas Érasme. « La vérité, disait-il, est
« plus puissante que l'éloquence. La victoire est à celui
« qui balbutie la vérité, et non à celui qui débite éloquem-
« ment le mensonge[2]. » Mais quand il reçut l'ouvrage d'Érasme, au mois d'octobre 1524, il trouva le livre si faible qu'il hésita à répondre. « Quoi! tant d'éloquence pour une
« si mauvaise cause! lui dit-il; on dirait un homme qui
« sur des plats d'or et d'argent sert de la boue et du fumier[3].

---

[1] « De libero arbitrio Διατριβή. » (Er. *Op.*, IX, p. 1215 sq.)

[2] « Victoria est penes balbutientem veritatem, non apud mendacem eloquentiam. » (Luth. *Ep.*, II, p. 200.)

[3] « Als wenn einer in silbern oder guldern Schüsseln wollte Mist und Unflath Auftragen. » (Luth. *Op.*, XIX, p. 4.)

« On ne peut vous saisir nulle part. Vous êtes comme
« une anguille qui glisse entre les mains ; ou comme le
« Protée des poëtes, qui se change dans les bras mêmes
« de celui qui veut l'étreindre. »

Cependant Luther ne répondant pas, les moines et les théologiens scolastiques se mirent à pousser des cris : « Eh
« bien, où est donc à présent votre Luther ? Où est-il le
« grand Macrabée ? Qu'il paraisse dans la lice ! qu'il s'a-
« vance ! Ah ! ah ! il a donc enfin trouvé l'homme qu'il lui
« fallait ! Il sait donc maintenant rester sur les derrières ;
« il a appris à se taire[1]. »

Luther comprit qu'il devait répondre ; mais ce ne fut qu'à la fin de l'année 1525 qu'il se disposa à le faire ; et Mélanchthon ayant annoncé à Érasme que Luther userait de modération, le philosophe en fut tout épouvanté. « Si
« j'ai écrit avec modération, dit-il, c'est mon caractère ;
« mais il y a dans Luther l'indignation du fils de Pélée
« (Achille). Et comment pourrait-il en être autrement ?
« Quand un navire brave une tempête semblable à celle
« qui s'élève contre Luther, quelle ancre, quel lest, quel
« gouvernail, ne lui faudrait-il pas pour ne pas être jeté
« hors de sa route ? Si donc il me répond d'une manière
« qui ne soit pas en rapport avec son caractère, ces sy-
« cophantes s'écrieront que nous sommes d'accord[2]. »
Érasme, on le verra, dut être bientôt débarrassé de ces craintes.

La doctrine d'une élection de Dieu, cause unique du salut de l'homme, avait toujours été chère au réformateur ; mais jusqu'alors il ne l'avait considérée que du point de vue pratique. Dans sa réponse à Érasme, il l'envisagea surtout du point de vue de la spéculation, et il s'efforça d'établir, par les arguments qui lui parurent les plus concluants, que Dieu opère tout dans la conversion de l'homme, et que notre cœur est tellement éloigné de l'amour de Dieu,

---

[1] « Sehet, sehet nun da zu ! wo ist nun Luther... » (Luth. *Op.*, XIX, p. 3.)
[2] « Ille si hic multum sui dissmiilis fuerit, clamabunt sycophantæ colludere nos. » (Er. *Ep.*, p. 819.)

qu'il ne peut avoir une sincère volonté du bien que par l'action régénératrice du Saint-Esprit.

« Nommer notre volonté une volonté libre, dit-il, c'est
« faire comme les princes qui entassent de longs titres, se
« nommant seigneurs de tels royaumes, de telles princi-
« pautés et îles lointaines (de Rhodes, Chypre et Jérusa-
« lem), tandis qu'ils n'y exercent pas le moindre pouvoir. »
Cependant Luther fait ici une distinction importante, qui
montre bien qu'il ne partageait nullement la troisième
opinion qu'Érasme avait signalée, en la lui attribuant.
« La volonté de l'homme, dit-il, peut être nommée une
« volonté libre, non par rapport à ce qui est au-dessus de
« lui, c'est-à-dire à Dieu, mais par rapport à ce qui est
« au-dessous, c'est-à-dire aux choses de la terre[1]. Quand
« il s'agit de mes biens, de mes champs, de ma maison,
« de ma métairie, je puis agir, faire, administrer libre-
« ment. Mais dans les choses qui regardent le salut,
« l'homme est captif; il est soumis à la volonté de Dieu,
« ou plutôt à celle du diable[2]. Montrez-moi un seul d'entre
« tous ces docteurs du libre arbitre, s'écrie-t-il, qui ait su
« trouver en lui-même assez de force pour endurer une
« petite injure, une attaque de colère, ou seulement un
« regard de son ennemi, et pour le faire avec joie; alors —
« sans lui demander même d'être prêt à abandonner son
« corps, sa vie, ses biens, son honneur et toutes choses, —
« je déclare que vous avez gagné votre cause[3]. »

Luther avait le regard trop pénétrant pour ne pas découvrir les contradictions dans lesquelles son adversaire était
tombé. Aussi s'appliqua-t-il, dans sa réponse, à enfermer
le philosophe dans le filet où il s'était placé lui-même. « Si
« les passages que vous citez, lui dit-il, établissent qu'il
« nous est facile de faire le bien, pourquoi disputons-nous?
« Quel besoin avons-nous du Christ et du Saint-Esprit?
« Christ a donc agi follement en répandant son sang pour

---

[1] « Der Wille des Menschen mag... » (Luth. *Op.*, XIX, p. 29.)
[2] *Ibid.*, p. 33.
[3] *Ibid.*

« nous obtenir une force que nous avons déjà de notre na-
« ture! » En effet, c'est dans un tout autre sens que doivent
être pris les passages cités par Érasme. Cette question, si
débattue, est plus claire qu'il ne semble au premier abord.
Quand la Bible dit à l'homme : Choisis ! c'est qu'elle sup-
pose le secours de la grâce de Dieu, par lequel seul il peut
faire ce qu'elle commande. Dieu, en donnant le commandement, donne aussi la force pour l'accomplir. Si Christ
dit à Lazare : « Sors ! » ce n'est pas que Lazare pût se res-
susciter lui-même; mais c'est que Christ en lui commandant de sortir du tombeau, lui donnait la force de le faire,
et accompagnait sa parole de sa puissance créatrice. Il dit,
et la chose a son être. D'ailleurs, il est très vrai que l'homme
auquel Dieu s'adresse doit vouloir : c'est lui qui veut, et non
pas un autre ; il ne peut recevoir cette volonté que de Dieu;
mais c'est bien en lui qu'elle doit être, et même ce commandement que Dieu lui adresse, et qui selon Érasme établit la puissance de l'homme, est si conciliable avec l'action de Dieu, qu'il est précisément le moyen par lequel
cette action s'opère. C'est en disant à l'homme : Convertissez-vous ! que Dieu convertit l'homme.

Mais l'idée à laquelle Luther s'attacha surtout, dans sa
réponse, est celle que les passages cités par Érasme ont
pour but d'enseigner aux hommes ce qu'ils doivent faire
et l'impuissance où ils sont de l'accomplir, mais nullement
de leur faire connaître ce prétendu pouvoir qu'on leur attribue. « Que de fois, dit Luther, n'arrive-t-il pas qu'un
« père appelle à lui son faible enfant, et lui dit : « Mon
« fils ! veux-tu venir ? Viens ! viens donc ! » afin que l'en-
« fant apprenne à invoquer son secours et à se laisser por-
« ter par lui [1]. »

Après avoir combattu les raisons d'Érasme en faveur du
libre arbitre, Luther défend les siennes contre les attaques
de son adversaire. « Chère Diatribe ! dit-il ironiquement,
« puissante héroïne, toi qui prétends avoir renversé cette

---

[1] Luth. *Op.*, XIX, p. 5.

« parole du Seigneur dans saint Jean : « *Hors de moi vous
« ne pouvez* RIEN *faire,* » que tu regardes pourtant comme
« la parole la plus forte, et que tu appelles l'*Achille de Lu-
« ther,* écoute-moi un peu. A moins que tu ne prouves
« que ce mot *rien,* non-seulement peut, mais encore doit
« signifier *peu de chose,* toutes tes hautes paroles, tous tes
« magnifiques exemples, ne font pas plus d'effet que si un
« homme voulait avec des brins de paille combattre un im-
« mense incendie. Que nous importent ces assertions : *Cela
« peut vouloir dire; on peut ainsi l'entendre...* tandis que tu
« devrais nous démontrer que cela *doit* être ainsi entendu...
« Si tu ne le fais pas, nous prenons cette déclaration dans le
« sens naturel, et nous nous moquons de tous tes exemples,
« de tes grands préparatifs et de ton pompeux triomphe [1]. »

Enfin, dans une dernière partie, Luther montre, et toujours par l'Écriture, que c'est la grâce de Dieu qui fait tout.
« En somme, dit-il à la fin, puisque l'Écriture oppose par-
« tout Christ à ce qui n'est pas l'esprit de Christ; puisqu'elle
« déclare que tout ce qui n'est pas Christ et en Christ est
« sous la puissance de l'erreur, des ténèbres, du diable, de
« la mort, du péché et de la colère de Dieu, il en résulte
« que tous les passages de la Bible qui parlent de Christ
« sont contre le libre arbitre. Or, ces passages sont innom-
« brables; ils remplissent toutes les saintes Écritures [2]. »

On le voit, la discussion qui s'éleva entre Luther et
Érasme est la même que celle qui, un siècle plus tard, eut
lieu entre les jansénistes et les jésuites, entre Pascal et Mo-
lina [3]. Pourquoi, tandis que la Réformation a eu des suites
si immenses, le jansénisme, illustré par les plus beaux génies, s'est-il éteint sans force? C'est que le jansénisme remonta à saint Augustin et s'appuya sur les Pères, tandis
que la Réformation remonta à la Bible et s'appuya sur la
Parole de Dieu; c'est que le jansénisme fit un compromis

---

[1] Luth. *Op.*, XIX, p. 116.
[2] *Ibid.*, p. 143.
[3] Il est inutile de dire que je ne parle pas de débats personnels entre ces deux hommes, dont l'un mourut en 1600 et l'autre ne naquit qu'en 1623.

avec Rome et voulut établir un juste milieu de vérité et d'erreur, tandis que la Réformation, s'appuyant sur Dieu seul, déblaya le terrain, enleva tous les remblais humains qui le recouvraient depuis des siècles, et mit à nu le rocher primitif. Rester à moitié chemin est une œuvre inutile; en toutes choses, il faut aller jusqu'au bout. Aussi, tandis que le jansénisme a passé, c'est au christianisme évangélique qu'appartiennent les destinées du monde.

Au reste, après avoir réfuté vivement l'erreur, Luther rendit à la personne même d'Érasme un hommage éclatant, mais peut-être un peu malin : « Je confesse, lui dit-il, que « vous êtes un grand homme : où a-t-on jamais vu plus de « science, d'intelligence, d'aptitude à parler et à écrire? « Quant à moi, je n'ai rien de tout cela; il est une seule « chose dont je puisse tirer gloire..... je suis chrétien. Que « Dieu vous élève dans la connaissance de l'Évangile infi- « niment au-dessus de moi, en sorte que vous me surpas- « siez autant à cet égard que vous le faites déjà en toute « autre chose[1] ! »

Érasme fut hors de lui en lisant la réponse de Luther; et il ne voulut voir dans ses éloges que le miel d'une coupe empoisonnée, ou l'embrassement du serpent au moment où il enfonce son aiguillon. Il écrivit aussitôt à l'électeur de Saxe, pour lui demander justice; et Luther ayant voulu l'apaiser, il sortit de son assiette ordinaire, et se mit, comme le dit un de ses apologistes les plus fervents, à « invectiver d'une voix cassée et en cheveux blancs[2]. »

Érasme était vaincu. La modération avait été jusqu'alors sa force, et il venait de la perdre. En présence de l'énergie de Luther il ne trouvait que de la colère. La sagesse faisait défaut au sage. Il répondit publiquement dans son *Hyperaspistes*, accusant le réformateur de barbarie, de mensonge, de blasphème. Le philosophe en vint jusqu'aux prophéties : « Je prophétise, dit-il, qu'aucun nom, sous le

---

[1] Luth. *Op.*, XIX, p. 146, 147.
[2] M. Nisard, *Érasme*, p. 419.

« soleil, ne sera plus en exécration que celui de Luther. »
Le jubilé de 1817 a répondu à cette prophétie, après trois cents ans, par l'enthousiasme et les acclamations de tout le monde protestant.

Ainsi, tandis que Luther se mettait avec la Bible à la tête de son siècle, Érasme, s'élevant contre lui, voulait s'y placer avec la philosophie. De ces deux chefs, lequel a été suivi? Tous deux, sans doute. Néanmoins l'influence de Luther sur les nations de la chrétienté a été infiniment plus grande que celle d'Érasme. Ceux même qui ne comprenaient pas bien le fond de la dispute, voyant la conviction de l'un des antagonistes et les doutes de l'autre, ne purent s'empêcher de croire que le premier avait raison et que le second avait tort. On a dit que les trois derniers siècles, le seizième, le dix-septième et le dix-huitième, se peuvent figurer à l'esprit comme une immense bataille en trois journées[1]. Nous acceptons volontiers cette belle expression, mais non la part que l'on donne à chacun de ces jours. On attribue le même travail au seizième et au dix-huitième siècle. Le premier jour, comme le dernier, c'est la philosophie qui enfonce les rangs. Le seizième siècle philosophique!... Singulière erreur. Non; chacune de ces journées eut son caractère frappant et distinct. Le premier jour de la bataille, ce furent la Parole de Dieu, l'Évangile de Christ, qui triomphèrent; et alors Rome fut défaite, aussi bien que la philosophie humaine dans la personne d'Érasme et d'autres de ses représentants. Le second jour, nous l'accordons, Rome, son autorité, sa discipline, sa doctrine, reparaissent et vont triompher par les intrigues d'une société célèbre et la puissance des échafauds, aussi bien que par des caractères d'une grande beauté et des génies sublimes. Le troisième jour, la philosophie humaine surgit dans toute sa superbe, et trouvant sur le champ de bataille Rome, et non pas l'Évangile, elle fait une œuvre facile et emporte bientôt tous les retranchements. La première

---

[1] *Port-Royal*, par Sainte-Beuve, I, p. 20.

journée est la bataille de Dieu, la seconde est la bataille du prêtre, la troisième est la bataille de la raison. Que sera la quatrième ?... le démêlé confus, pensons-nous, la bataille acharnée de toutes ces puissances ensemble, pour finir par le triomphe de celui à qui le triomphe appartient.

X

Mais la bataille que livra la Réformation dans la grande journée du seizième siècle, sous l'étendard de la Parole de Dieu, ne fut pas une et simple; elle fut multiple. La Réformation eut à la fois plusieurs ennemis à combattre; et après avoir protesté contre les décrétales et la souveraineté des papes, puis contre les froids apophthegmes des rationalistes, philosophes ou scolastiques, elle s'éleva également contre les rêveries de l'enthousiasme et les hallucinations du mysticisme; opposant à la fois à ces trois puissances le bouclier et le glaive des saintes révélations de Dieu.

Il y a, on doit le reconnaître, une grande ressemblance, une frappante unité entre ces trois puissants adversaires. Les faux systèmes, qui, dans tous les siècles, se sont le plus opposés au christianisme évangélique, se distinguent toujours en ce qu'ils font provenir la connaissance religieuse du dedans même de l'homme. Le rationalisme la fait procéder de la raison; le mysticisme de certaines lumières intérieures; le catholicisme romain, d'une illumination du pape. Ces trois erreurs cherchent la vérité dans l'homme; le christianisme évangélique la cherche toute en Dieu; et tandis que le rationalisme, le mysticisme et le catholicisme romain admettent une inspiration permanente dans quelques-uns de nos semblables, et ouvrent ainsi la porte à tous les écarts et à toutes les variations, le christianisme évangélique ne reconnaît cette inspiration que dans les écrits des apôtres et des prophètes, et offre seul cette grande, belle et vivante unité, qui court, toujours la même, à travers tous les siècles.

L'œuvre de la Réformation a été de rétablir les droits de la Parole de Dieu, en opposition, non-seulement au catholicisme romain, mais encore au rationalisme et au mysticisme lui-même.

Le fanatisme des anabaptistes, éteint en Allemagne par le retour de Luther à Wittemberg, reparaissait avec force en Suisse, et il menaçait l'édifice que Zwingle, Haller et Œcolampade avaient édifié sur la Parole de Dieu. Thomas Munzer, obligé de quitter la Saxe en 1521, était arrivé jusqu'aux frontières de la Suisse; Conrad Grebel, dont nous avons déjà signalé le caractère inquiet et ardent, s'était lié avec lui, ainsi que Félix Manz, fils d'un chanoine, et quelques autres Zuricois; et aussitôt Grebel avait cherché à gagner Zwingle. En vain celui-ci avait-il été plus loin que Luther, il voyait surgir un parti qui voulait aller encore plus loin que lui. « Formons, lui dit Grebel, une commu« nauté de vrais croyants; car c'est à eux seuls que la pro« messe appartient, et établissons une Église où il n'y ait « aucun péché[1]. — On ne peut, répondit Zwingle, in« troduire le ciel sur la terre; et Christ nous a enseigné « qu'il fallait laisser croître l'ivraie parmi le bon grain[2]. »

Grebel ayant échoué auprès du réformateur eût voulu en appeler au peuple. « Toute la commune zuricoise, di« sait-il, doit décider souverainement des choses de la « foi. » Mais Zwingle craignait l'influence que des radicaux enthousiastes pourraient exercer sur une grande assemblée. Il croyait que sauf des cas extraordinaires où le peuple serait appelé à donner son adhésion, il valait mieux confier les intérêts religieux à un collége qui pût être considéré comme l'élite de la représentation de l'Église. En conséquence, le conseil des Deux-Cents, qui exerçait la souveraineté politique, était aussi chargé dans Zurich de

---

[1] « Vermeintend ein Kilchen ze versammlen die one Sünd wär. » (Zw. *Op.*, II, p. 321.)
[2] *Ibid.*, III, p. 362.

la puissance ecclésiastique, sous la condition expresse qu'il se conformerait en tout à la règle de la sainte Écriture. Sans doute, il eût mieux valu constituer complétement l'Église, et l'appeler à nommer elle-même des représentants, qui ne seraient chargés que des intérêts religieux du peuple; car celui qui est capable d'administrer les intérêts de l'État peut être très inhabile à administrer ceux de l'Église, comme le contraire aussi est vrai. Néanmoins les inconvénients n'étaient point alors aussi graves qu'ils pourraient l'être à cette heure, puisque les membres du grand conseil étaient entrés franchement dans le mouvement religieux. Quoi qu'il en soit, Zwingle, tout en en appelant à l'Église, évita de la mettre trop en scène, et préféra, à la souveraineté active du peuple, le système représentatif. C'est ce que, après trois siècles, les États de de l'Europe font depuis cinquante ans dans la sphère politique.

Repoussé par Zwingle, Grebel se tourna d'un autre côté. Roubli, ancien pasteur à Bâle, Brödtlein, pasteur à Zollikon, et Louis Herzer, l'accueillirent avec empressement. Ils résolurent de former une commune indépendante au milieu de la grande commune, une Église au milieu de de l'Église. Un nouveau baptême devait leur servir à rassembler leur congrégation, composée exclusivement de croyants véritables. « Le baptême des enfants, disaient-ils,
« est une horrible abomination, une impiété manifeste,
« inventée par le mauvais esprit et par Nicolas II, pape de
« Rome[1]. »

Le conseil de Zurich, alarmé, ordonna une discussion publique; et les anabaptistes se refusant encore à revenir de leurs erreurs, quelques Zuricois d'entre eux furent mis en prison et quelques étrangers bannis. Mais la persécution ne fit qu'augmenter leur ferveur : « Ce n'est pas avec
« des paroles seulement, s'écriaient-ils, c'est avec notre

---

[1] « Impietatem manifestissimam, a cacodæmone, a Nicolao II, esse. » (Hotting., III, p. 219.)

« sang que nous sommes prêts à rendre témoignage à la
« vérité de notre cause. » Quelques-uns, se ceignant de
cordes ou de verges d'osier, parcouraient les rues en s'é-
criant : « Dans quelques jours Zurich sera détruite! Mal-
« heur à toi, Zurich! malheur! malheur! » Plusieurs pro-
nonçaient des blasphèmes : « Le baptême, disaient-ils, est
« un bain de chien; il ne sert pas plus de baptiser un en-
« fant que de baptiser un chat[1]. » Les gens simples et
pieux étaient émus et épouvantés. Quatorze hommes,
parmi lesquels Félix Mantz et sept femmes, furent saisis,
malgré l'intercession de Zwingle, et mis au pain et à l'eau
dans la tour des hérétiques. Après quinze jours de réclu-
sion, ils parvinrent à lever de nuit quelques planches, et,
s'aidant les uns les autres, ils s'échappèrent. « Un ange,
« dirent-ils, leur avait ouvert la prison et les avait mis
« dehors[2]. »

Un moine échappé de son couvent, George Jacob de
Coire, surnommé Blaurock, parce qu'il portait toujours, à
ce qu'il paraît, un habit bleu, se joignit à eux, et fut, à cause
de son éloquence, appelé le *second saint Paul*. Ce moine
hardi allait de lieu en lieu, contraignant à recevoir son
baptême par son imposante ferveur. Un dimanche, à Zollikon, au moment où le diacre prêchait, l'impétueux anabaptiste, l'interrompant, s'écria d'une voix de tonnerre :
« Il est écrit : *Ma maison est une maison de prières, mais vous*
« *en avez fait une caverne de voleurs.* » Puis, levant un bâton
qu'il avait à la main, il en frappa violemment quatre coups.

« Je suis une porte, s'écriait-il; celui qui entrera par
« moi trouvera de la pâture. Je suis un bon berger. Mon
« corps, je le donne à la prison; ma vie, je la donne au
« glaive, au bûcher ou à la roue. Je suis le commence-
« ment du baptême et du pain du Seigneur[3]. »

---

[1] « Nützete eben so viel als wenn man eine Katze taufet. » (*Füsslin Beytræge*, I, p. 243.)

[2] « Wie die Apostel von dem Engel Gottes gelediget. » (Bullinger, *Chron.*, p. 261.)

[3] « Ich bin ein Anfänger der Taufe und des Herrn Brodes. » (*Füsslin Beytræge*, I, p. 264.)

Cependant Zwingle, s'opposant dans Zurich au torrent de l'anabaptisme, Saint-Gall en fut bientôt inondé. Grebel y arriva, et fut reçu par les frères avec acclamations; et le dimanche des Rameaux, s'étant rendu avec un grand nombre de ses adhérents, sur les bords de la Sitter, il les y baptisa.

La nouvelle en parvint aussitôt dans les cantons voisins; et une grande foule accourut de Zurich, d'Appenzell et de divers autres lieux, dans « la petite Jérusalem. »

Zwingle avait l'âme brisée à la vue de cette agitation. Il voyait un orage fondre sur ces contrées où la semence de l'Évangile commençait à peine à percer[1]. Il résolut de s'opposer à ces désordres, et composa un écrit « sur le « baptême[2], » que le conseil de Saint-Gall, auquel il l'adressa, fit lire dans l'église devant tout le peuple.

« Très chers frères en Dieu, disait Zwingle, l'eau du tor-
« rent qui jaillit des rochers entraîne rapidement tout ce
« qu'elle atteint. D'abord ce ne sont que de petites pierres;
« mais celles-ci vont heurter avec violence contre de plus
« grandes, jusqu'à ce que le torrent devienne si fort, qu'il
« emporte tout ce qu'il rencontre, et ne laisse après lui
« que cris, que regrets inutiles, que fertiles prairies
« changées en désert. L'esprit de dispute et de propre jus-
« tice agit de même : il excite les discordes, il détruit la
« charité; et là où se trouvaient des Églises belles et floris-
« santes il ne laisse après lui que des troupeaux plongés
« dans le deuil et dans la désolation. »

Ainsi parlait Zwingle, l'enfant des montagnes du Tockenbourg. « Dites-nous la Parole de Dieu, s'écria un ana-
« baptiste qui était dans le temple, et non la parole de
« Zwingle. » Aussitôt des voix confuses se firent entendre :
« Qu'il ôte le livre ! qu'il ôte le livre ! » s'écriaient les anabaptistes. Puis ils se levèrent, et sortirent de l'église en

---

[1] « Mich beduret seer das Ungewiter... » (Zw., *Au conseil de Saint-Gall*, II, p. 230.)

[2] « Vom Touf, vom Widertouf, und vom Kindertouf. » (Zw. *Op.*, II, p. 230.)

criant : « Gardez la doctrine de Zwingle; pour nous, nous « garderons la Parole de Dieu [1]. »

Alors le fanatisme se manifesta par les plus tristes désordres. Prétextant que le Seigneur nous exhorte à devenir semblables aux enfants, ces malheureux se mirent à sauter dans les rues en frappant des mains, à danser tous ensemble un branle, à s'asseoir par terre et à se rouler les uns les autres dans le sable. Quelques-uns brûlèrent le Nouveau Testament en disant : « La lettre tue, mais l'esprit vivifie; » et plusieurs, tombant dans des convulsions, prétendirent avoir des révélations de l'Esprit.

Dans une maison isolée, située près de Saint-Gall, sur le Mullegg, vivait un agriculteur octogénaire, Jean Schucker, avec ses cinq fils. Ils avaient tous, ainsi que leurs domestiques, reçu le nouveau baptême; et deux des fils, Thomas et Léonard, se distinguaient par leur fanatisme. Le 7 février 1526, jour du mardi gras, ils invitèrent un grand nombre d'anabaptistes à se réunir chez eux, et le père fit tuer un veau pour le festin. Les viandes, le vin, cette réunion nombreuse échauffèrent les imaginations; ils passèrent toute la nuit dans des entretiens et des gesticulations fanatiques, des convulsions, des visions, des révélations [2].

Le matin, Thomas, encore agité de cette nuit de désordre, et ayant même, à ce qu'il paraît, perdu la raison, prend la vessie du veau, y met du fiel de la bête, voulant ainsi imiter le langage symbolique des prophètes, et s'approchant de son frère Léonard, il lui dit d'une voix sombre : « Ainsi est amère la mort que tu dois endurer ! » Puis il ajouta : « Frère Léonard, mets-toi à genoux ! » Léonard s'agenouilla; peu après : « Frère Léonard, relève-« toi ! » Léonard se releva. Le père, les frères et les autres anabaptistes regardaient étonnés, se demandant ce que Dieu voulait faire. Bientôt Thomas reprit : « Léonard !

---

[1] « So wollen wir Gottes Wort haben. » (Zw. *Op.*, II, p. 237.)

[2] « Mit wunderbaren Geperden und Gesprächen, verzucken Gesichten und Offenbarungen. » (Bullinger, *Chron.*, 1, p. 324.)

« agenouille-toi de nouveau. » Léonard le fit. Les spectateurs, effrayés de l'air sombre de ce malheureux, lui dirent : « Réfléchis à ce que tu veux faire, et prends garde « qu'il n'arrive point de mal. — N'ayez pas de crainte, « répondit Thomas, il n'arrivera que la volonté du Père... » En même temps il saisit précipitamment un glaive, et frappant avec force son frère agenouillé devant lui comme un criminel devant le bourreau, il lui trancha la tête, et s'écria : « Maintenant la volonté du Père est accomplie!... Tous ceux qui l'entouraient reculèrent épouvantés, et la ferme retentit de gémissements et de cris. Thomas, qui avait pour tout vêtement une chemise et un pantalon, sortit pieds nus, tête nue, de la maison, courut vers Saint-Gall en faisant des gestes frénétiques, entra chez le bourgmestre Joachim Vadian, et lui dit, l'œil hagard et en poussant des cris : « Je t'annonce le jour du Seigneur! » L'affreuse nouvelle se répandit dans Saint-Gall. « Il a, comme Caïn, tué « son frère Abel, » disait-on[1]. On saisit le coupable. « Il « est vrai, je l'ai fait, répétait-il sans cesse; mais c'est « Dieu qui l'a fait par moi. » Le 16 février, ce malheureux eut la tête tranchée par la main du bourreau. Le fanatisme avait fait son dernier effort. Les yeux de tous s'ouvrirent, et, comme le dit un ancien historien, le même coup trancha la tête de Thomas Schucker et celle de l'anabaptisme dans Saint-Gall.

Il régnait encore à Zurich. Le 6 novembre de l'année précédente, une dispute publique y avait eu lieu, afin de donner satisfaction aux anabaptistes, qui ne cessaient de crier qu'on condamnait des innocents sans les entendre. Les trois thèses suivantes furent proposées par Zwingle et ses amis comme sujet de la conférence, et soutenues victorieusement par eux dans la salle du conseil :

« Les enfants nés de parents fidèles sont enfants de « Dieu, comme ceux qui naissaient sous l'Ancien Tes-

---

[1] « Glych wie Kain del Aben sinen Bruder ermort hat! » (Bullinger, *Chron.*, I, p. 324.)

« tament; et par conséquent ils peuvent recevoir le
« baptême.

« Le baptême est, sous le Nouveau Testament, ce que la
« circoncision était sous l'Ancien; par conséquent, on doit
« administrer maintenant le baptême aux enfants, comme
« on leur administrait autrefois la circoncision.

« On ne peut prouver l'usage de baptiser de nouveau,
« ni par des exemples, ni par des passages, ni par des rai-
« sonnements tirés de l'Écriture; et ceux qui se font rebap-
« tiser crucifient Jésus-Christ. »

Mais les anabaptistes ne se bornaient pas seulement aux questions religieuses; ils demandaient l'abolition des dîmes, attendu, disaient-ils, qu'elles ne sont pas de droit divin. Zwingle répondit que c'était sur les dîmes que reposait l'entretien des églises et des écoles. Il voulait une réforme religieuse complète; mais il était décidé à ne pas permettre que l'ordre public ni les institutions politiques fussent le moins du monde ébranlés. C'était la limite où se trouvait écrite pour lui, de la main de Dieu, cette parole émanée du ciel : « Tu viendras jusque-là, et tu ne passeras point « plus avant[1]. » Il fallait s'arrêter quelque part, et ce fut là que s'arrêtèrent Zwingle et les réformateurs, malgré les hommes impétueux qui s'efforçaient de les entraîner plus loin encore.

Cependant, si les réformateurs s'arrêtèrent, ils ne purent calmer les enthousiastes, qui semblent placés à côté d'eux pour faire ressortir leur sagesse et leur sobriété. Ce n'était pas assez, pour les anabaptistes, d'avoir formé une Église; cette Église était à leurs yeux l'État véritable. Les citait-on devant les tribunaux, ils déclaraient qu'ils ne reconnaissaient pas l'autorité civile, qu'elle n'était qu'un reste de paganisme, et qu'ils n'obéissaient à d'autre puissance que Dieu. Ils enseignaient qu'il n'était permis aux chrétiens, ni d'exercer des fonctions publiques, ni de porter l'épée, et, semblables en cela à certains enthousiastes irréligieux que

---

[1] Job XXXVIII, v. 11.

nos jours ont vus paraître, ils regardaient la communauté des biens comme l'idéal de l'humanité [1].

Ainsi le danger s'accroissait; la société civile était menacée. Elle se souleva alors pour rejeter de son sein ces éléments destructeurs. Le gouvernement, alarmé, se laissa entraîner à d'étranges mesures. Décidé à faire un exemple, il condamna Mantz à être noyé. Le 5 janvier 1527, on le plaça dans une barque; sa mère, l'ancienne concubine du chanoine, et son frère, se trouvaient dans la foule qui l'accompagnait jusqu'au bord de l'eau. « Persévère jusqu'à la fin! » lui criaient-ils. Au moment où le bourreau s'apprêta à jeter Mantz dans le lac, son frère fondit en larmes; mais sa mère assista, calme, le cœur résolu, l'œil sec et ardent, au martyre de son fils [2].

Le même jour, Blaurock fut battu de verges. Comme on le conduisait hors de la ville, il secoua contre elle son habit bleu et la poussière de ses pieds [3]. Il paraît que ce malheureux fut, deux ans plus tard, brûlé vif par les catholiques-romains du Tyrol.

Sans doute il y avait dans les anabaptistes un esprit de révolte; sans doute l'ancien droit ecclésiastique, qui condamnait les hérétiques au dernier supplice, subsistait, et la Réformation ne pouvait, en une ou deux années, réformer toutes les erreurs; sans doute encore, les États catholiques eussent accusé les États protestants de favoriser le désordre, s'ils n'eussent pas sévi contre ces enthousiastes : mais ces considérations, qui expliquent la rigueur du magistrat, ne peuvent la justifier. On pouvait prendre quelque mesure contre ce qui portait atteinte à la constitution civile; mais les erreurs religieuses, combattues par les docteurs, devaient trouver devant les tribunaux civils une liberté entière. Ce n'est pas avec le fouet qu'on chasse de

---

[1] *Füsslin Beytræge*, I, p. 229-258; II, p. 263.

[2] « Ohne das er oder die Mutter, sondern nur der Bruder, geweinet. » (Hotting., *Helv. K. Gesch.*, III, p. 385.)

[3] « Und schüttlet sinen blauen Rock und sine Schüh über die Statt Zurich. » (Bullinger, *Chron.*, I, p. 382.)

telles opinions; on ne les noie pas en jetant à l'eau ceux qui les professent; elles ressortent du plus profond de l'abîme, et le feu ne fait qu'enflammer davantage dans leurs adhérents l'enthousiasme et la soif du martyre. Zwingle, dont nous connaissons les sentiments à cet égard, ne prit aucune part à ces rigueurs [1].

XI

Cependant, ce n'était pas sur le baptême seulement qu'il devait y avoir des dissentiments; de plus graves encore devaient se manifester sur la doctrine de la cène.

L'esprit humain, affranchi du joug qui avait pesé sur lui pendant tant de siècles, faisait usage de sa liberté; et si le catholicisme romain a les écueils du despotisme, le protestantisme doit craindre ceux de l'anarchie. Le caractère du protestantisme, c'est le mouvement; comme celui de Rome, c'est l'immobilité.

Le catholicisme romain, qui possède dans le papauté un moyen d'établir sans cesse de nouvelles doctrines, paraît d'abord, il est vrai, avoir un principe éminemment favorable aux variations. Il en a, en effet, largement usé, et nous voyons Rome, de siècle en siècle, produire ou ratifier de nouveaux dogmes. Mais, son système une fois complété, le catholicisme romain s'est établi le champion de l'immobilité. Son salut est là; il est semblable à ces bâtiments facilement ébranlés, desquels on ne peut rien ôter sans en amener la ruine. Rendez le mariage aux prêtres de Rome, ou bien portez atteinte à la doctrine de la transsubstantiation, tout le système est ébranlé, et tout l'édifice tombe.

Il n'en est pas ainsi du christianisme évangélique. Son

---

[1] « Quod homines seditiosi, reipublicæ turbatores, magistratuum hostes, justa Senatus sententia, damnati sunt, num id Zwinglio fraudi esse poterit? » (Rod. Gualtheri, *Epist. ad lectorem*, Op., II, 1544.)

principe est beaucoup moins favorable aux variations, et il l'est beaucoup plus au mouvement et à la vie. En effet, d'un côté il ne reconnaît comme source de la vérité que la sainte Écriture, seule et toujours la même, depuis le commencement de l'Église jusqu'à la fin : comment donc varierait-il, ainsi que l'a fait la papauté? Mais d'un autre côté, c'est chaque chrétien qui doit aller lui-même puiser à cette source ; et de là naissent le mouvement et la liberté. Aussi le christianisme évangélique, tout en étant au dix-neuvième siècle ce qu'il était au seizième et ce qu'il était au premier, est-il dans tous les temps plein de spontanéité et d'activité, et remplit-il actuellement le monde de recherches, de travaux, de Bibles, de missionnaires, de lumière, de salut et de vie.

C'est une grande erreur que de coordonner et presque de confondre avec le christianisme évangélique le mysticisme et le rationalisme, et de lui imputer leurs travers. Le mouvement est dans la nature du protestantisme chrétien; il est antipathique à l'immobilité et à la mort; mais c'est le mouvement de la santé et de la vie qui le caractérise, et non les aberrations de l'homme privé de sens, ou les agitations de la maladie. Nous allons voir ce caractère se manifester dans la doctrine de la cène.

On devait s'y attendre. Cette doctrine avait été comprise de manières très diverses dans les temps anciens de l'Église. Cette diversité subsista jusqu'à l'époque où la doctrine de la transsubstantiation et la théologie scolastique commencèrent en même temps à régner sur le moyen âge. Mais cette domination étant ébranlée, les anciennes diversités devaient reparaître.

Zwingle et Luther, après s'être développés chacun à part, l'un en Suisse, l'autre en Saxe, devaient pourtant un jour se trouver en présence. Le même esprit et, à beaucoup d'égards, le même caractère les animaient. Tous deux étaient remplis d'amour pour la vérité et de haine pour l'injustice, tous deux étaient violents de leur nature ; et cette violence était tempérée, dans l'un et dans l'autre, par une sincère piété. Mais il y avait dans le caractère de Zwingle un trait qui devait le pousser plus loin que Luther. Ce n'était pas seulement comme homme qu'il aimait la liberté, c'était aussi comme républicain et comme compatriote de Tell. Accoutumé à la décision d'un État libre, il ne se laissa point arrêter par les considérations devant lesquelles recula Luther. Il avait d'ailleurs moins étudié que celui-ci la théologie scolastique, et il se trouvait ainsi avoir de plus franches allures. Tous deux attachés avec ardeur à leurs convictions intimes, tous deux décidés à les défendre et peu habitués à fléchir devant les convictions d'autrui, ils devaient se rencontrer, comme deux coursiers superbes, qui, lancés à travers la bataille, se heurtent tout à coup dans le combat.

Une tendance pratique dominait dans le caractère de Zwingle et de la Réformation dont il fut l'auteur, et cette tendance se proposait deux grands résultats : dans le culte, la simplicité; dans la vie, la sanctification. Mettre le culte en accord avec les besoins de l'esprit, qui cherche non les pompes du dehors, mais les choses invisibles, tel était le premier besoin de Zwingle. L'idée d'une présence corporelle de Jésus-Christ dans la cène, source de toutes les cérémonies et de toutes les superstitions de l'Église, devait donc être abolie. Mais un autre besoin du réformateur suisse le conduisait aux mêmes résultats. Il trouvait que la doctrine de Rome sur la cène, et même celle de Luther, supposait une certaine influence magique, nuisible à la sanctification; il craignait que le chrétien, s'imaginant recevoir Jésus-Christ dans le pain consacré, ne recherchât plus avec autant de zèle à s'unir à lui par la foi du cœur. « La foi, disait-il, n'est pas une connaissance, une opinion, « une imagination; c'est une réalité [1]. Elle entraîne une « union réelle avec les choses divines. » Ainsi, quoi qu'aient pu dire les adversaires de Zwingle, ce fut, non un penchant

---

[1] « Fidem rem esse, non scientiam, opinionem vel imaginationem. » (*Comment. de vera relig.* Zw. *Op.*, III, p. 230.)

au rationalisme, mais une vue profondément religieuse, qui l'amena aux doctrines qui lui furent propres.

Mais il y eut autre chose dans Zwingle : il subit ces influences historiques, qu'il faut partout reconnaître dans les annales de l'Église comme dans celles du monde. On a supposé qu'il avait connu et suivi les sentiments de Ratram, de Wicklef, de Pierre Waldo; mais nous avons pour les convictions du réformateur un fil historique beaucoup plus sûr.

Les deux Néerlandais, Rhodius et Sagarus, que nous avons vus provoquer à Wittenberg le premier dissentiment entre Luther et Carlstadt, s'étaient dirigés vers la Suisse, portant toujours avec eux les écrits de Wessel, et étaient arrivés à Bâle, où Luther lui-même les avait recommandés à Œcolampade. Celui-ci, apprenant que Luther n'approuvait point les sentiments que ces frères de Hollande cherchaient à propager, n'osa se prononcer, et les adressa à Zwingle. Ils arrivèrent donc à Zurich en 1521, et ayant fait visite au réformateur ils mirent aussitôt la conversation sur la doctrine de l'eucharistie [1]; puis ils présentèrent la lettre de Corneille Hoën [2]. Zwingle la reçut, la lut et la publia plus tard. Cette lettre eut ainsi une portée immense sur les destinées de la Réforme. Hoën s'y appuie sur les paroles de Christ dans le sixième chapitre de saint Jean. « Christ, « dit-il, se donne lui-même à nous par le moyen du pain [3] : « mais distinguons le pain que nous recevons par la bouche « et Christ que nous recevons par la foi. Celui qui pense ne « recevoir que ce qu'il a dans la bouche ne discerne pas le « corps du Seigneur, et mange et boit sa condamnation, « parce qu'en mangeant et en buvant il rend témoignage « à la présence de Christ, tandis que par son incrédulité il

---

[1] « Factum est ut Johannes Rhodius et Georgius Sagarus, pii et docti viri, Tigurum venirent, ut de eucharistia cum Zwinglio conferrent. » (Lavateri *Hist. de origine controv. sacram.* — Tiguri, 1564. P. 1.)

[2] « Aque Honii Batavi epistolam protulerunt. » (*Ibid.*)

[3] « Dominus per panem se ipsum tradit nobis. » (*Epist. Christiana* per Honnium Batavum. — Gerdes *Hist. Ev. renov.*, I, p. 231-240.)

« demeure éloigné de lui. » Les Néerlandais remirent en même temps à Zwingle les thèses de Wessel [1].

Ces écrits firent une profonde impression sur le réformateur suisse.

Le résultat des travaux de Zwingle coïncida avec ses tendances. En étudiant l'Écriture dans son ensemble, comme il avait coutume de le faire, et non-seulement par morceaux détachés, et en ayant recours, pour résoudre les difficultés de langage, à l'antiquité classique, il parvint à la conviction que le mot *est*, qui se trouve dans les paroles de l'institution, doit être pris, comme le disait Hoën, dans le sens de *signifie*, et dès l'an 1523 il écrivit à son ami Wyttembach que le pain et le vin ne sont dans la sainte cène que ce que l'eau est dans le baptême. « C'est en vain, ajou« tait-il, que l'on plongerait mille fois dans l'eau un « homme qui ne croit pas. La foi, voilà donc ce qui est « requis [2]. »

Au reste, il paraît que Zwingle avait été préparé à ces vues, au moins indirectement, par Érasme. « Zwingle m'a « avoué (à Marbourg) que c'était primitivement dans les « écrits d'Érasme qu'il avait puisé son opinion sur la « cène, » dit Mélanchthon [3]. En effet, Érasme écrivait en 1526 : « Le sentiment d'Œcolampade ne me déplairait pas « si le témoignage de l'Église ne lui était contraire. Je ne « vois pas ce qu'un corps insensible peut faire; ni quelle « utilité on en retirerait si même on le sentait; il suffit « que dans les symboles se trouve la grâce spirituelle [4]. »

Luther, tout en ne doutant pas de la présence réelle, professa cependant d'abord des principes assez semblables à ceux du docteur de Zurich. « Ce n'est pas le sacrement

---

[1] *Propositiones ex Evangelio de corpore et sanguine Christi sumendo*, etc. Il n'est pas certain que Zwingle ait reçu alors l'écrit de Wessel *de Eucharistia*.

[2] « Haud aliter hic panem et vinum esse puto quam aqua est in baptismo. » (*Ad Wittembachium Ep.*, 16 juin 1523.)

[3] « Zwinglius mihi confessus est me ex Erasmi scriptis primum hausisse opinionem suam de cœna Domini. » (*Corp. Ref.*, IV, p. 970.)

[4] « Nec enim video quid agat corpus insensibile, nec utilitatem allaturum si sentiretur, modo adsit in symbolis gratia spiritualis. » (Er. *Op.*, III, p. 941.)

« qui sanctifie, dit-il, c'est la foi dans le sacrement. » Mais les écarts des anabaptistes, dont le mysticisme spiritualisait tout, amenèrent un grand changement dans ses vues. Quand il vit des enthousiastes qui prétendaient à une inspiration particulière, briser les images, rejeter le baptême, nier la présence du Christ dans la cène, il en fut effrayé ; il y eut en lui comme une sorte de pressentiment prophétique des dangers qui menaceraient l'Église si cette tendance ultra-spiritualiste y prenait le dessus, et il se précipita dans une voie toute différente ; semblable à un pilote qui, voyant sa nacelle pencher fortement d'un côté et près de sombrer, se jette avec force de l'autre côté pour rétablir l'équilibre.

Dès lors, Luther donna aux sacrements une plus haute importance. Il établit qu'ils n'étaient pas seulement des signes, au moyen desquels on reconnaissait extérieurement les chrétiens, comme le disait Zwingle, mais des témoignages de la volonté divine propres à fortifier notre foi. Il y a plus : Christ, selon lui, avait voulu communiquer aux fidèles une pleine assurance de leur salut, et afin de sceller cette promesse de la manière la plus efficace, il y avait ajouté son véritable corps, dans le pain et dans le vin. « De même, « ajoutait-il, que le fer et le feu, qui sont pourtant deux « substances distinctes, se confondent dans un feu ardent, « en sorte que dans chacune de ses parties il y a à la fois fer « et feu, de même, et à plus forte raison, le corps glorifié « de Christ se trouve dans toutes les parties du pain. »

Ainsi il y eut peut-être à cette époque, de la part de Luther, quelque retour à la théologie scolastique. Il avait fait pleinement divorce avec elle dans la doctrine de la justification par la foi ; mais dans celle du sacrement il n'abandonna qu'un point, la transsubstantiation, et garda l'autre, la présence corporelle. Il alla même jusqu'à dire qu'il aimerait mieux ne recevoir avec le pape que du sang, que de ne recevoir que du vin avec Zwingle.

Le grand principe de Luther était de ne s'éloigner de la doctrine et de la coutume de l'Église, que quand les paroles de l'Écriture le rendaient absolument nécessaire. « Où « Christ a-t-il ordonné d'élever l'hostie et de la montrer « au peuple? » avait dit Carlstadt. — « Et où Christ l'a-t-il « défendu? » avait répondu Luther. Il y a là le principe de deux réformations. Les traditions ecclésiastiques étaient chères au réformateur saxon. S'il s'en sépara en plusieurs points, ce ne fut qu'après de terribles combats, et parce que, avant tout, il faut obéir à la Parole. Mais quand la lettre de la Parole de Dieu lui paraissait en harmonie avec la tradition et l'usage de l'Église, alors il s'y attachait avec une inébranlable fermeté. Or, c'est là ce qui arrivait dans la question de la cène. Il ne niait point que le mot *est* ne pût être pris dans le sens que signalait Zwingle. Il reconnaissait, par exemple, qu'il fallait l'entendre ainsi dans ces paroles : « *La pierre était Christ*[1] ; » mais il niait que ce mot dût avoir ce sens dans l'institution de la cène.

Il trouvait dans l'un des derniers scolastiques, celui qu'il préférait à tous les autres, Occam[2], une opinion qu'il embrassa. Comme Occam, il abandonna le miracle sans cesse répété, en vertu duquel, selon l'Église romaine, le corps et le sang remplacent chaque fois après la consécration du prêtre, le pain et le vin; et, comme ce docteur, il y substitua un miracle universel, opéré une fois pour toutes, celui de l'ubiquité ou de la toute-présence du corps de Jésus-Christ. « Christ, dit-il, est présent dans le pain et le « vin, parce qu'il est présent partout, et surtout partout « où il veut[3]. »

Zwingle avait une tout autre tendance que Luther. Il tenait moins à conserver une certaine union avec l'Église universelle et à rester en rapport avec la tradition des siècles passés. Comme théologien, il regardait à l'Écriture seule, et c'était d'elle qu'il voulait recevoir librement et immédiatement sa foi, sans s'inquiéter de ce que d'autres

---

[1] Cor., X, v. 4.
[2] « Diu multumque legit scripta Occam cujus acumen anteferebat Thomæ et Scoto. » (Melanchth., *Vita Luth.*)
[3] Occam und Luther, *Studien und Kritiken*, 1839, p. 69.

avaient auparavant pensé; comme républicain, il regardait à sa commune de Zurich. C'était l'idée de l'Église présente qui le préoccupait, et non l'idée de l'Église d'autrefois. Il s'attachait surtout à cette parole de saint Paul : *Parce qu'il n'y a qu'un seul pain, nous, qui sommes plusieurs, sommes un seul corps.* Et il voyait dans la cène le signe d'une communion spirituelle entre Christ et tous les chrétiens. « Qui« conque, disait-il, se conduit indignement se rend cou« pable envers le corps de Christ, dont il fait partie. » Cette pensée eut une grande influence pratique sur les esprits; et les effets qu'elle opéra dans la vie de plusieurs y confirmèrent Zwingle.

Ainsi Luther et Zwingle s'étaient insensiblement éloignés l'un de l'autre. Peut-être cependant la paix eût-elle subsisté plus longtemps entre eux, si le turbulent Carlstadt, qui allait d'Allemagne en Suisse, et de Suisse en Allemagne, ne fût venu mettre le feu à ces opinions contraires.

Une démarche faite pour maintenir la paix fit éclater la guerre. Le conseil de Zurich, voulant prévenir toute controverse, prohiba la vente des écrits de Carlstadt. Zwingle, qui désapprouvait la violence de Carlstadt et blâmait ses expressions mystiques et obscures[1], crut alors devoir défendre sa doctrine, soit en chaire, soit devant le conseil; et bientôt après il écrivit au pasteur Alber de Reutlingen une lettre, où il disait : « Que Christ parle ou non du sacre« ment, dans le chapitre VIe de l'Évangile selon saint Jean, « toujours est-il évident qu'il y enseigne une manière de « manger sa chair et de boire son sang, dans laquelle il « n'y a rien de corporel[2]. » Puis il s'efforçait de prouver que la cène, en rappelant aux fidèles, selon l'intention de Christ, son corps rompu pour eux, leur procurait cette

---

[1] « Quod morosior est (Carlstadius) in cæremoniis non ferendis, non admodum probo. » (Zw. *Ep.*, p. 369.)

[2] « A manducatione cibi, qui ventrem implet, transiit ad verbi manducationem, quam cibum vocat cœlestem, qui mundum vivificet... » (Zw. *Op.*, III, p. 573.)

manducation spirituelle, qui seule leur est vraiment salutaire.

Cependant Zwingle reculait encore devant une rupture avec Luther; il tremblait à la pensée que de tristes discussions déchireraient cette société nouvelle, qui se formait alors au milieu de la chrétienté déchue. Mais il n'en fut pas de même de Luther. Il n'hésita pas à mettre Zwingle au rang de ces enthousiastes avec lesquels il avait déjà rompu tant de lances. Il ne réfléchit pas que si les images avaient été enlevées à Zurich, c'était légalement et par ordre de l'autorité publique. Accoutumé aux formes des principautés germaniques, il ne comprenait pas grand'chose à la marche des républiques suisses; et il se prononça contre les graves théologiens helvétiques, comme contre des Muntzer et des Carlstadt.

Luther ayant fait paraître son écrit *contre les prophètes célestes*, Zwingle n'hésita plus, et publia, presque en même temps, sa *Lettre à Alber* et son *Commentaire sur la vraie et la fausse religion*, dédié à François Ier. Il y disait : « Puisque Christ attribue à la foi, dans le VIe chapitre de « saint Jean, la puissance de communiquer la vie éternelle « et d'unir avec lui le fidèle de la manière la plus intime, « qu'avons-nous besoin d'autre chose? Pourquoi aurait-il « ensuite attribué cette vertu à sa chair, tandis qu'il dé- « clare lui-même que sa chair ne sert de rien? La chair de « Christ, en tant que mis à mort pour nous, nous est d'une « utilité immense; car elle nous sauve de la perdition; mais « en tant que mangée par nous, elle ne nous est d'aucun « usage. »

La lutte s'engageait. Poméranus, l'ami de Luther, se jeta dans le combat, et attaqua un peu trop dédaigneusement l'évangéliste de Zurich. Œcolampade commença alors à rougir d'avoir combattu si longtemps ses doutes, et d'avoir prêché des doctrines qui chancelaient déjà dans son esprit; il prit courage et écrivit de Bâle à Zwingle : « Le dogme de « la présence réelle est la forteresse et la sauvegarde de « leur impiété. Tant qu'ils garderont cette idole, nul ne

« pourra les vaincre. » Puis il entra aussi en lice, en publiant un livre sur le sens des paroles du Seigneur : *Ceci est mon corps*[1].

Le fait seul qu'Œcolampade se joignait au réformateur de Zurich excita, non-seulement à Bâle, mais dans toute l'Allemagne, une immense sensation. Luther en fut profondément ému. Brenz, Schnepff et douze autres pasteurs de la Souabe, à qui Œcolampade avait dédié son livre, et qui presque tous avaient été ses disciples, en éprouvèrent la peine la plus vive. « Dans ce moment même, où je me « sépare de lui pour une cause juste, dit Brenz en prenant « la plume pour lui répondre, je l'honore et je l'admire « autant qu'il est possible de le faire. Le lien de l'amour « n'est pas rompu entre nous, parce que nous ne sommes « pas d'accord. » Puis il publia avec ses amis le fameux *Syngramme de Souabe*, dans lequel il répondait à Œcolampade avec fermeté, mais avec charité et respect. « Si « un empereur, disaient les auteurs du *Syngramme*, donne « un bâton à un juge, en lui disant : « Prends ! ceci est la « puissance de juger : » le bâton, sans doute, est un sim- « ple signe ; mais la parole y étant ajoutée, le juge n'a pas « seulement le signe de la puissance, il a aussi la puis- « sance elle-même. » Les vrais réformés peuvent admettre cette comparaison. Le *Syngramme* fut accueilli avec acclamation ; ses auteurs furent regardés comme les champions de la vérité ; plusieurs théologiens, et même des laïques, voulant avoir part à leur gloire, se mirent à défendre la doctrine attaquée et se précipitèrent sur Œcolampade.

Alors Strasbourg se présenta comme médiateur entre la Suisse et l'Allemagne. Capiton et Bucer étaient amis de la paix, et la question débattue était, selon eux, d'une importance secondaire ; ils se jetèrent donc au milieu des deux partis, envoyèrent à Luther un de leurs collègues, George Cassel, et le conjurèrent de se garder de rompre

---

[1] Il laissait au mot *est* sa signification ordinaire, mais il entendait par *corps* un signe du corps.

le lien de fraternité qui l'unissait aux docteurs de la Suisse.

Nulle part le caractère de Luther ne parut d'une manière plus frappante que dans cette controverse sur la cène. Jamais on ne vit si bien la fermeté avec laquelle il gardait une conviction qu'il croyait chrétienne, sa fidélité à n'en chercher les fondements que dans la sainte Écriture, la sagacité de sa défense, et son argumentation animée, éloquente, souvent accablante. Mais jamais aussi on ne vit mieux l'opiniâtreté avec laquelle il abondait dans son sens, le peu d'attention qu'il accordait aux raisons de ses adversaires, et la promptitude peu charitable qui le portait à attribuer leurs erreurs à la méchanceté de leur cœur et aux ruses du démon. « Il faut, dit-il au médiateur de Stras-« bourg, que les uns ou les autres nous soyons les ministres « de Satan, les Suisses ou nous..... »

C'était là ce que Capiton appelait « les fureurs de l'Oreste « saxon; » et ces fureurs étaient suivies de défaillances. La santé de Luther en était affectée ; un jour il tomba évanoui dans les bras de sa femme et de ses amis ; et il fut toute une semaine comme « dans la mort et dans l'enfer[1]. » « Il avait, dit-il, perdu Jésus-Christ et était poussé çà et là « par les tempêtes du désespoir... Le monde s'écroulait et « annonçait par des prodiges que le dernier jour était « proche. »

Mais les divisions des amis de la Réformation devaient avoir encore des conséquences plus funestes. Les théologiens romains triomphaient, surtout en Suisse, de pouvoir opposer Luther à Zwingle. Cependant si, après trois siècles, le souvenir de ces divisions apportait aux chrétiens évangéliques le fruit précieux de l'unité dans la diversité, et de la charité dans la liberté, elles n'auraient pas été inutiles. Même alors, les réformateurs, en se mettant en opposition les uns avec les autres, montraient que ce n'était pas une haine aveugle de Rome qui les dominait, et que la vérité était le premier objet de leurs recherches. Il y a là, il faut

---

[1] « In morte et in inferno jactatus. » (Luth. *Ep.*, III, p. 132.)

le reconnaître, quelque chose de généreux; et une conduite si désintéressée ne laissa pas de porter quelques fruits et d'arracher, même à des ennemis, un sentiment d'intérêt et d'estime.

Il y a plus; et ici encore l'on peut reconnaître que cette main souveraine qui dirige toutes choses ne permet rien sans un dessein plein de sagesse. Luther, malgré son opposition à la papauté, avait éminemment un instinct conservateur. Zwingle, au contraire, était porté à une réformation radicale. Ces deux tendances opposées étaient nécessaires. Si Luther et les siens avaient été seuls au jour de la Réforme, l'œuvre se fût trop tôt arrêtée, et le principe réformateur n'eût point accompli sa tâche. Si, au contraire, il n'y avait eu que Zwingle, le fil eût été trop brusquement rompu, et la Réformation se serait trouvée isolée des siècles qui l'avaient précédée.

Ces deux tendances, qui, à un œil superficiel, peuvent sembler n'être là que pour se combattre, avaient au contraire charge de se compléter; et nous pouvons le dire après trois siècles, elles ont rempli leur mission.

XII

Ainsi la Réformation avait de tous côtés des luttes à soutenir; et après avoir combattu avec la philosophie rationaliste d'Érasme et l'enthousiasme fanatique des anabaptistes, elle avait encore affaire avec elle-même. Mais sa grande lutte était toujours avec la papauté; et elle poursuivait maintenant jusque sur les montagnes les plus reculées l'attaque commencée dans les villes de la plaine.

Les montagnes du Tockenbourg avaient entendu sur leurs hauteurs le son de l'Évangile, et trois ecclésiastiques y étaient poursuivis par ordre de l'évêque, comme inclinant à l'hérésie. « Qu'on nous convainque, la Parole de « Dieu à la main, disaient Militus, Döring et Farer, et nous

« nous soumettrons non-seulement au chapitre, mais en-
« core au moindre des frères de Jésus-Christ; autrement,
« nous n'obéirons à personne, pas même au plus puissant
« des hommes[1]. »

C'était bien là l'esprit le Zwingle et de la Réformation. Bientôt une nouvelle circonstance vint échauffer les esprits dans ces hautes vallées. Une assemblée du peuple y avait lieu le jour de Sainte-Catherine; les citoyens étaient réunis, et deux hommes de Schwitz, venus pour affaires dans le Tockenbourg, se trouvaient à l'une des tables; la conversation s'engagea : « Ulrich Zwingle, s'écria l'un d'eux, « est un hérétique et un voleur! » Le secrétaire d'État Steiger prit la défense du réformateur; le bruit attira l'attention de toute l'assemblée; George Bruggmann, oncle de Zwingle, qui se trouvait à une table voisine, s'élança de sa place avec colère, s'écriant : « Certainement c'est de maître « Ulrich que l'on parle! » et tous les convives se levèrent, et le suivirent craignant une bataille[2]. Le tumulte devenant toujours plus grand, le bailli rassembla à la hâte le conseil en pleine rue, et l'on pria Bruggmann, pour l'amour de la paix, de se contenter de dire à ces hommes : « Si vous ne vous rétractez pas, c'est vous qui êtes cou- « pables de mensonges et de vol. — Rappelez-vous ce que « vous venez de dire, répondirent les hommes de Schwitz; « nous nous en souviendrons nous-mêmes. » Puis ils montèrent à cheval, et reprirent en toute hâte le chemin de Schwitz[3].

Le gouvernement de Schwitz adressa alors aux habitants du Tockenbourg une lettre menaçante, qui répandit la terreur dans les esprits. « Soyez forts et sans aucune « crainte[4], écrivit Zwingle au conseil de sa patrie. Que les « mensonges qu'on débite contre moi ne vous inquiètent « pas! Il n'y a pas un criailleur qui ne puisse m'appeler

---

[1] « Ne potentissimo quidem, sed soli Deo ejusque verbo. » (*Zw. Ep.*, p. 370.)
[2] « Totumque convivium sequi, graudem conflictum timentes. » (*Ibid.*, p. 371.)
[3] « Auf solches, ritten sie wieder heim. » (*Ibid.*, p. 374.)
[4] « Macti animo este et interriti. » (*Ibid.*, p. 351.)

« hérétique ; mais vous, abstenez-vous d'injures, de désor-
« dres, de débauches et de guerres mercenaires ; secourez
« les pauvres, protégez les opprimés ; et quelles que soient
« les insultes dont on vous accable, ayez une assurance
« inébranlable dans le Dieu tout-puissant[1]. »

Les encouragements de Zwingle firent effet. Le conseil hésitait encore ; mais le peuple, réuni en paroisses, arrêta d'un accord unanime que la messe serait abolie, et qu'on serait fidèle à la Parole de Dieu[2].

Les conquêtes n'étaient pas moins grandes dans la Rhétie, que Salandronius avait dû quitter, mais où Comandre annonçait l'Évangile avec courage. Les anabaptistes, il est vrai, en prêchant dans les Grisons leurs doctrines fanatiques, avaient fait d'abord un grand tort à la Réformation. Le peuple s'était trouvé partagé en trois partis. Les uns s'étaient jetés dans les bras de ces nouveaux prophètes ; d'autres, étonnés, interdits, considéraient ce schisme avec inquiétude. Les partisans de Rome, enfin, poussaient des cris de triomphe[3].

On s'assembla à Ilantz, dans la ligue grise, pour une dispute ; les soutiens de la papauté, d'un côté, les amis de la Réforme, de l'autre, réunirent leurs forces. Le vicaire de l'évêque chercha d'abord un moyen d'éviter le combat. « Ces disputes entraînant de fortes dépenses, dit-il, je suis
« prêt à déposer, pour les couvrir, dix mille florins ; mais
« j'en exige autant de la partie adverse. — Si l'évêque a
« dix mille florins à sa disposition, s'écria du milieu de la
« foule une voix rude de paysan, c'est de nous qu'il les a
« extorqués ; en donner encore une fois autant à ces pau-
« vres prêtres serait trop vraiment. — Nous sommes de
« pauvres gens à bourse vide, dit alors Comandre, pasteur

---

[1] « Verbis diris abstinete... opem ferte egenis... spem certissimam in Deo reponatis omnipotente. » (Zw. Ep., p. 351.) Il faut que l'une des dates des lettres, 14 et 23 de 1523, soit erronée, ou qu'une lettre de Zwingle à ses compatriotes du Tockenbourg soit perdue.

[2] « Parochiæ uno consensu statuerunt in verbo Dei manere. » (Ibid., p. 423.)

[3] « Pars tertia papistarum est in immensum gloriantium de schismate inter nos acto. » (Ibid., p. 400.)

« de Coire ; à peine avons-nous de quoi payer notre soupe :
« où trouverions-nous dix mille florins[1] ? » Chacun rit de
cet expédient, et l'on passa outre.

Parmi les assistants se trouvaient Sébastien Hofmeister
et Jacques Amman de Zurich ; ils tenaient en main les
saintes Écritures en hébreu et en grec. Le vicaire de l'évêque demanda qu'on exclût les étrangers. Hofmeister
comprit que cela le regardait : « Nous sommes venus, dit-il,
« munis d'une Bible grecque et hébraïque, afin qu'en au-
« cune manière on ne fasse violence à l'Écriture. Cepen-
« dant, plutôt que d'empêcher le colloque, nous sommes
« prêts à nous retirer. — Ah ! s'écria le curé de Dintzen,
« en regardant les livres des deux Zuricois, si la langue
« grecque et la langue hébraïque n'étaient jamais entrées
« dans notre pays, il y aurait moins d'hérésies[2] ! — Saint
« Jérôme, dit un autre, nous a traduit la Bible ; nous n'a-
« vons pas besoin des livres des Juifs ! — Si l'on exclut les
« Zuricois, dit le banneret d'Ilantz, la commune s'en mê-
« lera. — Eh bien, dit-on, qu'ils écoutent, mais qu'ils se
« taisent ! » Les Zuricois restèrent donc, et leur Bible
avec eux.

Alors Comandre, se levant, lut la première des thèses
qu'il avait publiées : « L'Église chrétienne, y était-il dit, est
« née de la Parole de Dieu ; elle doit s'en tenir à cette
« Parole et ne pas écouter d'autre voix que la sienne. »
Puis il prouva ce qu'il avait avancé par de nombreux passages des Écritures. « Il marchait d'un pas assuré, dit un
« témoin oculaire[3], et posait chaque fois son pied avec la
« fermeté du bœuf. — Cela dure trop longtemps, dit le
« vicaire. — Quand, à table avec ses amis, il entend les
« joueurs de flûte, dit Hofmeister, il ne trouve pas que cela
« dure trop longtemps[4]. »

---

[1] « Sie waren gute arme Gesellen mit lehren Secklen. » (*Füsslin Beytræge*, I p. 358.)

[2] « Wäre die griechische und hebraische Sprache nicht in das Land gekommen. » (*Ibid.*, p. 360.)

[3] « Satzte den Fuss wie ein müder Ochs. » (*Ibid.*, p. 362.)

[4] « Den Pfeiffern zuzuhören, die... wie den Fürsten hofierten. » (*Ibid.*)

Alors on vit se lever et s'avancer du milieu de la foule un homme qui agitait les bras, qui clignait des yeux, qui fronçait les sourcils[1], et qui semblait avoir perdu le sens; il s'élança vers Comandre, et plusieurs crurent qu'il allait le frapper. C'était un maître d'école de Coire. « Je vous ai « posé par écrit diverses questions, dit-il à Comandre; ré- « pondez-y à cette heure. — Je suis ici, dit le réformateur « grison, pour défendre ma doctrine; attaque-la et je la « défendrai; sinon, retourne à ta place, je te répondrai « quand j'aurai fini. » Le maître d'école demeura un moment en suspens : « A la bonne heure, » dit-il enfin; et il retourna s'asseoir.

On proposa de passer à la doctrine des sacrements. L'abbé de Saint-Luc déclara que ce n'était pas sans crainte qu'il abordait un tel sujet, et le vicaire, effrayé, fit le signe de la croix.

Le maître d'école de Coire, qui déjà une fois avait voulu attaquer Comandre, se mit à établir, avec beaucoup de volubilité, la doctrine du sacrement, d'après cette parole : « Ceci *est* mon corps. » « Cher Berre, lui dit Comandre, « comment comprends-tu ces paroles? Jean est Élie. — Je « comprends, reprit Berre, qui vit où Comandre en voulait « venir, que Jean a été Élie véritablement et essentielle- « ment. — Et pourquoi donc, continua Comandre, Jean- « Baptiste a-t-il dit lui-même aux pharisiens qu'il n'était « pas Élie? » Le maître d'école garda le silence, et reprit enfin : « Il est vrai! » Tout le monde se mit à rire, même ceux qui l'avaient engagé à parler.

L'abbé de Saint-Luc fit un long discours sur la cène; et l'on termina la conférence. Sept prêtres embrassèrent la doctrine évangélique; une pleine liberté religieuse fut proclamée, et le culte romain fut aboli dans plusieurs Églises. « Christ, selon l'expression de Salandronius, « croissait partout dans ces montagnes comme l'herbe

---

[1] « Blintze mit den Augen, rumpfete die Stirne. » (*Füsslin Beytræge*, I, p. 368.)

« tendre du printemps; et les pasteurs étaient comme des
« sources vivantes qui arrosaient ces hautes vallées [1]. »

La Réforme faisait des pas encore plus rapides à Zurich. Les dominicains, les augustins, les capucins, si longtemps ennemis, étaient réduits à vivre ensemble; enfer anticipé pour ces pauvres moines. A la place de ces institutions corrompues, on fondait des écoles, un hôpital, un séminaire de théologie; la science, la charité prenaient partout la place de la paresse et de l'égoïsme.

XIII

Ces victoires de la Réforme ne pouvaient demeurer inaperçues. Les moines, les prêtres, les prélats, hors d'eux-mêmes, sentaient partout que le terrain leur manquait sous les pieds, et que l'Église était près de succomber à des dangers inouïs. Les oligarques des cantons, les hommes des pensions et des capitulations étrangères, comprenaient qu'ils ne devaient plus tarder, s'ils voulaient sauver leurs priviléges; et au moment où l'Église avait peur et commençait à s'enfoncer, ils lui tendirent leurs bras armés de fer. Un de Stein et un Jean Hug de Lucerne se joignirent à un Jean Faber; et l'autorité civile se précipita au secours de cette puissance hiérarchique qui prononce des discours pleins d'orgueil et fait la guerre aux saints [2].

Ce fut sur Berne que se dirigèrent les premiers efforts. Les sept cantons catholiques-romains, d'accord avec les oligarques bernois, y envoyèrent une députation, qui porta ses plaintes aux conseils le lundi de Pentecôte 1526. « L'ordre est détruit dans l'Église, dit le schulthess de Lu-
« cerne, Dieu est blasphémé; les sacrements, la Mère de

---

[1] « Vita, moribus et doctrina herbescenti Christo apud Rhœtos fons irrigans. » (Zw. *Ep.*, p. 485.)
[2] Apocalypse de saint Jean, chap. XII

« Dieu et les saints sont couverts de mépris, et des maux
« imminents et terribles menacent de dissoudre la louable
« Confédération. » En même temps les Bernois partisans de
Rome avaient convoqué à Berne des députés du pays. La
séance était agitée. « Il faut, disaient les Waldstettes, que
« Berne revienne à la foi romaine et marche avec nous. »
Les conseils bernois résolurent de conserver l'ancienne foi
chrétienne, les saints sacrements, la Mère de Dieu, les saints
et les ornements des églises [1]. Ainsi Rome triompha, et le
mandement de 1526 annula celui de 1523. Tous les prêtres
mariés étrangers au canton furent contraints à le quitter;
on repoussa de la frontière quiconque était soupçonné
de luthéranisme, on exerça une censure vigilante sur les
ouvrages vendus par les libraires, et on brûla publiquement
quelques livres.

Depuis longtemps l'opinion publique réclamait une dispute; il n'y avait plus que ce moyen de calmer le peuple [2].
« Convainquez-nous par la sainte Écriture, avaient dit les
« conseils de Zurich à la diète, et nous nous rendrons à vos
« invitations. — Les Zuricois, disait-on partout, vous ont
« fait une promesse : si vous pouvez les convaincre par la
« Bible, pourquoi ne le faites-vous pas? Et si vous ne le
« pouvez pas, pourquoi ne vous conformez-vous pas à la
« Bible? »

Les colloques tenus à Zurich avaient exercé une influence
immense; il fallait leur opposer une conférence tenue dans
une ville romaine, en prenant toutes les précautions nécessaires pour assurer la victoire au parti du pape.

Il est vrai qu'on avait déclaré ces disputes illégitimes;
mais on trouva moyen d'échapper à cette difficulté : « Il
« ne s'agit, dit-on, que d'arrêter et de condamner les doc-
« trines pernicieuses de Zwingle [3]. » Ceci convenu, on chercha un fort athlète, et le docteur Eck s'offrit. Il ne crai-

---

[1] *Actum uff den feil. Phingstmontag.* 1526. Tschudi.
[2] « Das der gmein man, one eine offne Disputation, nitt zü stillen was. » (Bullinger, *Chron.*, I, p. 331.)
[3] Diète de Lucerne, du 12 mars 1526.

gnait rien. « Zwingle a sans doute plus trait de vaches que
« lu de livres,... » disait-il, selon Hofmeister[1].

Le grand conseil de Zurich envoya un sauf-conduit au
docteur Eck, pour se rendre à Zurich même; mais Eck
répliqua qu'il attendrait la réponse de la Confédération.
Zwingle offrit alors de disputer à Saint-Gall ou à Schaffhouse; mais le conseil, se fondant sur un article du pacte
fédéral, qui portait « que tout accusé serait jugé dans le
« lieu où il demeure, » ordonna à Zwingle de retirer son
offre.

La diète enfin arrêta qu'une conférence aurait lieu à
Bade, et fixa le 16 mai 1526. Cette conférence devait être
importante; car elle était le résultat et le sceau de l'alliance
qui venait de se conclure entre la puissance ecclésiastique
et les oligarques de la Confédération. « Voyez, disait Zwin-
« gle à Vadian, ce qu'osent entreprendre à cette heure les
« oligarques et Faber[2]. »

Aussi la décision de la diète fit-elle une vive impression
en Suisse. On ne doutait pas qu'une conférence, tenue
sous de tels auspices, ne fût défavorable à la Réformation.
Les cinq cantons les plus dévoués au pape, disait-on à Zurich, ne dominent-ils pas dans Bade? N'ont-ils pas déjà
déclaré hérétique la doctrine de Zwingle, et employé contre
elle le fer et le feu? L'image de Zwingle n'a-t-elle pas été
brûlée à Lucerne, après avoir subi toutes sortes d'injures?
A Fribourg, ses livres n'ont-ils pas été livrés au feu? Partout ne désire-t-on pas sa mort? Les cantons qui exercent
dans Bade les droits suzerains n'ont-ils pas déclaré que,
quel que fût le lieu de leur territoire où Zwingle se ferait
voir, il y serait fait prisonnier[3]? Uberlinger, l'un de leurs
chefs, n'a-t-il pas dit que la seule chose au monde qu'il
souhaitât, c'était de pendre Zwingle, dût-il être nommé

---

[1] « Er habe wohl mehr Kühe gemolken als Bücher gelesen. » (Zw. *Op.*, II, p. 405.)

[2] « Vide nunc quid audeant oligarchi atque Faber. » (Zw. *Ep.*, p. 484.)

[3] « Zwingli in ihrem Gebiet, wo er betreten werde, gefangen zu nehmen. » (Zw. *Op.*, II, p. 422.)

bourreau jusqu'à la fin de ses jours[1]?... Et le docteur Eck lui-même ne crie-t-il pas, depuis plusieurs années, qu'il ne faut attaquer les hérétiques qu'avec le fer et le feu? Que sera donc cette dispute, et que peut-il en résulter, si ce n'est la mort du réformateur!

Telles étaient les craintes qui agitaient la commission nommée à Zurich pour examiner cette affaire. Zwingle, témoin de cette agitation, se leva et dit : « Vous savez quel « a été dans Bade le sort des vaillants hommes de Stamm-« heim, et comment le sang des Wirth a rougi l'échafaud... « et c'est sur le lieu même de leur supplice qu'on nous « appelle... Que l'on choisisse pour la conférence Zurich, « Berne, Saint-Gall, ou même Bâle, Constance, Schaffhouse; « qu'on convienne de n'y traiter que des points essentiels, « en ne se servant que de la Parole de Dieu; qu'on n'éta-« blisse aucun juge au-dessus d'elle; et alors je suis prêt « à me présenter[2]. »

Cependant, déjà le fanatisme se remuait et frappait des victimes. Un consistoire, à la tête duquel se trouvait ce même Faber qui provoquait Zwingle, condamna au feu, comme hérétique, le 10 mai 1526, c'est-à-dire environ huit jours avant la dispute de Bade, un ministre évangélique nommé Jean Hugle, pasteur de Lindau[3], qui marcha au supplice en chantant le *Te Deum*. En même temps un autre ministre, Pierre Spengler, était noyé à Fribourg, par ordre de l'évêque de Constance.

De tous côtés, de sinistres avis arrivaient à Zwingle. Son beau-frère, Léonard Tremp, lui écrivait de Berne : « Je « vous conjure par votre vie de ne pas vous rendre à Bade. « Je sais qu'ils n'observeront point le sauf-conduit[4]. »

On assurait qu'on avait formé le projet de l'enlever, de

---

1 « Da wollte er gern all sein Lebtag ein Henker genannt werden. » (Zw. *Op.*, II, p. 454.)

   « Wellend wir ganz geneigt syn ze erschynen. » (*Ibid.*, p. 423.)

3 « Hunc hominen hæreticum damnatus, projicimus et conculcamus. » (Hotting., *Helv. K. Gesch.*, III, p. 300.)

4 « Caveatis per caput vestrum... » (Zw. *Ep.*, p. 483.)

lui mettre un bâillon sur la bouche, de le jeter dans un bateau et de le déporter dans quelque lieu secret[1]. En présence de ces menaces et de ces échafauds, le conseil de Zurich arrêta que Zwingle n'irait point à Bade[2].

Le jour de la dispute étant fixé pour le 19 mai, on vit peu à peu arriver les combattants et les représentants des cantons et des évêques. Du côté des catholiques-romains paraissait surtout le belliqueux et glorieux docteur Eck ; du côté des protestants, le modeste et doux Œcolampade. Celui-ci avait bien compris les périls de cette discussion. Semblable, dit un ancien historien, à un cerf timide harcelé par des chiens furieux, il avait longtemps hésité ; il se décida pourtant à se rendre à Bade, mais en faisant à l'avance cette protestation solennelle : « Je ne reconnais « pour règle de jugement que la Parole de Dieu. » Il avait d'abord vivement désiré que Zwingle vînt partager ses périls[3] ; mais bientôt il ne douta pas que si l'intrépide docteur eût paru dans cette ville fanatique, la colère des catholiques-romains s'enflammant à sa vue, ils n'eussent tous deux été mis à mort.

On commença par décider quelles seraient les règles du combat. Le docteur Eck proposa que les députés des Waldstettes fussent chargés de prononcer le jugement définitif ; ce qui était décider à l'avance la condamnation de la Réforme. Thomas Plater, venu de Zurich à Bade pour assister au colloque, fut dépêché à Zwingle par Œcolampade, pour avoir son avis. Arrivé de nuit, il fut admis à grand'-peine dans la maison du réformateur. « Malheureux per« turbateur, lui dit Zwingle en se frottant les yeux, voilà « six semaines que, grâce à cette dispute, je ne m'étais « pas couché[4]... Que m'apportes-tu ? » Plater exposa les

---

[1] « Navigio captum, ore mox obturato, clam fuisse deportandum. » (Osw. Myc., *Vita Zwinglii.*)
[2] « Zwinglium Senatus Tigurinus Badenam dimittere recusavit. » (*Ibid.*)
[3] « Si periclitaberis, periclitabimur omnes tecum. » (Zw. *Ep.*, p. 312.)
[4] « Ich bin in sechs Wochen nie in das Beth kommen. » (*Plater's Leben*, p. 263.)

prétentions du docteur Eck. « Eh! qui, reprit Zwingle, « mettrait ces paysans en état de comprendre ces choses ? « Ils s'entendraient mieux vraiment à traire les vaches[1]. »

Le 21 mai, la conférence commença; Eck et Faber, accompagnés de prélats, de magistrats, de docteurs, couverts de vêtements de damas et de soie, et parés d'anneaux, de chaînes et de croix[2], se rendirent à l'église. Eck monta fièrement dans une chaire magnifiquement ornée, tandis que l'humble Œcolampade, chétivement vêtu, dut se mettre en face de son superbe adversaire sur un tréteau grossièrement travaillé. « Tout le temps que dura la conférence, dit « le chroniqueur Bullinger, Eck et les siens furent hébergés « à la cure de Bade, faisant bonne chère, menant une vie « gaie et scandaleuse, et buvant beaucoup de vin, que « l'abbé de Wettingen leur fournissait[3]. Eck se baigne à « Bade, disait-on, mais... dans le vin. Les évangéliques, au « contraire, étaient de pauvre apparence, et l'on se riait « d'eux comme d'une bande de mendiants. Leur genre de « vie contrastait fort avec celui des champions de la pa- « pauté. L'hôte de l'auberge du Brochet, où logeait Œco- « lampade, ayant voulu voir ce que celui-ci faisait dans sa « chambre, rapporta que toutes les fois qu'il y avait re- « gardé il l'avait vu lisant ou priant. Il faut avouer, disait-il, « que c'est un bien pieux hérétique. »

La dispute dura dix-huit jours, et pendant tout ce temps le clergé de Bade fit chaque jour une procession solennelle, chantant des litanies afin d'obtenir la victoire. Eck parla seul pour la doctrine romaine. C'était toujours le champion de la dispute de Leipzig, à la voix allemande, aux épaules larges et aux reins forts, excellent crieur public, et tenant plutôt, pour l'extérieur, du boucher que du théologien. Il disputa, selon sa coutume, avec une grande violence, cherchant à blesser ses adversaires par des mots piquants, et

---

[1] « Sie verstunden sich bas auf Kuh mälken. » (*Plater's Leben*, p. 263.)
[2] « Mit Syden, Damast und Sammet bekleydet. » (Bullinger, *Chron.*, I, p. 351.)
[3] « Verbruchten vil Wyn. » (*Ibid.*)

laissant même quelquefois échapper un jurement[1]. Mais jamais le président ne le rappela à l'ordre.

> Eck frappe des pieds et des mains ;
> Il jure, il peste, il injurie :
> « Ce que vous croyez, je le crie,
> « O pape et cardinaux romains[2] ! »

Œcolampade, au contraire, d'une figure sereine, d'un air noble et patriarcal, parla avec tant de douceur, mais en même temps d'habileté et de courage, que ses adversaires même, émus et saisis, se disaient les uns aux autres : « Oh ! si le long homme jaune était avec nous[3] !... » Il était pourtant quelquefois ému en voyant la haine et la violence des auditeurs : « Oh ! disait-il, avec quelle impa-« tience ils m'écoutent ; mais Dieu n'abandonne pas sa « gloire, et c'est elle seule que nous recherchons[4]. »

Œcolampade ayant combattu la première thèse du docteur Eck, qui roulait sur la présence réelle, Haller, arrivé à Bade après le commencement de la dispute, entra en lice contre la seconde. Peu accoutumé à de telles conférences, d'un caractère timide, lié par les ordres de son gouvernement, embarrassé par les regards de son avoyer Gaspard de Mullinen, grand ennemi de la Réforme, Haller n'avait pas la superbe confiance de son antagoniste ; mais il avait plus de véritable force. Après que Haller eut fini, Œcolampade rentra en lice, et pressa si vivement le docteur Eck, que celui-ci fut réduit à ne plus invoquer que l'usage de l'Église. « L'usage, répondit Œcolampade, n'a de force dans « notre Suisse qu'après la constitution ; or, en matière de « foi, la constitution c'est la Bible. »

---

[1] « So entwuscht imm ettwan ein Schwür. » (Bullinger, *Chron.*, I, p. 351.)
[2]   « Egg zablet mit Fussen und Henden
     Fing an schelken und schenden, » etc.
       (*Poésies contemporaines* de Nicolas Manuel, de Berne.)
[3] « O were der lange gäl Man uff unser syten. » (Bullinger, *Chron.*, I, p. 353.)
[4] « Domino suam gloriam, quam salvam cupimus, ne utiquam deserturo. » (Zw *Ep.*, p. 511.)

La troisième thèse, sur l'invocation des saints; la quatrième, sur les images; la cinquième, sur le purgatoire, furent successivement débattues. Personne ne se leva pour contester la vérité des deux dernières, qui roulaient sur le péché originel et sur le baptême.

Zwingle prit une part active à toute la dispute. Le parti catholique, qui avait nommé quatre secrétaires, avait défendu, sous peine de mort, à toute autre personne de rien écrire[1]. Mais un étudiant valaisan, Jérôme Walsh, doué d'une forte mémoire, gravait dans son esprit ce qu'il entendait, puis, revenant chez lui, se hâtait de l'écrire. Thomas Plater et Zimmermann de Winterbourg portaient chaque jour à Zwingle ces notes et les lettres d'OEcolampade, et rapportaient les réponses du réformateur. Toutes les portes de Bade étaient gardées par des soldats armés de hallebardes, et les deux courriers n'échappaient que par diverses excuses aux questions de ces soldats, qui ne comprenaient pas pourquoi ces jeunes gens revenaient sans cesse dans la ville[2]. Ainsi Zwingle, quoique absent de Bade, de corps, y était présent en esprit.

Il conseillait, affermissait ses amis, et réfutait ses adversaires. « Zwingle, dit Oswald Myconius, a plus travaillé,
« par ses méditations, ses veilles, ses conseils, envoyés à
« Bade, qu'il ne l'eût fait en discutant lui-même au milieu
« de ses ennemis[3]. »

Pendant tout le colloque, les catholiques-romains s'agitaient, écrivaient partout, et entonnaient le chant de victoire. « OEcolampade, s'écriaient-ils, vaincu par le docteur

---

[1] « Man sollte einem ohne aller weiter Urtheilen, den Kopf abhauen. » (*Thom. Plateri Lebens Beschreib.*, p. 262.)

[2] « Quand on me demandait : Que viens-tu faire? Je répondais : Je porte des poulets à vendre pour les messieurs qui sont aux bains; car on me donnait des poulets à Zurich, et les gardes ne pouvaient comprendre que j'en trouvasse toujours et si vite de nouveaux. » (*Vie de Plater*, écrite par lui-même, p. 262.)

[3] « Quam laborasset disputando vel inter medios hostes. » (Osw. Myconius, *Vita Zwinglii*.) Voyez les divers écrits de Zwingle, qui se rapportent à la dispute de Bade. *Op.*, II, p. 398-520.)

« Eck et étendu dans la lice, a chanté palinodie[1]; le règne
« du pape va être partout rétabli[2]. Ces cris se propageaient
dans tous les cantons, et le peuple, prompt à croire tout
ce qu'il entend, ajoutait foi à toutes ces vanteries des partisans de Rome.

La dispute étant finie, le moine Murner, de Lucerne,
qu'on appelait le « Matou » s'avança, et lut quarante accusations dirigées contre Zwingle. « Je pensais, dit-il, que
« le lâche viendrait répondre; il n'a point paru. Eh bien!
« par tous les droits qui régissent les choses divines et hu-
« maines, je déclare quarante fois que le tyran de Zurich et
« tous ses partisans sont des gens déloyaux, des menteurs,
« des parjures, des adultères, des infidèles, des voleurs,
« des sacriléges, du vrai gibier de potence, et que tout hon-
« nête homme doit rougir d'avoir quelque rapport que ce
« soit avec eux. » Telles sont les injures que déjà, à cette
époque, des docteurs, que l'Église catholique-romaine
elle-même devrait désavouer, décoraient du nom de « po-
« lémique chrétienne. »

L'agitation était grande dans Bade; le sentiment général
était que les champions romains avaient crié le plus fort,
mais raisonné le plus faiblement[3]. Œcolampade et dix de
ses amis signèrent seuls le rejet des thèses du docteur Eck;
tandis que quatre-vingts personnes, parmi lesquelles se
trouvaient les présidents du débat et tous les moines de
Wittingen, les adoptèrent. Haller avait quitté Bade avant la
fin du colloque.

Alors la majorité de la diète arrêta que Zwingle, chef de
cette pernicieuse doctrine, ayant refusé de comparaître, et
les ministres venus à Bade n'ayant pas voulu se laisser convaincre, ils étaient les uns et les autres rejetés de l'Église
universelle[4].

---

[1] « Œcolampadius victus jacet in arena prostratus ab Eccio, herbam porrexit. »
(Zw. *Ep.*, p. 514.)
[2] « Spem concipiunt lætam fore ut regnum ipsorum restituatur. » (*Ibid.*, p. 513.)
[3] « Die Evangelische weren woll *überschryen*, nicht aber *überdisputiert* worden. » (Hotting., *Helv. K. Gesch.*, III, p. 320.)
[4] « Von gemeiner Kylchen ussgestossen. » (Bullinger, *Chron.*, p. 355.)

XIV

Mais cette fameuse conférence, due au zèle des oligarques et du clergé, devait devenir funeste à tous deux. Ceux qui y avaient combattu pour l'Évangile devaient, en retournant dans leurs foyers, remplir leurs concitoyens d'enthousiasme pour la cause qu'ils avaient défendue, et deux des plus importants cantons de l'alliance helvétique, Berne et Bâle, devaient commencer dès lors à se détacher de la papauté.

C'était sur Œcolampade, étranger à la Suisse, que devaient tomber les premiers coups; et ce n'était pas sans quelque crainte qu'il retournait à Bâle. Mais ses inquiétudes furent bientôt dissipées. La douceur de ses paroles avait frappé les témoins impartiaux, plus que les clameurs du docteur Eck, et il fut reçu aux acclamations de tous les hommes pieux. Les adversaires firent, il est vrai, tous leurs efforts pour qu'on le chassât des chaires, mais en vain; il enseignait et prêchait avec plus de force qu'auparavant, et jamais le peuple n'avait montré une telle soif de la Parole[1].

Des choses à peu près semblables se passaient à Berne. La conférence de Bade, qui avait dû étouffer la Réforme, lui donnait un nouvel élan dans ce canton, le plus puissant de toute la ligue des Suisses. A peine Haller était-il arrivé dans la capitale, que le petit conseil l'avait cité devant lui et lui avait ordonné de célébrer la messe. Haller demanda à répondre devant le grand conseil, et le peuple, croyant qu'il devait défendre son pasteur, accourut. Haller, effrayé, déclara qu'il aimait mieux quitter la ville que d'y causer quelque désordre. Alors, le calme s'étant rétabli : « Si l'on « exige, dit le réformateur, que je célèbre cette cérémonie,

---

[1] « Plebe Verbi Domini admodum sitiente. » (Zw. *Ep.*, p. 518.)

« je résigne ma charge; l'honneur de Dieu et la vérité de
« sa sainte Parole me tiennent plus à cœur que le souci de
« savoir ce que je mangerai ou de quoi je serai vêtu. »
Haller prononçait ces paroles avec émotion; les membres
du conseil étaient touchés; quelques-uns même de ses adversaires fondaient en larmes[1]. La modération était encore
une fois plus forte que la force elle-même. Pour donner à
Rome quelque satisfaction, on ôta à Haller les fonctions de
chanoine; mais on l'établit prédicateur. Ses plus violents
ennemis, Louis et Antoine de Diesbach et Antoine d'Erlach, indignés de cette résolution, quittèrent aussitôt le
conseil et la ville, et renoncèrent à leur droit de bourgeoisie. « Berne a fait une chute, dit Haller, mais s'est re« levée avec plus de force que jamais. » Cette fermeté des
Bernois fit une grande impression en Suisse[2].

Mais les suites de la conférence de Bade ne se bornèrent
pas à Berne et à Bâle. En même temps que ces choses se
passaient dans ces villes puissantes, un mouvement plus
ou moins semblable s'opérait dans plusieurs des États de
la Confédération. Les prédicateurs de Saint-Gall, revenus
de Bade, y annonçaient l'Évangile[3]; à la suite d'une conférence, on enlevait les images de l'église paroissiale de
Saint-Laurent, et les habitants vendaient leurs habits précieux, leurs joyaux, leurs bagues, leurs chaînes d'or, pour
fonder des maisons de charité. La Réformation dépouillait,
mais pour revêtir les pauvres; et les dépouilles étaient
celles des réformés eux-mêmes[4].

A Mulhouse on prêchait avec un nouveau courage; la
Thurgovie et le Rheinthal se rapprochaient toujours plus
de Zurich. Immédiatement après la dispute, Zurzach enleva les images de ses églises, et presque partout le district
de Bade reçut l'Évangile.

---

[1] Tillier, *Gesch. v. Bern.*, III, p. 242.
[2] « Profuit hic nobis Bernates tam dextre in servando Berchtoldo suo egisse. » (Œcol. ad Zw., *Ep.*, p. 518.)
[3] « San-Gallenses officiis suis restitutos. » (*Ibid.*)
[4] « Kostbare Kleider, Kleinodien, Ring, Ketten, etc., freywillig verkauft. » (Hotting., III, p. 338.)

Rien de plus clair que de tels faits pour prouver à quel parti la victoire était vraiment demeurée. Aussi Zwingle, regardant tout autour de lui, rendait-il gloire à Dieu. « On « nous attaque de beaucoup de manières, disait-il; mais le « Seigneur est plus fort, non-seulement que les menaces, « mais aussi que les guerres elles-mêmes. Il y a dans la « ville et dans le canton de Zurich un accord admirable en « faveur de l'Évangile. Nous surmonterons toutes choses « par des prières faites avec foi[1]. » Peu après, s'adressant à Haller, Zwingle lui disait : « Tout suit ici-bas sa desti- « née. Au rude vent du nord succède un souffle plus doux. « Après les jours brûlants de l'été, l'automne nous prodi- « gue ses trésors. Et maintenant, après de durs combats, « le Créateur de toutes choses, au service duquel nous « sommes, nous ouvre le chemin pour pénétrer dans le « camp de nos adversaires. Nous pouvons enfin accueillir « la doctrine chrétienne, cette colombe si longtemps re- « poussée, et qui ne cessait d'épier l'heure de son retour. « Sois le Noé qui la reçoit et la sauve..... »

Cette année même, Zurich avait fait une importante acquisition. Conrad Pellican, gardien du couvent des Franciscains à Bâle, professeur de théologie depuis l'âge de vingt-quatre ans, avait été appelé, par le zèle de Zwingle, comme professeur d'hébreu à Zurich. « Il y a longtemps, « dit-il en y arrivant, que j'ai renoncé au pape et que je « désire vivre pour Jésus-Christ[2]. » Pellican devint, par ses talents exégétiques, l'un des ouvriers les plus utiles dans l'œuvre de la Réforme.

Zurich, toujours exclu de la diète par les cantons romains, voulant profiter des dispositions meilleures qui se manifestaient chez quelques-uns des confédérés, convoqua, au commencement de 1527, une diète à Zurich même. Les députés de Berne, de Bâle, de Schaffhouse, d'Appenzell et de Saint-Gall s'y rendirent. « Nous vou-

---

[1] « Fideli enim oratione omnia superabimus. » (Zw. *Ep.*, p. 519.)
[2] « Jam dudum papæ renuntiavi et Christo vivere concupivi. » (Zw. *Ep.*, p. 455.)

« lons, dirent des députés de Zurich, que la Parole de
« Dieu, qui nous conduit uniquement à Jésus-Christ cru-
« cifié, soit seule prêchée, seule enseignée, seule magni-
« fiée. Nous abandonnons toutes les doctrines humaines,
« quel qu'ait été l'usage antique de nos pères; certains
« que s'ils avaient eu cette lumière de la Parole divine dont
« nous jouissons, ils l'eussent embrassée avec plus de
« respect que nous, leurs faibles neveux[1]... » Les députés
présents promirent de prendre en considération les représentations de Zurich.

Ainsi la brèche faite à Rome s'agrandissait chaque jour.
La dispute de Bade avait dû tout réparer, et dès lors, au
contraire, des cantons incertains semblaient vouloir marcher avec Zurich. Déjà les peuples de la plaine penchaient
pour la Réformation; déjà elle serrait de près les montagnes; elle les envahissait, et les cantons primitifs, qui furent comme le berceau et qui sont comme la citadelle de
la Suisse, semblaient, serrés dans leur hautes alpes, tenir
seuls encore avec fermeté pour la doctrine de leurs pères.
Ces montagnards, exposés sans cesse aux grandes tempêtes, aux avalanches, aux débordements des torrents et
des fleuves, doivent lutter toute leur vie contre ces redoutables ennemis et tout sacrifier pour conserver la prairie
où paissent leur troupeaux, la cabane où ils se mettent à
l'abri des orages et que la première inondation emporte.
Aussi l'instinct conservateur est-il fortement développé en
eux et se transmet-il, depuis des siècles, de génération en
génération. Conserver ce qu'on a reçu de ses pères est
toute la sagesse de ces montagnes. Ces rudes Helvétiens
luttaient donc alors contre la Réformation, qui voulait
changer leur foi et leur culte, comme ils luttent encore à
cette heure contre les torrents qui tombent avec fracas de
leurs sommités neigeuses, ou contre les nouvelles idées
politiques qui se sont établies à leurs portes, dans les can-

---

[1] « Mit höherem Werth und mehr Dankbarkeit dann wir angenommen. »
(Zurich Archiv., *Absch. Sonntag nach Lichtmesse.*)

tons qui les entourent. Ils seront les derniers qui mettront bas les armes devant la double puissance qui déjà élève ses signaux sur toutes les collines environnantes et menace toujours de plus près ces peuples conservateurs.

Aussi ces cantons, à l'époque dont je parle, encore plus irrités contre Berne que contre Zurich, et tremblant de voir cet État puissant leur échapper, réunirent-ils leurs députés à Berne même, huit jours après la conférence de Zurich. Ils demandèrent au conseil de déposer les nouveaux docteurs, de proscrire leurs doctrines et de maintenir l'antique et véritable foi chrétienne, telle qu'elle avait été confirmée par les siècles et confessée par les martyrs. « Convoquez tous les bailliages du canton, ajoutèrent-ils; « si vous vous y refusez, nous nous en chargerons. » Les Bernois, irrités, répondirent : « Nous avons assez de puis-« sance pour parler nous-mêmes à nos ressortissants. »

Cette réponse de Berne ne fit qu'accroître la colère des Waldstettes; et ces cantons, qui avaient été le berceau de la liberté politique de la Suisse, effrayés des progrès que faisait la liberté religieuse, commencèrent à chercher, même au dehors, des alliés pour la détruire. Pour combattre les ennemis des capitulations, on pouvait bien s'appuyer des capitulations mêmes; et si les oligarques de la Suisse ne pouvaient y suffire, n'était-il pas naturel de recourir aux princes leurs alliés? En effet, l'Autriche, qui n'avait pu maintenir sa puissance dans la Confédération, était prête à intervenir pour y affermir la puissance de Rome. Berne apprit avec effroi que Ferdinand, frère de Charles-Quint, faisait des préparatifs contre Zurich et contre tous les adhérents de la Réforme[1].

Les circonstances devenaient plus critiques. Une succession d'événements plus ou moins malheureux, les excès des anabaptistes, les disputes avec Luther sur la cène, d'autres encore, semblaient avoir grandement compromis en Suisse la Réformation. La dispute de Bade avait trompé

---

[1] Berne à Zurich, le lundi après *Miséricorde*. (Kirchhoff., *B. Haller*, p. 85.)

l'attente des amis de la papauté, et l'épée qu'ils avaient brandie contre leurs adversaires s'était brisée dans leurs mains; mais le dépit et la colère n'avaient fait que s'accroître, et l'on se préparait à un nouvel effort. Déjà la puissance impériale elle-même commençait à s'émouvoir; et les bandes autrichiennes qui avaient dû s'enfuir des défilés de Morgarten et des hauteurs de Sempach, étaient prêtes à rentrer dans la Suisse, enseigne déployée, pour y raffermir Rome chancelante. Le moment était décisif: on ne pouvait plus clocher des deux côtés et n'être « ni « troubles ni clairs. » Berne et d'autres cantons, si longtemps hésitants, devaient prendre une résolution. Il fallait retourner promptement à la papauté, ou se ranger sous l'étendard de Christ avec un nouveau courage.

Un homme venu de France, des montagnes du Dauphiné, nommé Guillaume Farel, donna alors à la Suisse une puissante impulsion, décida la réforme de l'Helvétie romane, qui dormait encore d'un profond sommeil, et fit ainsi pencher la balance, dans toute la Confédération, en faveur des nouvelles doctrines. Farel arriva sur le champ de bataille comme ces troupes fraîches qui, au moment où le sort des armes est encore incertain, se précipitent au fort de la mêlée et décident la victoire. Il prépara les voies en Suisse à un autre Français, dont la foi austère et le puissant génie devaient mettre la dernière main à la Réforme, et la rendre une œuvre accomplie. La France prenait ainsi rang, par ces hommes illustres, dans cette grande commotion qui agitait la société chrétienne. Il est temps que nos regards se tournent vers elle.

LIVRE XII

LES FRANÇAIS

1500 a 1526

I

L'universalité est l'un des caractères essentiels du christianisme. Il n'en est pas ainsi des religions humaines. Elles s'adaptent à certains peuples et au degré de culture qu'ils ont atteint ; elles maintiennent ces peuples dans l'immobilité, ou si, par quelque circonstance extraordinaire, ils grandissent, la religion, dépassée par eux, leur devient par cela même inutile.

Il y a eu une religion égyptienne, une grecque, une latine et même une judaïque ; le christianisme est la seule religion *humaine*.

Il a pour point de départ, dans l'homme, le péché ; et c'est là un caractère qui n'appartient pas à une race spéciale, mais qui est l'apanage de l'humanité. Aussi, satisfaisant les besoins les plus universels et les plus élevés de notre nature, l'Évangile est-il reçu comme venant de Dieu, par les nations les plus barbares et par les peuples les plus civilisés. Il ne divinise pas les spécialités nationales, comme le faisaient les religions de l'antiquité ; mais il ne les détruit pas, comme voudrait le faire le cosmopolitisme moderne. Il fait mieux : il les sanctifie, les ennoblit et les élève à une sainte unité, par le principe nouveau et vivant qu'il leur communique.

L'introduction du christianisme dans le monde a opéré une grande révolution dans l'histoire. Il n'y avait eu jusque-là qu'une histoire des peuples; il y a maintenant une histoire de l'humanité; et l'idée d'une éducation universelle de l'espèce humaine, accomplie par Jésus-Christ, est devenue la boussole de l'historien, la clef de l'histoire et l'espérance des peuples.

Mais ce n'est pas seulement sur tous les peuples que le christianisme agit, c'est aussi sur toutes les époques de leur histoire.

Au moment de son apparition, le monde était comme un flambeau près de s'éteindre, et le christianisme y fit revivre une flamme céleste.

Plus tard, les peuples barbares, s'étant précipités sur l'empire romain, y avaient tout brisé et confondu; et le christianisme, opposant la croix à ce torrent dévastateur, dompta par elle le sauvage enfant du Nord, et forma une humanité nouvelle.

Cependant un élément corrupteur se trouvait déjà caché dans la religion apportée par des missionnaires courageux à ces tribus grossières. Leur foi venait de Rome presque autant que de la Bible. Bientôt cet élément s'accrut; l'homme se substitua partout à Dieu : caractère essentiel de l'Église romaine; et un renouvellement de la religion devint nécessaire. Le christianisme l'accomplit à l'époque qui nous occupe.

L'histoire de la Réformation dans les contrées que nous avons jusqu'à présent parcourues nous a montré la doctrine nouvelle rejetant les écarts des anabaptistes et des nouveaux prophètes; mais c'est l'écueil de l'incrédulité qu'elle rencontre surtout dans le pays vers lequel nous nous tournons maintenant. Nulle part il ne s'était élevé des réclamations aussi hardies contre les superstitions et les abus de l'Église; nulle part on ne vit se développer avec plus de force un certain amour des lettres, indépendant du christianisme, qui conduit souvent à l'irréligion. La France se trouva porter à la fois dans son sein deux réformations, l'une de l'homme, l'autre de Dieu. « Deux nations étaient « dans son ventre, et deux peuples devaient sortir de ses « entrailles[1]. »

Non-seulement en France la Réforme eut à combattre l'incrédulité aussi bien que la superstition, elle y trouva encore un troisième ennemi, qu'elle n'avait pas rencontré, au moins aussi puissant, chez les peuples de race germanique : ce fut l'immoralité. Les désordres étaient grands dans l'Église; la débauche siégeait sur le trône de François Ier et de Catherine de Médicis, et les vertus austères des réformateurs irritaient ces « Sardanapales[2]. » Partout sans doute, mais surtout en France, la Réforme devait être, non-seulement dogmatique et ecclésiastique, mais en outre morale.

Ces ennemis pleins de violence que la Réforme rencontra à la fois chez les Français lui imprimèrent un caractère tout particulier. Nulle part elle n'habita autant les cachots et ne ressembla plus au christianisme primitif, par la foi, la charité et le nombre de ses martyrs. Si dans les pays dont nous avons parlé jusqu'à cette heure la Réformation fut plus glorieuse par ses triomphes, dans ceux dont nous allons nous occuper elle le fut davantage par ses défaites. Si ailleurs elle eut à montrer plus de trônes et plus de conseils souverains, ici elle put citer plus d'échafauds et plus d'assemblées du désert. Quiconque connaît ce qui fait la vraie gloire du christianisme sur la terre, et les traits qui le font ressembler à son chef, étudiera donc avec un vif sentiment de respect et d'amour l'histoire, souvent sanglante, que nous allons raconter.

C'est dans les provinces que sont nés et qu'ont commencé à se développer la plupart des hommes qui ont ensuite brillé sur la scène du monde. Paris est un arbre qui

---

[1] Genèse, XXV, v. 23.
[2] « Sardanapalus (Henri II) inter scorta. » (Calvini *Ep.*, msc.)

étale à la vue beaucoup de fleurs et de fruits, mais dont les racines vont chercher au loin, dans les entrailles de la terre, les sucs nourriciers qu'elles transforment. La Réformation suivit aussi cette loi.

Les Alpes, qui virent paraître dans chaque canton et presque dans chaque vallée de la Suisse des hommes chrétiens et courageux, devaient, en France aussi, couvrir de leurs grandes ombres l'enfance de quelques-uns des premiers réformateurs. Il y avait des siècles qu'elles en gardaient le trésor plus ou moins pur dans leurs hautes vallées, parmi les habitants des contrées piémontaises de Lucerne, d'Angrogne, de la Peyrouse. La vérité, que Rome n'avait pu atteindre, s'était répandue de ces vallées sur les revers et au pied de ces montagnes, dans la Provence et dans le Dauphiné.

L'année qui suivit l'avénement au trône de Charles VIII, fils de Louis XI, enfant maladif et timide, Innocent VIII avait ceint la tiare pontificale (1484). Il avait sept ou huit fils de différentes femmes; aussi, selon une épigramme du temps, Rome fut unanime à le saluer du nom de *Père*[1].

Il y eut alors sur tous les revers des Alpes du Dauphiné et sur les rives de la Durance, une recrudescence des anciens principes vaudois. « Les racines, dit un ancien chro« niqueur, poussaient sans cesse et partout de nouveaux « bourgeons[2]. Des hommes audacieux appelaient l'Église romaine l'Église des malins, et soutenaient qu'il est aussi profitable de prier dans une étable que dans une église.

Les prêtres, les évêques, les légats de Rome poussèrent un cri d'alarme, et le 5 des calendes de mai 1487, Innocent VIII, le père des Romains, lança une bulle contre ces humbles chrétiens. « Courez aux armes, dit le pontife, et fou« lez ces hérétiques aux pieds comme des aspics venimeux[3]. »

---

[1] « Octo nocens pueros genuit totidemque puellas.
   Hunc merito poterit dicere Roma Patrem. »

[2] « In Ebredunensi archiepiscopatu veteres Waldensium hæreticorum fibræ repullularunt. » (Raynald., *Annales Ecclesiast.* ad ann. 1487.)

[3] « Armis insurgant, eosque veluti aspides venenosos... conculcent. » (Bulle d'Innocent VIII, conservée à Cambridge. Léger, II, p. 8.)

A l'aproche du légat, suivi d'une armée de dix-huit mille hommes et d'une multitude de volontaires, qui voulaient partager les dépouilles des Vaudois, ceux-ci abandonnèrent leurs maisons et se retirèrent dans les montagnes, dans les cavernes et dans les fentes des rochers, comme les oiseaux s'enfuient au moment où commence à gronder l'orage. Pas une vallée, pas un bois, pas un rocher n'échappa aux persécuteurs; partout dans cette partie des Alpes, et particulièrement du côté de l'Italie, ces pauvres disciples de Christ étaient traqués comme des bêtes fauves. A la fin, les satellites du pape se lassèrent; leurs forces étaient épuisées, leurs pieds ne pouvaient plus escalader les retraites escarpées des « hérétiques, » et leurs bras se refusaient à frapper.

Dans ces contrées alpestres qu'agitait alors le fanatisme de Rome, à trois lieues de la ville antique de Gap[1], du côté de Grenoble, non loin des gazons fleuris qui tapissent le plateau de la montagne de Bayard, au bas du mont de l'Aiguille et près du col de Glaise, vers le lieu où le Buzon prend sa source, se trouvait et se trouve encore un groupe de maisons, caché à demi par les arbres qui l'entourent, et qui porte le nom de Farel, ou en patois Fareau[2]. Sur un vaste emplacement élevé au-dessus des chaumières voisines, se voyait alors une maison, de celles qu'on appelle une gentilhommière. Un verger l'entourait et conduisait au village. Là vivait dans ces temps de troubles une famille d'une antique piété, noble, à ce qu'il paraît, et du nom de Farel[3]. L'année où la papauté déployait le plus ses rigueurs

---

[1] Chef-lieu des Hautes-Alpes.

[2] *Revue du Dauphiné*, juillet 1837, p. 35. En allant de Grenoble à Gap, un quart d'heure après avoir passé le dernier relais de poste, à un jet de fronde à droite de la grande route, se voit le village des Farels. On montre encore l'emplacement qui était celui de la maison du père de Farel. Il n'est plus occupé, il est vrai, que par une chaumière; mais on voit à ses dimensions qu'il ne pouvait être celui d'une maison ordinaire. L'habitant de cette chaumière porte le nom de Farel. Je dois ces renseignements à M. le pasteur Blanc, de Mens.

[3] « Guillelmum Farellum, Delphinatem, nobili familia ortum. » (Bezæ *Icones*.) Calvin, écrivant au cardinal Sadolet, fait ressortir le désintéressement de Farel, *sorti de si noble maison*. (Opuscula, p. 148.)

dans le Dauphiné, en 1449, naquit dans le modeste château un fils qui fut nommé Guillaume. Trois frères, Daniel, Gautier, Claude et une sœur grandirent avec Guillaume, et partagèrent ses jeux, sur les bords du Buzon et au pied du Bayard.

C'est là que s'écoulèrent l'enfance et la première jeunesse de Guillaume. Son père et sa mère faisaient partie des serviteurs les plus dévoués de la papauté. « Mon père et ma « mère croyaient tout, » dit-il lui-même [1]. Aussi élevèrent-ils leurs enfants dans les pratiques de la dévotion romaine.

Dieu avait doué Guillaume Farel de qualités rares, propres à donner un grand ascendant. D'un esprit pénétrant, d'une imagination vive, plein de sincérité et de droiture, d'une grandeur d'âme qui ne lui permit jamais de trahir, à quelque prix que ce fût, les convictions de son cœur, il avait surtout une ardeur, un feu, un courage indomptable, une hardiesse qui ne reculait devant aucun obstacle. Mais en même temps il avait les défauts de ses qualités, et ses parents eurent souvent à réprimer sa violence.

Guillaume se jeta de toute son âme dans la voie superstitieuse de sa crédule famille. « L'horreur me prend, dit-il, « vu les heures, les prières et les services divins que j'ai « faits et fait faire à la croix et à autres telles choses [2]. »

A quatre lieues au sud de Gap, près de Tallard, sur une montagne qui s'élève au-dessus des flots impétueux de la Durance, était un lieu fort réputé, nommé la Sainte-Croix. Guillaume n'avait guère que sept ou huit ans quand son père et sa mère résolurent de l'y conduire en pèlerinage [3]. « La croix qui est en ce lieu, disait-on, est du propre bois « en lequel Jésus-Christ a été crucifié. »

La famille se mit en marche, et atteignit enfin la croix ant vénérée, devant laquelle elle se prosterna. Après avoir considéré le bois sacré et le cuivre de la croix, fait, dit le

---

[1] *Du vrai usage de la Croix*, par Guillaume Farel, p. 237.
[2] *Ibid.*, p. 232.
[3] « J'estoye fort petit et à peine je savoye lire. » (*Ibid.*, p. 237.) « Le premier pèlerinage auquel j'ay esté a esté à la Saincte-Croix. » (*Ibid.*, p. 233.)

prêtre, du bassin dans lequel notre Seigneur lava les pieds à ses apôtres, les regards des pèlerins se portèrent sur un petit crucifix attaché à la croix. « Quand les diables, reprit « le prêtre, font les grêles et les foudres, ce crucifix se meut « tellement qu'il semble se détacher de la croix, comme « voulant courir contre le diable, et il jette des étincelles « de feu contre le mauvais temps; si cela ne se faisait, il « ne resterait rien sur la terre[1]. »

Les pieux pèlerins étaient tout émus en entendant raconter de si grands prodiges. « Personne, continua le prê- « tre, ne sait et ne voit rien de ces choses, si ce n'est moi « et cet homme... » Les pèlerins tournèrent la tête, et virent près d'eux un homme d'un extérieur étrange. « A le « voir il faisait frayeur, » dit Farel[2]. Des mailles blanches couvraient les deux prunelles de ses yeux; « soit qu'elles « y fussent en vérité, ou que Satan les fît apparaître. » Cet homme extraordinaire, que les incrédules appelaient le « sorcier du prêtre, » interpellé par celui-ci, répondit aussitôt que le prodige était véritable[3].

Un nouvel épisode vint achever le tableau et ajouter aux superstitions la pensée de coupables désordres. « Voicy « une jeune femme, ayant autre dévotion que la croix, la- « quelle portoit son petit enfant couvert d'un drap. Et puis « voicy le prestre qui vint au-devant et vous prend la femme « avec l'enfant et les mène dedans la chapelle. J'ose bien « dire que oncques danseur ne print femme et ne la mena « faisant meilleure mine que ces deus faisoyent. Mais l'a- « veuglement estoit tel, que ne le regard de l'un et de « l'autre, et mesmes quand ils eussent fait devant nous « des choses inconvenantes, tout nous eust été bon et « et sainct. C'estoit trop que la femme et mon galant de « prestre savoyent bien le miracle et avoyent la belle cou- « verture de leur visitation[4]. »

---

[1] *Du vrai usage de la Croix*, par Guillaume Farel, p. 235, 239.
[2] *Ibid.*, p. 237.
[3] *Ibid.*, p. 238.
[4] *Ibid.*, p. 235. On a adouci quelques mots de ce récit.

Voilà un fidèle tableau de la religion et des mœurs en France au moment où commença la Réformation. La morale et la doctrine étaient également empoisonnées, et il fallait pour l'une et pour l'autre une puissante régénération. Plus on avait attaché de prix aux œuvres extérieures, plus on s'était éloigné de la sanctification du cœur; des ordonnances mortes avaient été partout substituées à la vie chrétienne, et l'on avait vu, union étrange et pourtant naturelle, les débauches les plus scandaleuses s'unir aux plus superstitieuses dévotions. On avait dérobé devant l'autel, on avait séduit au confessionnal, on avait empoisonné dans la messe, on avait commis adultère au pied d'une croix... La superstition, en détruisant la doctrine, avait détruit la moralité.

Il y eut cependant de nombreuses exceptions dans la chrétienté du moyen âge, une foi, même superstitieuse, peut être sincère. Guillaume Farel en est un exemple. Le même zèle qui lui fit, plus tard, parcourir tant de lieux divers pour y répandre la connaissance de Jésus-Christ, l'attirait alors partout où l'Église étalait quelque miracle ou réclamait quelque adoration. Le Dauphiné avait ses sept merveilles, dès longtemps en possession de frapper l'imagition du peuple [1]. Mais les beautés de la nature qui l'entouraient avaient aussi de quoi élever son âme au Créateur.

La chaîne magnifique des Alpes, ces cimes couvertes de neiges éternelles, ces vastes rochers qui tantôt élancent leurs sommets aigus dans les airs, tantôt prolongent leurs immenses croupes arquées au-dessus des nuages, et semblent être comme une île isolée dans les cieux; toutes ces grandeurs de la création qui élevaient alors l'âme d'Ulrich Zwingle dans le Tockenbourg, parlaient aussi avec force au cœur de Guillaume Farel dans les montagnes du Dauphiné. Il avait soif de vie, de connaissances, de lumière; il aspirait à quelque chose de grand... il demanda à étudier.

Ce fut un grand coup pour son père, qui pensait qu'un

---

[1] La fontaine ardente, les cuves de Sassenage, la manne de Briançon, etc.

jeune noble ne devait connaître que son chapelet et son épée. On exaltait partout alors la vaillance d'un jeune compatriote de Guillaume Farel, Dauphinois comme lui, nommé Du Terrail, mais connu davantage sous le nom de Bayard, qui, dans la bataille du Tar, de l'autre côté des Alpes, venait de déployer un étonnant courage. « De tels fils, disait-« on, sont comme des flèches en la main d'un homme « puissant. Bienheureux est l'homme qui en a rempli son « carquois ! » Ainsi le père de Farel résistait au goût que Guillaume montrait pour les lettres. Mais le jeune homme se montrait inébranlable. Dieu le destinait à de plus nobles conquêtes que celles des Bayard. Il revint toujours à la charge, et le vieux gentilhomme céda enfin[1]. Farel se livra aussitôt au travail avec une étonnante ardeur. Les maîtres qu'il trouva dans le Dauphiné lui furent peu en aide, et il dut lutter contre les mauvaises méthodes et l'ineptie de ses instituteurs[2]. Ces difficultés l'excitèrent au lieu de le décourager, et il eut bientôt surmonté ces obstacles. Ses frères suivirent son exemple. Daniel entra plus tard dans la carrière politique, et fut employé dans des négociations importantes concernant la religion[3]. Gautier gagna toute la confiance du comte de Furstenberg.

Farel, avide de connaissances, ayant appris tout ce qu'il pouvait apprendre dans sa province, porta ailleurs ses regards. La gloire de l'université de Paris remplissait depuis longtemps le monde chrétien. Il voulait voir « cette mère « de toutes les sciences, cette véritable lumière de l'Église « qui ne souffre jamais d'éclipse, ce miroir net et poli de « la foi, qu'aucun nuage n'obscurcit et qu'aucun attouche-« ment ne macule [4] ; » il obtint la permission de ses parents, et partit pour la capitale de la France.

[1] « Cum a parentibus vix impetrassem ad litteras concessum. » (Farel Natali Galeoto, p. 1527. Lettres manuscrites du conclave de Neuchâtel.)

[2] « A præceptoribus præcipue in latina lingua ineptissimis institutus. » (Farelli Epist.)

[3] Vie de Farel, manuscrit de Genève.

[4] « Universitatem Parisiensem, matrem omnium scientiarum... speculum fidei t orsum et politum... » (Prima Appellat. Universit., ann. 1395. Bulœus, IV, p. 806.)

II

L'un des jours de l'an 1510, ou peu après, le jeune Dauphinois arriva à Paris. La province avait fait de lui un ardent sectateur de la papauté; la capitale devait en faire autre chose. En France, ce n'était pas d'une petite ville, comme en Allemagne, que la Réformation devait sortir; c'est de la métropole que partent toutes les impulsions qui ébranlent le peuple. Un concours de circonstances providentielles faisait de Paris, au commencement du seizième siècle, un foyer d'où pouvait aisément s'échapper une étincelle de vie. Le jeune homme des environs de Gap, qui y arrivait alors, humble et ignoré, devait recevoir cette étincelle dans son cœur, et plusieurs autres avec lui.

Louis XII, le Père du peuple, venait de convoquer à Tours les représentants du clergé de France. Ce prince semble avoir devancé les temps de la Réformation; en sorte que, si cette grande révolution avait eu lieu sous son règne, la France entière fût peut-être devenue protestante. L'assemblée de Tours avait déclaré que le roi avait le droit de faire la guerre au pape et d'exécuter les décrets du concile de Bâle. Ces mesures étaient l'objet de toutes les conversations dans les colléges, comme à la ville et à la cour, et elles durent faire une vive impression sur l'esprit du jeune Farel.

Deux enfants grandissaient alors à la cour de Louis XII. L'un était un jeune prince, d'une taille élevée, d'une figure remarquable, qui montrait peu de mesure dans son caractère, et se jetait étourdiment partout où sa passion l'emportait; en sorte que le roi avait coutume de dire : « Ce gros garçon gâtera tout[1]. » C'était François d'Angoulême, duc de Valois et cousin du roi. Boissy, son

---

[1] Mézeray, IV, p. 127.

gouverneur, lui apprit cependant à honorer les lettres.

Auprès de François était sa sœur Marguerite, plus âgée que lui de deux ans, « princesse de très grand esprit et fort habile, dit Brantôme, tant de son naturel que de son « acquisitif[1]. » Aussi Louis XII n'avait-il rien épargné pour son instruction; et les gens les plus savants du royaume ne tardèrent pas à appeler Marguerite leur Mécène.

En effet, un cortége d'hommes illustres entouraient déjà ces deux Valois. Guillaume Budé, qui, à vingt-trois ans, livré aux passions et surtout à la chasse, ne vivant plus qu'avec des oiseaux, des chevaux et des chiens, avait tout à coup tourné court, vendu son équipage, et s'était mis à l'étude avec la même passion qui l'avait fait courir, entouré de sa meute, les campagnes et les forêts[2]; le médecin Cop; François Vatable, dont les docteurs juifs eux-mêmes admiraient les connaissances hébraïques; Jacques Tusan, célèbre helléniste; d'autres lettrés encore, encouragés par l'évêque de Paris, Étienne Poncher, par Louis Ruzé, lieutenant civil, et par François de Luynes, et déjà protégés par les deux jeunes Valois, résistaient aux attaques violentes de la Sorbonne, qui regardait l'étude du grec et de l'hébreu comme la plus funeste hérésie. A Paris, comme en Allemagne et en Suisse, le rétablissement de la saine doctrine devait être précédé de la restauration des lettres. Mais les mains qui préparaient ainsi les matériaux ne devaient pas, en France, être celles qui élèveraient l'édifice.

Entre tous ces docteurs, qui illustraient alors la capitale, on remarquait un homme de très petite taille, de chétive apparence et de basse origine[3], dont l'esprit, la science et la puissante parole avaient, pour tous ceux qui l'entendaient, un attrait indicible. Il se nommait Lefèvre, et était né vers l'an 1455, à Étaples, petit endroit de la Picardie. Il n'avait reçu qu'une éducation grossière, barbare même, dit Théodore de Bèze; mais son génie lui avait tenu lieu de

---

[1] Brant., *Dames illustres*, p. 331.
[2] Sa femme et ses fils vinrent à Genève, en 1540, après sa mort.
[3] « Homunculi unius neque genere imaginis. » (Bezæ *Icones*.)

tous les maîtres; et sa piété, sa science et la noblesse de son âme n'en brillaient que d'un plus grand éclat. Il avait beaucoup voyagé, et il paraît même que le désir d'étendre ses connaissances l'avait conduit en Asie et en Afrique[1]. Dès l'an 1493, Lefèvre, docteur en théologie, professait à l'université de Paris. Il y occupa aussitôt une place éminente, et fut le premier aux yeux d'Érasme[2].

Lefèvre comprit qu'il avait une tâche à remplir. Quoique attaché aux pratiques de Rome, il se proposa de combattre la barbarie qui régnait dans l'université[3]; il se mit à enseigner les sciences philosophiques, avec une clarté jusqu'alors inconnue. Il s'efforçait de ranimer l'étude des langues et de l'antiquité savante. Il allait plus loin : il comprenait que, quand il s'agit d'une œuvre de régénération, la philosophie et les lettres sont insuffisantes. Sortant donc de la scolastique, qui, depuis tant de siècles, avait seule occupé l'école, il revenait à la Bible, et rétablissait dans la chrétienté l'étude des saintes Écritures et les sciences évangéliques. Ce n'était pas à des recherches arides qu'il se livrait; il allait au cœur de la Bible. Son éloquence, sa franchise, son amabilité, captivaient les cœurs. Grave et onctueux dans la chaire, il était dans ses rapports avec ses élèves d'une douce familiarité. « Il m'aime extrêmement, » écrivait l'un d'eux, Glaréan, à son ami Zwingle. « Plein de candeur et de bonté, « il chante, il joue, il dispute avec moi, et souvent il rit de « la folie de ce monde[4]. » Aussi un grand nombre de disciples de toute nation se réunissaient-ils à ses pieds.

Cet homme si savant était en même temps soumis avec la simplicité d'un enfant à toutes les ordonnances de l'Église. Il passait autant de temps dans les temples que dans

---

[1] Dans son *Commentaire sur la seconde Ép. aux Thessal.*, ch. II, se trouve une histoire singulière sur la Mecque et son temple, qu'il raconte d'après un voyageur.

[2] « Fabro, viro quo vix in multis millibus reperias vel integriorem vel humaniorem, » dit Érasme. (Er. *Ep.*, p. 174.)

[3] « Barbariem nobilissimæ academiæ... incumbentem detrudi. » (Bezæ *Icones*.

[4] « Supra modum me amat totus integer et candidus, mecum cantillat, ludit, disputat, ridet mecum. » (Zw. *Ep.*, p. 26.)

son cabinet, en sorte qu'un rapport intime semblait devoir unir le vieux docteur de la Picardie et le jeune écolier du Dauphiné. Quand deux natures si semblables se rencontrent, fût-ce même dans l'immense enceinte d'une capitale, elles tendent à se rapprocher. Dans ses pieux pèlerinages, le jeune Farel remarqua bientôt un homme âgé qui le frappa par sa dévotion. Il se prosternait devant les images, et, demeurant longuement à genoux, il priait avec ferveur et disait dévotement ses Heures. « Jamais, dit Farel, je n'a-« vais vu chanteur de messe qui en plus grande révérence « la chantât[1]. » C'était Lefèvre. Guillaume Farel désira aussitôt se rapprocher de lui; et il ne put contenir sa joie quand il vit cet homme si célèbre l'accueillir avec bonté. Guillaume avait trouvé ce qu'il était venu chercher dans la capitale. Dès lors son plus grand bonheur fut de s'entretenir avec le docteur d'Étaples, de l'entendre, de suivre ses admirables enseignements, de se prosterner dévotement avec lui devant les mêmes images. Souvent on voyait le vieux Lefèvre et son jeune disciple orner avec soin de fleurs une figure de la Vierge et murmurer seuls, ensemble, loin de tout Paris, loin des écoliers et des docteurs, les ferventes prières qu'ils adressaient à Marie[2].

L'attachement de Farel pour Lefèvre fut remarqué de plusieurs. Le respect que l'on portait au vieux docteur rejaillit sur son jeune disciple. Cette amitié illustre sortit le Dauphinois de son obscurité. Il acquit bientôt un nom par son zèle, et plusieurs gens riches et dévots de Paris lui confièrent diverses sommes destinées à l'entretien des étudiants pauvres[3].

Il s'écoula quelque temps avant que Lefèvre et son disciple parvinssent à une vue claire de la vérité. Ce n'était pas l'espoir de quelque riche bénéfice, ou le penchant à une vie dissolue qui attachait Farel au pape; ces liens vul-

---

[1] Ép. de Farel, A tous seigneurs, peuples et pasteurs.

[2] « Floribus jubebat Marianum idolum, dum una soli murmuraremus preces Marianas ad idolum, ornari. » (Farellus Pellicano, an. 1556.)

[3] Manuscrit de Genève.

gaires n'étaient pas faits pour une telle âme. Le pape était pour lui le chef visible de l'Église, une sorte de Dieu, dont les commandements sauvaient les âmes. Entendait-il parler contre ce pontife tant vénéré, il grinçait les dents, comme un loup furieux, et il eût voulu que la foudre frappât le coupable, en sorte qu'il en fût « du tout abattu et ruiné. » — « Je crois, disait-il, à la croix, aux pèlerinages, aux « images, aux vœux, aux ossements. Ce que le prêtre tient « en ses mains, met en la boîte, enferme, mange et donne « à manger, est mon seul vrai Dieu, et pour moi il n'y en « a point d'autre que lui, ni au ciel ni sur la terre [1]. » — « Satan, dit-il encore, avait logé le pape, la papauté et tout « ce qui est de lui en mon cœur, de sorte que le pape « même n'en avait pas tant en soi. »

Aussi, plus Farel semblait rechercher Dieu, plus sa piété languissait et la superstition croissait dans son âme; tout allait de mal en pis. Il a décrit lui-même cet état avec beaucoup d'énergie [2]. « Oh! que j'ai horreur de moi et de « mes fautes, quand j'y pense, dit-il, et quelle œuvre de « Dieu grande et admirable, que l'homme ait pu être sorti « de tels gouffres! »

Mais ce ne fut que peu à peu qu'il en sortit. Il avait lu d'abord les auteurs profanes; sa piété n'y ayant trouvé aucune nourriture, il s'était mis à méditer les vies des saints; de fou qu'il était, ces vies l'avaient fait devenir plus fou encore [3]. Il s'attacha alors à plusieurs docteurs du siècle; mais venu vers eux malheureux, il en sortit plus misérable. Il se mit enfin à étudier les anciens philosophes, et prétendit apprendre d'Aristote à être chrétien; son espérance fut encore déçue. Les livres, les images, les reliques, Aristote, Marie et les saints, tout était inutile. Cette âme ardente passait d'une sagesse humaine à une autre sagesse

---

[1] Ép. de Farel, *A tous seigneurs, peuples et pasteurs*.

[2] « Quo plus pergere et promovere adnitebar, eo amplius retrocedebam. » (Farc Galeoto. Lettres manuscr. de Neuchâtel.)

[3] « Quæ de sanctis conscripta offendebam, verum ex stulto insanum faciebant. » *Ibid.*)

humaine, sans jamais trouver de quoi apaiser la faim qui la consumait.

Cependant le pape souffrant qu'on appelât *sainte Bible* les écrits du Vieux et du Nouveau Testament, Farel se mit à les lire comme autrefois Luther dans le cloître d'Erfurt, et il fut ébahi[1] en voyant que tout était autrement sur la terre que ne le porte la sainte Écriture. Peut-être allait-il arriver à la vérité; mais tout à coup un redoublement de ténèbres vint le précipiter dans un nouvel abîme. « Satan « soudain survint, dit-il, afin qu'il ne perdît sa possession, « et besogna en moi selon sa coutume[2]. » Une lutte terrible entre la Parole de Dieu et la parole de l'Église s'éleva alors dans son cœur. Rencontrait-il quelques passages de l'Écriture opposés aux pratiques de Rome, il baissait les yeux, rougissait et n'osait croire ce qu'il lisait[3]. « Ah! » dit-il, craignant d'arrêter ses regards sur la Bible, « je « n'entends pas bien de telles choses; il me faut donner à « ces Écritures un autre sens que celui qu'elles me sem« blent avoir; il faut que je m'en tienne à l'intelligence de « l'Église et voire du pape! »

Un jour qu'il lisait la Bible, un docteur étant survenu, le reprit fortement : « Nul, lui dit-il, ne doit lire la sainte « Écriture avant d'avoir appris la philosophie et fait son « cours ès arts. » C'était là une préparation que les apôtres n'avaient pas demandée; mais Farel le crut. « J'étais, « dit-il, le plus malheureux de tous les hommes, fermant « les yeux pour ne pas voir[4]. »

Dès lors il y eut dans le jeune Dauphinois une recrudescence de ferveur romaine. Les légendes des saints exaltaient son imagination. Plus les règles monastiques étaient sévères, plus il se sentait de penchant pour elles. Des chartreux habitaient de sombres cellules au milieu des bois; il les visitait avec respect, et se joignait à leurs abstinences.

---

[1] Ép. de Farel, *A tous seigneurs, peuples et pasteurs.*
[2] *Ibid.*
[3] « Oculos demittens, visis non credebam. » (Farel Natali Galeoto.)
[4] « Oculos a luce avertebam. » (*Ibid.*)

« Je m'employais entièrement, jour et nuit, pour servir le
« diable, dit-il, selon l'homme de péché, le pape. J'avais
« mon Panthéon dans mon cœur, et tant d'avocats, tant de
« sauveurs, tant de dieux, que je pouvais bien être tenu
« pour un registre papal. »

Les ténèbres ne pouvaient devenir plus épaisses; l'étoile
du matin devait bientôt se lever, et c'était à la parole de
Lefèvre qu'elle devait paraître. Il y avait déjà dans le docteur d'Étaples quelques rayons de lumière; un sentiment
intime lui disait que l'Église ne pouvait demeurer dans l'état où elle était alors; et souvent, au moment même où il
revenait de chanter la messe, ou de se lever de devant
quelque image, le vieillard se tournait vers son jeune disciple, et, lui saisissant la main, lui disait d'un ton grave :
« Mon cher Guillaume, Dieu renouvellera le monde, et
« vous le verrez[1]! » Farel ne comprenait pas parfaitement ces paroles. Cependant Lefèvre ne s'en tint pas à
ces mots mystérieux; un grand changement qui s'opéra
alors chez lui devait en produire un semblable chez son
disciple.

Le vieux docteur s'occupait d'un vaste travail; il recueillait avec soin les légendes des saints et des martyrs, et les
rangeait selon l'ordre où leurs noms se trouvent dans le calendrier. Déjà deux mois étaient imprimés, quand une de
ces lueurs qui viennent d'en haut éclaira tout à coup son
âme. Il ne put résister au dégoût que de puériles superstitions font naître dans un cœur chrétien. La grandeur de la
Parole de Dieu lui fit sentir la misère de ces fables. Elles
ne lui parurent plus que « du soufre propre à allumer le
« feu de l'idolâtrie[2]. » Il abandonna son travail, et, jetant
loin de lui ces légendes, il se tourna avec amour vers la
sainte Écriture. Ce moment où Lefèvre, quittant les merveilleux récits des saints, mit la main sur la Parole de Dieu,

---

[1] Ép. de Farel, *A tous seigneurs, peuples et pasteurs.* — Voyez aussi la lettre à Pellican. « Ante annos plus minus quadraginta, me manu apprehensum ita alloquebatur : « Guillelme, oportet orbem immutari, et tu videbis! »
[2] *Ibid.*

commence une ère nouvelle en France, et est le principe de la Réformation.

En effet, Lefèvre, revenu des fables du bréviaire, se mit à étudier les Épîtres de saint Paul; la lumière crut rapidement dans son cœur, et il communiqua aussitôt à ses disciples cette connaissance de la vérité que nous trouvons dans ses Commentaires [1]. C'étaient des doctrines étranges pour l'école et pour le siècle, que celles que l'on entendait alors dans Paris, et que la presse répandait dans le monde chrétien. On comprend que les jeunes disciples qui les écoutaient en fussent frappés, émus, changés, et qu'ainsi, déjà avant l'an 1512, se préparât pour la France l'aurore d'un nouveau jour.

La doctrine de la justification par la foi, qui renversait d'un seul coup les subtilités des scolastiques et les pratiques de la papauté, était hautement annoncée au sein de la Sorbonne. « C'est Dieu seul, » disait le docteur, et les voûtes de l'université devaient être étonnées de répéter de si étranges paroles, « c'est Dieu seul qui par sa grâce, par la « foi, justifie pour la vie éternelle [2]. Il y a une justice des « œuvres, il y a une justice de la grâce; l'une vient de « l'homme, l'autre vient de Dieu; l'une est terrestre et pas- « sagère, l'autre est divine et éternelle; l'une est l'ombre « et le signe, l'autre est la lumière et la vérité; l'une fait « connaître le péché pour fuir la mort, l'autre fait con- « naître la grâce pour acquérir la vie [3]. »

« Quoi donc! » disait-on à l'ouïe de ces enseignements, « qui contredisaient ceux de quatre siècles, y eut-il jamais « un seul homme justifié sans les œuvres? — Un seul! « répliquait Lefèvre : il en est d'innombrables. Combien

---

[1] La première édition de son *Commentaire sur les Épîtres de saint Paul* est, je crois, de 1512; elle se trouve dans la Bibliothèque royale à Paris. La seconde édition est celle d'après laquelle je cite. Le savant Simon dit (*Observations sur le N. T.*) que « Jacques Lefevre doit être placé parmi les plus habiles commentateurs de son siècle. » Nous dirions plus encore.

[2] « Solus enim Deus est qui hanc justiciam per fidem tradit, qui sola gratia ad vitam justificat æternam. » (Fabri *Comm. in Ep. Pauli.* p. 70.)

[3] « Illa umbratile vestigium atque signum, hæc lux et veritas est. » (*Ibid.*)

« d'entre les gens de mauvaise vie qui ont demandé avec
« ardeur la grâce du baptême, n'ayant que la foi seule en
« Christ, et qui, s'ils sont morts aussitôt après, sont en-
« trés dans la vie des bienheureux, sans les œuvres! — Si
« donc nous ne sommes pas justifiés par les œuvres, c'est
« en vain que nous les ferions? » répondaient quelques-
uns. Le docteur de Paris répliquait, et peut-être les autres
réformateurs n'eussent-ils pas entièrement approuvé cette
réponse : « Certes non, ce n'est pas en vain. Si je tiens un
« miroir tourné vers l'éclat du soleil, il en reçoit l'image ;
« plus on le polit et on le nettoie, plus l'image du soleil y
« brille; mais si on le laisse se ternir, cet éclat du soleil se
« perd. Il en est de même de la justification dans ceux qui
« mènent une vie impure. » Lefèvre, dans ce passage,
comme saint Augustin dans plusieurs, ne distingue peut-
être pas assez la justification et la sanctification. Le docteur
d'Étaples rappelle assez l'évêque d'Hippone. Ceux qui mènent une vie impure n'ont jamais eu la justification, et
par conséquent ils ne peuvent pas la perdre. Mais peut-être
Lefèvre a-t-il voulu dire que le chrétien, quand il tombe
dans quelque faute, perd le sentiment de son salut, et non
son salut même. Alors il n'y a rien à objecter à sa doctrine.

Ainsi une vie nouvelle et un enseignement nouveau
avaient pénétré dans l'université de Paris. La doctrine de
la foi qu'avaient prêchée jadis dans les Gaules les Pothin et
les Irénée, y retentissait de nouveau. Dès lors il y eut deux
partis et deux peuples dans cette grande école de la chrétienté. Les leçons de Lefèvre, le zèle de ses dissiples, formaient le contraste le plus frappant avec l'enseignement
scolastique de la plupart des docteurs et la vie légère et fo-
lâtre de la plupart des étudiants. On s'occupait bien plus,
dans les colléges, à apprendre des rôles de comédie, à se
couvrir de vêtements bizarres et à jouer des farces sur les
tréteaux, qu'à s'instruire dans les oracles de Dieu. Souvent
même ces farces attaquaient l'honneur des grands, des
princes, du roi lui-même. Le parlement intervint, vers le
temps dont nous parlons; il appela devant lui les principaux

de plusieurs collèges, et défendit à ces maîtres indulgents de laisser jouer de telles comédies dans leurs maisons [1].

Mais une diversion plus puissante que les arrêts du parlement venait tout à coup corriger ces désordres. On enseignait Jésus-Christ. La rumeur était grande sur les bancs de l'université, et l'on commençait presque à s'y occuper autant des doctrines évangéliques que des subtilités de l'école ou des comédies. Plusieurs de ceux dont la vie était la moins irréprochable tenaient cependant pour les œuvres, et, comprenant que la doctrine de la foi condamnait leur vie, ils prétendaient que saint Jacques était opposé à saint Paul. Lefèvre, décidé à défendre le trésor qu'il avait découvert, montrait l'accord des deux apôtres : « Saint « Jacques ne dit-il pas (chap. Ier) que toute grâce excel-« lente et tout don parfait viennent *d'en haut?* Or qui nie « que la justification soit le don parfait, la grâce excel-« lente?... Si nous voyons un homme se mouvoir, la res-« piration que nous remarquons en lui est pour nous le « signe de la vie. Ainsi les œuvres sont nécessaires, mais « seulement comme signes d'une foi vivante que la justifi-« cation accompagne [2]. Sont-ce des collyres, des purifica-« tions qui illuminent l'œil?... Non, c'est la vertu du soleil. « Et bien, ces purifications et ces collyres, ce sont nos « œuvres. Le rayon seul que le soleil darde d'en haut est « la justification même [3]. »

Farel écoutait ces enseignements avec avidité. Cette parole d'un salut par grâce eut aussitôt pour lui un attrait indicible. Toute objection tomba ; toute lutte cessa. A peine Lefèvre eut-il fait entendre cette doctrine, que Farel l'embrassa avec toute l'ardeur de son âme. Il avait soutenu assez de travaux et de combats, pour savoir qu'il ne pouvait se sauver lui-même. Aussi dès qu'il vit dans la Parole, que Dieu sauvait gratuitement, il le crut. « Lefèvre, dit-il, me

---

[1] Crevier, *Histoire de l'Université*, V, p. 95.
[2] « Opera signa vivæ fidei, quam justificatio sequitur. » (Fabri *Comm. in Ep. Pauli*, p. 73.)
[3] « Sed radius desuper a sole vibratus justificatio est. » (*Ibid.*)

« retira de la fausse opinion du mérite, et m'enseigna que
« tout venait de la grâce; ce que je crus sitôt qu'il me fut
« dit[1]. » Ainsi fut amené à la foi, par une conversion
prompte et décisive, comme celle de saint Paul, ce Farel
qui, comme le dit Théodore de Bèze, n'étant épouvanté ni
par les menaces, ni par les injures, ni par les coups, gagna
à Jésus-Christ Montbéliard, Neuchâtel, Lausanne, Aigle et
enfin Genève[2].

Cependant Lefèvre, poursuivant ses enseignements, et se
plaisant, comme Luther, à employer des contrastes et des
paradoxes qui couvrent de grandes vérités, exaltait les
grandeurs du mystère de la rédemption : « Échange inef-
« fable, s'écriait-il, l'innocence est condamnée et le cou-
« pable est absous; la bénédiction est maudite, et celui
« qui était maudit est béni; la vie meurt, et la mort reçoit la
« vie; la gloire est couverte de confusion, et celui qui était
« confus est couvert de gloire[3]. » Le pieux docteur, pénétrant même plus avant, reconnaissait que c'est de la souveraineté de l'amour de Dieu que tout salut émane. « Ceux qui
« sont sauvés, disait-il, le sont par l'élection, par la grâce,
« par la volonté de Dieu et non par la leur. Notre élection,
« notre volonté, notre œuvre sont sans efficace; l'élection
« seule de Dieu est très puissante. Quand nous nous con-
« vertissons, ce n'est pas notre conversion qui nous rend
« élus de Dieu, mais c'est la grâce, la volonté, l'élection
« de Dieu qui nous convertissent[4]. »

Mais Lefèvre ne s'arrêtait pas à des doctrines; s'il rendait
à Dieu la gloire, il demandait à l'homme l'obéissance, et
il pressait les obligations qui découlent des grands priviléges du chrétien. « Si tu es de l'Église de Christ, tu es du
« corps de Christ, disait-il; et si tu es du corps de Christ,

---

[1] Ép. de Farel, *A tous seigneurs, peuples et pasteurs*.
[2] « Nullis difficultatibus fractus, nullis minis, convitiis, verberibus denique inflictis territus. » (Bezæ *Icones*.)
[3] « O ineffabile commercium !... » (Fabri *Comm.*, 145 verso.)
[4] « Inefficax est ad hoc ipsum nostra voluntas, nostra electio; Dei autem electio efficacissima et potentissima, etc. » (*Ibid.*, p. 89 verso.)

« tu es rempli de la divinité; car la plénitude de la divinité
« habite en lui corporellement. Oh! si les hommes pou-
« vaient comprendre ce privilége, comme ils se maintien-
« draient purs, chastes et saints, et comme ils estimeraient
« toute la gloire du monde une ignominie, en comparai-
« son de cette gloire intérieure, qui est cachée aux yeux de
« la chair[1]. »

Lefèvre comprenait que la charge de docteur de la Parole est une haute magistrature; il l'exerçait avec une inébranlable fidélité. La corruption du temps, et en particulier celle des ecclésiastiques, excitait son indignation et devenait le sujet de leçons sévères : « Qu'il est honteux, disait-il,
« de voir un évêque solliciter les gens à boire avec lui, ne
« s'appliquer qu'au jeu, manier sans cesse les dés et le
« cornet, ne s'occuper que d'oiseaux, de chiens, chasser
« sans cesse, pousser des cris après les corneilles et les
« bêtes fauves, entrer dans des maisons de débauche[2]....
« O hommes dignes d'un plus grand supplice que Sardana-
« pale lui-même ! »

III

Ainsi parlait Lefèvre. Farel écoutait, tressaillait de joie, recevait tout, et se précipitait dans la voie nouvelle soudainement ouverte devant lui. Il était cependant un point de son ancienne foi qu'il ne pouvait céder entièrement encore; c'était les saints et leur invocation. Les meilleurs esprits ont souvent de ces restes de ténèbres, qu'ils gardent après leur illumination. Farel entendait avec étonnement l'illustre docteur déclarer que Christ seul devait être invoqué. « La religion n'a qu'un fondement, disait Lefèvre,

---

[1] « Si de corpore Christi, divinitate repletus es. » (Fabri *Comm.*, p. 176, verso.)

[2] « Et virgunculas gremio tenentem, cum suaviis sermones miscentem. » (*Ibid.*, p. 208.)

« qu'un but, qu'un chef, Jésus-Christ béni éternellement ; il
« a seul foulé au pressoir. Ne nous nommons donc pas du
« nom de saint Paul, d'Apollos ou de saint Pierre. La croix
« de Christ seule ouvre le ciel et seule ferme la porte de
« l'enfer. » A l'ouïe de ces paroles, un grand combat se livrait dans l'âme de Farel. D'un côté, il voyait la multitude des saints avec l'Église, de l'autre, Jésus-Christ seul avec son maître. Tantôt il penchait d'un côté et tantôt de l'autre ; c'était sa dernière erreur et son dernier combat ; il hésitait, il s'attachait encore à ces hommes vénérables aux pieds desquels Rome se prosterne. A la fin, le coup décisif fut donné d'en haut. Les écailles tombèrent de ses yeux. Jésus lui parut seul adorable. « Alors, dit-il, la papauté
« fut entièrement renversée ; je commençai à la détester
« comme diabolique, et la sainte Parole de Dieu eut le
« premier lieu en mon cœur[1]. »

Des événements publics précipitaient la marche de Farel et de ses amis. Thomas de Vio, qui lutta plus tard à Augsbourg avec Luther, ayant avancé dans un ouvrage que le pape était monarque absolu de l'Église, Louis XII déféra ce livre à l'Université au mois de février 1512. Jacques Allmain, l'un des plus jeunes docteurs, homme d'un génie profond et d'un travail infatigable, lut en pleine assemblée de la faculté de théologie une réfutation des assertions du cardinal, qui fut couverte d'applaudissements[2].

Quelle impression ne devaient pas produire de tels discours sur les jeunes disciples de Lefèvre ! Hésitaient-ils quand l'Université semblait impatiente du joug de la papauté ! Si le corps d'armée lui-même s'ébranle, ne doivent-ils pas, eux, se précipiter en avant, comme les éclaireurs ? « Il a fallu, dit Farel, que petit à petit la papauté
« soit tombée de mon cœur ; car par le premier ébranle-
« ment elle n'est venue bas[3]. » Il contemplait l'abîme de superstitions dans lequel il avait été plongé. Arrêté sur ses

---

[1] Ép. de Farel, *A tous seigneurs, peuples et pasteurs.*
[2] Crevier, *Hist. de l'université de Paris*, t. V, p. 81.
[3] Ép. de Farel, *A tous seigneurs, peuples et pasteurs.*

bords, il en parcourait encore une fois avec inquiétude toutes les profondeurs, et il fuyait avec un sentiment de terreur. « Oh! que j'ai horreur de moi et de mes fautes, « quand j'y pense! » s'écriait-il[1]. « O Seigneur! conti« nuait-il, si mon âme t'eût servi en vive foi, ainsi que « l'ont fait tes serviteurs fidèles ; si elle t'eût prié et honoré « comme j'ai mis tant plus mon cœur à la messe et à servir « ce morceau enchanté, lui donnant tout honneur! » Ainsi le jeune Dauphinois déplorait sa vie passée et répétait avec larmes, comme jadis saint Augustin : « Je t'ai connu trop « tard; je t'ai aimé trop tard! »

Farel avait trouvé Jésus-Christ; et, arrivé dans le port, il était heureux de s'y reposer après de longues tempêtes[2]. « Maintenant, disait-il, tout se présente à moi sous une « face nouvelle[3]. L'Écriture est éclairée; les prophètes « sont ouverts; les apôtres jettent une grande lumière « dans mon âme[4]. Une voix jusqu'alors inconnue, la voix « de Christ, mon berger, mon maître, mon docteur, me « parle avec puissance[5]... » Il était tellement changé que, « au lieu du cœur meurtrier d'un loup enragé, il s'en re« tournait, disait-il, tranquillement, comme un agneau « doux et aimable, ayant le cœur entièrement retiré du « pape et adonné à Jésus-Christ[6]. »

Échappé à un si grand mal, il se tourna vers la Bible[7], et se mit à étudier avec zèle le grec et l'hébreu[8]. Il lisait constamment la sainte Écriture, avec une affection toujours plus vive, et Dieu l'éclairait de jour en jour. Il continuait encore à se rendre dans les églises de l'ancien culte; mais qu'y trouvait-il? des cris, des chants innombrables,

---

[1] Ép. de Farel, *A tous seigneurs, peuples et pasteurs.*
[2] « Animus per varia jactatus, verum nactus portum, soli hæsit. » (Fare Galeoto.)
[3] « Jam rerum nova facies. » (*Ibid.*)
[4] « Notior Scriptura, apertiores prophetæ, lucidiores apostoli. » (*Ibid.*)
[5] « Agnita pastoris, magistri et præceptoris Christi vox. » (*Ibid.*)
[6] Ép. de Farel, *A tous seigneurs, peuples et pasteurs.*
[7] « Lego sacra ut causam inveniam. » (Farel Galeoto.)
[8] *Vie de Farel*, manuscrits de Genève et de Choupard.

des paroles prononcées sans intelligence[1]... Aussi, souvent au milieu de la multitude qui se pressait près d'une image ou d'un autel, il s'écriait : « Toi seul, tu es Dieu; « toi seul, tu es sage; toi seul, tu es bon[2]! Il ne faut rien « ôter de ta loi sainte; il ne faut rien y ajouter; car tu es « le seul Seigneur, et c'est toi seul qui veux et qui dois « commander! »

Ainsi tous les hommes et tous les docteurs tombèrent à ses yeux des hauteurs où son imagination les avait placés, et il ne vit plus dans le monde que Dieu et sa Parole. Déjà les persécutions que les autres docteurs de Paris avaient fait subir à Lefèvre les avaient perdus dans son esprit; mais bientôt Lefèvre lui-même, son guide bien-aimé, ne fut pour lui qu'un homme. Il l'aima, le vénéra toujours; mais Dieu seul devint son maître.

De tous les réformateurs, Farel et Luther sont peut-être ceux dont nous connaissons le mieux les premiers développements spirituels, et qui durent passer par les plus grands combats. Vifs, ardents, hommes d'attaque et de bataille, ils soutinrent de plus fortes luttes avant d'arriver à la paix. Farel est le pionnier de la Réforme en Suisse et en France; il se jette dans le taillis; il frappe de la hache les forêts séculaires. Calvin vient plus tard, comme Mélanchthon, dont il diffère sans doute quant au caractère, mais avec lequel il partage le rôle de théologien et d'organisateur. Ces deux hommes, qui, l'un dans le genre gracieux, l'autre dans le genre sévère, ont quelque chose des législateurs de l'antiquité, édifient, constituent, font des lois, dans les contrées que les deux premiers réformateurs ont conquises. Cependant, si Luther et Farel se touchent par quelques traits, il faut reconnaître que celui-ci n'a qu'un côté du réformateur saxon. Outre son génie supérieur, Luther, avait, dans ce qui concernait l'Église, une modération, une sagesse, une vue du passé, un aperçu de

---

[1] « Clamores multi, cantiones innumeræ. » (Farel Galeoto, manuscrits de Neuchâtel.)
[2] « Vere tu solus Deus! » (Ibid.)

l'ensemble, et même une force organisatrice, qui ne se trouvent point au même degré dans le réformateur dauphinois.

Farel ne fut pas le seul jeune Français dans l'esprit duquel se leva alors une nouvelle lumière. Les doctrines que proférait la bouche de l'illustre docteur d'Étaples fermentaient dans la foule qui suivait ses leçons ; et c'est dans son école que se formaient les soldats courageux qui, au jour de la bataille, devaient combattre jusqu'au pied de l'échafaud. On écoutait, on comparait, on discutait ; on parlait avec vivacité pour et contre. Il y a quelque probabilité que l'on comptait dans le petit nombre des écoliers qui défendaient la vérité le jeune Pierre Robert Olivétan, né à Noyon, vers la fin du quinzième siècle, qui traduisit plus tard la Bible en français, d'après la traduction de Lefèvre, et qui paraît avoir le premier attiré sur les doctrines de l'Évangile l'attention d'un jeune homme de sa famille, natif aussi de Noyon, et qui devint le chef le plus illustre de l'œuvre de la Réforme [1].

Ainsi, avant 1512, dans un temps où Luther n'avait encore nullement marqué dans le monde et s'en allait à Rome pour une affaire de moines, à une époque où Zwingle n'avait pas même commencé à s'appliquer avec zèle aux saintes lettres, et passait les Alpes avec les confédérés, afin de combattre pour le pape, Paris et la France entendaient l'enseignement de ces vérités vitales desquelles devait sortir la Réformation, et des âmes propres à les propager les recevaient avec une sainte avidité. Aussi Théodore de Bèze, parlant de Lefèvre d'Étaples, le salue-t-il comme celui « qui commença avec courage le renouvellement de « la pure religion de Jésus-Christ [2] ; » et il remarque que « de même qu'on vit autrefois l'école d'Isocrate fournir les « meilleurs orateurs, de même on a vu sortir de l'auditoire

---

[1] Biographie universelle, art. *Olivétan*. — *Histoire du Calvinisme*, par Maimbourg, p. 53.

[2] « Et purioris religionis instaurationem fortiter agressus. » (Bezæ *Icones*.)

« du docteur d'Étaples plusieurs des hommes les plus ex-
« cellents de leur siècle et de l'Église[1]. »

La Réformation n'a donc point été en France une importation étrangère. Elle est née sur le sol français ; elle a germé dans Paris; elle a eu ses premières racines dans l'Université même, cette seconde puissance de la chrétienté romaine. Dieu plaçait les principes de cette œuvre dans le cœur honnête d'hommes de la Picardie et du Dauphiné, avant qu'elle eût commencé dans aucun autre pays de la terre. La Réformation suisse, nous l'avons vu[2], fut indépendante de la Réformation allemande ; la Réformation de la France le fut à son tour de celle de la Suisse et de celle de l'Allemagne. L'œuvre commençait à la fois dans ces divers pays, sans que l'un communiquât avec l'autre ; comme dans une bataille tous les corps de l'armée s'ébranlent au même instant, bien que l'un n'ait pas dit à l'autre de marcher, mais parce qu'un seul et même commandement, provenant du plus haut, s'est fait entendre à tous. Les temps étaient accomplis, les peuples étaient préparés, et Dieu commençait partout à la fois le renouvellement de son Église. De tels faits démontrent que la grande révolution du seizième siècle fut une œuvre de Dieu.

Si l'on ne regarde qu'aux dates, il faut donc le reconnaître, ce n'est ni à la Suisse, ni à l'Allemagne qu'appartient la gloire d'avoir commencé cette œuvre, bien que seules jusqu'à présent ces deux contrées se la soient disputée. Cette gloire revient à la France. C'est une vérité de fait que nous tenons à établir, parce qu'elle a été peut-être jusqu'à présent méconnue. Sans nous arrêter à l'influence que Lefèvre exerça directement ou indirectement sur plusieurs hommes, et en particulier peut-être sur Calvin lui-même, réfléchissons à celle qu'il eut sur un seul de ses disciples, sur Farel, et à l'énergique activité que ce serviteur de Dieu déploya dès lors. Pouvons-nous, après cela, nous

[1] « Sic ex Stapulensis auditorio præstantissimi viri plurimi prodierint. » (Bezæ Icones.)
[2] Tome IIe, p. 394, 1re édit.

refuser à la conviction que quand même Zwingle et Luther n'auraient jamais paru, il y aurait eu pourtant en France un mouvement de réforme? Il est impossible sans doute de calculer quelle en eût été l'étendue; il faut même reconnaître que le retentissement de ce qui se passait au delà du Rhin et du Jura anima et précipita plus tard la marche des réformateurs français. Mais c'est eux que la trompette qui retentit du ciel au seizième siècle éveilla les premiers, et ils furent avant tous sur le champ de bataille, debout et armés.

Néanmoins Luther est le grand ouvrier du seizième siècle et, dans le sens le plus vaste, le premier réformateur. Lefèvre n'est point complet, comme Calvin, comme Farel, comme Luther. Il est de Wittemberg et de Genève, mais encore un peu de la Sorbonne; il est le premier catholique dans le mouvement de la Réforme et le dernier réformé dans le mouvement catholique. Il reste jusqu'à la fin comme un entre-deux, personnage médiateur un peu mystérieux, destiné à rappeler qu'il y a quelque connexion entre ces choses anciennes et ces choses nouvelles, qu'un abîme semble à toujours séparer. Repoussé, persécuté par Rome, il tient pourtant à Rome par un fil menu, qu'il ne veut pas rompre. Lefèvre d'Étaples a une place à part dans la théologie du seizième siècle : il est l'anneau qui unit les temps anciens aux temps modernes, et l'homme dans lequel s'accomplit le passage de la théologie du moyen âge à la théologie de la Réformation.

IV

Ainsi tout fermentait dans l'Université. Mais la Réformation en France ne devait pas être seulement une œuvre de savants; elle devait s'établir parmi les grands du monde et à la cour même du roi.

Le jeune François d'Angoulême, cousin de Louis XII et son gendre, lui avait succédé. Sa beauté, son adresse, sa bravoure, son amour du plaisir, en faisaient le premier chevalier de son temps. Il visait pourtant plus haut ; il voulait être un grand et même un bon roi, pourvu que tout pliât sous sa volonté souveraine. Valeur, amour des lettres et galanterie : ces trois mots expriment assez bien le caractère de François et l'esprit de son siècle. Deux autres rois illustres, Henri IV et surtout Louis XIV, offrirent plus tard les mêmes traits. Il manqua à ces princes ce que l'Évangile donne ; et bien qu'il y ait toujours eu dans la nation des éléments de sainteté et d'élévation chrétienne, on peut dire que ces trois grands monarques de la France moderne ont en quelque sorte imprimé sur leur peuple l'empreinte de leur caractère, ou plutôt qu'ils en ont été les fidèles images. Si l'Évangile était entré en France par le plus illustre des Valois, il eût apporté à la nation ce qu'elle n'a pas, une tendance spirituelle, une sainteté chrétienne, une intelligence des choses divines, et il l'eût ainsi complétée dans ce qui fait le plus la force et la grandeur des peuples.

C'est sous le règne de François Ier que la France et l'Europe passèrent du moyen âge aux temps modernes. Le monde nouveau, qui était en germe quand ce prince monta sur le trône, grandit alors et prit possession. Deux classes d'hommes imposèrent leur influence à la société nouvelle. On vit naître d'un côté les hommes de la foi, qui étaient en même temps ceux de la sagesse et de la sainteté, et tout près d'eux les écrivains courtisans, les amis du monde et du désordre, qui, par la liberté de leurs principes, contribuèrent autant à la corruption des mœurs que les premiers servirent à leur réformation.

Si l'Europe, aux jours de François Ier, n'eût pas vu naître les réformateurs, et qu'elle eût été livrée par un jugement sévère de la Providence aux novateurs incrédules, c'en était fait d'elle et du christianisme. Le danger fut grand. Pendant quelque temps, ces deux classes de combattants, les adversaires du pape et ceux de Jésus-Christ, se confondirent, et, invoquant l'un et l'autre la liberté, ils parurent se servir des mêmes armes contre les mêmes ennemis. Un œil non exercé ne pouvait les distinguer sous la poussière du champ de bataille. Si les premiers se fussent laissé entraîner avec les autres, tout était perdu. Les ennemis de la hiérarchie passaient rapidement aux extrêmes de l'impiété, et poussaient la société chrétienne dans un effroyable abîme; la papauté elle-même aidait à cette horrible catastrophe, et hâtait par son ambition et ses désordres la ruine des débris de vérité et de vie qui étaient demeurés dans l'Église. Mais Dieu suscita la Réformation, et le christianisme fut sauvé. Les réformateurs qui avaient crié: Liberté! crièrent bientôt: Obéissance! Ces mêmes hommes qui avaient renversé le trône d'où le pontife romain rendait ses oracles se prosternèrent devant la Parole de Dieu. Alors il y eut séparation nette et décisive; il y eut même guerre entre les deux corps d'armée. Les uns n'avaient voulu la liberté que pour eux-mêmes, les autres l'avaient réclamée pour la Parole de Dieu. La Réformation devint le plus redoutable ennemi de cette incrédulité pour laquelle Rome sait trouver souvent des douceurs. Après avoir rendu la liberté à l'Église, les réformateurs rendirent la religion au monde. De ces deux présents, le dernier était alors le plus nécessaire.

Les hommes de l'incrédulité espérèrent quelque temps compter parmi les leurs Marguerite de Valois, duchesse d'Alençon, que François aimait uniquement et appelait toujours sa mignonne, dit Brantôme[1]. Les mêmes goûts et les mêmes lumières se trouvaient dans le frère et dans la sœur. Belle de corps, comme François, Marguerite joignait aux fortes qualités qui font les grands caractères, ces vertus douces qui captivent. Dans le monde, dans les fêtes, à la cour du roi, comme à celle de l'Empereur, elle brillait en reine, charmait, étonnait, conquérait les cœurs. Pas-

---

[1] *Vie des Dames illustres*, p. 333, édit. de la Haye, 1740.

sionnée des lettres et douée d'un rare génie, elle se livrait avec délices dans son cabinet au plaisir de penser, d'étudier et de connaître. Mais le plus grand de ses besoins était de faire le bien et d'empêcher le mal. Quand les ambassadeurs avaient été reçus du roi, ils allaient rendre hommage à Marguerite : « Ils en étaient grandement ravis, dit « Brantôme, et en faisaient de grands rapports à ceux de « leur nation. » Et souvent le roi lui renvoyait les affaires importantes « lui en laissant la totale résolution[1]. »

Cette princesse célèbre fut toujours d'une grande sévérité de mœurs ; mais tandis que bien des gens placent la sévérité dans les paroles et mettent la liberté dans les mœurs, Marguerite fit le contraire. Irréprochable dans sa conduite, elle ne le fut pas entièrement sous le rapport de ses écrits. Au lieu d'en être surpris, peut-être faut-il plutôt s'étonner qu'une femme aussi corrompue que Louise de Savoie ait eu une fille aussi pure que Marguerite. Tandis qu'elle parcourait le pays à la suite de la cour, elle s'appliquait à peindre les mœurs du temps, et surtout la corruption des prêtres et des moines. « Je l'ai ouï, dit Bran« tôme, ainsi conter à ma grand'mère, qui allait toujours « avec elle dans sa litière, comme sa dame d'honneur, et « lui tenait l'écritoire[2]. » Telle fut, selon quelques-uns, l'origine de l'*Heptaméron*.

Cette Marguerite si belle, si pleine d'esprit, et vivant au sein d'une atmosphère corrompue, devait être entraînée l'une des premières par le mouvement religieux qui commençait alors à remuer la France. Mais comment, au milieu d'une cour si profane et des libres récits dont on l'amusait, la duchesse d'Alençon pouvait-elle être atteinte par la Réforme? Son âme élevée avait des besoins que l'Évangile seul pouvait satisfaire : la grâce agit partout; et le christianisme, qui, avant même qu'un apôtre eût paru dans Rome, avait déjà des partisans dans la maison de

---

[1] *Vie des Dames illustres*, p. 337, édit. de la Haye, 1740.
[2] *Ibid.*, p. 346.

Narcisse et à la cour de Néron[1], pénétra rapidement, lors de la renaissance, à la cour de François Ier. Des dames, des seigneurs parlèrent à la princesse le langage de la foi ; et ce soleil qui se levait alors sur la France fit tomber l'un de ses premiers rayons sur une tête illustre, qui les refléta tout aussitôt sur la duchesse d'Alençon.

Parmi les seigneurs les plus distingués de la cour, se trouvait le comte Guillaume de Montbrun, fils du cardinal Briçonnet de Saint-Malo, entré dans l'Église après veuvage. Le comte Guillaume, plein d'amour pour l'étude, prit lui-même les ordres, et devint successivement évêque de Lodève et de Meaux. Envoyé deux fois à Rome comme ambassadeur, il revint à Paris, sans avoir été séduit par les charmes et les pompes de Léon X.

Au moment où il reparut en France, tout commençait à fermenter. Farel, maître ès arts, enseignait dans le célèbre collége du cardinal Lemoine, l'une des quatre principales maisons de la faculté de théologie de Paris, égale en rang à la Sorbonne. Un compatriote de Lefèvre, le doux et timide G. Roussel, et d'autres hommes encore, grossissaient ce cercle d'esprits libres et généreux. Briçonnet, à peine sorti des fêtes de Rome, fut étonné de ce qui s'était fait à Paris en son absence. Altéré de vérité, il renoua ses anciennes relations avec Lefèvre, et passa bientôt des heures précieuses avec le docteur de la Sorbonne, Farel, Roussel, Mazurier et leurs autres amis[2]. Plein d'humilité, cet illustre prélat voulait être instruit par les plus humbles, mais surtout par le Seigneur lui-même. « Je suis dans les « ténèbres, disait-il, attendant la grâce de la bénignité di- « vine, de laquelle par mes démérites je suis exilé. » Son esprit était comme ébloui par l'éclat de l'Évangile. Ses paupières se baissaient devant cette splendeur inouïe. « Tous les yeux ensemble, ajoute-t-il, ne sont suffi-

---

[1] Romains, XVI, 11. — Phil., VI, 22.

[2] *Hist. de la révocation de l'Édit de Nantes*, I, p. 7. — Maimbourg, *Hist. du Calvinisme*, p. 12.

« sants pour recevoir toute la lumière de ce soleil¹. »

Lefèvre avait renvoyé l'évêque à la Bible ; il la lui avait montrée comme le fil conducteur qui ramène toujours à la vérité originelle du christianisme, à ce qu'il était avant toutes les écoles, les sectes, les ordonnances et les traditions, et comme le moyen puissant par lequel la religion de Jésus-Christ est renouvelée. Briçonnet lisait l'Écriture. « La douceur de la viande divine est si grande, disait-il, « qu'elle rend un esprit insatiable ; plus on la goûte, plus « on la désire². » La vérité simple et puissante du salut le ravissait ; il trouvait Christ, il trouvait Dieu lui-même. « Quel vaisseau est capable, disait-il, de recevoir si grande « amplitude d'inexhaustible douceur ? Mais le logis croît « selon le désir que l'on a de recevoir le bon hôte. La foi « est le fourrier qui seul peut le loger, ou pour mieux « parler, qui nous fait loger en lui. » Mais en même temps le bon évêque s'affligeait de voir cette doctrine de vie que la Réformation rendait au monde, si peu estimée à la cour, dans la ville et parmi le peuple ; et il s'écriait : « O singu-« lière, très digne et peu par mes semblables savourée in-« novation !..... »

C'est ainsi que les sentiments évangéliques se frayèrent un chemin au milieu de la cour légère, dissolue et lettrée de François Iᵉʳ. Plusieurs des hommes qui s'y trouvaient et qui jouissaient de toute la confiance du roi, Jean du Bellay, de Budé, Cop, médecin de la cour, et même Petit, confesseur du roi, semblaient favorables aux sentiments de Briçonnet et de Lefèvre. François, qui aimait les lettres, qui attirait dans ses États des savants enclins au « luthéra-« nisme, » et qui « pensait, dit Érasme, orner et illustrer « ainsi son règne d'une manière plus magnifique qu'il ne « l'eût fait par des trophées, des pyramides ou les plus

---

[1] Ces paroles de Briçonnet sont extraites du manuscrit de la Bibliothèque royale qui porte pour titre : *Lettres de Marguerite, reine de Navarre*, et pour marque F. S., 337. J'aurai plus d'une fois occasion de citer ce manuscrit, que j'ai eu souvent de la peine à déchiffrer. Je laisse dans mes citations le langage du temps.

[2] *Ibid.*

« pompeuses constructions, » fut lui-même entraîné par sa sœur, par Briçonnet, par les gens de lettres de sa cour et de ses universités. Il assistait aux disputes de ces savants, se plaisait à table à entendre leurs discours, et les appelait « ses fils. » Il préparait les voies à la Parole de Dieu en fondant des chaires pour l'étude de l'hébreu et du grec. Aussi Théodore de Bèze dit-il, en plaçant son image en tête de celles des réformateurs : « O pieux spectateur! ne frémis « pas à la vue de cet adversaire! Ne doit-il pas avoir part à « cet honneur, celui qui, ayant chassé du monde la barba- « rie, mit à sa place d'une main ferme trois langues et les « bonnes lettres, pour être comme les portières de l'édi- « fice nouveau qui allait bientôt s'élever[1]? »

Mais il était une âme surtout, à la cour de François Ier, qui semblait préparée à l'influence évangélique du docteur d'Étaples et de l'évêque de Meaux. Marguerite, incertaine et chancelante, au milieu de la société corrompue qui l'entourait, cherchait un appui, et elle le trouva dans l'Évangile. Elle se tourna vers ce souffle nouveau qui ranimait le monde, et le respira avec délices comme une émanation du ciel. Elle apprenait de quelques-unes des dames de sa cour ce qu'enseignaient les nouveaux docteurs; on lui communiquait leurs écrits, leurs petits livres, appelés dans le langage du temps « tracts; » on lui parlait de « pri- « mitive Église, de pure Parole de Dieu, d'adoration en « esprit et en vérité, de liberté chrétienne qui secoue le « joug des superstitions et des traditions des hommes pour « s'attacher uniquement à Dieu[2]. » Bientôt cette princesse vit Lefèvre, Farel et Roussel; leur zèle, leur piété, leurs mœurs, tout en eux la frappa; mais ce fut surtout l'évêque de Meaux, lié depuis longtemps avec elle, qui devint son guide dans le chemin de la foi.

Ainsi s'accomplit, au milieu de la cour brillante de Fran-

---

[1] « Neque, rex potentissime, pudeat... quasi atrienses hujus ædis futuras. » (Bezæ Icones.) — « Disputationibus eorum ipse interfuit. » (Flor. Ræmundi Hist. de ortu hæresium, VII, p. 2.)

[2] Maimbourg, Hist. du Calvinisme, p. 17.

çois Ier et de la maison dissolue de Louise de Savoie, une de ces conversions qui, sans être profondément évangéliques, ne sont pourtant pas le simple produit de l'imagination. Marguerite déposa plus tard dans ses poésies les divers mouvements de son âme à cette époque importante de sa vie ; et nous pourrons y retrouver les traces du chemin qu'elle parcourut alors. On voit que le sentiment du péché la saisit avec une grande force, et qu'elle pleura sur la légèreté avec laquelle elle avait traité les scandales du monde. Elle s'écria :

> « Est-il de mal nul si profond abîme,
> « Qui suffisant fust pour punir la dîme
> « De mes péchés?... »

Cette corruption qu'elle avait si longtemps ignorée, elle la retrouvait partout maintenant que ses yeux étaient ouverts.

> « Bien sens en moi que j'en ai la racine,
> « Et au dehors branche, fleur, feuille et fruit [1]. »

Cependant, au milieu de l'effroi que lui causait l'état de son âme, elle reconnaissait qu'un Dieu de paix s'était approché d'elle :

> « Mon Dieu, ci-bas à moi êtes venu,
> « A moi qui suis ver de terre tout nud [2]. »

Et bientôt le sentiment de l'amour de Dieu en Christ était répandu en son cœur :

> « Mon père donc... mais quel père?... éternel,
> « Invisible, immuable, immortel,
> « Qui pardonnez par grâce tout forfait,
> « Je me jette, Seigneur, ainsi qu'un criminel,
> « A vos saints pieds. O doux Emmanuel!
> « Ayez pitié de moi, Père parfait !
> « Vous êtes sacrifice et vous êtes autel,
> « Vous qui nous avez fait un sacrifice tel,
> « Que vous-même, grand Dieu, en êtes satisfait [3]. »

---

[1] *Marguerites de la Marguerite des princesses* (Lyon, 1547), tome Ier, Miroir de a pécheresse, p. 15. L'exemplaire dont je me suis servi paraît avoir appartenu à la reine de Navarre elle-même, et quelques notes qui s'y trouvent sont, à ce qu'on assure, de sa main. Il appartient aujourd'hui à un ami de l'auteur.

[2] *Ibid.*, p. 18, 19. — [3] *Ibid.*, Oraison à J.-C., p. 143.

Marguerite avait trouvé la foi, et son âme ravie se livrait à de saints transports :

> « Verbe divin, Jésus-Christ salvateur,
> « Unique fils de l'éternel Auteur,
> « Premier, dernier de tout instaurateur,
> « Evêque et roi, puissant triomphateur,
> « Et de la mort par mort libérateur.
> « L'homme est par foi fait fils du Créateur ;
> « L'homme est par foi juste, saint, bienfaiteur ;
> « L'homme est par foi remis en innocence ;
> « L'homme est par foi roi en Christ régnateur ;
> « Par foi j'ai CHRIST et tout en affluence [1]. »

Dès lors un grand changement s'était opéré dans la duchesse d'Alençon :

> « Elle pauvrette, ignorante, impotente,
> « Se sent en vous riche, sage et puissante. »

Cependant la puissance du mal n'était pas encore abolie pour elle. Elle trouvait en son âme un désaccord, une lutte qui l'étonnait :

> « Noble d'esprit et serf suis de nature ;
> « Extrait du ciel et vile géniture,
> « Siége de Dieu, vaisseau d'iniquité ;
> « Immortel suis, tendant à pourriture ;
> « Dieu me nourrit, en terre est ma pâture ;
> « Je fuis le mal, en aimant forfaiture ;
> « J'aime raison, en fuyant équité.
> « Tant que j'aurai vie dessus la terre,
> « Vivre me faut étant toujours en guerre [3]. »

Marguerite, cherchant dans la nature des symboles qui exprimassent les besoins et les affections de son âme, prit pour emblème, dit Brantôme, la fleur du souci, « qui par « ses rayons et ses feuilles a le plus d'affinité avec le soleil

---

[1] *Marguerites de la Marguerite des princesses*, Discord de l'esprit et de la chair, p. 73.
[2] *Ibid.*, Miroir de l'âme, p. 22.
[3] *Ibid.*, Discord de l'esprit et de la chair, p. 71.

« et se tourne de toutes parts là où il va[1]. » — Elle y ajouta cette devise :

« *Non inferiora secutus,* »

« Je ne recherche point les choses d'ici-bas; »

« en signe, ajoute cet écrivain courtisan, qu'elle dirigeait
« toutes ses actions, pensées, volontés et affections à ce
« grand Soleil qui était Dieu; et pour cela la soupçon-
« nait-on de la religion de Luther[2]. »

En effet, la princesse éprouva bientôt la vérité de cette parole que *nul ne peut vivre selon la piété qui est en Jésus-Christ sans endurer persécution.* On parla à la cour des nouvelles opinions de Marguerite, et l'éclat fut grand. Quoi! la sœur même du roi faisait partie de ces gens-là! On put croire quelques moments que c'en était fait de Marguerite. On la dénonça à François Ier. Mais le roi, qui aimait fort sa sœur, affecta de penser qu'il n'en était rien. Le caractère de Marguerite diminua peu à peu l'opposition. Chacun l'aimait, car, dit Brantôme, « elle étoit très bonne, douce, gra-
« cieuse, charitable, fort accostable, grande aumônière, ne
« dédaignant personne, et gagnant tous les cœurs pour les
« belles parties qu'elle avoit en elle[3]. »

Au milieu de la corruption et de la légèreté de ce siècle, l'esprit se repose avec joie sur cette âme d'élite, que la grâce de Dieu sut saisir sous tant de vanités et tant de grandeurs. Mais son caractère de femme l'arrêta. Si François Ier avait eu les convictions de sa sœur, il eût été sans doute jusqu'au bout. Le cœur craintif de la princesse trembla devant la colère de son roi. Elle est sans cesse agitée entre son frère et son Sauveur, et ne veut sacrifier ni l'un ni l'autre. On ne peut reconnaître en elle une chrétienne pleinement parvenue à la liberté des enfants de Dieu; type parfait de ces âmes élevées, si nombreuses dans tous les

---

[1] *Vie des Dames illustres*, p. 33.
[2] *Ibid.*
[3] *Ibid.*, p. 341.

siècles, surtout parmi les femmes, qui, puissamment attirées vers le ciel, n'ont pourtant pas la force de se dégager entièrement des liens de la terre.

Cependant telle qu'elle est, elle est une touchante apparition dans l'histoire. Ni l'Allemagne ni l'Angleterre ne nous présente une Marguerite de Valois. C'est un astre un peu voilé sans doute, mais dont l'éclat possède une incomparable douceur; et même aux temps dont je parle sa lumière se fait assez librement connaître. Ce n'est que plus tard, quand le regard irrité de François Ier dénoncera à l'Évangile une mortelle haine, que sa sœur, épouvantée, couvrira sa sainte foi d'un voile. Mais maintenant elle lève la tête au sein de cette cour corrompue, et y paraît comme une épouse de Jésus-Christ. Le respect qu'on lui porte, la haute idée qu'on a de son intelligence et de son cœur, plaident à la cour de France la cause de l'Évangile mieux que n'eût pu le faire aucun prédicateur. Cette douce influence de femme donne accès à la doctrine nouvelle. C'est peut-être à ce temps qu'il faut faire remonter le penchant de la noblesse française à embrasser le protestantisme. Si François eût aussi suivi sa sœur, si toute la nation se fût ouverte au christianisme, la conversion de Marguerite eût pu devenir le salut de la France. Mais tandis que les nobles accueillaient l'Évangile, le trône et le peuple restèrent fidèles à Rome; et ce fut un jour pour la Réforme la source de grandes infortunes, que de compter dans son sein des Navarre et des Condé.

V

Ainsi l'Évangile faisait déjà en France d'illustres conquêtes. Lefèvre, Briçonnet, Farel, Marguerite se livraient avec joie, dans Paris, au mouvement qui commençait à ébranler le monde. François Ier lui-même semblait alors plus attiré par l'éclat des lettres, que repoussé par la sévérité de l'Évangile. Les amis de la Parole de Dieu entretenaient les plus douces espérances ; ils croyaient que la doctrine céleste se répandrait sans obstacle dans leur patrie, quand une opposition redoutable se forma à la Sorbonne et à la cour. La France, qui devait s'illustrer dans la catholicité romaine, pendant près de trois siècles, par ses persécutions, s'éleva contre la Réforme avec une impitoyable rigueur. Si le dix-septième siècle fut celui d'une sanglante victoire, le seizième fut celui d'une lutte cruelle. Nulle part peut-être les chrétiens réformés ne trouvèrent, sur les lieux mêmes où ils arboraient l'Évangile, de plus impitoyables adversaires. En Allemagne, c'était dans d'autres États que les ennemis se dressaient en leur colère ; en Suisse, c'était dans d'autres cantons ; mais en France, c'était face à face. Une femme dissolue et un ministre avide ouvrirent alors la liste étendue des ennemis de la Réformation.

Louise de Savoie, mère du roi et de Marguerite, connue par ses galanteries, absolue en ses volontés, et entourée d'une cour de dames d'honneur dont la licence commença à la cour de France une longue suite d'immoralités et de scandales, devait se ranger naturellement contre la Parole de Dieu ; elle était d'autant plus à craindre, qu'elle conserva toujours une influence presque sans bornes sur son fils. Mais l'Évangile trouva un adversaire plus redoutable encore dans le favori de Louise, Antoine Duprat, qu'elle fit nommer chancelier du royaume. Cet homme, qu'un historien contemporain appelle le plus vicieux de tous les bipèdes[1], était encore plus avare que Louise n'était dissolue. S'étant d'abord enrichi aux dépens de la justice, il voulut plus tard s'enrichir aux dépens de la religion, et entra dans les ordres pour s'emparer des plus riches bénéfices.

La luxure et l'avarice caractérisaient ainsi ces deux personnages, qui, dévoués l'un et l'autre au pape, cherchèrent à couvrir les scandales de leur vie du sang des hérétiques[2].

---

[1] « Bipedum omnium nequissimus. » (Belcarius, XV, p. 435.)
[2] Sismondi, *Hist. des Français*, XVI, p. 387.

L'un de leurs premiers actes fut de livrer le royaume à la domination ecclésiastique du pape. Le roi, après la bataille de Marignan, se rencontra avec Léon X à Bologne, et là fut conclu le fameux concordat en vertu duquel ces deux princes partagèrent entre eux les dépouilles de l'Église. Ils enlevèrent aux conciles la suprématie, pour la donner au pape; et aux Églises la nomination aux évêchés et aux bénéfices, pour la donner au roi. Puis François Ier, tenant la queue de la robe du pontife, parut dans l'église cathédrale de Bologne, pour ratifier cette négociation. Il sentait l'injustice du concordat, et, se tournant vers Duprat, il lui dit à l'oreille : « Il y en a assez pour nous « damner tous deux[1]. » Mais que lui importait son salut? C'était l'argent et l'alliance du pape qu'il lui fallait.

Le parlement opposa au concordat une vigoureuse résistance. Le roi fit attendre plusieurs semaines à Amboise ses députés; et les ayant fait venir un jour, au moment où il sortait de table : « Il y a un roi en France, leur dit-il, et « je n'entends pas qu'il s'y forme, comme à Venise, un « sénat. » Puis il leur ordonna de partir avant le coucher du soleil. La liberté évangélique n'avait rien à espérer d'un tel prince. Trois jours après, le grand chambellan, la Trémouille, parut en parlement, et ordonna que le concordat fût enregistré.

Alors l'Université s'ébranla. Le 18 mars 1518, une procession solennelle, à laquelle assistèrent tous les étudiants et bacheliers avec leurs chapes, vint dans l'église de Sainte-Catherine des Écoliers, demander à Dieu la conservation des libertés de l'Église et du royaume[2]. « On voyoit colléges « fermez, eschölliers armez aller par la ville en grosses « troupes, menacer et parfois maltraicter gros person- « nages, qui par le commandement du roy faisoient pu- « blier et exécuter le dict concordat[3]. » L'Université finit pourtant par tolérer l'exécution de ce pacte, mais sans

---

[1] Matthieu, I, p. 16.
[2] Crevier, V, p. 110.
[3] Fontaine, *Hist. catholique*, Paris, 1562, p. 16.

jamais révoquer les actes par lesquels elle avait manifesté son opposition; et dès lors « le roi, dit l'ambassadeur de « Venise Correro, commença à distribuer libéralement des « évêchés sur la demande des dames de la cour, et à don- « ner des abbayes à ses soldats; en sorte qu'on faisait à la « cour de France commerce d'évêchés et d'abbayes, comme « à Venise de poivre et de cannelle [1]. »

Tandis que Louise et Duprat se préparaient à détruire l'Évangile par la destruction des libertés de l'Église gallicane elle-même, un parti fanatique et puissant se formait d'autre part contre la Bible. La vérité chrétienne a toujours eu deux grands adversaires, la dissolution du monde et le fanatisme des prêtres. La scolastique Sorbonne et une cour impudique devaient se donner la main pour marcher contre les confesseurs de Jésus-Christ. Les incrédules saducéens et les pharisiens hypocrites furent, aux premiers jours de l'Église, les ennemis les plus ardents du christianisme; et ils le sont dans tous les siècles. Les salles ténébreuses de l'école vomirent contre l'Évangile ses plus impitoyables adversaires. A leur tête se trouvait Noël Bédier, appelé communément Beda, Picard d'origine et syndic de la Sorbonne, qu'on a nommé le plus grand clabaudeur et l'esprit le plus factieux de son temps. Élevé dans les arides sentences de la scolastique, ayant grandi au milieu des thèses et des antithèses de la Sorbonne, vénérant chacune des distinctions de l'école, bien plus encore que la Parole de Dieu, il était transporté de colère contre ceux dont la bouche audacieuse osait proférer d'autres doctrines. Doué d'un esprit inquiet, ne pouvant se donner aucun repos, ayant toujours besoin de poursuites nouvelles, il harcelait tous ceux qui se trouvaient près de lui; le trouble était son élément; il semblait fait pour créer des tempêtes, et quand il n'avait pas d'adversaires, il se jetait sur ses amis. Charlatan impétueux, il faisait retentir la ville et l'Université de déclamations ignares et violentes contre les lettres, contre les innovations de ce

---

[1] Raumer, *Gesch. Europ.*, I, p. 270.

temps et contre tous ceux qui n'étaient pas, à son gré, assez ardents à les réprimer. Plusieurs riaient en l'entendant, mais d'autres ajoutaient foi aux paroles du fougueux orateur, et la violence de son caractère lui assurait dans la Sorbonne une domination tyrannique. Il lui fallait toujours quelque ennemi à combattre, quelque victime à traîner à l'échafaud; aussi s'était-il créé des hérétiques avant qu'il y en eût, et avait-il demandé qu'on brûlât Merlin, vicaire général de Paris, pour avoir essayé de justifier Origène. Mais, quand il vit paraître les nouveaux docteurs, il bondit comme la bête féroce qui aperçoit tout à coup près d'elle une proie facile à dévorer. « Il y a dans un seul Beda trois milliers de « moines, » disait le prudent Érasme [1].

Cependant ses excès mêmes nuisaient à sa cause. « Eh! « quoi! » disaient les hommes les plus sages du siècle, « est-ce sur un tel Atlas que l'Église romaine reposerait [2]? « d'où vient l'incendie, si ce n'est des folies de Beda? »

En effet, cette même parole qui terrorisait les esprits faibles, révoltait les âmes généreuses. A la cour de François Ier se trouvait un gentilhomme du pays d'Artois, nommé Louis de Berquin, âgé alors d'environ trente ans, et qui ne se maria jamais. La pureté de sa vie [3], ses connaissances profondes, qui le firent appeler « le plus savant des nobles [4], » la franchise de son caractère, les soins tendres qu'il donnait aux pauvres, le dévouement sans bornes qu'il portait à ses amis, le distinguaient entre ses égaux [5]. Les rites de l'Église, les jeûnes, les fêtes, les messes, n'avaient pas de plus strict observateur [6]; il montrait surtout une grande horreur pour tout ce qu'on appelait hérésie. C'était chose merveilleuse que de voir tant de dévotion à la cour.

Il semblait que rien ne pût faire pencher un tel homme

---

[1] « In uno Beda sunt tria millia monachorum. » (Erasmi *Ep.*, p. 373.)
[2] « Talibus Atlantibus nititur Ecclesia romana. » (*Ibid.*, p. 1113.)
[3] « Ut ne rumusculus quidem impudicitiæ sit unquam in illum exortus. » (Erasmi *Ep.*, p. 1278.)
[4] Gaillard, *Hist. de François Ier*.
[5] « Mirere benignus in egenos et amicos. » (Erasmi *Ep.*, p. 1238.)
[6] « Constitutionum ac rituum ecclesiasticorum observantissimus... » (*Ibid.*)

du côté de la Réformation; il y avait pourtant un ou deux traits dans son caractère qui devaient l'amener à l'Évangile : il avait horreur de toute dissimulation, et comme il n'avait jamais voulu faire tort à qui que ce fût, il ne pouvait non plus souffrir que l'on fît injure à personne. Or, la tyrannie de Beda et d'autres fanatiques, leurs tracasseries et leurs persécutions indignaient son âme généreuse; et comme il ne faisait rien à demi, on le vit bientôt partout où il allait, à la ville, à la cour, « voire entre les plus apparents du royaume [1], » jeter feu et flammes contre la tyrannie de ces docteurs, et attaquer « jusque dans leurs trous, « dit Théodore de Bèze, ces odieux frelons qui étaient « alors la terreur du monde [2]. »

Ce n'était pas assez; l'opposition à l'injustice amena Berquin à rechercher la vérité. Il voulut connaître cette Écriture sainte tant aimée des hommes contre qui s'agitaient Beda et ses suppôts; et à peine eut-il commencé à la lire, qu'elle lui gagna le cœur. Berquin se rapprocha aussitôt de Marguerite, de Briçonnet, de Lefèvre, de tous ceux qui aimaient la Parole, et il goûta dans leurs entretiens les jouissances les plus pures. Il sentit qu'il y avait autre chose à faire que de s'opposer à la Sorbonne, et il eût voulu communiquer à toute la France les convictions de son âme. Il se mit donc à écrire et à traduire en français plusieurs livres chrétiens. Il lui semblait que chacun devait reconnaître et embrasser la vérité, aussi promptement qu'il l'avait fait lui-même. Cette impétuosité que Beda avait mise au service des traditions humaines, Berquin la mettait au service de la Parole de Dieu. Plus jeune que le syndic de la Sorbonne, moins prudent, moins habile, il avait pour lui le noble entraînement de la vérité. C'étaient deux puissants lutteurs, qui devaient faire effort à qui renverserait l'autre. Mais Berquin se proposait autre chose que de jeter Beda par terre. Il eût voulu répandre des flots de vérité sur tout

---

[1] *Actes des Martyrs* de Crespin, p. 103.
[2] « Ut maxime omnium tunc metuendos crabrones in ipsis eorum cavis... » Bezæ *Icones*.)

son peuple. Aussi Théodore de Bèze dit-il que la France eût peut-être trouvé dans Berquin un autre Luther, si lui-même eût trouvé dans François Ier un autre Électeur [1].

De nombreux obstacles devaient entraver ses efforts. Le fanatisme rencontre toujours des sectateurs; c'est un feu qui gagne de proche en proche. Les moines et les prêtres ignorants se rangèrent à la suite du syndic de la Sorbonne. L'esprit de corps régnait dans cette compagnie, conduite par quelques hommes intrigants et fanatiques, qui savaient habilement profiter de la nullité ou de la vanité de leurs collègues pour les entraîner dans leurs haines. A chaque séance, on voyait ces meneurs prendre la parole, dominer les esprits par leur violence, et réduire au silence les hommes faibles ou modérés. A peine, avaient-ils fait une proposition, qu'ils s'écriaient d'un ton menaçant : « Ici l'on verra qui sont « ceux qui appartiennent à la faction de Luther [2]. » Quelqu'un énonçait-il un sentiment équitable, un frémissement saisissait Beda, Lecouturier, Duchesne et toute leur bande; ils s'écriaient tous à la fois : « Il est pire que Luther!... » Le succès couronnait cette manœuvre; les esprits timides, qui aiment mieux vivre en paix que de disputer, ceux qui sont prêts à abandonner leur sentiment propre pour leur avantage particulier, ceux qui ne comprennent pas les questions les plus simples, ceux enfin que les clameurs des autres parviennent toujours à faire sortir d'eux-mêmes, étaient entraînés par Beda et ses acolytes. Les uns restaient muets, d'autres poussaient des cris; tous se montraient soumis à cette puissance qu'un esprit superbe et tyrannique exerce sur des âmes vulgaires. Tel était l'état de cette compagnie, que l'on regardait comme si vénérable, et qui fut alors l'ennemi le plus passionné du christianisme évangélique. Il suffirait souvent de jeter un coup d'œil dans les corps les plus célèbres pour estimer à son juste prix la guerre qu'ils font à la vérité.

1 « Gallia fortassis alterum esset Luterum nacta. » (Bezæ *Icones*.)
2 « Hic, inquiunt, apparebit qui sint lutheranæ factionis. » (Erasmi *Ep.*, p. 889.)

Ainsi, l'Université, qui, sous Louis XII, avait applaudi aux velléités d'indépendance d'Allmain, se replongeait tout à coup, sous Duprat et Louise de Savoie, dans le fanatisme et la servilité. Si l'on excepte les jansénistes et quelques autres docteurs, on ne trouve jamais une noble et véritable indépendance dans le clergé gallican. Il n'a jamais fait qu'osciller entre la servilité envers la cour et la servilité envers le pape. Si, sous Louis XII ou sous Louis XIV, il a quelque apparence de liberté, c'est que son maître de Paris est en lutte avec son maître de Rome. Ainsi s'explique la transformation que nous venons de signaler. L'Université et l'épiscopat cessèrent de se rappeler leurs droits et leurs devoirs dès que le roi cessa de le leur commander.

Depuis longtemps Beda était irrité contre Lefèvre; l'éclat de l'enseignement du docteur picard irritait son compatriote et froissait son orgueil; il eût voulu lui fermer la bouche. Déjà une fois Beda avait attaqué le docteur d'Étaples, et, peu habile encore à discerner les doctrines évangéliques, il avait saisi son collègue sur un point qui, quelque étrange que cela puisse nous paraître, faillit faire monter Lefèvre sur l'échafaud[1]. Ce docteur avait avancé que Marie, sœur de Lazare, Marie-Madeleine et la pécheresse dont saint Luc parle au chapitre septième de son Évangile, étaient trois personnes distinctes. Les Pères grecs les avaient distinguées, mais les Pères latins les avaient confondues. Cette terrible *hérésie* des trois Madeleines mit en mouvement Beda et toute son armée; la chrétienté en fut émue; Fisher, évêque de Rochester, l'un des prélats les plus distingués de ce siècle, écrivit contre Lefèvre, et toute l'Église se déclara alors contre une opinion maintenant admise par tous les catholiques-romains. Déjà Lefèvre, condamné par la Sorbonne, était poursuivi par le parlement comme hérétique, quand François Ier, charmé de trouver cette occasion de porter un coup à la Sorbonne et d'humilier la moinerie, l'arracha des mains de ses persécuteurs.

---

[1] Gaillard, *Hist. de François Ier*, IV, p. 228.

Beda, indigné de ce qu'on lui avait enlevé sa victime, résolut de mieux viser une seconde fois. Le nom de Luther commençait à retentir en France. Le réformateur, après la dispute de Leipzig avec le docteur Eck, avait consenti à reconnaître pour juges les universités d'Erfurt et de Paris. Le zèle que l'Université avait déployé contre le concordat lui faisait sans doute espérer de trouver dans son sein des juges impartiaux. Mais les temps avaient changé; et plus la Faculté avait montré de décision contre les empiétements de Rome, plus elle avait à cœur d'établir son orthodoxie. Beda la trouva donc toute disposée à entrer dans ses vues.

Dès le 20 janvier 1520, le questeur de la nation de France acheta vingt exemplaires de la conférence de Luther avec le docteur Eck, pour les distribuer aux membres de la compagnie qui devaient rendre compte de cette affaire. On mit plus d'un an à l'examen. La Réformation d'Allemagne commençait à faire en France une immense sensation. Les universités, qui étaient alors des institutions d'une vraie catholicité, où l'on accourait de tous les pays de la chrétienté, mettaient l'Allemagne, la France, la Suisse, l'Angleterre, dans des rapports bien plus prompts et plus intimes, quant à la théologie et à la philosophie, que ceux qui existent à cette heure. Le retentissement qu'avait à Paris l'œuvre de Luther fortifiait les mains des Lefèvre, des Briçonnet, des Farel. Chacune de ses victoires animait leur courage. Plusieurs des docteurs de la Sorbonne étaient frappés des vérités admirables qu'ils trouvaient dans les écrits du moine de Wittemberg. Il y avait déjà des confessions pleines de franchise, mais aussi de terribles résistances. « Toute l'Europe, dit Crevier, était dans l'attente de ce « que déciderait l'Université de Paris. » La lutte semblait douteuse. Enfin Beda l'emporta; en avril 1521, l'Université ordonna qu'on livrât publiquement aux flammes les écrits de Luther, et qu'on contraignît l'auteur à une rétractation.

Ce n'était pas assez. En effet, les disciples de Luther avaient passé le Rhin encore plus promptement que ses écrits. « En peu de temps, dit le jésuite Maimbourg, l'Université se trouva remplie d'étrangers, qui, parce qu'ils savaient un peu d'hébreu et assez de grec, acquirent de la réputation, s'insinuèrent dans les maisons des personnes de qualité et se donnèrent une insolente liberté d'interpréter la Bible[1]. » La Faculté nomma donc une députation pour faire des remontrances au roi.

François Ier, se souciant peu des querelles des théologiens, continuait le cours de ses plaisirs; et, conduisant ses gentilshommes et les dames de la cour de sa mère et de sa sœur de château en château, il s'y livrait à toutes sortes de désordres, loin des regards importuns des bourgeois de sa capitale. Il parcourait ainsi la Bretagne, l'Anjou, la Guyenne, l'Angoumois, le Poitou, se faisant servir dans des villages et dans des forêts comme s'il eût été à Paris, au château des Tournelles. C'étaient des tournois, des combats, des mascarades, des somptuosités, des tables couvertes de vivres, dont celles de Lucullus, dit Brantôme, n'approchèrent jamais[2].

Il interrompit cependant un moment le cours de ses plaisirs pour recevoir les graves députés de la Sorbonne; mais il ne vit que des savants dans ceux que la Faculté lui signalait comme des hérétiques. Un prince qui se vante d'avoir mis les rois de France *hors de page*, baisserait-il la tête devant quelques fanatiques docteurs? « Je ne veux « point, répondit-il, qu'on inquiète ces gens-là. Persécuter « ceux qui nous enseignent serait empêcher les habiles « gens de venir dans notre pays[3]. »

La députation quitta le roi pleine de colère. Que va-t-il arriver? Le mal croît de jour en jour; déjà on appelle les opinions hérétiques « sentiments de beaux esprits; » la flamme dévastatrice se glisse dans les recoins les plus secrets; bientôt l'incendie éclatera, et l'édifice de la foi s'écroulera dans la France entière avec fracas.

---

[1] *Hist. du Calvinisme*, p. 10.
[2] *Vie des Hommes illustres*, I, p. 326.
[3] Maimbourg, p. 11.

Beda et les siens, n'ayant pu obtenir du roi les échafauds, cherchèrent des persécutions plus cachées. Il n'y avait sortes de vexations que l'on ne fît subir aux docteurs évangéliques. C'étaient toujours de nouveaux rapports et de nouvelles dénonciations. Le vieux Lefèvre, tourmenté par ces zélateurs ignorants, soupirait après le repos. Le pieux Briçonnet, qui ne cessait de donner au docteur d'Étaples des marques de sa vénération[1], lui offrit un asile. Lefèvre quitta Paris, et se rendit à Meaux. C'était une première victoire remportée sur l'Évangile, et l'on vit dès lors que si le parti ne peut réussir à mettre de son côté la puissance civile, il a une secrète et fanatique police au moyen de laquelle il sait atteindre sûrement son but.

VI

Ainsi, Paris commençait à se soulever contre la Réformation, et à tracer les premières lignes de cette enceinte qui, pendant près de trois siècles, devait éloigner de la capitale le culte réformé. Dieu avait voulu que ce fût dans Paris même que parussent les premières lueurs; mais les hommes se soulevèrent aussitôt pour les éteindre; l'esprit des Seize fomentait déjà dans la métropole, et d'autres villes du royaume allaient s'éclairer de la lumière qu'elle rejetait loin d'elle.

Briçonnet, de retour dans son diocèse, y avait déployé le zèle d'un chrétien, d'un évêque. Il avait visité toutes les paroisses, et, assemblant les doyens, les curés, les vicaires, les marguilliers et les principaux paroissiens, il s'était informé de la doctrine et de la vie des prédicateurs. Au temps des quêtes, lui avait-on répondu, les franciscains de Meaux se mettent en course; un seul prédicateur parcourt

---

[1] « Pro innumeris beneficiis, pro tantis ad studia commodis. » (*Epist. dedicatoria Ep. Pauli.*)

quatre ou cinq paroisses en un même jour, répétant autant
de fois le même sermon, non pour nourrir les âmes des
auditeurs, mais pour remplir son ventre, sa bourse et son
couvent[1]. Les besaces une fois garnies, le but est atteint;
les prédications finissent, et les moines ne reparaissent
dans les églises que quand un autre temps de quête est
arrivé. La seule affaire de ces bergers est de tondre la laine
de leurs troupeaux[2].

La plupart des curés, de leur côté, mangeaient leurs revenus à Paris. « Oh! » disait le pieux évêque, en trouvant
vide le presbytère qu'il venait de visiter, « ne sont-ce pas
« des traîtres ceux qui abandonnent ainsi la milice de
« Christ[3]? » Briçonnet résolut de porter remède à ces
maux, et convoqua un synode de tout son clergé pour le
13 octobre 1519. Mais ces prêtres mondains, qui s'inquiétaient peu des remontrances de leur évêque, et pour lesquels Paris avait tant de charmes, se prévalurent d'une
coutume en vertu de laquelle ils pouvaient présenter un
ou plusieurs vicaires pour paître leurs troupeaux en leur
absence. Sur cent vingt-sept vicaires, l'enquête en fit trouver à Briçonnet seulement quatorze qu'il approuva.

Des curés mondains, des vicaires imbéciles, des moines
qui ne pensaient qu'à leur ventre, tel était donc l'état de
l'Église. Briçonnet interdit la chaire aux franciscains[4], publia, le 27 octobre 1520, un mandement dans lequel il déclara « traîtres et fuyards les pasteurs qui, en abandonnant
« leurs brebis, montrent bien que ce qu'ils en aiment,
« c'est leur dépouille et leur toison. » Il en choisit d'autres
jugés capables, et les donna « aux pauvres ouailles rachetées par le très sacré sang de Jésus-Christ, » et défendit

---

[1] « Ea solum doceri quæ ad cœnobium illorum ac ventrem explendum pertinerent. » (Acta Mart., p. 334.)

[2] Manuscrit de Meaux. Je dois à l'obligeance de M. Ladevèze, pasteur de Meaux, la communication d'une copie de ce manuscrit, conservé dans cette ville.

[3] Ibid.

[4] « Eis in universa diocesi sua prædicationem interdixit. » (Acta Mart., I, p. 334.)

[5] Voir l'*Histoire généalogique de la maison des Briçonnet*, par Gui Britonneau, publiée en 1621 et citée dans *le Semeur* du 4 mai 1842.

les danses les jours de fêtes et les dimanches; et persuadé que le seul moyen de peupler son évêché de bons ministres, c'était de les former lui-même, il se décida à fonder à Meaux une école de théologie, dirigée par de pieux et savants docteurs. Il fallait les trouver : Beda les lui fournit.

En effet, cet homme fanatique et sa compagnie ne se relâchaient pas; et, se plaignant avec amertume de la tolérance du gouvernement, ils déclaraient qu'ils feraient la guerre aux nouvelles doctrines avec lui, sans lui et contre lui. En vain Lefèvre avait-il quitté la capitale; Farel et ses autres amis n'y demeuraient-ils pas? Farel ne montait pas, il est vrai, dans les chaires, car il n'était pas prêtre; mais à l'Université, dans la ville, avec les professeurs, les prêtres, les étudiants, les bourgeois, il débattait courageusement la cause de la Réforme. D'autres, animés par son exemple, répandaient toujours plus ouvertement la Parole de Dieu. Un célèbre prédicateur, Martial Mazurier, président du collège de Saint-Michel, ne ménageait rien, peignait les désordres du temps sous les couleurs les plus sombres, et pourtant les plus vraies, et il semblait impossible de résister à la force de son éloquence[1]. La colère de Beda et des théologiens ses amis était à son comble. « Si nous tolérons ces « novateurs, disait-il, ils envahiront toute la compagnie, « et ce sera fait de nos enseignements, de nos traditions, « de nos places et du respect que nous portent la France « et la chrétienté tout entière! »

Les théologiens de la Sorbonne furent en effet les plus forts, l'énergique Farel, Mazurier, le doux Gérard Roussel, virent bientôt leur activité partout contrariée. L'évêque de Meaux pressa ses amis de venir rejoindre Lefèvre; et ces hommes excellents, traqués par la Sorbonne, espérant former près de Briçonnet une sainte phalange pour le triomphe de la vérité, acceptèrent l'invitation de l'évêque, et se

---

[1] « Frequentissimas de reformandis hominum moribus conciones habuit. » (Launoi, *Navarræ gymnasii Hist.*, p. 261.

rendirent à Meaux[1]. Ainsi la lumière évangélique se retirait peu à peu de la capitale, où la Providence avait allumé ses premiers feux. *C'est ici le sujet de la condamnation, que la lumière est venue, et que les hommes ont mieux aimé les ténèbres que la lumière, parce que leurs œuvres étaient mauvaises*[2]. Il est impossible de ne pas reconnaître que Paris attira alors sur ses murs le jugement de Dieu que ces paroles de Jésus-Christ signalent.

Marguerite de Valois, privée successivement de Briçonnet, de Lefèvre, de leurs amis, se vit avec inquiétude seule au milieu de Paris et de la cour licencieuse de François Ier. Une jeune princesse, sœur de sa mère, Philiberte de Savoie, vivait dans son intimité. Philiberte, que le duc de Savoie, pour gagner la faveur du pape, avait donnée en mariage à Julien le Magnifique, frère de Léon X, s'était, après son union, rendue à Rome, où le pape, ravi d'une si illustre alliance, avait dépensé 150,000 ducats à lui donner des fêtes somptueuses[3]. En 1516, Julien, qui commandait alors l'armée du pape, était mort, laissant sa veuve âgée de dix-huit ans. Elle s'attacha à Marguerite, qui, par son esprit et ses vertus, exerçait sur tout ce qui l'entourait une grande influence. Le chagrin de Philiberte ouvrit son cœur à la voix de la religion : Marguerite lui communiqua tout ce qu'elle lisait, et la veuve du lieutenant général de l'Église commença à goûter les douceurs de la doctrine du salut. Mais Philiberte était trop inexpérimentée pour soutenir son amie. Souvent Marguerite tremblait en pensant à sa grande faiblesse. Si l'amour qu'elle portait au roi et la crainte qu'elle avait de lui déplaire l'entraînaient à quelque action contraire à sa conscience, aussitôt le trouble était dans son âme, et, se retournant avec tristesse vers le Seigneur, elle trouvait en lui un maître, un frère plus miséricordieux et

---

[1] « Ce fut la persécution qui se suscita contre eux à Paris, en 1521, qui le obligea à quitter cette ville. » (*Vie de Farel*, par Chaupard.)

[2] Év. selon saint Jean, III, 19.

[3] Guichemon, *Hist. gén. de Savoie*, II, p. 180.

plus doux à son cœur que ne l'était François lui-même. C'est alors qu'elle disait à Jésus-Christ :

> O frère doux, qui en lieu de punir
> Sa folle sœur, la veut à lui unir,
> Et pour murmure, injure ou grande offense,
> Grâce et amour lui donne en récompense,
> C'est trop ! c'est trop ! hélas, c'est trop, mon frère ;
> Point ne devez à moi si grand bien faire [1].

Marguerite, voyant tous ses amis se retirer à Meaux, portait sur eux de tristes regards du milieu des fêtes de la cour. Tout semblait de nouveau l'abandonner. Son mari, le duc d'Alençon, partait pour l'armée ; sa jeune tante Philiberte se rendait en Savoie. La duchesse se tourna vers Briçonnet.

« Monsieur de Meaux, lui écrivit-elle, connaissant que
« un seul est nécessaire, je m'adresse à vous pour vous
« prier vouloir être par oraison, moyen qu'il lui plaise
« conduire selon sa sainte volonté M. d'Alençon, qui par
« le commandement du roi s'en va son lieutenant général
« en son armée, qui, je doute, ne se départira sans guerre.
« Et pensant que, outre le bien public du royaume, vous
« avez bon droit de ce qui touche son salut et le mien, je
« vous demande le secours spirituel. Demain s'en va ma
« tante de Nemours en Savoie. Il me faut mêler de beaucoup
« de choses qui me donnent bien des craintes. Par quoi,
« si connaissiez que maître Michel pût faire un voyage,
« ce me serait consolation que je ne requiers que pour
« l'honneur de Dieu [2]. »

Michel d'Arande, dont Marguerite réclamait le secours, était l'un des membres de la réunion évangélique de Meaux, qui s'exposa plus tard à bien des dangers pour la prédication de l'Évangile.

---

[1] *Marguerites de la Marguerite des princesses*, I, Miroir de l'âme pécheresse, p. 36.)

[2] Lettres de Marguerite, reine de Navarre. Bibl. royale. Manuscrit S. F. 337 (1521).

Cette pieuse princesse voyait avec crainte une opposition toujours plus formidable se former contre la vérité. Duprat et les hommes du gouvernement, Beda et ceux de la Sorbonne, la remplissaient d'effroi. « C'est la guerre, » lui répondit Briçonnet, pour la raffermir, « c'est la guerre que
« le débonnaire Jésus a dit en l'Évangile être venu mettre
« en terre... et aussi le feu... le feu grand, qui la terres-
« tuité transforme en divinité. Je désire de tout mon cœur
« vous aider, Madame; mais de ma propre nihilité n'at-
« tendez rien que le vouloir. Qui a foi, espérance et amour,
« a son seul nécessaire, et n'a besoin d'aide ni de secours...
« Seul Dieu est tout, et hors de lui ne se peut aucune chose
« chercher. Pour combattre, ayez le grand géant... l'amour
« insupérable... La guerre est conduite par amour. Jésus
« demande du cœur la présence : malheureux est qui s'é-
« loigne de lui. Qui en personne combat est certain de vic-
« toire. Souvent déchoit qui par autrui bataille[1]. »

L'évêque de Meaux commençait lui-même à connaître ce que c'est que le combat pour la Parole de Dieu. Les théologiens et les moines, indignés de l'asile qu'il donnait aux amis de la Réformation, l'accusaient avec violence, en sorte que son frère, l'évêque de Saint-Malo, vint à Paris examiner la chose[2]. Marguerite fut d'autant plus touchée des consolations que Briçonnet lui présentait, et elle y répondit en lui offrant son secours.

« Si en quelque chose, lui écrivit-elle, vous pensez que
« je puisse à vous ou aux vôtres faire plaisir, devez croire
« que toute peine me tournera à consolation. Vous soit
« donnée la paix éternelle, après ces longues guerres que
« portez pour la foi, en laquelle bataille désirez mourir...

« La toute votre fille,

« MARGUERITE[3]. »

---

[1] Lettres de Marguerite. Manuscrit S. F. 12 juin 1521.
[2] Manuscrit de Meaux.
[3] Manuscrit S. F. 227, de la Bibl. royale.

Il est à déplorer que Briçonnet ne soit pas mort en combattant. Cependant il était alors plein de zèle. Philiberte de Nemours, respectée de tous pour sa sincère dévotion, sa libéralité envers les pauvres, et la grande pureté de ses mœurs, lisait avec un intérêt toujours plus vif les écrits évangéliques que lui faisait parvenir l'évêque de Meaux. « J'ai tous les tracts que vous m'avez envoyés, » écrivait Marguerite à Briçonnet, « desquels ma tante de Nemours « a eu sa part, et lui enverrai encore les derniers; car elle « est en Savoie, aux noces de son frère, qui ne m'est pe-« tite perte; par quoi vous prie avoir pitié de me voir si « seule. » Malheureusement Philiberte ne vécut pas assez pour se prononcer franchement dans le sens de la Réforme. Elle mourut en 1524, au château de Virieu-le-Grand, en Bugey, âgée de vingt-six ans[1]. Ce fut pour Marguerite un coup douloureux. Son amie, sa sœur, celle qui pouvait entièrement la comprendre, lui était ravie. Il n'y eut peut-être qu'une seule mort, celle de son frère, dont la douleur surpassa pour elle l'angoisse qu'elle ressentit alors.

> Tant de larmes jettent mes yeux
> Qu'ils ne voient terre ni cieux;
> Telle est de leurs pleurs l'abondance[2].

Marguerite, se trouvant bien faible contre la douleur et contre les séductions de la cour, supplia Briçonnet de l'exhorter à l'amour de Dieu. — « Le doux et débonnaire « Jésus, qui veut et seul peut ce qu'il puissamment veut, « répondit l'humble évêque, visite par son infinie bonté « votre cœur, l'exhortant à de tout soi l'aimer. Autre que « lui, Madame, n'a de ce faire pouvoir; et ne faut que « attendiez de ténèbres lumière, ou chaleur de froideur. « En attirant, il embrase; et par chaleur, attire à le suivre

---

[1] Guichenon, *Hist. de la maison de Savoie*, II, p. 181.
[2] *Marguerites de la Marguerite des princesses*, I, Chanson spirituelle après la mort du roi, p. 473.

« en dilatant le cœur. Madame, vous m'écrivez avoir pitié
« de vous, parce que êtes seule; je n'entends point ce pro-
« pos. Qui au monde vit et y a le cœur, seule reste; car
« trop et mal est accompagné. Mais celle dont le cœur
« dort au monde et veille au doux et débonnaire Jésus,
« son vrai et loyal époux, est vraiment seule, car vit en
« son seul nécessaire, et toutes fois seule n'est pas, n'étant
« abandonnée de celui qui tout remplit et garde. Pitié ne
« puis et ne dois avoir de telle solitude, qui est plus à
« estimer que tout le monde, duquel je suis assuré que
« l'amour de Dieu vous a sauvée et n'êtes plus l'enfant....
« Demeurez, Madame, seule en votre seul..... qui a voulu
« souffrir douloureuse et ignominieuse mort et passion.
« Madame, en me recommandant à votre bonne grâce,
« je vous supplie qu'il vous plaise ne user plus de sem-
« blables paroles que avez fait par vos dernières. De Dieu
« seul êtes fille et épouse; autre père ne devez réclamer...
« Je vous exhorte et admoneste que lui soyez une telle et
« si bonne fille, qu'il vous est bon père... et pour ce que
« ne pourriez y parvenir, parce que finitude ne peut cor-
« respondre à infinitude, je lui supplie qu'il lui plaise
« accroître votre force, pour de tout vous, l'aimer et
« servir[1]. »

Malgré ces paroles, Marguerite n'était point encore consolée. Elle regrettait amèrement les conducteurs spirituels qui lui avaient été enlevés; les nouveaux pasteurs qu'on prétendait lui imposer, afin de la ramener, n'avaient point sa confiance, et quoi qu'en dit l'évêque, elle se sentait seule au milieu de la cour, et tout autour d'elle lui paraissait nuit et désert. « Ainsi qu'une brebis en pays étranger,
« écrivit-elle à Briçonnet, errante, ignorant sa pâture, par
« méconnaissance des nouveaux pasteurs, lève naturelle-
« ment la tête, pour prendre l'air du coin où le grand Ber-
« ger lui a accoutumé donner douce nourriture, en cette
« sorte je suis contrainte de prier votre charité..... Descen-

---

[1] Msc. S. F. 337, de la Bibl. royale, le 10 juillet.

« dez de la haute montagne, et en pitié regardez, entre ce
« peuple éloigné de clarté, la plus aveugle de toutes les
« ouailles.

« Marguerite[1]. »

L'évêque de Meaux, dans sa réponse, s'emparant de l'image d'une brebis errante, sous laquelle Marguerite s'est représentée, s'en sert pour dépeindre sous celle d'une forêt les mystères du salut : « Entrant la brebis en la forêt, « menée par le Saint-Esprit, dit-il, elle se trouve inconti-« nent ravie par la bonté, beauté, rectitude, longueur, « largeur, profondeur et hauteur, douceur fortifiante et « odoriférante d'icelle forêt... et quand partout a regardé, « n'a vu que : *Lui en tout et tout en Lui*[2] ; et cheminant « grands pas par la longueur d'icelle, la trouve si plaisante, « que le chemin lui est vie, joie et consolation[3]. » Puis l'évêque montre la brebis cherchant inutilement le bout de la forêt (image de l'âme qui veut sonder les mystères de Dieu), rencontrant devant elle de hautes montagnes qu'elle s'efforce d'escalader, trouvant partout « infinitude « inaccessible et incompréhensible. » Alors il lui apprend le chemin par lequel l'âme qui cherche Dieu surmonte ces difficultés ; il lui montre comment la brebis, au milieu des mercenaires, trouve « le coin du grand berger. » « Elle « entre, dit-il, en vol de contemplation par la foi ; » tout est aplani, tout est expliqué ; et elle commence à chanter : « J'ai trouvé celui que mon âme aime. »

Ainsi parlait l'évêque de Meaux. Brûlant alors de zèle, il eût voulu voir la France renouvelée par l'Évangile[4]. Souvent surtout son esprit se fixait sur ces trois grands personnages qui semblaient présider aux destinées de son peuple, le roi, sa mère et sa sœur. Il pensait que si la

---

[1] Msc. S. F. 337, de la Bibl. royale, le 10 juillet.
[2] Tout en Christ.
[3] Msc. S. F. 337, de la Bibl. royale.
[4] « Studio veritatis aliis declarandæ inflammatus. » (*Acta Mart.*, p. 334.)

famille royale était éclairée, tout le peuple le serait, et que les prêtres, émus à jalousie, sortiraient enfin de leur état de mort. « Madame, écrivit-il à Marguerite, je supplie
« Dieu très humblement qu'il lui plaise par sa bonté allu-
« mer un feu dans les cœurs du roi, de Madame et de
« vous.... tellement que de vous trois puisse yssir (brûler)
« d'un feu brûlant et allumant le surplus du royaume ; et
« spécialement l'état par la froideur duquel tous les autres
« sont gelés. »

Marguerite ne partageait pas ses espérances. Elle ne parle ni de son frère ni de sa mère : c'étaient des sujets qu'elle n'osait toucher ; mais, répondant à l'évêque, en janvier 1522, le cœur serré de l'indifférence et de la mondanité qui l'entourent, elle lui dit : « Le temps est si froid,
« le cœur si glacé, » et elle signe : « Votre gelée, altérée
« et affamée fille,

« MARGUERITE. »

Cette lettre ne découragea point Briçonnet, mais elle le fit rentrer en lui-même ; et sentant alors combien lui, qui voulait ranimer les autres, avait besoin d'être vivifié, il se recommanda aux prières de Marguerite et de Madame de Nemours. « Madame, écrivit-il avec une grande simpli-
« cité, je vous prie réveiller par vos prières le pauvre en-
« dormi[1]. »

Tels étaient, en 1521, les propos qui s'échangeaient à la cour du roi de France. Propos étranges sans doute, et qu'après plus de trois siècles un manuscrit de la Bibliothèque royale nous est venu révéler. Cette influence de la Réforme en si haut lieu fut-elle un bien pour elle, fut-elle un mal ? L'aiguillon de la vérité pénétra à la cour ; mais peut-être ne servit-il qu'à réveiller la bête féroce assoupie, à exciter sa colère et à la faire fondre avec d'autant plus de fureur sur les plus humbles du troupeau.

[1] Msc. de la Bibl. royale.

VII

Les temps approchaient, en effet, où l'orage allait éclater contre la Réforme; mais elle devait auparavant répandre encore quelques semailles et moissonner quelques gerbes. Cette ville de Meaux, qu'illustra un siècle et demi plus tard le sublime défenseur du système gallican contre les prétentions autocrates de Rome, était appelée à devenir la première ville de France où le christianisme renouvelé établirait son empire. Elle était alors le champ auquel les cultivateurs prodiguaient les labours et les semences, et où déjà ils couchaient les javelles. Briçonnet, moins endormi qu'il ne le disait, animait, inspectait, dirigeait tout. Sa fortune égalait son zèle; jamais homme ne fit de ses biens un plus noble usage, et jamais si noble dévouement ne parut d'abord devoir porter de si beaux fruits. Transportés à Meaux, les pieux docteurs de Paris agirent dès lors avec une nouvelle liberté. Il y eut une émancipation de la parole, et ce fut un grand pas que la Réformation fit alors en France. Lefèvre exposait avec force cet Évangile, dont il eût voulu remplir le monde. « Il faut, disait-il, que
« les rois, les princes, les grands, les peuples, toutes les
« nations ne pensent et n'aspirent qu'à Jésus-Christ[1]. Il
« faut que chaque prêtre ressemble à cet ange que Jean
« vit dans l'Apocalypse, volant par le milieu du ciel, tenant
« en main l'Évangile éternel, et le portant à tout peuple,
« langue, tribu, nation. Venez, pontifes, venez, rois, venez,
« cœurs généreux!..... Nations, réveillez-vous à la lumière
« de l'Évangile, et respirez la vie éternelle[2]. La Parole de
« Dieu suffit[3]. »

---

[1] « Reges, principes, magnates omnes et subinde omnium nationum populi, ut nihil aliud cogitent... ac Christum... » (Fabri *Comm. in Evang.*, præfat.)
[2] « Ubivis gentium exvergiscimini ad Evangelii lucem... » (*Ibid.*)
[3] « Verbum Dei sufficit. » (*Ibid.*)

Telle était, en effet, la devise de cette école : LA PAROLE
« DE DIEU SUFFIT. » Toute la Réformation est renfermée
dans ce mot-là. « Connaître Christ et sa Parole, disaient
« Lefèvre, Roussel, Farel, voilà la théologie seule vivante,
« seule universelle... Celui qui connaît cela connaît tout[1]. »

La vérité faisait dans Meaux une grande impression. Il
se forma des assemblées particulières, puis des conférences, puis enfin on prêcha l'Évangile dans les églises. Mais
un nouvel effort vint porter à Rome un coup plus redoutable encore.

Lefèvre voulait mettre les chrétiens de France en état
de lire la sainte Écriture. Le 30 octobre 1522, il publia la
traduction française des quatre Évangiles; le 6 novembre,
celle des autres livres du Nouveau Testament; le 12 octobre 1524, tous ces livres réunis à Meaux, chez Collin, et
en 1525 une version française des Psaumes[2]. Ainsi commençait en France, presque en même temps qu'en Allemagne, cette impression et cette dissémination des Écritures en langue vulgaire, qui devait prendre trois siècles
plus tard, dans tout le monde, de si grands développements.
La Bible eut en France, comme de l'autre côté du Rhin,
une influence décisive. L'expérience avait appris à bien
des Français, que quand ils cherchaient à connaître les
choses divines le doute et l'obscurité les enveloppaient de
toutes parts. Combien de moments et peut-être d'années
dans leur vie où ils avaient été tentés de regarder comme
des illusions les vérités les plus certaines ! Il nous faut une
lumière d'en haut qui vienne éclairer nos ténèbres ! Tel
était le soupir de beaucoup d'âmes à l'époque de la Réformation. C'est avec ces désirs que plusieurs recevaient les
livres saints des mains de Lefèvre; on les lisait dans les
familles et dans la retraite ; les conversations sur la Bible
se multipliaient ; Christ apparaissait à ces esprits longtemps
égarés, comme le centre et le soleil de toutes les révéla-

---

[1] « Hæc est universa et sola vivifica theologia... Christum et verbum ejus esse omnia. » (Fabri *Comm. in Evang. Johan.*, p. 271.)

[2] Le Long., *Bibl. sacrée*, 2ᵉ édit., p. 42.

tions. Alors il n'était plus besoin de démonstrations pour leur prouver que l'Écriture était du Seigneur ; ils le savaient, car elle les avait transportés des ténèbres à la lumière.

Telle fut la marche par laquelle des esprits distingués parvinrent alors en France à la connaissance de Dieu. Mais il y eut des voies plus simples encore et plus vulgaires, s'il est possible, par lesquelles beaucoup d'hommes du peuple arrivèrent à la vérité. La ville de Meaux n'était presque peuplée que d'artisans et de gens trafiquant en laine. « Il s'engendra en plusieurs, nous dit un chroniqueur « du seizième siècle, un si ardent désir de connaître la « voie du salut, que artisans, cardeurs, foulons et peigneurs « n'avaient autre exercice, en travaillant de leurs mains, « que conférer de la Parole de Dieu et se consoler en « icelle. Spécialement les jours du dimanche et fête étaient « employés à lire les Écritures et s'enquérir de la bonne « volonté du Seigneur[1]. »

Briçonnet se réjouissait de voir la piété remplacer ainsi la superstition dans son diocèse. « Lefèvre, aidé du renom « de son grand savoir, dit un historien contemporain[2], sut « tant bien amadouer et circonvenir par son probable par- « ler messire Guillaume Briçonnet, qu'il le fit dévoyer lour- « dement, de sorte que depuis n'a été possible d'évacuer « de la ville et diocèse de Meaux cette doctrine méchante, « jusqu'à ce jour qu'elle est merveilleusement crue. Ce fut « grand dommage de la subversion de ce bon évêque, qui « jusqu'alors avait été tant dévot à Dieu et à la vierge « Marie. »

Cependant tous ne s'étaient pas lourdement dévoyés, comme parle le Franciscain que nous venons de citer. La ville était partagée en deux camps. D'un côté étaient les moines de Saint-François et les amis de la doctrine romaine ; de l'autre, Briçonnet, Lefèvre, Farel, et tous ceux

---

[1] *Actes des Martyrs*, p. 182.
[2] *Histoire catholique de notre temps*, par Fontaine, de l'ordre de Saint-François; Paris, 1562.

qui aimaient la nouvelle parole. Un homme du peuple, nommé Leclerc, était parmi les plus serviles adhérents des moines; mais sa femme et ses deux fils, Pierre et Jean, avaient reçu l'Évangile avec avidité, et Jean, qui était cardeur de laine, se distingua bientôt parmi les nouveaux chrétiens. Un jeune savant picard, Jacques Pavanne, « homme de grande sincérité et intégrité, » que Briçonnet avait attiré à Meaux, montrait beaucoup d'ardeur pour la Réforme. Meaux était devenu un foyer de lumière. Souvent des personnes appelées à s'y rendre y entendaient l'Évangile, et l'apportaient chez elles. Ce n'était pas seulement dans la ville que l'on cherchait la sainte Écriture; plusieurs « des villages faisaient de semblable, dit une chro-« nique, en sorte que l'on voyait en ce diocèse-là reluire « une image de l'Église renouvelée. »

Les environs de Meaux étant couverts de riches moissons, à l'époque de la récolte, une foule d'ouvriers y accouraient des contrées environnantes. Se reposant au milieu du jour de leur fatigue, ils s'entretenaient avec les gens du pays, qui leur parlaient d'autres semailles et d'autres moissons. Plusieurs paysans venus de la Thiérache, et surtout de Landouzy, persistèrent, de retour chez eux, dans la doctrine qu'ils avaient entendue, et il se forma bientôt en ce lieu une Église évangélique, qui est l'une des plus anciennes du royaume[1]. « La renommée de ce grand bien s'é-« pandait par la France, » dit le chroniqueur[2]. Briçonnet lui-même annonçait l'Évangile du haut de la chaire, et cherchait à répandre partout « cette infinie, douce, débon-« naire, vraie et seule lumière, comme il s'exprime, qui « aveugle et illumine toute créature capable de la recevoir, « et qui en l'illuminant la dignifie de l'adoption filiale de « Dieu[3]. » Il suppliait son troupeau de ne point prêter l'oreille à ceux qui voulaient le détourner de la Parole.

---

[1] Ces faits sont tirés de vieux papiers fort altérés, trouvés dans l'église de Landouzy-la-Ville (Aisne), par M. Colani père, lorsqu'il était pasteur de ce lieu.
[2] *Actes des Martyrs*, p. 182.
[3] Msc. S. F. 337, de la Bibl. royale.

« Quand même, disait-il, un ange du ciel vous annoncerait
« un autre Évangile, ne l'écoutez pas. » Quelquefois de
sombres pensées assiégeaient son esprit. Il n'était pas sûr
de lui-même ; il reculait d'effroi, en songeant aux funestes
effets que pourrait avoir son infidélité ; et prémunissant
son peuple, il lui disait : « Quand même, moi votre évêque,
« je changerais de discours et de doctrine, vous, gardez-
« vous alors de changer comme moi[1]. » Pour le moment,
rien ne semblait annoncer un tel malheur. « Non-seulement
« la Parole de Dieu était prêchée, dit la chronique, mais
« elle était pratiquée ; toutes œuvres de charité et de dilec-
« tion s'exerçaient là ; les mœurs se réformaient et les su-
« perstitions s'en allaient bas[2]. »

Toujours plein de l'idée de gagner le roi et sa mère, l'é-
vêque envoya à Marguerite « les épîtres de saint Paul,
« translatées et magnifiquement enluminées, la priant très-
« humblement d'en faire l'offre au roi ; ce qui ne peut de
« vos mains, ajoutait-il, être que très agréable. Elles sont
« mets royal, continuait le bon évêque, engraissant sans
« corruption et guérissant de toutes maladies. Plus on
« en goûte, plus la faim croît en désirs assouvis et insa-
« tiables[3]. »

Quel plus cher message Marguerite pouvait-elle recevoir ?.... Le moment lui semblait favorable. Michel d'Arande
était à Paris, retenu par le commandement de la mère du
roi, pour laquelle il traduisait des portions de la sainte
Écriture[4]. Mais Marguerite eût voulu que Briçonnet lui-
même offrît saint Paul à son frère. « Vous feriez bien d'y
« venir, lui écrivait-elle, car vous savez la fiance que le roi
« et elle ont à vous[5]. »

Ainsi la Parole de Dieu fut probablement placée alors

---

[1] *Hist. catholique* de Fontaine.
[2] *Actes des Martyrs*, p. 182.
[3] Msc. S. F. 337, de la Bibl. royale.
[4] « Par le commandement de Madame à quy il a lyvré quelque chose de la aincte Escripture qu'elle désire parfaire. » (*Ibid.*)
[5] Msc. S. F. 337, de la Bibl. royale.

(en 1522 et 1523) sous les yeux de François Ier et de Louise de Savoie. Ils entraient en rapport avec cet Évangile qu'ils devaient plus tard persécuter. Nous ne voyons pas que cette Parole ait fait sur eux quelque impression salutaire. Un mouvement de curiosité leur faisait ouvrir cette Bible dont on faisait alors tant de bruit; mais ils la refermaient bientôt comme ils l'avaient ouverte.

Marguerite elle-même luttait avec peine contre la mondanité qui l'environnait de toutes parts. La tendresse qu'elle avait pour son frère, l'obéissance qu'elle devait à sa mère, les flatteries dont la cour l'entourait, tout semblait conspirer contre l'amour qu'elle avait voué à Jésus-Christ. Christ était seul contre plusieurs. Quelquefois l'âme de Marguerite, assaillie par tant d'adversaires, étourdie par le bruit du monde, se détournait de son maître. Alors, reconnaissant sa faute, la princesse s'enfermait dans ses appartements, et, se livrant à sa douleur, elle les faisait retentir de cris bien différents de ces chants joyeux dont François et les jeunes seigneurs associés à ses débauches remplissaient, au milieu de leurs fêtes et de leurs festins, les maisons royales.

>Laissé vous ai pour suivre mon plaisir,
>Laissé vous ai pour un mauvais choisir,
>Laissé vous ai... Mais où me suis-je mise?...
>Au lieu où n'a que malédiction !
>Laissé vous ai, l'ami sans fiction.
>Laissé vous ai... Et pour mieux me retraire
>De votre amour... j'ai pris votre contraire [1].

Puis Marguerite, se tournant vers Meaux, écrivait dans son angoisse : « Je retourne à vous, à M. Fabry (Lefèvre) « et tous vos sieurs, vous priant par vos oraisons impétrer « de l'indicible miséricorde un réveil-matin pour la pauvre « endormie, affaiblie.... de son pesant et mortel somme [2]. »

---

[1] *Marguerites de la Marguerite des princesses*, I, p. 40.
[2] Msc. S. F. 337, de la Bibl. royale.

Meaux était devenu un foyer d'où se répandait la lumière. Le 1er mai 1523, l'évêque avait fait Lefèvre son vicaire général au spirituel. Les amis de la Réformation se livraient à de flatteuses illusions. Qui pourrait s'opposer à l'Évangile si la puissance de François Ier lui frayait le chemin? L'influence corruptrice de la cour se changerait alors en une influence sainte, et la France acquerrait une force morale qui la rendrait la bienfaitrice des nations.

Mais, de leur côté, les amis de Rome s'effrayaient. Parmi eux se distinguait, à Meaux, un moine jacobin, nommé de Roma. Un jour que Lefèvre, Farel et leurs amis s'entretenaient avec lui et avec quelques autres partisans de la papauté, Lefèvre ne put contenir ses espérances. « Déjà « l'Évangile, dit-il, gagne les cœurs des grands et du « peuple, et bientôt, se répandant dans toute la France, il « y fera tomber partout les inventions des hommes... » Le vieux docteur s'était animé; ses yeux éteints brillaient, sa voix usée était devenue sonore; on eût dit le vieux Siméon rendant grâces au Seigneur de ce que ses yeux voyaient son salut. Les amis de Lefèvre partageaient son émotion; les adversaires, étonnés, restaient muets... Tout à coup de Roma se lève avec violence, et s'écrie du ton d'un tribun populaire : « Alors, moi et tous les autres religieux, nous « prêcherons une croisade; nous soulèverons le peuple; et « si le roi permet la prédication de votre Évangile, nous le « ferons chasser par ses propres sujets, de son propre « royaume [1]. »

Ainsi un moine osait s'élever contre le roi-chevalier. Les franciscains applaudirent à ces paroles. Il ne faut point laisser se réaliser l'avenir que le vieux docteur prophétise. Déjà les frères reviennent de jour en jour avec de moindres quêtes. Les franciscains, alarmés, se répandent dans les familles. « Ces nouveaux docteurs sont des hérétiques, « s'écrient-ils; les plus saintes pratiques, ils les attaquent; « les plus sacrés mystères, ils les nient!... » Puis, s'enhar-

---

[1] Farel, Ép. au duc de Lorraine. Gen. 1634.

dissant encore, les plus irrités sortent de leur cloître, se rendent à la demeure épiscopale, et ayant été admis devant le prélat : « Écrasez cette hérésie, disent-ils, ou la peste, « qui déjà désole cette ville de Meaux, se répandra bientôt « dans le royaume! »

Briçonnet fut ému et un instant troublé de cette attaque; mais il ne céda pas : il méprisait trop ces moines grossiers et leurs clameurs intéressées. Il monta en chaire, justifia Lefèvre, et nomma les moines des pharisiens et des hypocrites. Cependant déjà cette opposition excitait dans son âme des troubles et des luttes intérieures; il cherchait à se raffermir par la persuasion que ces combats spirituels étaient nécessaires. « Par icelle bataille, disait-il dans son « langage un peu mystique, on parvient à mort vivifiante, « et toutefois mortifiant la vie, en vivant on meurt, et en « mourant on vit [1]. » Le chemin eût été plus sûr si, se précipitant vers le Sauveur, comme les apôtres ballottés par les vagues et par les vents, il se fût écrié : « Sauvez-nous, « Seigneur! nous périssons. »

Les moines de Meaux, furieux de se voir repoussés par l'évêque, résolurent de porter plus haut leurs plaintes. Il y avait appel pour eux. Si l'évêque ne veut céder, on peut le contraindre. Leurs chefs partirent pour Paris, et s'entendirent avec Beda et Duchesne. Ils coururent au parlement, et y dénoncèrent l'évêque et les docteurs hérétiques. « La ville, dirent-ils, et tous les environs sont infectés d'hé- « résie, et c'est du palais épiscopal même qu'en sortent les « flots fangeux. »

Ainsi l'on commençait en France à pousser des cris de persécution contre l'Évangile. La puissance sacerdotale et la puissance civile, la Sorbonne et le parlement, saisissaient les armes; et ces armes devaient être teintes de sang. Le christianisme avait appris à l'homme qu'il est des devoirs et des droits antérieurs à toutes les associations civiles; il avait émancipé la pensée religieuse, fondé la liberté de

---

[1] Msc. S. F. 337, de la Bibl. royale.

conscience et opéré une grande révolution dans la société; car l'antiquité, qui voyait partout le citoyen, et l'homme nulle part, n'avait fait de la religion qu'une simple affaire de l'État. Mais à peine ces idées de liberté avaient-elles été données au monde, que la papauté les avait corrompues. Au despotisme du prince elle avait substitué le despotisme du prêtre; souvent même elle avait soulevé et le prince et le prêtre contre le peuple chrétien. Il fallait une nouvelle émancipation, elle eut lieu au seizième siècle. Dans tous les lieux où la Réformation s'établit, elle brisa le joug de Rome, et la pensée religieuse fut de nouveau affranchie. Mais il est tellement dans la nature de l'homme de vouloir dominer la vérité, que chez bien des nations protestantes, l'Église, dégagée du pouvoir arbitraire du prêtre, est de nos jours retombée sous le joug du pouvoir civil; destinée, comme son chef, à osciller sans cesse entre ces deux despotismes, et à aller toujours de Caïphe à Pilate, et de Pilate à Caïphe.

Briçonnet n'eut pas le courage nécessaire pour résister. Il ne voulait pas tout céder; mais ce qu'il céda suffisait à Rome. « On peut bien, pensait-il, se passer des écrits de « Luther si l'on garde la Bible; on peut bien accorder une « certaine invocation de la Vierge, si l'on ajoute que ce « n'est que par la médiation de Jésus-Christ qu'elle a quel-« que influence. » Si à côté de la vérité on met le poison de l'erreur, la papauté est satisfaite. Mais le sacrifice qui coûtait le plus à Briçonnet, et que pourtant on exigeait, c'était celui de ses amis.

Si l'évêque voulait échapper, il devait sacrifier ses frères. D'un caractère timide, peu disposé à abandonner pour Jésus-Christ ses richesses et son rang, déjà triste, ébranlé, effrayé, de faux conseils vinrent encore plus l'égarer : si les docteurs évangéliques quittent Meaux, lui disait-on, ils porteront ailleurs la Réforme. Une lutte pleine d'angoisses se livrait dans son cœur. A la fin, la prudence du monde eut le dessus; il céda, et rendit, le 15 octobre 1523, trois décrets, dont le premier enjoignait les prières pour les morts et l'invocation de la Vierge et des saints ; le second défendait d'acheter, emprunter, lire, posséder ou porter sur soi les livres de Luther, et ordonnait au contraire de les biffer, jeter et brûler ; le troisième, enfin, établissait en termes formels la doctrine du Purgatoire [1] ; puis, le 13 décembre suivant, Briçonnet défendit aux curés et aux vicaires de laisser prêcher « les luthériens. » Ce ne fut pas tout. Le premier président du parlement de Paris et André Verjus, conseiller en la même cour, devant qui Briçonnet dut plus tard comparaître, arrivèrent à Meaux pendant le carême (1524), sans doute afin de s'assurer des faits et gestes de l'évêque. Le pauvre prélat fit tout ce qu'il put pour les satisfaire. Il se mit à visiter ses églises et à y prêcher, s'évertuant, en présence de M. le premier président et du conseiller Verjus, de « déraciner les hérésies qui « pullulaient de ce temps [2]. » Les députés du parlement s'en retournèrent satisfaits à Paris. Ce fut la première chute de Briçonnet.

C'était surtout à Lefèvre qu'on en voulait. Son commentaire sur les quatre Évangiles, et spécialement l'épître « Aux « lecteurs chrétiens, » dont il l'avait fait précéder, avait accru la colère de Beda et de ses pareils. Ils dénoncèrent cet écrit à la Faculté. « N'ose-t-il pas, disait le fougueux « syndic, y recommander à tous les fidèles la lecture de « l'Écriture sainte ? N'y lisons-nous pas que quiconque « n'aime pas la Parole de Christ n'est pas chrétien [3] ; et que « la Parole de Dieu suffit pour faire trouver la vie éter-« nelle ? »

Mais François Ier ne vit dans cette accusation qu'une tracasserie de théologiens. Il nomma une commission ; et Lefèvre, s'étant justifié devant elle, sortit de cette attaque avec les honneurs de la guerre.

Farel, qui avait moins de protecteurs à la cour, fut

---

[1] *Hist. généal. de Briçonnet.* Registre de Jean l'Ermite *ad annum.*
[2] *Ibid.*
[3] « Qui verbum ejus hoc modo non diligunt, quo pacto hi Christiani essent. » Præf. Comm. in *Evang.*)

obligé de quitter Meaux. Il paraît qu'il se rendit d'abord à Paris [1] ; et qu'y ayant attaqué sans ménagement les erreurs de Rome, il ne put y rester, et dut se retirer en Dauphiné, où il avait à cœur de porter l'Évangile.

En même temps que les chrétiens de Meaux étaient dispersés, un autre Français quittait la France même, et venait (en janvier 1523) sonner à la porte du couvent des augustins de Wittemberg, où habitait Luther.

Farel n'était pas le seul homme du Midi que Dieu eût préparé pour son œuvre. Un peu plus au sud que Gap, sur les bords du Rhône, dans cette ville d'Avignon, appelée par Pétrarque la troisième Babylone, s'élèvent encore les murailles du palais apostolique que les papes et les cardinaux avaient longtemps remplies de leur luxe et de leurs débauches, et qu'habitait alors un légat romain, triste et isolé au milieu de cette cité déserte, dont les rues sales et étroites n'étaient guère traversées que par des prêtres et des moines.

La petite cour du légat était pourtant quelquefois égayée par un jeune garçon, aimable, riant, qui folâtrait au milieu d'elle [2]. C'était le fils du secrétaire du palais apostolique, François Lambert, né en 1487, deux ans avant Farel. L'enfant fut d'abord étonné de l'impiété et des crimes de ces prélats, « crimes si nombreux, dit-il, et si énormes que je « ne saurais les raconter [3]. » Peu à peu, il s'y habitua, et il paraît qu'il fut séduit lui-même [4]. Sa mère, selon l'usage du temps, eut recours aux religieux franciscains pour diriger son éducation. Le timide regard du jeune François les suivait avec respect, quand il les voyait, couverts d'un vêtement grossier, les pieds nus ou revêtus de simples semelles, aller, venir, mendier dans la ville, entrer chez sa

---

[1] « Farel, après avoir subsisté tant qu'il put à Paris. » (Bèze, *Hist. ecclésiast.* I, p. 6.)

[2] « In palatio ejus sæpe versatus, quod genitor meus legationis ejus secretarius esset. » (Lamb., *Epistola ad Galliæ Regem*.)

[3] « Impietates et horrendissima scelera tam multa et enormia. » (*Ibid.*)

[4] « Olim seductus et peccator. » (*Ibid.*)

mère; et s'il leur arrivait alors de lui sourire avec bienveillance, il se croyait, dit-il, presque dans le ciel [1]. Les moines exploitèrent cette disposition, et François, attiré par eux, revêtit dès quinze ans le capuchon. « Dieu le voulut, dit-il
« plus tard, afin que je pusse manifester au monde les souil-
« lures de ces sépulcres blanchis. »

Pendant l'année de son noviciat tout alla bien encore; mais à peine eut-il prononcé ses vœux, que les moines se montrèrent à lui dans toute leur laideur; l'auréole de sainteté qu'il avait cru découvrir autour de leur tête s'évanouit, et le laissa effrayé, indigné, abattu. Mais bientôt il sentit en lui, nous dit-il, une force cachée qui le poussait avec énergie vers les saintes Écritures [2], et l'engageait à croire et à enseigner la Parole de Dieu. Nommé en 1517 prédicateur apostolique du couvent, on le vit, au lieu de courir, comme ses collègues, après « les gros présents, les tables
« bien garnies, » parcourir à pied les campagnes abandonnées et appeler à la conversion ces populations ignorantes, que le feu de ses lèvres attirait en foule sur ses pas. Mais quand, après avoir parcouru pendant plusieurs mois le comtat Venaissin et les contrées d'alentour, il rentrait épuisé au couvent sur une mule qu'on lui avait donnée pour porter son corps affaibli, quelques-uns des moines le recevaient avec froideur, d'autres avec raillerie, d'autres encore avec colère; et l'on se hâtait de vendre la bête, seul profit, s'accordait-on à dire, de ces courses évangéliques.

Un jour que frère François prêchait dans une ville avec toute la gravité apostolique et la vivacité d'un Français du Midi : « Faites un feu devant les sacrés parvis, s'écria-t-il,
« et consumez-y les dépouilles de votre luxe et de vos dé-
« bauches... » Aussitôt toute l'assemblée s'émeut, les uns allument le feu, les autres courent dans leurs demeures et

---

[1] « Rationes propter quas minoritarum conversationem habitumque rejecerit. » (Wittemberg, 1523.)

[2] « Urgebat me vehementer latens quædam vis (confido non aliena a Domini spiritu) ad sacrarum studia litterarum. » (*Exeges. in sancti Johannis Apocalypsin;* præf.)

en reviennent avec des dés, des cartes, des tableaux obscènes ; puis, comme les chrétiens d'Éphèse à la parole de saint Paul, ils jettent tout dans ces flammes. Une grande foule était rassemblée, et dans le nombre quelques franciscains, qui, apercevant l'image indécente d'une jeune fille, la retirèrent adroitement, et la cachèrent sous une de leurs robes « pour alimenter leur propre feu, » dit Lambert. Le frère François le remarquant, une sainte colère l'enflamme ; et, apostrophant hardiment les moines, il leur reproche leur lubricité et leur vol. Honteux, ils baissent la tête et rendent l'image, mais en jurant de se venger [1].

Lambert, entouré des désordres et de la haine des moines, avait parfois de vifs désirs de retourner dans le monde, qui lui semblait infiniment plus saint que le cloître ; il trouva mieux encore. Les écrits de Luther, portés aux foires de Lyon, descendaient alors le Rhône, et arrivèrent dans sa cellule. Bientôt on les lui enleva, et on les brûla ; mais il était trop tard. L'esprit qui animait l'augustin de Wittemberg avait passé dans le franciscain d'Avignon ; il était sauvé. En vain, jusqu'alors s'était-il appliqué à des jeûnes fréquents ; en vain ne dormait-il qu'assis sur un escabeau [2], évitait-il le regard d'une femme, se couvrait-il de cilices, se flagellait-il souvent, exténuait-il tellement son corps, qu'il pouvait à peine se tenir debout et s'évanouissait quelquefois : tout cela, nous dit-il, ne pouvait éteindre les désirs qui le consumaient, et ce ne fut que dans la foi à la grâce libre de Dieu et dans la sainteté du mariage qu'il trouva la pureté et la paix [3]. C'est ici l'un de ces nombreux exemples qui prouvent que le mariage, institué de Dieu, est un moyen de grâce et de sainteté, et que le célibat des prêtres et des moines, inventé des hommes, est l'un des agents les plus puissants pour souiller les imaginations, troubler les familles, et remplir la société de désordres nombreux.

---

[1] *Lambert von Avignon*, von Baum.
[2] « Non aliter dormiise multo tempore quam in scamno nudo sedentem. » (Lamb., *De Sacro conjugio*.)
[3] « Donec secundum Altissimi jussionem conjux factus est. » (*Ibid.*)

Enfin, le moine se décide; il quittera le couvent, la papauté, la France; il ira aux lieux où les eaux évangéliques coulent avec abondance, et il s'y plongera pour éteindre les feux qui le consumaient[1] : puisque tous ses efforts sont inutiles, il ira à Wittemberg, vers ce même serviteur de Dieu dont le nom seul conjure et épouvante le diable. Il profite de lettres qui devaient être remises à l'un des supérieurs de l'ordre; et, ayant ceint son froc, il quitte, après vingt années de luttes, au printemps de 1522, le couvent franciscain d'Avignon, remonte le Rhône, passe à Lyon, traverse les forêts dont sont recouvertes les dernières croupes du Jura, protégé par l'habit de son ordre, long, maigre, roide, monté sur un âne et ses pieds nus touchant presque à terre. Nous l'avons vu passer à Genève, à Lausanne, à Berne et à Zurich[2]. Au commencement de 1523, il était à Wittemberg et embrassait Luther; mais revenons à la France et à l'Église de Meaux.

VIII

Lefèvre intimidé, Briçonnet faisant un pas en arrière, Farel contraint à s'enfuir, c'était une première victoire. Déjà, à la Sorbonne, on se croyait maître du mouvement; les docteurs et les moines se félicitaient de leur triomphe. Pourtant ce n'était pas assez; le sang n'avait pas coulé. On se remit donc à l'œuvre; et du sang, puisqu'il en fallait, devait bientôt satisfaire le fanatisme de Rome.

Les chrétiens évangéliques de Meaux, voyant leurs conducteurs dispersés, cherchèrent à s'édifier entre eux. Le cardeur de laine, Jean Leclerc, que les enseignements des docteurs, la lecture de la Bible, et celle de plusieurs traités, avaient instruit dans la doctrine chrétienne[3], se signalait

---

[1] « Urebar tamen, etiamsi nescirent alii. » (Lamb., *De Sacro conjugio*.)
[2] Livre VIII, ch. xii.
[3] « Aliis pauculis libellis diligenter lectis. » (Bezæ *Icones*.)

par son zèle et sa facilité à exposer l'Écriture. Il était de ces hommes que l'Esprit de Dieu[1] remplit de courage, et place bientôt à la tête d'un mouvement religieux. L'Église de Meaux ne tarda pas à le regarder comme son ministre.

L'idée d'un sacerdoce universel, si vivante chez les premiers chrétiens, avait été rétablie au seizième siècle par Luther[2]. Mais cette idée sembla rester alors à l'état de théorie dans l'Église luthérienne, et ne passa réellement dans la vie que chez les chrétiens réformés. Les Églises luthériennes (et en cela elles sont d'accord avec l'Église anglicane) tenaient peut-être un certain milieu à cet égard entre l'Église romaine et l'Église réformée. Chez les luthériens, tout procédait du pasteur ou du prêtre, et il n'y avait de bon dans l'Église que ce qui découlait organiquement de ses chefs. Mais les Églises réformées, tout en maintenant l'institution divine du ministère que quelques sectes méconnaissent, se rapprochèrent davantage de l'état primitif des communautés apostoliques. Elles reconnurent et proclamèrent, dès les temps où nous parlons, que les troupeaux chrétiens ne doivent pas recevoir simplement ce que le prêtre donne ; que les membres de l'Église, aussi bien que ses conducteurs, possèdent la clef du trésor où ceux-ci puisent leurs enseignements, puisque la Bible est dans les mains de tous ; que les grâces de Dieu, l'esprit de foi, de sagesse, de consolation, de lumière, ne sont pas accordés seulement au pasteur ; que chacun est appelé à faire servir le don qu'il a reçu à l'utilité commune ; que souvent même un certain don, nécessaire à l'édification de l'Église, peut être refusé au ministre et accordé à un membre de son troupeau. Ainsi l'état passif des Églises fut alors changé en un état d'activité générale ; et ce fut en France surtout que cette révolution s'accomplit. Dans d'autres contrées les réformateurs sont presque exclusivement des pasteurs et des

---

[1] « Animosæ fidei plenus. » (Bezæ *Icones*.)
[2] Voir tome II.

docteurs. Mais en France aux hommes de la science se joignent aussitôt les hommes du peuple. Dieu y prend pour ses premiers ouvriers un docteur de la Sorbonne et un cardeur de laine.

Le cardeur Leclerc se mit donc à aller de maison en maison, fortifiant les disciples. Mais, ne s'arrêtant pas à ces soins ordinaires, il eût voulu voir s'écrouler l'édifice de la papauté, et la France, du sein de ces décombres, se tourner, avec un cri de joie, vers l'Évangile. Son zèle peu modéré rappelait celui d'Hottinger à Zurich et de Carlstadt à Wittemberg. Il écrivit donc une proclamation contre l'Antechrist de Rome, y annonçant que le Seigneur allait le détruire par le souffle de sa bouche. Puis il afficha courageusement ses « pancartes » à la porte même de la cathédrale[1]. Bientôt tout fut en confusion autour de l'antique édifice. Les fidèles s'étonnaient; les prêtres s'irritaient. Quoi! un homme dont l'état est de peigner la laine oser s'en prendre au pape!..... Les franciscains étaient hors d'eux-mêmes. Ils demandaient que cette fois du moins on fît un terrible exemple. Leclerc fut jeté en prison.

Son procès fut en peu de jours terminé, sous les yeux mêmes de Briçonnet, qui devait tout voir et tout tolérer. Le cardeur fut condamné à être frappé de verges, trois jours de suite, à travers les rues de la ville, puis marqué au front le troisième jour. Bientôt commença ce triste spectacle. Leclerc, les mains liées, le dos nu, était conduit par les rues, et les bourreaux faisaient tomber sur son corps les coups qu'il s'était attirés en s'élevant contre l'évêque de Rome. Une immense foule suivait le cortége dont les traces de sang du martyr marquaient la marche. Les uns poussaient des cris de colère contre l'hérétique; les autres lui donnaient par leur silence même des marques non équivoques de leur tendre compassion; une femme

---

[1] « Cet hérétique écrivit des pancartes, qu'il attacha aux portes de la grande église de Meaux. » (Msc. de Meaux.) Voyez aussi Bezæ *Icones*, Crespin, *Actes des Martyrs*, etc.

encourageait le malheureux de ses paroles et de son regard : c'était sa mère.

Enfin le troisième jour, après qu'on eut achevé cette procession sanglante, on fit arrêter Leclerc sur la place ordinaire des exécutions. Le bourreau prépara le feu, y chauffa le fer dont l'empreinte devait brûler l'évangéliste, et, s'approchant de lui, le marqua au front comme hérétique. Un cri se fit entendre, mais ce n'était pas le martyr qui l'avait poussé. Sa mère, présente à cet affreux spectacle, déchirée par la douleur, sentait en elle un violent combat ; c'était l'enthousiasme de la foi qui luttait dans son cœur avec l'amour maternel ; à la fin, la foi eut le dessus, et elle s'écria, d'une voix qui fit tressaillir tous ses adversaires : « Vive Jésus-Christ et ses enseignes[1] ! » Ainsi, cette Française du seizième siècle accomplissait le commandement du Fils de Dieu : « Celui qui aime son fils plus que moi « n'est pas digne de moi. » Tant d'audace en un tel moment méritait une punition éclatante ; mais cette mère chrétienne avait glacé d'épouvante les prêtres et les soldats. Toute leur furie était bâillonnée par un bras plus puissant que le leur. La foule, se rangeant avec respect, laissa la mère du martyr regagner d'un pas lent sa demeure. Les moines, les sergents de ville eux-mêmes la regardaient immobiles. « Pas un de ses ennemis n'osa lui mettre la « main dessus, » dit Théodore de Bèze. Après cette exécution, Leclerc, ayant été relâché, se retira à Rosay en Brie, bourg à six lieues de Meaux, et plus tard il se rendit à Metz, où nous le retrouverons.

Les adversaires triomphaient. « Les cordeliers, ayant re« conquis la chaire, semaient leurs mensonges et fariboles « comme de coutume[2]. » Mais les pauvres ouvriers de cette ville, privés d'entendre la Parole dans des réunions régulières, « commencèrent à s'assembler en cachette, dit notre « chroniqueur, à l'exemple des fils des prophètes du temps

---

[1] *Hist. ecclésiast.* de Th. de Bèze, p. 4. — *Hist. des Martyrs* de Crespin, p. 92.
[2] *Actes des Martyrs*, p. 183.

« d'Achab et des chrétiens de la primitive Église; et selon
« que l'opportunité s'offrait, ils se réunissaient une fois en
« une maison, une autre fois en quelque caverne, quel-
« quefois aussi en quelque vigne ou bois. Là, celui d'entre
« eux qui était le plus exercé ès saintes Écritures les exhor-
« tait; et ce fait, ils priaient tous ensemble d'un grand
« courage, s'entretenant en l'espérance que l'Évangile se-
« rait reçu en France et que la tyrannie de l'Antechrist
« prendrait fin[1]. » Il n'est aucune puissance capable d'arrêter la vérité.

Cependant une victime ne suffisait pas; et si le premier
contre lequel se déchaîna la persécution fut un ouvrier en
laine, le second fut un gentilhomme de la cour. Il fallait
effrayer les nobles aussi bien que le peuple. Messieurs de
la Sorbonne, à Paris, n'entendaient pas d'ailleurs se laisser
devancer par les franciscains de Meaux. « Le plus savant
des nobles, » Berquin, avait puisé dans les Écritures toujours plus de courage; et après avoir attaqué par quelques
épigrammes « les frelons de la Sorbonne, » il les avait accusés ouvertement d'impiété[2].

Beda, Duchesne, qui n'avaient osé répondre à leur manière aux saillies spirituelles d'un gentilhomme du roi,
changèrent de pensée dès qu'ils découvrirent derrière ces
attaques des convictions sérieuses. Berquin était devenu
chrétien; sa perte était assurée. Beda et Duchesne, ayant
saisi quelques-unes de ses traductions, y trouvèrent de quoi
faire brûler plus d'un hérétique. « Il prétend, dirent-ils,
« qu'il ne convient pas d'invoquer la vierge Marie à la
« place de l'Esprit-Saint, et de l'appeler la source de toute
« grâce[1]! Il s'élève contre l'habitude de la nommer *notre
« espérance, notre vie*, et dit que ces titres ne conviennent
« qu'au Fils de Dieu! » Il y avait plus encore. Le cabinet
de Berquin était comme une librairie d'où se répandaient

---

[1] *Actes des Martyrs*, p. 183.
[2] « Impietatis etiam accusatos, tum voce, tum scriptis. » (Bezæ *Icones*.)
[3] « Incongrue beatam Virginem invocari pro Spiritu sancto. » (Erasmi *Ep.*, 1279.)

dans tout le royaume des livres corrupteurs. Les *Lieux communs* de Mélanchthon, surtout, écrits avec tant d'élégance, ébranlaient les lettrés de la France. Le pieux gentilhomme, ne vivant qu'au milieu des in-folio et des *tracts*, s'était fait, par charité chrétienne, traducteur, correcteur, imprimeur, libraire... Il fallait arrêter ce torrent redoutable, à sa source même.

Un jour donc que Berquin était tranquillement à ses études, au milieu de ses livres chéris, sa demeure fut tout à coup entourée de sergents d'armes, et l'on frappa violemment à la porte ; c'étaient la Sorbonne et ses agents qui, munis de l'autorité du parlement, venaient faire chez lui une descente. Beda, le redoutable syndic, était à leur tête, et jamais inquisiteur ne remplit mieux son devoir ; il pénétra avec ses satellites dans la bibliothèque de Berquin, lui dénonça la mission dont il se disait chargé, ordonna qu'on eût l'œil sur lui, et commença son enquête ; pas un livre n'échappa à son regard perçant, et l'on dressa, de tous, par son ordre, un exact inventaire. Ici, un traité de Mélanchthon ; là, un écrit de Carlstadt ; plus loin, un ouvrage de Luther ! Voici des livres hérétiques traduits du latin en français par Berquin ; en voici d'autres de sa composition. Tous les ouvrages que Beda saisit, à l'exception de deux, étaient remplis d'erreurs luthériennes. Il sortit de la maison, emportant son butin, et plus glorieux que ne le fut jamais un général d'armée chargé des dépouilles des peuples vaincus[1].

Berquin comprit qu'un grand orage venait de fondre sur sa tête ; mais son courage ne faillit pas : il méprisait trop ses adversaires pour les craindre. Cependant Beda ne perdait pas de temps. Le 13 mai 1523, le parlement rendit un arrêt portant que tous les livres saisis chez Berquin seraient communiqués à la faculté de théologie. L'avis de la compagnie ne se fit pas attendre ; le 25 juin, elle

---

[1] Gaillard, *Hist. de François Ier*, IV, p. 241. — Crevier, *Univ. de Paris*, V. p. 171.)

condamna au feu comme hérétiques ces ouvrages, à l'exception des deux dont nous avons parlé, et ordonna que Berquin abjurât ses erreurs. Le parlement admit ses conclusions.

Le gentilhomme parut devant ce corps redoutable. Il savait que derrière cette assemblée était peut-être un échafaud; mais, comme Luther à Worms, il demeura ferme. En vain le parlement lui ordonna-t-il de se rétracter; Berquin n'était pas de ceux qui *retombent après avoir été faits participants du Saint-Esprit. Celui qui est né de Dieu se conserve soi-même, et le Malin ne le touche point*[1]. Toute chute prouve que la conversion n'a été qu'apparente ou que partielle; or, la conversion de Berquin était véritable. Il répondit avec décision à la cour devant laquelle il comparaissait. Le parlement, plus sévère que ne l'avait été la diète de Worms, ordonna à ses agents de se saisir de l'accusé, et le fit conduire à la Conciergerie. C'était le 1er août 1523. Le 5 août, le parlement remit l'hérétique entre les mains de l'évêque de Paris, afin que ce prélat prît connaissance de l'affaire, et que, assisté de docteurs et de conseillers, il prononçât la peine due au coupable. On le transféra dans les prisons de l'officialité[2].

Ainsi Berquin passait de tribunaux en tribunaux et de prison en prison. Beda, Duchesne et leur compagnie tenaient leur victime; mais la cour en voulait toujours à la Sorbonne, et François était plus puissant que Beda. Il y eut alors parmi les nobles un mouvement d'indignation. Ces moines et ces prêtres oubliaient-ils donc ce que valait l'épée d'un gentilhomme?... « De quoi l'accuse-t-on? disait-on
« à François Ier; de blâmer l'usage d'invoquer la Vierge
« au lieu du Saint-Esprit? Mais Érasme et beaucoup d'au-
« tres le blâment de même. Est-ce pour de tels riens qu'on
« met en prison un officier du roi[3]? C'est aux lettres, à la

---

[1] Héb., VI, 4, 1. — Jean, V, 16.
[2] « Ductus est in carcerem, reus hæreseos periclitatus. » (Erasmi *Ep.*, 1279. — Crevier, Gaillard, *loc. cit.*)
[3] « Ob hujusmodi nœnias. » (Erasmi *Ep.*, 1279.)

« vraie religion, aux nobles, à la chevalerie, à la couronne
« même qu'on en veut. » Le roi voulut encore cette fois
faire pousser des cris à toute la compagnie. Il donna des
lettres d'évocation au conseil, et le 8 août un huissier se
présenta à la prison de l'officialité, portant ordre du roi de
mettre Berquin en liberté.

La question était de savoir si les moines céderaient. François Ier, qui avait prévu quelques difficultés, avait dit à l'agent chargé de ses ordres : « Si vous trouvez de la résis-
« tance, je vous autorise à enfoncer les portes. » Ces paroles étaient claires. Les moines et la Sorbonne cédèrent en dévorant l'affront, et Berquin, mis en liberté, comparut devant le conseil du roi, qui le renvoya absous [1].

Ainsi François Ier avait humilié l'Église. Berquin s'imagina que la France, sous son règne, pourrait s'émanciper de la papauté, et pensa à recommencer la guerre. Il entra à cet effet en rapport avec Érasme, qui reconnut aussitôt en lui un homme de bien [2]. Mais, toujours timide et temporiseur : « Rappelez-vous, dit le philosophe, qu'il ne faut
« pas irriter les frelons, et jouissez en paix de vos études [3].
« Surtout ne me mêlez pas dans votre affaire ; cela ne se-
« rait utile ni à moi ni à vous [4]. »

Ces refus ne découragèrent pas Berquin. Si le génie le plus puissant du siècle se retire, il s'appuiera sur Dieu, qui ne se retire jamais. L'œuvre de Dieu veut être faite avec ou sans les hommes. « Berquin, dit Érasme lui-même,
« avait quelque chose de semblable au palmier ; il se rele-
« vait et devenait fier et superbe contre quiconque cher-
« chait à l'épouvanter [5]. »

Tels n'étaient pas tous ceux qui avaient accueilli la

---

[1] « At judices, ubi viderunt causam esse nullius momenti, absolverunt hominem. » (Erasmi *Ep.*, 1279.)

[2] « Ex epistola visus est mihi vir bonus. » (*Ibid.*)

[3] « Sineret crabrones et suis se studiis oblectaret. » (*Ibid.*)

[4] « Deinde ne me involveret suæ causæ. » (*Ibid.*)

[5] « Ille, ut habebat quiddam cum palma commune, adversus deterrentem tollebat animos. » (*Ibid.*) Allusion probablement à Pline, *Natural. Histor.*, XVI, p. 42.)

doctrine évangélique. Martial Mazurier avait été l'un des prédicateurs les plus zélés. On l'accusa d'avoir prêché des propositions fort erronées [1], et même d'avoir commis, pendant qu'il était à Meaux, certains actes de violence. « Ce Martial Mazurier étant à Meaux, dit un manuscrit de « cette ville que nous avons cité, allant à l'église des révé-« rends pères cordeliers, et voyant la figure de saint Fran-« çois, stigmatisée sur le dehors de la porte du couvent, « où est à présent mis un saint Roch, le jeta à bas et le « rompit. » Mazurier fut saisi, et mis à la Conciergerie [2], où il tomba soudain dans de profondes rêveries et de vives angoisses. C'était la morale plutôt que la doctrine évangélique qui l'avait attiré dans les rangs des réformateurs; et la morale le laissait sans force. Effrayé du bûcher qui l'attendait, croyant que décidément la victoire demeurait en France au parti de Rome, il se convainquit facilement qu'il trouverait plus d'influence et d'honneurs en retournant à la papauté. Il rétracta donc ses enseignements, et fit prêcher dans sa paroisse les doctrines opposées à celles qu'on l'accusait d'y avoir enseignées [3]; et se liant plus tard avec les docteurs les plus fanatiques, et en particulier avec l'illustre Ignace de Loyola, il se montra dès lors le plus ardent soutien de la cause papale [4]. Dès le temps de l'empereur Julien, les apostats sont toujours devenus, après leur infidélité, les plus impitoyables adversaires de la doctrine qu'ils avaient quelque temps professée.

Mazurier trouva bientôt une occasion d'exercer son zèle. Le jeune Jacques Pavanne avait aussi été jeté en prison. Martial espérait, en le faisant tomber comme lui, couvrir sa propre chute. La jeunesse, l'amabilité, la science, l'intégrité de Pavanne, intéressaient vivement en sa faveur, et Mazurier s'imaginait qu'il serait lui-même moins coupable

---

[1] Crevier, *Hist. de l'Université*, V, p. 203.
[2] Gaillard, *Hist. de François I*ᵉʳ, V, p. 234.
[3] « Comme il était homme adroit, il esquiva la condamnation, » dit Crevier, V, p. 203.
[4] « Cum Ignatio Loyola init amicitiam. » (Launoi, *Navarræ gymnasii Historia*, p. 621.

s'il entraînait maître Jacques à le devenir autant que lui. Il se rendit dans son cachot, et commença ses manœuvres. Il affecta d'avoir été plus loin que lui dans la connaissance de la vérité : « Vous errez, Jacques, lui répétait-il « souvent ; vous n'avez pas vu au fond de la mer, vous ne « connaissez que la surface des ondes et des vagues [1]. » Les sophismes, les promesses, les menaces, rien n'était épargné. Le malheureux jeune homme, séduit, agité, ébranlé, succomba enfin à ces perfides attaques, et rétracta publiquement ses prétendues erreurs, le lendemain de Noël 1524. Mais dès lors un esprit d'accablement et de deuil envoyé de l'Éternel fut sur Pavanne. Une profonde tristesse le consuma, et il ne cessa de pousser des soupirs. « Ah ! répétait-il, il n'y a plus pour moi qu'amertume dans « la vie. » Triste salaire de l'infidélité.

Cependant, parmi ceux qui avaient reçu la Parole de Dieu en France, se trouvaient des hommes d'un esprit plus intrépide que Pavanne et que Mazurier. Leclerc s'était retiré, vers la fin de l'an 1523, à Metz en Lorraine, et là, dit Théodore de Bèze, il avait suivi l'exemple de saint Paul à Corinthe, qui, en faisant des tentes, persuadait les Juifs et les Grecs [2]. Leclerc, tout en exerçant son métier de cardeur de laine, éclairait les gens de son état ; et plusieurs d'entre eux avaient été réellement convertis. Ainsi cet humble artisan avait jeté les fondements d'une Église qui devint plus tard célèbre.

Leclerc n'était pas le premier qui eût cherché à répandre dans Metz une nouvelle lumière. Un savant fameux du siècle, habile dans les sciences secrètes, maître Agrippa de Nettesheim, devenu syndic de la ville, s'était procuré les écrits de Luther, les avait communiqués à ses amis [3], et déjà, en mars 1522, un placard, exaltant les faits de

---

[1] *Actes des Martyrs*, p. 99.
[2] Actes des Apôtres, ch. XVIII, v. 3 et 4. — « Apostoli apud Corinthios exemplum secutus. » (Bezæ *Icones*.)
[3] « Apud Metenses mihi nonnulla Lutherana communicare dignatus sis. » (Amiacus ad Agrippam; *Ep.*, III, p. 10.)

Luther, fut affiché en grandes lettres à l'angle du palais épiscopal.

Mais quand Leclerc fut arrivé, la flamme prit une nouvelle énergie. Dans la salle du conseil, dans celle du chapitre, dans les maisons des bourgeois, on discourait sur l'affaire luthérienne. « Plusieurs grands clercs, scientifi-
« ques personnes, étaient journellement en questions et
« débats à disputer de cette affaire, et tenaient les plusieurs
« la partie de Luther [1]. » Bientôt la cause évangélique reçut un puissant renfort.

« En ce mesme temps (1524), » disent les Chroniques de la ville de Metz, auxquelles nous laissons leur langage, « vint et arrivoit en Metz ung frère augustin, nommé frère
« Jehan Chaistellain, homme assez ancien et de belles ma-
« nières, grant prédicateur et très éloquent, qui en ses ser-
« mons reconfortoit merveilleusement les pauvres gens. Par
« quoy il estoit en la grasce de la pluspart du peuple, mais
« non pas des *prestres* et gros rabis (grands rabbins), contre
« lesquels le dit frère Jehan journellement preschoit [2]. »

Jean Châtelain, de Tournay, moine augustin et docteur en théologie, avait été amené à la connaissance de Dieu [3] par ses communications avec les augustins d'Anvers. La doctrine de Christ, prêchée par lui avec la chasuble et l'étole, parut moins extraordinaire aux habitants de Metz que quand elle sortait de la bouche du pauvre artisan, qui quittait le peigne dont il cardait la laine, pour expliquer un évangile imprimé en français.

Tout fermentait dans Metz dans ce fameux carême de 1524, quand on y vit paraître un nouveau personnage, prêtre, docteur, ancien religieux, et ce qui ne s'était encore jamais vu ni en France ni en Lorraine, ayant femme avec lui... [4] C'était Lambert d'Avignon.

---

[1] *Chronique de la ville de Metz*, en 1523.
[2] *Ibid.*, p. 808.
[3] « Vocatus ad cognitionem Dei. » (*Acta Mart.*, p. 180.)
[4] « Y vient ung, se disant docteur, qui premier avoit esté religieulx et à présent estoit marié. » (*Chroniques de Metz*, p. 807.)

Lambert, arrivé à Wittemberg, y avait été fort bien reçu de Luther; le réformateur s'était empressé de recommander à Spalatin et à l'électeur « ce frère qui, à cause de la « persécution, avait choisi la pauvreté et l'exil. Il me plaît « à tous égards, » avait-il ajouté [1]. Lambert avait commencé à expliquer le prophète Osée dans l'université à un auditoire fort étonné d'entendre de telles choses de la bouche d'un Gaulois [2]. Puis, les regards toujours tournés vers son pays, il s'était mis à traduire en français et en italien plusieurs des pamphlets publiés par Luther et par d'autres docteurs. Il n'était pas le seul Français à Wittemberg; il s'y trouvait des comtes, des chevaliers, des nobles et d'autres encore, venus de France pour voir l'Électeur et pour s'entretenir avec Luther, « le préfet des œuvres » qui s'accomplissaient alors dans le monde [3]. Ces Français, selon la coutume des émigrés, s'exagéraient l'état des choses et s'imaginaient qu'une révolution prochaine allait faire triompher dans leur patrie la cause qu'ils avaient tant à cœur : « La Gaule presque tout entière est émue, » écrivait Lambert à l'électeur de Saxe [4].

Une seule chose arrêtait les Français de Wittemberg : « Oh! si je trouvais quelqu'un, disait Lambert, qui pût im- « primer non-seulement en latin, mais en français et même « en italien. » Il en était là, quand des étrangers se présentent. « Nous venons de Hambourg, lui disent-ils, et nous « vous demandons des traités français, car nous y avons « quelqu'un qui peut les imprimer avec soin [5]. » Lambert ne se possède point. Pourtant une difficulté l'arrête. Et comment, dit-il, des bords de l'Elbe envoyer ces livres en

[1] « Ob persecutionem exul et pauper factus. Mihi per omnia placet vir. » (Luth. Ep., II, p. 302.)

[2] « Aliquid nostri Martini consilio exordiar, ut Oseam prophetam, vel Psalmos, vel Lucam, vel aliquid tale. » (Schelhorn., Amœnitates Litt., IV, p. 336.)

[3] « Veniunt passim Wittembergum comites, equites, nobiles, et alii etiam e Gallia nostra, ut te inclytum ducem (l'electeur) videant et præfectum operum M. Lutherum. » (Comment. in Oseam, præf.)

[4] « Gallia pene omnis commota est. » (Schelhorn., Amœnit., IV.)

[5] « Si inveniatur qui imprimat non tantum latine sed gallice et italice, hæc atque alia tradam. » (Ibid.)

France ¹ ? « Par mer, sur les navires qui font le com-
« merce, » répondirent les Hambourgeois ². Ainsi l'Évangile est à peine rendu à l'Église, que l'Océan se charge de le transporter et accomplit ces paroles : *L'Éternel a dressé un chemin dans la mer* ³.

Le 13 juillet 1523, Lambert, âgé de trente-six ans, « dé« cidé à fuir les sentiers de l'impudicité, dit-il, comme il « l'avait toujours fait, » se maria, deux ans avant Luther, et le premier de tous les Français, moines ou prêtres. Puis il déclara qu'il allait retourner en France avec celle qui était disposée à être la compagne de ses souffrances.

Luther et Mélanchthon furent épouvantés de ce dessein. « C'est bien plutôt de France en Allemagne, lui disait Lu« ther, que d'Allemagne en France qu'il faut aller ⁴. » Irat-il à Zurich, où Luther le pousse, se demandait Lambert; Ira-t-il en France ou en Lorraine, où, il doit le croire, Jésus-Christ lui-même l'appelle..... Il était dans une grande perplexité ⁵. A Zurich il trouverait la paix et la sûreté ; en France, les périls et la mort ⁶. Il n'avait ni repos ni sommeil ⁷ ; il errait l'œil abattu dans les rues de Wittemberg, et sa femme ne pouvait parvenir à lui rendre quelque sérénité. Enfin, il se jette à genoux, et demande au Seigneur de mettre fin à cette lutte en lui faisant connaître sa volonté par le sort ⁸. Il prend deux billets : sur l'un il écrit *Suisse,* sur l'autre *France ;* il ferme les yeux, et il tire : c'est sur la France que le sort est tombé ⁹. Il prie de nouveau. « O Dieu, dit-il, si tu ne veux pas fermer ces lèvres qui

---

1 « Quod ad me ex Hamburgo nuntii advenerint, tractatus gallicos postulantes, aiunt enim quod illis sit qui ea lingua elimatissimos possit cudere libros. » (Schelhorn., *Amœnit.*, IV.)
2 « Quos demum navigio in Galliam mittit. » (*Ibid.*)
3 Esaïe. XLIII, 16.
4 « Potius ad nos illinc, quam ad vos hinc cuiquam migrandum esse. » (Luth. *Ep.*, ad Gerbellium Strasburg., II, p. 438.)
5 « In gravissima perplexitate. » (Lambert, *De Fidelium Vocatione*, cap. XXII.)
6 « In priore vocatione erat pax et securitas; in alia vero multa et eadem gravissima, etiam mortis pericula erant. » *Ibid.*)
7 « Nulla erat misero requies ut quidem vix dum somnium caperet. » (*Ibid.*)
8 « Oravit Dominum ut hanc contradictionem sorte dirimeret. » (*Ibid.*)
9 « Et sors cecidit super vocatione secunda. » (*Ibid.*)

« désirent proférer ta louange, montre-le-moi[1] ! » Il jette le sort, et le sort lui répond encore *France*. Et quelques heures après, se rappelant, dit-il, que Gédéon avait demandé à trois reprises un signe de l'Éternel près du chêne d'Hophra[2], il pria Dieu une troisième fois, et le sort lui dit encore une fois *France*.

Dès lors il n'hésite plus. Luther, qui pouvait ne pas croire aussi fermement au sort, fait taire ses objections. Lambert, au mois de mars 1524, part avec sa femme pour Strasbourg, d'où il se rend à Metz. Aussitôt il demande de prêcher publiquement, et d'afficher cent seize thèses où il exposera sa doctrine.

La chambre des Treize, Messieurs les clercs et Messeigneurs de la justice devant lesquels se trouvait Lambert, effrayés d'une telle demande, la lui refusèrent. En même temps toute la cohorte de l'Antechrist s'émut, et chanoines, moines, inquisiteurs, l'official de l'évêque et tous leurs partisans s'efforcèrent de saisir le moine apostat, pour le jeter dans le donjon de quelque cloître[3]. Le magistrat lui insinua de quitter la ville. « Je fuirai, dit-il au Seigneur, « mais pour confesser encore ton nom ! Quand tu le vou-« dras, j'endurerai la mort. Je suis dans tes mains; je fuis « sans fuir[4], c'est la fuite qui convient aux parfaits. » Ainsi Lambert dut apprendre que Dieu manifeste sa volonté autrement que par le sort. Ce n'était pas à la France que le moine des bords du Rhône était destiné; nous le verrons bientôt jouer un rôle important en Allemagne comme réformateur de la Hesse. Il se rendit à Strasbourg, laissant dans Metz Leclerc et Châtelain.

---

[1] « Ut non clauderetur omnino os Deum laudare volentis. » (Lambert, *De Fidelium Vocatione*, cap. XXII.) Il me paraît évident, comme à M. le professeur Braun (*Lambert von Avignon*, p. 54), que c'est à cette circonstance que se rapporte ce récit de Lambert.

[2] Juges, VI, 20 à 40.

[3] « Sed mox insanavit tota Antechristi cohors, nempe canonici, monachi, inquisitor, officialis et reliqui qui sunt ex parte eorum et me capere voluerunt. » (*Epist. ad Franciscum regem.*)

[4] « In manu tua sum, sic fugio quasi non fugiam. Hæc est fuga omnibus perfectissimis conveniens. » (Lambert., *De Fidelium Vocatione*, cap. XV.)

La lumière évangélique, grâce au zèle de ces deux hommes, commençait à se répandre dans toute la ville. Une femme très dévote, nommée Toussaint, d'une famille bourgeoise, avait un fils appelé Pierre, à qui, au milieu de ses jeux, elle adressait souvent de graves paroles. Partout, et jusque dans les maisons des bourgeois, on s'attendait alors à quelque chose d'extraordinaire. Un jour l'enfant, se livrant aux divertissements de son âge, allait à cheval sur un long bâton, dans la chambre de sa mère, lorsque celle-ci, qui s'entretenait avec des amis des choses de Dieu, leur dit d'une voix émue : « L'Antechrist viendra bientôt « avec une grande puissance, et il perdra ceux qui se se-« ront convertis à la prédication d'Élie [1]. » Ces paroles, souvent répétées, frappèrent l'esprit de l'enfant, qui se les rappela plus tard. Pierre Toussaint était devenu grand à l'époque où le docteur en théologie et le cardeur de laine prêchaient l'Évangile à Metz. Ses parents et ses amis, surpris de son jeune génie, espéraient le voir un jour occuper une place éminente dans l'Église. Un de ses oncles, frère de son père, était primicier de Metz; c'était la première dignité dans le chapitre [2]. Le cardinal Jean de Lorraine, fils du duc René, qui tenait une grande maison, témoignait beaucoup d'affection au primicier et à son neveu. Celui-ci, malgré sa jeunesse, venait d'obtenir un canonicat, lorsqu'il commença à devenir attentif à l'Évangile. La prédication de Châtelain et de Leclerc ne serait-elle pas peut-être celle d'Élie? Déjà, il est vrai, l'Antechrist s'arme partout contre elle. Mais qu'importe? « Élevons, dit-il, la tête vers « le Seigneur, qui viendra et qui ne tardera point [3]. »

La doctrine évangélique pénétrait dans les premières familles de Metz. Un homme fort considéré, le chevalier

---

[1] « Cum equitabam in arundine longa, memini sæpe audiisse me a matre, venturum Antichristum cum potentia magna, perditurumque eos qui essent ad Eliæ prædicationem conversi. » (Tossanus Farello, 4 sep. 1525; manuscrit du conclave de Neuchâtel.)

[2] *Ibid.*, du 21 juillet 1525.

[3] « Levemus interim capita nostra ad Dominum, qui veniet et non tardabit. » (*Ibid.*, 4 sept. 1525.)

d'Esch, ami intime du primicier, venait de se convertir[1]. Les amis de l'Évangile étaient dans la joie. « Le chevalier, « notre bon maître… répétait Pierre : si toutefois, ajoutait- « il avec noblesse et candeur, il nous est permis d'avoir un « maître sur la terre[2]. »

Ainsi Metz allait devenir un foyer de lumière, quand le zèle imprudent de Leclerc arrêta brusquement cette marche lente, mais sûre, et suscita un orage qui pensa ruiner entièrement cette Église naissante. La multitude du peuple messin continuait à marcher dans ses antiques superstitions, et Leclerc avait le cœur navré en voyant cette ville plongée dans « l'idolâtrie. » Le jour d'une grande fête approchait. A une lieue environ de la ville se trouvait une chapelle qui renfermait des images de la Vierge et des saints les plus célèbres du pays, et où tous les habitants de Metz avaient coutume de se rendre en pèlerinage, un certain jour de l'année, pour adorer ces images et obtenir le pardon de leurs péchés.

La veille de la fête étant arrivée, l'âme pieuse et courageuse de Leclerc était violemment agitée. Dieu n'a-t-il pas dit : *Tu ne te prosterneras point devant leurs dieux, mais tu les détruiras et tu briseras entièrement leurs statues*[3] ? Leclerc crut que ce commandement lui était adressé, et, sans consulter ni Châtelain, ni Esch, ni aucun de ceux dont il eût pu craindre des avis contraires à son projet, le soir, au moment où la nuit commençait, il sortit de la ville et se rendit près de la chapelle. Là, il se recueillit quelque temps, assis silencieusement en présence de ces statues. Il pouvait encore s'enfuir; mais….. demain, dans quelques heures, toute une cité, qui devrait n'adorer que Dieu seul, allait être prosternée devant ces morceaux de pierre et de bois. Un combat semblable à celui que nous trouvons chez tant de chrétiens des premiers siècles de l'Église se livre dans

---

[1] « Clarissimum illum equitem… cui multum familiaritatis et amicitiæ cum primicerio Metensi, patruo meo. » (Tossanus Farello, du 2 août 1524.)

[2] *Ibid.*, du 21 juillet 1525. Msc. de Neuchâtel.

[3] Exode, XX, 4. — XXIII, 24.

l'esprit du cardeur de laine. Que lui importe que ce soient les images des saints et des saintes qui se trouvent dans ces lieux, et non celles des dieux et des déesses du paganisme? le culte que le peuple rend à ces images n'appartient-il pas à Dieu seul? Comme Polyeucte près des idoles du temple, son cœur frissonne, son courage s'anime :

> Ne perdons plus de temps, le sacrifice est prêt ;
> Allons-y du vrai Dieu soutenir l'intérêt,
> Allons fouler aux pieds ce foudre ridicule
> Dont arme un bois pourri ce peuple trop crédule ;
> Allons en éclairer l'aveuglement fatal,
> Allons briser ces dieux de pierre et de métal ;
> Abandonnons nos jours à cette ardeur céleste ;
> Faisons triompher Dieu... qu'il dispose du reste [1].

En effet, Leclerc se lève, s'approche des images, les enlève, les brise, et en disperse avec indignation les fragments devant l'autel. Il ne doutait pas que ce ne fût l'esprit même du Seigneur qui lui eût inspiré cette action, et Théodore de Bèze pense de même [2]. Après cela, Leclerc retourna à Metz, où il rentra à la pointe du jour, aperçu de quelques-uns, au moment où il passait la porte de la ville [3].

Cependant, tout se mettait en mouvement dans l'antique cité ; les cloches sonnaient, les confréries se rassemblaient ; et toute la ville de Metz, conduite par les chanoines, les prêtres et les moines, sortait avec pompe ; on récitait des prières, on chantait des cantiques aux saints que l'on allait adorer ; les croix et les bannières défilaient en ordre, et les instruments de musique ou les tambours répondaient aux chants des fidèles. Enfin, après plus d'une heure de marche, la procession atteignit le lieu du pèlerinage. Mais quel n'est pas l'étonnement des prêtres, lorsque se présentant, l'encensoir à la main, ils découvrent les images qu'ils

---

[1] *Polyeucte*, par Pierre Corneille. — Ce que plusieurs admirent en vers ils le condamnent dans l'histoire.

[2] « Divini spiritus afflatu impulsus. » (Bezæ *Icones*.)

[3] « Mane apud urbis portam deprehensus. »

venaient adorer, mutilées et couvrant la terre de leurs débris. Ils reculent avec effroi ; ils annoncent à la foule l'acte sacrilége ; tout à coup les chants cessent, les instruments se taisent, les bannières s'abaissent, et toute cette multitude éprouve une inconcevable agitation. Les chanoines, les curés et les moines s'efforcent d'enflammer les esprits ; ils excitent le peuple à chercher le coupable et à demander sa mort[1]. Un seul cri s'élève de toutes parts : « Mort, mort au « sacrilége ! » On retourne à Metz précipitamment et en désordre.

Leclerc était connu de tous ; plusieurs fois il avait appelé les images, des idoles. D'ailleurs, ne l'avait-on pas vu, au point du jour, revenir de la chapelle ? On le saisit ; il confessa aussitôt son crime, et conjura le peuple d'adorer Dieu seul. Mais ce discours excita encore plus la fureur de la multitude, qui eût voulu, à l'instant même, le traîner à la mort. Conduit devant les juges, il déclara avec courage que Jésus-Christ, Dieu manifesté en chair, devait seul être adoré, et fut condamné à être brûlé vif. On le mena au lieu de l'exécution.

Ici l'attendait une épouvantable scène. La cruauté de ses persécuteurs recherchait tout ce qui pouvait rendre son supplice plus horrible. Près de l'échafaud, on chauffait des tenailles qui devaient servir leur rage. Leclerc, ferme et calme, entendait sans émotion les clameurs sauvages des moines et du peuple. On commença par lui couper le poing droit ; puis, saisissant les tenailles ardentes, on lui arracha le nez ; puis, toujours avec ce même instrument, on se mit à tenailler ses deux bras, et quand on les eut rompus en plusieurs endroits, on finit par lui brûler les mamelles[2]. Pendant que la cruauté de ses ennemis s'acharnait ainsi sur son corps, l'esprit de Leclerc était en paix. Il prononçait

---

[1] « Totam civitatem concitarunt ad auctorem ejus facinoris quærendum. » (*Acta Mart.*, lat., p. 189.)

[2] « Naso candentibus forcipibus abrepto, iisdemque brachio utroque, ipsisque mammis crudelissime perustis. » (*Bezæ Icones.*) Manuscrit de Meaux ; Crespin, etc.

solennellement, et d'une voix retentissante[1], ces paroles de David : *Leurs faux dieux sont de l'or et de l'argent, un ouvrage de main d'homme. Ils ont une bouche, et ne parlent point; ils ont des yeux, et ne voient point; ils ont des oreilles, et n'entendent point; ils ont un nez, et ne sentent point; des mains, et ne touchent point; des pieds, et ne marchent point; ils ne rendent aucun son de leur gosier. Ceux qui les font et tous ceux qui s'y confient deviendront semblables. Israël, assure-toi sur l'Éternel, car il est l'aide et le bouclier de ceux qui l'invoquent.* Les adversaires, en voyant tant de force d'âme, étaient épouvantés; les fidèles se sentaient affermis[2]; le peuple, qui avait montré auparavant tant de colère, était étonné et ému[3]. Après ces tortures, Leclerc fut brûlé à petit feu, selon que sa condamnation le portait. Telle fut la mort du premier martyr de l'Évangile en France.

Mais les prêtres de Metz n'étaient point satisfaits. En vain s'étaient-ils efforcés d'ébranler Châtelain. « Comme l'aspic, « disaient-ils, il fait le sourd, et refuse d'ouïr la vérité[4]. » Il fut saisi par les gens du cardinal de Lorraine, et transporté dans le château de Nommeny.

Puis il fut dégradé par les officiers de l'évêque, qui lui enlevèrent ses vêtements, et lui raclèrent les doigts avec un morceau de verre, en disant : « Par ce raclement, nous « t'ôtons la puissance de sacrifier, de consacrer et de bénir, « que tu reçus par l'onction des mains[5]. » Ensuite, l'ayant couvert d'un habit laïque, il le remirent au pouvoir séculier, qui le condamna à être brûlé vif. Le bûcher fut bientôt dressé, et le ministre de Christ consumé par les flammes. « Le luthéranisme ne s'en répandit pas moins dans tout « le pays messin, » disent les auteurs de l'*Histoire de l'Église gallicane,* qui, du reste, approuvent fort cette rigueur.

---

[1] « Altissima voce recitans. » (Bezæ *Icones.*)
[2] « Adversariis territis, piis magnopere confirmatis. » (*Ibid.*)
[3] « Nemo qui non commoveretur, attonitus. » (*Acta Mart.*, lat., p. 189.)
[4] « Instar aspidis serpentis, aures omni surditate affectas. » (*Ibid.*, p. 183.)
[5] « Utriusque manus digitos lamina vitrea erasit. » (*Ibid.*, p. 66.)

Dès que cet orage était venu s'abattre sur l'Église de Metz, la désolation avait été dans la maison de Toussaint. Son oncle le primicier, sans prendre une part active aux poursuites dirigées contre Leclerc et Châtelain, frémissait à la pensée que son neveu était de ces gens-là. L'effroi de la mère était plus grand encore. Il n'y avait pas un moment à perdre; tous ceux qui avaient prêté l'oreille à l'Évangile étaient menacés dans leur liberté et dans leur vie. Le sang qu'avaient répandu les inquisiteurs n'avait fait qu'augmenter leur soif : de nouveaux échafauds allaient être dressés : Pierre Toussaint, le chevalier d'Esch, d'autres encore quittèrent Metz en toute hâte, et se réfugièrent à Bâle.

IX

Ainsi le vent de la persécution soufflait avec violence Meaux et à Metz. Le nord de la France repoussait l'Évangile : l'Évangile céda pour quelque temps. Mais la Réforme ne fit que changer de place; les provinces du sud-est en devinrent le théâtre.

Farel, réfugié au pied des Alpes, y déployait une grande activité. C'était peu pour lui que de goûter au sein de sa famille les joies domestiques. Le bruit de ce qui s'était passé à Meaux et à Paris avait inspiré à ses frères une certaine terreur; mais une puissance inconnue les attirait vers les choses nouvelles et admirables dont Guillaume les entretenait. Celui-ci les sollicitait avec l'impétuosité de son zèle, de se convertir à l'Évangile[1]; et Daniel, Gauthier et Claude furent enfin gagnés au Dieu qu'annonçait leur frère. Ils n'abandonnèrent point, au premier moment, le culte de leurs ancêtres; mais lorsque la persécution s'éleva, ils sacrifièrent courageusement leurs amis, leurs biens et leur

[1] Manuscrit de Choupard.

patrie, pour adorer en liberté Jésus-Christ[1]. Les frères de Luther et de Zwingle ne paraissent pas avoir été aussi franchement convertis à l'Évangile; la Réforme française eut, dès le commencement, un caractère plus domestique et plus intime.

Farel ne s'en tint pas à ses frères; il annonçait la vérité à ses parents et à ses amis, à Gap et dans les environs. Il paraîtrait même, si nous en croyons un manuscrit, que, profitant de l'amitié de quelques ecclésiastiques, il se mit à prêcher l'Évangile dans quelques églises[2]; mais d'autres autorités assurent qu'il ne monta point alors en chaire. Quoi qu'il en soit, la doctrine qu'il professait produisit une grande rumeur. La multitude et le clergé voulaient qu'on lui imposât silence. « Nouvelle et étrange hérésie! disait-on ; « toutes les pratiques de la piété seraient-elles donc vaines? « Il n'est ni moine ni prêtre; il ne lui appartient pas de faire « le prédicateur[3]. »

Bientôt tous les pouvoirs civils et ecclésiastiques de Gap se réunirent contre Farel. Il était évidemment un agent de cette secte à laquelle on s'opposait partout. « Rejetons loin « de nous, disait-on, ce brandon de discorde. » Farel fut appelé à comparaître, traité durement et chassé de la ville avec violence[4].

Il n'abandonna pourtant point sa patrie : la campagne, les villages, les bords de la Durance, de la Guisanne, de l'Isère ne renfermaient-ils pas beaucoup d'âmes qui avaient besoin de l'Évangile? et s'il y courait quelque danger, ces forêts, ces grottes, ces rochers escarpés, qu'il avait si souvent parcourus dans sa jeunesse, ne lui offraient-ils pas un asile? Il se mit donc à parcourir le pays, prêchant dans les

---

[1] « Farel, gentilhomme de condition, doué de bons moyens, lesquels il perdit tous pour sa religion, aussi bien que trois autres siens frères. » (Manuscrit de Genève.)

[2] « Il prêcha l'Évangile publiquement, avec une grande liberté. » (Manuscrit de Choupard.)

[3] Ibid., *Hist. des Évêques de Nîmes*, 1738.

[4] « Il fut chassé, voire fort rudement, tant par l'évêque que par ceux de la ville. » (Manuscrit de Choupard.)

maisons et au milieu des pâturages isolés, et cherchant un abri dans les bois et sur les bords des torrents[1]. C'était une école où Dieu le formait à d'autres travaux. « Les croix, les « persécutions, les machinations de Satan que l'on m'an-« nonçait, ne m'ont pas manqué, disait-il; elles sont même « beaucoup plus fortes que de moi-même je n'eusse pu le « supporter; mais Dieu est mon père, il m'a fourni et me « fournira toujours les forces dont j'ai besoin[2]. » Un grand nombre des habitants de ces campagnes reçurent de sa bouche la vérité. Ainsi la persécution, qui avait chassé Farel de Paris et de Meaux, répandit la Réformation dans les provinces de la Saône, du Rhône et des Alpes. Dans tous les siècles s'accomplit ce que dit l'Écriture : *Ceux donc qui furent dispersés allaient çà et là annonçant la Parole de Dieu*[3].

Parmi les Français qui furent alors gagnés à l'Évangile, se trouvait un gentilhomme du Dauphiné, le chevalier Anémond de Coct, fils puîné de l'auditeur de Coct, seigneur du Chastelard. Vif, ardent, mobile, d'un cœur pieux, ennemi des reliques, des processions et du clergé, Anémond reçut avec une grande promptitude la doctrine évangélique, et bientôt il fut tout à elle. Il ne pouvait souffrir les formes en religion, et il eût voulu abolir toutes les cérémonies de l'Église. La religion du cœur, l'adoration intérieure, était pour lui la seule véritable. « Jamais, disait-il, « mon esprit n'a trouvé aucun repos dans les choses du « dehors. Le sommaire du christianisme se trouve dans « cette parole : *Jean a baptisé d'eau, mais vous serez bap-« tisés du Saint-Esprit; il faut être une nouvelle créature*[4]. »

Coct, doué d'une vivacité toute française, parlait et écrivait, tantôt en latin, tantôt en français. Il lisait et citait le

---

[1] « Olim errabundus in sylvis, in nemoribus, in aquis vagatus sum. » (Farel ad Capit. de Bucer. Basil. 25 oct. 1526. Lettr. manuscr. de Neuchâtel.)

[2] « Non defuere crux, persecutio et Satanæ machinamenta... » (Farel Galeoto.)

[3] Actes des Apôtres, VIII, 4.

[4] « Nunquam in externis quievit spiritus meus. » (Coetus Farello. Manuscrit du conclave de Neuchâtel.)

Donat, Thomas d'Aquin, Juvénal et la Bible. Sa phrase était coupée, et il passait brusquement d'une idée à une autre. Toujours en mouvement, il se rendait partout où une porte paraissait ouverte à l'Évangile, et où se trouvait un docteur célèbre à entendre. Il gagnait par sa cordialité les cœurs de tous ceux avec qui il entrait en rapport. « C'est un homme distingué par sa naissance et par sa « science, disait plus tard Zwingle, mais bien plus distin- « gué encore par sa piété et son affabilité[1]. » Anémond est comme le type de beaucoup de Français de la Réforme. Vivacité, simplicité, zèle qui va jusqu'à l'imprudence, voilà ce que l'on trouve souvent chez ceux de ses compatriotes qui embrassèrent l'Évangile. Mais, à l'autre extrémité du caractère français, nous trouvons la grave figure de Calvin, qui fait un contre-poids puissant à la légèreté de Coct. Calvin et Anémond sont les deux pôles opposés, entre lesquels se meut tout le monde religieux en France.

A peine Anémond eut-il reçu de Farel la connaissance de Jésus-Christ[2], qu'il chercha à gagner lui-même des âmes à cette doctrine d'esprit et de vie. Son père était mort; son frère aîné, d'un caractère dur et hautain, le repoussa dédaigneusement. Le plus jeune de la famille, Laurent, plein d'affection pour lui, ne parut le comprendre qu'à moitié. Anémond, se voyant repoussé par les siens, tourna ailleurs son activité.

Jusqu'alors c'était seulement parmi les laïques qu'avait eu lieu le réveil du Dauphiné. Farel, Anémond et leurs amis désiraient voir un prêtre à la tête de ce mouvement, qui semblait devoir ébranler les provinces des Alpes. Il y avait à Grenoble un curé, minorite, nommé Pierre de Sebville, prédicateur d'une grande éloquence, d'un cœur honnête et bon, ne prenant pas conseil de la chair et du sang, et que Dieu attirait peu à peu à lui[3]. Bientôt Sebville

---

[1] « Virum ut genere doctrinaque clarum, ita pietate humanitateque longe clariorem. » (Zw. *Ep.*, p. 319.)

[2] Dans une lettre à Farel il signe : *Filius tuus humilis.* (2 sept. 1524.)

[3] « Pater cœlestis animum sic tuum ad se traxit. » (Zw. Sebvillæ, *Ep.*, p. 320.)

reconnut qu'il n'y avait de docteur assuré que la Parole du Seigneur; et, abandonnant les doctrines qui ne sont appuyées que sur des témoignages d'hommes, il résolut dans son esprit de prêcher la Parole, « clairement, purement, « saintement[1]. » Ces trois mots expriment toute la Réforme. Coct et Farel entendirent avec joie ce nouveau prédicateur de la grâce élever sa voix éloquente dans leur province, et ils pensèrent que leur présence y serait désormais moins nécessaire.

Plus le réveil s'étendait, plus aussi l'opposition devenait violente. Anémond, désireux de connaître Luther, Zwingle, et ces pays où la Réforme avait commencé, irrité de voir la vérité repoussée par ses concitoyens, résolut de dire adieu à sa patrie et à sa famille. Il fit son testament, disposa de ses biens, dont son frère aîné, seigneur du Châtelard, se trouvait alors en possession, en faveur de son frère Laurent[2]; puis il quitta le Dauphiné, la France, et, franchissant avec son impétuosité du Midi, des contrées qui étaient alors d'un trajet difficile, il traversa la Suisse, et, ne s'arrêtant presque pas à Bâle, il arriva à Wittemberg auprès de Luther. C'était peu après la seconde diète de Nuremberg. Le gentilhomme français aborda le docteur saxon avec sa vivacité ordinaire; il lui parla avec enthousiasme de l'Évangile, et lui exposa avec entraînement les plans qu'il formait pour la propagation de la vérité. La gravité saxonne sourit à l'imagination méridionale du chevalier[3], et Luther, qui avait quelques préjugés contre le caractère français, fut séduit et entraîné par Anémond. La pensée que ce gentilhomme était venu, pour l'Évangile, de France à Wittemberg, le touchait[4]. « Certes, disait le réformateur à

---

[1] « Nitide, pure, saucteque, prædicare in animum inducis. » (Zw. Sebvillæ *Ep.*, p. 320.)

[2] « Mon frère Annemond Coct, chevalier, au partir du pays me feist son héritier. » (Lettres manuscrites de la Bibl. de Neuchâtel.)

[3] « Mire ardens in Evangelium, » dit Luther à Spalatin. (*Ep.*, II, p. 340.) « Sehr brünstig in der Herrlichkeit des Evangelii, » dit-il au duc de Savoie. (*Ibid.*, p. 401.)

[4] « Evangelii gratia huc profectus e Gallia. » (*Ibid.*, p. 340.)

« ses amis, ce chevalier français est un homme excellent,
« savant et pieux[1]. » Le jeune gentilhomme produisit la
même impression sur Zwingle et sur Luther.

Anémond, en voyant ce que Luther et Zwingle avaient
fait, pensait que s'ils voulaient s'occuper de la France et
de la Savoie, rien ne leur résisterait; aussi, ne pouvant leur
persuader de s'y rendre, les sollicitait-il de consentir au
moins à écrire. Il suppliait surtout Luther d'adresser une
lettre au duc Charles de Savoie, frère de Louise et de Philiberte, oncle de François Ier et de Marguerite. « Ce prince,
« disait-il au docteur, ressent beaucoup d'attrait pour la
« piété et pour la vraie religion[2], et il aime à s'entretenir
« de la Réforme avec quelques personnes de sa cour. Il est
« fait pour vous comprendre; car il a pour devise ces pa-
« roles : *Nihil deest timentibus Deum*[3] ; et cette devise, c'est
« la vôtre. Frappé tour à tour par l'Empire et par la France,
« humilié, navré, toujours en péril, son cœur a besoin de
« Dieu et de sa grâce : il ne lui faut qu'une puissante im-
« pulsion. Gagné à l'Évangile, il aurait sur la Suisse, la
« Savoie, la France, une influence immense. De grâce,
« écrivez-lui. » Coct se trompait fort sur le duc.

Luther est tout Allemand, et il se fût trouvé mal à l'aise
hors de l'Allemagne; cependant, animé d'un vrai catholicisme, il tendait la main dès qu'il voyait des frères; et partout où il y avait une parole à prononcer, il la faisait
entendre. Il écrivait quelquefois, le même jour, aux extrémités de l'Europe, dans les Pays-Bas, en Savoie et en
Livonie.

« Certes, répondit-il à la demande d'Anémond, l'a-
« mour de l'Évangile dans un prince est un don rare
« et un inestimable joyau[4]. » Et il adressa au duc une

---

[1] « Hic Gallus eques... optimus vir est, eruditus ac pius. » (Luth. *Ep.*, II, p. 340.)
[2] « Ein grosser Liebhaber der wahren Religion und Gottseligkeit. » (*Ibid.*, p. 401.)
[3] « Rien ne manque à ceux qui craignent Dieu. » (*Hist. gén. de la maison de Savoie*, par Guichenon, II, p. 228.)
[4] « Eine seltsame Gabeund hohes Kleinod unter den Fürsten. » (Luth. *Ep.*, II, p. 401.)

lettre qu'Anémond apporta probablement jusqu'en Suisse.

« Que Votre Altesse me pardonne, écrivait Luther, si
« moi, homme chétif et méprisé, j'ose lui écrire ; ou plu-
« tôt qu'elle impute cette hardiesse à la gloire de l'Évan-
« gile : car je ne puis voir se lever et briller quelque part
« cette splendissante lumière, sans en triompher de joie....
« Mon désir est que mon Seigneur Jésus-Christ gagne beau-
« coup d'âmes par l'exemple de Votre Sérénissime Gran-
« deur. C'est pourquoi je veux vous dire notre doctrine....
« Nous croyons que le commencement du salut, et la
« somme du christianisme, est la foi en Christ, qui, par
« son sang uniquement, et non par nos œuvres, a expié le
« péché et enlevé à la mort sa domination. Nous croyons
« que cette foi est un don de Dieu, et qu'elle est créée par
« le Saint-Esprit dans nos cœurs, et non trouvée par notre
« propre travail. Car la foi est une chose vivante[1], qui en-
« gendre l'homme spirituellement, et en fait une nouvelle
« créature. »

Luther en venait ensuite aux conséquences de la foi, et
montrait comment on ne pouvait la posséder, sans que
l'échafaudage de fausses doctrines et d'œuvres humaines,
que l'Église avait si laborieusement élevé, ne s'écroulât
aussitôt. « Si la grâce, disait-il, est gagnée par le sang de
« Christ, ce n'est donc point par nos œuvres. C'est pour-
« quoi tous les travaux de tous les cloîtres sont inutiles ;
« et ces institutions doivent être abolies, comme étant con-
« tre le sang de Jésus-Christ, et portant les hommes à se
« confier en leurs bonnes œuvres. Incorporés à Jésus-
« Christ, il ne nous reste plus qu'à faire ce qui est bon, parce
« qu'étant devenus de bons arbres, nous devons le témoi-
« gner par de bons fruits.

« Gracieux prince et seigneur, dit Luther en terminant,
« que Votre Altesse, qui a si bien commencé, contribue à
« répandre cette doctrine ; non avec la puissance du glaive,

---

[1] « Der Glaube ist ein lebendig Ding... » (Luth. *Ep.*, II, p. 402.) L'original latin manque.

« ce qui nuirait à l'Évangile, mais en appelant dans vos
« États des docteurs qui prêchent la Parole. C'est par le
« souffle de sa bouche que Jésus détruira l'Antechrist, afin
« que, comme parle Daniel (ch. VIII, v. 25), il soit brisé sans
« mains. C'est pourquoi, sérénissime prince, que Votre
« Altesse ranime l'étincelle qui a commencé à brûler en
« elle; qu'il sorte un feu de la maison de Savoie, comme
« autrefois de la maison de Joseph[1]; que la France tout
« entière soit devant ce feu comme du chaume; qu'il brûle,
« qu'il pétille, qu'il purifie; en sorte que cet illustre royaume
« puisse porter en vérité le nom de *royaume Très-Chrétien*,
« qu'il n'a dû jusqu'à cette heure qu'aux torrents de sang
« répandus au service de l'Antechrist! »

Voilà ce que Luther fit pour répandre l'Évangile en France. On ignore l'effet que cette lettre produisit sur le prince; il la lut à peine sans doute; en tout cas il n'eut jamais la moindre idée de se détacher de Rome. En 1522, il pria Adrien VI d'être parrain de son premier-né, et plus tard le pape lui promit, pour le second de ses enfants, un chapeau de cardinal. Anémond, après s'être efforcé de voir la cour et l'électeur de Saxe[2], et avoir reçu à cet effet une lettre de Luther, revint à Bâle, plus décidé que jamais à exposer sa vie pour l'Évangile. Il eût voulu, dans son ardeur, pouvoir ébranler la France entière. « Tout ce que je suis,
« disait-il, tout ce que je serai, tout ce que j'ai et tout ce
« que j'aurai, je veux le consacrer à la gloire de Dieu[3]. »

Anémond trouva à Bâle son compatriote Farel. Les lettres d'Anémond avaient excité en lui un vif désir de voir les réformateurs de la Suisse et de l'Allemagne. Farel, d'ailleurs, avait besoin d'une sphère d'activité où il pût déployer plus librement ses forces. Il quitta donc cette France, qui déjà n'avait plus que des échafauds pour les prédicateurs du pur Évangile. Prenant des routes détournées, et

---

[1] « Das ein Feuer von dem Hause Sophoy ausgehe. » (Luth. *Ep.*, II, p. 406.)
[2] « Vult videre aulam et faciem Principis nostri. » (*Ibid.*, p. 340.)
[3] « Quidquid sum, habeo, ero, habebove, ad Dei gloriam insumere mens est. » (Coct. *Ep.* Manuscrit de Neuchâtel.)

se cachant dans les bois, il échappa, quoique avec peine, aux mains de ses ennemis. Souvent il se trompait de chemin. « Dieu veut m'apprendre par mon impuissance dans « ces petites choses, disait-il, quelle est mon impuissance « dans les grandes[1]. » Enfin il arriva en Suisse au commencement de 1524. C'était là qu'il devait dépenser sa vie au service de l'Évangile, et ce fut alors que la France commença à envoyer à l'Helvétie ces généreux évangélistes qui devaient établir la Réformation dans la Suisse romande, et lui donner, dans les autres parties de la Confédération et dans le monde entier, une impulsion nouvelle et puissante.

X

C'est un beau trait de la Réformation, que la catholicité qu'elle manifeste. Les Allemands viennent en Suisse; les Français vont en Allemagne; plus tard, des hommes de l'Angleterre et de l'Écosse se rendent sur le continent, et des docteurs du continent dans la Grande-Bretagne. Les réformations des divers pays naissent presque toutes indépendamment les unes des autres; mais à peine sont-elles nées, qu'elles se tendent les mains. Il y a une seule foi, un seul esprit, un seul Seigneur. On a eu tort, ce me semble, de n'écrire jusqu'à présent l'histoire de la Réformation que pour un seul pays; cette œuvre est une, et les Églises protestantes forment, dès leur origine, « un seul corps, bien « ajusté par toutes les jointures[2]. »

Plusieurs réfugiés de France et de Lorraine formaient alors à Bâle une Église française, sauvée de l'échafaud; ils y avaient parlé de Lefèvre, de Farel, des événements de Meaux; et lorsque Farel arriva en Suisse, il y était déjà

[1] « Voluit Dominus per infima hæc, docere quid possit homo in majoribus. » (Farel Capitoni. Manuscrit de Neuchâtel.)
[2] Éphes., IV, 16.

connu comme l'un des plus dévoués champions de l'Évangile.

On le conduisit aussitôt chez Œcolampade, de retour à Bâle depuis quelque temps. Il est rare que deux caractères plus opposés se rencontrent. Œcolampade charmait par sa douceur, Farel entraînait par son impétuosité; mais du premier moment ces deux hommes se sentirent unis pour toujours[1]. C'était de nouveau le rapprochement d'un Luther et d'un Mélanchthon. Œcolampade reçut Farel chez lui, lui donna une modeste chambre, une table frugale, le conduisit vers ses amis; et bientôt la science, la piété, le courage du jeune Français lui gagnèrent tous les cœurs. Pellican, Imeli, Wolfhard, et d'autres ministres bâlois, se sentaient fortifiés dans la foi par ses discours pleins d'énergie. Œcolampade était alors profondément découragé. « Hélas! disait-il à Zwingle, je parle en vain, et ne vois pas « le moindre sujet d'espérance. Peut-être aurais-je plus de « succès au milieu des Turcs[2]!.... Ah! ajoutait-il avec un « profond soupir, je n'en attribue la faute à personne qu'à « moi seul. » Mais plus il voyait Farel, plus il sentait son cœur se ranimer, et le courage que celui-ci lui communiquait devenait la base d'une indestructible affection. « O « mon cher Farel, lui disait-il, j'espère que le Seigneur « rendra notre amitié immortelle! Et si nous ne pouvons « être unis ici-bas, notre joie n'en sera que plus grande « quand nous serons réunis près de Christ, dans le ciel[3]. » Pieuses et touchantes pensées!... L'arrivée de Farel fut évidemment pour la Suisse un secours d'en haut.

Mais tandis que ce Français jouissait avec délices d'Œcolampade, il reculait avec froideur et une noble fierté devant un homme aux pieds duquel se prosternaient tous les peuples de la chrétienté. Le prince des écoles, celui dont

---

[1] « Amicum semper habui a primo colloquio. » (Farel ad Bulling., 27 mai 1536.)
[2] « Fortasse in mediis Turcis felicius docuissem. » (Zw. et Œcol., *Ep.*, p. 200.)
[3] « Mi Farelle, spero Dominum conservaturum amicitiam nostram immortalem; et si hic conjungi nequimus, tanto beatius alibi apud Christum erit contubernium. » (*Ibid.*, p. 201.)

chacun ambitionnait une parole et un regard, le maître du siècle, Érasme, était négligé par Farel. Le jeune Dauphinois s'était refusé à aller rendre hommage au vieux savant de Rotterdam, méprisant ces hommes qui ne sont jamais qu'à moitié du côté de la vérité, et qui, tout en comprenant les dangers de l'erreur, sont pleins de ménagements pour ceux qui la propagent. Ainsi l'on voyait dans Farel cette décision, qui est devenue l'un des caractères distinctifs de la Réformation en France et dans la Suisse française, et que quelques-uns ont appelée roideur, exclusisme, intolérance. Une discussion s'était engagée, à l'occasion des commentaires du docteur d'Étaples, entre les deux grands docteurs de l'époque, et il ne se faisait pas un festin où l'on ne prît parti pour Érasme contre Lefèvre, ou pour Lefèvre contre Érasme[1]. Farel n'avait pas hésité à se ranger du côté de son maître. Mais ce qui l'avait surtout indigné, c'était la lâcheté du philosophe de Rotterdam à l'égard des chrétiens évangéliques. Érasme leur fermait sa porte. Eh bien, Farel n'y heurtera pas. C'était pour lui un petit sacrifice, convaincu qu'il était que la base de toute vraie théologie, la piété du cœur, manquait à Érasme. « La femme « de Frobénius, disait-il, a plus de théologie que lui; » et, indigné de ce qu'Érasme avait écrit au pape comment il devait s'y prendre « pour éteindre l'incendie de Luther, » il affirmait hautement qu'Érasme voulait étouffer l'Évangile[2].

Cette indépendance du jeune Farel irrita l'illustre savant. Princes, rois, docteurs, évêques, papes, réformateurs, prêtres, gens du monde, tous se trouvaient heureux de venir lui payer leur tribut d'admiration; Luther lui-même avait gardé quelques ménagements pour sa personne; et ce Dauphinois inconnu, exilé, osait braver sa puissance. Cette insolente liberté donnait plus de chagrin à Érasme, que tous les hommages du monde entier ne lui causaient de joie; aussi ne négligeait-il pas une occasion de décharger

---

[1] « Nullum est pene convivium... » (Erasmi *Ep.*, p. 179.)
[2] « Consilium quo sic extinguatur incendium Lutheranum. » (*Ibid.*)

son humeur contre Farel : d'ailleurs, en attaquant un hérétique aussi prononcé, il se lavait aux yeux des catholiques-romains du soupçon d'hérésie. « Je n'ai jamais rien
« vu de plus menteur, de plus violent, de plus séditieux
« que cet homme[1], disait-il ; c'est un cœur plein de vanité
« et une langue remplie de malice[2]. » Mais la colère d'Érasme ne s'arrêtait pas à Farel ; elle se portait sur tous les
Français réfugiés à Bâle, dont la franchise et la décision le
heurtaient. On les voyait faire peu d'attention aux personnes, et, si la vérité n'était pas franchement professée, ne
pas se soucier de l'homme, quelque grand que fût son
génie. Il leur manquait peut-être un peu de la débonnaireté de l'Évangile ; mais il y avait dans leur fidélité quelque
chose de la force des anciens prophètes ; et l'on aime à
rencontrer des hommes qui ne plient point devant ce que
le monde adore. Érasme, étonné de ces dédains altiers,
s'en plaignait à tout le monde. « Quoi! écrivait-il à Mé« lanchthon, ne rejetterons-nous les pontifes et les évêques
« que pour avoir des tyrans plus cruels, des galeux, des
« enragés ;... car la France nous en a envoyé de tels[3]. » —
« Quelques Français, écrivait-il au secrétaire du pape, en
« lui présentant son livre sur *le Libre arbitre*, sont encore
« plus hors de sens que les Allemands eux-mêmes. Ils ont
« toujours ces cinq mots à la bouche, *Évangile*, *Parole de*
« *Dieu*, *Foi*, *Christ*, *Esprit-Saint*, et pourtant je ne doute
« pas que ce ne soit l'esprit de Satan qui les pousse[4]. »
Au lieu de Farellus, il écrivait souvent *Fallicus*, désignant
ainsi l'un des hommes les plus francs de son siècle par les
épithètes de fourbe et de trompeur.

Le dépit et la colère d'Érasme furent à leur comble,
quand on lui rapporta que Farel l'avait appelé un *Balaam*.
Farel croyait qu'Érasme, comme ce prophète, se laissait,

---

[1] « Quo nihil vidi mendacius, virulentius, et seditiosius. » (Erasmi *Ep.*, p. 798.)
[2] « Acidæ linguæ et vanissimus. » (*Ibid.*, p. 2129.)
[3] « Scabiosos... rabiosos... nam nuper nobis misit Gallia. » (*Ibid.*, p. 350.)
[4] « Non dubitem quin agantur spiritu Satanæ. » (*Ibid.*)

à son insu peut-être, entraîner, par des présents, à parler contre le peuple de Dieu. Le savant hollandais, ne pouvant plus se contenir, résolut de prendre à partie l'audacieux Dauphinois; et un jour que Farel discutait avec plusieurs amis sur la doctrine chrétienne, en présence d'Érasme, celui-ci, l'interrompant brusquement, lui dit : « Pourquoi « m'appelez-vous Balaam[1]? » Farel, étonné d'abord d'une si brusque question, se remit bientôt, et répondit que ce n'était point lui qui l'avait ainsi nommé. Pressé d'indiquer le coupable, il nomma Du Blet de Lyon, comme lui réfugié à Bâle[2]. « Il se peut que ce soit lui qui l'ait dit, répliqua « Érasme, mais c'est vous qui lui avez appris à le dire. » Puis, honteux de s'être mis en colère, il porta promptement la conversation sur un autre sujet. « Pourquoi, dit-il « à Farel, prétendez-vous qu'il ne faut pas invoquer les « saints? Est-ce parce que la sainte Écriture ne le com- « mande pas? — Oui, dit le Français. — Eh bien, reprit « le savant, je vous somme de prouver par les Écritures « qu'il faut invoquer le Saint-Esprit. » Farel fit cette réponse simple et vraie : « S'il est Dieu, il faut qu'on l'invo- « que[3]. » « Je laissai la dispute, dit Érasme, car la nuit « approchait[4]. » Dès lors, toutes les fois que le nom de Farel se présenta sous sa plume, ce fut pour le représenter comme un être odieux, qu'il fallait fuir à tout prix. Les lettres du réformateur sont, au contraire, pleines de modération à l'égard d'Érasme. L'Évangile est plus doux que la philosophie, même dans le caractère le plus emporté.

La doctrine évangélique avait déjà beaucoup d'amis à Bâle, dans le conseil et parmi le peuple; mais les docteurs de l'université la combattaient de toutes leurs forces. Œcolampade et Stör, pasteur de Liestal, avaient soutenu des

---

[1] « Diremi disputationem... » (Erasmi *Ep.*, p. 804.)

[2] « Ut diceret negotiatorem quemdam, Dupletum hoc dixisse. » (*Ibid.*, p. 2129.)

[3] « Si Deus est, inquit, invocandus est. » (*Ibid.*, p. 804.)

[4] « Omissa disputatione, nam imminebat nox. » (*Ibid.*) Nous n'avons cette conversation que d'après Érasme; il nous apprend lui-même que Farel en fit une relation qui différait beaucoup de la sienne.

thèses contre eux. Farel crut devoir professer aussi en Suisse le grand principe de l'école évangélique de Paris et de Meaux : *La Parole de Dieu suffit.* Il demanda à l'université la permission de soutenir des thèses, « plutôt, ajouta-t-il avec « modestie, pour que l'on me reprenne si je me trompe, « que pour enseigner autrui[1]; » mais l'université refusa.

Farel s'adressa alors au conseil; et le conseil annonça publiquement qu'un homme chrétien, nommé Guillaume Farel, ayant rédigé par l'inspiration de l'Esprit-Saint des articles conformes à l'Évangile[2], il lui accordait la permission de les soutenir en latin. L'université défendit à tout prêtre ou étudiant de paraître à cette dispute; mais le conseil rendit un arrêt contraire.

Voici quelques-unes des treize propositions, que Farel afficha :

« Christ nous a donné la règle la plus parfaite de la vie : « il n'appartient à personne d'en rien ôter ou d'y rien « ajouter.

« Se diriger d'après d'autres préceptes que ceux de « Christ, conduit droit à l'impiété.

« Le véritable ministère des prêtres est de vaquer à l'ad- « ministration de la Parole; et il n'y a pour eux rien de « plus élevé.

« Ôter à la bonne nouvelle de Christ sa certitude, c'est « la détruire.

« Celui qui espère être justifié par sa propre puissance et « ses propres mérites, et non par la foi, s'érige lui-même « en Dieu.

« Jésus-Christ, auquel toutes choses obéissent, est notre « étoile polaire, et le seul astre que nous devions suivre[3]. »

Ainsi se présentait ce « Français » dans Bâle[4]. C'était un

---

[1] « Damit er gelehrt werde, ob er irre. » (*Füsslin Beytræge*, IV, p. 244.)

[2] « Aus Eingiessung des heiligen Geistes ein christlicher Mensch und Bruder. » (*Ibid.*)

[3] « Guillelmus Farellus christianis lectoribus, die Martis post Reminiscere. » (*Ibid.*, p. 247.) Füssli ne donne pas le texte latin.

[4] « Schedam conclusionum a Gallo illo. » (Zw. *Ep.*, p. 333.)

enfant des montagnes du Dauphiné, élevé à Paris aux pieds de Lefèvre, qui venait exposer avec courage, dans cette illustre université de la Suisse et près d'Érasme, les grands principes de la Réforme. Deux idées étaient contenues dans les thèses de Farel : l'une était le retour à la sainte Écriture; l'autre était le retour à la foi : deux choses que la papauté a décidément condamnées au commencement du dix-huitième siècle, comme hérétiques et impies, dans la fameuse constitution *Unigenitus*, et qui, intimement unies entre elles, renversent en effet le système de la papauté. Si la foi en Christ est le commencement et la fin du christianisme, c'est donc à la Parole de Christ qu'il faut s'attacher, et non à celle de l'Église; et il y a plus encore : si la foi unit des âmes, qu'importe un lien extérieur? Est-ce avec des crosses, des bulles et des tiares que se forme leur unité sainte? La foi unit d'une unité spirituelle et véritable tous ceux dans les cœurs desquels elle établit sa demeure. Ainsi s'évanouissait, d'un seul coup, la triple illusion des œuvres méritoires, des traditions humaines et d'une fausse unité. C'est tout le catholicisme romain.

La dispute commença en latin [1]. Farel et Œcolampade exposèrent et prouvèrent leurs articles, sommant à plusieurs reprises leurs adversaires de répondre; mais nul d'entre eux ne parut. Ces sophistes, ainsi les appelle Œcolampade, faisaient les téméraires, mais cachés dans leurs recoins obscurs [2]. Aussi le peuple commença-t-il à mépriser la lâcheté de ses prêtres, et à détester leur tyrannie [3].

Ainsi Farel prit rang parmi les défenseurs de la Réformation. On se réjouissait de voir un Français réunir tant de science et de piété. Déjà l'on anticipait les plus beaux triomphes. « Il est assez fort, disait-on, pour perdre, à lui « seul, toute la Sorbonne [4]. » Sa candeur, sa sincérité, sa

---

[1] « Schedam conclusionum latine apud nos disputatam. » (Zw. *Ep.*, p. 333.)

[2] « Agunt tamen magnos interim thrasones, sed in angulis lucifugæ. » (*Ibid.*)

[3] « Incipit tamen plebs paulatim illorum ignaviam et tyrannidem verbo Dei agnoscere. » (*Ibid.*)

[4] « Ad totam Sorboniam affligendam si non et perdendam. » (Œcol. Luthero, *Ep.*, p. 200.)

franchise captivaient les cœurs[1]. Mais, au milieu de son activité, il n'oubliait pas que c'est par notre propre âme que toute mission doit commencer. Le doux Œcolampade faisait, avec l'ardent Farel, un pacte en vertu duquel ils s'engageaient à s'exercer à l'humilité et à la douceur dans leurs conversations familières. Ces hommes courageux savaient sur le champ de bataille même se former à la paix. Au reste, l'impétuosité d'un Luther et d'un Farel étaient des vertus nécessaires. Il faut quelque effort quand il s'agit de déplacer le monde et de renouveler l'Église. On oublie trop souvent de nos jours cette vérité, que les hommes les plus doux reconnurent alors. « Quelques-uns, disait Œco« lampade à Luther, en lui adressant Farel, voudraient que « son zèle contre les ennemis de la vérité fût plus modéré; « mais je ne puis m'empêcher de voir dans son zèle même « une vertu admirable, qui, si elle se déploie à propos, « n'est pas moins nécessaire que la douceur[2]. » La postérité a ratifié le jugement d'Œcolampade.

Au mois de mai 1524, Farel, avec quelques amis de Lyon, se rendit à Schaffhouse, à Zurich et à Constance. Zwingle et Myconius reçurent avec une vive joie cet exilé de la France, et Farel s'en souvint toute sa vie. Mais, de retour à Bâle, il trouva Érasme et ses autres ennemis à l'œuvre, et reçut l'ordre de quitter la ville. En vain ses amis témoignèrent-ils hautement leur désapprobation d'un tel abus de pouvoir, il fallut abandonner le sol de la Suisse, que plusieurs regardaient déjà alors comme le refuge des grands revers. « C'est ainsi, dit Œcolampade indigné, que « nous entendons l'hospitalité, nous véritables habitants « de Sodome[3]!... »

Farel s'était intimement lié à Bâle avec le chevalier d'Esch; celui-ci voulut l'accompagner, et ils partirent, munis par Œcolampade de lettres pour Capiton et pour Luther, à

---

[1] « Farello nihil candidius est. » (Œcol. Luthero, *Ep.*, p. 200.)
[2] « Verum ego virtutem illam admirabilem et non minus placiditate, si tempestive fuerit, necessariam. » (*Ibid.*)
[3] « Adeo hospitum habemus rationem veri Sodomitæ. » (Zw. *Ep.*, p. 434.)

qui le docteur de Bâle recommandait Farel comme « ce « Guillaume qui avait tant travaillé pour l'œuvre de Dieu[1]. » Farel se lia, à Strasbourg, d'une étroite amitié avec Capiton, Bucer et Hédion; mais il ne paraît pas qu'il soit allé jusqu'à Wittemberg.

XI

Dieu n'éloigne ordinairement ses serviteurs du champ de bataille que pour les y ramener plus forts et mieux armés. Farel et ses amis de Meaux, de Metz, de Lyon, du Dauphiné, chassés de France par la persécution, s'étaient retrempés en Suisse et en Allemagne avec les plus anciens réformateurs; et maintenant, comme une armée dispersée d'abord par l'ennemi, mais aussitôt ralliée, ils allaient faire volte-face et marcher en avant au nom du Seigneur. Ce n'était pas seulement sur les frontières que se rassemblaient les amis de l'Évangile; en France même ils reprenaient courage, et s'apprêtaient à recommencer l'attaque. Déjà les trompettes sonnaient le réveil; les soldats se recouvraient de leur armure, et se groupaient pour multiplier leurs coups; les principaux méditaient la marche du combat; le mot d'ordre : « Jésus, sa Parole et sa grâce, » plus puissant que ne l'est au moment de la bataille le bruit des instruments militaires, remplissait les cœurs d'un même enthousiasme; et tout se préparait en France pour une seconde campagne, que devaient signaler de nouvelles victoires et de nouveaux et plus grands revers.

Montbéliard demandait alors un ouvrier. Le duc Ulric de Wurtemberg, jeune, violent et cruel, dépossédé de ses États en 1519 par la ligue de Souabe, s'était réfugié dans ce comté, la seule de ses possessions qui lui restât. Il vit en

---

[1] « Guillelmus ille qui tam probe navavit operam. » (Zw. et Œcol., *Ep.*, p. 175.)

Suisse les réformateurs; son malheur lui devint salutaire; il goûta l'Évangile[1]. Œcolampade fit savoir à Farel qu'une porte s'ouvrait dans le Montbéliard, et celui-ci accourut en secret à Bâle.

Farel n'était point entré régulièrement dans le ministère de la Parole; mais nous trouvons en lui, à cette époque de sa vie, tout ce qui est nécessaire pour constituer un ministre du Seigneur. Il ne se jeta point de lui-même et légèrement dans le service de l'Église. « Regar-« dant ma petitesse, dit-il, je n'eusse osé prêcher, attendant « que notre Seigneur envoyât personnages plus propres[2]. » Mais Dieu lui adressa alors une triple vocation. Il ne fut pas plutôt à Bâle, qu'Œcolampade, touché des besoins de la France, le conjura de s'y consacrer. « Voyez, lui disait-il, « comment Jésus est peu connu de tous ceux de la langue « française. Ne leur donnerez-vous pas quelque instruction « en langue vulgaire, pour mieux entendre la sainte Écri-« ture[3]? » En même temps le peuple de Montbéliard l'appelait; le prince du pays consentait à cet appel[4]. Cette triple vocation n'était-elle pas de Dieu?... « Je ne pensai « pas, dit-il, qu'il me fût licite de résister. Selon Dieu, j'o-« béis[5]. » Caché dans la maison d'Œcolampade, luttant contre la responsabilité qui lui était offerte, et pourtant obligé de se rendre à une manifestation aussi claire de la volonté de Dieu, Farel accepta cette charge, et Œcolampade l'y consacra, en invoquant le nom du Seigneur[6], et en adressant à son ami des conseils pleins de sagesse. « Plus vous êtes porté à la violence, lui dit-il, plus vous de-« vez vous exercer à la douceur; modérez votre courage de « lion, par la modestie de la colombe[7]. » Toute l'âme de Farel répondit à cet appel.

---

[1] « Le prince qui avoit cognoissance de l'Évangile. » (Farel, *Summaire*.)
[2] *Summaire*, c'est-à-dire, briève déclaration de G. Farel, dans l'épilogue.
[3] *Ibid*.
[4] « Étant requis et demandé du peuple et du consentement du prince. » (*Ibid*.)
[5] *Ibid*.
[6] « Avec l'invocation du nom de Dieu. » (*Ibid*.)
[7] « Leoninam magnanimitatem columbina modestia frangas. » (Œcol. *Ep*., p. 198.)

Ainsi Farel, jadis ardent sectateur de l'ancienne Église, allait devenir serviteur de Dieu dans la nouvelle. Si Rome exige, pour qu'une consécration soit valable, l'imposition des mains d'un évêque qui descende des apôtres dans une succession non interrompue, cela vient de ce qu'elle met la tradition humaine au-dessus de la Parole de Dieu. Dans toute Église où l'autorité de la Parole n'est pas absolue, il faut bien chercher une autre autorité. Et alors, quoi de plus naturel que de demander aux ministres les plus vénérés de Dieu ce qu'on ne sait pas trouver en Dieu même? Si l'on ne parle pas au nom de Jésus-Christ, n'est-ce pas du moins quelque chose que de parler au nom de saint Jean et de saint Paul? Celui qui parle au nom de l'antiquité est plus fort que le rationaliste, qui ne parle qu'en son propre nom. Mais le ministre chrétien a une autorité plus élevée encore; il prêche, non parce qu'il descend de saint Chrysostome et de saint Pierre, mais parce que la Parole qu'il annonce descend de Dieu même. L'idée de succession, quelque respectable qu'elle puisse paraître, n'est pourtant qu'un système humain, substitué au système de Dieu. Il n'y eut pas dans l'ordination de Farel une succession humaine; il y a plus : il n'y eut pas en elle une chose nécessaire dans les troupeaux du Seigneur, où il faut que *tout se fasse avec ordre,* et dont le Dieu *n'est point un Dieu de confusion.* Il lui manqua une consécration de l'Église : mais les temps extraordinaires justifient les choses extraordinaires. A cette époque mémorable, Dieu intervenait lui-même. Il consacrait par de merveilleuses dispensations ceux qu'il appelait au renouvellement du monde; et cette consécration vaut bien celle de l'Église. Il y eut dans l'ordination de Farel la Parole infaillible de Dieu, donnée à un homme de Dieu, pour l'apporter au monde, la vocation de Dieu et du peuple, et la consécration du cœur; et peut-être n'y a-t-il pas de ministre à Rome ou à Genève qui ait été plus légitimement ordonné pour le saint ministère. Farel partit pour Montbéliard, et d'Esch l'y accompagna.

Farel se trouvait ainsi placé à un avant-poste. Derrière

lui, Bâle et Strasbourg l'appuyaient de leurs conseils et de leurs imprimeries; devant lui, s'étendaient ces provinces de la Franche-Comté, de la Bourgogne, de la Lorraine, du Lyonnais et du reste de la France, où des hommes de Dieu commençaient à lutter contre l'erreur au milieu de profondes ténèbres. Il se mit aussitôt à annoncer Christ et à exhorter les fidèles à ne point se laisser détourner des saintes Écritures par les menaces ou par la ruse. Faisant longtemps avant Calvin l'œuvre que ce réformateur devait accomplir sur une échelle plus vaste, Farel était à Montbéliard comme est sur une hauteur un général dont la vue perçante embrasse tout le champ de bataille; qui excite ceux qui sont aux prises avec l'ennemi; qui rallie ceux que l'impétuosité de l'attaque a dispersés, et qui enflamme, par son courage, ceux qui demeurent en arrière [1]. Érasme écrivit aussitôt à ses amis catholiques-romains, qu'un Français, échappé de la France, faisait grand tapage dans ces régions [2].

Les travaux de Farel n'étaient pas inutiles. « Partout, lui « écrivait un de ses compatriotes, on voit pulluler des « hommes qui emploient leurs travaux, leur vie entière, « à répandre aussi loin que possible le règne de Jésus-« Christ [3]. » Les amis de l'Évangile bénissaient le Seigneur de ce que la sainte Parole brillait chaque jour dans toutes les Gaules d'un plus grand éclat [4]. Les adversaires en étaient consternés. « La *faction*, écrivait Érasme à l'évêque de Ro- « chester, s'étend chaque jour davantage, et se propage « dans la Savoie, dans la Lorraine et dans la France [5]... »

---

[1] C'est la comparaison dont se sert un ami de Farel, pendant son séjour à Montbéliard... « Strenuum et oculatum imperatorem, qui iis etiam animus facias, qui in acie versantur. » (Tossanus Farello. Msc. de Neuchâtel, 2 sept. 1524.)

[2] « ... Tumultuatur et Burgundia nobis proxima, per Phallicum quemdam Gallum, qui e Gallia profugus. » (Er. *Ep.*, p. 809.)

[3] « Suppullulare qui omnes conatus adferant, quo possit Christi regnum quam latissime patere. » (Msc. de Neuchâtel, 2 août 1524.)

[4] « Quod in Galliis omnibus sacro sanctum Dei verbum in dies magis ac magis elucescat. » (*Ibid.*)

[5] « Factio crescit in dies latius, propagata in Sabaudiam, Lotharingiam, Franciam. » (Er. *Ep.*, p. 809.)

Lyon parut être quelque temps le centre de l'action évangélique au dedans du royaume, comme Bâle le devenait au dehors. François Ier se rendant dans le Midi, pour une expédition contre Charles-Quint, y était arrivé avec sa mère, sa sœur et sa cour. Marguerite y amenait avec elle plusieurs hommes dévoués à l'Évangile. « Toutes autres gens elle a déboutées arrière, » dit une lettre de cette époque [1]. Tandis que François Ier faisait traverser Lyon à 14,000 Suisses, 6,000 Français et 1,500 lances de noblesse française, pour repousser l'invasion des Impériaux en Provence; tandis que toute cette grande cité retentissait du bruit des armes, des pas des chevaux et du son des trompettes, les amis de l'Évangile y marchaient à des conquêtes plus pacifiques. Ils voulaient essayer à Lyon ce qu'ils n'avaient pu faire à Paris. Peut-être loin de la Sorbonne et du parlement la Parole de Dieu serait-elle plus libre? Peut-être la seconde ville du royaume était-elle destinée à devenir la première pour l'Évangile? N'était-ce pas là que, près de quatre siècles auparavant, l'excellent Pierre Waldo avait commencé à répandre la Parole divine? Il avait alors ébranlé la France. Maintenant que Dieu avait tout préparé pour l'affranchissement de son Église, ne pouvait-on pas espérer des succès bien plus étendus et plus décisifs? Aussi les hommes de Lyon, qui n'étaient pas en général, il est vrai, des « pauvres, » comme au douzième siècle, commençaient-ils à brandir avec courage « l'épée de l'Esprit, « qui est la Parole de Dieu. »

Parmi ceux qui entouraient Marguerite était son aumônier, Michel d'Arande. La duchesse faisait prêcher publiquement l'Évangile dans Lyon; et maître Michel annonçait hautement et purement la Parole de Dieu à un grand nombre d'auditeurs, attirés en partie par l'attrait que la bonne nouvelle exerce partout où on la publie, en partie aussi par la faveur dont la prédication et le prédi-

---

[1] De Sebville à Coct, du 28 décembre 1524. Manuscrit du conclave de Neuchâtel.)

cateur jouissaient auprès de la sœur bien-aimée du roi [1].

Antoine Papillion, homme d'un esprit très cultivé, d'une latinité élégante, ami d'Érasme, « le premier de France « bien sachant l'Évangile [2], » accompagnait aussi la princesse. Il avait, à la demande de Marguerite, traduit l'ouvrage de Luther sur les vœux monastiques, « de quoi il eut « beaucoup d'affaires avec cette vermine parrhisienne, » dit Sebville [3]; mais Marguerite avait protégé ce savant contre les attaques de la Sorbonne, et lui avait procuré la charge de premier maître des requêtes du Dauphin, avec une place dans le grand conseil [4]. Il ne servait pas moins l'Évangile par son dévouement que par sa prudence. Un négociant, nommé Vaugris, et surtout un gentilhomme nommé Antoine Du Blet, ami de Farel, étaient dans Lyon à la tête de la Réforme. Ce dernier, doué d'une grande activité, servait de lien entre les chrétiens répandus dans ces contrées, et les mettait en rapport avec Bâle. Tandis que les hommes d'armes de François Ier n'avaient fait que traverser Lyon, les soldats spirituels de Jésus-Christ s'y arrêtaient avec Marguerite ; et, laissant les premiers porter la guerre dans la Provence et dans les plaines de l'Italie, ils commençaient dans Lyon même le combat de l'Évangile.

Mais ils ne se bornaient point à Lyon. Ils regardaient tout autour d'eux ; la campagne commençait sur plusieurs points à la fois ; et les chrétiens lyonnais encourageaient de leur parole et de leurs travaux tous ceux qui confessaient Christ dans les provinces d'alentour. Ils faisaient plus : ils allaient l'annoncer là où l'on ne le connaissait pas encore. La nouvelle doctrine remontait la Saône, et un évangéliste traversait les rues étroites et mal percées de Mâcon. Michel d'Arande lui-même s'y rendait en 1524, et,

---

[1] « Elle a ung docteur de Paris, appelé maître Michel Eleemosynarius, lequel ne prêche devant elle que purement l'Évangile. » (Sebville à Coct. Manuscrit de Neuchâtel.)
[2] *Ibid.*
[3] *Ibid.*
[4] *Ibid.*

à l'aide du nom de Marguerite, il obtenait la liberté de prêcher dans cette ville [1], qui devait plus tard être remplie de sang, et dont les *sauteries* devaient être à jamais célèbres.

Après avoir remonté du côté de la Saône, les chrétiens de Lyon, toujours l'œil au guet, remontèrent du côté des Alpes. Il y avait à Lyon un dominicain nommé Maigret, qui avait dû quitter le Dauphiné, où il avait prêché la nouvelle doctrine avec décision, et qui demandait instamment qu'on allât encourager ses frères de Grenoble et de Gap. Papillion et Du Blet s'y rendirent [2]. Un violent orage venait d'y éclater contre Sebville et ses prédications. Les dominicains y avaient remué ciel et terre; furieux de voir que tant d'évangélistes, Farel, Anémond, Maigret leur échappaient, ils eussent voulu anéantir ceux qui se trouvaient à leur portée [3]. Ils avaient donc demandé qu'on se saisît de Sebville [4].

Les amis de l'Évangile dans Grenoble furent effrayés; fallait-il que Sebville leur fût aussi enlevé!... Marguerite intervint auprès de son frère; plusieurs des personnages les plus distingués de Grenoble, l'avocat du roi entre autres, amis ouverts ou cachés de l'Évangile, travaillèrent en faveur de l'évangélique cordelier, et enfin ces efforts réunis l'arrachèrent à la fureur de ses adversaires [5].

Mais si la vie de Sebville était sauve, sa bouche était fermée. « Gardez le silence, lui dit-on, ou vous trouverez « l'échafaud. » « A moi, écrivit-il à Anémond de Coct, à « moi a esté imposé silence de prescher sur peine de

---

[1] « Arandius presche à Mascon. » (Coct à Farel, décembre 1524. Msc. de Neuchâtel.)

[2] « Il y a eu deux grands personnages à Grenoble. » (*Ibid.*) Le titre de *messire* donné ici à Du Blet indique une personne de rang. Je pense donc que celui de *negotiator*, qui lui est donné ailleurs, se rapporte à son activité; il se pourrait néanmoins qu'il fût un grand négociant de Lyon.

[3] « Conjicere potes ut post Macretum et me in Sebivillam exarserint. » (Anémond à Farel, 7 sept. 1524. *Ibid.*)

[4] « Les thomistes ont voulu procéder contre moi par inquisition et caption de personne. » (Lettre de Sebville. *Ibid.*)

[5] « Si ce ne fust certains amis secrets, je estois mis entre les mains des Pharisiens. » (*Ibid.*)

« mort [1]. » Ces menaces des adversaires épouvantèrent ceux même dont on avait le plus espéré. L'avocat du roi et d'autres amis de l'Évangile ne montrèrent plus que froideur [2]; plusieurs retournèrent au culte romain, prétendant adorer Dieu spirituellement dans le secret de leur cœur, et donner aux rites extérieurs du catholicisme une signification spirituelle; triste illusion, qui entraîne d'infidélité en infidélité. Il n'est aucune hypocrisie qu'on ne puisse ainsi justifier. L'incrédule, au moyen de ce système de mythes et d'allégories, prêchera Christ du haut de la chaire chrétienne; et le sectateur d'une superstition abominable parmi les païens saura avec un peu d'esprit, y trouver le symbole d'une idée pure et élevée. En religion, la première chose, c'est la vérité. Quelques-uns des chrétiens de Grenoble, parmi lesquels se trouvaient Amédée Galbert et un cousin d'Anémond, demeurèrent cependant fermes dans leur foi [3]. Ces hommes pieux se réunissaient secrètement avec Sebville, tantôt chez l'un, tantôt chez l'autre, et *confabulaient* ensemble de l'Évangile. On se rendait dans quelque retraite éloignée; on arrivait de nuit chez un frère; on se cachait pour prier Jésus-Christ, comme des brigands pour mal faire. Plus d'une fois, une fausse alerte venait jeter l'alarme dans l'humble assemblée. Les adversaires consentaient à fermer les yeux sur ces conventicules secrets, mais ils avaient juré que le feu des bûchers ferait justice de quiconque oserait s'entretenir publiquement de la Parole de Dieu [4].

C'est dans ces circonstances que messire Du Blet et Papillion arrivèrent à Grenoble. Voyant que Sebville y avait la bouche fermée, ils l'exhortèrent à venir prêcher Christ à Lyon. Le carême de l'année suivante devait présenter une occasion favorable pour l'annoncer à une foule nombreuse. Michel d'Arande, Maigret, Sebville se proposaient

---

[1] Lettre de Sebville. Msc. de Neuchâtel.
[2] « Non solum tepidi sed frigidi. » (*Ibid.*)
[3] « Tuo cognato, Amedeo Galberto exceptis. » (*Ibid.*)
[4] « Mais de en parler publiquement, il n'y pend que le feu. » (*Ibid.*)

de combattre à la tête des phalanges de l'Évangile. Tout se préparait ainsi pour une éclatante manifestation de la vérité dans la seconde ville de France. Le bruit de ce carême évangélique se répandit jusqu'en Suisse : « Sebville est dé- « livré et prêchera le carême à Saint-Paul, à Lyon, » écrivit Anémond à Farel [1]. Mais un grand désastre, en portant le trouble dans toute la France, vint empêcher ce combat spirituel. C'est dans la paix que l'Évangile fait ses conquêtes. La défaite de Pavie, qui eut lieu au mois de février, fit échouer ce plan hardi des réformateurs.

Cependant, sans attendre Sebville, dès le commencement de l'hiver, Maigret prêchait à Lyon le salut par Jésus-Christ seul, malgré la vive opposition des prêtres et des moines [2]. Il n'était plus question, dans ces discours, du culte des créatures, des saints, de la Vierge, et du pouvoir des prêtres. Le grand mystère de piété, « Dieu mani- « festé en chair, » était seul proclamé. Les anciennes hérésies des pauvres de Lyon reparaissent, disait-on, plus dangereuses que jamais ! Malgré cette opposition, Maigret continuait son ministère ; la foi qui animait son âme se répandait en puissantes paroles : il est de la nature de la vérité d'enhardir le cœur qui l'a reçue. Cependant Rome devait avoir le dessus à Lyon comme à Grenoble. En présence de Marguerite, Maigret fut arrêté, traîné dans les rues et jeté en prison. Le marchand Vaugris, qui quitta alors cette ville pour se rendre en Suisse, en répandit la nouvelle sur son passage. On en fut étonné, abattu. Une pensée rassura pourtant les amis de la Réforme : « Maigret « est pris, disait-on, mais *Madame d'Alençon y est, loué soit* « *Dieu* [3] *!* »

On dut bientôt renoncer à cette espérance. La Sorbonne avait condamné plusieurs propositions de ce fidèle ministre [4]. Marguerite, dans une situation toujours plus difficile,

---

[1] Le samedi des Quatre-Temps (déc. 1524. Msc. de Neuchâtel.)
[2] « Pour vray Maigret a presché à Lion, maulgré les prêtres et moines. » (*Ibid.*)
[3] Msc. de Neuchâtel.
[4] *Histoire de François Ier*, par Gaillard, IV, p. 233.

voyait croître en même temps la hardiesse des amis de la Réformation et la haine des puissants. François Ier commençait à s'impatienter du zèle de ces évangélistes ; il voyait en eux des fanatiques qu'il était bon de réprimer. Marguerite, ainsi ballottée entre son désir d'être utile à ses frères et son impuissance pour les sauver, leur fit dire de ne pas se jeter sur de nouveaux écueils, attendu qu'elle n'écrirait plus au roi en leur faveur. Les amis de l'Évangile crurent que cette résolution n'était pas irrévocable. « Dieu « lui donne grâce, dirent-ils, de dire et écrire seulement ce « qui est nécessaire aux pauvres âmes [1]. » Mais si ce secours humain leur est ôté, Christ leur reste. Il est bon à l'âme d'être dépouillée de tout secours, afin qu'elle ne s'appuie que sur Dieu seul.

XII

Cependant les efforts des amis de l'Évangile en France étaient paralysés. Les puissants commençaient à devenir hostiles au christianisme ; Marguerite s'effrayait ; de terribles nouvelles allaient passer les Alpes et jeter coup sur coup le royaume dans le deuil, n'y laissant plus qu'une seule pensée, sauver le roi, sauver la France !... Mais si les chrétiens de Lyon étaient arrêtés dans leurs travaux, n'y avait-il pas à Bâle des soldats échappés à la bataille, et prêts à la recommencer ? Les exilés de la France ne l'ont jamais oubliée. Chassés pendant près de trois siècles de leur patrie par le fanatisme de Rome, on voit leurs derniers descendants porter aux villes et aux campagnes de leurs pères les trésors dont le pape les prive. Au moment où les soldats de Christ en France jetèrent avec tristesse leurs armes, les réfugiés de Bâle se préparèrent au combat. En voyant chanceler dans les mains de François Ier lui-même

---

[1] Pierre Toussaint à Farel ; Bâle, 17 déc. 1524. (Msc. de Neuchâtel.)

la monarchie de saint Louis et de Charlemagne, les Français ne se sentiront-ils pas appelés à *saisir le royaume qui ne peut point être ébranlé*[1] ?

Farel, Anémond, d'Esch, Toussaint et leurs amis formaient en Suisse une société évangélique dont le but était de sauver leur patrie des ténèbres spirituelles. On leur écrivait de tous côtés que la soif de la Parole de Dieu croissait en France[2] ; il fallait en profiter, arroser et semer pendant que le temps des semailles était là. Œcolampade, Zwingle, Oswald Myconius ne cessaient de les y encourager. Ils leur serraient les mains et les inspiraient de leur foi. Le maître d'école suisse écrivait, en janvier 1525, au chevalier français : « Bannis comme vous l'êtes de votre « patrie par la tyrannie de l'Antechrist, votre présence « même au milieu de nous prouve que vous avez agi avec « courage pour la cause de l'Évangile. La tyrannie des évê- « ques chrétiens obligera enfin le peuple à ne voir en eux « que des menteurs. Demeurez ferme ; le temps n'est pas « éloigné où nous entrerons dans le port du repos, soit « que les tyrans nous frappent, soit qu'ils soient eux-mêmes « frappés[3] ; et tout alors sera bien pour nous, pourvu que « nous soyons fidèles à Jésus-Christ. »

Ces encouragements étaient précieux aux réfugiés français, mais un coup parti de ces chrétiens même de Suisse et d'Allemagne, qui cherchaient à les fortifier, vint alors déchirer leur cœur. Échappés à peine aux bûchers, ils virent avec effroi les chrétiens évangéliques d'outre-Rhin troubler le repos dont ils jouissaient, par de déplorables discordes. Les discussions sur la cène avaient commencé. Émus, agités, éprouvant un vif besoin de charité, les Français eussent tout donné pour rapprocher les esprits divisés. Cette pensée devint leur grande pensée. Personne

---

[1] Hébreux, XII, 28.
[2] « Gallis verborum Dei sitientibus. » (Coctus Farello, 2 sept. 1524. Msc. de Neuchâtel.)
[3] « Non longe abest enim, quo in portum tranquillum perveniamus... » (Oswald Myconius à Anémond de Coct. *Ibid.*)

n'eut autant qu'eux, à l'époque de la Réformation, le besoin de l'unité chrétienne; Calvin en fut plus tard la preuve. « Plût à Dieu que je pusse acheter la paix, la con-
« corde et l'union en Jésus-Christ, de tout mon sang, le-
« quel ne vaut guère [1], » disait Pierre Toussaint. Les Français, doués d'un coup d'œil juste et prompt, comprirent aussitôt que la discussion naissante arrêterait l'œuvre de la Réforme. « Tout se porterait mieux que beaucoup ne
« pensent, si nous étions d'accord. Il y a beaucoup de
« gens qui viendraient volontiers à la lumière; mais quand
« ils voient ces divisions entre les clercs, ils demeurent
« confus [2]. »

Les Français eurent les premiers la pensée de démarches de conciliation. « Pourquoi, écrivaient-ils de Stras-
« bourg, n'envoie-t-on un Bucer ou quelque autre homme
« savant vers Luther? Plus on attendra et plus les dissen-
« sions deviendront grandes. » Ces craintes ne firent que s'accroître [3]. Enfin, voyant leurs efforts inutiles, ces chrétiens détournèrent avec douleur leurs regards de l'Allemagne, et les arrêtèrent uniquement sur la France.

La France, la conversion de la France, voilà ce qui occupa dès lors exclusivement le cœur de ces hommes généreux que l'histoire, qui a inscrit sur ses pages tant de noms enflés vainement de leur propre gloire, depuis trois siècles n'a pas même nommés. Jetés sur une terre étrangère, ils y tombaient à genoux, et chaque jour, dans le silence de la retraite, ils invoquaient Dieu pour le pays de leurs pères [4]. La prière, voilà la puissance par laquelle l'Évangile se répandait dans le royaume, et le grand moyen de conquête de la Réformation.

Mais ces Français n'étaient pas seulement des hommes

---

[1] Du 21 décembre 1525. (Msc. de Neuchâtel.)
[2] *Ibid.*
[3] « Multis jam christianis Gallis dolet, quod a Zwinglii aliorumque de Eucharistia sententia dissentiat Lutherus. » (Tossanus Farello, 14 juillet 1525.)
[4] « Quam sollicite quotidianis precibus commendem. » (*Ibid.*, 2 sept. 1524. Msc. de Neuchâtel.

de prière : jamais l'armée évangélique ne compta des combattants plus prompts à payer de leur personne à l'heure du combat. Ils comprenaient l'importance de remplir des saintes Écritures et de livres pieux leur patrie, encore toute pleine des ténèbres de la superstition. Un esprit de recherche soufflait sur tout le royaume; il fallait offrir partout des voiles au vent. Anémond, toujours prompt à l'œuvre, et un autre réfugié, Michel Bentin, résolurent d'associer leur zèle, leurs talents, leurs moyens, leurs travaux. Bentin voulait fonder une imprimerie à Bâle; et le chevalier profiter du peu d'allemand qu'il savait, pour traduire en français les meilleurs livres de la Réformation. « Ah! disaient-ils, dans la joie que leur projet leur inspi« rait, plût à Dieu que la France fût toute remplie de vo« lumes évangéliques, en sorte que partout, dans les caba« nes du peuple, dans les palais des grands, dans les « cloîtres, dans les presbytères, dans le sanctuaire intime « des cœurs, il fût rendu un puissant témoignage à la grâce « de Jésus-Christ[1]. »

Il fallait des fonds pour une telle entreprise, et les réfugiés n'avaient rien. Vaugris était alors à Bâle; Anémond lui remit à son départ une lettre pour les frères de Lyon, dont plusieurs étaient riches des biens de la terre, et qui, quoique opprimés, étaient toujours fidèles à l'Évangile; il leur demandait de lui envoyer quelque secours[2]; mais cela ne devait pas suffire : les Français voulaient établir à Bâle plusieurs presses, qui travaillassent nuit et jour, de manière à inonder la France de la Parole de Dieu[3]. A Meaux, à Metz, ailleurs encore, se trouvaient des hommes assez riches et assez puissants pour aider à cette entreprise. Nul ne pouvait s'adresser aux Français avec autant d'autorité que Farel; aussi fut-ce vers lui qu'Anémond se tourna[4].

---

[1] « Opto enim Galliam Evangelicis voluminibus abundare. » (Coctus Farello. Msc. de Neuchâtel.)

[2] « Ut pecuniæ aliquid ad me mittant. » (*Ibid.*)

[3] « Ut prela multa erigere possimus. » (*Ibid.*)

[4] « An censes inveniri posse Lugduni, Meldæ, aut alibi in Galliis qui nos ad hæc juvare velint. » (*Ibid.*)

Il ne paraît pas que l'entreprise du chevalier se soit réalisée ; mais l'œuvre se fit par d'autres. Les presses de Bâle étaient constamment occupées à imprimer des livres français ; on les faisait parvenir à Farel ; et Farel les introduisait en France avec une incessante activité. L'un des premiers écrits envoyés par cette société de livres religieux fut l'*Exposition de l'Oraison dominicale*, par Luther. « Nous
« vendons, écrivit le marchand Vaugris à Farel, la pièce
« des *Pater*, 4 deniers de Bâle, à menu ; mais en gros nous
« vendons les 200 deux florins, qui ne se montent pas
« tant[1]. »

Anémond envoyait de Bâle à Farel tous les livres utiles qui y paraissaient ou qui y arrivaient d'Allemagne ; c'était un écrit sur l'institution des ministres de l'Évangile, un autre sur l'éducation des enfants[2]. Farel examinait ces ouvrages ; il composait, traduisait ou faisait traduire en français, et il semblait être à la fois tout à l'action et tout au travail de cabinet ; Anémond pressait et soignait l'impression ; et ces épîtres, ces prières, ces livres, toutes ces feuilles légères étaient les moyens de régénération du siècle. Tandis que la dissolution descendait du trône, et les ténèbres des marches de l'autel, ces écrits inaperçus répandaient seuls dans la nation des traits de lumière et des semences de sainteté.

Mais c'était surtout la Parole de Dieu que le marchand évangélique de Lyon demandait au nom de ses compatriotes. Ce peuple du seizième siècle, avide d'aliments intellectuels, devait recevoir dans sa propre langue ces monuments antiques des premiers âges du monde, où respire le souffle nouveau de l'humanité primitive, et ces saints oracles des temps évangéliques, où éclate la plénitude de la révélation de Christ. Vaugris écrivit à Farel : « Je vous
« prie, s'il estoit possible, qu'on fist translater le Nouveau
« Testament à quelque homme qui le sût bien faire ; ce

---

1 Vaugris à Farel ; Bâle, 29 août 1524. (Msc. de Neuchâtel.)
2 « Mitto tibi librum *De instituendis ministris Ecclesiæ*, cum libro *De instituendis pueris*. » (Coctus Farello, 2 sept. 1524. *Ibid.*)

« seroit un grand bien pour le pays de France, Bourgogne
« et Savoie. Et se il faisoit besoin d'apporter une lettre
« françoise (caractères d'imprimerie), je la ferois apporter
« de Paris ou de Lyon ; et si nous en avons à Basle qui fust
« bonne, tant mieux vaudroit. »

Lefèvre avait déjà alors publié à Meaux, mais d'une manière détachée, les livres du Nouveau Testament en français. Vaugris demandait quelqu'un qui revît le tout et en soignât une édition complète. Lefèvre s'en chargea, et il la publia, comme nous l'avons déjà dit, le 12 octobre 1524. Un oncle de Vaugris, nommé Conrard, réfugié à Bâle, en fit aussitôt venir un exemplaire. Le chevalier de Coct se trouvant chez un ami, le 18 novembre, y vit le livre, et il en fut rempli de joie. « Hastez-vous de le faire reimprimer,
« dit-il ; car je ne doute pas que très grand nombre ne s'en
« depesche[1]. »

Ainsi, la Parole de Dieu était présentée à la France, en opposition aux traditions de l'Église, que Rome ne cesse encore de lui offrir. « Comment distinguer, disaient les ré-
« formateurs, ce qui se trouve de l'homme dans les tradi-
« tions, de ce qui s'y trouve de Dieu, sinon par les Écritures
« de Dieu ? Les sentences des Pères, les décrétales des chefs
« de l'Église, ne peuvent être les règles de notre foi. Elles
« nous montrent quel a été le sentiment de ces anciens
« docteurs ; mais la Parole seule nous apprend quel est
« le sentiment de Dieu. Il faut tout soumettre à l'É-
« criture. »

Voici le principal moyen par lequel ces écrits se répandaient. Farel et ses amis remettaient les livres saints à quelques merciers ou colporteurs, hommes simples et pieux, qui, chargés de leur précieux fardeau, s'en allaient de ville en ville, de village en village, de maison en maison, dans la Franche-Comté, la Lorraine, la Bourgogne et les provinces voisines, heurtant à toutes les portes. On leur livrait ces volumes à bas prix, « afin qu'ils prissent appétit

---

[1] Manuscrit du conclave de Neuchâtel.

« à les vendre¹. » Ainsi, dès 1524, il se trouvait à Bâle, pour la France, une société de Bibles, de colportage et de traités religieux. C'est une erreur de croire que ces travaux ne datent que de notre siècle; ils remontent, dans leur idée essentielle, non-seulement aux temps de la Réformation, mais encore aux premiers âges de l'Église.

XIII

L'attention que Farel donnait à la France ne le détournait pas des lieux où il vivait. Arrivé à Montbéliard vers la fin de juillet 1524, il y avait à peine répandu la semence, que, comme s'exprime Œcolampade, les prémices de la moisson commençaient déjà à paraître. Farel, tout joyeux, l'écrivit à cet ami. « Il est facile, répondit le docteur de « Bâle, de faire entrer quelques dogmes dans les oreilles « des auditeurs; mais changer leur cœur est l'œuvre de « Dieu seul². »

Le chevalier de Coct, ravi de ces nouvelles, se rendit, avec sa vivacité ordinaire, chez Pierre Toussaint. « Je pars « demain pour aller voir Farel, » dit-il précipitamment à Toussaint. Celui-ci, plus calme, écrivait à l'évangéliste de Montbéliard : « Prenez garde, disait-il à Farel; c'est une « grande cause que celle que vous soutenez; elle ne veut « pas être souillée par des conseils d'hommes. Les puis-« sants vous promettent leur faveur, leur secours, des « monts d'or.... Mais se confier en ces choses, c'est déser-« ter Jésus-Christ et marcher dans les ténèbres³. » Toussaint terminait cette lettre quand le chevalier entra; celui-ci la prit, et partit pour Montbéliard.

Il trouva toute la ville dans une grande agitation. Plusieurs

---

1 Vaugris à Farel. (Msc. de Neuchâtel.)
2 « Animum autem immutare divinum opus est. » (Œcol. *Ep* , p. 200.)
3 « ... A quibus si pendemus, jam a Christo defecimus. » (Manuscrit de Neuchâtel.)

des grands, effrayés, disaient en regardant dédaigneusement Farel : « Que nous veut ce pauvre hère? Plût à Dieu « qu'il ne fût jamais venu! Il ne peut rester ici, car il nous « perdrait tous avec lui. » Ces seigneurs réfugiés à Montbéliard avec le duc craignaient que le bruit, qui accompagnait partout la Réformation, attirant sur eux l'attention de Charles-Quint et de Ferdinand, ils ne fussent chassés de leur dernier asile. Mais c'était surtout le clergé qui résistait à Farel. Le gardien des franciscains de Besançon était accouru à Montbéliard et avait formé un plan de défense avec le clergé du lieu. Le dimanche suivant, Farel avait à peine commencé à prêcher, qu'on l'interrompit, l'appelant un menteur et un hérétique. Aussitôt toute l'assemblée fut en émoi. On se levait, on demandait silence. Le duc accourut, fit saisir le gardien et Farel, et ordonna au premier, ou de prouver ses accusations ou de les rétracter. Le gardien choisit ce dernier parti, et un rapport officiel fut publié sur toute cette affaire[1].

Cette attaque enflamma encore plus Farel; il crut dès lors devoir démasquer sans ménagement ces prêtres intéressés; et tirant le glaive de la Parole, il en frappa des coups vigoureux. Il était plus porté à imiter Jésus quand il chassait du temple les vendeurs et les changeurs et renversait leurs tables, que quand l'esprit prophétique lui rendait ce témoignage : « *Il ne conteste point, il ne crie* « *point, on n'entend point sa voix dans les rues.* » Œcolampade fut effrayé. On trouvait en ces deux hommes deux types parfaits de deux caractères diamétralement opposés, et pourtant tous deux dignes d'admiration. « Vous avez « été envoyé, écrivit Œcolampade à Farel, pour attirer « doucement les hommes à la vérité, et non pour les y « traîner avec violence; pour évangéliser, et non pour mau- « dire. Les médecins ne se servent des amputations que « lorsque les applications sont inutiles. Comportez-vous en

---

[1] « Der christliche Handel zu Mumpelgard, verloffen mit gründlicher Wahrheit. »

« médecin, et non en bourreau. Ce n'est pas assez pour
« moi que vous soyez doux envers les amis de la Parole,
« il vous faut encore gagner ses adversaires. Si les loups
« sont chassés de la bergerie, que les brebis du moins en-
« tendent la voix du berger. Versez l'huile et le vin dans
« les blessures, et conduisez-vous en évangéliste, et non
« en juge et en tyran[1]. »

Le bruit de ces travaux se répandait en France et en
Lorraine, et l'on commençait à s'alarmer à la Sorbonne et
chez le cardinal de cette réunion de réfugiés de Bâle et
de Montbéliard. On eût voulu rompre une alliance inquiétante; car l'erreur ne connaît pas de plus grands triomphes
que d'attirer à elle quelque transfuge. Déjà Martial Mazurier et d'autres avaient procuré à la papauté gallicane la
joie que donnent de honteuses défections; mais si l'on par-
venait à séduire l'un de ces confesseurs de Christ, réfugiés
sur les bords du Rhin, qui avaient beaucoup souffert pour
le nom du Seigneur, quelle victoire pour la hiérarchie
pontificale! Elle dressa donc ses batteries, et ce fut au plus
jeune qu'elle visa.

Le primicier, le cardinal de Lorraine et tous ceux qui
se réunissaient aux cercles nombreux tenus chez ce prélat,
déploraient le triste sort de ce Pierre Toussaint qui leur
avait donné tant d'espérances. Il est à Bâle, disait-on, dans
la maison même d'Œcolampade, vivant avec l'un des chefs
de l'hérésie! On lui écrivait avec ferveur et comme s'il se
fût agi de le sauver de la condamnation éternelle. Ces
lettres tourmentaient le pauvre jeune homme, d'autant plus
qu'il ne pouvait s'empêcher d'y reconnaître une affection
qui lui était chère[2]. L'un de ses parents, probablement le
primicier lui-même, le sommait de se rendre à Paris, à
Metz, ou en quelque lieu que ce fût au monde, pourvu que
ce fût loin des luthériens. Ce parent, qui savait tout ce

---

[1] « Quod evangelistam non tyrannicum legislatorem præstes. » (Œcol. *Ep.*,
p. 206.)

[2] « Me in dies divexari legendis amicorum litteris, qui me... ab instituto remo-
rari nituntur. » (Tossanus Farello, 2 sept. 1524. Msc. de Neuchâtel.)

que Toussaint lui devait, ne doutait pas qu'il n'obéît aussitôt à ses ordres; aussi, quand il vit ses efforts inutiles son affection se changea-t-elle en une violente haine. En même temps cette résistance exaspéra contre le jeune réfugié toute sa famille et tous ses amis. On se rendit auprès de sa mère, qui était « sous la puissance du capuchon[1]; » les prêtres l'entourèrent, l'effrayèrent, lui persuadèrent que son fils avait commis des actions que l'on ne pouvait dire qu'avec horreur. Alors cette mère, désolée, écrivit à son fils une lettre touchante, « pleine de larmes, » dit-il, et où elle lui peignait d'une manière déchirante tout son malheur. « Ah! malheureuse mère! disait-elle, ah! fils déna« turé!.... maudit soit le sein qui t'a allaité, et maudits « soient les genoux qui t'ont reçu[2]! »

Le pauvre Toussaint était consterné. Que faire? Retourner en France, il ne le pouvait. Quitter Bâle pour se rendre à Zurich ou à Wittemberg, hors de la portée des siens; il eût ainsi augmenté leur peine. Œcolampade lui suggéra un terme moyen : « Quittez ma maison, » lui dit-il[3]. Il quitta en effet Œcolampade, le cœur plein de tristesse, et alla demeurer chez un prêtre ignorant et obscur[4], bien propre à rassurer ses parents. Quel changement pour Toussaint! Ce n'était qu'à table qu'il rencontrait son hôte. Ils ne cessaient alors de débattre sur les choses de la foi; mais, le repas fini, Toussaint courait de nouveau s'enfermer dans sa chambre, et là, seul, loin du bruit et des disputes, il étudiait avec soin la Parole de Dieu. « Le Seigneur m'est « témoin, disait-il, que je n'ai, dans cette vallée de larmes, « qu'un désir, celui de voir le règne du Christ se répandre; « en sorte que tous, d'une seule bouche, glorifient Dieu[5]. »

Une circonstance vint consoler Toussaint. Les ennemis

---

[1] « Jam capulo proxima. » (Msc. de Neuchâtel.)
[2] « Litteras ad me dedit plenas lacrymis, quibus maledicit et uberibus quæ me lactarunt, etc. » (Ibid.)
[3] « Visum est Œcolampadio consultum... ut a se secederem. » (Ibid.)
[4] « Utor domo cujusdam sacrificuli. » (Ibid.)
[5] « Ut Christi regnum quam latissime pateat. » (Ibid.)

de l'Évangile devenaient toujours plus forts dans Metz. Sur ses instances, le chevalier d'Esch partit, dans le courant de janvier de l'an 1525, pour fortifier les chrétiens évangéliques de cette ville ; il traversa les forêts des Vosges, et arriva sur les lieux où Leclerc avait donné sa vie, apportant avec lui plusieurs livres dont l'avait fourni Farel[1].

Ce n'était pas seulement sur la Lorraine que les réfugiés français tournaient leurs regards. Le chevalier de Coct recevait des lettres de l'un des frères de Farel, qui lui dépeignaient sous de sombres couleurs l'état du Dauphiné. Il se gardait bien de les montrer, de peur d'épouvanter les faibles, et se contentait de demander à Dieu avec ardeur le secours de ses puissantes mains[2]. En décembre 1524, un messager dauphinois, Pierre Verrier, chargé de commissions pour Farel et pour Anémond, arriva à cheval à Montbéliard. Le chevalier, avec sa vivacité habituelle, forma aussitôt le dessein de rentrer en France. « Si Pierre a apporté de l'argent, écrivit-il à Farel, prenez-le ; si ledit Pierre me a porté des lettres, ouvrez-les et en retenez le double et puis les me envoyez. Néans moins ne vendez pas le cheval, mais le retenez ; car, par aventure, en aurai à faire. Je serois d'opinion d'aller secrètement en France par devers Jacobus Faber (Lefèvre) et Arandius. Escrivez-m'en votre advis[3]. »

Tels étaient la confiance et l'abandon qui régnaient entre ces réfugiés : l'un ouvrait les lettres de l'autre et recevait son argent. Il est vrai que de Coct devait déjà trente-six écus à Farel, dont la bourse était toujours ouverte à ses amis. Il y avait plus de zèle que de sagesse dans le désir du chevalier de retourner en France. Il était d'un caractère trop imprudent pour ne pas s'exposer ainsi à une mort

---

[1] « Qu'il s'en retourne à Metz, là où les ennemis de Dieu s'élèvent journellement contre l'Évangile. » (Tossanus Farello ; 17 décembre 1524. Msc. de Neuchâtel.)

[2] « Accepi ante horam a fratre tuo epistolam, quam hic nulli manifestavi ; terrentur enim infirmi. » (Coctus Farello, 2 sept. 1524.)

[3] Coct à Farel, décembre 1524. (Msc. de Neuchâtel.)

certaine. C'est ce que, sans doute, Farel lui fit comprendre. Il quitta Bâle, et se retira dans une petite ville, où il avait « grande espérance d'avoir le langage germain, Dieu ai-« dant[1]. »

Farel continuait à évangéliser Montbéliard. Son esprit s'aigrissait en lui-même, en considérant que la majorité du peuple de cette ville était entièrement adonnée au culte des images. C'était, suivant Farel, l'antique idolâtrie du paganisme qui se renouvelait.

Cependant, les exhortations d'Œcolampade, et la crainte de compromettre la vérité, l'eussent peut-être longtemps retenu, sans une circonstance imprévue. Un jour, vers la fin de février (c'était la fête de saint Antoine), Farel marchait près des bords d'une petite rivière qui traverse la ville, au-dessous du rocher élevé que la citadelle domine, lorsque, arrivé sur le pont, il rencontra une procession qui s'avançait, récitant des prières à saint Antoine, et ayant en tête deux prêtres avec l'image de ce saint. Farel se trouvait ainsi tout à coup face à face de ces superstitions, sans pourtant les avoir cherchées. Il se livra alors dans son âme un violent combat. Cédera-t-il? se cachera-t-il? Mais ne serait-ce pas une lâche infidélité? Ces images mortes, portées sur les épaules de prêtres ignorants, font bouillonner son cœur... Farel s'avance avec hardiesse, enlève des bras des prêtres la châsse du saint ermite, et la jette du haut du pont dans la rivière. Puis, se tournant vers le peuple étonné, il s'écrie : « Pauvres idolâtres, ne lairrez-vous « (laisserez-vous) jamais votre idolâtrie[2]? »

Les prêtres et le peuple s'arrêtent consternés. Une crainte religieuse semble enchaîner la multitude. Mais bientôt cette stupeur cesse. « L'image se noie, » s'écrie quelqu'un de la foule; et alors à l'immobilité et au silence succèdent des transports et des cris de fureur. La foule veut se précipiter sur le sacrilége qui vient de jeter à l'eau l'objet de son

---

[1] Coct à Farel, janvier 1525. (Msc. de Neuchâtel.)
[2] *Revue du Dauphiné*, t. II, p. 38. (Msc. de Choupard.)

adoration; mais Farel, nous ne savons comment, échappe à sa colère[1].

On peut, nous le comprenons, regretter que le réformateur se soit laissé entraîner à cette action, qui arrêta plutôt la marche de la vérité. Nul ne doit se croire en droit d'attaquer par violence ce qui est d'institution publique. Cependant, il y a quelque chose de plus noble dans le zèle du réformateur que dans cette froide prudence, si commune, qui recule devant le moindre péril et craint de faire le moindre sacrifice à l'avancement du règne de Dieu. Farel n'ignorait pas qu'il s'exposait ainsi au danger de perdre la vie comme Leclerc; mais le témoignage que lui rendait sa conscience de ne chercher que la gloire de Dieu, l'éleva au-dessus de toutes les craintes.

Après la journée du pont, qui est un trait si caractéristique de l'histoire de Farel, le réformateur fut contraint de se cacher et puis bientôt de quitter la ville. Il se réfugia à Bâle, auprès d'Œcolampade; mais il eut toujours pour Montbéliard l'affection qu'un serviteur de Dieu ne manque jamais de ressentir pour les prémices de son ministère[2].

Une triste nouvelle attendait Farel à Bâle. S'il était fugitif, Anémond de Coct, son ami, était grièvement malade. Farel lui envoya aussitôt quatre écus d'or; mais une lettre écrite le 25 mars par Oswald Myconius lui annonça la mort du chevalier. « Vivons, lui écrivait Oswald, de manière à
« ce que nous entrions dans le repos où nous espérons que
« l'esprit d'Anémond est déjà entré[3]. »

Ainsi Anémond, jeune encore, plein d'activité, plein de force, désireux de tout entreprendre pour évangéliser la France, et qui valait à lui seul toute une armée, descendait dans une tombe prématurée. *Les voies de Dieu ne sont point*

---

[1] M. Kirchhofer, dans sa *Vie de Farel*, donne cet événement comme une tradition qui n'est pas certaine; mais il est raconté par des écrivains protestants même, et il me parait tout à fait en accord avec le caractère de Farel et les craintes d'Œcolampade. Il faut reconnaître les faiblesses des réformateurs.

[2] « Ingens affectus, qui me cogit Mumpelgardum amare. » (Farelli *Ep.*)

[3] « Quo Anemundi spiritum jam pervenisse speramus. » (Myconius Farello. Msc. de Neuchâtel.)

nos voies. Il n'y avait pas longtemps que, près de Zurich aussi, un autre chevalier, Ulrich de Hutten, était venu rendre le dernier soupir. On trouve quelques rapports de caractère entre le chevalier allemand et le chevalier français; mais la piété et les vertus chrétiennes du Dauphinois le placent bien au-dessus du spirituel et intrépide ennemi du pape et des moines.

Peu après la mort d'Anémond, Farel, ne pouvant rester à Bâle, d'où il avait été autrefois banni, se rendit à Strasbourg, auprès de ses amis Capiton et Bucer.

Strasbourg, ville impériale, qui avait à sa tête l'un des hommes les plus distingués de l'Allemagne, Sturm, et qui comptait dans ses murs des docteurs célèbres, était comme un poste avancé de la Réforme jeté au delà du Rhin, d'où l'on espérait conquérir la France à l'Évangile de Jésus-Christ. Devenir pour la France ce que Luther était pour l'Allemagne, telle était la pieuse ambition de Lambert d'Avignon. Aussi, à peine était-il arrivé de Metz à Strasbourg, qu'il avait dressé de loin ses batteries, en attendant qu'il pût porter l'Évangile dans le sein même de la patrie qu'il chérissait[1].

Il s'adressa d'abord au roi François Ier. « Le pape, dit-il, « si on le laissait faire, changerait tous les rois en men- « diants. Prêtez l'oreille à la vérité, très excellent prince; « permettez la libre prédication de la Parole de Dieu, et « Dieu vous rendra grand parmi les rois de la terre; mais « malheur à tous les peuples dont le pape est le maître! « O Avignon, ville de ma naissance, n'es-tu pas l'infortunée « fille de Babel, livrée à un légat, non de sainteté, mais « d'impiété et d'hérésie[2]! Tu vois se multiplier dans ton « sein les jeux déshonnêtes, les danses impudiques, les « adultères, et, tout autour de toi, des chasses journalières « désolent tes champs et accablent tes laboureurs.

---

[1] « Hic operior donec ad ipsos Metenses, aut in aliquam urbem Galliæ, revocer. » (Ad Franciscum regem. *Comment. in Cantica.*)

[2] « Ab hæresis et impietatis latere legatum. » (Epistola ad Franciscum Galliæ regem. Præf. *Comment. de sacro conjugio.*)

« O roi Très-Chrétien! vos peuples ont soif de la Parole
« de Dieu! » — Et, se tournant vers Rome : « Bientôt,
« ô pape, disait-il, cette puissante France, que tu as cou-
« tume d'appeler ton bras, se séparera de toi[1]. »

Peut-être cette épître ne fut-elle pas même lue. Voyant
qu'elle était demeurée sans effet, Lambert en écrivit bientôt une seconde plus pressante encore. « Faites en sorte,
« dit-il, que les révélations de Dieu soient répandues en
« France dans la langue du peuple. O roi! les Arabes, les
« Chaldéens, les Grecs, les Juifs possèdent la Parole de
« Dieu dans leur langue; pourquoi les Français, les Alle-
« mands, les Italiens, les Espagnols ne l'auraient-ils pas
« dans la leur?... Que Dieu parle seulement aux nations
« dans la langue du pays, et l'empire de l'orgueil s'écrou-
« lera sans qu'un autre glaive le frappe. »

Mais Lambert se faisait illusion. A Montbéliard et à Bâle,
comme à Lyon, des coups étaient portés dans les rangs de
la Réforme. Parmi les combattants les plus dévoués, les
uns étaient enlevés par la mort, les autres par la persécution
ou l'exil. En vain les soldats de l'Évangile tentaient-ils de
tous côtés l'assaut; partout ils étaient repoussés. Cependant si les forces qu'ils avaient concentrées, d'abord à
Meaux, puis à Lyon, ensuite à Bâle, étaient successivement
dissipées, il restait çà et là des combattants qui, en Lorraine, à Meaux, à Paris même, luttaient plus ou moins ouvertement, pour maintenir en France la Parole de Dieu.
Si la Réformation voyait ses masses enfoncées, il lui demeurait des soldats isolés. C'était contre eux que la Sorbonne et le parlement allaient diriger leur colère. On
voulait qu'il ne restât rien sur le sol de la France de ces
hommes généreux qui avaient entrepris d'y planter l'étendard de Jésus-Christ, et des malheurs inouïs semblèrent
se conjurer alors avec les ennemis de la Réforme, et leur
prêter main-forte pour achever leur œuvre.

---

[1] « Est autem in proximo, ut aliena fiat a te potens Gallia, quam brachium tuum adpellare solebas. » (*De causis enecationis*, p. 76.)

XIV

Pendant les derniers temps du séjour de Farel à Montbéliard, de grandes choses s'étaient en effet passées sur la scène du monde. Les généraux de Charles-Quint, Lannoy et Pescaire, ayant quitté la France à l'approche de François Ier, ce prince avait passé les Alpes et était venu faire le blocus de Pavie. Le 24 février 1525, Pescaire l'avait attaqué. Bonnivet, la Trémouille, la Palisse, Lescure s'étaient fait tuer près du roi. Le duc d'Alençon, époux de Marguerite, premier prince du sang, s'était enfui avec l'arrière-garde, et était allé mourir de honte et de douleur à Lyon; et François, renversé de son cheval, avait remis son épée à Charles de Lannoy, vice-roi de Naples, qui la reçut un genou en terre. Le roi de France était prisonnier de l'Empereur. La captivité du roi parut le plus grand des malheurs. « De toutes choses ne m'est demeuré que l'hon-« neur et la vie, » écrivit le roi à sa mère. Mais personne ne ressentit une douleur plus vive que Marguerite. La gloire de son pays compromise, la France sans monarque, exposée aux plus grands dangers, son frère bien-aimé captif de son superbe adversaire, son mari déshonoré et mort..... que d'amertumes!... Mais elle avait un consolateur; et tandis que son frère répétait, pour se consoler : « Tout est « perdu, fors l'honneur! » elle pouvait dire :

« Fors Jésus seul, mon frère, fils de Dieu[1]! »

Marguerite pensa que dans le moment de l'épreuve François recevrait peut-être la Parole du Seigneur. Déjà, peu de mois auparavant, il avait montré des sentiments pieux à l'occasion de la mort de sa fille, la princesse Charlotte.

---

[1] *Marguerites de la Marguerite des princesses*, I, p. 29.

La duchesse d'Alençon lui ayant caché la maladie de l'enfant, François, qui sans doute en soupçonna quelque chose, rêva à trois reprises que sa fille lui disait : « Adieu, mon « roy, je vas en paradis. » Il devina sa mort, « il la prit en « grande extrême douleur; » mais écrivit à sa sœur « qu'il « aimerait mieux mourir que de désirer sa fille en ce monde, « contrevenant au vouloir de son Dieu, lequel il en bénis-« sait[1]. »

Marguerite pensa que le terrible coup de Pavie achèverait ce que cette première épreuve avait commencé, et adressa au maréchal de Montmorency, prisonnier avec le roi, une lettre touchante.

« Mon cousin, s'il plaît au roi, par manière d'oraison, « tous les jours, quand il sera retiré, lire les épîtres de « saint Paul, je suis assuré qu'il sera délivré, à la gloire de « Dieu; car il promet en son Évangile que qui aime la vé-« rité, *la vérité le délivrera*. Et pour ce que je pense qu'il « n'en a point, vous envoye les miennes, vous priant de « le supplier de ma part qu'il les veuille lire. Dieu nous a « humiliés par prison, mais il ne nous a pas abandonnés. »

Ainsi écrivait, après la bataille de Pavie, Marguerite de Valois, pleine d'anxiété pour le salut de l'âme de son frère. Il est malheureux qu'elle n'ait pas adressé directement à François cette lettre et les épîtres de saint Paul; elle ne pouvait prendre un plus mauvais intermédiaire que Montmorency.

La France, les princes, le parlement, le peuple, étaient dans la consternation. Bientôt, comme dans les trois premiers siècles de l'Église, on imputa aux chrétiens la calamité qui affligeait la patrie; et de toutes parts des voix fanatiques demandèrent du sang, afin d'éloigner de plus grandes infortunes. Le moment était donc favorable; il ne suffisait pas d'avoir débusqué les chrétiens évangéliques des trois fortes positions qu'ils avaient prises, il fallait profiter de l'effroi du peuple, battre le fer pendant qu'il était chaud,

---

[1] *Lettres inédites de la reine de Navarre*, p. 170.

et faire table rase, dans tout le royaume, de cette opposition qui devenait si redoutable à la papauté.

A la tête de cette conjuration, de ces clameurs se trouvaient Beda, Duchesne et Lecouturier. Ces irréconciliables ennemis de l'Évangile se flattaient d'obtenir facilement de la terreur publique les victimes qu'on leur avait jusqu'alors refusées. Ils mirent aussitôt tout en œuvre, conversations, prédications fanatiques, plaintes, menaces, écrits diffamatoires, pour exciter la colère de la nation et surtout celle des chefs. Ils jetaient feu et flammes contre leurs adversaires, et les couvraient des plus flétrissantes injures[1]. Tous les moyens leur étaient bons; ils prenaient çà et là quelques paroles, laissaient de côté ce qui pouvait expliquer la sentence citée, substituaient leurs propres expressions à celles des docteurs qu'ils inculpaient, et omettaient ou ajoutaient, selon le besoin qu'ils avaient de noircir leurs adversaires[2]. C'est le témoignage d'Érasme lui-même.

Rien n'excitait leur colère comme la doctrine fondamentale du christianisme et de la Réformation, le salut par la grâce. « Quand je vois, disait Beda, ces trois hommes, « doués du reste d'un génie si pénétrant, Lefèvre, Érasme, « Luther, s'unir pour conspirer contre les œuvres méri- « toires et pour placer tout le poids du salut dans la foi « seule[3], je ne m'étonne plus que des milliers d'hommes, « séduits par ces doctrines, en viennent à dire : « Pourquoi « jeûnerais-je et martyriserais-je mon corps? » Bannissons « de la France cette doctrine odieuse de la grâce. Il y a « dans cette négligence des mérites une funeste trom- « perie du diable. »

Ainsi le syndic de la Sorbonne s'efforçait de combattre la foi. Il devait trouver pour appuis une cour débauchée et une autre partie de la nation, plus respectable, mais qui

---

[1] « Plus quam scurrilibus conviciis debacchantes..... » (Er. Francisco regi, p. 1108.)

[2] « Pro meis verbis supponit sua, prætermittit, addit... » (*Ibid.*, p. 887.)

[3] « Cum itaque cernerem tres istos... uno animo in opera meritoria conspirasse. » (*Natalis Bedæ Apologia adversus clandestinos Lutheranos*, fol. 41.)

n'est pas moins opposée à l'Évangile. Je veux parler de ces hommes graves, d'une morale sévère, mais qui, livrés à l'étude des lois et des formes juridiques, ne voient dans le christianisme qu'une législation ; dans l'Église, qu'une police morale ; et qui, ne pouvant faire entrer dans les idées de la jurisprudence qui les absorbent, les doctrines de l'incapacité spirituelle de l'homme, de la naissance nouvelle, de la justification par la foi, les regardent comme des imaginations fantastiques, dangereuses aux mœurs publiques et à la prospérité de l'État. Cette tendance hostile à la doctrine de la grâce se manifesta au seizième siècle par deux excès bien différents, en Italie et en Pologne, par la doctrine de Socin, issu d'une illustre famille de jurisconsultes de Sienne ; et en France, par les arrêts persécuteurs et les bûchers du parlement.

Le parlement, en effet, méprisant les grandes vérités de l'Évangile que les réformateurs annonçaient, et se croyant obligé de faire quelque chose en une si accablante calamité, adressa à Louise de Savoie de vives remontrances sur la conduite du gouvernement à l'égard de la nouvelle doctrine. « L'hérésie, dit-il, a levé la tête au milieu de nous, « et le roi, en ne faisant point dresser des échafauds pour « elle, a attiré sur le royaume la colère du ciel. »

En même temps les chaires retentissaient de plaintes, de menaces, de malédictions ; on demandait des peines promptes et éclatantes. Martial Mazurier se distinguait parmi les prédicateurs de Paris ; et cherchant à faire oublier par sa violence ses anciennes liaisons avec les partisans de la Réforme, déclamait contre « les disciples cachés « de Luther. » « Connaissez-vous, s'écriait-il, la prompti- « tude de ce poison ? En connaissez-vous la force ? Ah ! « tremblons pour la France ! car il agit avec une inconce- « vable activité, et en peu de temps il peut donner la mort « à des milliers d'âmes[1]. »

---

[1] « Mazurius contra occultos Lutheri discipulos declamat, ac recentis veneni celeritatem vimque denunciat. » (Lannoi, *Regii Navarræ gymnasii Historia*, p. 621.)

Il n'était pas difficile d'exciter la régente contre les partisans de la Réforme. Sa fille Marguerite, les premiers personnages de la cour, Louise de Savoie elle-même, Louise toujours si dévouée au pontife romain, étaient désignés par quelques fanatiques comme favorisant Lefèvre, Berquin et les autres novateurs. N'avait-elle pas lu leurs petits écrits et leurs traductions de la Bible ? La mère du roi voulait se laver de soupçons si outrageants. Déjà elle avait envoyé son confesseur à la Sorbonne, pour demander à cette compagnie par quels moyens on pouvait extirper l'hérésie. « La détestable doctrine de Luther, avait-elle fait dire à la « Faculté, gagne chaque jour de nouveaux adhérents. » La Faculté avait souri en recevant un tel message. Auparavant, on n'avait pas voulu écouter ses représentations, et on venait à cette heure la prier humblement de donner un conseil en cette affaire. Elle tenait enfin en ses mains cette hérésie qu'elle désirait depuis si longtemps étouffer. Elle chargea Noël Beda de répondre aussitôt à la régente. « Puisque les sermons, les disputes, les livres que nous « avons si souvent opposés à l'hérésie, dit le fanatique « syndic, ne parviennent point à l'arrêter, il faut prohiber « par une ordonnance tous les écrits des hérétiques ; et si « ces moyens ne suffisent pas encore, il faut employer la « force et la contrainte contre la *personne* même de ces « faux docteurs ; car ceux qui résistent à la lumière doivent « être subjugués par les *supplices* et par la *terreur*[1]. »

Mais Louise n'avait pas même attendu cette réponse. A peine François Ier était-il tombé dans les mains de Charles-Quint, qu'elle avait écrit au pape pour lui demander sa volonté à l'égard des hérétiques. Il était important pour la politique de Louise de s'assurer la faveur d'un pontife qui pouvait soulever l'Italie contre le vainqueur de Pavie, et elle était prête à se le concilier au prix d'un peu de sang français. Le pape, charmé de pouvoir sévir, dans le royaume Très-Chrétien, contre une hérésie qu'il ne pouvait

---

[1] *Hist. de l'Université*, par Crevier, V, p. 196.

arrêter ni en Suisse ni en Allemagne, ordonna aussitôt que l'on introduisît l'inquisition en France, et adressa un bref au parlement. En même temps, Duprat, que le pontife avait fait cardinal, et auquel il avait donné l'archevêché de Sens et une riche abbaye, cherchait à répondre aux bienfaits de la cour de Rome, en déployant contre les hérétiques une haine infatigable. Ainsi le pape, la régente, les docteurs de la Sorbonne, le parlement, le chancelier, la partie ignorante et fanatique de la nation, tout conspirait à la fois à la ruine de l'Évangile et à la mort de ses confesseurs.

Ce fut le parlement qui commença. Il ne fallait rien moins que le premier corps de la nation pour entrer en campagne contre cette doctrine; et d'ailleurs n'était-ce pas son affaire, puisque le salut public y était intéressé? Le parlement donc, « porté d'un saint zèle et ferveur contre « ces nouveautés[1], ordonna, par un arrêt, que l'évêque de « Paris et autres évêques seraient tenus bailler vicariat à « MM. Philippe Pot, président aux enquêtes, et André « Verjus, conseiller, et à MM. Guillaume Duchesne et Ni- « colas Leclerc, docteurs en théologie, pour faire et par- « faire le procès de ceux qui se trouveraient entachés de la « doctrine de Luther.

« Et afin qu'il parût que ces messieurs les commissaires « travaillaient plutôt de l'autorité de l'Église que du parle- « ment, il plût à Sa Sainteté envoyer son bref (20 mai « 1525), qui approuvait lesdits commissaires nommés.

« Ensuite de ce, tous ceux qui étaient déclarés luthé- « riens par l'évêque ou juges d'Église à ce députés, étaient « livrés au bras séculier; c'est à savoir dudit parlement, le- « quel pour ce les condamnait d'être brûlés tout vifs[2]. »

Ainsi parle un manuscrit du temps.

Telle fut la terrible commission d'enquête nommée pen-

---

[1] *De la religion catholique en France*, par de Lezeau; manuscrit de la bibliothèque Sainte-Geneviève, à Paris.

[2] Le manuscrit de la bibliothèque Sainte-Geneviève, à Paris, dont j'ai tiré ce fragment, porte le nom de Lezeau, mais sur le catalogue celui de Lefèbre.

dant la captivité de François Ier contre les chrétiens évangéliques de France, pour cause de salut public. Elle était composée de deux laïques et de deux ecclésiastiques, et l'un de ces derniers était Duchesne, après Beda le plus fanatique des docteurs de la compagnie. On avait eu la pudeur de ne pas y placer leur chef, mais son influence n'en était que plus assurée.

La machine était montée; ses ressorts étaient bien préparés; chaque coup qu'elle porterait donnerait la mort. Il s'agissait de savoir contre qui on dirigerait la première attaque. Beda, Duchesne, Leclerc, assistés de MM. Philippe Pot, président, et André Verjus, conseiller, délibérèrent entre eux sur cette importante question. N'y avait-il pas le comte de Montbrun, l'ancien ami de Louis XII, l'ex-ambassadeur à Rome, Briçonnet, évêque de Meaux? Le comité du salut public assemblé à Paris en 1525 pensait qu'en commençant par un homme si haut placé, on serait sûr de répandre la terreur dans tout le royaume. Cette raison était suffisante, et ce vénérable évêque fut décrété d'accusation.

Il est vrai que Briçonnet avait donné des gages de soumission à Rome, au parlement et aux superstitions populaires; mais on se doutait fort qu'il n'avait fait tout cela que pour parer le coup qui allait le frapper, et que sous main il favorisait encore l'hérésie. Il paraît qu'après avoir fléchi, il avait repris quelque courage, ce qui est tout à fait dans la nature des caractères irrésolus. On mettait même sur son compte en divers lieux des actes qui eussent été la plus éclatante rétractation des tristes décrets de la fin de 1523 et du commencement de 1524. Plus sa place dans l'Église et dans l'État était éminente, plus aussi son exemple était funeste, et plus il était nécessaire d'obtenir de lui une éclatante rétractation, ou de le frapper d'un coup plus éclatant encore. La commission d'enquête s'empressa de recueillir les charges qui lui étaient contraires. Elle constata l'accueil bienveillant que l'évêque avait fait aux hérétiques; elle établit que huit jours après que le gardien des cordeliers avait prêché dans l'église de Saint-Martin de Meaux, conformément aux instructions de la Sorbonne, pour y rétablir la saine doctrine, Briçonnet lui-même était monté en chaire, l'avait réfuté, et avait traité l'orateur et les autres cordeliers ses confrères, de cafards, de faux prophètes et d'hypocrites ; et que, non content de cet affront public, il avait fait décréter le gardien d'ajournement personnel, par son official[1]... Il paraîtrait même, d'après un manuscrit du temps, que l'évêque aurait été bien plus loin encore, et que, en automne 1524, accompagné de Lefèvre d'Étaples, il aurait parcouru pendant trois mois son diocèse et brûlé toutes les images, excepté le crucifix. Une action si hardie, qui montrerait dans Briçonnet beaucoup d'audace à côté de beaucoup de timidité, ne peut, si elle est vraie, faire reposer sur lui le blâme attaché à d'autres destructeurs d'images ; car il était chef de l'Église où il réformait ces superstitions et il agissait dans le cercle de ses droits et de ses devoirs[2].

Quoi qu'il en soit, Briçonnet devait être assez coupable aux yeux des ennemis de l'Évangile. Il ne s'était pas seulement attaqué à l'Église en général ; il s'en était pris à la Sorbonne elle-même, à cette compagnie dont la loi suprême était sa propre gloire et sa conservation. Aussi fut-elle dans la joie en apprenant l'enquête dirigée contre son adversaire ; et l'un des plus célèbres avocats du temps, Jean Bochart, soutenant devant le parlement la charge contre Briçonnet, s'écria en haussant la voix : « Contre la

---

[1] *Hist. de l'Université*, par Crevier, V, p. 204.

[2] Il se trouve dans la bibliothèque des pasteurs de Neuchâtel une lettre de Sebville, où on lit le passage suivant : « Je te notifie que l'évêque de Meaux en Brie « près Paris, *cum Jacobo Fabro Stapulensi*, depuis trois mois, en visitant l'évê- « ché, ont brûlé *actu* toutes les images, réservé le crucifix, et sont personnelle- « ment ajournés à Paris, à ce mois de mars venant, pour répondre *coram suprema* « *curia et universitate.* » J'incline assez à croire ce fait authentique, quoique Sebville ne fût pas sur les lieux, et que ni Mézeray, ni Daniel, ni Maimbourg n'en parlent. Ces auteurs catholiques-romains, qui sont très brefs, ont pu avoir d'ailleurs des motifs de le passer sous silence, vu l'issue du procès, et la nouvelle de Sebville concorde du reste avec tous les faits qui nous sont connus. Néanmoins la chose est douteuse.

« Faculté, ne l'évêque de Meaux, ne autre particulier ne
« peut lever la tête et ouvrir la bouche. Et n'est la Faculté
« sujette pour aller disputer, porter, et alléguer ses raisons
« devant ledit évêque, qui ne doit point résister à la sa-
« gesse de cette sainte compagnie, laquelle il doit estimer
« être aidée de Dieu[1]. »

En conséquence de cette réquisition, le parlement rendit un arrêt, le 3 octobre 1525, par lequel, après avoir décrété prise de corps contre tous ceux qui lui étaient signalés, il ordonna que l'évêque serait interrogé par maîtres Jacques Ménager et André Verjus, conseillers de la cour, sur les faits dont il était accusé[2].

Cet arrêt du parlement consterna l'évêque. Briçonnet, ambassadeur de deux rois à Rome, Briçonnet, évêque et prince, l'ami de Louis XII et de François Ier, devait aller subir l'interrogatoire de deux conseillers de la cour.... Lui qui avait espéré que Dieu allumerait dans le cœur du roi, de sa mère, de sa sœur, un feu qui se communiquerait à tout le royaume, il voyait le royaume se tourner contre lui pour éteindre la flamme qu'il avait reçue du ciel. Le roi est prisonnier, sa mère marche à la tête des ennemis de l'Évangile, et Marguerite, effrayée des malheurs qui ont fondu sur la France, n'ose détourner les coups qui vont tomber sur ses plus chers amis, et tout premièrement sur ce père spirituel qui l'a si souvent consolée; ou, si elle l'ose, elle ne le peut. Récemment encore elle écrivait à Briçonnet, dans une lettre pleine de pieux épanchements : « Oh ! que
« le pauvre cœur mort puisse sentir quelque étincelle de
« l'amour, en quoy je le désire brusler en cendre[3] »......
Mais maintenant c'était à la lettre qu'il s'agissait d'être brûlé en cendre. Ce langage mystique n'était plus de saison ; il fallait, si l'on voulait confesser sa foi, braver l'échafaud. Le pauvre évêque, qui avait tant espéré de voir une réforme évangélique se répandre peu à peu, et doucement

---

[1] *Hist. de l'Université*, par Crevier, V, p. 204.
[2] Maimbourg, *Hist. du Calvinisme*, p. 14.
[3] Manuscrit de la Bibliothèque royale. S. F., n° 337.

dans les esprits, était effrayé et tout tremblant, en voyant qu'il fallait, à cette heure, l'acheter au prix de la vie. Jamais peut-être cette terrible pensée ne lui était venue, et il reculait devant elle avec angoisse et avec effroi.

Cependant Briçonnet avait encore un espoir : qu'on lui permette de paraître devant toutes les chambres du parlement assemblées, ainsi que cela est dû à un personnage de son rang, et dans cette cour auguste et nombreuse il trouvera, il en est sûr, des cœurs généreux qui comprendront sa voix et prendront sa défense. Il supplia donc la cour de lui faire cette grâce; mais ses ennemis avaient aussi compris quelle pouvait être l'issue d'une telle audience. N'avait-on pas vu Luther, comparaissant à Worms devant la diète germanique, ébranler les cœurs les mieux affermis? Attentifs à éloigner toute chance de salut, ils travaillèrent si bien que le parlement refusa à Briçonnet cette faveur par un arrêt du 25 octobre 1525, qui confirma le premier [1].

Voilà donc l'évêque de Meaux renvoyé, comme le prêtre le plus obscur, devant maîtres Jacques Ménager et André Verjus. Ces deux jurisconsultes, instruments dociles de la Sorbonne, ne sauraient être ébranlés par les hautes considérations auxquelles la chambre entière eût pu être sensible; ce sont des hommes positifs : l'évêque a-t-il été ou non en désaccord avec la compagnie? Voilà tout ce qu'ils demandent. La condamnation de Briçonnet est donc assurée.

Tandis que le glaive était ainsi suspendu par le parlement sur la tête de l'évêque, les moines, les prêtres et les docteurs ne perdaient pas leur temps; ils comprenaient qu'une rétractation de Briçonnet servirait mieux leurs intérêts que son supplice même. Sa mort enflammerait tous ceux qui partageaient sa foi; mais son apostasie les jetterait dans un profond découragement. A l'œuvre donc! On le visitait, on le pressait. Martial Mazurier surtout s'efforçait de le faire tomber, comme il était tombé lui-même.

---

[1] Maimbourg, *Hist. du Calvinisme*, p. 15.

Il ne manquait pas de raisons qui pouvaient paraître spécieuses à Briçonnet. Voulait-il donc perdre sa place? Ne pouvait-il pas, en restant dans l'Église, se servir de son influence sur le roi et sur la cour pour faire un bien dont il était impossible de prévoir l'étendue? Que deviendraient ses anciens amis quand il ne serait plus au pouvoir? Combien sa résistance ne compromettrait-elle pas une réforme qui, pour être salutaire et durable, doit s'opérer par l'influence légitime du clergé! Que d'âmes il heurterait en résistant à l'Église! que d'âmes il attirerait, au contraire, en cédant!... On veut, comme lui, une réforme. Tout s'y achemine insensiblement; à la cour, à la ville, dans les provinces, partout on avance;... et il irait de gaieté de cœur anéantir un si bel avenir!... Au fond, on ne lui demandait pas le sacrifice de sa doctrine, mais seulement de se soumettre à l'ordre établi dans l'Église. Était-ce bien quand la France était accablée sous tant de revers, qu'il fallait lui susciter encore de nouveaux troubles? « Au nom « de la religion, au nom de la patrie, au nom de vos amis, « au nom de la Réformation elle-même, cédez! » lui disait-on. C'est par de tels sophismes que se perdent les plus belles causes.

Cependant chacune de ces paroles faisait quelque impression sur l'esprit de l'évêque. Le Tentateur, qui voulut faire tomber Jésus dans le désert, se présentait ainsi à lui sous des formes spécieuses; et au lieu de s'écrier, comme son Maître : « Arrière de moi, Satan ! » il écoutait, accueillait, pesait ces discours. Dès lors c'en était fait de sa fidélité.

Briçonnet n'avait jamais été tout entier, comme un Farel ou un Luther, dans le mouvement qui régénérait alors l'Église; il y avait en lui une certaine tendance mystique qui affaiblit les âmes et leur ôte cette fermeté et ce courage que donne une foi uniquement appuyée sur la Parole de Dieu. La croix qu'il fallait prendre pour suivre Jésus-Christ était trop pesante[1]. Ébranlé, effrayé, étourdi, hors de sens[2],

---

[1] « Crucis statim oblatæ terrore perculsus. » (Bezæ *Icones.*)
[2] « Dementatus. » (*Ibid.*)

il chancela, il heurta contre la pierre que l'on posait artificieusement sur sa route..... Il tomba, et au lieu de se jeter dans les bras de Jésus-Christ, il se jeta dans ceux de Mazurier[1], et souilla par une honteuse palinodie la gloire d'une belle fidélité[2].

Ainsi tomba Briçonnet, l'ami de Lefèvre et de Marguerite; ainsi le premier soutien de l'Évangile en France renia la bonne nouvelle de la grâce, dans la coupable pensée que s'il lui demeurait fidèle, il perdrait son influence sur l'Église, sur la cour et sur la France. Mais ce qu'on lui présentait comme le salut de son pays devint peut-être sa ruine. Que fût-il arrivé si Briçonnet avait eu le courage d'un Luther? Si l'un des premiers évêques de France, cher au roi, cher au peuple, était monté sur l'échafaud et y avait, comme les petits selon le monde, scellé par une confession courageuse et une mort chrétienne la vérité de l'Évangile, la France ne se fût-elle pas émue, et le sang de l'évêque de Meaux, devenant, comme celui des Polycarpe et des Cyprien, une semence de l'Église, n'eût-on pas vu ces contrées, si illustres à tant d'égards, sortir, dès le seizième siècle, des longues ténèbres spirituelles où elles sont encore retenues?

Briçonnet subit, pour la forme, l'interrogatoire devant maîtres Jacques Ménager et André Verjus, lesquels déclarèrent qu'il s'était suffisamment justifié du crime qu'on lui imputait. Puis il fut réduit à pénitence, et assembla un synode où il condamna les livres de Luther, rétracta tout ce qu'il avait enseigné de contraire à la doctrine de l'Église, rétablit l'invocation des saints, s'efforça de ramener ceux qui avaient abandonné le culte de Rome, et, voulant ne laisser aucun doute sur sa réconciliation avec le pape et la Sorbonne, célébra, la veille de la Fête-Dieu, un jeûne solennel, et ordonna de pompeuses processions, dans les-

---

[1] « Ut episcopus etiam desisteret suiis consiliis effecit. » (Launoi, *Regii Navarrœ gymnasii Hist.*, p. 621.)

[2] « Nisi turpi palinodia gloriam hanc omnem ipse sibi invidisset. » (Bezæ *Icones*.)

quelles il parut lui-même, y donnant des gages de sa foi par sa magnificence et par toutes sortes de dévotions [1].

Dans son testament, il recommanda son âme à la vierge Marie et à la cour céleste du paradis, et demanda qu'on dît après sa mort (arrivée en 1533) douze cents messes à son intention.

Briçonnet est peut-être l'exemple de chute le plus illustre que la Réformation présente. Nulle part on ne vit un homme engagé si avant dans la Réforme et si sincèrement pieux tourner aussi brusquement contre elle. Cependant, il faut bien comprendre et son caractère et sa chute. Briçonnet fut, du côté de Rome, ce que fut Lefèvre du côté de la Réformation. Ce sont deux personnages de juste-milieu, qui n'appartiennent proprement à aucun des deux partis; mais l'un est du centre droit et l'autre du centre gauche. Le docteur d'Étaples penche vers la Parole, tandis que l'évêque de Meaux penche vers la hiérarchie; et quand ces deux hommes qui se touchent doivent se décider, l'un se range avec Rome, et l'autre avec Jésus-Christ. Au reste, on ne peut être sûr que Briçonnet ait été entièrement infidèle aux convictions de sa foi; jamais les docteurs romains n'ont eu en lui une pleine confiance, même après ses rétractations. Mais il fit peut-être comme plus tard l'évêque de Cambrai, avec lequel il a plus d'un trait de ressemblance; il crut pouvoir se soumettre extérieurement au pape, tout en demeurant intérieurement soumis à la Parole divine. C'est là une faiblesse incompatible avec les principes de la Réformation. Briçonnet fut l'un des chefs de l'école mystique ou quiétiste en France; et l'on sait que l'un de ses premiers principes a toujours été de s'accommoder à l'Église où l'on se trouve, quelle qu'elle puisse être.

La chute coupable de Briçonnet retentit dans le cœur de ses anciens amis, et fut le triste avant-coureur de ces déplorables apostasies que l'esprit du monde obtint si souvent

---

[1] Mézeray, II, p. 981. — Daniel, V, p. 644. — Moréri, article *Briçonnet*.

en France, dans un autre siècle. Ce personnage, qui semblait tenir en main les rênes de la Réforme, était brusquement jeté hors du char; et la Réforme devait dès lors poursuivre son cours en France, sans chef, sans conducteur humain, dans l'humilité et l'obscurité. Mais les disciples de l'Évangile levèrent la tête, et regardèrent dès lors avec une foi encore plus ferme à ce chef céleste, dont ils connaissaient l'inébranlable fidélité.

La Sorbonne triomphait; un grand pas était fait vers l'anéantissement de la Réformation en France; il fallait, sans plus tarder, courir à une autre victoire. Lefèvre était le premier après Briçonnet. Aussi Beda avait-il immédiatement dirigé contre lui ses attaques, en publiant contre cet illustre docteur un livre où l'on trouvait des calomnies si grossières, que « des cordonniers et des forgerons, dit Érasme, eussent pu les montrer au doigt. » Ce qui excitait surtout sa colère, c'était cette doctrine de la justification par la foi que Lefèvre avait le premier dans le seizième siècle proclamée dans la chrétienté. C'était le point auquel Beda revenait sans cesse, l'article qui, selon lui, renversait l'Église. « Quoi, disait-il, Lefèvre affirme que quiconque
« place en lui-même la force de son salut périra, tandis
« que quiconque, se dépouillant de toutes ses forces, se
« jette uniquement dans les bras de Jésus-Christ, sera
« sauvé... Oh! quelle hérésie que de prêcher ainsi l'im-
« puissance des mérites... Quelle erreur infernale! quelle
« pernicieuse tromperie du démon! Opposons-nous-y de
« tout notre pouvoir [1]. »

Aussitôt on dirigea contre le docteur d'Étaples cette machine à persécution, qui produisait la rétractation ou la mort; et déjà l'on espérait de voir Lefèvre partager le sort du pauvre cardeur Leclerc, ou celui de l'illustre évêque Briçonnet. Son procès fut bientôt instruit; un décret du parlement, du 28 août 1525, condamna neuf propositions

---

[1] « Perpendens perniciosissimam dæmonis fallaciam... Occurri quantum valui. » (Nat. Bedæ *Apolog. adv. Lutheranos*, fol. 42.)

tirées de ses commentaires sur les Évangiles, et rangea les saintes Écritures traduites par lui au nombre des livres défendus[1].

Ce n'était que le prélude. Le savant docteur le comprit. Dès les premiers signes de persécution, il avait senti qu'en l'absence de François Ier il succomberait aux attaques de ses ennemis, et que le moment était venu d'accomplir ce commandement du Seigneur : *Quand ils vous persécutent dans une ville, fuyez dans une autre*[2]. Lefèvre quitta Meaux, où, depuis la chute de l'évêque, il était d'ailleurs abreuvé d'amertume et voyait toute son activité paralysée ; et s'éloignant de ses persécuteurs, il secoua contre eux la poussière de ses pieds, « non pour leur souhaiter aucun mal, « mais comme un signe des maux qui les attendent ; car, « dit-il quelque part, de même que cette poussière est se- « couée de nos pieds, de même ils sont secoués de la face « du Seigneur[3]. »

Les persécuteurs avaient manqué leur victime ; mais ils s'en consolèrent en pensant que la France était du moins délivrée du père des hérétiques.

Lefèvre, fugitif, arriva sous un nom emprunté à Strasbourg ; aussitôt il s'y joignit franchement aux amis de la Réformation ; et quelle joie ce dut être pour lui d'entendre enseigner publiquement cet Évangile qu'il avait le premier pressenti dans l'Église. Voilà sa foi ! C'était bien cela qu'il avait voulu dire ! Il lui semblait naître une seconde fois à la vie chrétienne. Gérard Roussel, un de ces hommes évangéliques qui, comme le docteur d'Étaples, ne parvinrent pas cependant à une entière émancipation, avait ainsi que lui dû quitter la France. Ils suivaient ensemble les enseignements de Capiton et de Bucer[4] ; ils avaient avec ces fidèles

---

[1] J. Lelong. *Biblioth. sacrée*, 2e partie, p. 44.

[2] Év. selon saint Matthieu, X, 14 et 23.

[3] » Quod excussi sunt a facie Domini sicut pulvis ille excussus est a pedibus. » (Faber *in Ev. Matth.*, p. 40.)

[4] « Faber Stapulensis et Gerardus Rufus, clam e Gallia profecti, Capitonem et Bucerum audierunt. » (Melch. Adam., *Vita Capitonis*, p. 90.)

docteurs des entretiens particuliers[1], et le bruit se répandait même qu'ils avaient été envoyés à cet effet par Marguerite, sœur du roi[2]. Mais l'adoration des voies de Dieu occupait Lefèvre plus que la polémique. Portant ses regards sur la chrétienté, plein d'étonnement à la vue des grandes choses qui s'y passaient, ému de reconnaissance et le cœur plein d'attente, il tombait à genoux, et priait le Seigneur de « parfaire ce qu'il voyait pour lors commen-« cer[3]. »

Une grande joie surtout l'attendait à Strasbourg; son disciple, son fils, Farel, dont la persécution l'avait séparé depuis près de trois ans, y était arrivé avant lui. Le vieux docteur de la Sorbonne retrouvait dans son jeune élève un homme dans toute la force de l'âge, un chrétien dans toute l'énergie de la foi. Farel serrait avec respect cette main ridée qui avait conduit ses premiers pas, il éprouvait une joie indicible à retrouver son père dans une ville évangélique et à le voir entouré d'hommes fidèles. Ils entendaient ensemble les purs enseignements d'illustres docteurs; ils communiaient à la cène du Seigneur, administrée conformément à l'institution de Jésus-Christ; ils recevaient les marques touchantes de la charité de leurs frères. « Rappe-« lez-vous, lui disait Farel, ce que vous me disiez autrefois, « quand nous étions encore l'un et l'autre plongés dans « les ténèbres : Guillaume! Dieu renouvellera le monde; « et vous le verrez!... Voici le commencement de ce que « vous me dites alors. — Oui, répondait le pieux vieillard, « oui! Dieu renouvelle le monde... O mon fils, continuez « à prêcher avec courage le saint Évangile de Jésus-« Christ[4]! »

Lefèvre, par un excès de prudence sans doute, voulait

---

1 « De omnibus doctrinæ præcipuis locis cum ipsis disseruerint. » (Melch. Adam., *Vita Capitonis*, p. 90.)

2 « Missi a Margaretha, regis Francisci sorore. » (*Ibid.*)

3 Farel, *A tous seigneurs, peuples et pasteurs.*

4 « Quod et pius senex fatebatur; meque hortabatur pergerem in annuntiatione sacri Evangelii. » (Farellus Pellicano Hotting., *H. L.*, VI, p. 17.)

demeurer inconnu à Strasbourg, et y avait pris le nom d'Antoine Pérégrin, tandis que Roussel portait celui de Solnin. Mais l'illustre vieillard ne pouvait rester caché; bientôt toute la ville et même jusqu'aux enfants saluaient avec respect le vieux docteur français[1]. Il n'était pas seul; il demeurait chez Capiton avec Farel, Roussel, Vedaste, dont chacun louait la modestie, et un certain Simon, néophyte juif. Les maisons de Capiton, d'Œcolampade, de Zwingle, de Luther, étaient alors comme des hôtelleries. Telle était en ces temps la force de l'amour fraternel. Beaucoup d'autres Français se trouvaient encore dans cette ville des bords du Rhin, et ils y formaient une Église, à laquelle Farel annonça souvent la doctrine du salut. Cette société chrétienne adoucissait leur exil.

Tandis que ces frères jouissaient ainsi de l'asile que la charité fraternelle leur avait ouvert, ceux qui se trouvaient à Paris et en France étaient exposés à de grands dangers. Briçonnet s'était rétracté, Lefèvre avait quitté la France; c'était quelque chose sans doute pour la Sorbonne, mais elle en était encore à attendre les supplices qu'elle avait conseillés. Beda et les siens se voyaient sans victimes... Un homme les irritait plus encore que Briçonnet et Lefèvre : c'était Louis de Berquin. Le gentilhomme d'Artois, d'un caractère plus décidé que ses deux maîtres, ne laissait passer aucune occasion de harceler les théologiens et les moines, et de démasquer leur fanatisme. Habitant tour à tour Paris et la province, il rassemblait les livres d'Érasme et de Luther; il les traduisait[2]; il composait lui-même des écrits de controverse; enfin il défendait et propageait la nouvelle doctrine avec tout le zèle d'un nouveau converti. L'évêque d'Amiens le dénonça, Beda appuya sa plainte, et le parlement le fit jeter en prison. « Celui-ci, dit-on, n'é-« chappera ni comme Briçonnet, ni comme Lefèvre. » En effet, on le tenait sous les barres et les verrous. En vain le

---

[1] « Nam latere cupiunt et tamen pueris noti sunt. » (Capito Zwinglio *Ep.*, p. 439.)
[2] Érasme, *Ep.*, p. 923.

prieur des chartreux et d'autres encore le suppliaient-ils de faire amende honorable; il déclarait hautement qu'il ne céderait pas sur un seul point. « Alors il ne semblait « rester, dit une chronique, sinon qu'on le menât au « feu[1]. »

Marguerite, consternée de ce qui était arrivé à Briçonnet, tremblait de voir Berquin traîné à cet échafaud auquel l'évêque avait si honteusement échappé. Elle n'osait pénétrer jusque dans sa prison; mais elle cherchait à lui faire parvenir quelques paroles consolantes, et peut-être fut-ce pour lui que la princesse fit cette touchante complainte du prisonnier, où celui-ci, s'adressant au Seigneur, s'écrie :

« O sûreté, secours, accès, refuge
« De l'affligé! de l'orphelin le juge!
« Trésor entier de consolation!
« Les huys de fer, ponts-levis et barrière
« Où suis serré, me tiennent bien arrière
« De mes prochains, frères, sœurs et amis.
« Mais toutefois quelque part que sois mis,
« On ne sauroit tellement fermer l'huys
« Que tu ne sois tout soudain où je suis[2]! »

Mais Marguerite ne s'en tint pas là; elle écrivit aussitôt à son frère pour solliciter de lui la grâce de son gentilhomme. Heureuse si elle pouvait le soustraire à temps à la haine de ses ennemis.

En attendant cette victime, Beda résolut de faire trembler les adversaires de la Sorbonne et des moines, en abattant le plus célèbre d'entre eux. Érasme s'est élevé contre Luther; mais n'importe! si l'on parvient à perdre Érasme, à bien plus forte raison la ruine de Farel, de Luther et de leurs associés sera-t-elle inévitable. Le plus sûr pour atteindre un but est de viser au delà. Quand on tiendra le pied sur la gorge au philosophe de Rotterdam, quel est le

---

[1] *Actes des Martyrs*, p. 103.
[2] *Marguerites de la Marguerite des princesses*, I, p. 445.

docteur hérétique qui échappera aux vengeances de Rome ? Déjà Lecouturier, communément appelé de son nom latin, *Sutor*, avait pris les devants, en lançant contre Érasme, de sa solitaire cellule de chartreux, un écrit plein de violence, où il appelait ses adversaires, des théologastres, de petits ânes, et leur imputait des scandales, des hérésies et des blasphèmes. Traitant des sujets auxquels il n'entendait rien, il rappelait, dit malignement Érasme, ce vieux proverbe : *Ne sutor ultra crepidam :* « Que le savetier (ou le « couturier) ne raccommode que ses savates. »

Beda accourut pour soutenir son confrère. Il ordonna à Érasme de ne plus écrire[1], et, prenant lui-même cette plume qu'il enjoignait au plus grand écrivain du siècle de poser, il fit un choix de toutes les calomnies que les moines avaient inventées contre l'illustre philosophe, les traduisit en français, et en composa un livre qu'il répandit à la cour et à la ville, cherchant à ameuter contre lui la France tout entière[2]. Ce livre fut le signal de l'attaque ; de toutes parts on fondit sur Érasme. Un vieux carme de Louvain, Nicolas d'Ecmond, s'écriait chaque fois qu'il montait en chaire : « Il n'y a point de différence entre Érasme et « Luther, si ce n'est qu'Érasme est un plus grand héré-« tique[3] ; » et partout où le carme se trouvait, à table, en voiture, en galiote, il appelait Érasme un hérésiarque et un faussaire[4]. La faculté de Paris, remuée par ces clameurs, prépara une censure de l'illustre écrivain.

Érasme fut consterné. Voilà donc à quoi aboutissaient tous ses ménagements, et même son hostilité contre Luther. Plus qu'aucun autre, il s'est mis à la brèche ; et l'on veut maintenant se servir de lui comme d'un pont, et le fouler aux pieds, pour atteindre plus sûrement de communs ennemis. Cette idée le révolte ; il fait brusquement volte-face, et à peine a-t-il attaqué Luther, qu'il se tourne

---

[1] « Primum jubet ut desinam scribere. » (Er. *Ep.*, p. 921.)
[2] « Ut totam Galliam in me concitaret. » (*Ibid.*, p. 886.)
[3] « Nisi quod Erasmus esset major hæreticus. » (*Ibid.*, p. 915.)
[4] « Quoties in conviciis, in vehiculis, in navibus... » (*Ibid.*)

contre ces fanatiques docteurs, qui viennent le frapper par derrière. Jamais sa correspondance ne fut plus active. Il regarde tout autour de lui, et son prompt regard découvre aussitôt en quelles mains se trouve son sort. Il n'hésite pas : il portera ses plaintes et ses cris aux pieds de la Sorbonne, du parlement, du roi, de l'Empereur même. « Qui « a fait naître cet immense incendie de Luther, écrivit-il à « ceux des théologiens de la Sorbonne dont il espérait en- « core quelque impartialité, qui l'a attisé, si ce ne sont « les furies de Beda[1]? A la guerre, un soldat qui a bien « fait son devoir reçoit une récompense de ses généraux ; « et moi, toute la récompense que je recevrai de vous, les « généraux de cette guerre, ce sera d'être livré aux calom- « nies des Beda et des Lecouturier !..... »

« Quoi, écrivit-il au parlement de Paris, j'étais aux pri- « ses avec ces luthériens, et tandis que je livrais un rude « combat par les ordres de l'Empereur, du pape et des au- « tres princes, au péril même de ma vie, Lecouturier et « Beda m'attaquent par derrière avec des libelles furieux ! « Ah ! si la fortune ne nous avait enlevé le roi François, « j'eusse imploré ce vengeur des muses contre cette nou- « velle invasion des barbares[2]. Mais maintenant c'est à « vous d'arrêter tant d'iniquité !..... »

A peine entrevit-il la possibilité de faire parvenir une lettre au roi, qu'il lui écrivit aussi. Son regard pénétrant sut voir dans ces fanatiques docteurs de la Sorbonne les germes de la Ligue, les prédécesseurs de ces trois prêtres, qui devaient un jour établir les *Seize* contre le dernier des Valois ; son génie prédit au roi des crimes et des malheurs que ses descendants ne devaient que trop connaître. « C'est « la foi qu'ils mettent en avant, dit-il, mais ils aspirent à « la tyrannie, même envers les princes. Ils marchent d'un « pas sûr, quoique sous terre. Que le prince s'avise de « ne leur être pas soumis en toutes choses, aussitôt ils

---

[1] « Hoc gravissimum Lutheri incendium, unde natum, unde huc progressum, nisi ex Beddaïcis intemperiis? » (Er. *Ep.*, p. 887.)

[2] « Musarum vindicem adversus barbarorum incursiones. » (Er. *Ep.*, p. 2070.)

« déclareront qu'il peut être destitué par l'Église, c'est-à-
« dire par quelques faux moines et quelques faux théo-
« logiens conjurés contre la paix publique[1]. » Érasme,
écrivant à François Ier, n'eût pu toucher une corde plus
sensible.

Enfin, pour être plus sûr encore d'échapper à ses ennemis, Érasme invoqua la protection de Charles-Quint lui-
même. « Invincible empereur, lui dit-il, des hommes qui,
« sous le prétexte de la religion, veulent faire triompher
« leur ventre et leur despotisme[2], élèvent contre moi d'hor-
« ribles clameurs. Je combats sous vos drapeaux et sous
« ceux de Jésus-Christ. Que votre sagesse et votre puis-
« sance rendent la paix au monde chrétien... »

C'est ainsi que le prince des lettres s'adressait à toutes
les grandeurs du siècle. Le danger fut détourné de dessus
sa tête; les puissances du monde intervinrent; les vautours
durent abandonner une proie qu'ils croyaient déjà tenir
dans leurs serres. Alors ils portèrent ailleurs leurs regards, cherchant d'autres victimes. Elles ne leur man-
quèrent pas.

C'était en Lorraine que le sang devait d'abord couler.
Dès les premiers jours de la Réforme, il y eut association
de zèle entre Paris et la patrie des Guises. Si Paris se reposait, la Lorraine se mettait à l'œuvre, et puis Paris recom-
mençait, en attendant qu'on eût repris des forces à Nancy
ou à Metz. En juin 1525, Pierre Toussaint revint à Metz.
« Un moult biaul joisne chainoine, disent les chroniques,
« revenait à Metz, et amenait ung grant docteur et profond
« en science avec lui, nommé maistre Guillaume. » Farel
et Toussaint demandèrent à être ouïs devant messeigneurs
les Treize; on refusa : ils en appelèrent au seigneur échevin :
« fut pendue la plainte au croc. » Déjà l'on s'apprêtait à les
mettre en prison. « Par quoy craindant les dangiers, bien

---

[1] « Nisi princeps ipsorum voluntati per omnia paruerit, dicetur fautor hæreticorum et destitui poterit per ecclesiam. » (Er. *Ep.*, p. 1108.)

[2] « Simulato religionis prætextu, ventris tyrannidisque suæ negotium agentes. »
(*Ibid.*, p. 962.)

« vistement s'en sont partis de Metz et chevaulchairent
« toute la nuyt de peur d'être trappés[1]. »

Les premiers coups parurent devoir tomber sur un homme excellent, l'un des réfugiés de Bâle, ami de Farel et de Toussaint. Le chevalier d'Esch n'avait pu échapper, à Metz, aux soupçons des prêtres. On reconnut qu'il avait des rapports avec les chrétiens évangéliques, et on le fit prisonnier à Pont-à-Mousson, à cinq milles de Metz, sur les bords de la Moselle[2]. Cette nouvelle remplit de douleur les Français réfugiés et les Suisses eux-mêmes. « O cœur « plein d'innocence! s'écria Œcolampade. J'ai cette con- « fiance dans le Seigneur, ajoutait-il, qu'il nous gardera « cet homme dans la vie, pour annoncer son nom en pré- « dicateur de la justice, ou dans la mort pour le confesser « en martyr[3]. » Mais en même temps, Œcolampade désapprouvait la vivacité, l'entraînement, le zèle, à son avis sans prudence, qui distinguaient les réfugiés français. « Je dé- « sire, disait-il, que mes très chers seigneurs de France « ne se hâtent pas de retourner ainsi dans leur pays avant « d'avoir bien examiné toutes choses; car le démon tend « partout ses piéges. Néanmoins qu'ils obéissent à l'Esprit « de Christ, et que cet Esprit ne les abandonne jamais[4]. »

On devait trembler, en effet, pour le sort du chevalier. Il y avait en Lorraine un redoublement de haine. Le provincial des cordeliers, frère Bonaventure Renel, confesseur du duc Antoine le Bon, homme effronté et peu recommandable sous le rapport des mœurs, laissait à ce prince faible, qui régna de 1508 à 1544, une grande liberté dans ses plaisirs, et il lui persuadait, presque à titre de pénitence, de perdre sans miséricorde tous les novateurs. « Il suffit à « chacun, disait souvent ce prince, si bien conseillé par

---

[1] *Chroniques de Metz*, p. 823.
[2] « Noster captus detinetur in Bundamosa quinque millibus a Metis. » (Œcol. Farello, *Ep.*, p. 201.)
[3] « Vel vivum confessorem, vel mortuum martyrem servabit. » (*Ibid.*)
[4] « Nollem carissimos dominos meos gallos properare in Galliam..... » (*Ibid.*)

« Renel, de savoir le *Pater* et l'*Ave Maria;* les plus grands
« docteurs sont cause des plus grands troubles[1]. »

Vers la fin de l'an 1524, on apprit à la cour du duc qu'un pasteur nommé Schuch prêchait une doctrine nouvelle, dans la ville de Saint-Hippolyte, située au pied des Vosges. « Qu'ils rentrent dans l'ordre, dit Antoine *le Bon*, sinon « je marche contre la ville, et j'y mets tout à feu et à « sang[2]. »

Alors le fidèle pasteur prit la résolution de se dévouer pour ses brebis; il se rendit à Nancy, où résidait le prince. A peine arrivé, on le jeta dans une infecte prison, sous la garde d'hommes grossiers et cruels; et le frère Bonaventure vit enfin l'hérétique en sa puissance. Ce fut lui qui présida à l'enquête. « Hérétique! lui disait-il, Judas! Dia-« ble! » Schuch, calme et recueilli, ne répondait point à ces injures; mais tenant en main sa Bible toute couverte de notes qu'il y avait inscrites, il confessait avec douceur et avec force Jésus-Christ crucifié. Mais tout à coup il s'anime, il se lève avec courage; il hausse la voix, comme saisi par l'Esprit d'en haut, et regardant en face ses juges, il leur dénonce les terribles jugements de Dieu.

Le frère Bonaventure et ses compagnons, épouvantés et transportés de rage, se jettent sur lui en poussant des cris, lui arrachent cette Bible dans laquelle il lisait de si menaçantes paroles, « et, comme chiens enragés, dit le chroni-« queur, ne pouvant mordre sur sa doctrine, ils la brûlè-« rent en leur couvent[3]. »

Toute la cour de Lorraine retentit de l'obstination et de l'audace du ministre de Saint-Hippolyte, et le prince, curieux d'entendre l'hérétique, voulut être présent à sa dernière comparution, en secret toutefois et caché à tous les regards. Mais l'interrogatoire ayant lieu en latin, il ne put le comprendre; seulement il fut frappé de voir le ministre ferme dans sa contenance, ne paraissant ni vaincu ni

---

[1] *Actes des Martyrs*, p. 97.
[2] *Ibid.*, p. 95.
[3] *Ibid.*, recueillis en français par Crespin, p. 97.

étonné. Indigné de cette obstination, Antoine le Bon se leva, et dit en s'en allant : « Pourquoi disputer encore? « Il nie le sacrement de la messe; que l'on procède à exé-« cution contre lui[1]. » Aussitôt Schuch fut condamné à être brûlé vif. En apprenant sa sentence, il leva les yeux au ciel, et dit avec douceur : « Je me suis réjoui à cause « de ceux qui me disaient : Nous irons à la maison de « l'Éternel[2]. »

Le 19 août 1525, toute la ville de Nancy était en émoi. Les cloches annonçaient la mort d'un hérétique. La lugubre procession se mit en marche. Il fallait passer devant le couvent des cordeliers, qui, joyeux et dans l'attente, étaient réunis devant la porte. Au moment où Schuch parut, le père Bonaventure, montrant les images sculptées sur le portail du couvent, s'écria : « Hérétique! porte honneur à Dieu, « à sa Mère et aux saints! — O hypocrites! » répondit Schuch en demeurant la tête levée devant ces morceaux de bois et de pierre, « Dieu vous détruira et amènera à lu-« mière vos tromperies!... »

Le martyr étant arrivé au lieu du supplice, on brûla premièrement ses livres en sa présence; puis on le somma de se rétracter, mais il refusa en disant : « C'est toi, ô Dieu, « qui m'as appelé, et tu m'affermiras jusqu'à la fin[3]. » Alors il se mit à prononcer à haute voix le psaume LI : « O Dieu! « aie pitié de moi selon ta miséricorde! » Étant monté sur le bûcher, il continua à réciter le psaume jusqu'à ce que la fumée et les flammes eurent étouffé sa voix.

Ainsi les persécuteurs de France et de Lorraine voyaient recommencer leurs triomphes; enfin on faisait attention à leurs avis. Des cendres hérétiques avaient été jetées au vent à Nancy; c'était une provocation adressée à la capitale de la France. Quoi! Beda et Lecouturier seraient les derniers à montrer leur zèle pour le pape! Que les flammes répondent

---

[1] *Hist. de François Ier*, par Gaillard, IV, p. 233.
[2] Psaume CXXII, v. 1.
[3] « Eum auctorem vocationis suæ atque conservatorem, ad extremum usque spiritum recognovit. » (*Acta Mart.*, p. 202.)

aux flammes, et que bientôt l'hérésie, balayée du sol du royaume, soit entièrement rejetée au delà du Rhin.

Mais avant de réussir, Beda devait avoir à soutenir un combat moitié sérieux, moitié plaisant, contre l'un de ces hommes pour lesquels la lutte avec la papauté n'est qu'un jeu de l'esprit et non un intérêt du cœur.

Parmi les savants que Briçonnet avait attirés dans son diocèse, se trouvait un docteur de la Sorbonne, nommé Pierre Caroli, homme vain, léger, aussi brouillon et chicaneur que Beda lui-même. Caroli vit dans la nouvelle doctrine un moyen de faire de l'effet et de contrarier Beda, dont il ne pouvait supporter la domination. Aussi, étant revenu de Meaux à Paris, il y fit grande sensation en portant dans toutes les chaires ce qu'on appelait « la nouvelle « manière de prêcher. » Alors commença entre les deux docteurs une lutte infatigable ; c'était coup contre coup et ruse contre ruse. Beda cite Caroli devant la Sorbonne, et Caroli l'assigne à l'officialité en réparation d'honneur. La Faculté continue son enquête, et Caroli signifie un acte d'appel au parlement. On lui interdit la chaire par provision, et il prêche dans toutes les églises de Paris. On lui ferme décidément toutes les chaires, et il explique publiquement les psaumes dans le collége de Cambrai. La Faculté lui défend de continuer cet exercice, et il demande d'achever l'explication du psaume XXII, qu'il a commencée. Enfin, sa demande est rejetée, et alors il placarde aux portes du collége l'affiche suivante : « *Pierre Caroli*, « *voulant obtempérer aux ordres de la sacrée Faculté, cesse* « *d'enseigner; il reprendra ses leçons (quand il plaira à Dieu)* « *à ce verset où il en est resté :* ILS ONT PERCÉ MES MAINS ET « MES PIEDS. » Ainsi Beda avait enfin trouvé un lutteur qui le valait. Si Caroli eût défendu sérieusement la vérité, le feu en eût bientôt fait justice ; mais il avait un esprit trop profane pour qu'on le mît à mort. Comment faire mourir un homme qui décontenançait ses juges? Ni l'officialité, ni le parlement, ni le conseil ne purent jamais juger définitivement sa cause. Deux hommes tels que Caroli eussent mis à bout l'activité de Beda lui-même; mais la Réformation n'en vit pas deux[1].

Cette lutte impertinente finie, Beda se mit à des affaires plus sérieuses. Heureusement pour le syndic de la Sorbonne, il y avait des hommes qui prêtaient mieux prise à la persécution que Caroli. Briçonnet, il est vrai, Érasme, Lefèvre, Berquin lui avaient échappé; mais puisqu'il ne peut atteindre ces grands personnages, il se contentera de moindres. Le pauvre jeune Jacques Pavanne, depuis son abjuration de Noël 1524, était toujours dans les larmes et les soupirs. On le rencontrait l'air morne, le regard fixé vers la terre, gémissant en lui-même et se faisant de vifs reproches d'avoir renié son Sauveur et son Dieu[2].

Pavanne était sans doute le plus modeste et le plus innocent des hommes; mais n'importe! il avait été à Meaux; cela suffisait alors. « Pavanne est relaps! s'écrie-t-on; *le « chien est retourné à ce qu'il avait vomi, et la truie lavée se « vautre de nouveau dans le bourbier!* » Il fut aussitôt saisi, jeté en prison, et conduit devant les juges. C'était tout ce que le jeune maître Jacques demandait. Il se sentit soulagé dès qu'il fut dans les fers, et retrouva toute sa force pour confesser hautement Jésus-Christ[3]. Les cruels sourirent en voyant que cette fois-ci rien ne pouvait leur enlever leur victime; point de rétractation, point de fuite, point de patronage puissant. La douceur du jeune homme, sa candeur, son courage, rien ne pouvait adoucir ses adversaires. Il les regardait avec amour; car en le jetant dans les chaînes ils lui avaient rendu sa tranquillité et sa joie; mais ce regard si tendre endurcissait encore plus leur cœur. Son procès fut promptement instruit, et bientôt la place de Grève vit s'élever un bûcher, où Pavanne mourut joyeusement, en

---

[1] Gerdesius, *Historia seculi XVI renovati*, p. 52. — D'Argentré, *Collectio judiciorum de novis erroribus*, II, p. 21. — Gaillard, *Hist. de François I*er, t. IV, p. 233.)

[2] « Animi factum suum detestantis dolorem sæpe declaraverit. » (*Acta Mart.*, p. 203.)

[3] « Puram religionis christianæ confessionem addit. » (*Ibid.*)

fortifiant par son exemple tous ceux qui, dans cette grande ville, croyaient ouvertement ou secrètement à l'Évangile de Christ.

Ce n'était pas assez pour la Sorbonne. Si ce sont des petits que l'on immole, il faut au moins que le nombre rachète la qualité. Les flammes de la place de Grève ont jeté l'effroi dans Paris et dans la France; mais un nouveau bûcher, allumé sur quelque autre place, doublera la terreur. On s'en entretiendra à la cour, dans les colléges et dans les ateliers du peuple; et de telles preuves apprendront mieux que toutes les ordonnances, que Louise de Savoie, la Sorbonne et le parlement sont décidés à sacrifier jusqu'au dernier hérétique aux anathèmes de Rome.

Dans la forêt de Livry, à trois lieues de Paris, non loin de l'endroit où s'élevait l'antique abbaye de l'ordre de Saint-Augustin, vivait un ermite qui, ayant rencontré dans ses courses des hommes de Meaux, avait reçu dans son cœur la doctrine évangélique[1]. Le pauvre ermite s'était trouvé bien riche dans son réduit, quand un jour, avec le pain chétif que la charité publique lui donnait, il y avait rapporté Jésus-Christ et sa grâce. Dès lors il avait compris qu'il valait mieux donner que recevoir. Il allait de maison en maison dans les villages d'alentour, et à peine avait-il ouvert les portes des pauvres paysans dont il visitait les humbles cabanes, qu'il leur parlait de l'Évangile, du pardon complet qu'il donne aux âmes angoissées, et qui vaut mieux que les absolutions[2]. Bientôt le bon ermite de Livry fut connu dans les environs de Paris; on vint le chercher dans son pauvre ermitage, et il fut un doux et fervent missionnaire pour les âmes simples de ces contrées.

Le bruit des faits du nouvel évangéliste ne tarda pas à arriver aux oreilles de la Sorbonne et de la justice de Paris.

---

[1] « Cette semence de Faber et de ses disciples, prise au grenier de Luther, germa dans le sot esprit d'un ermite, qui se tenoit près la ville de Paris. » (*Hist. catholique de notre temps*, par S. Fontaine. Paris, 1562.)

[2] « Lequel par les villages qu'il fréquentoit, sous couleur de faire ses questes, tenoit propos hérétiques. » (*Ibid.*)

L'ermite fut appréhendé, traîné hors de son ermitage, de sa forêt, de ces campagnes par lui journellement parcourues, jeté en un cachot dans la grande ville qu'il avait toujours évitée, jugé, convaincu et condamné à être « exem-« plairement puny de peine de petit feu[1]. »

On résolut, pour faire un plus grand exemple, qu'il serait brûlé vif au parvis Notre-Dame, devant cette illustre basilique, symbole majestueux de la catholicité romaine. Tout le clergé fut convoqué, et l'on déploya une grande pompe, comme aux jours les plus solennels[2]. On eût voulu assembler tout Paris autour de ce bûcher, « étant sonnée, « dit un historien, la grosse cloche du temple de Notre-« Dame à grand branle, pour émouvoir le peuple de toute « la ville[3]. » De toutes les rues aboutissantes le peuple accourait, en effet, sur la place. Les sons majestueux de l'airain arrêtaient l'ouvrier dans son travail, l'écolier dans ses études, le marchand dans son trafic, le soldat du roi dans son oisiveté; et déjà toute la place était couverte d'une foule immense, que l'on accourait encore. L'ermite, recouvert des vêtements attribués aux hérétiques obstinés, la tête et les pieds nus, avait été amené devant les portes de la cathédrale. Tranquille, ferme, recueilli, il ne répondait aux exhortations des confesseurs qui lui présentaient le crucifix, qu'en leur déclarant que son espérance était uniquement dans le pardon de Dieu. Les docteurs de la Sorbonne, au premier rang des spectateurs, voyant sa constance, et l'effet qu'elle produisait sur le peuple, criaient à haute voix : « C'est un homme damné qu'on mène au feu d'enfer[4]! » Cependant on sonnait toujours à la volée la grande cloche, dont les sons, en étourdissant les oreilles de la foule, augmentaient la solennité de cette lugubre fête. Enfin la cloche se tut, et le martyr ayant répondu aux dernières questions

---

[1] *Hist. catholique de notre temps*, par Fontaine.
[2] « Avec une grande cérémonie. » (*Hist. des Églises réformées*, par Théod. de Bèze, I, p. 4.)
[3] *Ibid.*
[4] *Ibid.*

de ses adversaires, qu'il voulait mourir dans la foi en son Seigneur Jésus-Christ, fut, ainsi que le portait le jugement, « brûlé à petit feu. » Ainsi mourut paisiblement au parvis Notre-Dame, au milieu des cris et de l'émotion de tout un peuple, sous les tours élevées par la piété de Louis le Jeune, cet homme, dont l'histoire ne nous a pas même conservé le nom, — « l'ermite de Livry. »

XV

Tandis que les hommes mettaient ainsi à mort les premiers confesseurs de Jésus-Christ en France, Dieu en préparait de plus puissants. Beda traînait au supplice un modeste écolier, un humble ermite, et croyait presque y traîner avec eux toute la Réforme. Mais la Providence a des ressources que le monde ne connaît pas. L'Évangile, comme l'oiseau de la fable, porte en lui un principe de vie, que les flammes ne peuvent consumer, et il renaît de ses cendres. C'est souvent à l'instant même où l'orage est le plus fort, où la foudre semble avoir abattu la vérité et où la nuit la plus obscure la recouvre, qu'une lueur soudaine brille pour elle et annonce une grande délivrance. Alors que toutes les puissances humaines s'armaient en France pour la destruction totale de la Réformation, Dieu préparait un instrument, faible en apparence, pour soutenir un jour ses droits et défendre sa cause avec une intrépidité plus qu'humaine. Au milieu des persécutions et des bûchers qui se succèdent et qui se pressent depuis que François Ier est prisonnier de Charles, arrêtons notre regard sur un enfant, appelé à se mettre un jour à la tête d'une grande armée, dans les saintes luttes d'Israël.

Parmi les habitants de la ville et des colléges de Paris, qui entendirent les sons de la grosse cloche, se trouvait un jeune écolier de seize ans, natif de Noyon en Picardie, d'une taille médiocre, d'une figure pâle, et dont les yeux perçants et le regard plein de vie annonçaient un esprit d'une sagacité peu commune[1]. Ses habits, d'une grande propreté, mais aussi d'une parfaite simplicité, indiquaient l'ordre et la modestie[2]. Ce jeune homme, nommé Jean Cauvin, ou Calvin, étudiait alors au collége de la Marche, sous Mathurin Cordier, régent célèbre par sa probité, son érudition et les dons qu'ils avait reçus pour instruire la jeunesse. Élevé dans toutes les superstitions de la papauté, l'écolier de Noyon était aveuglément soumis à l'Église, adonné avec docilité à ses pratiques[3], et persuadé que les hérétiques avaient bien mérité les flammes qui les consumaient. Le sang qui coulait alors dans Paris grandissait encore à ses yeux le crime de l'hérésie. Mais quoique d'un naturel timide et craintif, et qu'il a appelé lui-même mou et pusillanime[4], il avait cette droiture et cette générosité du cœur qui portent à tout sacrifier pour les convictions qu'on a acquises. Aussi, en vain sa jeunesse était-elle frappée de ces affreux spectacles, en vain sur la place de Grève et sur le parvis Notre-Dame des flammes homicides consumaient-elles de fidèles disciples de l'Évangile, le souvenir de ces horreurs ne devait point l'empêcher un jour d'entrer dans cette voie nouvelle, où l'on semblait n'avoir à attendre que les prisons et l'échafaud. Au reste, on trouvait déjà dans le caractère du jeune Calvin des traits qui annonçaient ce qu'il devait être. La sévérité de la morale préludait en lui à la sévérité de la doctrine, et l'on pouvait reconnaître dans l'écolier de seize ans un homme qui prendrait au sérieux tout ce qu'il aurait reçu, et qui demanderait avec fermeté aux autres ce que lui-même trouverait tout simple de faire. Tranquille et grave pendant les leçons, ne prenant à l'heure des récréations aucun plaisir aux amusements et aux folies

---

[1] « Statura fuit mediocri, colore subpallido et nigricante, oculis ad mortem usque limpidis, quique ingenii sagacitatem testarentur. » (Bezæ *Vita Calvini*.)

[2] « Cultu corporis, neque culto neque sordido, sed qui singularem modestiam deceret. » (*Ibid.*)

[3] « Primo quidem quum superstitionibus Papatus magis pertinaciter addictus essem. » (Calv., Præf. ad *Psalm.*)

[4] « Ego qui natura timido, molli et pusillo animo me esse fateor. » (*Ibid.*)

de ses condisciples, se tenant à part[1] et plein d'horreur pour le vice, il censurait quelquefois leurs désordres avec sévérité, avec quelque âpreté même[2]. Aussi un chanoine de Noyon nous assure-t-il que ses disciples l'avaient surnommé l'*Accusatif*[3]. Il était au milieu d'eux le représentant de la conscience et du devoir, tant il était loin d'être ce que quelques calomniateurs ont voulu le faire. La figure pâle, le regard perçant de l'écolier de seize ans, inspiraient déjà plus de respect à ses camarades que la robe noire de leurs maîtres ; et cet enfant picard, de petite taille, et d'une apparence craintive, qui venait s'asseoir chaque jour sur les bancs du collége de la Marche, y était déjà, sans y penser, par la gravité de sa parole et de sa vie, comme un ministre et un réformateur.

Ce n'était pas seulement sous ces rapports que le jeune garçon de Noyon s'élevait au-dessus de ses condisciples. Sa grande timidité l'empêchait quelquefois de manifester l'horreur que lui inspiraient la vanité et le vice ; mais il consacrait déjà alors à l'étude toute la force de son génie et de sa volonté ; et à le voir on pouvait pressentir l'homme qui userait sa vie au travail. Il comprenait tout avec une inconcevable facilité ; il courait dans ses études là où ses condisciples ne se traînaient que lentement, et il gravait profondément dans son jeune génie ce que d'autres mettaient beaucoup de temps à apprendre superficiellement. Aussi ses maîtres devaient-ils le sortir des rangs et le faire passer seul à des études nouvelles[4].

Parmi ses condisciples se trouvaient les jeunes de Mommor, appartenant à la première noblesse de la Picardie. Jean Calvin était intimement lié avec eux, surtout avec Claude, qui fut plus tard abbé de Saint-Éloi et auquel il

---

[1] « Summam in moribus affectabat gravitatem, et paucorum hominum consuetudine utebatur. » (Fl. Ræmundi, *Hist. Hæres.*, VII, p. 10.)

[2] « Severus omnium in suis sodalibus censor. » (Bezæ *Vita Calvini*.)

[3] *Annales de l'Église de Noyon*, par Levasseur, chanoine, p. 1158.

[4] « Exculto ipsius ingenio quod ei jam tum erat acerrimum, ita profecit ut cæteris, sodalibus in grammatices curriculo relectis, ad dialecticos et aliarum quas vocant artium studium promoveretur. » (Beza.)

dédia son *Commentaire sur Sénèque*. C'était dans la compagnie de ces jeunes nobles que Calvin était venu à Paris. Son père, Gérard Cauvin, notaire apostolique, procureur fiscal du comté de Noyon, secrétaire de l'évêché et promoteur du chapitre[1], était un homme judicieux et habile, que ses talents avaient porté à ces charges recherchées par les meilleures familles, et qui avait su gagner l'estime de tous les gentilshommes du pays, et en particulier de l'illustre famille de Mommor[2]. Gérard demeurait à Noyon[3] ; il avait épousé une jeune fille de Cambrai, d'une beauté remarquable et d'une piété craintive nommé Jeanne Lefranq, qui lui avait déjà donné un fils nommé Charles, quand elle mit au monde, le 10 juillet 1509, un second fils, qui reçut le nom de Jean et fut baptisé dans l'église de Sainte-Godeberte[4]. Un troisième fils, nommé Antoine, qui mourut de bonne heure, et deux filles, complétèrent la famille du procureur fiscal de Noyon.

Gérard Cauvin, vivant dans des rapports intimes avec les chefs du clergé et les premiers de la province, voulut que ses enfants reçussent la même éducation que ceux des meilleures familles. Jean, dont il avait reconnu les talents précoces, fut élevé avec les fils de la maison de Mommor ; il était chez eux comme l'un d'eux, et prenait les mêmes leçons que le jeune Claude. Ce fut dans cette famille qu'il

---

[1] Levasseur, docteur de la Sorbonne. (*Annales de l'église de Noyon*, p. 1151. — Drelincourt, *Défense de Calvin*, p. 193.)

[2] « Erat is Gerardus non parvi judicii et consilii homo, ideoque nobilibus ejus regionis plerisque carus. » (Beza.)

[3] « Dans la place où est bastie maintenant la maison du Cerf. » (Desmay, docteur de la Sorbonne, *Vie de Jean Calvin, hérésiarque*, p. 30. — Levasseur, *Annales de l'église de Noyon*, p. 1157.)

[4] Les calomnies et les contes extravagants sur la personne de Calvin ont commencé de bonne heure. J. Levasseur, plus tard doyen des chanoines de Noyon, rapporte que quand la mère de Calvin le mit au monde, « avant la sortie de l'en-« fant, il sortit une quantité de grosses mouches, présage non douteux qu'il devait « être un jour un médisant et un calomniateur. » (*Annales de l'église de Noyon*, p. 1157.) Ces sottises et toutes celles du même genre qu'on a inventées contre le réformateur se réfutent d'elles-mêmes, sans que nous nous donnions la peine de le faire. De nos jours, ceux des docteurs romains qui n'ont pas honte d'employer l'arme de la calomnie font un choix parmi ces contes bas et ridicules, n'osant les rapporter tous ; mais ils ont tous la même valeur.

apprit les premiers éléments des lettres et de la vie, et il eut ainsi une culture plus relevée que celle qu'il paraissait destiné à recevoir [1]. Plus tard on l'envoya au collége des Capettes, fondé dans la ville de Noyon [2]. L'enfant n'avait que peu de récréations. La sévérité, qui fut l'un des traits du caractère du fils, se trouvait aussi dans le père. Gérard l'élevait rigidement; Jean dut plier, dès ses plus tendres années, sous la règle inflexible du devoir; il s'y forma de bonne heure, et l'influence du père combattit ainsi celle de la famille de Mommor. Calvin, d'un caractère craintif et d'une nature un peu rustre, dit-il lui-même [3], rendu encore plus timide par la sévérité de son père, fuyait les beaux appartements de ses protecteurs, et aimait à demeurer seul et dans l'ombre [4]. Ainsi sa jeune âme se formait dans la retraite aux grandes pensées. Il paraît qu'il allait quelquefois au village de Pont-l'Évêque, près de Noyon, où son grand-père habitait une chaumière [5], et où d'autres parents encore, qui changèrent plus tard de nom par haine de l'hérésiarque, recevaient alors avec bonté le fils du procureur fiscal. Mais c'était aux études que le temps du jeune Calvin était surtout consacré. Tandis que Luther, qui devait agir sur le peuple, fut élevé comme un enfant du peuple, Calvin, qui devait agir surtout comme théologien, comme penseur, et devenir le législateur de l'Église renouvelée, reçut dès son enfance une éducation plus libérale [6].

Un esprit de piété se manifesta de bonne heure dans le cœur de l'enfant. Un auteur rapporte qu'on l'accoutuma, jeune encore, à prier en plein air, sous la voûte du ciel; ce qui contribua à réveiller dans son cœur le sentiment de la

---

[1] « Domi vestræ puer educatus, iisdem tecum studiis initiatus, primam vitæ et litterarum disciplinam familiæ vestræ nobilissimæ acceptam refero. » (Calv. Præf. in *Senecam*, ad Claudium.)
[2] Desmay, *Remarques*, p. 31. — Drelincourt, *Défense*, p. 158.
[3] « Ego qui natura subrusticus. » (Præf. ad *Psalm*.)
[4] « Umbram et otium semper amavi... latebras captare. » (*Ibid.*)
[5] « Le bruit est que son grand-père était tonnelier. » (Drelincourt, *Défense*, p. 36. — *Annales de l'église de Noyon*, p. 1151.)
[6] Henry, *Das Leben Calvins*, p. 29.

présence de Dieu [1]. Mais quoique Calvin ait pu dès son enfance entendre la voix de Dieu dans son cœur, personne à Noyon n'était plus rigide que lui dans l'observance des règles ecclésiastiques. Aussi Gérard, frappé de ces dispositions, conçut-il le dessein de vouer son fils à la théologie [2]. Cette perspective contribua sans doute à donner à son âme cette forme grave, ce caractère théologique, qui le distinguèrent plus tard. Son esprit était de nature à recevoir de bonne heure une forte empreinte et à se familiariser dès le jeune âge avec les pensées les plus élevées. Le bruit qu'il fut alors enfant de chœur n'a aucun fondement, d'après le témoignage de ses adversaires eux-mêmes. Mais ils assurent qu'étant enfant on le vit porter aux processions, en guise de croix, une épée à garde croisée [3]. Présage de ce qu'il serait un jour, ajoutent-ils. « Le Seigneur a rendu « ma bouche semblable à une épée aiguë, » dit, dans Ésaïe, le serviteur de l'Éternel. On peut le dire de Calvin.

Gérard était pauvre ; l'éducation de son fils lui coûtait beaucoup, et il désirait l'attacher irrévocablement à l'Église. Le cardinal de Lorraine avait été fait, à l'âge de quatre ans, coadjuteur de l'évêque de Metz. C'était alors une chose ordinaire que de donner à des enfants des titres et des revenus ecclésiastiques. Alphonse de Portugal fut fait cardinal par Léon X à huit ans, et Odet de Châtillon par Clément VII à onze ans; plus tard la célèbre mère Angélique de Port-Royal fut faite, à sept ans, coadjutrice de ce monastère. Gérard, qui mourut fidèle catholique, était bien vu de l'évêque de Noyon, messire Charles de Hangest, et de ses vicaires généraux. Aussi le chapelain de la Gésine ayant résigné sa charge, l'évêque donna-t-il, le 21 mai 1521, ce bénéfice à Jean Calvin, alors âgé de près de douze ans. La communication en fut faite au chapitre huit jours

---

[1] *Calvin's Leben* von Fischer, Leipzig, 1794. L'auteur ne cite pas l'autorité sur laquelle ce fait repose.

[2] « Destinarat autem eum pater ab initio theologiæ studiis, quod in illa etiam tenera ætate mirum in modum religiosus esset. » (Bezæ *Vita Calvini*.)

[3] Levasseur, *Annales de l'église de Noyon*, p. 1159 et 1173.

après. La veille de la fête du Saint-Sacrement, l'évêque coupa solennellement les cheveux de l'enfant [1], et par cette cérémonie de tonsure Jean entra dans la cléricature, et devint capable d'être admis aux ordres sacrés et de posséder un bénéfice, sans résider sur les lieux mêmes.

Ainsi Calvin était appelé à faire sur lui-même, comme enfant, l'expérience des abus de l'Église de Rome. Il n'y avait pas de tonsuré dans le royaume plus sérieux dans sa piété que le chapelain de la Gésine, et le grave enfant était peut-être étonné lui-même de l'œuvre que faisaient l'évêque et ses vicaires généraux. Mais il vénérait trop, dans sa simplicité, ces hauts personnages, pour se permettre le moindre soupçon sur la légitimité de sa tonsure. Il avait ce titre depuis deux ans lorsqu'une peste terrible vint affliger Noyon. Plusieurs chanoines adressèrent requête au chapitre, afin qu'il leur fût permis de quitter la ville. Déjà beaucoup d'habitants avaient été frappés par la grande mort, et Gérard commençait à penser avec crainte que Jean son fils, l'espoir de sa vie, pouvait être en un moment enlevé à sa tendresse par le fléau de Dieu. Les enfants de Mommor allaient continuer à Paris leurs études; c'était tout ce que le procureur fiscal avait jamais désiré pour son fils. Pourquoi séparerait-il Jean de ses condisciples? Il présenta en conséquence, le 5 août 1523, une requête au chapitre, aux fins de procurer au jeune chapelain « congé d'aller où bon lui semblerait durant la peste, « sans perdre ses distributions; ce qui lui fut accordé jus- « qu'à la fête de Saint-Remy [2]. » Jean Calvin quitta donc la maison paternelle, étant alors âgé de quatorze ans. Il faut un grand courage dans la calomnie pour attribuer son départ à d'autres causes, et pour affronter ainsi de gaieté de

---

[1] *Vie de Calvin*, par Desmay, p. 31. — Levasseur, *Annales de l'église de Noyon*, p. 1158.

[2] C'est ce que le prêtre et le vicaire général Desmay (*Jean Calvin, hérésiarque*, p. 32) et le chanoine Levasseur (*Annales de l'église de Noyon*, p. 1160) déclarent avoir trouvé dans les registres du chapitre de Noyon. Ces auteurs romains réfutent ainsi les inventions ou les bévues de Richelieu et d'autres auteurs.

cœur la honte, qui retombe justement sur les fauteurs d'accusations dont la fausseté est si authentiquement démontrée : Calvin descendit, à ce qu'il paraît, à Paris, chez un de ses oncles, Richard Cauvin, qui demeurait près de l'église de Saint-Germain-l'Auxerrois. « Ainsi, fuyant la « peste, dit le chanoine de Noyon, il fut la prendre ail- « leurs. »

Quelques années après que Calvin eut quitté Noyon, on y vit arriver un autre individu, nommé aussi Jean Cauvin [1]. Ce jeune homme, de principes corrompus, venant d'une autre partie de la France, n'était pas connu à Noyon, et fut reçu parmi les prêtres qui chantaient au chœur; bientôt même on lui donna une chapelle, ainsi qu'on avait fait au premier Jean Calvin. Comme ceci se passa dans un temps où ce dernier avait déjà «tourné à l'hérésie, » les bons chanoines de Noyon virent dans l'arrivée du nouveau Cauvin une espèce de dédommagement et de consolation; mais bientôt la conduite déréglée de ce malheureux jeta l'alarme parmi ses protecteurs. On lui fit des réprimandes, on lui imposa des punitions, on le priva même de ses gages : il n'en tint compte [2], et retomba toujours dans l'incontinence. « Voyant donc, dit le chanoine de Noyon, son endurcisse- « ment au mal, qui lui faisait négliger toute remontrance, » les chanoines privèrent Jean Cauvin de sa chapelle et du chœur. Maître Jacques Desmay, prêtre, docteur en théologie, qui avait étudié à Noyon tout ce qui concerne cette Église, ajoute qu'il fut battu de verges sous la custode en 1552, châtié en secret, puis chassé [3]. Voilà une fin bien honteuse pour un prêtre. Le chanoine conteste les verges, mais accorde tout le reste.

L'année suivante, le même fait se renouvela ; car de telles

---

[1] *Annales de l'église de Noyon*, au chapitre intitulé : *D'un autre Jean Cauvin, chapelain, vicaire de la même église de Noyon, non hérétique*, p. 1170; par le chanoine et doyen de l'église de cette ville, Jacques Levasseur.

[2] *Ibid.*

[3] *Vie de Jean Calvin*, par J. Desmay, imprimée à Rouen, chez Richard l'Allement, 1621.

aventures abondent dans l'histoire de la papauté. Un nommé Baudoin le Jeune, aussi reçu chapelain à Noyon, s'étant mis à vivre scandaleusement avec des femmes suspectes [1], il fut condamné à assister, pendant un mois, à toutes les heures du service divin et à être battu de verges [2].

Tandis que deux écrivains de la papauté nous racontent ainsi les désordres et les châtiments subis par ces deux jeunes ecclésiastiques romains, ils sont d'accord pour déclarer n'avoir rien trouvé à Noyon et dans les registres mêmes, contre les mœurs de notre grand réformateur, et se contentent de détester ses erreurs, car qui dit hérésiarque dit le « comble de tous les crimes [3]. »

Le doyen de Noyon va plus loin ; dans sa ferveur pour la papauté, il rapporte que Jean Cauvin, chassé de Noyon en 1552 pour son incontinence, mourut *bon catholique*, « grâce, « ajouta-t-il, que Dieu lui fit pour n'avoir jamais tourné sa « casaque ni changé de religion, à quoi sa vie libertine et « l'exemple de Calvin l'hérésiarque, son correspondant en « l'un et l'autre nom, semblaient lui donner pente ; » puis le chanoine et doyen termine cet étrange récit, dont la découverte est précieuse pour l'histoire de la Réformation, par ces mots : « J'ai cru devoir ajouter ce chapitre à l'his-« toire du premier Cauvin, le réformateur, *ad deluendam* « *homonymiam* (pour purger l'homonyme), crainte qu'on « ne prenne l'un pour l'autre, le catholique au lieu de l'hé-« rétique [4]. »

Certes jamais crainte ne fut mieux fondée. On sait ce qu'ont coutume de faire les écrivains de la papauté : ils profitent des méfaits de Jean Cauvin à Noyon, pour les attribuer au réformateur. Ils disent gravement à leur public que Calvin fut banni de sa patrie à cause de sa mauvaise conduite, après avoir été condamné au supplice des verges

---

[1] « Scandalose vivendo cum quibusdam mulieribus suspectis. » (*Annales de l'église de Noyon*, p. 1171.)
[2] « Præfati Domini ordinarunt ipsum cædi virgis. » (*Ibid.*)
[3] *Ibid.*, p. 1162.
[4] *Ibid.*, p. 1171.

et même du fer chaud. Malgré toute la peine qu'a prise le doyen de Noyon d'ajouter un chapitre *crainte qu'on ne prenne l'un pour l'autre, le catholique au lieu de l'hérétique*, les apologistes de Rome ne manquent pas d'attribuer au réformateur les débauches de son homonyme. Ce qui préoccupait le chanoine de Noyon, c'était la gloire de ce Jean Cauvin, *mort bon catholique*, et il tremblait qu'on ne lui attribuât *l'hérésie* de Calvin; aussi il distingue bien nettement : à l'un *l'hérésie*, à l'autre *l'incontinence*. On s'est en effet *équivoqué*, comme il paraît, mais dans le sens contraire.

Un monde nouveau s'ouvrit devant le jeune homme dans la métropole des lettres. Il en profita, se mit à l'étude, et fit de grands progrès dans la latinité. Il se familiarisa avec Cicéron, et apprit de ce grand maître à manier la langue des Romains avec une facilité, une pureté, un naturel qui firent l'admiration de ses ennemis eux-mêmes. Mais il trouvait en même temps dans cette langue des richesses qu'il devait transporter plus tard dans la sienne.

Jusqu'alors le latin avait été la seule langue lettrée; il était et il est demeuré jusqu'à nos jours la langue de l'Église; ce fut la Réformation qui créa, ou du moins qui émancipa, partout les langues vulgaires. Le rôle exclusif des prêtres avait cessé; le peuple était appelé à apprendre et à connaître. Dans ce seul fait se trouvait la fin de la langue du prêtre et l'inauguration de la langue du peuple. Ce n'est plus à la Sorbonne seulement, ce n'est plus à quelques moines, à quelques ecclésiastiques, à quelques lettrés que va s'adresser la pensée nouvelle; c'est au noble, au bourgeois, à l'artisan. On va prêcher à tous; il y a plus, tous vont prêcher; les cardeurs de laine et les chevaliers, aussi bien que les curés et les docteurs. Il faut donc une langue nouvelle, ou tout au moins il faut que la langue vulgaire subisse une immense transformation, une puissante émancipation, et que, tirée des communs usages de la vie, elle reçoive du christianisme renouvelé ses lettres de noblesse. L'Évangile, si longtemps endormi, s'est réveillé; il parle, il s'adresse à la nation tout entière, il enflamme partout les plus généreuses affections; il ouvre les trésors du ciel à une génération qui ne pensait qu'aux petites choses d'ici-bas; il ébranle les masses; il les entretient de Dieu, de l'homme, du bien et du mal, du pape, de la Bible, d'une couronne dans le ciel, et peut-être d'un échafaud sur la terre. L'idiome populaire, qui n'avait été encore que la langue des chroniques et des trouvères, est appelé par la Réforme à un nouveau rôle, et par conséquent à de nouveaux développements. Un monde nouveau commence pour la société, et il faut au nouveau monde de nouveaux langages. La Réformation tira le français des langes où il avait été retenu jusqu'alors, et lui fit atteindre l'âge de majorité. Dès lors ce langage jouit pleinement de ces droits élevés qui se rapportent aux choses de l'esprit et aux biens du ciel, et dont il avait été privé sous la tutelle de Rome. Sans doute le peuple forme lui-même sa langue; c'est lui qui trouve ces mots heureux, ces expressions figurées et énergiques qui donnent au langage tant de couleur et de vie. Mais il est des ressources qui ne sont pas de son ressort, et qui ne peuvent provenir que des hommes de l'intelligence. Calvin, appelé à discuter, à prouver, donna à la langue des liaisons, des rapports, des nuances, des transitions, des formes dialectiques, qu'elle n'avait point eus avant lui.

Déjà tous ces éléments commençaient à travailler dans la tête du jeune écolier du collège de la Marche. Cet enfant, qui devait être si puissant à manier le cœur humain, devait l'être aussi à subjuguer l'idiome dont il était appelé à se servir. La France protestante se forma plus tard au français de Calvin, et la France protestante c'était ce qu'il y avait de plus instruit dans la nation; c'est d'elle que sortirent ces familles de lettrés et de haute magistrature qui influèrent si puissamment sur la culture du peuple; c'est d'elle que sortit Port-Royal[1], l'un des grands intruments

[1] M. A. Arnauld, grand-père de la mère Angélique et de tous les Arnauld de Port-Royal, était protestant; voir *Port-Royal*, par M. Sainte-Beuve.

qui ont servi à former la prose et même la poésie française, et qui, ayant tenté de porter dans le catholicisme gallican la doctrine et la langue de la Réforme, échoua dans l'un de ses projets, mais réussit dans l'autre; car la France catholique-romaine dut venir apprendre de ses adversaires jansénistes et réformés à manier ces armes du langage sans lesquelles elle ne pouvait les combattre [1].

Tandis que se formait ainsi, dans le collége de la Marche, le futur réformateur de la religion et du langage même, tout s'agitait autour du jeune et grave écolier, sans qu'il prît encore aucune part aux grands mouvements qui remuaient la société. Les flammes qui avaient consumé l'ermite et Pavanne avaient répandu la terreur dans Paris. Mais les persécuteurs n'étaient point satisfaits; un système de terreur était mis en œuvre dans toute la France : les amis de la Réforme n'osaient plus correspondre les uns avec les autres, de peur que leurs lettres interceptées ne signalassent à la vindicte des tribunaux et ceux qui les écrivaient et ceux à qui elles étaient adressées [2]. Un homme s'aventura pourtant à porter aux réfugiés de Bâle des nouvelles de Paris et de France, en cousant dans son pourpoint une lettre sans signature. Il échappa aux pelotons d'arquebusiers, à la maréchaussée des diverses généralités, aux inquisitions des prévôts et des lieutenants, et arriva à Bâle sans que le mystérieux pourpoint eût été fouillé. Ses récits frappèrent de terreur Toussaint et ses amis. « Est chose « épouvantable à ouïr raconter les grandes cruautés qui « se font là [3]! » s'écria Toussaint. Peu auparavant étaient arrivés à Bâle, ayant les sergents de justice à leurs trousses, deux religieux de Saint-François, dont l'un, nommé Jean Prévost, avait prêché à Meaux et avait ensuite été jeté dans les prisons de Paris [4]. Ce qu'ils disaient de Paris, de Lyon,

---

[1] *Étude littér. sur Calvin*, par M. A. Sayous; Genève, 1839, art. IV. Elle a été suivie d'autres études sur Farel, Viret et Bèze.

[2] « Il n'y a personne qui ose m'écrire. » (Toussaint à Farel, 4 septembre 1525. Msc. de Neuchâtel.)

[3] *Ibid.*

[4] *Ibid.*, 21 juillet 1525.

où ils avaient passé, excitait toute la compassion des réfugiés. « Notre Seigneur y envoye sa grâce! écrivait Toussaint à Farel; je vous promets que je me trouve aucune fois en grande angoisse et tribulation. »

Cependant ces hommes excellents ne perdaient pas courage. En vain tous les parlements étaient-ils aux aguets; en vain les espions de la Sorbonne et des moines venaient-ils épier dans les églises, dans les collèges, et jusque dans les familles, les paroles évangéliques qui pouvaient y être prononcées; en vain les hommes d'armes du roi arrêtaient-ils sur les routes tout ce qui semblait porter le sceau de la Réforme : ces Français, que Rome et les siens traquaient et écrasaient, avaient foi à un meilleur avenir, et saluaient déjà la fin de cette captivité de Babylone, comme ils l'appelaient. « A la fin viendra la soixante-dixième année, l'année de la délivrance, disaient-ils, et la liberté « d'esprit et de conscience nous sera donnée[1]. » Mais les septante années devaient durer près de trois siècles, et ce n'est qu'après des malheurs inouïs que ces espérances devaient être réalisées. Au reste, ce n'était pas des hommes que les réfugiés espéraient quelque chose. « Ceux qui ont « commencé la danse, disait Toussaint, ne demeureront « point en chemin. » Mais ils croyaient que le Seigneur « connaissait ceux qu'il avait élus, et délivrerait lui-même « son peuple avec puissance[2]. »

Le chevalier d'Esch avait en effet été délivré. Échappé aux prisons de Pont-à-Mousson, il était accouru à Strasbourg; mais il n'y était pas resté longtemps. « Pour l'honneur de Dieu, avait aussitôt écrit Toussaint à Farel, « tâchez que M. le chevalier, notre bon maître[3], s'en re« tourne le plus bref que possible sera; car nos autres « frères ont grandement besoin d'un tel capitaine. » En

---

[1] Sane venit annus septuagesimus, et tempus appetit ut tandem vindicemur in libertatem spiritus et conscientiæ. » (Toussaint à Farel, 21 juillet 1525.)

[2] « Sed novit Dominus quos elegerit. » (*Ibid.*)

[3] « Si nos magistrum in terris habere deceat, » ajoute-t-il. (Tossanus Farello. Msc. de Neuchâtel.)

effet, les Français réfugiés avaient de nouvelles craintes. Ils tremblaient que cette dispute sur la cène, qui les avait si fort affligés en Allemagne, ne passât le Rhin et vînt encore apporter en France de nouvelles douleurs. François Lambert, le moine d'Avignon, qui, après avoir été à Zurich et à Wittemberg, était venu à Metz, ne leur inspirait pas une pleine confiance; on craignait qu'il n'apportât les sentiments de Luther, et que, par des controverses inutiles, « monstrueuses, » dit Toussaint, il n'arrêtât la marche de la Réformation[1]. Esch retourna donc en Lorraine ; mais ce fut pour y être exposé de nouveau à de grands dangers « avec tous ceux qui y cherchaient la gloire de Jésus-« Christ[2]. »

Cependant Toussaint n'était pas de caractère à envoyer les autres à la bataille, sans s'y rendre lui-même. Privé du commerce journalier d'Œcolampade, réduit à la société d'un prêtre grossier, il avait cherché la présence du Christ, et son courage s'était accru. S'il ne pouvait retourner à Metz, ne pouvait-il du moins aller à Paris? Les bûchers de Pavanne et de l'ermite de Livry fumaient encore, il est vrai, et semblaient repousser loin de la capitale ceux qui avaient une foi semblable à la leur. Mais si les colléges et les rues de Paris étaient frappés de terreur, en sorte que personne n'osât plus y prononcer les mots d'Évangile et de Réforme, n'était-ce pas une raison pour s'y rendre? Toussaint quitta Bâle, et arriva dans cette enceinte où le fanatisme avait pris la place des fêtes et de la dissolution. Il chercha, tout en avançant dans les études chrétiennes, à se lier avec les frères qui étaient dans les colléges, et surtout dans celui du cardinal Lemoine, où Lefèvre et Farel avaient enseigné[3]. Mais il ne put longtemps le faire en liberté. La tyrannie des commissaires du parlement et des théologiens régnait

---

[1] « Vereor ne aliquid monstri alat. » (Tossanus Farello, 27 sept. 1525.)

[2] « Audio etiam equitem periclitari, simul et omnes qui illic Christi gloriæ favent. » (*Ibid.*, 27 déc. 1525.)

[3] « Fratres qui in collegio Cardinalis Monachi sunt te salutant. » (*Ibid.* Msc. de Neuchâtel.)

souverainement dans la capitale, et quiconque leur déplaisait était par eux accusé d'hérésie[1]. Un duc et un abbé, qui ne nous sont pas nommés, dénoncèrent Toussaint comme hérétique; et un jour les sergents royaux arrêtèrent le jeune Lorrain et le jetèrent en prison. Séparé de tous ses amis, traité comme un criminel, Toussaint sentit encore plus vivement sa misère. « O Seigneur, s'écriait-il, « n'éloigne pas de moi ton Esprit! car sans lui je ne suis « que chair et un égout de péché. » Il repassait en son cœur, tandis que son corps était dans les chaînes, les noms de tous ceux qui combattaient encore librement pour l'Évangile. C'était Œcolampade, son père, et « dont nous « sommes l'ouvrage selon le Seigneur[2], » disait-il. C'était Lefèvre, qu'il croyait, sans doute à cause de son âge, « in« capable de porter le poids de l'Évangile[3]; » Roussel, « par « lequel il espérait que le Seigneur opérerait de grandes « choses[4]; » Vaugris, qui déployait toute l'activité « du « frère le plus tendre » pour l'arracher à ses ennemis[5]; c'était Farel enfin, auquel il écrivait : « Je me recommande « à vos prières, de peur que je ne succombe dans ce com« bat[6]. » Oh! comme tous les noms de ces hommes bien-aimés adoucissaient l'amertume de sa prison, et l'empêchaient de succomber! La mort, il est vrai, menaçait de l'atteindre dans cette cité où le sang d'une multitude de ses frères devait être versé comme de l'eau[7]; les amis de sa mère, de son oncle le primicier de Metz, et le cardinal de Lorraine, lui faisaient faire les offres les plus magnifiques[8]..... « Je les méprise, répondait-il; je sais que c'est

---

1 « Regnante hic tyrannide commissariorum et theologorum. » (Tossanus Farello Msc. de Neuchâtel.)
2 « Patrem nostrum, cujus nos opus sumus in Domino. » (Ibid.) Cette lettre est sans date, mais paraît écrite peu après la délivrance de Toussaint, et montre les pensées qui l'occupaient à cette époque.
3 « Faber impar est oneri evangelico ferendo. » (Ibid.)
4 « Per Rufum magna operabitur Dominus. » (Ibid.)
5 « Fidelissimi fratris officio functum. » (Ibid.)
6 « Commendo me vestris precibus, ne succumbam in hac militia. » (Ibid.)
7 « Me periclitari de vita. » (Ibid.)
8 « Offerebantur hic mihi conditiones amplissimæ. » (Ibid.)

« une tentation de Dieu. J'aime mieux avoir faim, j'aime
« mieux être abject dans la maison du Seigneur, que d'ha-
« biter avec beaucoup de richesses dans les palais des im-
« pies[1]. » En même temps il faisait une haute profession
de sa foi. « C'est ma gloire, s'écriait-il, que d'être appelé
« hérétique par ceux dont je vois que la vie et la doctrine
« sont opposées à Jésus-Christ[2]. » Et cet intéressant et
courageux jeune homme signait ses lettres : « Pierre Tous-
« saint, indigne d'être appelé chrétien. »

Ainsi des coups toujours nouveaux étaient portés à la
Réforme en l'absence du roi. Berquin, Toussaint et bien
d'autres étaient en prison; Schuch, Pavanne, l'ermite de
Livry avaient été mis à mort; Farel, Lefèvre, Roussel, un
grand nombre d'autres défenseurs de la saine doctrine
étaient exilés; des bouches puissantes étaient muettes. La
lumière du jour évangélique s'obscurcissait de plus en plus,
et l'orage grondait sans relâche, courbait, ébranlait et semblait devoir déraciner cet arbre jeune encore, que la main
de Dieu venait de planter au sol de la France.

Ce n'était pourtant point encore assez. Aux humbles
victimes qui avaient été immolées devaient en succéder de
plus illustres. Les ennemis de la Réforme en France n'ayant
pas réussi en commençant par le haut, s'étaient résignés à
prendre l'œuvre par le bas, mais avec l'espérance d'élever
toujours davantage la condamnation et la mort, jusqu'à ce
qu'elles vinssent atteindre aux plus hautes sommités. Cette
marche inverse leur réussit. A peine les cendres dont la
persécution avait couvert la place de Grève et le parvis
Notre-Dame étaient-elles dispersées, que de nouveaux
coups furent portés. Messire Antoine du Blet, cet homme
excellent, ce « négociateur » de Lyon, succomba sous les
poursuites des ennemis de la vérité, avec un autre disciple,
François Moulin, sans que nous connaissions les détails de

---

1 « Malo esurire et abjectus esse in domo Domini... » (Tossanus Farello.)

2 « Hæc, hæc gloria mea, quod habeor hæreticus ab his quorum vitam et doc-
trinam video pugnare cum Christo. » (*Ibid.*)

leur mort[1]. On alla plus loin encore; on visa plus haut; il était une tête illustre qu'on ne pouvait atteindre elle-même, mais qu'on pouvait frapper dans ceux qui lui étaient chers. C'était la duchesse d'Alençon. Michel d'Arande, chapelain de la sœur du roi, pour lequel Marguerite avait congédié tous ses autres prédicateurs, et qui prêchait devant elle le pur Évangile, devint le but des attaques des persécuteurs, et fut menacé de la prison et de la mort[2]. Presque en même temps, Antoine Papillon, auquel la princesse avait procuré la charge de premier maître des requêtes du Dauphin, mourut subitement, et le bruit universel, même parmi les adversaires, fut qu'il avait été empoisonné[3].

Ainsi la persécution s'étendait dans le royaume et s'approchait toujours plus de Marguerite. Après que les forces de la Réforme, concentrées à Meaux, à Lyon et à Bâle, avaient été dissipées, on faisait tomber l'un après l'autre ces combattants isolés, qui çà et là tenaient pour elle. Encore quelques efforts, et le sol de la France sera net d'hérésie. Les manœuvres sourdes, les pratiques secrètes, succèdent aux clameurs et aux bûchers. On fera la guerre en plein jour; mais on saura aussi la faire dans les ténèbres. Si le fanatisme emploie pour les petits le tribunal et l'échafaud, il aura en réserve pour les grands le poison et le poignard. Les docteurs d'une société célèbre n'en ont que trop patronisé l'usage; et des rois même sont tombés sous le fer des assassins. Mais si Rome a eu de tous temps des séides elle a vu aussi des Vincent de Paul et des Fénelon. Ces coups portés dans l'ombre et le silence étaient bien propres à répandre partout la terreur. A cette marche perfide et à ces persécutions fanatiques du dedans se joignaient les funestes défaites du dehors. Un voile lugubre

---

[1] « Periit Franciscus Molinus ac Dubletus. » (Er. *Ep.*, p. 1109.) Érasme, dans cette lettre adressée à François Ier en juillet 1526, nomme tous ceux qui, pendant la captivité du prince, sont devenus les victimes des fanatiques de Rome.
[2] « Periclitatus est Michael Arantius. » (*Ibid.*)
[3] « Periit Papilio, non sine gravi suspicione veneni, » dit Érasme. (*Ibid.*)

était sur tout le royaume. Il n'y avait pas de familles, surtout dans la noblesse, dont les larmes ne coulassent sur un père, un époux, un fils laissé aux champs d'Italie[1], ou dont le cœur ne tremblât pour la liberté ou pour la vie même de l'un des siens. Les grands revers qui venaient d'accabler la nation y répandaient un levain de haine contre les hérétiques. Le peuple, le parlement, l'Église, le trône même, se donnaient la main contre eux.

N'était-ce pas assez pour la duchesse d'Alençon que la défaite de Pavie eût fait périr son mari et jeté en prison son frère? Fallait-il voir le flambeau évangélique, à la douce lumière duquel elle s'était tant réjouie, éteint peut-être pour toujours?

En mai 1525 elle avait ressenti de nouvelles peines. Charles de Lannoy avait reçu l'ordre de transporter son prisonnier en Espagne. Marguerite eut recours pour elle-même aux consolations de la foi, et les ayant trouvées, elle les porta aussitôt à son frère : « Monseigneur, lui écri-
« vit-elle, plus l'on vous éloigne de nous et plus croît
« en moi la ferme espérance que j'ai de votre délivrance;
« car à l'heure que le sens des hommes se trouble et dé-
« faut, c'est à l'heure que notre Seigneur fait son chef-
« d'œuvre... Et si maintenant il vous départ de l'expé-
« rience des peines qu'il a portées pour vous, je vous
« supplie, Monseigneur, de croire que ce n'est que pour
« éprouver combien vous l'aimez, et pour vous donner le
« loisir de connaître combien il vous aime; car il veut ainsi
« votre cœur entièrement, comme par amour vous a donné
« le sien. Après vous avoir uni à lui par tribulation, il vous
« délivrera à sa gloire et votre consolation, par le mérite
« de sa victorieuse résurrection, afin que par vous son
« nom soit connu et sanctifié, non-seulement en votre
« royaume, mais par toute la chrétienté, jusqu'à la con-
« version des infidèles. Oh! que bien heureuse sera vo-
« tre brève prison, par qui Dieu tant d'âmes délivrera de

---

[1] Gaillard, *Hist. de François Ier*, II, p. 255.

« celle d'infidélité et d'éternelle damnation[1] ! » François Ier trompa l'attente de sa pieuse sœur.

Bientôt les nouvelles d'Espagne augmentèrent la douleur générale. Le chagrin et la maladie mettaient en péril les jours du fier François Ier. Si le roi reste prisonnier, s'il meurt, si la régence de sa mère se prolonge pendant de longues années, n'en est-ce pas fait de la Réformation ? « Mais quand tout semble perdu, dit plus tard le jeune « écolier de Noyon, Dieu sauve et garde son Église d'une « manière merveilleuse[2]. » L'Église de France, qui était comme dans le travail de l'enfantement, devait avoir un temps de relâche avant de nouvelles douleurs; et Dieu se servit pour le lui donner d'une faible femme, qui ne se prononça jamais complètement en faveur de la Réformation. Elle pensait plus alors à sauver le roi et le royaume qu'à délivrer des chrétiens obscurs, qui plaçaient pourtant en elle de grandes espérances[3]. Mais sous l'éclat des affaires du monde Dieu cache souvent les voies mystérieuses par lesquelles il gouverne son peuple. Un noble projet se forma dans l'âme de la duchesse d'Alençon, ou du moins elle l'accueillit avec joie : « Madame m'a commandé de « faire le voyage, écrit-elle au roi, à quoi je mettrai peine. » Traverser la mer ou les Pyrénées, arracher François Ier à la puissance de Charles-Quint, voilà désormais le but de sa vie.

Marguerite de Valois fit connaître son dessein, et la France la salua d'un cri de reconnaissance. Son grand esprit, la réputation qu'elle s'était acquise, l'amour qu'elle avait pour son frère et celui que François avait pour elle contre-balançaient puissamment aux yeux de Louise et de Duprat son attachement à la nouvelle doctrine. Tous tournaient les yeux vers elle, comme la seule personne capable de tirer le royaume du péril où il se trouvait. Que

---

[1] *Lettre de la reine de Navarre à François Ier*, p. 32.
[2] « Nam habet Deus modum, quo electos suos mirabiliter custodiat, ubi omnia perdita videntur. » (Calvinus, in *Ep. ad Rom.*, XI, 2.)
[3] « ... Beneficio illustrissimæ ducis Alençoniæ. » (Toussaint à Farel.)

Marguerite aille donc elle-même en Espagne; qu'elle parle au puissant Empereur et à ses ministres, et qu'elle fasse servir ce génie admirable dont la Providence l'a douée, à la délivrance de son frère et de son roi.

Cependant des sentiments bien divers remplissaient les cœurs des nobles et du peuple, en voyant la duchesse d'Alençon se rendre au milieu des conseils ennemis et des farouches soldats du roi catholique.

Chacun admirait le courage et le dévouement de cette jeune femme, mais sans les partager. Les amis de la princesse concevaient pour elle des craintes qui ne faillirent que trop de se réaliser. Mais les chrétiens évangéliques étaient pleins d'espérance. La captivité de François Ier avait fait fondre des rigueurs inouïes sur les amis de la Réforme; son élargissement, pensaient-ils, y mettra fin. Ouvrir au roi les portes de l'Espagne, c'est fermer celle des officialités et des châteaux où l'on jette les serviteurs de la Parole de Dieu. Marguerite se fortifia dans un dessein vers lequel toute son âme se sentait portée par tant de motifs divers :

> Le haut du ciel ne m'en peut débouter,
> Le bas enfer ni ses puissances fortes,
> Car mon Sauveur a les clés de ses portes[1] !

Son faible cœur de femme était affermi par la foi, qui donne la victoire sur le monde, et sa résolution était irrévocable; on se hâta de tout préparer pour cet important et dangereux voyage.

L'archevêque d'Embrun, depuis cardinal de Tournon, et le président de Selves étaient déjà à Madrid pour traiter de la délivrance du roi. Ils furent subordonnés à Marguerite, ainsi que l'évêque de Tarbes, depuis cardinal de Grammont; les pleins pouvoirs furent remis à la princesse seule. En même temps on envoya en Espagne, afin d'obtenir un sauf-conduit pour la sœur du roi[2]. L'Empereur faisait

---
[1] *Marguerites de la Marguerite des princesses*, I, p. 125.
[2] *Mémoires de du Bellay*, p. 124.

des difficultés ; il disait que c'était à ses ministres seuls à arranger cette affaire. « Une heure de conférence, s'écria
« Selves, entre Votre Majesté, le roi mon maître et Ma-
« dame d'Alençon, avancerait plus le traité qu'un mois de
« discussion entre jurisconsultes[1]. »

Marguerite, impatiente d'arriver, vu la maladie du roi, partit sans sauf-conduit, avec une suite imposante[2]. Elle quitta la cour, se rendant vers la Méditerranée ; mais comme elle était en chemin le sauf-conduit arriva, n'assurant la liberté de la princesse que durant trois mois seulement. N'importe, elle ne se laissera point arrêter. L'empressement était tel pour ce voyage, que la duchesse d'Alençon avait dû demander au roi qui elle devait choisir pour l'accompagner. « Vos bons serviteurs ont tant d'envie
« de vous voir, que chacun me prie d'y aller, » écrivait-elle à son frère.

A peine était-elle arrivée sur le bord de la mer que les craintes de ceux qui l'entouraient sur l'insuffisance de son sauf-conduit, mais surtout les mauvais temps et la tempête l'arrêtèrent. « Les mariniers eux-mêmes, écrit-elle à Mont-
« morency, se montroient alarmés. » Le 27 août elle se décida. « Ce porteur, écrivit-elle courageusement au roi ce
« jour même, vous dira comment le ciel, la mer et l'opi-
« nion des hommes ont retardé mon partement. Mais Celui
« seul à qui toutes choses rendent obéissance a donné
« temps si bon qu'il a rompu toute difficulté... Je ne lais-
« serai ni pour la sûreté, ni pour la mer douteuse en ce
« temps, d'aller en avant, jusques au lieu où je vous pour-
« rai voir ; car peur de mort, prison ou quelque mal que
« ce soit, me sont maintenant si accoutumés, que je les
« tiens à liberté, vie, santé, gloire et honneur, pensant par
« ce moyen participer de votre fortune que bien voudrois
« toute seule porter[3]. » Rien ne pouvait donc retenir la

---

[1] *Hist. de France*, par Garnier, t. XXIV.

[2] « Pour taster au vif la voulunté de l'esleu empereur... Madame Marguerite, duchesse d'Alençon, très notablement accompaignée de plusieurs ambassadeurs... » (*Les gestes de François de Valois*, par E. Dolet, 1540.)

[3] *Lettre de la reine de Navarre à François I*er, p. 39 et 40.

princesse à Aigues-Mortes[1], et ce fut dans ce port que la sœur de François Ier monta sur le navire préparé pour elle. Conduite de Dieu en Espagne, plutôt pour délivrer des chrétiens humbles et opprimés que pour sortir de la captivité le puissant roi de France, Marguerite se confia aux flots de cette même mer qui avait porté son frère captif après la bataille désastreuse de Pavie.

---

[1] « Jam in itinere erat Margarita, Francisci soror... e Fossis-Marianis solvens, Barcinonem primum, deinde Cæsaraugustam appulerat. » (Belcarius, *Rerum Gallic. Comm.*, p. 565.)

FIN DU TROISIÈME VOLUME.

TABLE

DES MATIÈRES CONTENUES DANS CE VOLUME

PRÉFACE. . . . . Pag. 1 à 7

LIVRE IX

PREMIÈRES RÉFORMES

(1521 et 1522)

I

Marche de la Réformation. — Le dedans et le dehors. — Période nouvelle. — Agitation de l'Allemagne. — Effroi. — Worms, Wittemberg. — Mélanchthon et Luther. — Douleur et enthousiasme. Pag. 9 à 16

II

Luther à Pathmos. — Utilités de la captivité. — Paix, angoisse, regrets de Luther. — Espoir de Luther. — La passion du réformateur. — Travaux, écrits de Luther sur la confession. — A Latomus. — Promenades de Luther. — Une chasse. . . . . . . Pag. 17 à 25

III

Premier mariage d'un pasteur. — Hommage à la loi morale. — Les moines peuvent-ils se marier? — Thèses contre le monachisme. — Plus de moines. . . . . Pag. 25 à 29

IV

L'archevêque Albert. — Luther contre l'idole de Halle. — La cour s'effraye, Luther s'indigne. — Hardiesse de Luther. — Luther à l'archevêque. — L'archevêque à Luther. — La justice et non la puissance. — Fermeté de Joachim de Brandebourg. . . Pag. 30 à 37

V

Traduction de la Bible. — Les besoins de l'Église la demandent. — Principes de la Réforme. — Tentations du Diable. — Condamnation de la Sorbonne. — Mélanchthon répond. — Luther à Wittemberg.
Pag. 38 à 44

VI

Prédication contre la messe. — Le prieur s'y oppose. — L'université contre la messe. — Thèses de Mélanchthon. — Le monachisme attaqué. — Treize moines quittent le couvent. — Des étudiants interrompent la messe. — Résolution du chapitre. — Opposition radicale de Carlstadt. — Première célébration de la cène. — La messe tombe. — Importance et erreurs de la messe. . . . . . . Pag. 45 à 56

VII

Fausse réforme, faux prophètes. — Prédication d'un nouveau royaume. — Storck, Marc Thomas et Stubner à Wittemberg. — Hésitations de Mélanchthon. — Opinion de l'Électeur, de Luther. — On détruit les images. — On ne veut plus d'études. — Luther seul sauvera la Réforme. — Luther n'hésite pas. — Dangers de la Réforme. — Projet de Luther. . . . . Pag. 57 à 67

VIII

Départ de la Wartbourg. — Nouvelle position : Luther conservateur. — Rencontre à l'Ours-Noir. — Le chevalier et les deux Suisses. — Est-ce Luther? — Désirs de voir Luther. — Lettre de Luther à l'Electeur. — Une protection plus forte que l'Electeur. — Retour à Wittemberg. — Quelle œuvre à faire. — Intrépidité et douceur. — Luther prêche. — Il faut agir par la Parole. — Comment la Réformation s'est opérée. — L'important dans la sainte cène. — Sagesse, effets de ces discours. — Didyme, Carlstadt et les prophètes. — Conférence avec Luther. — Importance et résultats de cette lutte. . . . . Pag. 68 à 88

IX

Mélanchthon revoit avec Luther le Nouveau Testament. — Son impression. — Effet. — Éditions diverses. — Ancien Testament. — L'Écriture et la foi. — Proscription de la Bible. — Bûchers. — Époque importante. — Besoins d'un exposé systématique. — Les Lieux communs de Mélanchthon. — Le péché originel. — La souveraineté de la grâce. — Vie et doctrine. — Grand effet. . . . . Pag. 87 à 96

X

Henri VIII contre Luther. — Thomas Wolsey. — Gaieté du roi, gravité de la reine. — Fisher, Morus. — Wolsey brûle à Saint-Paul les livres de Luther. — Défense des sacrements par Henri VIII. — Deux sortes d'armes. — Le livre présenté au pape. — Indignation et violence de Luther. — Les ordonnances des hommes. — Hardiesse et excès de Luther. — Rochester et Morus contre Luther. — Violence et saletés de Morus. — Le roi s'adresse à l'Électeur. . Pag. 97 à 110

XI

Mouvement général. — Des moines se prononcent pour l'Évangile, attaquent le monachisme, quittent les couvents. — Comment la Réforme s'opère parmi le peuple. — Prédications en plein air. — Évangélisation par de simples fidèles. — Les vieux et les nouveaux docteurs. — Essor de la presse. — Moines colporteurs. . . . . . Pag. 111 à 119

XII

Luther prêche à Zwickau. — L'Évangile chez le duc Henri. — L'Évangile à Worms, à Francfort. — Mouvement universel. — Wittemberg centre de la Réforme. — Triomphe et humilité de Luther. — Le principe moteur. . . . . Pag. 120 à 126

LIVRE X

AGITATIONS, REVERS ET PROGRÈS

(1522 — 1526)

I

Élément politique. — Persécution de Charles-Quint. — Siége de Pampelune. — Inigo de Loyola. — Ses luttes et sa transformation. —

Veille d'armes de Loyola. — Ses angoisses. — Luther et Loyola. — Moment décisif. — Visions de Loyola. . . . . . Pag. 127 à 136

II

Léon X brûle l'image de Luther. — Victoire et mort du pape. — Germes de réforme. — Adrien VI. — Caractère d'Adrien. — Plan de Réforme. — Opposition. . . . . Pag. 137 à 141

III

Visite épiscopale. — Invasion de Soliman. — Nouvel orage contre Luther. — On veut sa mort. — Prédication à Nuremberg. — L'autorité du pape méconnue. — Franchise du pape. — Les griefs de la nation. — Résolution libérale de la diète. — Lettre foudroyante du pape. — Emotion de Frédéric. — Opinion de Luther. . . Pag. 142 à 152

IV

Persécution. — Le duc George contre la Réformation. — Les Augustins d'Anvers. — Mirisch et Probst. — Miltenberg. — Deux moines d'Anvers. — Leur martyre à Bruxelles. — Lambert. — Effet de ces martyres. . . . . Pag. 153 à 160

V

Clément VII et Campeggi. — Diète de Nuremberg. — Projet d'un concile séculier. — Colère du pape. — La Bavière se prononce pour le pape. — Ligue de Ratisbonne. — Réforme romaine. — Parti romain en Allemagne. — Charles interdit l'assemblée de Spire. Pag. 161 à 169

VI

Persécutions en Allemagne, à Vienne, en Hongrie, en Wurtemberg. — Persécutions en Salzbourg, en Bavière, en Poméranie. — Henri de Zuphten. — Guet-apens nocturne. — Martyre de H. de Zuphten
Pag. 170 à 175

VII

Commencements de l'Église réformée. — Matérialisme et spiritualisme. — Jean Wessel docteur de la Réforme. — L'ultra-spiritualisme effraye Luther. — Carlstadt prêche à Orlamunde. — Luther et Carlstadt à Iéna. — Luther provoque Carlstadt. — Le florin d'or. — Confé rence à Orlamunde. — Luther à Bâle. — Infortune de Carlstadt. — Il se rend en Suisse. . . . . Pag. 176 à 187

VIII

Résistance des villes. — Le landgrave disciple de Mélanchthon. — Le margrave de Brandebourg chez Luther. . . . Pag. 188 à 190

IX

Réforme dans le culte. — L'église de Tous-les-Saints. — On y abolit la messe. — Réforme de l'École. — Luther aux magistrats sur les écoles. — Importance des langues. — La science offerte aux laïques. — Tendance morale ou esthétique. — Musique et poésie. — La peinture. Pag. 190 à 200

X

Fermentation politique. — Luther contre la révolte. — La Réformation et la révolte. — Le mysticisme et la révolte. — Thomas Munzer. Munzer et Luther. — Luther pour la liberté religieuse. — Révolte. — Les douze articles. — Avis. — Impartialité de Luther. — Cruautés des paysans; indignation de Luther. — Marche et pillage des paysans. — On contraint les nobles. — Nouvelle constitution. — Marche des princes. — Victoire des princes. . . . . Pag. 201 à 214

XI

Munzer à Mulhouse. — Son appel contre les impies. — L'Électeur. — Marche des princes. — Leur victoire. — Fin de la révolte. — Luther. — Rôle des réformateurs. — Le Gethsémané de Luther. — L'esprit conservateur prend le dessus. . . . . Pag. 215 à 222

XII

L'Électeur navré. — Sa mort. — Luther et Frédéric. — Grands dangers de la Réforme. . . . . Pag. 223 à 226

XIII

Les neuf nonnes de Nimptsch. — Luther les reçoit. — Fin du couvent. — Lutte de Luther. — Il bravera le Diable. — Mariage de Luther. Luther outragé et défendu. — Bonheur de Luther. — Sainteté rétablie.
Pag. 227 à 233

XIV

Activité du nouvel Électeur. — Zèle du Landgrave. — Réformation de la Prusse. — L'archevêque de Mayence. — Le ministère. — Réaction papiste. — La diète. — Alliance de Torgau. — Résistance des réformateurs. — Alliance évangélique de Magdebourg. — Efforts des catholiques. — Menaces de l'Empereur. — Où Luther cherche sa force.
Pag. 234 à 243

LIVRE XI

SUISSE — ALLEMAGNE

(1523 — 1527)

I

Unité dans la diversité. — Formation de l'unité servile de Rome. — Liberté, diversité; Suisse, Allemagne. — Léon Juda attaque un moine. — Thèses de Zwingle; dispute de janvier. — Silence des docteurs romains. — Victoire de l'Évangile. . . . . Pag. 244 à 251

II

Le pape flatte Zwingle. — Attaques contre Zwingle. — Progrès de la Réforme. — L'image de Stadelhofen abattue. — Ornements des saints enlevés. . . . . Pag. 252 à 255

III

Seconde dispute à Zurich. — L'Église selon Zwingle. — Les droits du peuple chrétien. — Dispute sur la messe. — Le commandeur Schmidt et Zwingle. — Caractère populaire de la Réforme. — Oswald Myconius à Zurich. — L'écolier Plater du Valais. . Pag. 256 à 263

IV

Diète de Lucerne, 1523. — Hottinger est arrêté. — Son supplice. — Les images légalement abolies. — Les deux Réformations. — Judaïsme et paganisme dans le catholicisme. — Adresse du conseil au peuple.
Pag. 264 à 270

V

Bref du pape aux Suisses. — Les cantons se séparent de Zurich. — Enlèvement du pasteur Oexlin. — Excès de la populace et de la diète. — Les Wirth sont saisis. — Enquête et torture. — Torture des Wirth. — Leur condamnation. — Leurs adieux sur l'échafaud. Pag. 271 à 279

VI

Abolition de la messe. — Songe de Zwingle. — Première célébration de la cène. — Charité et paix. — Opposition des oligarques à la Réforme.
Pag. 280 à 284

VII

Les amis de la Réforme à Berne. — Ennemis de la Réforme à Berne. — Premier avantage de la Réforme. — On veut chasser les ministres. Le monastère de Kœnigsfeld. — Marguerite de Watteville à Zwingle. — Les nonnes sortent du couvent. — Deux controversistes opposés. — Le prévôt de Watteville à Clara May. . . . . . Pag. 285 à 293

VIII

Bâle. — Érasme, Œcolampade. — Œcolampade avec les moines. — Œcolampade avec le guerrier. — Œcolampade triomphe à Bâle. — Ulric de Hutten; fin de la chevalerie. — Hutten et Érasme. — Hutten meurt à Ufnau. . . . . Pag. 294 à 300

IX

Érasme et Luther. — Érasme plaisante et chancelle. — Luther à Érasme. — Érasme se décide contre Luther. — Grandeur de la question. — Livre et foi d'Érasme. — Diatribe sur la liberté de la volonté. — Luther se décide à répondre. — Deux sphères de la volonté. — Dieu donne le commandement et le pouvoir. — Christ exclut le libre arbitre. — Douceur de Luther, colère d'Érasme. — Une bataille en trois journées. . . . . Pag. 301 à 313

X

Les trois adversaires de la Parole. — Le fanatisme anabaptiste. — Une Église dans l'Église. — Blasphème des anabaptistes. — Zwingle écrit à Saint-Gall. — Danses. — Convulsions. — Visions. — Meurtre. — Thèses. — Atteintes à l'ordre civil. — Les anabaptistes châtiés.
Pag. 314 à 322

XI

Immobilité et mouvement. — Fermeté et spontanéité du protestantisme. — Liberté, simplicité, sanctification. — Influence des Hollandais sur Zwingle. — Hoen et Erasme. — Transformation de Luther. — Il suit la tradition et Occam. — Tendance contraire de Zwingle. — Commencement de la controverse. — Œcolampade et le Syngramme de Souabe. — Fermeté et fureur de Luther. — Utilité de ces diversités.
Pag. 323 à 334

XII

Bataille au Tockenbourg. — Dispute aux Grisons. — Grec. — Hébreu. — Thèse de Comandre. — La dispute continue. Pag. 335 à 338

XIII

Les pensionnaires contre la Réforme. — Ils triomphent à Berne. — Dispute à Bade. — Menaces de mort contre Zwingle. — Œcolampade et le docteur Eck. — Les bons vivants de Rome et les pieux hérétiques. — La dispute continue. — Zwingle présent en esprit. — Vanterie des Romains. — Injures des moines. . . . . . . Pag. 339 à 347

XIV

Conséquences à Bâle et à Berne. — Progrès de la Réforme en Suisse. — Victoire. — Pellican à Zurich — Esprit conservateur des montagnes. — Irritation des Waldstettes contre Berne. — Farel arrive en Suisse. . . . . Pag. 348 à 353

LIVRE XII

LES FRANÇAIS

(1500 à 1526)

I

Universalité du christianisme. — Ennemis de la Réforme en France. — Les Vaudois du Dauphiné. — Une gentilhommière. — Une famille romaine. — Pèlerinage à la Sainte-Croix. — Immoralité et superstition. — Farel demande à étudier. . . . . Pag. 354 à 362

II

Paris, Tours ; Louis XII, François Ier. — Marguerite; troupe de savants. — Lefèvre d'Étaples. — Amitié de Lefèvre et de Farel. — Superstition, son insuffisance. — Lutte entre Rome et la Bible. — Lefèvre passe des saints à la Bible. — Justification par la foi. — Objections. vie nouvelle. — Effet sur Farel. — Doctrine de Lefèvre. — Élection. — Sanctification. — Corruption. . . . . Pag. 363 à 374

III

Farel, les saints, l'Université. — Effroi de Farel. — Paix et paix. — Farel et Luther. — Lefèvre doyen de la Réforme. — Date de la Réforme en France. — Lefèvre médiateur. . . . . Pag. 375 à 380

IV

François Ier. — Deux classes d'hommes. — Rite important de la Réforme. — Marguerite de Valois. — L'Évêque Briçonnet. — François Ier et ses « fils. » — Marguerite gagnée à l'Évangile. — L'âme pécheresse sauvée. — Adoration. — Caractère de Marguerite. — Son influence.
Pag. 381 à 390

V

Persécution. — Louise. — Duprat. — Le concordat. — Opposition — La Sorbonne. — Le factieux Beda. — Louis de Berquin. — Un autre Luther. — Les meneurs de la Sorbonne. — Servilisme gallican. — Trois Madeleines. — Luther condamné à Paris. — La Sorbonne s'adresse au roi. — Lefèvre quitte Paris pour Meaux. . . . . Pag. 391 à 400

VI

Briçonnet visite son diocèse. — Persécution dans Paris. — Philiberte de Savoie. — Marguerite à Briçonnet. — Briçonnet à Marguerite. — Mort de Philiberte. — Le seul et la solitude. — La brebis errante et la forêt. — Les propos de la cour de France. . . Pag. 401 à 409

VII

Meaux, Briçonnet, Lefèvre. — Traduction du Nouveau Testament. — Les artisans et l'évêque. — Moisson évangélique. — Saint Paul présenté au roi. — Luttes de Marguerite. — Espoir de Lefèvre. — Croisade de Rome. — Moines devant l'évêque. — Le Parlement. — Chute de Briconnet. — Lefèvre et Farel poursuivis. — François Lambert à Avignon. — Prédications de Lambert. — Il est converti par les écrits de Luther. — Il va vers Luther. . . . . Pag. 410 à 423

VIII

Sacerdoce universel en France. — Proclamation de Leclerc. — Supplice de Leclerc, cri de sa mère. — Zèle de Berquin. — Descente de la Sorbonne chez Berquin. — Berquin arrêté. — Berquin mis en liberté. — Chute de Mazurier. — Faiblesse de Pavanne, force de Leclerc. — Châtelain à Metz. — Les Français à Wittemberg. — Lambert en France. — Persécuté, il fuit. — Pierre Toussaint à Metz. — Les images. — Leclerc les brise; la procession. — Prison et supplice de Leclerc. — Deux martyrs. . . . . . . Pag. 424 à 441

IX

Farel et ses frères. — Farel prêche à Gap et dans les campagnes. — Le chevalier de Coct. — Son caractère. — Sebville. — Anémond chez Luther. — Fausse idée sur le duc de Savoie. — Luther écrit au duc. — Zèle de Luther et d'Anémond. — Farel en Suisse. . Pag. 442 à 450

X

Catholicité de la Réforme. — Farel et Ecolampade. — Farel dédaigne Érasme. — Colère d'Érasme contre les Français. — Conversation d'Érasme et de Farel. — Thèses de Farel. — L'Écriture et la Foi. — Triomphe. — L'impétuosité de Farel. . . . . Pag. 450 à 457

XI

Nouvelle campagne. — Vocation de Farel au ministère. — Quelle est la vraie consécration. — Farel à Montbéliard. — Succès. — Lyon foyer évangélique. — Papillion. — Vaugris. — Du Blet. — Mâcon. — Grenoble. — Gap. — Christianisme. — Symboliques. — Conventicules secrets. — Prédications et prison de Maigret. . . . Pag. 458 à 466

XII

Marguerite intimidée. — Les exilés. — Société évangélique en Suisse. — Esprit d'alliance évangélique. — Impression à Bâle. — Société de livres religieux. — Nouveaux testaments. — Colportage. Pag 467 à 472

XIII

Progrès de Farel à Montbéliard. — Résistance et troubles. — On veut séduire Toussaint. — Lettre de sa mère. — Un message du Dauphiné.

— Saint Antoine jeté à la rivière. — Imprudence. — Mort d'Anémond. Strasbourg.—Lambert au roi.—Défaites successives. Pag. 473 à 481

XIV

Captivité de François à Pavie. — Marguerite veut convertir le roi. — Conjuration contre la grâce. — La jurisprudence et l'Évangile. — Avis de la Sorbonne. — Commission contre les hérétiques. — Briçonnet décrété. — Chefs d'accusation.—Effroi de Briçonnet et de Marguerite. — Le Parlement refuse de l'entendre. — Sophismes pour faire tomber Briçonnet. — Chute et rétractation. — Briçonnet et Fénelon. — Beda en vient à Lefèvre. — Condamnation et fuite. — Lefèvre à Strasbourg. — Louis de Berquin incarcéré. — Complainte du prisonnier. — Érasme attaqué. — Il se défend. — Appel au roi et à l'Empereur. — Le chevalier d'Esch prisonnier. — Schuch à Nancy. — Condamnation et martyre. — Lutte avec Caroli. — Tristesse, joie et martyre de Pavanne. — L'Hermite de Livry. — Brûlé à Notre-Dame.
Pag 482 à 509

XV

Un nouvel instrument. — Caractère du jeune Calvin.— L'accusatif. — Son génie. — Sa naissance. — La famille de Mommor. — Première éducation. — On le consacre à la théologie. — Il quitte Noyon à cause de la peste. — Un autre Jean Cauvin chassé. — Pour purger l'homonyme. — Monde nouveau. — Nouveaux langages. — Persécutions et terreur. — Espoir de liberté. — Toussaint part pour Paris. — Il est mis en prison. — La persécution redouble. — Terreur et deuil. — Marguerite écrit à François Ier. — Dieu sauve l'Église.—Projet de Marguerite.—Mission et sauf-conduit.—Départ pour l'Espagne. Pag. 510 à 531

FIN DE LA TABLE.

A LA MÊME LIBRAIRIE

HISTOIRE CRITIQUE DES DOCTRINES RELIGIEUSES DE LA PHILOSOPHIE MODERNE, par Christian Bartholmess. 2 vol. in-8. 12 fr.

Cet ouvrage a obtenu un prix de 3,000 fr. de l'Académie française.

HISTOIRE ET DOCTRINE DE LA SECTE DES CATHARES ET DES ALBIGEOIS, par Ch. Schmidt. 2 vol. in-8. 10 fr.

HISTOIRE DES PASTEURS DU DÉSERT depuis la Révocation de l'Edit de Nantes jusqu'à la Révolution française (1685-1789), par Nap. Peyrat. 2 vol. in-8. 12 fr.

HISTOIRE DES PROTESTANTS et des Eglises réformées du Poitou, par Auguste Lièvre, pasteur. 3 vol. in-8. 12 fr.

HISTOIRE DE L'ÉGLISE CHRÉTIENNE RÉFORMÉE DE NIMES, par A. Borrel. 2e édition entièrement refondue. 1 vol. in-12. 2 fr.

LES LARMES DE JACQUES PINETON DE CHAMBRUN, qui contiennent les persécutions arrivées aux Eglises de la principauté d'Orange, depuis l'an 1660 ; la chute et le relèvement de l'auteur. In-12. 2 fr. 50 c.

MÉMOIRES INÉDITS et Opuscules de Jean Rou, avocat au parlement de Paris, publiés par Francis Waddington. 2 vol. grand in-8. 10 fr.

MÉMOIRES DE THÉODORE-AGRIPPA D'AUBIGNÉ, publiés sur le manuscrit de la bibliothèque du Louvre, par Ludovic Lalanne. 1 vol. in-12. 2 fr. 50 c.

MÉMOIRES POUVANT SERVIR A L'HISTOIRE DU RÉVEIL RELIGIEUX des Eglises protestantes de la Suisse et de la France, et à l'intelligence des principales questions du jour, par A. Bost. 3 vol. in-8. 10 fr.

LES RÉFORMATEURS AVANT LA RÉFORME (XVe siècle). Jean Huss et le concile de Constance, par Emile de Bonnechose. 2e édition. 2 vol. in-12. 6 fr.

TABLEAUX D'HISTOIRE DE LA SUISSE au dix-huitième siècle, 1715 à 1803 par Ch. Monnard. 1 fort vol. in-12. 1 fr.

GÉRARD ROUSSEL, prédicateur de la reine Marguerite de Navarre, par Charles Schmidt. In-8. 4 fr.

RAMUS (Pierre de la Ramée), sa vie, ses écrits, ses opinions, par Ch. Waddington, professeur à la faculté de Strasbourg. In-8. 6 fr.

www.ingramcontent.com/pod-product-compliance
Lightning Source LLC
Chambersburg PA
CBHW070838230426
43667CB00011B/1838